Estudos Contemporâneos de Direito Público

Em homenagem ao Ministro Cesar Asfor Rocha

visite nosso site
www.editorapillares.com.br

Dados Internacionais de Catalogação na Publicação (CIP)
(Câmara Brasileira do Livro, SP, Brasil)

Estudos contemporâneos de direito público : em homenagem ao Ministro Cesar Asfor Rocha / organizadores Carlos Eduardo Contar, Daniel Castro Gomes da Costa, André Puccinelli Júnior. -- São Paulo : Editora Pillares, 2010.

Vários autores.
Bibliografia.

1. Brasil. Leis, etc. Código civil 2. Direito público 3. Rocha, Cesar Asfor, 1948- I. Contar, Carlos Eduardo. II. Costa, Daniel Castro Gomes da. III. Puccinelli Júnior, André.

09-08828 CDU-342

Índices para catálogo sistemático:

1. Direito público   342

ISBN 978-85-89919-78-4

Organizadores
Carlos Eduardo Contar • Daniel Castro Gomes da Costa • André Puccinelli Júnior

Estudos Contemporâneos de Direito Público

Em homenagem ao Ministro Cesar Asfor Rocha

Colaboradores

Abadio Baird
André Puccinelli Júnior
Antônio André David Medeiros
Carlos Alberto Garcete
Carlos Eduardo Contar
Daniel Castro Gomes da Costa
Edilson Mougenot Bonfim
Flávia Piovesan
Flavio Saad Perón
Gilmar Ferreira Mendes
Ila Barbosa Bittencourt

José Augusto Delgado
Júlio Cesar Souza Rodrigues
Letícia Campos Baird
Luis Alberto Safraider
Luis Fernando Simões Tolentino
Márcio Cammarosano
Marco Aurélio Borges de Paula
Paulo Ferreira da Cunha
Sideni Soncini Pimentel
Suzana de Camargo Gomes
Ruy Celso Barbosa Florence

EDITORA PILLARES

São Paulo – SP
2010

© Copyright 2010 by Editora Pillares Ltda.

Conselho Editorial:
Armando dos Santos Mesquita Martins
Gaetano Dibenedetto
Ivo de Paula
José Maria Trepat Cases
Luiz Antonio Martins
Wilson do Prado

Revisão:
Luiz Antonio Martins

Editoração e capa:
Triall Composição Editorial Ltda.

Editora Pillares Ltda.
Rua Santo Amaro, 586 – Bela Vista
Telefones: (11) 3101-5100 – 3105-6374 – CEP 01315-000
E-mail: editorapillares@ig.com.br   *Site*: www.editorapillares.com.br
São Paulo – SP

TODOS OS DIREITOS RESERVADOS. Proibida a reprodução total ou parcial, por qualquer meio ou processo, especialmente por sistemas gráficos, microfílmicos, fotográficos, reprográficos, fonográficos, videográficos. Vedada a memorização e/ou a recuperação total ou parcial, bem como a inclusão de qualquer parte desta obra em qualquer sistema de processamento de dados. Essas proibições aplicam-se também às características gráficas da obra e à sua editoração. A violação dos direitos autorais é punível como crime (art. 184 e parágrafos, do Código Penal, cf. Lei nº 10.695/2003), com pena de prisão e multa, conjuntamente com busca e apreensão e indenizações diversas (Lei nº 9.610, de 19.02.1998).

Impresso no Brasil

Prefácio

Coordenada e organizada pelo ilustre Desembargador Carlos Eduardo Contar, do Egrégio Tribunal de Justiça do Estado de Mato Grosso do Sul, e pelos talentosos advogados Dr. Daniel Castro Gomes da Costa e Dr. André Puccinelli Júnior, a obra intitulada "*Estudos Contemporâneos de Direito Público*" presta justa e merecida homenagem a um dos mais notáveis profissionais do direito brasileiro: o Ministro Francisco Cesar Asfor Rocha.

Teimam alguns em retratar o homenageado como um sóbrio e intransigente defensor da legalidade e da ordem. Estão certos. Outros, por seu turno, qualificam-no como um jurista ousado, que, libertando-se de dogmas já oxidados no tempo, soube imprimir celeridade incomum no processamento dos feitos que tramitam no Superior Tribunal de Justiça, sem abdicar do necessário apego ao devido processo legal e seus consectários do contraditório e ampla defesa. Também estão corretos.

Uma característica, porém, granjeia aceitação uniforme: sua capacidade de agregação.

Cesar Asfor é uma dessas personalidades cativantes, que despertam fascínio e admiração pela conhecida aptidão de revolucionar, surpreender e contagiar a todos que o circundam. Esta, aliás, foi e tem sido a característica mais marcante de suas gestões à frente da Corregedoria Nacional de Justiça e da Presidência do Superior Tribunal de Justiça.

A incrível redução em mais de um terço do número de processos em trâmite no Tribunal da Cidadania, impulsionada pela digitalização dos feitos e inovações processuais sugeridas pelo homenageado como a nova Lei dos Recursos Repetitivos, não só reduziu sensivelmente o tempo de entrega da prestação jurisdicional, mas, além disso, otimizou o ambiente de trabalho, conferiu maior transparência à corte, deu ressonância ao princípio do amplo acesso à justiça e, por fim, resgatou a credibilidade do Poder Judiciário.

Credibilidade não se constrói com gestos vazios ou palavras entoadas em vão, mas a partir de exemplos de apaixonante entrega ao direito e inabalável conduta moral. E o Ceará, terra natal do homenageado, é pródigo em juristas que, imunes ao receituário da hipocrisia, mantiveram-se retilíneos no caminho da verdade e da justiça.

De fato, o mesmo Estado que outrora nos presenteou com o grande Clóvis Beviláqua, filósofo e jurista de Viçosa do Ceará e autor de uma enciclopédia legislativa que monopolizou a atenção dos civilistas de 1916 a 2002, continua a dar mostras de incrível fertilidade intelectual e moral, emprestando agora outro de seus ilustres filhos à nação brasileira, numa eloquente demonstração de que o combativo espírito cearense está sempre disposto a servir às mais nobres causas.

Advogado, professor, magistrado, literato, amigo, pai e marido exemplar. Assim é a biografia do Ministro Francisco Cesar Asfor Rocha, praticamente desértica de imperfeições e caudalosa em virtudes, revelando uma rica confluência de atos valorosos, que dão brilho e verniz à toga judicial.

Sua cultura invulgar e simplicidade humanitária refletem-se na sua atuação como advogado e nos luminares votos que pontuaram sua carreira, rendendo títulos, medalhas e condecorações de toda ordem.

Nos tempos atuais, quando vozes incendiárias põem em suspeição a capacidade da judicatura brasileira em responder eficiente e equitativamente às múltiplas situações conflituosas, cabe a todos os que apostam na virtuosa vocação da pátria verde-amarela cultuar exemplos desta natureza.

A obra ora prefaciada reverencia com louvor a exponencial e impoluta figura do homenageado ao reunir articulistas de expressão nacional e internacional como o presidente do Supremo Tribunal Federal, Ministro Gilmar Mendes, o Ministro aposentado do STJ e TSE, Dr. José Augusto Delgado, Dra. Flávia Piovesan, Dr. Edilson Mougenot Bonfim, Dr. Paulo Ferreira da Cunha, Dr. Márcio Cammarosano, Dr. Carlos Eduardo Contar, Dr. Daniel Castro Gomes da Costa, Dr. André Puccinelli Júnior, entre outros.

"*Estudos Contemporâneos de Direito Público*" aborda temas polêmicos, atuais e palpitantes, seletivamente pinçados no cipoal de teorias e teses especulativas que atormentam até mesmo os intelectos mais serenos, propondo soluções constitucionalmente viáveis no intuito de contribuir para a sedimentação da cultura jurídica nacional.

Registramos, outrossim, a alegria com o honroso convite para elaborar o prefácio desta distinta coletânea, que, se por um vértice, configura autêntica premiação curricular a seus subscritores, por outro, investe-os na oficiosa responsabilidade de fazer uma apresentação à altura do prestígio de que desfruta o Ministro Cesar Asfor perante a sociedade brasileira.

Assim, pedindo vênia à tríade organizadora desta obra e a todos os que acederam ao seu oportuno chamado cívico, congratulamos o Ministro Francisco Cesar

Asfor Rocha, cônscios de que nenhum gesto será bastante para retratar a dívida de gratidão que o país contraiu com o homenageado e, ainda, cientes de que o espantoso esforço por ele empregado na sustentação dos pilares democráticos renderá frutos ainda mais frondosos.

Ao homenageado, portanto, nossa admiração.

Michel Temer
Presidente da Câmara dos Deputados do Brasil

Ministro Francisco Cesar Asfor Rocha

Dados Pessoais

Nascimento: 5 de fevereiro de 1948, em Fortaleza – CE.
Filiação: Alcimor Aguiar Rocha e Síria Maria Asfor Rocha.

Formação Acadêmica
Bacharel em "Ciências Jurídicas e Sociais", pela Faculdade de Direito da Universidade Federal do Ceará, em 1971, tendo sido o Orador da Turma, por concurso e posterior aprovação pelos Colegas.
Curso de Especialização em Teoria Geral do Direito, pela Faculdade de Direito da Universidade Federal do Ceará.
Mestre em Direito Público, pela Faculdade de Direito da Universidade Federal do Ceará, tendo defendido a dissertação "A Luta pela Efetividade da Jurisdição".
Título de Notório Saber Jurídico, outorgado pela Universidade Federal do Ceará, pela unanimidade de seu Colegiado Superior, em votação secreta, em 2005.

Funções Atuais
No Superior Tribunal de Justiça:
Presidente, desde 3 de setembro de 2008.
Ministro do Superior Tribunal de Justiça, nomeado em 5 de maio de 1992, posse e exercício em 22/5/1992, tendo julgado, até quando foi ocupar o cargo de Corregedor Nacional de Justiça, em 15/6/2007, 66.252 (sessenta e seis mil, duzentos e cinquenta e dois processos).

No Conselho da Justiça Federal:
Presidente, desde 3 de setembro de 2008.

Na Comissão Conjunta de Poderes Judiciários Europeus e Latino-Americanos: Presidente da Comissão, eleito, por aclamação, para mandato de 4 anos, no dia 6 de maio de 2009, em Madri. A Comissão Conjunta representa 41 países da América Latina e da União Europeia, integrada por Tribunais Superiores de Justiça e por Conselho de Magistratura das duas regiões.

Principais Atividades Exercidas no Superior Tribunal de Justiça:
Presidente em exercício de 22 de julho a 2 de setembro de 2008.
Vice-Presidente.
Diretor da Revista do STJ.
Presidente e Membro da 4ª Turma por treze anos.
Presidente e membro da 2ª Seção por treze anos.
Membro da 1ª Turma por dois anos.
Membro da 1ª Seção por dois anos.
Presidente da Comissão de Regimento Interno.
Presidente da Comissão de Coordenação.
Membro da Comissão de Documentação.
Membro do Conselho de Administração.
Membro da Comissão de Jurisprudência.

No Conselho Nacional de Justiça:
Conselheiro do Conselho Nacional de Justiça – CNJ, representando o Superior Tribunal de Justiça, de 15/6/2007 a 8/09/2008.
Corregedor Nacional de Justiça, de 15/6/2007 a 08/09/2008.
Presidente da Comissão de Informática, Modernização e Projetos Especiais.

No Conselho da Justiça Federal:
Presidente em exercício de 22 de julho a 2 de setembro de 2008.
Vice-Presidente.
Coordenador-Geral da Justiça Federal.
Diretor do Centro de Estudos Judiciários.
Presidente da Turma Nacional de Uniformização das Decisões dos Juizados Especiais Federais.

Presidente do Fórum Nacional de Corregedores da Justiça Federal.
Presidente da Comissão Nacional Permanente dos Juizados Especiais Federais.

No Tribunal Superior Eleitoral:
Ministro Substituto do Tribunal Superior Eleitoral, no período de 25/4/2003 a 25/4/2005.
Ministro Efetivo do Tribunal Superior Eleitoral, no período de 26/4/2005 a 27/4/2007.
Corregedor-Geral da Justiça Eleitoral, no período de 28/4/2006 a 27/4/2007.
Diretor da Escola Judiciária Eleitoral, do TSE, no período de 26/4/2006 a 27/4/2007.

Cargos Públicos ocupados antes de ser Ministro:
Procurador Geral do Município de Fortaleza.
Procurador Judicial do Instituto de Previdência do Estado do Ceará.
Procurador Judicial da Superintendência do Desenvolvimento do Estado do Ceará.
Juiz do Tribunal Regional do Ceará, por quatro biênios, dois a dois intercalados.

No Magistério Superior:
Professor da Faculdade de Direito da Universidade Federal do Ceará.
Professor de vários cursos de pós-graduação.
Integrante de Bancas Examinadoras de vários concursos para Professor e Monitor da Faculdade de Direito da Universidade Federal do Ceará.

Atividades na Advocacia:
Advogado militante, inscrito na OAB-CE, desde 1972 até a posse como Ministro.
Vice-Presidente do Conselho Seccional do Ceará da Ordem dos Advogados do Brasil (OAB-CE).

Instituições a que é afiliado:
Associado da AJUFE (Associação dos Juízes Federais).
Associado da AMB (Associação dos Magistrados Brasileiros).
Membro do Instituto dos Advogados do Ceará.

Membro Honorário do Instituto dos Advogados Brasileiros.
Membro Honorário do Instituto dos Advogados de São Paulo.
Membro Honorário do Instituto dos Advogados do Pará.
Membro Fundador do Instituto dos Magistrados do Ceará.
Membro Titular do Conselho Consultivo do Instituto Brasileiro de Ciências Jurídicas (IBCJ).

Livros Publicados:
Autor do livro *A Luta pela Efetividade da Jurisdição*, São Paulo, Editora Revista dos Tribunais, 2007.
Autor do livro *Clóvis Beviláqua em outras Palavras*, Fortaleza, Edições UFC, 2007.
Co-autor do livro *Direito e Medicina – Aspectos Jurídicos da Medicina*, Belo Horizonte, Editora Del Rey, 2000.
Autor do livro *Clóvis Beviláqua*, Fortaleza, ed. Fundação Demócrito Rocha, 2001.
Co-autor do livro *O Novo Código Civil – Estudo em Homenagem ao Professor Miguel Reale*, São Paulo, Editora LTr, 2003.

Prefácio de livros:
Temas de Direito Administrativo e Tributário, de Napoleão Nunes Maia Filho, Fortaleza, UFC, Coleção Alagadiço Novo, 1998.
Direito das Coisas, vol. I, de Clóvis Bevilácqua, Brasília, reeditado pelo Senado Federal, Coleção História do Direito Brasileiro. Direito Civil, Brasília, 2003.
Recursos Especial e Extraordinário, de Mantovanni Colares Cavalcante, São Paulo, Dialética, 2003.
Da Moeda ao Ativo Financeiro, Brasília, de Francisco Adalberto Nóbrega, Brasília, Editora Brasília Jurídica, 2004.
Direito Desportivo: Novos Rumos e Rupturas, de Álvaro Melo Filho, Belo Horizonte, Editora Del Rey, 2004.
Direito Constitucional e Teoria Política – Temas Contemporâneos, de Alcimor Aguiar Rocha Neto, Fortaleza, Imprece, 2005.
Informativo de Jurisprudência do Conselho Nacional de Justiça, São Paulo, Editora Revista dos Tribunais, 2008.
Tópicos de Filosofia do Direito I, de Oscar Dalva e Souza Filho, Fortaleza, ABC Editora, 2007.

Outros escritos:
Apresentação do livro *Alacoque Bezerra, a Madrinha de Juazeiro*, Fortaleza, ABC Editora, 2007.
Diversos trabalhos doutrinários em revistas especializadas.
Letrista das dez músicas do disco Parceiros, cujas melodias são de autoria de Raimundo Fagner e Amaro Pena, 2007.

Seminários, Palestras, Conferências e Visitas Oficiais:
Participação, como conferencista, palestrante, expositor, debatedor, convidado especial ou representando o Superior Tribunal de Justiça e o Conselho Nacional de Justiça, em visita oficial, no Brasil e no Exterior (Argentina, Chile, Costa Rica, Espanha, Estados Unidos, França, Peru, Portugal, San Salvador, Venezuela e Uruguai), em congressos, seminários, simpósios, painéis e outros encontros de natureza cultural e científica, bem como em reunião de Presidentes dos Tribunais Superiores de Justiça.

Condecorações, Títulos, Medalhas:
Poder Judiciário
Poder Judiciário Federal

1 – Justiça Federal
Grande Colar da Ordem do Mérito Pontes de Miranda, pelo Tribunal Regional Federal da 5ª Região, em 1999.
Medalha Juiz Federal Roberto de Queiroz, do Mérito Cearense Judiciário Federal, pela Seção Judiciária do Ceará, em 2004.

2 – Justiça Eleitoral
Medalha do Mérito Eleitoral do Ceará, pelo Tribunal Regional Eleitoral do Ceará, em 1999.
Medalha do Mérito Eleitoral do Distrito Federal, pelo Tribunal Regional Eleitoral do Distrito Federal, em 2004.
Medalha do Mérito Eleitoral de Alagoas, pelo Tribunal Regional Eleitoral de Alagoas, em 2006.

3 – Justiça do Trabalho
Medalha do Mérito Judiciário do Trabalho, no Grau de Comendador, pelo Tribunal Superior do Trabalho, em 1991; promovido ao grau de Grande Oficial, em 2007; promovido ao grau Grã-Cruz, em 2008.

Medalha da Ordem Alencarina do Mérito Judiciário do Trabalho, no grau de Grã-Cruz, pelo Tribunal Regional do Trabalho do Ceará, em 1997.

Medalha da Ordem do Mérito Judiciário do Trabalho, no Grau de Grã-Cruz, pelo Tribunal Regional do Trabalho da 2ª Região – São Paulo – 2008.

4 – Justiça Militar

Ordem do Mérito Judiciário Militar, no Grau de Alta Distinção, pelo Superior Tribunal Militar, em 2006.

Ordem do Mérito Judiciário Militar, no Grau de Grã-Cruz, pelo Superior Tribunal Militar, em 2009.

5 – Poder Judiciário Estadual

Medalha do Mérito Judiciário, pelo Tribunal de Justiça do Estado do Maranhão, em 1992.

Colar do Mérito Judiciário, pelo Tribunal de Justiça do Estado do Rio de Janeiro, em 1994.

Medalha do Mérito Judiciário, pela Associação Cearense dos Magistrados, em 1994.

Designação de seu nome à Casa do Magistrado, em Fortaleza, pela Associação Cearense dos Magistrados, em 1994.

Medalha do Mérito do Poder Judiciário do Estado do Ceará, pelo Tribunal Justiça do Estado do Ceará, em 1998.

Medalha do Mérito Cultural, pelo Instituto dos Magistrados Brasileiros, em 2001.

Comenda da Ordem do Mérito Judiciário do Estado do Pará, no Grau Grão Cruz, pelo Tribunal de Justiça do Pará, em 2005.

Colocação de seu busto, pela Associação Cearense dos Magistrados, em sua sede praiana, em 2005.

Comenda Desembargador Moura Castro, pelo Tribunal de Justiça de Alagoas, em 2007.

Ordem do Mérito Judiciário do Distrito Federal e dos Territórios, em 2008.

Medalha do Mérito Judiciário – Desembargador Joaquim Nunes Machado – no Grau Grão-Colar de Alta Distinção, pelo Tribunal de Justiça do Estado de Pernambuco, em 2008.

Colar do Mérito Judiciário, pelo Tribunal de Justiça do Estado do Piauí, em 2008.

Medalha do Mérito da Magistratura, em homenagem ao IV Centenário do Tribunal de Justiça do Estado da Bahia, em 2009.

6 – Ordem dos Advogados do Brasil
Troféu Clóvis Beviláqua, da Seccional do Ceará, em 1990.
Medalha Professor Miramar da Ponte, da Associação dos Advogados Processualista do Ceará, em 1997.
Colar do Mérito Advocatício, da Seccional do Pará, em 2004.
O II Congresso Ibero-americano em Direito Tributário, foi realizado em sua homenagem, pela Seccional do Ceará, em 2005.
Placa Láurea de Mérito pelos serviços prestados ao Poder Judiciário, pelo Conselho Seccional da OAB-SP, em 2008.
Medalha Sobral Pinto, pela Associação Brasileira dos Advogados – Piauí, em 2008.

7 – Poder Legislativo
Cidadão Honorário de Camocim/Ceará, terra onde nasceu o seu saudoso genitor, em 1996.
Cidadão Honorário do Estado do Rio de Janeiro, concedido pela Assembleia Legislativa do Estado do Rio de Janeiro, em 2002.
Medalha Tiradentes, concedida pela Assembleia Legislativa do Estado do Rio de Janeiro, em 2002.
Título de Benemérito do Estado do Rio de Janeiro, concedido pela Assembleia Legislativa do Estado do Rio de Janeiro, em 2002.
Cidadão Paraibano, outorgado pela Assembleia Legislativa do Estado da Paraíba, em 2007.
Medalha de Mérito Jurídico Tarcísio de Miranda Burity, outorgada pela Assembleia Legislativa do Estado da Paraíba, em 2007.
Medalha Pedro Ernesto, concedida pela Câmara Municipal do Rio de Janeiro, em 2008.
Diploma de Homenagem pela Assembleia Legislativa do Estado do Ceará, em reconhecimento aos relevantes serviços prestados ao Estado do Ceará, em 2008.
Título de Cidadão Honorário do Município do Rio de Janeiro, pela Câmara Municipal do Rio de Janeiro, em 2008.
Comenda "Prêmio Américo Barreira", concedida pela União dos Vereadores e Câmaras do Ceará, em 2009.

8 – Ministério Público

Medalha do Mérito do Ministério Público Promotor de Justiça Francisco José Lins do Rego Santos, categoria Medalha de Honra, pelo Ministério Público do Estado de Minas Gerais, em 2008.

9 – Poder Executivo

Medalha da Ordem do Mérito de Brasília, no grau de Grande Oficial, por Decreto, pelo Governo do Distrito Federal, em 2002.

Grande Medalha da Inconfidência, pelo Governo do Estado de Minas Gerais, em 2005.

Medalha José Moreira da Rocha, pela Casa Militar do Governo do Estado do Ceará, em 2005.

Ordem do Mérito Naval, no Grau de Grande Oficial, pela Marinha do Brasil, em 2007.

Ordem do Mérito Militar, no Grau de Comendador, pelo Exército Brasileiro, em 2003, promovido ao Grau de Grande Oficial, em 2008.

Ordem do Mérito Aeronáutico, no Grau de Grande-Oficial, pelo Ministério da Defesa – Comando da Aeronáutica, em 2008.

Ordem do Mérito da Defesa, no Grau de Grã-Cruz, pelo Ministério da Defesa, em reconhecimento pelos relevantes serviços prestados às Forças Armadas do Brasil, em 2008.

Ordem do Ipiranga, no grau Grã-Cruz, pelo Governo do Estado de São Paulo, em 2008.

Medalha da Abolição, por Decreto, pelo Governo do Estado do Ceará, em 2009.

Ordem do Rio Branco, no grau de Grande Oficial, por Decreto, pelo Presidente da República Federativa do Brasil, em maio de 2009.

10 – Universitárias

Nome da Turma de Bacharelandos da Faculdade de Direito da Universidade Federal do Ceará, da Turma de 2000.2.

Patrono da Turma de Bacharelandos do Centenário da Faculdade de Direito da Universidade Federal do Ceará, da Turma de 2002.2.

Patrono da Turma de Bacharelandos da Faculdade de Direito da Universidade Federal do Ceará, da Turma de 2003.2.

Patrono do Curso de Direito da Universidade de Fortaleza – UNIFOR.

Paraninfo do Curso de Direito da Universidade de Fortaleza – UNIFOR.

Patrono do Curso de Administração da Universidade de Fortaleza – UNIFOR.

Medalha do Mérito Cultural Farias Brito, pela Faculdade de Direito Farias Brito, Fortaleza, 2008.

Diploma de Professor Honorário da Faculdade de Direito da Universidade Presbiteriana Mackenzie – São Paulo – 2008.

11 – Outras Instituições
Troféu Sereia de Ouro, pelo Sistema Verdes Mares de Comunicação, do Ceará, em 1997.

Troféu Polícia Federal, pelo Sindicato dos Delegados de Polícia Federal – Região Nordeste e Associação Nacional dos Delegados de Polícia Federal, em 2007.

Placa em homenagem a atuação no Superior Tribunal de Justiça, conferida pelo Congresso Brasil 2008 – 20 Anos da Constituição Federal, em 2008.

Título de Personalidade Jurídica do ano de 2008, conferido pelo Instituto Sulmato-grossense de Direito Público, em 2009.

Academias:
Membro da Academia Cearense de Letras, ocupando a Cadeira 22.

Membro Honorário da Academia Brasileira de Letras Jurídicas.

Título de Menção Honrosa concedido pela Academia Paulista de Direito, em 2006.

Sumário

Capítulo 1

A Evolução do Controle de Constitucionalidade na Constituição de 1988 23
Gilmar Ferreira Mendes

Capítulo 2

Aspectos Jurídicos da Aquisição de Terras Rurais por Estrangeiros (Pessoas Físicas e Pessoas Jurídicas).. 39
José Augusto Delgado

Capítulo 3

Reflexões acerca da Lei nº 11.672/08 – Recursos Repetitivos no Superior Tribunal de Justiça – Uma Nova Sistemática – Procedimento e Análise dos Primeiros Meses de Aplicação.. 99
Daniel Castro Gomes da Costa
André Puccinelli Júnior

Capítulo 4

O Direito Constitucional como Filosofia Prática no Direito e no Estado Contemporâneos 139
Paulo Ferreira da Cunha

Capítulo 5

As Liberdades Públicas no Âmbito da Comunicação Social 153
Suzana de Camargo Gomes

Capítulo 6

Declaração Universal de Direitos Humanos: Desafios e Perspectivas............. 189
Flávia Piovesan

Capítulo 7

A Garantia Constitucional de Publicidade no Processo Judicial à Luz da Emenda Constitucional nº 45/2004. Um Novo Princípio Constitucional do Processo......... 211
Carlos Alberto Garcete

Capítulo 8

Aditamentos Qualitativos e Quantitativos dos Contratos Administrativos e os Limites Legais 219
Márcio Cammarosano

Capítulo 9

Considerações sobre o Conflito entre a Liberdade de Imprensa e a Inviolabilidade da Honra.. 235
Flavio Saad Perón

Capítulo 10

A Revisão Judicial dos Contratos de Crédito Bancário e a Limitação da Taxa de Juros 245
Sideni Soncini Pimentel

Capítulo 11

Lacuna no Processo Civil 263
Ila Barbosa Bittencourt

Capítulo 12

Responsabilidade Tributária: Uma Nova Interpretação do Superior Tribunal de Justiça... 273
Júlio Cesar Souza Rodrigues

Capítulo 13

As Três Velocidades do Moderno Processo Penal 283
Edilson Mougenot Bonfim

Capítulo 14

A Aplicabilidade das Leis nos 11.340/06 e 9.099/95 Relativamente à Suspensão Condicional do Processo, sob o Prisma da Constituição Federal 295
Carlos Eduardo Contar

Capítulo 15

Punibilidade como Elemento na Teoria do Delito. Impressões Atuais da Teoria do Delito... 315
Antônio André David Medeiros

Capítulo 16

Justiça Restaurativa e Direito Penal Juvenil: Uma Perspectiva 341
Abadio Baird
Letícia Campos Baird

Capítulo 17

Notas para um Ensaio sobre a Carência de Legitimidade da Criminalização das Infrações Tributárias 361
Marco Aurélio Borges de Paula

Capítulo 18

Aspectos Controvertidos acerca da Progressividade Fiscal do IPTU 397
Luis Fernando Simões Tolentino

Capítulo 19

Princípios Constitucionais Penais 421
Ruy Celso Barbosa Florence

Capítulo 20

Segurança Pública na Sociedade do Risco 441
Luis Alberto Safraider

CAPÍTULO 1

A Evolução do Controle de Constitucionalidade na Constituição de 1988

GILMAR FERREIRA MENDES

Ministro do Supremo Tribunal Federal do Brasil; Professor de Direito Constitucional nos cursos de graduação e pós-graduação da Faculdade de Direito da Universidade de Brasília – UnB; Mestre em Direito pela Universidade de Brasília – UnB (1988), com a dissertação Controle de Constitucionalidade: Aspectos Políticos e Jurídicos; Mestre em Direito pela Universidade de Munster, República Federal da Alemanha – RFA (1989), com a dissertação Die Zulässigkeitsvoraussetzungen der abstrakten Normenkontrolle vor dem Bundesverfassungsgericht (Pressupostos de admissibilidade do Controle Abstrato de Normas perante a Corte Constitucional Alemã); Doutor em Direito pela Universidade de Munster, República Federal da Alemanha – RFA (1990), com a tese Die abstrakte Normenkontrolle vor dem Bundesverfassungsgericht und vor dem brasilianischen Supremo Tribunal Federal, publicada na série Schriften zum Öffentlichen Recht, da Editora Duncker & Humblot, Berlim, 1991 (a tradução para o português foi publicada sob o título Jurisdição Constitucional: o controle abstrato de normas no Brasil e na Alemanha. 5. ed. São Paulo: Saraiva, 2005, 395 p.). Membro Fundador do Instituto Brasiliense de Direito Público – IDP. Membro do Conselho Assessor do "Anuario Iberoamericano de Justicia Constitucional" – Centro de Estudios Políticos y Constitucionales – Madri, Espanha. Membro da Academia Brasileira de Letras Jurídicas. Membro da Academia Internacional de Direito e Economia – AIDE.

SUMÁRIO: 1. Introdução. 2. A Ação Direta de Inconstitucionalidade. 3. A Ação Declaratória de Constitucionalidade. 4. A Arguição de Descumprimento Preceito Fundamental. 4.1. Incidente de inconstitucionalidade e arguição de descumprimento. 5. A Ação Direta de Inconstitucionalidade por omissão. 6. Conclusão

1. INTRODUÇÃO

A Constituição de 1988 ampliou significativamente os mecanismos de proteção judicial, e assim também o controle de constitucionalidade das leis.

A Constituição preservou *a representação interventiva*, destinada à aferição da compatibilidade de direito estadual com os chamados *princípios sensíveis*[1] (CF, art. 34, VII, c/c art. 36, III). Esse processo constitui pressuposto da intervenção federal, que, nos termos do art. 36, III e § 1º, da Constituição, há de ser executada pelo Presidente da República. Tradicionalmente, é o Supremo Tribunal Federal competente para conhecer as causas e conflitos entre a União e os Estados, entre a União e o Distrito Federal ou entre os Estados entre si (art. 102, I, *f*). Tal como outros países da América Latina, não dispõe a ordem jurídica brasileira de instrumento único para defesa de direitos subjetivos públicos[2]. A Constituição consagra o *habeas corpus* como instrumento processual destinado a proteger o indivíduo contra atos arbitrários do Poder Público que impliquem restrições ao direito de ir e vir (CF, art. 5º, LXVIII). Ao lado do *habeas corpus*, dispõe a ordem jurídica brasileira, desde 1934, do mandado de segurança, destinado, hodiernamente, a garantir direito líquido e certo não protegido por *habeas data* ou *habeas corpus* (CF, art. 5º, LXIX, *a*)[3]. O mandado de segurança pode ser, igualmente, utilizado por partido político com representação no Congresso Nacional, organização sindical, entidade de classe ou associação em funcionamento há pelo menos um ano, em defesa dos interesses dos seus membros (*mandado de segurança coletivo*).

A Constituição de 1988 criou, ao lado do *habeas data*, que se destina à garantia do *direito de autodeterminação sobre informações*[4] (art. 5º, LXXII), o mandado de injunção, remédio especial que pode ser utilizado contra a omissão de órgão com poder normativo que impeça o exercício de direito constitucionalmente assegurado (CF, art. 5º, LXXI).

---

1. A Constituição de 1988 introduziu modificações nos chamados "princípios sensíveis". Ao invés da longa enumeração constante da Constituição de 1967/69, limitou-se o constituinte a enunciar expressamente os seguintes princípios: *a*) forma republicana, sistema representativo e regime democrático; *b*) direitos da pessoa humana; *c*) autonomia municipal; *d*) prestação de contas da administração pública, direta e indireta (CF, art. 34, VII, *a* a *d*).
2. Única exceção pode ser verificada no México, onde o "recurso de amparo" permitiu, sob a aparência de unidade, o desenvolvimento de diferentes institutos [cf., a propósito, FIX-ZAMUDIO, Héctor. Das Problem der Verfassungskontrolle. *JöR* n. 25, 1976, p. 649 (663)].
3. Cf., a propósito, FIX-ZAMUDIO, Héctor. Das Problem der Verfassungskontrolle, *JöR* n. 25, 1976, p. 652 (672), e Die Verfassungskontrolle in Lateinamerika. In: HORN, Hans-Rudolf & WEBER, Albrecht. *Richterliche Verfassungskontrolle in Lateinamerika, Spanien und Portugal*. Baden-Baden, 1989, p. 129 (159).
4. Embora formulado de maneira pouco clara, é certo que o habeas data destina-se a proteger aspecto autônomo do direito de personalidade, o chamado direito de autodeterminação sobre informações — *Recht auf informationelle Selbstbestimmung* —, que assegura a cada indivíduo o poder de decidir quando e em que medida informações de índole pessoal podem ser fornecidas ou utilizadas por terceiros (cf., sobre o assunto, no direito alemão, PIEROTH, Bodo & SCHLINK, Bernhard. *Grundrechte — Staatsrecht II*. 11. ed. Heidelberg, 1995, p. 97).

Até a entrada em vigor da Constituição de 1988 era o recurso extraordinário — também quanto ao critério de quantidade — o mais importante processo da competência do Supremo Tribunal Federal[5]. Esse remédio excepcional, desenvolvido segundo o modelo do *writ of error* americano[6] e introduzido na ordem constitucional brasileira pela Constituição de 1891, pode ser interposto pela parte vencida[7], no caso de ofensa direta à Constituição, declaração de inconstitucionalidade de tratado ou lei federal ou declaração de constitucionalidade de lei estadual expressamente impugnada em face da Constituição Federal (CF, art. 102, III, *a*, *b*, e *c*). A Constituição de 1988 reduziu o âmbito de aplicação do recurso extraordinário[8], confiando ao Superior Tribunal de Justiça a decisão sobre os casos de colisão direta entre o direito estadual e o direito federal ordinário.

A Emenda Constitucional n. 45/2004 (Reforma do Judiciário) consagrou, no art. 102, § 3º, da Constituição, o instituto da repercussão geral, segundo o qual *"no recurso extraordinário o recorrente deverá demonstrar a repercussão geral das questões constitucionais discutidas no caso, nos termos da lei, a fim de que o tribunal examine a admissão do recurso, somente podendo recusá-la pela manifestação de dois terços de seus membros"*.

A Lei n. 11.418, de 19 de dezembro de 2006, definiu a disciplina processual do novo instituto. O recurso extraordinário passa, assim, por uma mudança significativa, havendo que sofrer o crivo da admissibilidade referente à repercussão geral. A adoção desse novo instituto deverá maximizar a feição objetiva do recurso extraordinário.

Particular atenção dedicou o constituinte à chamada "omissão do legislador".

Ao lado do mandado de injunção, previsto no art. 5º, LXXI, c/c o art. 102, I, *q*, destinado à defesa de direitos subjetivos afetados pela omissão legislativa ou administrativa, introduziu a Constituição, no art. 103, § 2º, o processo de controle

---

5. Apenas em 1986 foram interpostos 4.124 recursos extraordinários (cf., a propósito, CORRÊA, Oscar. *O Supremo Tribunal Federal Corte Constitucional do Brasil*. p. 38-9).
6. O *writ of error* foi substituído no Direito americano pelo *appeal* (cf., a propósito, HALLER, Walter. Supreme Court und Politik in den USA. *The American Political Science Review* v. LXX, n. 2, p. 105, june/1976).
7. O recurso extraordinário, assim como outros recursos, pode ser proposto também pelo terceiro prejudicado (CPC, art. 499).
8. Essa alteração não trouxe qualquer mudança positiva no número de recursos extraordinários propostos. Enquanto em 1988, ainda sob a vigência da Constituição de 1967/69, foram propostos 2.342 recursos extraordinários, em 1989, já sob o império da Constituição de 1988, foram distribuídos 3.060 recursos dessa índole. Essa tendência acentuou-se nos anos seguintes: 1990 – 10.833 recursos extraordinários; 1991, 10.247 (cf. Dados dos Relatórios do STF).

abstrato da omissão. Tal como o controle abstrato de normas, pode o controle abstrato da omissão ser instaurado pelo Presidente da República, pela Mesa da Câmara dos Deputados, Senado Federal, Mesa de uma Assembleia Legislativa, Governador do Estado, Procurador-Geral da República, Conselho Federal da Ordem dos Advogados do Brasil, partido político com representação no Congresso Nacional, confederação sindical ou entidade de classe de âmbito nacional[9].

2. A Ação Direta de Inconstitucionalidade

A grande mudança verificou-se no âmbito do controle abstrato de normas, com a criação da ação direta de inconstitucionalidade de lei ou ato normativo estadual ou federal (Cf, art. 102, I, *a*, c/c o art. 103).

Se a intensa discussão sobre o monopólio da ação por parte do Procurador-Geral da República não levou a uma mudança na jurisprudência consolidada sobre o assunto, é fácil constatar que ela foi decisiva para a alteração introduzida pelo constituinte de 1988, com a significativa ampliação do direito de propositura da ação direta.

O constituinte assegurou o direito do Procurador-Geral da República de propor a ação de inconstitucionalidade. Este é, todavia, apenas um dentre os diversos órgãos ou entes legitimados a propor a ação direta de inconstitucionalidade.

Nos termos do art. 103 da Constituição de 1988, dispõem de legitimidade para propor a ação de inconstitucionalidade o Presidente da República, a Mesa do Senado Federal, a Mesa da Câmara dos Deputados, a Mesa de uma Assembleia Legislativa, o Governador do Estado, o Procurador-Geral da República, o Conselho Federal da Ordem dos Advogados do Brasil, partido político com representação no Congresso Nacional, as confederações sindicais ou entidades de classe de âmbito nacional.

Tal fato fortalece a impressão de que, com a introdução desse sistema de controle abstrato de normas, com ampla legitimação e, particularmente, a outorga do direito de propositura a diferentes órgãos da sociedade, pretendeu o constituinte

---

9. Essa disposição foi desenvolvida segundo modelo do art. 283 da Constituição portuguesa:
"A requerimento do Presidente da República, do Provedor de Justiça ou, com fundamento em violação de direitos das regiões autónomas, dos presidentes das assembleias legislativas regionais, o Tribunal Constitucional aprecia e verifica o não cumprimento da Constituição por omissão das medidas legislativas necessárias para tornar exequíveis as normas constitucionais.

....

(2) Quando o Tribunal Constitucional verificar a existência de inconstitucionalidade por omissão, dará disso conhecimento ao órgão legislativo competente".

reforçar o controle abstrato de normas no ordenamento jurídico brasileiro como peculiar instrumento *de correção* do sistema geral incidente.

Não é menos certo, por outro lado, que a ampla legitimação conferida ao controle abstrato, com a inevitável possibilidade de se submeter qualquer questão constitucional ao Supremo Tribunal Federal, operou uma mudança substancial — ainda que não desejada — no modelo de controle de constitucionalidade até então vigente no Brasil.

O monopólio de ação outorgado ao Procurador-Geral da República no sistema de 1967/69 não provocou alteração profunda no modelo incidente ou difuso. Este continuou predominante, integrando-se a representação de inconstitucionalidade a ele como um elemento ancilar, que contribuía muito pouco para diferençá-lo dos demais sistemas *"difusos"* ou *"incidentes"* de controle de constitucionalidade.

A Constituição de 1988 reduziu o significado do controle de constitucionalidade incidental ou difuso, ao ampliar, de forma marcante, a legitimação para propositura da ação direta de inconstitucionalidade (CF, art. 103), permitindo que, praticamente, todas as controvérsias constitucionais relevantes sejam submetidas ao Supremo Tribunal Federal mediante processo de controle abstrato de normas.

3. A Ação Declaratória de Constitucionalidade

A Emenda Constitucional n. 3, de 17 de março de 1993, disciplinou o instituto da *ação declaratória de constitucionalidade*, introduzido no sistema brasileiro de controle de constitucionalidade, no bojo de reforma tributária de emergência. A Emenda Constitucional n. 3 firmou a competência do STF para conhecer e julgar a ação declaratória de constitucionalidade de lei ou ato normativo federal, processo cuja decisão definitiva de mérito possuirá eficácia contra todos e efeito vinculante relativamente aos demais órgãos do Executivo e do Judiciário. Conferiu-se legitimidade ativa ao Presidente da República, à Mesa do Senado Federal, à Mesa da Câmara dos Deputados e ao Procurador-Geral da República.

Embora a discussão sobre a ação declaratória de constitucionalidade seja mais ou menos recente no Brasil, a prática constitucional demonstra que, muitas vezes, a representação interventiva e sobretudo a representação de inconstitucionalidade foram utilizadas com o fito de afastar qualquer dúvida sobre a legitimidade de uma norma.

Daí não parecer surpreendente a criação da ação declaratória de constitucionalidade.

Acolhendo sugestão contida em estudo que elaboramos juntamente com o Professor Ives Gandra, o Deputado Roberto Campos apresentou proposta de Emenda Constitucional que instituía a ação declaratória de constitucionalidade[10].

Parte dessa proposição, com algumas alterações, foi incorporada à Emenda que deu nova redação a alguns dispositivos da ordem constitucional tributária e autorizou a instituição do imposto sobre movimentação ou transmissão de valores e de créditos e direitos de natureza financeira, mediante iniciativa do Deputado Luiz Carlos Hauly[11].

A ação declaratória foi aprovada, embora com ressalvas, quanto à legitimação, restrita ao Presidente da República, Mesa da Câmara, Mesa do Senado Federal e Procurador-Geral da República, e quanto ao objeto, que se limitou ao direito federal[12].

---

10. A proposta tinha o seguinte teor:
    "Art. 1º Suprima-se o inciso X do art. 52, renumerando-se os demais.
    Art. 2º Os arts. 102 e 103 da Constituição passam a vigorar com a seguinte redação:
    "Art. 102. (...)
    § 1º *A arguição de descumprimento de preceito fundamental decorrente desta Constituição será apreciada pelo Supremo Tribunal Federal, na forma desta lei.*
    § 2º As decisões definitivas proferidas pelo Supremo Tribunal, nos processos de controle de constitucionalidade de leis e atos normativos e no controle de constitucionalidade da omissão, têm eficácia *erga omnes* e efeito vinculante para os órgãos e agentes públicos.
    § 3º Lei complementar poderá outorgar a outras decisões do Supremo Tribunal Federal eficácia *erga omnes*, bem como dispor sobre o efeito vinculante dessas decisões para os órgãos e agentes públicos"
    "Art. 103. (...)
    § 1º (...)
    § 2º (...)
    § 3º (...).
    § 4º Os órgãos ou entes referidos nos incisos I a X deste artigos podem propor ação declaratória de constitucionalidade, que vinculará as instâncias inferiores, quando decidida no mérito."
11. Cf., a propósito, os dois substitutivos apresentados pelo Deputado Benito Gama, Relator da Comissão Especial destinada a examinar a Proposta de Emenda à Constituição n. 48-a, de 1991.
12. A Emenda n. 3, de 1993, assim disciplinou o instituto:
    "*Art. 102. (...)*
    I – a) a ação direta de inconstitucionalidade de lei ou ato normativo federal ou estadual e a ação declaratória de constitucionalidade de lei ou ato normativo federal;
    § 1º A arguição de descumprimento de preceito fundamental, decorrente desta Constituição, será apreciada pelo Supremo Tribunal Federal, na forma da lei.
    § 2º As decisões definitivas de mérito, proferidas pelo Supremo Tribunal Federal, nas ações declaratórias de constitucionalidade de lei ou ato normativo federal, produzirão eficácia contra todos e efeito vinculante, relativamente aos demais órgãos do Poder Judiciário e ao Poder Executivo."
    "Art. 103. (...)

A discussão sobre a constitucionalidade da emenda, suscitada pela Associação dos Magistrados do Brasil, foi pacificada no julgamento da ADC n. 1[13].

A Emenda Constitucional n. 45, de 2004, corrigiu em parte o modelo restritivo da EC 3/93, estabelecendo que estariam legitimados para ADC os mesmos legitimados para a ADIN. Subsiste, porém, a limitação quanto ao objeto, restrito ao direito federal, objeto agora de Projeto de emenda constitucional que tramita no Congresso Nacional.

De qualquer sorte, o controle abstrato de normas passa agora a ser exercido tanto pela ADIN, de longe a ação mais relevante no sistema de controle de constitucionalidade de normas[14], como pela ação declaratória de constitucionalidade.

4. A Arguição de Descumprimento Preceito Fundamental

As mudanças ocorridas no sistema de controle de constitucionalidade brasileiro alteraram radicalmente a relação que havia entre os controles concentrado e difuso. A ampliação do direito de propositura da ação direta e a criação da ação declaratória de constitucionalidade vieram reforçar o controle concentrado em detrimento do difuso.

Não obstante, subsistiu um espaço residual expressivo para o controle difuso relativo às matérias não suscetíveis de exame no controle concentrado (interpretação direta de cláusulas constitucionais pelos juízes e tribunais, direito pré-constitucional, controvérsia constitucional sobre normas revogadas, controle de constitucionalidade do direito municipal em face da Constituição Federal). Essas questões somente poderiam ser tratadas no âmbito do recuso extraordinário, o que explica a pletora de processos desse tipo ajuizados perante o Supremo Tribunal Federal.

É exatamente esse espaço, imune à aplicação do sistema direto de controle de constitucionalidade, que tem sido responsável pela repetição de processos, pela demora na definição das decisões sobre importantes controvérsias constitucionais e pelo fenômeno social e jurídico da chamada "guerra de liminares".

Foi em resposta ao quadro de incompletude de sistema de controle direto que surgiu a ideia de desenvolvimento do chamado "incidente de inconstitucionalidade", que pretendia assegurar aos entes legitimados do art. 103 a possibilidade de provocar o pronunciamento do Supremo Tribunal Federal sobre outras controvér-

---

§ 4º A ação declaratória da constitucionalidade poderá ser proposta pelo Presidente da República, pela Mesa do Senado Federal, pela Mesa da Câmara dos Deputados ou pelo Procurador-Geral da República."

13. Cf. ADC 1/DF, Relator Moreira Alves, Pleno, *DJ* 16.6.95.

14. Em 16.8.2006, a atuação do Supremo Tribunal Federal registrava a ADI 3.777.

sias constitucionais suscitadas nas ações judiciais em curso. Tal instituto, porém, não vingou.

A Arguição de Descumprimento de Preceito Fundamental veio prevista na Lei Maior de forma bastante singela: "a arguição de descumprimento de preceito fundamental, decorrente desta Constituição, será apreciada pelo Supremo Tribunal Federal, na forma lei." (art. 102, § 1º). A ausência de qualquer antecedente histórico significativo dificultava enormemente a disciplina infraconstitucional do instituto. Sepúlveda Pertence chegou a chamá-lo de autêntica "esfinge" do direito brasileiro[15].

Nesse contexto, o professor Celso Bastos e eu passamos a nos indagar se a chamada "arguição de descumprimento de preceito fundamental", prevista no art. 102, § 1º, da Constituição, não teria o escopo de colmatar importantes lacunas identificadas no quadro de competências do Supremo Tribunal Federal.

O Professor Celso Bastos elaborou o primeiro esboço do anteprojeto que haveria de regular a arguição de descumprimento de preceito fundamental. Tomando por base o texto inaugural, cuidamos nós de elaborar uma segunda versão, introduzindo-se o incidente de inconstitucionalidade. Essa proposta traduziu-se num amálgama consciente das concepções constantes do Projeto Celso Bastos, do Projeto da Comissão Caio Tácito[16] e do incidente de inconstitucionalidade, contemplado em várias propostas de Emenda Constitucional sobre o Judiciário[17].

Afigurava-se recomendável que o tema fosse submetido a uma Comissão de especialistas. A sugestão foi elevada à consideração do Ministro Iris Resende, da Justiça, que, em 4 de julho de 1997, editou a Portaria nº 572, publicada no D.O.U de 7 de julho de 1997, instituindo comissão destinada a elaborar estudos e anteprojeto de lei que disciplinasse a arguição de descumprimento de preceito fundamental. Foram designados, para compor a comissão, o Prof. Celso Ribeiro Bastos (Presidente), o Prof. Arnoldo Wald, o Prof. Ives Gandra Martins, o Prof.

---

15. ADPF-QO 1/RJ, voto do Ministro Sepúlveda Pertence, *DJ* 7.11.2003.
16. Projeto de Lei n. 2.960, de 1997 (PLC n. 10, no Senado Federal) sobre ADI e ADC, convertido na Lei n. 9.868, de 10 de novembro de 1999.
17. Substitutivo do Deputado Aloysio Nunes Ferreira a PEC n. 96-A/92:
    "Art. 103 (...).

    § 5º O Supremo Tribunal Federal, a pedido das pessoas e entidades mencionadas no art. 103, de qualquer tribunal, de Procurador-Geral de Justiça, de Procurador-Geral ou Advogado-Geral do Estado, quando for relevante o fundamento de controvérsia judicial sobre a constitucionalidade de lei, ato normativo federal ou de outra questão constitucional, federal, estadual ou municipal, poderá, acolhendo incidente de inconstitucionalidade, determinar a suspensão, salvo para medidas urgentes, de processos em curso perante qualquer juízo ou tribunal, para proferir decisão exclusivamente sobre matéria constitucional suscitada, ouvido o Procurador-Geral da República".

Oscar Dias Corrêa e o autor deste estudo. Após intensos debates realizados em São Paulo, a comissão chegou ao texto final do anteprojeto, que foi encaminhado pelo Prof. Celso Bastos, acompanhado de relatório, ao Ministro da Justiça, em 20 de novembro de 1997.

A proposta de anteprojeto de lei cuidou dos principais aspectos do processo e julgamento da arguição de descumprimento de preceito fundamental, nos termos e para os efeitos do disposto no § 1º do art. 102 da Constituição Federal. Estabeleceram-se o rito perante o STF, o elenco dos entes com legitimidade ativa, os pressupostos para suscitar o incidente e os efeitos da decisão proferida e sua irrecorribilidade.

Tendo em vista que o disciplinamento do instituto da arguição de descumprimento de preceito fundamental afetava as atribuições do STF, resolveu-se, ainda, colher a opinião daquela Corte (Aviso/MJ nº 624, de 4.5.1998). Em 7 de maio de 1998, Celso de Mello informou ter encaminhado cópia do texto do anteprojeto para todos os Ministros do Supremo Tribunal Federal (Ofício nº 076/98). Em 30 de junho de 1998, o trabalho realizado pela Comissão Celso Bastos foi divulgado em artigo publicado na Revista Consulex nº 18, ano II, vol. I, p. 18/21, sob o título "Preceito fundamental: arguição de descumprimento".

É necessário observar, todavia, que, desde março de 1997, tramitava no Congresso Nacional o Projeto de Lei nº 2.872, de autoria da ilustre deputada Sandra Starling, objetivando, também, disciplinar o instituto da arguição de descumprimento de preceito fundamental, sob o *nomen juris* de "reclamação". A reclamação restringia-se aos casos em que a contrariedade ao texto da Lei Maior fosse resultante de interpretação ou de aplicação dos Regimentos Internos das Casas do Congresso Nacional, ou do Regimento Comum, no processo legislativo de elaboração das normas previstas no art. 59 da Constituição Federal. Aludida reclamação haveria de ser formulada ao Supremo Tribunal Federal por um décimo dos Deputados ou dos Senadores, devendo observar as regras e os procedimentos instituídos pela Lei nº 8.038, de 28 de maio de 1990.

Em 4 de maio de 1998, o projeto de lei da deputada Sandra Starling recebeu parecer favorável do relator, o ilustre deputado Prisco Viana, pela aprovação do projeto na forma de substitutivo de sua autoria. Como então se verificou, o substitutivo Prisco Viana ofereceu disciplina que muito se aproximava daquela contida no Anteprojeto de Lei da Comissão Celso Bastos.

Aludido substitutivo, aprovado na Comissão de Constituição e Justiça e de Redação da Câmara dos Deputados, foi referendado pelo Plenário da Câmara dos Deputados e pelo Senado Federal, tendo sido submetido ao Presidente da República, que o sancionou[18], com veto ao inciso II do parágrafo único do art. 1º, ao

---

18. Lei n. 9.882, de 3 de dezembro de 1999.

inciso II do art. 2º, ao § 2º do art. 2º, ao § 4º do art. 5º, aos §§ 1º e 2º do art. 8º, e ao art. 9º.

4.1. Incidente de inconstitucionalidade e arguição de descumprimento

A discussão sobre a introdução no ordenamento jurídico brasileiro do chamado "incidente de inconstitucionalidade" não é nova. Já na Revisão Constitucional de 1994 cogitou-se de um instrumento que permitiria fosse apreciada controvérsia sobre a constitucionalidade de lei ou ato normativo federal, estadual ou municipal diretamente pelo STF, incluindo-se nesse rol, inclusive, os atos anteriores à Constituição. A ideia era que o Supremo Tribunal poderia, ao acolher o incidente de inconstitucionalidade, determinar a suspensão de processo em curso perante qualquer juízo ou tribunal para proferir decisão exclusivamente sobre a questão constitucional suscitada[19].

Tal instituto, entretanto, não ingressou no ordenamento jurídico naquela ocasião, tendo sido ressuscitada a discussão a seu respeito quando da entrada em vigor da Lei nº 9.882, de 1999, que regulamentou a arguição de descumprimento de preceito fundamental. Aqueles que se dispuseram a observar com mais atenção a conformação dada pela referida legislação à ADPF notaram que, afora os problemas decorrentes da limitação dos parâmetros de controle, o instituto, tal qual restou regulamentado, guarda estrita vinculação com as propostas relacionadas ao incidente de inconstitucionalidade.

A estrutura de legitimação, a exigência de configuração de controvérsia judicial ou jurídica para a instauração do processo, a possibilidade de sua utilização em relação ao direito municipal e ao direito pré-constitucional e o efeito vinculante das decisões, tudo reforça a semelhança entre os institutos. É certo, por outro lado, que, diferentemente do incidente de inconstitucionalidade, a arguição de descumprimento tem como parâmetro de controle os preceitos fundamentais identificados ou identificáveis na Constituição. Trata-se de elemento menos preciso do que o parâmetro de controle do incidente de inconstitucionalidade (toda a Constituição).

Assim, até que o Supremo Tribunal Federal se pronuncie acerca do efetivo alcance da expressão "preceitos fundamentais"[20], ter-se-á de assistir ao debate entre os cultores de uma interpretação ampla e aberta e os defensores de uma leitura restritiva e fechada do texto constitucional. Assinale-se, outrossim, que, diversa-

---

19. Cf. Relatoria da Revisão Constitucional, 1994, t. I, p. 317.
20. Cf. a discussão sobre o assunto na ADPF nº 33, Relator Ministro Gilmar Mendes, *DJ* 16.12.2005, julgada pelo Plenário da Corte em 7.12.2005.

mente do incidente, a arguição de descumprimento, tal como formulada na Lei nº 9.882, de 1999, poderá ser utilizada, em casos excepcionais, também de forma principal, assumindo a feição de um recurso de amparo ou de uma reclamação constitucional (*Verfassungsbeschwerde*) autônoma no direito brasileiro.

Dessa forma, não se pode deixar de registrar que a arguição de descumprimento de preceito fundamental, a par das questões suscitadas, ainda em aberto, já trouxe significativas mudanças no sistema de controle de constitucionalidade brasileiro.

Em primeiro lugar, porque permite a antecipação de decisões sobre controvérsias constitucionais relevantes, evitando que elas venham a ter um desfecho definitivo após longos anos, quando muitas situações já se consolidaram ao arrepio da "interpretação autêntica" do Supremo Tribunal Federal.

Em segundo lugar, porque poderá ser utilizado para – de forma definitiva e com eficácia geral – solver controvérsia relevante sobre a legitimidade do direito ordinário pré-constitucional em face da nova Constituição que, até o momento, somente poderia ser veiculada mediante a utilização do recurso extraordinário.

Em terceiro, porque as decisões proferidas pelo Supremo Tribunal Federal nesses processos, haja vista a eficácia *erga omnes* e o efeito vinculante, fornecerão a diretriz segura para o juízo sobre a legitimidade ou a ilegitimidade de atos de teor idêntico, editados pelas diversas entidades municipais.

Finalmente, deve-se observar que o novo instituto pode oferecer respostas adequadas para dois problemas básicos do controle de constitucionalidade no Brasil: o controle da omissão inconstitucional e a ação declaratória nos planos estadual e municipal.

Todas essas peculiaridades realçam que, no que respeita à diversidade e amplitude de utilização, a arguição de descumprimento de preceito fundamental revela-se superior à fórmula do incidente de inconstitucionalidade.

Diante dessa conjuntura, tenho enfatizado sistematicamente que a ADPF vem completar o sistema de controle de constitucionalidade de perfil relativamente concentrado no Supremo Tribunal Federal, uma vez que as questões, até então excluídas de apreciação no âmbito do controle abstrato de normas, podem ser objeto de exame no âmbito do novo procedimento.

5. Ação Direta de Inconstitucionalidade por omissão

É possível que a problemática atinente à inconstitucionalidade por omissão constitua um dos mais tormentosos e, ao mesmo tempo, um dos mais fascinantes temas do Direito Constitucional moderno. Ela envolve não só o problema concernente à concretização da Constituição pelo legislador e todas as questões atinentes à eficácia das normas constitucionais. Ela desafia também a argúcia do jurista na solução do problema sob uma perspectiva estrita do processo constitucional. Quando se pode afirmar a caracterização de uma lacuna inconstitucional? Quais as possibilidades de colmatação dessa lacuna? Qual a eficácia do pronunciamento da Corte Constitucional que afirma a inconstitucionalidade por omissão do legislador? Quais as consequências jurídicas da sentença que afirma a inconstitucionalidade por omissão?

Essas e outras indagações desafiam a dogmática jurídica aqui e alhures. Não pretendemos aqui dar uma resposta definitiva e cabal a essas questões, não só pelos limites do estudo proposto, mas, sobretudo, porquanto tal tarefa transcenderia de muito os limites das nossas próprias forças.

O constituinte de 1988 emprestou significado ímpar ao controle de constitucionalidade da omissão com a instituição dos processos de mandado de injunção e da ação direta da inconstitucionalidade da omissão. Como essas inovações não foram precedidas de estudos criteriosos e de reflexões mais aprofundadas, afigura-se compreensível o clima de insegurança e perplexidade que elas acabaram por suscitar nos primeiros tempos.

É, todavia, salutar o esforço que se vem desenvolvendo, no Brasil, para descobrir o significado, o conteúdo, a natureza desses institutos. Todos os que, tópica ou sistematicamente, já se depararam com uma ou outra questão atinente à omissão inconstitucional, hão de ter percebido que a problemática é de transcendental importância não apenas para a realização de diferenciadas e legítimas pretensões individuais. Ela é fundamental sobretudo para a concretização da Constituição como um todo, isto é, para a realização do próprio Estado de Direito Democrático, fundado na soberania, na cidadania, na dignidade da pessoa humana, nos valores sociais do trabalho, da iniciativa privada, e no pluralismo político, tal como estabelecido no art. 1º da Carta Magna. Assinale-se, outrossim, que o estudo da omissão inconstitucional é indissociável do estudo sobre a força normativa da Constituição.

Não obstante o hercúleo esforço da doutrina e da jurisprudência, muitas questões sobre a omissão inconstitucional continuam em aberto, ou parecem não ter encontrado, ainda, uma resposta adequada. Sem querer arriscar uma profecia, pode-se afirmar, com certa margem de segurança, que elas hão de continuar sem uma resposta satisfatória ainda por algum tempo!

Esse estado de incerteza decorre, em parte, do desenvolvimento relativamente recente de uma "Teoria da omissão inconstitucional". Aqueles que quiserem se aprofundar no exame do tema perceberão que o seu estudo sistemático constituía, até muito pouco tempo, monopólio da dogmática constitucional alemã. Esse aspecto contribuiu, sem dúvida, para que a questão fosse tratada, inicialmente, como quase uma excentricidade do modelo constitucional desenvolvido a partir da promulgação da Lei Fundamental de Bonn.

Observe-se, contudo, que o reconhecimento da inconstitucionalidade por omissão configura fenômeno relativamente recente, também na dogmática jurídica alemã.

Em 1911, ressaltava Kelsen que a configuração de um dever do Estado de editar determinada lei afigurava-se inadmissível[21]. Anteriormente, reconhecera Georg Jellinek que a impossibilidade de formular pretensão em face do legislador constituía *communis opinio*[22]. Sob o império da Constituição de Weimar (1919) negava-se, igualmente, a possibilidade de se formular qualquer pretensão contra o legislador. Esse entendimento assentava-se, de um lado, na ideia de uma irrestrita liberdade legislativa e, de outro, na convicção de que o legislador somente atuava no interesse da coletividade[23].

Essa concepção sofreu significativa mudança com o advento da Lei Fundamental de 1949. A expressa vinculação do legislador aos direitos fundamentais (art. 1º par. 3º) e à Constituição como um todo (art. 20, III) estava a exigir o desenvolvimento de uma nova concepção. Já em 1951 passa a doutrina a admitir, pela voz eloquente de Bachof, a possibilidade de responsabilização do Estado em virtude de ato de índole normativa[24], caracterizando uma ruptura com o entendimento até então vigente, baseado na própria jurisprudência do *Reichsgericht*[25]. Bachof rejeitava, porém, uma pretensão à edição de uma lei por entender que isso seria incompatível com o princípio da divisão de poderes[26].

A Corte Constitucional alemã viu-se compelida a arrostar questão atinente à omissão do legislador logo no seu primeiro ano de atividade.

Na decisão de 19.12.1951, o Tribunal negou a admissibilidade de recurso constitucional contra a omissão do legislador, que, segundo alegado, *fixara a pensão previdenciária em valor insuficiente para a satisfação das necessidades básicas de uma família*. Segundo o entendimento então esposado pelo Tribunal, os postulados contidos na Lei Fundamental não asseguravam ao cidadão, em princípio, qualquer pretensão a uma atividade legislativa suscetível de ser perseguida mediante *recurso constitucional*[27].

---

21. KELSEN, Hans. *Hauptprobleme de Staatsrechtslehre*. Tubingen: JCB Mohr, 1911, p. 410.
22. JELLINEK, Georg. *System der subjektiven öffentlichen Rechte*. 2. Aufl. Tubingen, 1905, p. 80, nota 1.
23. ANSCHUTZ, Gerhard; THOMA, Richard (Hrsg.). *Handbuch des Deutschen Staatsrechts*. Tubingen: Mohr, 1932, t. II, p. 608; GENZMER, Felix. *Die Verwaltungsgerichtsbarkeit, Handbuch des Deutschen Staatsrechts*. 1932, t. II, p. 506 s.
24. BACHOF, Otto. *Die verwaltungsgerichtliche Klage auf Vornahme einer Amtshandlung*. 2. Aufl. Tubingen: Mohr, 1968, p. 18.
25. Cf. acórdão do Reichsgericht in: *RGZ* 125, 282, no qual se assentou, expressamente, a impossibilidade de responsabilização do Estado por ato legislativo.
26. BACHOF, Otto. Op. cit. p. 18.
27. *BVerfGE* 1, 97 (100).

As decisões proferidas em 20.02.1957 e em 11.6.1958 estavam a sinalizar a evolução jurisprudencial que haveria de ocorrer. Na primeira decisão, proferida em processo de recurso constitucional, a Corte Constitucional alemã admitiu, expressamente, o cabimento de medida judicial contra omissão parcial do legislador, reconhecendo que, ao contemplar determinado grupo ou segmento no âmbito de aplicação de uma norma, o legislador poderia atentar contra o princípio da isonomia, cumprindo, de forma defeituosa, dever constitucional de legislar[28]. Na decisão de 11.6.1958, também proferida em recurso constitucional (*Verfassungsbeschwerde*)[29] impetrado contra lei federal que fixava a remuneração de funcionários públicos, a Corte declarou que, embora não estivesse legitimada a fixar os vencimentos de funcionários públicos, dispunha ela de elementos suficientes para constatar que, em virtude da alteração do custo de vida, os valores estabelecidos na referida lei não mais correspondiam aos parâmetros mínimos exigidos pelo art. 33 (5) da Lei Fundamental[30]. Não se declarou aqui a nulidade do ato normativo –, *até porque uma cassação agravaria ainda mais o estado de inconstitucionalidade*. O Tribunal limitou-se a constatar a ofensa a direito constitucional dos impetrantes, em virtude da omissão legislativa.

Portanto, a jurisprudência da Corte Constitucional alemã identificou, muito cedo, que configura a omissão inconstitucional não só o *inadimplemento absoluto* de um dever de legislar (*omissão total*), mas também a execução falha, defeituosa ou incompleta desse mesmo dever (*omissão parcial*) (*Teilunterlassung*). Assentou-se, igualmente, que a lacuna inconstitucional poderia decorrer de uma mudança nas relações fáticas, configurando para o legislador imediato dever de adequação.

A identificação da omissão inconstitucional do legislador, no juízo de constitucionalidade, tornava imperioso o desenvolvimento de novas técnicas de decisão, que se afigurassem adequadas a eliminar do ordenamento jurídico essa peculiar

---

28. *BVerfGE* 6, 257.
29. Acentue-se que ordenamento alemão não dispõe de instrumentos especiais para o controle judicial da omissão. O recurso constitucional – *Verfassungsbeschwerde* – constitui, na esfera do *Bundesverfassungsgericht*, o único instrumento processual autônomo de que o cidadão dispõe para atacar diretamente a omissão do legislador, desde que logre demonstrar eventual ofensa a um dos direitos fundamentais. Na maioria dos casos, cuida-se de *Verfassungsbeschwerde* dirigida contra ato normativo, nos casos em que se admite que o legislador satisfez, de forma incompleta, o dever de proteção (*Schutzpflicht*) dimanado de um ou de outro direito fundamental. A maioria dos casos refere-se, porém, não às *Verfassungsbeschwerde* propostas diretamente contra a omissão legislativa, seja ela parcial ou total, mas àquelas dirigidas contra decisão da última instância da jurisdição ordinária (chamadas *Urteils-Verfassungsbeschwerde*). A *Urteil-Verfassungsbeschwerde* cumpre, em determinada medida, função semelhante à do nosso recurso extraordinário pertinente à ofensa constitucional, podendo ser interposta nos casos de lesão aos direitos fundamentais mediante erro do Juiz ou Tribunal na interpretação e aplicação do direito.
30. *BVerfGE* 8, 1 (28).

forma de afronta à Constituição, sem violentar a própria sistemática constitucional consagrada na Lei Fundamental. A Corte Constitucional recusou, de plano, a possibilidade de substituir-se ao legislador na colmatação das lacunas eventualmente identificadas, entendendo que a tarefa de concretização da Constituição foi confiada, primordialmente, ao legislador. Assim, tanto o princípio da divisão de poderes, quanto o postulado da democracia obstavam a que os Tribunais se arrogassem ao direito de suprir lacunas eventualmente identificadas.

Essa orientação fez com que o Tribunal desenvolvesse, como técnica de decisão aplicável aos casos de lacuna inconstitucional, a declaração de inconstitucionalidade sem a pronúncia da nulidade (*Unvereinbarerklärung*). Trata-se de decisão de caráter mandamental, que obriga o legislador a suprimir, com a possível presteza, o estado de inconstitucionalidade decorrente da omissão[31]. Essa forma de decisão, construída pela jurisprudência, foi incorporada à Lei que disciplina o processo perante a Corte Constitucional.

Outra técnica de decisão, desenvolvida sobretudo para os casos de omissão inconstitucional, é o apelo ao legislador (*Appellentscheidung*), decisão na qual se afirma que a situação jurídica em apreço ainda se afigura constitucional, devendo o legislador empreender as medidas requeridas para evitar a consolidação de um estado de inconstitucionalidade. Essa técnica de decisão assumiu relevância ímpar nos casos da legislação pré-constitucional incompatível com a Lei Fundamental. A cassação dessas leis pré-constitucionais poderia levar, em muitos casos, a uma situação de autêntico caos jurídico. Daí ter a Corte Constitucional reconhecido que o legislador haveria de dispor de um prazo razoável para adaptar o direito ordinário à nova ordem constitucional, reconhecendo como "*ainda constitucional*" o direito anterior, que deveria ser aplicado nessa fase de transição. A doutrina constitucional mais moderna considera que o apelo ao legislador (*Appellentscheidung*) configura apenas uma decisão de rejeição de inconstitucionalidade, caracterizando-se essa recomendação dirigida ao legislador como simples *obiter dictum*[32]. Essa qualificação não retira a eficácia desse pronunciamento, não havendo, até agora, registro de qualquer caso de recalcitrância ou de recusa do legislador no cumprimento de dever constitucional de legislar.

---

31. IPSEN, Jörn. *Rechtsfolgen der Verfassungswidrigkeit von Norm und Einzelakt*. Baden-Baden, 1980, p. 268-269.
32. Cf. a propósito, BRYDE, Brun-Otto. *Verfassungsentwicklung, Stabilität und Dynamik im Verfassungsrecht der Bundesrepublik Deutschland*. Baden-Baden, 1982, p. 397 s.; IPSEN, Jörn. *Rechtsfolgen der Verfassungswidrigkeit von Norm und Einzelakt,* cit. p. 125. Sobre a diferenciação entre *ratio decidendi* e *obiter dictum* "coisa dita de passagem" (acessoriamente, v. RÓNAI, Paulo. *Não perca o seu latim*. Rio de Janeiro: Nova Fronteira, 1984), isto é entre os fundamentos essenciais à prolação do julgado e aquelas considerações que integram os fundamentos da decisão, mas que são perfeitamente dispensáveis, v. SCHLUTER, Wilfried. *Das Obiter Dictum*. Munique, 1973, p. 77 s.

No Brasil, a ação direta por omissão teve até agora uma aplicação restrita. Menos de uma centena de ações diretas de inconstitucionalidade por omissão foram propostas perante o Supremo Tribunal Federal[33].

6. Conclusão

Como observado acima, se se cogitava, no período anterior a 1988, de um *modelo misto* de controle de constitucionalidade, é certo que o forte acento residia, ainda, no amplo e dominante sistema difuso de controle. O controle direto continuava a ser algo acidental e episódico dentro do sistema difuso.

A Constituição de 1988 alterou, de maneira radical, essa situação, conferindo ênfase não mais ao sistema *difuso* ou *incidental*, mas ao modelo *concentrado*, uma vez que as questões constitucionais passaram a ser veiculadas, fundamentalmente, mediante ação direta de inconstitucionalidade perante o Supremo Tribunal Federal.

As mudanças ocorridas no sistema de controle de constitucionalidade brasileiro alteraram significativamente a relação que havia entre os controles concentrado e difuso. A ampliação do direito de propositura da ação direta e a criação da ação declaratória de constitucionalidade vieram reforçar o controle concentrado em detrimento do difuso.

A ampla legitimação, a presteza e a celeridade desse modelo processual, dotado inclusive da possibilidade de se suspender imediatamente a eficácia do ato normativo questionado, mediante pedido de cautelar, fazem com que as grandes questões constitucionais sejam solvidas, na sua maioria, mediante a utilização da ação direta, típico instrumento do controle concentrado.

Ademais, a criação da Arguição de Descumprimento de Preceito Fundamental veio ocupar um espaço residual expressivo para o controle difuso relativo às matérias não suscetíveis de exame no controle concentrado (interpretação direta de cláusulas constitucionais pelos juízes e tribunais, direito pré-constitucional, controvérsia constitucional sobre normas revogadas, controle de constitucionalidade do direito municipal em face da Constituição Federal).

O constituinte de 1988 emprestou, ainda, significado ímpar ao controle de constitucionalidade da omissão, com a instituição dos processos de mandado de injunção e da ação direta da inconstitucionalidade da omissão.

Assim, se continuamos a ter um modelo misto de controle de constitucionalidade, a ênfase passou a residir não mais no sistema difuso, mas no de perfil concentrado.

---

33. Dados obtidos na Secretaria Judiciária do STF, em janeiro/2007.

Capítulo 2

Aspectos Jurídicos da Aquisição de Terras Rurais por Estrangeiros (Pessoas Físicas e Pessoas Jurídicas)[1]

José Augusto Delgado

Parecerista. Consultor. Advogado. Ministro aposentado, após ter exercido a magistratura durante 43 anos. Especialista em Direito Civil. Ex-Ministro do Tribunal Superior Eleitoral. Doutor Honoris Causa pela Universidade Estadual do RN. Idem pela Universidade Potiguar do RN. Acadêmico da Academia Brasileira de Letras Jurídicas. Acadêmico da Academia Brasileira de Direito Tributário. Integrante da Academia de Direito Tributário das Américas. Acadêmico da Academia Norteriograndense de Letras. Professor Aposentado de Direito da UFRN. Professor Convidado do CEUB – Brasília, no curso de Pós-Graduação (Especialização). Ex-Professor da Universidade Católica de Pernambuco. Ex-Juiz Estadual. Ex-Juiz Federal. Ex-Juiz Eleitoral. Ex-Desembargador Federal do TRF-5. Região. Membro do Instituto dos Advogados do Distrito Federal. Membro da Associação Brasileira de Direito Tributário.

SUMÁRIO: 1. Introdução. 2. Condição Jurídica do Português no Brasil. 3. Análise dos negócios jurídicos celebrados pelos procuradores do estrangeiro. 4. As responsabilidades do mandatário por atos que excedem os limites do mandato. A regulamentação do assunto. 5. A disciplina legal aplicada aos investidores estrangeiros no Brasil. A regulamentação do ordenamento jurídico brasileiro para aquisição por estrangeiros de imóveis urbanos e rurais. A convalidação da existência, da validade, da eficácia e da efetividade da compra e venda do imóvel rural identificado no caso em análise, tendo em vista que foi adquirido por empresa nacional com participação majoritária de empresa estrangeira portuguesa. 6. A convalidação de negócio jurídico privado nulo de pleno direito. Doutrina o Art. 15 da Lei nº 5.709/71. 7. A instauração de inquérito policial para apurar ocorrência ou não de delito previsto no artigo 1º, inciso III, da Lei nº 8.137, de 27 de dezembro de 1990. Ausência de justa causa. 8. Conclusões

---

1. Trabalho elaborado, especialmente, em homenagem ao Ministro Cesar Asfor Rocha, que, como advogado, ontem, dignificou a profissão, e, hoje, como magistrado constitui exemplo de dedicação à justiça, lealdade às instituições, de fidelidelidade às amizades e de profundo respeito ao cidadão.

1. Introdução

Há poucos dias, por solicitação de partes interessadas, proferimos parecer em um caso de aquisição de terras rurais para exploração agrícola por estrangeiro português que, por apresentar aspectos peculiares que merecem ser debatidos pelo ambiente acadêmico jurídico, transformamos no presente estudo que, com muita honra, elaboramos em homenagem ao Ministro Cesar Asfor Rocha, atualmente exercendo as funções do cargo de Presidente do Superior Tribunal de Justiça, onde desenvolve magnífico trabalho em benefício da entrega da prestação jurisdicional com celeridade, haja vista a implantação, sob a sua direção, da informatização dos processos no âmbito do referido tribunal.

Os fatos acontecidos são os que, em síntese, passamos a registrar.

Um estrangeiro, pessoa física, por intermédio de procurador, celebrou contrato de promessa de compra e venda de um imóvel rural situado no Brasil, por um determinado valor que foi pago em três prestações: uma a vista e as duas outras mediante depósito do quantitativo correspondente em moeda estrangeira depositada em Bancos sediados na Itália e nos Estados Unidos, tudo em cumprimento a promessa de compra e venda lavrada.

No mesmo momento da celebração do contrato de promessa de compra e venda, nos termos acima registrados, o procurador do estrangeiro celebra com a parte vendedora um outro contrato de promessa de compra e venda, sem revogar o primeiro, fazendo constar que o preço da transação foi de valor muito menor e que foi liquidado em dinheiro, no ato da assinatura do mencionado negócio jurídico.

Com base nesse último documento, foi lavrada a escritura definitiva de compra e venda e registrado o imóvel não em nome do comprador estrangeiro pessoa física, porém, em nome de uma pessoa jurídica nacional da qual uma empresa controlada por aquele era sócia majoritária, constando o preço muito menor registrado na segunda promessa de compra e venda e sem comprovante de que havia autorização das autoridades administrativas brasileiras para a referida transação, haja vista que o imóvel foi adquirido para desenvolvimento de atividades agrícolas e pecuárias.

Tendo em vista tais fatos, desenvolvemos os fundamentos jurídicos a seguir alinhados e que vão acrescidos de comentários que não constam no referido parecer.

2. Condição Jurídica do Português no Brasil

Visamos, neste espaço, demonstrar o tratamento diferenciado que o nosso ordenamento jurídico concede aos portugueses, considerando-se a regulamentação imposta para os demais estrangeiros.

A nossa intenção é avaliar os vínculos político-jurídicos que se estabelecem entre o indivíduo nascido em Portugal e o Estado brasileiro.

Escolhemos linha de pesquisa apoiada em método que permite uma visão multidimensional do assunto, empregando as regras impostas pela teoria pós-positivista do direito, a fim de que não sejamos tentados a firmar conclusões parciais sobre a abordagem feita. É nossa intenção desenvolver razões que se afirmem por características empíricas e ao mesmo tempo analíticas, normativas e jurisprudenciais. Para alcançar o objetivo planejado, somos conduzidos a desenvolver uma compreensão mais larga possível da dogmática jurídica, fazendo distinções conceituais para que sejam encontradas respostas às indagações que fazemos, tendo como base maior a Constituição Federal de 1988.

Os nacionais portugueses gozam de condições especiais em nosso Direito Positivo, a partir da Constituição Federal de 1988.

Os estrangeiros em geral, incluindo-se, logicamente os portugueses, estão submetidos, nos seus relacionamentos políticos, sociais, jurídicos, financeiros e econômicos com o Brasil, a vários diplomas internacionais, a saber:

a) Declaração Universal dos Direitos do Homem. Esta Convenção Internacional dispõe em seu art. 2º que os direitos por ela enunciados são aplicados a todas as pessoas, sem distinção quanto à origem nacional.

b) O Código de Bustamonte, resultado da Convenção Internacional assinada em Havana, no dia 20.02.1928, promulgado pelo Brasil consoante o DECRETO N. 18.871 – DE 13 DE AGOSTO DE 1929, determina, em seu art. 1º que:

"Os estrangeiros que pertençam a qualquer dos Estados contratantes gozam, no território dos demais, dos mesmos direitos civis que se concedam aos nacionais", advertindo, porém, que "Cada Estado contratante pode, por motivo de ordem pública, recusar ou sujeitar a condições especiais o exercício de determinados direitos civis aos nacionais dos outros, e qualquer desses Estados pode, em casos idênticos, recusar ou sujeitar a condições especiais o mesmo exercício aos nacionais do primeiro". A seguir, no art. 2º, impõe que "Os estrangeiros que pertençam a qualquer dos Estados contratantes gozarão também, no território dos demais de garantias individuais idênticas às dos nacionais, salvo as restrições que em cada um estabeleçam a Constituição e as leis". Em sequência, na segunda parte do referido artigo, determina que "As garantias individuais idênticas não se estendem ao desempenho de funções públicas, ao direito de sufrágio e a outros direitos políticos, salvo disposição especial da legislação interna". Por fim, no seu art. 3º, estabelece as seguintes condições para a aplicação dos artigos 1º e 2º: "Art. 3º Para o exercício dos direitos civis e para o gozo das garantias individuais idênticas, as leis e regras vigentes em cada Estado contratante consideram-se divididas nas três categoria seguintes: I. As que se aplicam às pessoas em virtude do seu domicílio ou da sua nacionalidade e as seguem, ainda que se mudem para outro país, – denominadas pessoas ou de ordem pública interna; I. As que obrigam por igual a todos os que residem no território, sejam ou não nacionais, – denominadas territoriais, locais ou de ordem pública internacional; III. As que se aplicam somente mediante a expressão, a interpretação ou a presunção da vontade das partes ou de alguma delas, – denominadas voluntárias, supletoriais ou de ordem privada", complementando com o art. 5º a definir que constitui dever de todos os Estados "concederem aos estrangeiros domiciliados ou de passagem em seu território todas as garantias individuais que concedem a seus próprios nacionais e o gozo dos direitos civis essenciais".

c) Pacto Internacional de Direitos Econômicos Sociais e Culturais, Nova Iorque, 19.12.1996, adotado pela Assembleia Geral das Nações Unidas pela Resolução n. 2200-A (XXI), de 16 de dezembro de 1966, tendo entrado em vigor em 03 de janeiro de 1976, que dispõe em seus arts. 1º, 2º, 3º e 4º as seguintes regras sobre os direitos de estrangeiros:

"Artigo 1º – 1. Todos os povos têm o direito à autodeterminação. Em virtude deste direito estabelecem livremente a sua condição política e, desse modo, providenciam o seu desenvolvimento econômico, social e cultural. 2. Para atingirem os seus fins, todos os povos podem dispor livremente das suas riquezas e recursos naturais, sem prejuízo das obrigações que derivam da cooperação econômica internacional baseada no princípio de benefício recíproco, assim como do direito internacional. Em caso algum se poderá privar um povo dos seus próprios meios de subsistência. 3. Os Estados-Signatários no presente Pacto, incluindo os que têm a responsabilidade de administrar territórios não autônomos e territórios em fideicomisso, promoverão o exercício do direito à autodeterminação e respeitarão este direito em conformidade com as disposições da Carta das Nações Unidas. Artigo 2º – 1. Cada um dos Estados-Signatários no presente Pacto compromete-se a adotar medidas, seja isoladamente, seja através da assistência e cooperação internacionais, especialmente econômicas e técnicas, até ao máximo dos recursos de que disponha, por todos os meios adequados, inclusive e em particular a adoção de medidas legislativas, para atingir progressivamente a plena efetividade dos direitos aqui reconhecidos. 2. Os Estados-Signatários no presente Pacto comprometem-se a garantir o exercício dos direitos que nele se enunciam, sem qualquer discriminação, por motivos de raça, cor, sexo, língua, religião, opinião política ou de outra índole, origem nacional ou social, posição econômica, nascimento ou qualquer outra condição social. 3. Os países em vias de desenvolvimento, tendo devidamente em conta os direitos humanos e a sua economia social, poderão determinar em que medida garantirão os direitos econômicos reconhecidos no presente Pacto a pessoas que não sejam seus nacionais. Artigo 3º – Os Estados-Signatários no presente Pacto comprometem-se a assegurar que homens e mulheres, de igual modo, gozem de todos os direitos econômicos, sociais e culturais enunciados no presente Pacto. Artigo 4º – Os Estados-Signatários no presente Pacto reconhecem que, no exercício dos direitos garantidos pelo presente Pacto poderá um Estado limitar tais direitos unicamente nos termos da lei, apenas na medida em que sejam compatíveis com a natureza desses direitos e com o objetivo exclusivo de promover o bem-estar geral numa sociedade democrática".

d) Pacto Internacional de Direitos Civis e Políticos, Nova Iorque, 19.12.1966, Pacto Internacional de Direitos Civis e Políticos, aprovado pela Resolução 2.200 A(XXI) da Assembleia Geral das Nações Unidas em 16 de Dezembro de 1966, dispõe em seus arts. 2º e 26 que:

"Artigo 2º – 1 – Cada um dos Estados-Signatários no presente Pacto compromete-se a respeitar e a garantir a todos os indivíduos que se encontrem no seu território e estejam sujeitos à sua jurisdição, os direitos reconhecidos no presente Pacto, sem distinção alguma de raça, cor, sexo, língua, religião, opinião política ou de outra índole, origem nacional ou social, posição econômica, nascimento ou qualquer outra condição social. 2 – Cada Estado-Signatário compromete-se a adotar, de acordo com os seus procedimentos constitucionais e as disposições do presente Pacto, as medidas oportunas para implementar as disposições legislativas ou de outro gênero que sejam necessárias para tornar efetivos os direitos reconhecidos no presente Pacto e que não estejam ainda garantidos por disposições legislativas ou de outro gênero. 3 – Cada um dos Estados-Signatários no presente Pacto compromete-se a garantir que: a) Toda a pessoa cujos direitos ou liberdades reconhecidos no presente Pacto tenham sido violados terá meios efetivos de recurso, mesmo que essa violação tenha sido cometida por pessoas que atuavam no exercício das suas funções oficiais; b) A autoridade competente, judicial, administrativa ou legislativa, ou qualquer outra autoridade competente prevista pelo sistema legal do Estado, decidirá sobre os direitos de toda a pessoa que interponha esse recurso e analisará as possibilidades de recurso judicial; c) As autoridades competentes darão seguimento a todo o recurso que tenha sido reconhecido como justificado". "Artigo 26. – Todas as pessoas são iguais perante a lei e têm direito, sem discriminação, a igual proteção da lei. A este respeito, a lei proibirá toda a discriminação e garantirá a todas as pessoas proteção igual e efetiva contra qualquer discriminação por motivos de raça, cor, sexo, língua, religião, opiniões políticas ou outras, origem nacional ou social, posição econômica, nascimento ou qualquer outra condição social."

e) Convenção Americana sobre Direitos Humanos, de São José da Costa Rica, de 22.11.1969, que, em seus arts. 1º e 26, disciplina:

"Artigo 1º – Obrigação de respeitar os direitos – 1. Os Estados-partes nesta Convenção comprometem-se a respeitar os direitos e liberdades nela reconhecidos e a garantir seu livre e pleno exercício a toda pessoa que esteja sujeita à sua jurisdição, sem discriminação alguma, por motivo de raça, cor, sexo, idioma, religião, opiniões políticas ou de qualquer outra natureza, origem nacional ou social, posição econômica, nascimento ou qualquer outra condição social. 2. Para efeitos desta Convenção, pessoa é todo ser humano" . "Capítulo III – DIREITOS ECONÔMICOS, SOCIAIS E CULTURAIS – Artigo 26 – Desenvolvimento progressivo – Os Estados-partes comprometem-se a adotar as providências, tanto no âmbito interno, como mediante cooperação internacional, especialmente econômica e técnica, a fim de conseguir progressivamente a plena efetividade dos direitos que decorrem das normas econômicas, sociais e sobre educação, ciência e cultura, constantes da Carta da Organização dos Estados Americanos, reformada pelo Protocolo de Buenos Aires, na medida dos recursos disponíveis, por via legislativa ou por outros meios apropriados."

Os Tratados e Convenções Internacionais revelados estão em harmonia com o que dispõe o art. 5º da CF:

> "Todos são iguais perante a lei, sem distinção de qualquer natureza, garantindo-se aos brasileiros e aos estrangeiros residentes no país a inviolabilidade do direito à vida, à liberdade, à igualdade, à segurança e à propriedade, nos termos seguintes."

O que acabamos de expor tem por finalidade demonstrar que há um encontro de vontades manifestadas pelas Nações no sentido de ser garantido ao estrangeiro, especialmente, nas relações financeiras e econômicas, uma proteção do mesmo nível da que é assegurada aos nacionais. As restrições, quando postas, devem ser expressas nas Constituições de cada país e na legislação ordinária quando, para tanto, existir autorização. A consequência do que estamos afirmando leva-nos a adotar o posicionamento de que não podemos interpretar restritivamente as disposições legais voltadas para disciplinar as atividades econômicas dos estrangeiros no Brasil.

Os portugueses, quando praticam negócios jurídicos econômicos no Brasil, estão subordinados às regras internacionais acima mencionadas, embora gozem de determinados privilégios, começando pelos previstos na Constituição Federal de 1988, conforme alteração introduzida pela emenda revisional n. 3 de 1994, no § 1º do art. 12, *in verbis*: *"aos portugueses com residência permanente no País, se houver reciprocidade em favor de brasileiros, serão atribuídos os direitos inerentes ao brasileiro, salvo os casos previstos nesta Constituição"*. Em consequência, os portugueses, bastando apenas residir no Brasil, gozam dos mesmos direitos e garantias atribuídos aos brasileiros naturalizados. É bem verdade que esse tratamento não é de natureza absoluta, pois os brasileiros naturalizados, para que possam usufruir dos direitos que lhe são assegurados, deverão ter residência permanente e existir o direito de reciprocidade, isto é, a concessão aos brasileiros residentes em Portugal, dos mesmos direitos que os portugueses residentes no Brasil recebem por força de lei.

Relevante anotar que o estrangeiro, no Brasil, recebe regulação, em nível infraconstitucional, do Estatuto do Estrangeiro, Lei n. 6.815/80, com as alterações da Lei 6.984/81.

Concentrando o nosso estudo nas relações de direito privado, tendo em vista o alcance do presente parecer, destacamos que, em tese, não há distinção entre nacionais e estrangeiros para o gozo dos direitos privados, conforme previsão do art. 1º do CC de 2002: "Art. 1º Toda pessoa é capaz de direitos e deveres na ordem civil".

Ocorre que o estrangeiro, neste rol incluído o nacional português, na área do exercício dos direitos privados, sofre algumas restrições quando do exercício do direito de propriedade. O art. 190 da CF de 1988 determina que a lei regule e limite a aquisição e o arrendamento de propriedade rural por pessoa física ou jurídica estrangeira e estabeleça os casos em que tais negócios dependam de autorização do Congresso Nacional (art. 190); os estrangeiros não podem ser proprietários de empresa jornalística e de radiodifusão sonora e de sons e imagens, nem responsáveis por sua administração e orientação intelectual (art. 222); o art. 176, § 1º, afirma que é vedado autorizar ou conceder a estrangeiros, mesmo residentes, a pesquisa e a lavra de recursos minerais ou o aproveitamento de potencial de energia hidráulica.

Lembramos, ainda, que, quanto ao exercício dos direitos econômicos e sociais pelos estrangeiros, deverão ser observadas as mensagens do art. 7º da CF que preceitua que os direitos dos trabalhadores são extensivos a todos, urbanos e rurais, sem restrições.

O relacionamento entre brasileiros e portugueses está, também, submetido a Convenção sobre Igualdade de Direitos e Deveres entre Brasileiros e Portugueses – o denominado Estatuto das Igualdades, firmado pelo Brasil e por Portugal, em 07 de setembro de 1971, incorporado ao nosso ordenamento jurídico pelo Decreto n. 70.391, de 12 de abril de 1972, tendo entrado em vigor no dia 22 de abril de 1972.

Os benefícios elencados no Estatuto das Igualdades devem, contudo, ser pleiteados pelos portugueses ao Ministério da Justiça, órgão integrante do Poder Executivo brasileiro, com a comprovação de que gozam de plena capacidade civil de acordo com as leis portuguesas, que residem de modo permanente no território brasileiro, por no mínimo 5 anos, e que gozam da nacionalidade portuguesa. Não se aplicam automaticamente a todos os indivíduos que nele se enquadrem, pelo contrário, dependem de requisição à autoridade.

Para melhor compreensão sobre a condição jurídica especial dos portugueses no Brasil, anexamos ao presente parecer excelente trecho de artigo da autoria de Darlan Airton Dias, intitulado CONDIÇÃO JURÍDICA DO PORTUGUÊS NO BRASIL, publicado via internet[2] (doc. de n. 1), acessado em 10 de maio de 2009, bem como cópia integral da Convenção sobre Igualdade de Direitos e Deveres entre Brasileiros e Portugueses (doc. de n.2).

As considerações que acabamos de fazer são as que entendemos necessárias para a compreensão das regras jurídicas aplicáveis aos portugueses quando praticam negócios jurídicos econômicos no Brasil. Passamos, a seguir, a examinar a situação concreta que estamos a estudar.

---

2. http://74.125.47.132/search?q=cache:mr57ZjSIxv8J:direitointernacional.110mb.com/DIPr/Texto7.doc+Assim+como+em+Atenas+dispensava-se+tratamento+diferenciado+aos+alien%C3%ADgenas,&cd=1&hl=pt-BR&ct=clnk&gl=br.

3. Análise dos negócios jurídicos celebrados pelos procuradores do estrangeiro

Assentamos, inicialmente, com o destaque necessário, que o estrangeiro português, no caso destacado, não celebrou pessoalmente os negócios jurídicos celebrados e que estão sendo objeto do presente estudo. Todos eles foram contratados e consumados por via dos procuradores do estrangeiro português. Este limitou-se, apenas, a liberar, conforme as cláusulas contratuais, a importância total ajustada para a quitação das obrigações que os seus procuradores, em seu nome, assumiram.

4. As responsabilidades do mandatário por atos que excedem os limites do mandato. A regulamentação do assunto

As relações jurídicas que envolvem o contrato de mandado são desenvolvidas, em nosso ordenamento jurídico, com base em quatro princípios: a) o da confiança; b) o da lealdade; c) o da probidade; d) o da boa-fé.

O Código Civil de 2002 estabelece, em seus artigos 653 a 691, a disciplina específica para o contrato de mandato, dividindo-a em quatro seções, a saber: a) disposições gerais; b) obrigações do mandatário; c) obrigações do mandante; d) extinção do mandato.

No campo destinado a fixação das disposições gerais, destacamos, no que interessa às relações jurídica em exame, as determinações dos artigos seguintes:

> Art. 661. O mandato em termos gerais só confere poderes de administração.
> § 1º Para alienar, hipotecar, transigir, ou praticar outros quaisquer atos que exorbitem da administração ordinária, depende a procuração de poderes especiais e expressos.
> § 2º O poder de transigir não importa o de firmar compromisso.
> Art. 662. Os atos praticados por quem não tenha mandato, ou o tenha sem poderes suficientes, são ineficazes em relação àquele em cujo nome foram praticados, salvo se este os ratificar.
> Parágrafo único. A ratificação há de ser expressa, ou resultar de ato inequívoco, e retroagirá à data do ato.
> Art. 663. Sempre que o mandatário estipular negócios expressamente em nome do mandante, será este o único responsável; ficará, porém, o mandatário pessoalmente obrigado, se agir no seu próprio nome, ainda que o negócio seja de conta do mandante. É o que determina o art. 661 e seus parágrafos do Código Civil de 2002, conforme acima anotado.

Observamos, desde logo, que o mandato outorgado pelo estrangeiro português ao seu procurador não lhe atribuía poderes além da cláusula *"ad negotia"*, isto é, não podia o mandatário alienar, hipotecar, transigir ou praticar quaisquer outros atos que exorbitassem da administração ordinária. Qualquer ato que excedesse os limites da cláusula "*ad negotia*" dependiam de procuração com poderes especiais e expressos.

Está assentado nos anais doutrinários e jurisprudenciais que a cláusula "*ad negotia*" significa mandato concedido para a tomada de atos na esfera extrajudicial e limitados à vontade do mandante.

No caso analisado, o outorgante autorizou, apenas, o direito de praticar os atos da cláusula "*ad negotia*", com a autorização de firmar o contrato de promessa de compra e venda nos termos em que foi ajustado com o vendedor, passando-se a escritura definitiva, após a liquidação das obrigações financeiras acordadas, pelo preço real do negócio celebrado.

Indiscutivelmente, o segundo contrato celebrado pelo, procurador com o vendedor dos bens, não existe, não tem validade, não tem eficácia e efetividade para o mundo jurídico. É um ato ineficaz, conforme determina expressamente o art. 662 do Código Civil de 2002 (Art. 662. Os atos praticados por quem não tenha mandato, ou o tenha sem poderes suficientes, são ineficazes em relação àquele em cujo nome foram praticados, salvo se este os ratificar. Parágrafo único. A ratificação há de ser expressa, ou resultar de ato inequívoco, e retroagirá à data do ato), por não ter sido expressamente ratificado pelo mandante. O mandatário extrapolou os limites dos poderes que lhe foram concedidos pelo outorgante da procuração. Este em nenhum momento autorizou que fosse celebrado um contrato paralelo de promessa de compra e venda com a fixação de preço menor, quando, na verdade, o negócio jurídico foi realmente firmado pelo valor inicialmente ajustado. Além do mais não há qualquer situação jurídica a justificar a firmação do segundo contrato de promessa de compra e venda, com a conivência do vendedor, por preço inferior ao realmente ajustado. Tal avença foi fraudulenta.

O contrato de mandato, da mesma forma que todos as outras contratos previstos pelo Código Civil de 2002, deve obedecer aos princípios da boa-fé objetiva, da probidade, da autonomia privada e da justiça contratual. A inobservância desses princípios vicia o negócio jurídico celebrado, determinando a sua inexistência por ter sido praticado fora dos limites da sinceridade, da lisura e da ética.

O estrangeiro português não autorizou ao seu mandatário portador de cláusula "*ad negotia*" que celebrasse o contrato paralelo aqui identificado. O mandatário, ao agir sem autorização do mandante, descumpriu o princípio da boa-fé objetiva, traiu a confiança recebida do outorgante da procuração, que valoriza o caráter ético do contrato, com a agravante de ter recebido concordância da parte promitente vendedora. Está, realmente, caracterizada e consumada uma fraude grave cometida, exclusivamente, pelo mandatário e pelo promitente vendedor do imóvel, sem nenhuma participação do mandante, haja vista que este não ratificou a referida transação ilícita. Tanto não ratificou que pediu a retificação da escritura para nela fazer constar o real preço do imóvel. No caso, a boa-fé objetiva está fundada na honestidade, na retidão, na lealdade e, principalmente, na consideração de que todos os membros da sociedade são juridicamente tutelados, antes mesmo de serem partes nos contratos.

A doutrina, pela voz autorizada da Profª Maria Helena Diniz (*in* "*Curso de Direito Civil – Teoria das Obrigações Contratuais e Extracontratuais*", 7ª edição, 3º vol., pág. 247) expõe de forma muito esclarecedora:

> "Realmente, o mandatário, como representante do mandante, fala e age em seu nome e por conta deste. Logo, é o mandante quem contrai as obrigações e adquire os direitos como se tivesse tomado parte pessoalmente no negócio jurídico." (destacou-se)

Em página seguinte, conclui a referida civilista:

> "O mandatário é representante convencional, em que o representante recebe poderes para agir em nome do representado. Consequentemente, os atos do representante, mesmo contrariando as instruções recebidas (RT, 499:252), só vincularão o representado se praticados em seu nome dentro dos limites do instrumento, isto é, conforme os poderes constantes da procuração (RT, 495:232)" (O original não vem com destaques).

Configurado o panorama suso descrito, firmamos conclusão de que o mandatário e o promissário vendedor do imóvel, únicas pessoas que firmaram o contrato paralelo de promessa de compra e venda, são os únicos responsáveis pelos danos que tal ato praticaram ao fisco e a terceiros. É o que determina o art. 663 do Código Civil, em sua parte final: "Sempre que o mandatário estipular negócios expressamente em nome do mandante, será este o único responsável; *ficará, porém, o mandatário pessoalmente obrigado, se agir no seu próprio nome, ainda que o negócio seja de conta do mandante*". (O destaque é nosso).

Não afastamos, também, a certeza de que a celebração do contrato paralelo entre o mandatário do português, sem este conceder para tanto autorização, e o promitente vendedor, caracteriza crime penal inserido na capitulação denominada de falsidade ideológica de documento particular. Eis a redação do art. 299 do Código Penal:

> "Falsidade ideológica. Art. 299 – Omitir, em documento público ou particular, declaração que dele devia constar, ou nele inserir ou fazer inserir declaração falsa ou diversa da que devia ser escrita, com o fim de prejudicar direito, criar obrigação ou alterar a verdade sobre fato juridicamente relevante: Pena – reclusão, de um a cinco anos, e multa, se o documento é público, e reclusão de um a três anos, e multa, se o documento é particular."

Os agentes já mencionados inseriram no documento particular comentado (o contrato paralelo de promessa de compra e venda) declaração diversa da que devia ser escrita com o fim de prejudicar direito, criar obrigação ou alterar a verdade sobre fato juridicamente relevante, no caso o verdadeiro preço do imóvel. A ação foi dolosa e com fim específico.

Por tudo quanto exposto, firmamos entendimento que o referido contrato paralelo de promessa de compra e venda, no âmbito civil, inexiste, é inválido, é ineficaz.

5. A DISCIPLINA LEGAL APLICADA AOS INVESTIDORES ESTRANGEIROS NO BRASIL. A REGULAMENTAÇÃO DO ORDENAMENTO JURÍDICO BRASILEIRO PARA AQUISIÇÃO POR ESTRANGEIROS DE IMÓVEIS URBANOS E RURAIS. A CONVALIDAÇÃO DA EXISTÊNCIA, DA VALIDADE, DA EFICÁCIA E DA EFETIVIDADE DA COMPRA E VENDA DO IMÓVEL RURAL IDENTIFICADO NO CASO EM ANÁLISE, TENDO EM VISTA QUE FOI ADQUIRIDO POR EMPRESA NACIONAL COM PARTICIPAÇÃO MAJORITÁRIA DE EMPRESA ESTRANGEIRA PORTUGUESA

O Brasil adota política de incentivar os investimentos estrangeiros no Brasil. Estabelece, contudo, regras constitucionais e infraconstitucionais que visam disciplinar a atuação de pessoas físicas ou jurídicas não nacionais no processo econômico do país.

A Constituição Federal de 1988 está dotada de comandos imperativos regulando os investimentos de pessoas físicas e jurídicas estrangeiras no Brasil, a saber:

a) De acordo com o art. 172 a "lei disciplinará, com base no interesse nacional, os investimentos de capital estrangeiro, incentivará os reinvestimentos e regulará a remessa de lucros".

b) O art. 192, conforme redação dada pela Emenda Constitucional n. 40, de 2002, impõe que "o sistema financeiro nacional, estruturado de forma a promover o desenvolvimento equilibrado do País e a servir aos interesses da coletividade, em todas as partes que o compõem, abrangendo as cooperativas de crédito, será regulado por leis complementares que disporão, inclusive, sobre a participação do capital estrangeiro nas instituições que o integram".

c) O art. 199, embora afirme que "a assistência à saúde é livre à iniciativa privada", impõe, contudo, em seu § 3º que "é vedada a participação direta ou indireta de empresas ou capitais estrangeiros na assistência à saúde no País, salvo nos casos previstos em lei".

d) No referente à aquisição de propriedade de empresa jornalística e de radiodifusão sonora e de sons e imagens, o art. 222 estabelece que ela seja privativa de brasileiros natos ou naturalizados há mais de dez anos, ou de pessoas jurídicas constituídas sob as leis brasileiras e que tenham sede no País, conforme redação dada pela EC n. 36, de 2002, sendo que, no seu parágrafo 4º impõe que a lei disciplinará a participação de capital estrangeiro nas empresas de que trata o § 1º, redação dada pela EC n. 36, de 2002. O referido § 1º regula que "Em qualquer caso, pelo menos setenta por cento do capital total e do capital votante das empresas jornalísticas e de radiodifusão sonora e de sons e imagens deverá pertencer, direta ou indiretamente, a brasileiros natos ou naturalizados há mais de dez anos, que exercerão obrigatoriamente a gestão das atividades e estabelecerão o conteúdo da programação". (Redação dada pela Emenda Constitucional nº 36, de 2002).

e) A aquisição ou o arrendamento de propriedade rural por pessoa física ou jurídica estrangeira só pode ser feita pela forma regulada em lei, conforme a redação do Art. 190: "A lei regulará e limitará a aquisição ou o arrendamento de propriedade rural por pessoa física ou jurídica estrangeira e estabelecerá os casos que dependerão de autorização do Congresso Nacional".

A doutrina reconhece que é complexo o quadro jurídico regulador do investimento estrangeiro no Brasil. O Ministério das Relações Exteriores e o Centro de Estados das Sociedades de Advogados (CESA), conscientes da necessidade de facilitar a compreensão da legislação a ser seguida, no Brasil, pelo investidor estrangeiro, elaborou e fez publicar, em 2006, o "GUIA LEGAL PARA O INVESTIDOR ESTRANGEIRO NO BRASIL", que pode ser conhecido via acesso Internet, no site do mencionado órgão do Governo Federal.

Ressaltamos, por ser o aspecto que está a nos interessar no momento, as instruções constantes no referido Guia de Investidor Estrangeiro no Brasil no relativo aos procedimentos a serem adotados para a aquisição de imóveis urbanos e rurais por pessoas físicas ou jurídicas estrangeiras.

As instruções a respeito que estão registradas no Guia mencionado são as seguintes:

12. Aquisição de Bens Imóveis no Brasil
12.1. Introdução

Pessoas físicas ou jurídicas estrangeiras podem adquirir propriedades imóveis da mesma forma que as nacionais. No entanto, é importante ressaltar que, de acordo com a Instrução Normativa nº 200 da Secretaria da Receita Federal, pessoas físicas ou jurídicas não-residentes deverão – previamente à aquisição de quaisquer propriedades imóveis localizadas no território nacional –, estar devidamente inscritas no Cadastro de Pessoas de Físicas ou no Cadastro Nacional de Pessoas Jurídicas. Além disso, outras restrições deverão ser observadas, uma vez que os imóveis sujeitos da negociação não podem estar localizados na faixa costeira, em áreas fronteiriças ou em áreas designadas como sendo de segurança nacional.

Áreas rurais podem ser adquiridas, desde que observadas certas restrições, que são tratadas no item 12.3.3., a seguir. Pessoas físicas ou jurídicas estrangeiras também podem adquirir direitos reais relativos a imóveis.

....

12.3.2. Considerações e Requisitos Gerais para a Aquisição de Bem Imóvel

A aquisição por ato *inter vivos* de um bem imóvel no Brasil é acordada entre o vendedor e o comprador mediante um contrato de compra e venda. Se a propriedade é adquirida por um único comprador, ou seja, sem a constituição de condomínio, este tem então o direito de propriedade absoluto sobre o bem. No caso de aquisição por mais de um comprador, com a constituição de condomínio, cada condômino tem o direito de exercer todos os direitos de propriedade, desde que compatíveis com a indivisibilidade da coisa (por exemplo, um dos condôminos não pode alienar o bem sem a anuência dos demais, devendo ser distribuído entre todos eles o preço da venda do imóvel).

A Lei nº 4.591/64 regulava o condomínio de apartamentos e/ou salas para escritórios, onde em único terreno são construídos vários apartamentos e/ou salas, constituindo cada um uma unidade autônoma e uma fração do terreno, inaplicável nesse caso a indivisibilidade anteriormente mencionada. O CCB alterou profundamente a Lei nº 4.591/64, mantendo, no entanto, o mesmo conceito. Dentre as inovações, destaca-se a nova disciplina de aplicação de multas aos condôminos que deixam de cumprir os deveres inerentes à sua condição (contribuir para despesas comuns, não realizar obras que comprometam a segurança da edificação, não utilizar as suas partes de maneira prejudicial ao sossego, etc.). Além dos requisitos específicos para a transferência de propriedade imóvel no Brasil, a lei brasileira exige, como em qualquer tipo de contrato, que as partes de um contrato de compra e venda de bem imóvel possuam a capacidade geral para a realização de qualquer ato jurídico, ou seja, sejam maiores, capazes, ou estejam devidamente representadas.

12.3.3. Aquisição de Propriedade Rural por Estrangeiros

De acordo com a legislação brasileira, é considerado imóvel rural prédio rústico, de área contínua, qualquer que seja a sua localização, que se destine à exploração extrativa, agrícola, pecuária ou agroindustrial, seja pela iniciativa privada ou por meio de planos públicos de valorização. A aquisição de propriedade rural por estrangeiros residentes no país ou pessoas jurídicas estrangeiras autorizadas a operar no Brasil é regulada pela Lei nº 5.709/71. Essa lei estabelece que o estrangeiro, pessoa física residente no Brasil não pode ser proprietário de terras que excedam à extensão equivalente a 50 (cinquenta) módulos rurais, cuja dimensão é determinada para cada zona de características econômicas e ecológicas homogêneas e pelo tipo de exploração rural que nela possa ocorrer.

O estrangeiro residente no exterior não pode adquirir terras no Brasil, não se aplicando tal restrição no caso de aquisição por sucessão legítima. Por outro lado, as restrições à aquisição de propriedades rurais por empresas brasileiras controladas por capital estrangeiro estão sendo questionadas, uma vez que a Emenda Constitucional de 1995 extinguiu a distinção entre empresas brasileiras e empresas brasileiras controladas por capital estrangeiro. Contudo, as restrições relativas a estrangeiros e empresas estrangeiras com autorização para operar no Brasil permanecem em vigor.

A Lei nº 5.709/71 dispõe que as empresas estrangeiras somente podem adquirir propriedade rural para fins de desenvolvimento e implementação de projetos agropecuários, de industrialização ou de colonização, e somente é concedida a autorização para a aquisição da propriedade rural se o desenvolvimento de tais projetos fazem parte do objeto social das empresas estrangeiras interessadas. Os projetos dependem de aprovação do Ministério da Agricultura ou do Departamento de Comércio e Indústria do Brasil, conforme o caso, para sua implementação. O Presidente da República, por meio de decreto especial, pode autorizar a aquisição de propriedade rural por empresas estrangeiras sob condições não previstas na lei em vigor, nos casos em que tal aquisição seja importante para a implementação de projetos para o desenvolvimento nacional.

12.4. Tributação

O Imposto sobre a Transmissão de Bens Imóveis (ITBI) é o imposto de competência dos municípios que incide sobre todas as transmissões *inter vivos*, a qualquer título, por ato oneroso, de bens imóveis por natureza, ou a cessão física e de direitos reais a eles relativos (exceto os direitos reais de garantia), bem como a cessão de direitos a sua aquisição. Por exemplo, a alíquota estabelecida para o Município de São Paulo pela Lei Municipal nº 11.154 varia de 2% a 6% sobre o valor da transferência, dependendo do valor da propriedade.

O ITBI não incide quando a transferência do bem imóvel ou dos direitos a ele relativos é realizada para integralização do capital social de empresas, ou quando decorrente de uma fusão, incorporação, cisão ou extinção de uma pessoa jurídica, exceto se a comercialização e locação de bens imóveis for a atividade principal da pessoa jurídica incorporada, fundida, cindida ou extinta.

12.5. Fundos de Investimento Imobiliário

Os Fundos de Investimentos Imobiliários foram criados com o objetivo de incentivar o desenvolvimento de empreendimentos imobiliários para posterior venda ou locação. A Comissão de Valores Mobiliários (CVM) precisa autorizar, regulamentar e inspecionar a administração e operação dos Fundos de Investimentos Imobiliários.

Os Fundos de Investimento Imobiliário têm sido muito utilizados ultimamente como meio de angariar recursos para a construção de Shopping Centers por todo o Brasil. Anteriormente, eram utilizados para esses fins os recursos dos Fundos de Pensão, mas atualmente os Fundos de Pensão estão investindo nesse setor indiretamente, por meio de transações realizadas por meio das participações nos Fundos de Investimentos Imobiliários.

Tanto pessoas físicas quanto pessoas jurídicas estrangeiras podem adquirir essas participações. O investimento estrangeiro, devidamente registrado perante o Banco Central do Brasil, possibilita a posterior remessa do investimento e dos respectivos ganhos para o exterior. Os ganhos de capital decorrentes do investimento em Fundos Imobiliários estão sujeitos ao IR, à alíquota de até 20%, incidente sobre o valor da venda de quotas de Fundos de Investimento Imobiliários.

Há, como examinado acima, disposições específicas na legislação brasileira ordinária, conforme permite a Constituição Federal de 1988 (art. 190), estabelecendo condições para a aquisição de imóvel rural, no território brasileiro, por estrangeiro.

Passamos, em razão do que acabamos de afirmar, a examinar a legislação ordinária sobre a aquisição de imóveis rurais no Brasil por pessoas físicas e jurídicas estrangeiras.

Em face do referido art. 190 da Constituição Federal de 1988, houve recepção pelo nosso ordenamento jurídico da **LEI Nº 5.709, DE 7 DE OUTUBRO DE 1971**, que Regula a Aquisição de Imóvel Rural por Estrangeiro Residente no País ou Pessoa Jurídica Estrangeira Autorizada a Funcionar no Brasil, e dá outras Providências.

O texto do mencionado diploma é o seguinte:

"**O PRESIDENTE DA REPÚBLICA:**

Faço saber que o Congresso Nacional decreta e eu sanciono a seguinte Lei:

Art. 1º – O estrangeiro residente no País e a pessoa jurídica estrangeira autorizada a funcionar no Brasil só poderão adquirir imóvel rural na forma prevista nesta Lei.

§ 1º – Fica, todavia, sujeita ao regime estabelecido por esta Lei a pessoa jurídica brasileira da qual participem, a qualquer título, pessoas estrangeiras físicas ou jurídicas que tenham a maioria do seu capital social e residam ou tenham sede no Exterior.

§ 2º – As restrições estabelecidas nesta Lei não se aplicam aos casos de sucessão legítima, ressalvado o disposto no art. 7º. (Redação dada pela Lei nº 6.572, de 30/09/78)

Art. 3º – A aquisição de imóvel rural por pessoa física estrangeira não poderá exceder a 50 (cinquenta) módulos de exploração indefinida, em área contínua ou descontínua.

§ 1º – Quando se tratar de imóvel com área não superior a 3 (três) módulos, a aquisição será livre, independendo de qualquer autorização ou licença, ressalvadas as exigências gerais determinadas em lei.

§ 2º – O Poder Executivo baixará normas para a aquisição de área compreendida entre 3 (três) e 50 (cinquenta) módulos de exploração indefinida. (Vide Lei nº 8.629, de 1993)

§ 3º – O Presidente da República, ouvido o Conselho de Segurança Nacional, poderá aumentar o limite fixado neste artigo.

Art. 4º – Nos loteamentos rurais efetuados por empresas particulares de colonização, a aquisição e ocupação de, no mínimo, 30% (trinta por cento) da área total serão feitas obrigatoriamente por brasileiros.

Art. 5º – As pessoas jurídicas estrangeiras referidas no art. 1º desta Lei só poderão adquirir imóveis rurais destinados à implantação de projetos agrícolas, pecuários, industriais, ou de colonização, vinculados aos seus objetivos estatutários.

§ 1º – Os projetos de que trata este artigo deverão ser aprovados pelo Ministério da Agricultura, ouvido o órgão federal competente de desenvolvimento regional na respectiva área.

§ 2º – Sobre os projetos de caráter industrial será ouvido o Ministério da Indústria e Comércio.

Art. 6º – Adotarão obrigatoriamente a forma nominativa as ações de sociedades anônimas:

I   que se dediquem a loteamento rural;
II que explorem diretamente áreas rurais; e
III que sejam proprietárias de imóveis rurais não vinculados a suas atividades estatutárias.

Parágrafo único. A norma deste artigo não se aplica às entidades mencionadas no art. 4º do Decreto-lei nº 200, de 25 de fevereiro de 1967, com a redação que lhe foi dada pelo Decreto-lei nº 900, de 29 de setembro de 1969.

Art. 7º – A aquisição de imóvel situado em área considerada indispensável à segurança nacional por pessoa estrangeira, física ou jurídica, depende do assentimento prévio da Secretaria-Geral do Conselho de Segurança Nacional.

Art. 8º – Na aquisição de imóvel rural por pessoa estrangeira, física ou jurídica, é da essência do ato a escritura pública.

Art. 9º – Da escritura relativa à aquisição de área rural por pessoas físicas estrangeiras constará, obrigatoriamente:

I   menção do documento de identidade do adquirente;
II prova de residência no território nacional; e
III quando for o caso, autorização do órgão competente ou assentimento prévio da Secretaria-Geral do Conselho de Segurança Nacional.

Parágrafo único. Tratando-se de pessoa jurídica estrangeira, constará da escritura a transcrição do ato que concedeu autorização para a aquisição da área rural, bem como dos documentos comprobatórios de sua constituição e de licença para seu funcionamento no Brasil.

Art. 10 – Os Cartórios de Registro de Imóveis manterão cadastro especial, em livro auxiliar, das aquisições de terras rurais por pessoas estrangeiras, físicas e jurídicas, no qual deverá constar:

I   menção do documento de identidade das partes contratantes ou dos respectivos atos de constituição, se pessoas jurídicas;
II memorial descritivo do imóvel, com área, características, limites e confrontações; e
III transcrição da autorização do órgão competente, quando for o caso.

Art. 11 – Trimestralmente, os Cartórios de Registros de Imóveis remeterão, sob pena de perda do cargo, à Corregedoria da Justiça dos Estados a que estiverem subordinados e ao Ministério da Agricultura, relação das aquisições de áreas rurais por pessoas estrangeiras, da qual constem os dados enumerados no artigo anterior.

Parágrafo único. Quando se tratar de imóvel situado em área indispensável à segurança nacional, a relação mencionada neste artigo deverá ser remetida também à Secretaria-Geral do Conselho de Segurança Nacional.

Art. 12 – A soma das áreas rurais pertencentes a pessoas estrangeiras, físicas ou jurídicas, não poderá ultrapassar a um quarto da superfície dos Municípios onde se situem, comprovada por certidão do Registro de Imóveis, com base no livro auxiliar de que trata o art. 10.

§ 1º – As pessoas da mesma nacionalidade não poderão ser proprietárias, em cada Município, de mais de 40% (quarenta por cento) do limite fixado neste artigo.

§ 2º – Ficam excluídas das restrições deste artigo as aquisições de áreas rurais:
I   inferiores a 3 (três) módulos;
II que tiverem sido objeto de compra e venda, de promessa de compra e venda, de cessão ou de promessa de cessão, mediante escritura pública ou instrumento particular devidamente protocolado no Registro competente, e que tiverem sido cadastradas no INCRA em nome do promitente comprador, antes de 10 de março de 1969;
III quando o adquirente tiver filho brasileiro ou for casado com pessoa brasileira sob o regime de comunhão de bens.

§ 3º – O Presidente da República poderá, mediante decreto, autorizar a aquisição além dos limites fixados neste artigo, quando se tratar de imóvel rural vinculado a projetos julgados prioritários em face dos planos de desenvolvimento do País.

Art. 13 – O art. 60 da Lei nº 4.504, de 30 de novembro de 1964, passa a vigorar com a seguinte redação:

"Art. 60. Para os efeitos desta Lei, consideram-se empresas particulares de colonização as pessoas físicas, nacionais ou estrangeiras, residentes ou domiciliadas no Brasil, ou jurídicas, constituídas e sediadas no País, que tiverem por finalidade executar programa de valorização de área ou distribuição de terras."

Art. 14 – Salvo nos casos previstos em legislação de núcleos coloniais, onde se estabeleçam em lotes rurais, como agricultores, estrangeiros imigrantes, é vedada, a qualquer título, a doação de terras da União ou dos Estados a pessoas estrangeiras, físicas ou jurídicas.

Art. 15 – A aquisição de imóvel rural, que viole as prescrições desta Lei, é nula de pleno direito. O tabelião que lavrar a escritura e o oficial de registro que a transcrever responderão civilmente pelos danos que causarem aos contratantes, sem prejuízo da responsabilidade criminal por prevaricação ou falsidade ideológica. O alienante está obrigado a restituir ao adquirente o preço do imóvel.

Art. 16 – As sociedades anônimas, compreendidas em quaisquer dos incisos do *caput* do art. 6º, que já estiverem constituídas à data do início da vigência desta Lei, comunicarão, no prazo de 6 (seis) meses, ao Ministério da Agricultura a relação das áreas rurais de sua propriedade ou exploração.

§ 1º – As sociedades anônimas, indicadas neste artigo, que não converterem em nominativas suas ações ao portador, no prazo de 1 (um) ano do início da vigência desta Lei, reputar-se-ão irregulares, ficando sujeitas à dissolução, na forma da lei, por iniciativa do Ministério Público.

§ 2º – No caso de empresas concessionárias de serviço público, que possuam imóveis rurais não vinculados aos fins da concessão, o prazo de conversão das ações será de 3 (três) anos.

§ 3º – As empresas concessionárias de serviço público não estão obrigadas a converter em nominativas as ações ao portador, se dentro do prazo de 3 (três) anos, contados da vigência desta Lei, alienarem os imóveis rurais não vinculados aos fins da concessão.

Art. 17 – As pessoas jurídicas brasileiras que, até 30 de janeiro de 1969, tiverem projetos de colonização aprovados nos termos do art. 61 da Lei nº 4.504, de 30 de novembro de 1964, poderão, mediante autorização do Presidente da República, ouvido o Ministério da Agricultura, concluí-los e outorgar escrituras definitivas, desde que o façam dentro de 3 (três) anos e que a área não exceda, para cada adquirente, 3 (três) módulos de exploração indefinida.

Art. 18 – São mantidas em vigor as autorizações concedidas, com base nos Decretos-leis nºs 494, de 10 de março de 1969, e 924, de 10 de outubro de 1969, em estudos e processos já concluídos, cujos projetos tenham sido aprovados pelos órgãos competentes.

Art. 19 – O Poder Executivo baixará, dentro de 90 (noventa) dias, o regulamento para execução desta Lei.

Art. 20 – Esta Lei entrará em vigor na data de sua publicação.

Art. 21 – Revogam-se os Decretos-leis nº 494, de 10 de março de 1969, e 924, de 10 de outubro de 1969, e demais disposições em contrário.

EMÍLIO G. MÉDICI
Alfredo Buzaid
L. F. Cirne Lima
Marcus Vinícius Pratini de Moraes"

A mencionada Lei foi regulamentada pelo DECRETO Nº 74.965, DE 26 DE NOVEMBRO DE 1974. Este normativo, ao regulamentar a Lei nº 5.709, de 7 de outubro de 1971, que dispõe sobre a aquisição de imóvel rural por estrangeiro residente no País ou pessoa jurídica estrangeira autorizada a funcionar no Brasil, fixou as regras seguintes:

"O PRESIDENTE DA REPÚBLICA, usando da atribuição que lhe confere o artigo 81, item III, da Constituição, e tendo em vista o disposto no artigo 19, da Lei nº 5.709, de 7 de outubro de 1971, DECRETA:

Art. 1º O estrangeiro residente no País e a pessoa jurídica estrangeira autorizada a funcionar no Brasil só poderão adquirir imóvel rural na forma prevista neste regulamento.

§ 1º Fica também sujeita ao regime estabelecido por este regulamento a pessoa jurídica brasileira da qual participem, a qualquer título, pessoas estrangeiras, físicas ou jurídicas, que tenham a maioria do seu capital social e residam ou tenham sede no exterior.

§ 2º As restrições estabelecidas neste regulamento não se aplicam aos casos de transmissão *causa mortis*.

Art. 2º A pessoa estrangeira, física ou jurídica, só poderá adquirir imóvel situado em área considerada indisponível à segurança nacional mediante assentimento prévio da Secretaria Geral do Conselho de Segurança Nacional.

Art. 3º Na aquisição de imóvel rural por pessoa estrangeira, física ou jurídica, é da essência do ato a escritura pública.

Art. 4º Compete ao Instituto Nacional de Colonização e Reforma Agrária (INCRA) fixar, para cada região, o módulo de exploração indefinida, podendo modificá-lo sempre que houver alteração das condições econômicas e sociais da região.

Art. 5º A soma das áreas rurais pertencentes a pessoas estrangeiras, físicas ou jurídicas, não poderá ultrapassar 1/4 (um quarto) da superfície dos Municípios onde se situem comprovada por certidão do Registro de Imóveis, com base no livro auxiliar de que trata o artigo 15.

§ 1º As pessoas de mesma nacionalidade não poderão ser proprietárias, em cada Município, de mais de 40% (quarenta por cento) do limite fixado neste artigo.

§ 2º Ficam excluídas das restrições deste artigo as aquisições de áreas rurais:

I   Inferiores a 3 (três) módulos;

II Que tiveram sido objeto de compra e venda, de promessa de compra e venda de cessão ou de promessa de cessão, constante de escritura pública ou de documento particular devidamente protocolado na circunscrição imobiliária competente, e cadastrada no INCRA em nome do promitente-comprador, antes de 10 de março de 1969;

III Quando o adquirente tiver filho brasileiro ou for casado com pessoa brasileira sob o regime de comunhão de bens.

§ 3º Será autorizada por Decreto, em cada caso, a aquisição além dos limites fixados neste artigo, quando se tratar de imóvel rural vinculado a projetos julgados prioritários em face dos planos de desenvolvimento do País.

Art. 6º Ao estrangeiro que pretende imigrar para o Brasil é facultado celebrar, ainda em seu país de origem, compromisso de compra e venda do imóvel rural desde que, dentro de 3 (três) anos, contados da data do contrato, venha fixar domicílio no Brasil e explorar o imóvel.

§ 1º Se o compromissário comprador descumprir qualquer das condições estabelecidas neste artigo, reputar-se-á absolutamente ineficaz o compromisso de compra e venda, sendo-lhe defeso adquirir, por qualquer modo, a propriedade do imóvel.

§ 2º No caso previsto no parágrafo antecedente, caberá ao promitente-vendedor propor a ação para declarar a ineficácia do compromisso, estando desobrigado de restituir as importâncias que recebeu do compromissário comprador.

§ 3º O prazo referido neste artigo poderá ser prorrogado pelo Ministério da Agricultura, ouvido o INCRA, se o promitente-comprador embora sem transferir seu domicílio para o Brasil por motivo justificado, utilizou o imóvel na implantação de projeto de culturas permanentes.

§ 4º Dos compromissos de compra e venda devem constar obrigatoriamente, sob pena de nulidade, as cláusulas estabelecidas neste artigo.

Art. 7º A aquisição de imóvel rural por pessoa física estrangeira não poderá exceder a 50 (cinquenta) módulos de exploração indefinida, em área contínua ou descontínua.

§ 1º Quando se tratar de imóvel com área não superior a 3 (três) módulos, a aquisição será livre, independendo de qualquer autorização ou licença, ressalvadas as exigências gerais determinadas em lei.

§ 2º A aquisição de imóvel rural entre 3 (três) e 50 (cinquenta) módulos de exploração indefinida dependerá de autorização do INCRA, ressalvado o disposto no artigo 2º.

§ 3º Dependerá também de autorização a aquisição de mais de um imóvel, com área não superior a três módulos, feita por uma pessoa física.

§ 4º A autorização para aquisição por pessoa física condicionar-se-á, se o imóvel for de área superior a 20 (vinte) módulos, à aprovação do projeto de exploração correspondente.

§ 5º O Presidente da República, ouvido o Conselho de Segurança Nacional, poderá aumentar o limite fixado neste artigo.

Art. 8º Nos loteamentos rurais efetuados por empresas particulares de colonização, a aquisição e ocupação de, no mínimo, 30% (trinta por cento) da área total, serão feitas obrigatoriamente por brasileiros.

§ 1º A empresa colonizadora é responsável pelo encaminhamento dos processos referentes à aquisição do imóvel rural por estrangeiro, observadas as disposições da legislação vigente, até que seja lavrada a escritura pública.

§ 2º Semestralmente a empresa colonizadora deverá encaminhar, ao órgão estadual do INCRA, relação dos adquirentes, mencionando a percentagem atualizada das áreas rurais pertencentes a estrangeiros, no loteamento.

Art. 9º O interessado que pretender obter autorização para adquirir imóvel rural formulará requerimento ao INCRA, declarando:

a) se possui, ou não, outros imóveis rurais;
b) se, com a nova aquisição, suas propriedades não excedem 50 (cinquenta) módulos de exploração indefinida, em área contínua ou descontínua;
c) a destinação a ser dada ao imóvel, através do projeto de exploração, se a área for superior a 20 (vinte) módulos.

Parágrafo único. O requerimento de autorização será instruído por documentos que provem:

1) a residência do interessado no território nacional;
2) a área total do município onde se situa o imóvel a ser adquirido;
3) a soma das áreas rurais transcritas em nome de estrangeiros, no município, por grupos de nacionalidade;
4) qualquer das circunstâncias mencionadas nos incisos do § 2º do artigo 5º deste Regulamento.

Art. 10. Concedida a autorização pelo INCRA, que ouvirá previamente a Secretaria Geral do Conselho de Segurança Nacional, quando for o caso, poderá o Tabelião lavrar a escritura, nela mencionando obrigatoriamente:

I   O documento de identidade do adquirente;
II Prova de residência no território nacional;
III A autorização do INCRA.

Parágrafo único. O prazo de validade da autorização é de 30 dias, dentro do qual deverá ser lavrada a escritura pública, seguindo-se a transcrição na Circunscrição Imobiliária, no prazo de 15 dias.

Art. 11. A pessoa jurídica estrangeira, autorizada a funcionar no Brasil, ou a pessoa jurídica brasileira, na hipótese do artigo 1º, § 1º, só poderão adquirir imóveis rurais quando estes se destinem à implantação de projetos agrícolas pecuários, industriais, ou de colonização vinculados aos seus objetivos estatutários.

§ 1º A aquisição dependerá da aprovação dos projetos pelo Ministério da Agricultura, ouvido o órgão federal competente.

§ 2º São competentes para apreciar os projetos:
a) o INCRA, para os de colonização;
b) a SUDAM e a SUDENE, para os agrícolas e pecuários situados nas respectivas áreas;
c) O Ministério da Indústria e do Comércio, para os industriais e turísticos, por intermédio do Conselho do Desenvolvimento Industrial e da Empresa Brasileira de Turismo, respectivamente.

Art. 12. A pessoa jurídica que pretender aprovação de projeto deverá apresentá-lo ao órgão competente, instruindo o pedido com documentos que provem:
a) a área total do município, onde se situa o imóvel a ser adquirido;
b) a soma das áreas rurais transcritas em nome de estrangeiros, no município, por grupos de nacionalidade;
c) o assentimento prévio da Secretaria Geral do Conselho de Segurança Nacional, no caso de o imóvel situar-se em área considerada indispensável à segurança nacional;
d) o arquivamento do contrato social ou estatuto no Registro de Comércio;
e) a adoção de forma nominativa de suas ações, feita por certidão do Registro de Comércio, nas hipóteses previstas no artigo 13 deste regulamento.

Parágrafo único. Observar-se-á o mesmo procedimento nos casos previstos no § 3º, do artigo 5º, deste regulamento, hipótese em que o projeto, depois da manifestação do Ministério da Agricultura, será encaminhado ao Presidente da República para decisão.

Art. 13. Adotarão obrigatoriamente a forma nominativa as ações de sociedades anônimas:
I Que se dediquem a loteamento rural;
II Que explorem diretamente áreas rurais;
III Que sejam proprietárias de imóveis rurais não-vinculados a suas atividades estatutárias.

Parágrafo único. A norma deste artigo não se aplica às autarquias, empresas públicas e sociedades de economia mista, mencionadas, no artigo 4º do Decreto-lei nº 200, de 25 de fevereiro de 1967, com a redação que foi dada pelo Decreto-lei nº 900, de 29 de setembro de 1967.

Art. 14. Deferido o pedido, lavrar-se-á escritura pública, dela constando obrigatoriamente:
a) a aprovação pelo Ministério da Agricultura;
b) os documentos comprobatórios de sua constituição e de licença para seu funcionamento no Brasil;
c) a autorização do Presidente da República, nos casos previstos no § 3º do artigo 5º, deste regulamento.

§ 1º No caso de o adquirente ser sociedade anônima brasileira, constará a prova de adoção da forma nominativa de suas ações.

§ 2º O prazo de validade do deferimento do pedido é de 30 dias, dentro do qual deverá ser lavrada a escritura pública, seguindo-se a transcrição na Circunscrição Imobiliária, no prazo de 15 dias.

Art. 15. Os Cartórios de Registro de Imóveis manterão cadastro especial em livro auxiliar das aquisições de terras rurais por pessoas estrangeiras, físicas e jurídicas, no qual se mencionará:

I   o documento de identidade das partes contratantes ou dos respectivos atos de constituição, se pessoas jurídicas;
II   memorial descritivo do imóvel, com área, características, limites e confrontações;
III   a autorização do órgão competente, quando for o caso;
IV   as circunstâncias mencionadas no § 2º, do artigo 5º.

Parágrafo único. O livro (modelo anexo) terá páginas duplas, divididas em 5 colunas, com 3,5cm, 9,5cm, 14cm, 12cm e 15cm, encimadas com os dizeres "nº" "Adquirente e Transmitente", "Descrição do Imóvel", "Certidões e Autorizações" e "Averbações" respectivamente, e nele registrar-se-ão as aquisições referidas neste regulamento, na data da transcrição do título.

Art. 16. Trimestralmente, os Cartórios de Registro de Imóveis remeterão, sob pena de perda de cargo, à Corregedoria da Justiça dos Estados a que estiverem subordinados e à repartição estadual do INCRA, relação das aquisições de áreas rurais por pessoas estrangeiras, da qual constem os dados enumerados no artigo anterior.

Parágrafo único. Quando se tratar de imóvel situado em área indispensável à segurança nacional, a relação mencionada neste artigo deverá ser remetida também à Secretaria Geral do Conselho de Segurança Nacional.

Art. 17. Para os efeitos da Lei número 4.504, de 30 de novembro de 1964 e deste regulamento, consideram-se empresas particulares de colonização as pessoas físicas nacionais ou estrangeiras, residentes ou domiciliadas no Brasil, ou jurídicas, constituídas e sediadas no País, que tiverem por finalidade executar programa de valorização de área ou distribuição de terras.

Art. 18. Salvo nos casos previstos em legislação de núcleos coloniais onde se estabeleçam em lotes rurais, como agricultores, estrangeiros imigrantes, é vedada, a qualquer título a doação de terras da União ou dos Estados a pessoas estrangeiras, físicas ou jurídicas.

Art. 19. É nula de pleno direito a aquisição de imóvel rural que viole as prescrições legais: o Tabelião que lavrará a escritura e o oficial de registro que a transcrever responderão civilmente pelos danos que causarem aos contratantes, sem prejuízo da responsabilidade criminal por prevaricação ou falsidade ideológica; o alienante ficará obrigado a restituir ao adquirente o preço do imóvel, ou as quantias recebidas a este título, como parte do pagamento.

Art. 20. As normas regulamento aplicam-se a qualquer alienação de imóvel rural para pessoa física ou jurídica estrangeira, em casos como o de fusão ou incorporação de empresas, de alteração do controle acionário da sociedade, ou de transformação de pessoa jurídica nacional para pessoa jurídica estrangeira.

Parágrafo único. O Oficial de Registro de Imóveis só fará a transcrição de documentos relativos aos negócios de que trata este artigo, se neles houver a reprodução das autorizações correspondentes.

Art. 21. Este Decreto entrará em vigor na data de sua publicação, revogadas as disposições em contrário.

Brasília, 26 de novembro de 1974; 153º da Independência e 86º da República.
ERNESTO GEISEL
Armando Falcão
Alysson Paulinell
Severo Fagundes Gomes"

O exame da legislação acima anotada revela que os negócios jurídicos de promessa de compra e venda consumados e analisados neste artigo, transação feita pelo procurador do estrangeiro, pessoa física de nacionalidade portuguesa não residente no Brasil, deviam ter obedecido as regras impostas pela Lei n. 5.709, de 7 de outubro de 1971. Idem a compra e venda definitiva, tudo tendo por objeto o mesmo imóvel e o mesmo vendedor e como parte compradora a empresa que tem seu capital constituído, de modo majoritário, por uma outra empresa estrangeira que tem o estrangeiro pessoa física como sócio controlador, tendo em vista que o art. 1º e § 1º da Lei 5.709/71 determinam:

> "Art. 1º – O estrangeiro residente no País e a pessoa jurídica estrangeira autorizada a funcionar no Brasil só poderão adquirir imóvel rural na forma prevista nesta Lei.
> § 1º – Fica, todavia, sujeita ao regime estabelecido por esta Lei a pessoa jurídica brasileira da qual participem, a qualquer título, pessoas estrangeiras físicas ou jurídicas que tenham a maioria do seu capital social e residam ou tenham sede no Exterior."

Chamamos a atenção para o fato de que, na promessa de compra e venda firmada e analisada, não há relato de que as autoridades competentes tivessem expedido autorização para a compra do imóvel rural já identificado no presente parecer, o que era absolutamente necessário para a consumação da transação.

A mesma omissão está na escritura definitiva de compra e venda do mesmo imóvel rural que foi prometido vender à pessoa física estrangeira, quando a parte compradora aparece como sendo a pessoa jurídica, empresa nacional que tem, todavia, seu capital social constituído, em um percentual de 99,99% (noventa e nove vírgula e noventa e nove por cento) por empresa portuguesa, sociedade anônima e constituída e existente de acordo com as leis de Portugal, pessoa coletiva 507142543, registrada na Conservatória do Registro Predial e Comercial de Santa Maria da Feira, Portugal com n. 0800795/041029.

Em síntese, no caso em exame, a empresa adquirente do imóvel, embora nacional, tem seu capital formado, na proporção de 99,99%, por uma empresa estrangeira, sediada em Portugal, pelo que está obrigada, para a aquisição de imóvel rural para fins de exploração agrícola de autorização prévia da autoridade competente. É nesse sentido que dispõe o § 1º do art. 1º da Lei n. 5.709, de 7 de outubro de 1971, regulamentado pelos arts. 11 a 20 do DECRETO Nº 74.965, DE 26 DE NOVEMBRO DE 1974, acima citado na íntegra, sob pena de nulidade.

Em assim sendo, como assim o é, a empresa nacional controlada por pessoa jurídica estrangeira portuguesa, para ter a aquisição do imóvel rural em questão reconhecida como existente, válida, eficaz e efetiva, tendo em vista que o referido bem tem destinação específica para implantação de projetos agrícolas pecuários vinculados aos seus objetivos estatutários já discriminado, para todos os fins, devia, previamente, isto é, antes da lavratura da escritura e do seu registro no livro competente, ter apresentado projeto de exploração agrícola e/ou pecuário do imóvel para análise e aprovação pelo Ministério da Agricultura, que, a ouvida dos órgãos competentes e se tudo se apresentasse de conformidade com as exigências legais, deferiria o pedido. É o que dispõe o art. 11 do Decreto n. 74.965, de 26.11.1974, que, mais uma vez, reproduzimos:

> "Art. 11. A pessoa jurídica estrangeira, autorizada a funcionar no Brasil, ou a pessoa jurídica brasileira, na hipótese do artigo 1º, § 1º, só poderão adquirir imóveis rurais quando estes se destinem à implantação de projetos agrícolas pecuários, industriais, ou de colonização vinculados aos seus objetivos estatuários.
>
> § 1º A aquisição dependerá da aprovação dos projetos pelo Ministério da Agricultura, ouvido o órgão federal competente.
>
> § 2º São competentes para apreciar os projetos:
> a) o INCRA, para os de colonização;
> b) a SUDAM e a SUDENE, para os agrícolas e pecuários situados nas respectivas áreas;
> c) O Ministério da Indústria e do Comércio, para os industriais e turísticos, por intermédio do Conselho do Desenvolvimento Industrial e da Empresa Brasileira de Turismo, respectivamente."

A aprovação dos mencionados projetos deve seguir as exigências fixadas no art. 12 do Decreto n. 74.965/74:

> "Art. 12. A pessoa jurídica que pretender aprovação de projeto deverá apresentá-lo ao órgão competente, instruindo o pedido com documentos que provem:
> a) a área total do município, onde se situa o imóvel a ser adquirido;
> b) a soma das áreas rurais transcritas em nome de estrangeiros, no município, por grupos de nacionalidade;
> c) o assentimento prévio da Secretaria Geral do Conselho de Segurança Nacional, no caso de o imóvel situar-se em área considerada indispensável à segurança nacional;
> d) o arquivamento do contrato social ou estatuto no Registro de Comércio;
> e) a adoção de forma nominativa de suas ações, feita por certidão do Registro de Comércio, nas hipóteses previstas no artigo 13 deste regulamento.
>
> Parágrafo único. Observar-se-á o mesmo procedimento nos casos previstos no § 3º, do artigo 5º, deste regulamento, hipótese em que o projeto, depois da manifestação do Ministério da Agricultura, será encaminhado ao Presidente da República para decisão."

O regulamento da Lei n. 5.709, de 07 de outubro de 1971, o Decreto acima mencionado, exige, ainda, que a empresa, quando constituída em forma de sociedade anônima, adote, obrigatoriamente, a forma de ações nominativas quando explorarem loteamento rural, áreas rurais, ou seja, proprietárias de imóveis rurais não-vinculados a suas atividades estatutárias.

A escritura pública e o ato do seu registro no livro próprio só podem ser consumados após o deferimento do pedido formulado ao Ministério da Agricultura ou outro órgão competente, conforme determina o art. 14 do já tantas vezes citado decreto regulamentador da Lei n. 5.709, de 07 de outubro de 1971. Na referida escritura pública deverá constar, obrigatoriamente, a aprovação do projeto agrícola e/ou pecuário; os documentos comprobatórios da constituição da empresa e da licença para seu funcionamento no Brasil, neste caso quando a empresa for estrangeira; a autorização do Presidente da República, nas situações previstas no § 3º do artigo 5º, do regulamento, que não é a situação da empresa; a comprovação, em sendo a empresa uma sociedade anônima brasileira, de adoção de forma nominativa de suas ações.

A aprovação dos projetos só tem validade por 30 dias, prazo no qual deverá ser lavrada a escritura pública, fazendo-se a transcrição na Circunscrição Imobiliária, no prazo de 15 dias, sob pena de nulidade de pleno direito do negócio jurídico celebrado, conforme dispõe o art. 19 do normativo já referido:

> "Art. 19. É nula de pleno direito a aquisição de imóvel rural que viole as prescrições legais; o Tabelião que lavrará a escritura e o oficial de registro que a transcrever responderão civilmente pelos danos que causarem aos contratantes, sem prejuízo da responsabilidade criminal por prevaricação ou falsidade ideológica; o alienante ficará obrigado a restituir ao adquirente o preço do imóvel, ou as quantias recebidas a este título, como parte do pagamento."

A nulidade de pleno direito reconhecida pela lei produz, além do efeito de desconstituição do negócio jurídico celebrado, o de fixar a responsabilidade civil do Tabelião que lavrar a escritura e do Oficial de Registro de Imóveis que a transcrever, por terem cometido grave violação aos preceitos legais revelados. Respondem, ainda, o Tabelião e o Oficial de Registro de Imóveis, no âmbito criminal, pelos delitos de prevaricação ou de falsidade ideológica.

A nulidade de pleno direito da compra e venda do imóvel rural sem obediência aos preceitos legais acima apontados gera, ainda, a obrigação do alienante, no caso, o vendedor, a restituir ao adquirente o preço do imóvel, ou qualquer quantia que a tal título tenha recebido.

Considerando o panorama suso descrito, a doutrina jurídica brasileira tem afirmado que:

> "As pessoas jurídicas estrangeiras autorizadas a funcionar no Brasil só poderão adquirir imóveis rurais destinados à implantação de projetos agrícolas, pecuários industriais ou de colonização, vinculados a seus objetivos estatutários, onde tais projetos devem ser aprovados pelo Ministério da Agricultura, ouvido o órgão federal competente de desenvolvimento regional na respectiva área, e, caso se trate de projeto de caráter industrial

será ouvido o Ministério da Indústria e Comércio. Quanto ao limite de área, a pessoa jurídica estrangeira só poderá adquirir imóveis rurais cuja soma não ultrapasse 1/4 (um quarto) da superfície do município onde se situe, ou, caso se trata de pessoas jurídicas da mesma nacionalidade, não podem ser proprietárias de mais de 40% (quarenta por cento) do limite de 1/4 (um quarto) da superfície em cada município (Art. 5º, §§ 1º e 2º do Decreto n. 74.965/74). Cuidando-se de adquirente de imóvel rural a pessoa jurídica estrangeira, a escritura conterá a transcrição do ato que lhe concedeu a autorização para a aquisição da área, dos documentos comprobatórios de sua constituição e da licença para seu funcionamento no Brasil. Aplica-se tais requisitos inclusive nos casos de fusão ou incorporação de empresa, de alteração do controle acionário da sociedade, ou transferência de pessoa jurídica nacional para pessoa jurídica estrangeira."[3]

As conclusões que estamos a anunciar decorrem do nosso entendimento de que o § 1º do art. 1º da Lei n. 5.709, de 1971, não saiu do nosso ordenamento jurídico em face da Constituição Federal, especialmente quando o imóvel rural é adquirido por pessoa jurídica estrangeira. Filiamo-nos, sobre o assunto, à corrente doutrinária que foi analisada por Marcos Roberto Haddad Camolesi (Notário e Registrador do Segundo Ofício Extrajudicial de Nova Xavantina – MT. Pós-graduado em Direito Processual Civil pela Universidade de Cuiabá. Pós-graduando em Direito Notarial e Registral pelo Instituto Brasileiro de Estudos-IBEST. Foi advogado em Cuiabá-MT, no período de 2000 até 2004) em artigo[4] sobre o tema, quando escreveu:

"REVOGAÇÃO OU NÃO DO § 1º DO ART. 1º DA LEI Nº 5.709/71, SEGUNDO O PARECER GQ-181 E A CORRENTE DOUTRINÁRIA. REEXAME DO PARECER N. AGU/LA- 04/94. O Parecer nº AGU/LA-01/97 da Advocacia Geral da União diz respeito sobre a revogação do § 1º do art. 1º da Lei nº 5.709/71, em face da Constituição Federal Brasileira de 1988. Tal parágrafo da citada lei fala da aquisição de imóvel rural por pessoa jurídica brasileira da qual participem pessoas estrangeiras físicas ou jurídicas. Diz o § 1º desse art. 1º da Lei nº 5.709/71, *verbis*:

"Art. 1º...

§ 1º Fica, todavia, sujeita ao regime estabelecido por esta lei a pessoa jurídica brasileira da qual participem, a qualquer título, pessoas estrangeiras físicas ou jurídicas que tenham a maioria do seu capital social e residam ou tenham sede no exterior." No reexame do parecer nº AGU/LA-04/94, Processo nº 21400.001082/93-02, assim ficou redigido a Ementa do Parecer nº GQ-181, *verbis*: EMENTA: 1. A conclusão do Parecer nº AGU/

---

3. "Aquisição e uso de imóvel rural por estrangeiro", de Marcos Roberto Haddad Camolesi – Notário e Registrador do Segundo Ofício Extrajudicial de Nova Xavantina – MT. Pós-graduado em Direito Processual Civil pela Universidade de Cuiabá. Pós-graduando em Direito Notarial e Registral pelo Instituto Brasileiro de Estudos-IBEST. Foi advogado em Cuiabá-MT, no período de 2000 até 2004. Artigo publicado no site: www.boletimjuridico.com.br, acessado em 10 de junho de 2009.

4. *In:* http://www.boletimjuridico.com.br/doutrina/texto.asp?id=1866.

LA-04/94, relativa à revogação do § 1º do art. 1º da Lei nº 5.709, de 7 de outubro de 1971, permanece inalterada, apesar da revogação do art. 171 da Constituição de 1988. De acordo com o parecer o § 1º do art. 1º da Lei nº 5.709, de 1971, conflita com o conceito exarado no inciso I do art. 171 da Constituição Federal, não tendo sido recepcionado, assim como não vislumbrou guarida para a sobrevivência daquele dispositivo legal no art. 190 da Constituição. Tal entendimento encontrou respaldo de parte da doutrina pátria, com nomes consagrados como José Cretella Júnior, Celso Ribeiro Bastos, Estevão Mallet, entre outros. Ainda segundo o parecer, a Emenda Constitucional nº 6, de 15 de agosto de 1995, em seu art. 3º, revogou o art. 171 da Constituição, sendo que essa revogação não tem o condão de repristinar à norma que se entendera revogada. Desse modo, continua revogado o § 1º do art. 1º da Lei nº 5.709/71, permanecendo inalterada a conclusão do referido Parecer nº AGU/LA-04/94. Parece que essa linha de raciocínio é a mais correta.

Por outro lado, há corrente doutrinária que entende que, como o art. 190 da Constituição Federal não foi revogado pela EC nº 6/95, a qual revogou somente o art. 171 do mesmo diploma legal, continua guarnecendo a Lei nº 5.709/71, não podendo falar em recepção ou repristinação. Darcy Walmor Zibetti, ao comentar o Parecer GQ-181, assim se manifestou, *verbis*: 'E, como o art. 171 da CF/88 não foi revogado pela EC nº 6/95 (que revogou o art. 171 da CF/88), o qual mantém seu manto protetor constitucional sobre a Lei nº 5.709/71 (que define sociedade estrangeira no seu § 1º do art. 1º), não há o que se falar do instituto da recepção e do instituto da repristinação, invocados de forma equivocada pelo douto parecerista da AGU. O equívoco reside nos pressupostos e fundamentos teleológicos, utilizados pelo douto parecerista, na exegese da *mens legis*, e *mens legislatoris* da Lei nº 5.709/71, do § 1º do art. 1º, conjugado com os arts. 171 (revogado, 190 e 5º da CF/88).'

Conclui tal corrente doutrinária que também deve ser observado o princípio da livre concorrência de mercado e o princípio da soberania do Estado, no caso o Brasil.

Face à legislação vigente no Brasil, constata-se que somente o estrangeiro com permanência regularizada poderá adquirir imóvel rural, não falando a mesma se trata de estrangeiro em caráter permanente ou provisório. Justifica-se tal legislação a defesa da integridade do território nacional, a segurança do Estado.

Verifica-se como requisitos para livre aquisição de imóvel por pessoa física estrangeira que o imóvel a ser adquirido tenha área menor que três MEI; e que o adquirente não tenha outro imóvel rural no Brasil; que o adquirente tenha compromissado a compra, por escritura pública ou instrumento particular registrado no Registro de Imóveis e cadastrado em seu nome, no Incra, até 10 de março de 1969; que o adquirente tenha filho brasileiro ou seja casado com pessoa brasileira, sob o regime de comunhão universal de bens. Como requisito para aquisição de imóvel maior que três e menor que cinquenta MEI, ou de um segundo imóvel por pessoa física estrangeira será obrigatória a autorização do Incra. Que no caso de imóvel rural maior que cinquenta MEI, por pessoa física estrangeira, ou quando os limites de percentagens pertencentes a estrangeiro, no município forem ultrapassados, mister se faz à autorização dada pelo Presidente da República por decreto, obviamente, ouvidos os órgãos competentes, como o Conselho de Defesa Nacional. No arrendamento rural por estrangeiro serão observados os requisitos e limitações impostas pela Lei nº 5.709/71. Na escritura relativa à aquisição de imóvel rural por pessoa física estrangeira constará, obrigatoriamente, o documento de identidade do adquirente, prova de sua residência no território nacional e, quando for o caso, a autorização do INCRA.

Na aquisição de imóvel rural por pessoa jurídica estrangeira dependerá sempre de autorização do Ministro da Agricultura, mesmo para imóveis com área inferior a três módulos de exploração indefinida. A escritura conterá a transcrição do ato que lhe concedeu na autorização para a aquisição da área rural, dos documentos comprobatórios de sua constituição e da licença para seu funcionamento no Brasil, constando a aprovação pelo Ministério da Agricultura e a autorização do Presidente da República, nos casos previstos no Decreto 74.965/74.

A mesma seriedade dos requisitos de aquisição e uso de imóvel rural por estrangeiro deve ser observado pelo tabelião que lavrar a escritura e o oficial que a transcrever, respondendo civil e criminalmente pelos danos que causarem.

Quanto aos cidadãos portugueses que adquiriram a igualdade de direitos e obrigações civis, podem adquirir livremente imóvel rural, salvo se localizado na faixa de fronteira, onde não só o português, mas todos os estrangeiros devem estar autorizados pelo Conselho de Defesa Nacional.

No que se refere à manutenção da revogação do § 1º do art. 1º da Lei nº 5.709/71, mesmo face à revogação do art. 171 da Constituição de 1988, destaca-se a divergência da doutrina pátria e o Parecer AGU/LA – 04/94, cujo reexame pelo parecerista da Advocacia Geral da União manteve o entendimento de tal revogação, não repristinando a norma que se entendera derrogada pela não recepção."

Entendemos, conclusivamente, que, em princípio, aplicando-se e interpretando-se restritivamente o Art. 15 (A aquisição de imóvel rural, que viole as prescrições desta Lei, é nula de pleno direito. O tabelião que lavrar a escritura e o oficial de registro que a transcrever responderão civilmente pelos danos que causarem aos contratantes, sem prejuízo da responsabilidade restituir ao adquirente o preço do imóvel) da Lei n. 5.709, de 1971, apresenta-se como nulo de pleno direito o negócio jurídico de compra e venda do imóvel rural acima mencionado, obrigando-se o alienante a restituir ao adquirente o preço do imóvel, devidamente corrigido, bem como a responder o tabelião que lavrou a escritura e o oficial de registro que a transcreveu no livro próprio de anotações de imóveis, pelos danos causados aos contratantes, sem prejuízo de responderem por ação penal pelo cometimento, em tese, dos delitos de prevaricação ou falsidade ideológica.

Passamos, a seguir, a examinar se, em razão do decurso do prazo de mais de (4) quatro anos da consumação do referido negócio jurídico, se há possibilidade de o mesmo ser convalidado, impondo-se estabilidade na referida relação jurídica e respeito às regras ditadas para a aquisição de imóvel rural para fins agrícolas por empresas nacionais com sócios majoritários estrangeiros. O exame do mencionado tema será feito no item seguinte, tendo como orientação maior a tese do fato consumado.

6. A CONVALIDAÇÃO DE NEGÓCIO JURÍDICO PRIVADO NULO DE PLENO DIREITO. DOUTRINA O ART. 15 DA LEI Nº 5.709/71

O Código Civil de 2002, em seu art. 169, determina que "O negócio jurídico nulo não é suscetível de confirmação, nem convalesce pelo decurso do tempo". Essa disposição não existia no Código Civil de 1916. O dispositivo em apreço impõe dois comandos com carga imperativa: a) não será suscetível de confirmação o negócio jurídico nulo; b) o negócio jurídico nulo não convalesce pelo decurso do tempo.

Sobre o referido artigo, em obra de nossa autoria (Comentários ao Código Civil Brasileiro – Arts. 104 a 232 – Vol. II – (Coleção) Alvim, Arruda Coordenador. RJ: FORENSE), desenvolvemos os seguintes comentários:

A introdução do mencionado dispositivo no Código Civil de 2002 não tem recebido apoio de parte de doutrina. Esta tem apresentado críticas a seu respeito. O artigo 169, como visto, impede, primeiramente, a confirmação do negócio jurídico nulo.

Essa postura do legislador decorre do entendimento de que são tão graves os vícios provocadores da nulidade do negócio jurídico que eles não podem ser "*sanados pelas partes, nem consolidados pelo decurso do tempo*", conforme lembra Washington de Barros Monteiro[5].

Não deve ser esquecido que o negócio jurídico considerado nulo produz a consequência de afrontar, de modo grave, lei de ordem pública, haja vista que todos os testamentos sociais são direta ou indiretamente por ele atingidos.

O negócio jurídico nulo, em razão desses valores a serem protegidos, não produz qualquer efeito, o que abre espaço para não ser suscetível de confirmação, nem ser possível o seu convalescimento por decurso do tempo.

A proibição imposta pelo artigo 169 não tem, contudo, a extensão de impedir que as partes celebrem novo negócio jurídico com o mesmo objeto. Devem, contudo, consumá-lo de forma que os vícios antes existentes sejam definitivamente afastados.

A doutrina considera a confirmação como um ato oriundo da vontade com capacidade de fazer surgir um novo negócio jurídico. Se este é nulo, o ato de sua confirmação pelas partes tem por objetivo central tentar reconhecer a validação de um negócio jurídico que não chegou a validamente constituir-se, por ser nulo.

---

5. Washington de Barros Monteiro, em "Curso de Direito Civil – Parte Geral", Vol. I, atualizado por Ana Cristina de Barros Monteiro França Pinto. São Paulo: Saraiva, 39ª ed., 2003, p. 312.

A confirmação desse negócio jurídico nulo é a confirmação da própria nulidade, o que recebe proibição da norma legal. A regra defendida pelo Código Civil de 2002 é no sentido de nenhum efeito gerar o negócio jurídico reconhecido como nulo.

A posição doutrinária e legal de considerar, de modo absoluto, como sem consequência o negócio jurídico nulo, tem de se harmonizar com a realidade fática. Nesse contexto, surge a importância de destacar a necessidade de ser emitido pronunciamento judicial quando os acontecimentos impõem a existência de um negócio jurídico nulo, porém, produzindo efeitos.

O exemplo merecedor de atenção é o assinalado por Humberto Theodoro[6], invocando manifestação de há muito feita por Carvalho Santos[7].

Eis o que afirma, com precisão, Humberto Theodoro Júnior:

> "A construção científica da teoria da nulidade conduz à completa invalidade do negócio por ela contaminado, não só em relação às partes, senão também em referência a todos os que, em suas relações jurídicas, pudessem depender dos efeitos do negócio, na hipótese de ser válido. É preciso, todavia – conforme de forma a advertência de Carvalho Santos, apoiada em BONECASE – entender de forma inteligente a tese da ineficácia ampla da nulidade. Diferentemente do que se generaliza na afirmação de que o nulo nenhum efeito produz, a verdade é que, na experiência da vida, se o negócio nulo não produz o efeito exatamente visada pela vontade contratual, gera, no entanto, efeitos secundários e práticos, sendo até mesmo suscetível de consequências, ainda depois de declarada sua invalidade (tome-se o exemplo do casamento nulo, a interrupção da prescrição por meio de processo nulo, o valor da escritura pública nula como documento particular, etc.)."

Da mesma forma, há de se considerar o exemplo citado por Arnaldo Rizzardo[8]:

> "Admite-se, no entanto, que o correr de um extenso período faça surgir um outro direito, como o do reconhecimento do domínio via usucapião". A seguir, Arnaldo Rizzardo, citando J. M. Leoni Lopes de Oliveira[9], explica: "Melhor elucida a matéria J. M. Leoni Lopes de Oliveira: 'De fato, se o negócio é nulo é daqueles que têm como consequência a transferência de propriedade de uma coisa, e tal transferência se verificou, o possuidor pode, em virtude do decurso do tempo, em defesa, na ação de nulidade, alegar a aquisição por usucapião. Aqui, o fato aquisitivo não é o negócio nulo, mas a posse mansa e pacífica com animus domini durante o período exigido pela lei'."

---

6. Humberto Theodoro Júnior, in "Comentários ao Código Civil" – Dos Defeitos do Negócio Jurídico ao final do Livro III – Arts. 138 a 184, Vol. III, Tomo I, p. 525. Rio de Janeiro: Forense, obra coordenada por Sálvio de Figueiredo Teixeira, 2003.
7. J. M. Carvalho Santos, em "Código Civil brasileiro interpretado". Rio de Janeiro: Freitas Bastos, 1958, vol. III, p. 255.
8. Arnaldo Rizzardo, em "Parte Geral do Código Civil". Rio de Janeiro: Forense, 2ª ed., 2003, p. 518.
9. J. M. Leoni Lopes de Oliveira, em "Direito Civil – Teoria Geral do Direito Civil". Rio de Janeiro: Lumen Juris, vol. 2, 1999, p. 932.

No âmbito do Direito nacional e estrangeiro, encontramos sobre o assunto os registros seguintes:

Código Civil da Itália, em seus artigos 1.422 e 1.483:

> "*Art. 1422. Imprescrittibilità dell'azione di nullità L'azione per far dichiarare la nullità non è soggetta a prescrizione, salvi gli effetti dell'usucapione (1158 e seguenti) e della prescrizione delle azioni di ripetizione (2934 e seguenti). Art. 1483 Evizione totale della cosa Se il compratore subisce l'evizione totale della cosa per effetto di diritti che un terzo ha fatti valere su di essa, il venditore è tenuto a risarcirlo del danno (1223 e seguenti) a norma dell'art. 1479. Egli deve inoltre corrispondere al compratore il valore dei frutti che questi sia tenuto a restituire a colui dal quale è evitto, le spese che egli abbia fatte per la denunzia della lite e quelle che abbia dovuto rimborsare all'attore.*"

O Código Civil argentino, em seu art. 1.047, dita:

> "*Art. 1047. La nulidad absoluta puede y debe ser declarada por el juez, aun sin petición de parte, cuando aparece manifiesta en el acto. Puede alegarse por todos los que tengan interés en hacerlo, excepto el que ha ejecutado el acto, sabiendo o debiendo saber el vicio que lo invalidaba. Puede también pedirse su declaración por el ministerio público, en el interés de la moral o de la ley. La nulidad absoluta no es susceptible de confirmación.*"

A impossibilidade do negócio jurídico nulo ser sanado com o passar do tempo constitui posicionamento consolidado na doutrina.

Na atualidade, destacamos os pronunciamentos de:

a) Paulo Nader[10]: "*As nulidades não são sanáveis com o transcurso do temo – 'quodo ab initico vitisoum est, non potest tractu temporis convalescere*' (cf. 129, D. 50, 17, *apud* Nicolas Caviello, op. cit., p. 362)".

b) Arnaldo Rizzardo[11]: "*Não se confirma o negócio jurídico nulo, e nem é prescritível a nulidade, sempre sendo possível a sua alegação independentemente do passar do tempo. Nada o pode ratificar. Uma compra e venda feita por documento particular, ou não obedecendo à forma prescrita, não adquire a validade plena com o decurso dos anos. Nem o matrimônio entre homem e mulher já casados se convalida após uma duração por longo lapso temporal*".

A seguir, na mesma obra, tecemos comentários ao art. 170 (Se, porém, o negócio jurídico nulo contiver os requisitos de outro, subsistirá este quando o fim a que visavam as partes permitir supor que o teriam querido, se houvessem previsto a nulidade) do Código Civil de 2002, que regula, não obstante o afirmado pelo art.

---

10. Paulo Nader, em "Curso de Direito Civil – Parte Geral". Rio de Janeiro: Forense, 2003, p. 525.
11. Arnaldo Rizzardo, em "Parte Geral do Código Civil". Rio de Janeiro: Forense, 2ª ed., 2003, p. 518.

169, a subsistência do negócio jurídico, desenvolvendo as razões que passamos a registrar.

Definimos, com base na imposição feita pelo legislador, no artigo 169, que o negócio jurídico nulo, ao contrário do anulável (artigo 172), não é suscetível de confirmação, nem convalesce pelo decurso do tempo. Essa regra permite, contudo, uma exceção. É a revelada pelo artigo 170 que estamos a examinar. O dispositivo em questão disciplina que, se o negócio jurídico, mesmo nulo, contiver os requisitos de outro, subsistirá este quando o fim a que visavam às partes permitir supor que o teriam querido se tivessem previsto a nulidade.

O Código Civil de 1916 não conheceu esse regramento. O que o artigo 170 do Código Civil de 2002 reconhece é a validade de outro negócio jurídico, que, embora válido e eficaz, decorre, contudo, de negócio jurídico nulo. Citamos, como exemplo, os direitos surgidos de uma longa convivência entre homem e mulher, porém, sustentada em um casamento nulo. Aqueles direitos não estão afetados pela nulidade do negócio jurídico matrimonial. Eles formaram uma relação negocial que existe, é válida, é eficaz. Não está contaminada por qualquer causa determinante de nulidade. Eles podem garantir, se for o caso, até a partilha do patrimônio do casal formado durante o tempo de vigência do casamento nulo, todos os efeitos surgidos desse vínculo. A finalidade da regra contida no artigo 170 é salvar o negócio jurídico que, embora nulo, contém outro não atacado por qualquer vício. Não se pode ignorar que vários negócios jurídicos podem ser firmados de modo agrupado. Suficiente que as partes sejam capazes, manifestem livremente as suas vontades, que o objeto seja lícito, possível, determinado ou indeterminado e que obedecem forma prescrita ou não defesa em lei. Há necessidade, portanto, da existência de uma base suportando diferentes dois ou mais negócios jurídicos. Esta base poderá refletir um negócio jurídico nulo e, ao mesmo tempo, um válido e eficaz. A doutrina brasileira dedica poucos comentários voltados para o estudo da conversão do negócio jurídico.

Humberto Theodoro Júnior[12] afirma que Pontes de Miranda foi quem construiu, no Brasil, a teoria da conversão do negócio jurídico. A preocupação instalada na doutrina atual é sedimentar o conceito de conversão de negócio jurídico em situações como a acima apresentada. A primeira dificuldade encontrada para a consecução dessa missão científica está no fato de que, quando essa entidade surgiu no campo doutrinário, não existia qualquer regra jurídica a seu respeito.

---

12. Humberto Theodoro Júnior, in "Comentários ao Código Civil" – Dos Defeitos do Negócio Jurídico ao final do Livro III – Arts. 138 a 184, Vol. III, Tomo I, p. 532. Rio de Janeiro: Forense, obra coordenada por Sálvio de Figueiredo Teixeira, 2003.

Esse fenômeno aconteceu no Brasil e no estrangeiro. A possibilidade da conversão do negócio jurídico é, na época contemporânea, um resultado das investigações da ciência. Considerou a conversão como estágio necessário para fortalecer o negócio jurídico que, salvo em situações excepcionais, deve ser conservado.

Encontramos, no Direito Comparado, a conversão sendo adotada, por exemplo:

a) Código Civil italiano, art. 424:

> "*Art. 424 Tutela dell'interdetto e curatela dell'inabilitato Le disposizioni sulla tutela dei minori e quelle sulla curatela dei minori emancipati si applicano rispettivamente alla tutela degli interdetti e alla curatela degli inabilitati (343 e seguenti, 390 e seguenti). Le stesse disposizioni si applicano rispettivamente anche nei casi di nomina del tutore provvisorio dell'interdicendo e del curatore provvisorio dell'inabilitando a norma dell'art. 419. Per l'interdicendo non si nomina il protutore provvisorio. Nella scelta del tutore dell'interdetto e del curatore dell'inabilitato il giudice tutelare deve preferire il coniuge maggiore di età che non sia separato legalmente (150 e seguenti), il padre, la madre, un figlio maggiore di età o la persona eventualmente designata dal genitore superstite con testamento (587), atto pubblico o scrittura privata autenticata (2699, 2703)."*

b) Código Civil português, art. 293º: "ARTIGO 293º. (Conversão). O negócio nulo ou anulado pode converter-se num negócio de tipo ou conteúdo diferente, do qual contenha os requisitos essenciais de substância e de forma, quando o fim prosseguido pelas partes permita supor que elas o teriam querido, se tivessem previsto a invalidade. Localizamos, também, na doutrina nacional e estrangeira as manifestações que passamos a citar:

a) A conversão é o "*meio jurídico em virtude do qual, verificados certos requisitos, se transforma noutro em negócio jurídico inválido, para salvaguardar, na medida do possível, o resultado prático que as partes visavam alcançar com aquele*" (Teresa Luso Soares[13], in "A conversão do negócio jurídico". Coimbra: Almedina, 1986, p. 13).

b) A conversão é "*o aproveitamento do suporte fático, que não basta a um negócio jurídico, razão de sua nulidade, ou anulabilidade, para outro negócio jurídico, ao qual é suficiente*" (Francisco Pontes de Miranda, in "Tratado", Tomo IV, § 374, p. 63, 2ª ed. Rio de Janeiro: Borsoi, 1954-1958). Observamos que as duas definições citadas foram extraídas da obra de Humberto Theodoro Júnior[14].

---

13. Teresa Luso Soares, em "A conversão do Negócio Jurídico". Coimbra: Almedina, 1986, p. 13.
14. Idem, ppl. 534/536.

c) Humberto Theodoro Júnior, ob. cit., p. 536, apoiado em lição de Schmicoel, Roque Campani[15], "Negócio Jurídico: nulidades e medidas sanatórias", obra publicada pela editora Saraiva, 1985, p. 75, entende que a conversão e um fenômeno de qualificação do negócio jurídico porque importa em valorá-lo ou em caracterizá-lo como tipo de negócio jurídico distinto daquele que foi efetivamente realizado pelas partes. Registra, ainda, Humberto Theodoro Júnior, ob. cit., pp. 544 a 543, seguindo pronunciamento de Pontes de Miranda (Tratado, T. IV, § 377, p. 70) e de João Alberto Schitzer Del Nero[16] (Conversão Substancial do Negócio Jurídico. Rio de Janeiro: Renovar, 2001), os seguintes exemplos de conversão de negócio jurídico nulo:

"a) A letra de câmbio ou a nota promissória, que, nulas por vício de forma, podem valer como recibo ou confissão de débito. b) A cessão de crédito, quando insuscetível de transferência, que pode valer como procuração. c) A compra e venda que, referindo-se a prédio futuro pode, na inviabilidade de uma condição suspensiva, ser convertida em contrato de opção. d) Se a compra e venda for nula como tal, pode converter-se em promessa de compra e venda. e) Se entre proprietários de dois apartamentos se vende o direito de usar certa serventia inseparável da unidade, pode haver conversão para servidão. f) A falsa declaração de paternidade que se converte em adoção. g) Se o penhor não vale formalmente como tal, pode valer como direito de retenção. h) Se é nula a alienação do usufruto, pode valer como cessão do direito de exercício dele. i) A renúncia pura a elementos do domínio, que não se admite como tal, pode se transformar em constituição de servidão. j) A renda sobre imóvel pode converter-se em usufruto, em caso de nulidade da primeira (por exemplo, por configuração da hipótese do art. 1.425 do Cód. Civil de 1916). k) A doação de bem inalienável poderia converter-se em usufruto de uso. l) O direito real de retrato pode mudar-se em direito pessoal de preferência, se nula a estipulação do direito real. m) A cessão nula de direitos pode valer como constituição de penhor ou caução. n) A cessão dos direitos intransferíveis de sócio pode converter-se em cessão de créditos cessíveis. o) A compra e venda de imóvel por nulidade do instrumento pode transformar-se em compromisso de compra e venda, que não depende daquela solenidade para valer. p) O contrato real de mútuo, por falta de prévia tradição, pode converter-se em contrato consensual de abertura de crédito. q) A cessão do direito do voto em sociedade (direito incessível) pode valer como mandato. r). A renúncia antecipada da prescrição, que como tal não vale, pode converter-se em reconhecimento da dívida e, assim, servir como causa de interrupção do prazo prescricional."

Em face do que anunciamos a respeito da conversão do negócio jurídico, considerando as anotações doutrinárias registradas, podemos construir os seguintes enunciados:

---

15. Roque Campani Schmicoel, em "Negócio Jurídico: nulidades e medidas sanatórias". São Paulo, Saraiva, 1985, p. 75.
16. João Alerto Schitzer Del Nero, em "Conversão Substancial do Negócio Jurídico". Rio de Janeiro: Renovar, 2001, pp. 421-422.

a) o disposto no artigo 170 do atual Código Civil adota, com base no princípio da conversão, a possibilidade do negócio jurídico presente no ambiente de negócio jurídico nulo ser considerado válido, desde que inexista vício em sua constituição;

b) o legislador brasileiro, ao introduzir a conversão do negócio jurídico no Código Civil atual, adotou posicionamento voltada para garantir relação contratual ou não contratual sem mácula, mesmo que tenha se desenvolvido dentro de uma outra relação jurídica viciada, empenhando-se, portanto, em valorizar o aproveitamento da vontade das partes;

c) a conversão exige, para que se enquadrar na expressão do artigo 170, dois requisitos, conforme indica Humberto Theodoro Júnior, p. 543: um objetivo (...) e outro subjetivo (...);

d) a conversão admitida pelo artigo 170 só é possível quando os requisitos essenciais para outro negócio jurídico encontrem-se presentes no círculo do negócio jurídico nulo e aquele não tenha sido contaminado pela nulidade, bem como que os fins visados pelas partes foram atingidos, mesmo se houvessem previsto a nulidade;

e) não se deve confundir a regra do artigo 170 (conversão do negócio jurídico) com a repetição de ato nulo; a ratificação de ato anulável; a interpretação integrativa; o negócio jurídico indireto; a modificação *"lato sensu"*; a invalidade parcial do negócio e o que é feito como vontade alternativa;

f) a conversão, por ser fenômeno inspirado em princípio da conservação do negócio jurídico, determina uma nova qualificação a seu respeito.

Registramos, por último, que a I Jornada de Estudos sobre o Novo Código Civil, realizada pelo Conselho da Justiça Federal, aprovou, a respeito, o enunciado n. 13, do teor seguinte:

> "Enunciado n. 13 – Art. 170: o aspecto objetivo da convenção requer a existência do suporte fático no negócio a converter-se."

A doutrinação que acabamos de anunciar tem por objetivo demonstrar que os arts. 169 e 170 do Novo Código Civil devem ser interpretados de modo sistêmico e de acordo com os objetivos a serem alcançados, isto é, de impor o máximo de estabilidade às relações jurídicas de direito privado, aproveitando os elementos da teoria do fato consumado.

O art. 169 do Novo Código Civil, de acordo com tudo quanto exposto, só deve ser aplicado quando o vício presente no negócio jurídico é de natureza grave, isto é, ofende à ordem pública, aos bons costumes, à boa-fé, à ética. Em tais casos não há possibilidade de conversão pela potencialidade dos prejuízos causados à sociedade.

O negócio jurídico em questão, que resultou na aquisição imóvel rural para exploração agrícola e de pecuária por pessoa jurídica estrangeira sem autorização das autoridades competentes, portanto, de modo não conforme com a lei, perdura por quase cinco anos, sem que tenha havido provocação do Ministério Público ou de qualquer outro interessado para que a sua nulidade seja declarada. Por outro lado é plenamente possível no campo fático a sua convalidação, bastando, para tanto, que a pessoa jurídica busque regularizar o deferimento da autorização para a compra perante a autoridade administrativa competente. O fato de não ter sido providenciado, no devido tempo, a aprovação dos projetos agrícolas que a empresa vem explorando, não trouxe nenhum prejuízo ao controle das terras rurais brasileiras ocupadas por estrangeiros, não ofendeu à soberania nacional, à ordem pública e aos princípios gerais da atividade econômica nacional, especialmente, o direito de propriedade.

O afastamento do vício de nulidade que afeta a escritura e o registro imobiliário da compra e venda realizada pela empresa pode ser feito com a apresentação de projeto agrícola para ser aprovado pela autoridade competente, efetuando-se, a seguir, em caso de deferimento do pedido, escritura de retificação e de ratificação do negócio jurídico, atos necessários para adequar-se às exigências da Lei n. 5.709/71.

Há precedentes na experiência jurídica brasileira a respeito da possibilidade da convalidação em situação igual à que estamos apreciando.

José Saulo Pereira Ramos, em 20.10.1987, na qualidade de Advogado-Geral da União, emitiu parecer sobre assunto idêntico, ementando-o da maneira que passamos a anotar:

> "Imóvel rural, aquisição por estrangeiro. Aplicação dos artigos 3º, § 3º, e 5º da Lei nº 5.709/71, em combinação com os artigos 5º, § 2º, item III, e 7º, § 5º do Decreto nº 74.965/74. É nula, de pleno direito, a aquisição de imóvel rural, com área superior a 50 módulos de exploração indefinida, por pessoa estrangeira, sem prévia autorização presidencial, ainda que casada com brasileiro ou que possua filhos desta nacionalidade, conforme entendimento firmado nos Pareceres CGRN-29/80 e P-15/82. Ato que existe no mundo fático, mas inexistente no mundo jurídico. Condição suspensiva *ex lege*. Ato nulo não é sanável, mas satisfeita a condição legal pode tomar vida jurídica sem outras formalidades. Questão sujeita ao Judiciário. À Administração Pública Federal cumpre, apenas, permitir ou não a compra do imóvel. E só. Estando a área vinculada a projeto de interesse econômico-social (art. 15, § 1º, da Lei citada), nada obsta que a autorização, mesmo pedida a destempo, seja dada pela autoridade competente, no uso do seu poder discricionário da autorização, no caso, envolve exame de conveniência e oportunidade,

cuja complexidade não pode olvidar a situação de fato constituída, em favor dos terceiros adquirentes de boa-fé, desde que preservado o superior interesse público."

O que devemos assentar é que a ausência de autorização da autoridade competente para pessoa jurídica estrangeira adquirir imóvel rural para nele explorar atividades agrícolas e/ou pecuárias, em face de não ter sido apresentado projeto para aprovação, é ato que pode ser praticado em data posterior a lavratura da escritura de compra e venda e da transcrição do imóvel no registro imobiliário, permitindo a sua convalidação com a consequência de fazer desaparecer o vício da nulidade previsto no art. 15 da Lei n. 5.709/71, quando não se verificar a ocorrência de fato grave a impedir a expedição dessa autorização.

7. A INSTAURAÇÃO DE INQUÉRITO POLICIAL PARA APURAR OCORRÊNCIA OU NÃO DE DELITO PREVISTO NO ARTIGO 1º, INCISO III, DA LEI Nº 8.137, DE 27 DE DEZEMBRO DE 1990. AUSÊNCIA DE JUSTA CAUSA

O Departamento da Polícia Federal, com base em denúncia anônima, instaurou inquérito policial, em face das obrigações financeiras assumidas e cumpridas no caso em debate e relativas aos negócios jurídicos (promessa de compra e venda e contrato definitivo de compra e venda do imóvel já identificado no presente parecer) para apurar possível ocorrência do delito previsto no art. 1º, inciso III, da Lei n. 8.137, de 27 de dezembro de 1990, que define crime contra a ordem tributária, *"tendo em vista compra e venda de imóvel em que foram recebidos valores por fora, com movimentação estrangeira"*, segundo consta na Portaria respectiva.

De início, revelamos a posição do STF em repelir, por considerar como atentado ao Estado Democrático de Direito, a produção de qualquer efeito de denúncia anônima para ensejar a instauração de inquérito policial. Esse posicionamento do Supremo Tribunal Federal foi adotado quando apreciou o Inquérito n. 1.957-PR, em sessão realizada no dia 11 de maio de 2005, quando, em manifestação preliminar levantada pelo eminente Ministro Marco Aurélio Mello acerca do valor jurídico da denúncia anônima, assentou o entendimento no sentido de que *"o anonimato é postura afrontosa ao Estado de Direito, indigna de acolhimento ou defesa, desprovida inclusive da qualidade jurídica documental que eventualmente pretenda ter (quando escrita ou reduzida a termo), todavia, apta à deflagrar procedimento de mera averiguação da verossimilhança, se portadora de informação dotada de um mínimo de idoneidade"*.

A mencionada decisão mereceu observações de Felipe Vieira, conforme colhemos no site www.vemconcursos.com.br, acessado em 10 de junho de 2009, do seguinte teor:

> "A delação anônima é postura repudiada em nosso direito constitucional pelo simples fato de colocar em risco a integridade do sistema de direitos fundamentais. A questão relevante acerca da denúncia anônima reside na natureza jurídica do instrumento de denunciação. Será ele documento jurídico dotado de aptidão para deflagrar procedimento formal especialmente de natureza criminal? O plenário do S.T.F., com pequenas nuances entre os Ministros, firmou tese no sentido de que a delação de autoria desconhecida não é instrumento dotado de juridicidade, pois se constitui num desvalor em face do próprio ordenamento jurídico que o repudia (Ministros Cezar Peluso e Gilmar Mendes). A despeito desse desvalor, caso a denúncia anônima releve indícios confiáveis dos fatos por ela encaminhados, não pode o aparelho estatal que recebe a informação simplesmente ignorar a *notitia*. Eis que é razoável, ante a mínima idoneidade dos fatos narrados, instaurar-se procedimento de simples averiguação para buscar a consistência jurídica necessária indicativa de justa causa para a instauração de procedimento formal de natureza policial (inquérito policial). Assim, não podem se furtar os agentes públicos que dispõem de meios preliminares de averiguação a procederem ao levantamento de dados que apontem a verossimilhança da ocorrência, desde que respeitada a esfera de direitos fundamentais dos envolvidos, o que indica ser dever das autoridades públicas, em sede de investigação preliminar, atuar com a máxima descrição e cautela."

O Supremo Tribunal Federal, em outro momento, ao decidir sobre o tema, afirmou, no Mandado de Segurança nº 24.369, que:

> "Ementa: delação anônima. Comunicação de fatos graves que teriam sido praticados no âmbito da administração pública. Situações que se revestem, em tese, de ilicitude (procedimentos licitatórios supostamente direcionados e alegado pagamento de diárias exorbitantes). A questão da vedação constitucional do anonimato (CF, art. 5º, IV, 'in fine'), em face da necessidade ético-jurídica de investigação de condutas funcionais desviantes. Obrigação estatal, que, imposta pelo dever de observância dos postulados da legalidade, da impessoalidade e da moralidade administrativa (CF, art. 37, 'caput'), torna inderrogável o encargo de apurar comportamentos eventualmente lesivos ao interesse público."

O tema denúncia anônima como base para instaurar inquérito policial mereceu significativo estudo de Rodrigo Iennaco de Moraes, no artigo intitulado *"Da validade do procedimento de persecução criminal deflagrado por denúncia anônima no Estado Democrático de Direito*. (*Jus Navigandi*, Teresina, ano 11, n. 1273, 26 dez. 2006. Disponível em: <http://jus2.uol.com.br/doutrina/texto.asp?id=9317>. Acesso em: 16 jun. 2009), de onde extraímos, embora longo, porém, necessário, o pronunciamento seguinte:

> "A 5ª Turma do STJ já decidiu, por unanimidade, que não há ilegalidade na instauração de inquérito com base em investigações deflagradas por denúncia anônima, eis que a

autoridade tem o dever de apurar a veracidade dos fatos alegados, desde que se proceda com a devida cautela, sobretudo quando a investigação e o inquérito sejam conduzidos sob sigilo. No voto do Relator, Min. Gilson Dipp, consignou-se que se tratava de investigação da Polícia Federal ("Operação Albatroz"), deflagrada por denúncia anônima que deu origem a inquérito policial. Instaurado o procedimento, foram determinadas diversas diligências (entre elas a quebra de sigilos bancário, fiscal e telefônico), que, renovadas, fundamentaram a prisão temporária dos investigados e busca e apreensão (domiciliar e nos locais de trabalho).

Para fundamentar a constitucionalidade do procedimento instaurado a partir da delação anônima, o Min. Gilson Dipp entendeu que a base para a instauração do inquérito não teria sido simplesmente a "denúncia anônima", mas sim o resultado das investigações conduzidas sob sigilo pela Polícia Federal a partir daquela.

Afirmou o relator, por fim, que "a referida carta anônima não contaminou o restante do acervo probatório", relativizando o alcance da teoria dos frutos da árvore venenosa.

Já em outro feito, a Corte Especial do próprio Superior Tribunal de Justiça, por unanimidade, entendeu que uma carta anônima não pode movimentar polícia e justiça sem afrontar a norma constitucional do art. 5º, IV. Cuidava-se, nesse caso, de inquérito policial instaurado com base em delação anônima de supostos crimes praticados por Desembargadores do Tribunal de Justiça do Estado do Rio de Janeiro. Seguindo o voto do Relator, Min. Ari Pargendler, determinou-se o arquivamento dos autos do inquérito policial.

No julgamento de ação penal de sua competência originária, o Supremo Tribunal Federal admitiu, por maioria, a legitimidade de procedimento investigatório e ulterior processo penal inaugurados por delação anônima, observados alguns parâmetros em cada caso concreto. Ao suscitar questão de ordem no julgamento do inquérito 1.957-7/PR, o Min. Marco Aurélio se posicionou radicalmente contrário à validade do procedimento assim deflagrado, invocando, ao lado da vedação constitucional, o disposto nas Leis 8.112/90 e 8.429/92 (art. 14) e art. 4º, II, da Resolução 290/2004 que dispõe sobre os procedimentos da Ouvidoria do STF, diplomas que também vedam a instauração de procedimentos a partir de delação anônima. Para Marco Aurélio, o denunciante que se esconde sob o anonimato não exerce um direito inerente à cidadania e deixa de assumir responsabilidade que possa, em um passo seguinte, improcedente a imputação, desaguar na denunciação caluniosa. A carta anônima, como defeito inicial, contaminaria toda a persecução a partir do inquérito. Assim, a questão de ordem levantada pelo Min. Marco Aurélio, que acabou sendo rejeitada por maioria, discutia a viabilidade da sequência do próprio inquérito, em que o elemento básico desencadeador da apuração de certos dados iniciais é uma carta anônima:

'Vivemos em um Estado Democrático de Direito e, no caso, a Carta da República só prevê o sigilo quando ele é inerente à própria atividade profissional desenvolvida. Não podemos imaginar a inauguração de uma época que se faça a partir do denuncismo irresponsável. Não podemos imaginar uma verdadeira época de terror em que, a partir de uma postura condenável, chegue-se à persecução criminal.'

No mencionado julgado, o Min. Marco Aurélio diferenciava notícia de materialidade de imputação. Por exemplo, se há um telefonema anônimo comunicando à polícia que, em tal lugar, há um cadáver ou está sendo praticado tráfico de drogas, evidentemente a polícia teria de verificar a procedência da informação, indo ao local (notícia anônima de materialidade). Por outro lado, se há uma carta anônima atribuindo atos criminosos a determinada pessoa (imputação anônima de autoria), haveria o prejuízo de tudo mais que fosse levantado a partir dela, não podendo a *delatio criminis* gerar efeitos jurídicos válidos, tal como fundamentar a instauração de inquérito para apuração dos fatos.

Acompanhando o entendimento, o Min. Eros Grau execrou a validade de delação anônima. Raciocínio análogo foi encampado pelo Min. Cezar Peluso, para quem seria inadmissível a abertura de procedimento investigatório a respeito de um fato típico baseado em documento ilícito, que não deveria gerar nenhuma consequência jurídica. Uma denúncia anônima não poderia ganhar forma como figura de juízo para dar início a uma investigação de caráter formal, pois assim se proclamaria a irresponsabilidade civil e penal do delator, que não responderia por acusação falsa. Sua conclusão é que o ordenamento abomina e excomunga o anonimato, considerando-o um desvalor jurídico que, como tal, não poderia ser considerado para nenhum efeito. E cita o próprio Código Penal, que mostraria reprovabilidade máxima ao anonimato ao agravar a pena da denunciação caluniosa em tal circunstância. No exemplo citado, se o cadáver é encontrado, começaria investigação válida. Abrir, porém, inquérito baseado em carta anônima seria conferir valor jurídico a um objeto que nem documento pode ser considerado.

O Min. Gilmar Mendes, embora concordando com o Min. Cezar Peluso no sentido de restringir-se a eficácia da denúncia anônima, defendeu que a situação deveria ser analisada em cada caso concreto. Noutro exemplo: há um contrato administrativo; se informa à autoridade, em carta anônima, a existência de irregularidades em procedimentos licitatórios, a informação, em suma, é da existência de contrato publicado no Diário Oficial. Lembra o Ministro que a lei de licitação determina que haja a publicação da síntese ou extrato do convênio ou contrato, que poderá, a qualquer tempo, ser objeto de investigação ou questionamento, inclusive mediante ação popular. Nesse caso, não se poderia concluir pela ilegalidade das investigações deflagradas por delação anônima. É que, no caso, o inquérito instaurado prescinde da carta anônima, haja vista que os atos (objeto de investigação) são públicos.

Já o ex-Min. Nelson Jobim defendeu que não se formulasse, sobre o tema, tese *in abstracto*, decidindo-se caso a caso, em atenção às particularidades de cada situação concreta. Para Jobim, a denúncia anônima pode desencadear atividades de investigação. O que não se admite é que seja autuada como documento lícito capaz de, ao gerar consequências jurídicas, originar um procedimento formal de investigação. Ou seja, não admite a abertura de inquérito com base em carta anônima.

Para o Min. Carlos Britto, pode haver investigação a partir de denúncia anônima; embora não se possa admitir uma denúncia, peça inicial do processo penal, exclusivamente baseada numa *notitia criminis* anônima – admitindo que a cidadania, como ponto de partida, pode manifestar-se anonimamente, em colaboração para com o Poder Público no desvendamento de atos ilícitos, devendo-se analisar em cada caso concreto.

O Min. Sepúlveda Pertence, a seu turno, formulou indagação sobre a ação que se espera da polícia diante de telefonema anônimo em que se comunique haver um cadáver ou ocorrência de sequestro em determinado lugar. Estaria a polícia impedida de verificar a informação? Partindo de tal questionamento, demonstra que o princípio da vedação do anonimato, posto que nobilíssimo, não pode ser levado às últimas consequências. Se uma carta anônima informa a existência de contratos administrativos celebrados sem licitação, é como se dissesse que há um cadáver em determinado lugar. A materialidade do crime seria, em tese, a documentação dos contratos. Embora não se possa intimar o delator anônimo, pode-se verificar se existe o fato material noticiado, cujo resumo é de publicação obrigatória no órgão oficial de imprensa. Para Pertence, a delação anônima não tem validade nem como prova, nem como elemento de informação da persecução penal, caso contrário haveria violação aos princípios constitucionais do processo. Por outro lado, defende que a delação anônima não isenta a autoridade que a tenha em mãos dos cuidados para apurar sua verossimilhança e, a partir daí, instaurar o procedimento formal. Até porque – argumenta – se o art. 339, § 1º, do CP prevê causa de aumento de pena para o denunciante que se vale do anonimato, é que a delação anônima pode, sim, dar margem à deflagração da investigação – embora não seja prova nem informação confiável por si só.

Carlos Velloso, para ilustrar seu ponto de vista, reproduz exemplo dado, noutra oportunidade, por Sydney Sanches: mediante interceptação telefônica não-autorizada, descobre-se um cadáver de mulher, que estava desaparecida; numa das mãos há cabelos; a mulher morrera lutando; faz-se exame de DNA e localiza-se o assassino. As investigações poderiam prosseguir? Para o ex-Min. Carlos Velloso sim, por aplicação dos princípios da razoabilidade e proporcionalidade. É o que ocorreria, mutatis mutandis, nos casos de denúncia anônima contra criminosos perigosos, narcotraficantes etc. A notícia do crime seria inicialmente tratada sob sigilo, propiciando investigações válidas, com a observância do princípio da proporcionalidade. O voto do Min. Celso de Mello merece maior atenção e destaque. Observa o ilustre Ministro que a proibição constitucional do anonimato busca impedir abusos no exercício da liberdade de expressão, aí incluída a denúncia anônima. Ao se exigir a identificação, busca-se a possibilidade de responsabilização do delator pelos excessos. Cuida-se de norma positivada no sistema constitucional brasileiro desde a primeira Carta Republicana (art. 72, § 12, CR/1891), que tem como único escopo permitir que o autor de escrito ou publicação possa submeter-se às consequências jurídicas derivadas de seu comportamento abusivo, em defesa do patrimônio moral das pessoas agravadas. A vedação do anonimato, assim, traduz medida constitucional destinada a desestimular manifestações abusivas do pensamento, de que poderiam decorrer gravames a terceiros, desrespeitados em sua esfera de dignidade.

Nesse contexto, sustenta o Min. Celso de Mello que nada impede que a autoridade, recebendo denúncia anônima, adote medidas informais, 'com prudência e discrição', destinadas à apuração prévia e sumária da notícia de crime, com o objetivo de posterior instauração do procedimento penal. Desse modo, haveria a desvinculação da delação formulada por autor desconhecido, que não é ato de natureza processual, da investigação estatal (informativo *delicti*). Disso resultaria a impossibilidade de o Estado dar início à persecução criminal tendo por 'único fundamento causal' a denúncia anônima. A exemplo do que sucede na Itália, sustenta, com apoio no magistério de Giovanni Leone, que "os documentos e escritos anônimos não podem ser formalmente incorporados ao processo, não se qualificam como atos processuais e deles não se pode fazer qualquer uso processual': '(...) após reconhecer o desvalor e a ineficácia probante dos escritos anônimos, desde que isoladamente considerados, admite, no entanto, quanto a eles, a possibilidade de a autoridade pública, a partir de tais documentos e mediante atos investigatórios destinados a conferir a verossimilhança de seu conteúdo, promover, então, em caso positivo, a formal instauração da pertinente *persecutio criminis*, mantendo-se, desse modo, completa desvinculação desse procedimento estatal em relação às peças apócrifas que forem encaminhadas aos agentes do Estado, salvo [...] se os escritos anônimos constituírem o próprio corpo de delito ou provierem do acusado.'

Conclui, então, diante de revelação anônima de fatos revestidos de aparente ilicitude penal, pela possibilidade do Estado adotar medidas sumárias de investigação, destinadas a esclarecer a idoneidade e verossimilhança da delação, que, se confirmada, dará ensejo à instauração do procedimento formal, diante da observância do postulado da legalidade e do dever da autoridade, consideradas razões de interesse público, de apurar a verdade real em torno da materialidade e autoria de fatos criminosos. Os escritos anônimos não justificam, só por si, isoladamente considerados, a instauração da *persecutio criminis*, eis que não podem ser incorporadas formalmente ao processo – salvo quando produzidos pelo acusado ou quando constituírem, eles próprios, o corpo de delito (solicitação de resgate na extorsão mediante sequestro; cartas que evidenciam ofensas à honra, veiculam ameaças ou corporificam o crimen falsi etc.).

No âmbito do STF, há ainda processo emblemático, pendente de julgamento. Cuida-se do HC 84.827/TO, impetrado em desfavor do relator da notícia crime 359 do STJ, ao argumento de ilegalidade do procedimento deflagrado por denúncia anônima. Em votação da 1ª Turma, o Min. Sepúlveda Pertence apresentou pedido de vista, após a ordem ser concedida nos votos dos Ministros Marco Aurélio, relator, Eros Grau e Cezar Peluso, e denegada pelo Min. Carlos Britto.

Não só na orientação pretoriana; também na doutrina há divergência. Há quem negue validade jurídica à denúncia anônima. Tourinho Filho argumenta que:

'(...) se o nosso CP erigiu à categoria de crime a conduta de todo aquele que dá causa à instauração de investigação policial ou de processo judicial contra alguém, imputando-lhe crime de que o sabe inocente, como poderiam os 'denunciados' chamar à responsabilidade o autor da *delatio criminis*, se esta pudesse ser anônima? A vingar entendimento diverso, será muito cômodo para os salteadores da honra alheia vomitarem, na calada da noite, à porta das Delegacias, seus informes pérfidos e ignominiosos, de maneira atrevida, seguros, absolutamente seguros da impunidade. Se admitisse a *delatio* anônima, à semelhança do que ocorria em Veneza, ao tempo da *inquisitio extraordinem*, quando se permitia ao povo jogasse nas famosas 'Bocas dos Leões' suas denúncias anônimas, seus escritos apócrifos, a sociedade viveria em constante sobressalto, uma vez que qualquer do povo poderia sofrer o vexame de uma injusta, absurda e inverídica delação, por mero capricho, ódio, vingança ou qualquer outro sentimento subalterno.'

Em sentido oposto, na esteira do magistério de Frederico Marques e Rogério Lauria Tucci, manifestam-se Mirabete e Capez, respectivamente: 'No direito pátrio, a lei penal considera crime a denunciação caluniosa ou a comunicação falsa de crime (Código Penal, arts. 339 e 340), o que implica a exclusão do anonimato na *notitia criminis*, uma vez que é corolário dos preceitos legais citados a perfeita individualização de quem faz a comunicação de crime, a fim de que possa ser punido, no caso de atuar abusiva e ilicitamente. Parece-nos, porém, que nada impede a prática de atos iniciais de investigação da autoridade policial, quando delação anônima lhe chega às mãos, uma vez que a comunicação apresente informes de certa gravidade e contenha dados capazes de possibilitar diligências específicas para a descoberta de alguma infração ou seu autor. Se, no dizer de

G. Leone, não se deve incluir o escrito anônimo entre os atos processuais, não servindo ele de base à ação penal, e tampouco como fonte de conhecimento do juiz, nada impede que, em determinadas hipóteses, a autoridade policial, com prudência e discrição, dele se sirva para pesquisas prévias. Cumpre-lhe, porém, assumir a responsabilidade da abertura das investigações, como se o escrito anônimo não existisse, tudo se passando como se tivesse havido *notitia criminis* inqualificada.' 'Não deve haver qualquer dúvida, de resto, sobre que a notícia do crime possa ser transmitida anonimamente à autoridade pública [...]. [...] constitui dever funcional da autoridade pública destinatária da notícia do crime, especialmente a policial, proceder, com a máxima cautela e discrição, a uma investigação preambular no sentido de apurar a verossimilhança da informação, instaurando o inquérito somente em caso de verificação positiva. E isto, como se a sua cognição fosse espontânea, ou seja, como quando se trate de *notitia criminis* direta ou inqualificada.' 'Nada impede [...] a notícia anônima do crime [...]. Na hipótese, porém, constitui dever funcional da autoridade pública destinatária, especialmente a policial, proceder, com a máxima cautela e discrição, a uma investigação preliminar no sentido de apurar a verossimilhança da informação, instaurando o inquérito somente em caso de verificação positiva.' 'A delação anônima (*notitia criminis* inqualificada) não deve ser repelida de plano, sendo incorreto considerá-la sempre inválida; contudo, requer cautela redobrada por parte da autoridade policial, a qual deverá, antes de tudo, investigar a verossimilhança das informações.'

Quanto ao argumento de direito material, temos a lição de Nelson Hungria: 'Segundo o § 1º do art. 339, 'A pena é aumentada de sexta parte, se o agente se serve de anonimato ou de nome suposto'. Explica-se: o indivíduo que se resguarda sob o anonimato ou nome suposto é mais perverso do que aquele que age sem dissimulação. Ele sabe que a autoridade pública não pode deixar de investigar qualquer possível pista (salvo quando evidentemente inverossímil), ainda quando indicada por uma carta anônima ou assinada com pseudônimo; e, por isso mesmo, trata de esconder-se na sombra para dar o bote viperino. Assim, quando descoberto, deve estar sujeito a um plus de pena.' Percebe-se, claramente, que a melhor interpretação não é encontrada na visão de um único dispositivo constitucional, isoladamente, mas no cotejo do entrelaçamento de valores que defluem do texto constitucional, sistemática e principiologicamente orientado."

Em razão de tudo quanto exposto, verificamos que os posicionamentos adotados pela jurisprudência do STF e do STJ e pela doutrina não aceitam a instauração de inquérito policial tendo como base, apenas, denúncia anônima. Admitem a instauração de ofício por parte da autoridade policial das investigações necessárias para apurar o cometimento de delito, exigindo, porém, que exista uma base fática suficiente, uma causa justa para o proceder, uma razão de interesse público e uma viabilidade jurídica de que o delito foi cometido.

No caso que estamos a examinar, o inquérito policial instaurado tem sua base, unicamente, na carta anônima que foi enviada, pelo correio, à Superintendência Regional da Polícia Federal. É o único elemento sem consistência de realidade jurídica que provocou a iniciativa da instauração do procedimento investigatório.

Diante de tais circunstâncias, inexiste o referido inquérito policial, não tem qualquer validade, é ineficaz, não produz qualquer efeito, tendo em vista ser evidente a existência de justa causa para a sua instauração, devendo ser, imediatamente, trancado por via de *habeas corpus*.

Examinamos, a partir dessa etapa do estudo em questão, o raio de ação do art. 1º, Inciso III, da Lei n. 8.137/90, tido pela autoridade policial como base para instauração do inquérito, demonstrando a seguir a total ausência de justa causa para o estrangeiro investidor ser investigado por suspeita de ter cometido ilícito penal, considerando a permissibilidade da instauração, de ofício, do inquérito.

Dispõe o art. 1º, inciso III, da Lei n. 8.137/80, que:

> "Constitui crime contra a ordem tributária suprimir ou reduzir tributo ou contribuição social e qualquer acessório, mediante as seguintes condutas:
> III – falsificar ou alterar nota fiscal, fatura, duplicata, nota de venda ou qualquer outro documento relativo à operação tributável."

Evidentemente, conforme será demonstrado a seguir, o estrangeiro português, em nenhum momento participou pessoalmente, nem concorreu para a prática de qualquer delito contra a ordem tributária. Todos os atos que determinaram a lavratura das escrituras particulares de promessa de compra e venda e da compra e venda definitiva do imóvel rural em questão foram praticados pelos procuradores do estrangeiro e da empresa.

Não há autoria do estrangeiro, nem concorrência de sua parte para a consumação do delito previsto no inciso III do art. 1º da Lei n. 8.137/80, nem de qualquer outro contra a ordem tributária ou contra qualquer outra ordem jurídica punitiva.

A pessoa física em questão, residente e domiciliado em Portugal, outorgou aos procuradores que constituiu para, nos limites dos poderes concedidos, representá-lo na transação de compra e venda do imóvel rural já mencionado. Esse fato, por si só, afasta a possibilidade da pessoa física ser acusada, mesmo em tese, da prática do delito investigado, por ausência de autoria. Não praticou, direta ou indiretamente, não concorreu, de modo algum, para os atos praticados por seus procuradores, tendo em vista que, em Direito Penal, a responsabilidade é pessoa, é intransmissível.

Não devemos nos afastar da ideia de que o Direito Penal é regido pelo princípio da legalidade. Em assim sendo, só é autor de delito aquele que, de qualquer modo, concorre para o crime, conforme determina o art. 29 do Código Penal.

Autor de delito penal, portanto, é a pessoa que contribui de modo causal para a consumação do fato punível. Em face desse argumento decorrente do princípio da legalidade, Luís Regis Prado, em sua obra *"Comentários ao Código Penal"*,

Editora Revista dos Tribunais, 2ª ed., p. 173, afirma é autor "todo aquele que intervém casualmente em um fato; é condição ou causa de seu resultado, e em igual medida", isto é:

> *"Autor é aquele que realização ação típica (ou algum de seus elementos) prevista na lei penal. A contribuição causal deve estar submetida ao conteúdo descritivo do tipo. A autoria é determinada pelo momento da execução de uma ação típica, enquanto as formas de participação (instigação, cumplicidade) são entendidas como causas de extensão da punibilidade."*

O estrangeiro, no caso, não contribuiu de modo causal, em nenhum momento, para a prática de qualquer delito contra a ordem tributária. Encontrava-se, por ocasião da lavratura da escritura do imóvel adquirido pela empresa, muito distante dos fatos, em Portugal, tudo tendo sido consumado por atos próprios do vendedor do imóvel e de seu procurador. Este, evidentemente, extrapolou os poderes que recebeu de quem lhe depositou confiança, a demonstrar o fato de, primeiramente, ter sido firmado contrato de promessa e compra e venda do imóvel em questão pelo preço real acordado entre as partes. O segundo contrato de promessa de compra e venda do imóvel e a sua escritura definitiva foram lavrados sem autorização do outorgante, por única e exclusiva responsabilidade penal do vendedor e do procurador da empresa que aparece como adquirente, este excedendo os poderes.

É tão evidente a não concordância do estrangeiro com os atos (segundo contrato de promessa de compra e venda e escritura definitiva) praticados pelo vendedor do imóvel e o seu procurador que, ao tomar conhecimento da sua existência, ordenou, imediatamente, em nome da empresa adquirente, que fosse endereçada correspondência ao tabelião público do serviço notarial e registral da Comarca respectiva, onde após expor que entendia ter havido erro na lavratura da escritura, requerendo a retificação da mesma a fim de fazer constar o valor do bem como sendo o constante no primeiro contrato de promessa de compra e venda, expedindo-se, em complementação, as guias para pagamento dos impostos devidos. O referido requerimento foi entregue ao tabelião.

A doutrina penal, a respeito da autoria do delito, trabalha com quatro teorias, a saber: a) a teoria objetivo-formal (defende que autor vem a ser a pessoa que realiza a ação descrita no tipo legal de delito); b) a teoria subjetiva (autor é a pessoa que pratica o delito no seu próprio interesse e com a vontade de assumir essa posição; c) teoria objetivo-material (autor é a pessoa que essencialmente o causa, quem contribui decisivamente para a sua consumação; d) teoria objetiva ou do domínio do fato (autor é a pessoa que possui o domínio final do fato. Qualquer que seja a teoria adotada para o caso em análise, verifica-se a impossibilidade de o estrangeiro português, no caso, ser considerado autor de delito contra o ordem tributária, co-autor ou partícipe.

Há, portanto, pela impossibilidade jurídica de ter sido praticado o delito tributário que se está pretendendo imputar ao estrangeiro aqui mencionado, por ausência de justa causa para a instauração do inquérito policial.

Em Direito Penal deve o intérprete e o aplicador da lei ter o máximo de cuidado com a conhecida frase de Enrico Ferri:

> "Dependendo da verdade psíquica, o simples gesto de alcançar uma esmola a um mendigo pode ser um ato de filantropia, de ostentação ou de corrupção."

O Direito Penal trabalha com a verdade e com a legalidade. Estes valores, no Direito Penal, devem ser preservados para que a dignidade da pessoa humana e a valorização da cidadania sejam absolutamente respeitados.

A instauração de um inquérito contra uma pessoa quando não há justa causa para tal proceder, pela impossibilidade jurídica desde logo demonstrada de ter sido autor do delito em tese apontado como possível de ter sido cometido, constitui ato de suma agressão, violador do direito de paz e de tranquilidade assegurados ao ser humano pelo Estado Democrático de Direito. É o caso em análise.

Registramos, na linha do que acabamos de afirmar, o precedente jurisprudencial abaixo indicado:

> "CONTRIBUIÇÕES PREVIDENCIÁRIAS. APROPRIAÇÃO INDÉBITA. ANULAÇÃO. AÇÃO PENAL. *Cuida a questão de saber a possibilidade de se instaurar ação penal em desfavor de administradores de pessoas jurídicas inadimplentes perante o Fisco Previdenciário pelo simples fato de serem os denunciados detentores de poderes de gestão administrativa. A jurisprudência deste Superior Tribunal e do STF entende que, nos crimes praticados no âmbito das sociedades, a detenção de poderes de gestão e administração não é suficiente para a instauração da ação penal, devendo a denúncia descrever conduta da qual possa resultar a prática do delito. Esclareceu a Min. Relatora que, em nosso ordenamento jurídico, não é admitida a responsabilidade penal objetiva; para haver a procedência da inicial acusatória deve ficar demonstrado o nexo causal entre a conduta imputada ao denunciado e o tipo penal apresentado. Está-se exigindo apenas que se exponha, na inicial acusatória, qual a conduta perpetrada pelo denunciado que culminou efetivamente no delito, porque o simples fato de deter poderes de gestão não tem capacidade (nexo de causalidade) lógica de se concluir pela prática do delito em questão (art. 168-A do CP), que prescinde de uma ação específica a ser demonstrada na denúncia. Assim, a Turma, ao prosseguir o julgamento, concedeu a ordem para determinar a anulação da ação penal instaurada contra os pacientes sem prejuízo de eventual oferecimento de nova denúncia. HC 53.305-SP, Rel. Min. Maria Thereza de Assis Moura, julgado em 24/5/2007."*

Na mesma linha horizontal de pensar, defendemos que a responsabilidade penal não deve ser confundida com a responsabilidade tributária. Esta tem natureza civil pelos efeitos patrimoniais produzidos.

A responsabilidade penal produz consequências na pessoa do agente, pelo que está rigorosamente submetida aos princípios constitucionais da intranscendência – art. 5º, inc. XLV – e da individualização da pena – art. 5º inc. XLVI – todos da Constituição Federal de 1988. Por tal razão, qualquer acusação há de ser clara, definida e considerando diretamente a ação produzida pelo investigado.

Não devemos nos afastar do entendimento de que as condutas elencadas no artigo 1º da Lei n. 8.137 possuem como elemento subjetivo do tipo o querer (dolo direto) ou a assunção do risco de suprimir ou reduzir o tributo (dolo eventual), *"uma vez que, segundo os ensinamentos do insigne Promotor e Professor, Fernando Galvão, o conceito de dolo encontra-se relacionado com a vontade de violar a norma jurídica, realizando a conduta proibida descrita no tipo incriminador"*.

Este elemento subjetivo do tipo, aliado à ausência de previsão culposa, faz-nos concluir que os tipos penais da lei são, sem exceção, dolosos. A supressão ou a redução de tributo de forma culposa estaria excluída em face da aplicabilidade subsidiária do Código Penal, o qual prevê, em seu artigo 20, a excepcionalidade do tipo culposo ao preceituar que '*salvo os casos expressos em lei, ninguém pode ser punido por fato previsto como crime, senão quando o pratica dolosamente*'. Outrossim, a teoria do domínio do fato só merece aplicação na responsabilidade tributária. Não há campo, em nosso ordenamento jurídico penal, em face da sua vinculação ao princípio da legalidade, da mesma ser seguida no caso de apuração de ilícitos criminais.

Tudo o que acima está destacado, embora se dirija diretamente à justa causa para o curso de ação penal, aplica-se, por derivação, ao inquérito policial. Este procedimento investigatório está, também, sujeito ao princípio da legalidade. Deve, também, rigorosa homenagem a tal princípio, pelo que não deve investigar, sob pena de praticar coação, quem não tem qualquer possibilidade jurídica de ser autor do pretenso delito considerado como, em tese, tendo sido consumado.

Há mais ainda. A investigação iniciada pelo inquérito policial já mencionada cuida de delitos cometidos contra a ordem tributária. A respeito está pacificada a jurisprudência do Supremo Tribunal Federal no sentido de que só pode haver início de investigação penal e de instauração de ação penal a respeito, quando transitado em julgado o procedimento administrativo tributário que o reconheça como tendo sido praticado. É o que sobre o assunto informa a doutrina e a jurisprudência. Vejamos, entre tantas outras manifestações, as seguintes:

Lais Vieira Cardoso, *in* "Crimes contra a ordem tributária e a representação fiscal para fins penais" (Texto extraído do Jus Navigandihttp://jus2.uol.com.br/doutrina/texto.asp?id=3450, acessado em 10 de junho de 2009), comenta:

> "Os crimes contra a ordem tributária ou práticas fraudulentas definidos nos arts. 1º e 2º da Lei nº 8.137/90 que visam reduzir, retardar ou suprimir a cobrança dos tributos possuem o seu tipo legal delimitado por esta legislação específica mas, somente estarão definitivamente constituídos por meio de procedimento administrativo no qual se deva garantir a aplicação dos princípios da legalidade e da ampla defesa, inclusive com a discussão sobre a regularidade da constituição deste crédito e com a garantia de duplo grau.
> Para tanto, o art. 83 da Lei nº 9.430/96 dispõe que, para a Fiscalização poder encaminhar representação de crime contra a ordem tributária ao Ministério Público, necessário se faz que seja proferida a decisão final na esfera administrativa sobre a exigência fiscal do crédito tributário correspondente."

Escreveu, mais adiante, a autora acima citada:

> "A representação fiscal a que se refere o art. 83, da Lei 9.430/96, estabeleceu limites para os órgãos da administração fazendária, ao determinar que a remessa ao Ministério Público dos expedientes alusivos aos crimes contra a ordem tributária, definidos nos arts. 1º e 2º, da Lei nº 8.137/90, somente será feita após a conclusão do processo administrativo fiscal. (STF – Ac. HC n. 75.723-5-SP, DJ de 06.02.1998, p. 5, Rel. Min. Carlos Velloso). A primeira decisão conclui pela limitação que se submete a administração fazendária de somente remeter ao Ministério Público os expedientes que denotarem a prática de crime contra a ordem tributária após a conclusão do processo, atendendo ao disposto no art. 83 da Lei nº 9.430/96."

A seguir, a mesma autora, após mostrar divergência jurisprudencial sobre o assunto, assinala que:

> "Ainda se discute se o artigo 83 da Lei nº 9.430/96 não é incompatível com o artigo 129, I da Constituição Federal, dizendo que: Art. 129. São funções institucionais do Ministério Público: I – promover, privativamente, a ação penal pública, na forma de lei. Nos explica o assunto Hugo de Brito Machado: Essa tese, data vênia, envolve um equívoco dos méis evidentes, pois o próprio dispositivo constitucional já deixa claro que a conduta do Ministério Público há de se desenvolver nos termos da lei. Ou, em outras palavras, deixou o constituinte livre o legislador ordinário para definir como pública, ou privada, a ação penal neste ou naquele crime, e definir a ação penal pública como condicionada ou incondicionada. Como se vê, a questão da disputa de poder entre o Ministério da Fazenda e o Ministério Público, deve ser tratada a nível de lei ordinária, e não no altiplano constitucional."

Prossegue a referida autora, mais adiante, com a afirmação de que:

"O Ministro Edson Vidigal, manifestando-se sobre a existência ou não de inconstitucionalidade na determinação de somente o Fisco poder representar perante o Ministério Público após findo o processo administrativo fiscal, confirma o nosso entendimento explicando que: Não se trata, a toda evidência, de cerceamento da ação institucional do Ministério Público. O que a lei restringe é a ação da repartição fazendária, proibida agora como esteve quando da vigência da Lei nº 4.357/64, art. 11, § 3º, de remeter papéis, para fins de denúncia, ao Ministério Público, enquanto não se concluir, no processo administrativo, sobre a existência ou não da obrigação tributária. Isto é, o crime em tese contra a ordem tributária, somente despontará, em princípio, configurado ao término do procedimento administrativo. Não é mais um simples auto de infração, resultante quase sempre de apressadas, conquanto tensas inspeções, o instrumento com potencialidade indiciária suficiente para instruir uma denúncia criminal. Inconstitucionalidade é quando a lei, em seus requisitos formais e materiais, não encontra adequação com a constituição, ou seja, quando a sua proposição soa esquisito e colide com a harmonia que resume em si o corpo e o espírito da Constituição."

A autora, finalmente, conclui:

"A garantia prevista no art. 83 da Lei nº 9.430/96 ainda mais se justifica por se compatibilizar com os princípios de direito penal, uma vez que reafirma a presunção de inocência constante do inc. LVII do art. 5º da Constituição Federal. Referido dispositivo diz que ninguém será considerado culpado até o trânsito em julgado da sentença penal condenatória e, portanto, não se justifica o início da ação penal por iniciativa da própria fiscalização, se ao mesmo tempo esta se encontra revisando o seu lançamento. A ausência de elementos suficientes para formar a sua convicção faria com que a decisão em lide penal, ficasse suspensa até o final da lide administrativa, decidindo pela existência ou não de crédito tributário e se houve ou não a prática de atos ilícitos pelo contribuinte.

A regra do art. 83 confirma também o devido processo legal e duplo grau: cerceamento do direito de ampla defesa constitucionalmente amparado pelo que dispõe a nossa Carta Magna em seu art. 5º, incisos LIV, LV e LVII: 'LIV – Ninguém será privado da liberdade ou de seus bens sem o devido processo legal.' 'LV – aos litigantes, em processo judicial ou administrativo, e aos acusados em geral são assegurados o contraditório e a ampla defesa, com os meios e recursos a ela inerentes'; 'LVII – ninguém será considerado culpado até o trânsito em julgado de sentença penal condenatória'..

Este estudo, não visou esgotar o tema tão amplo, da representação fiscal para fins penais devido à amplitude de conceitos que envolve, mas possibilitou fazermos as seguintes observações:

1. O que a norma contida no art. 83, da Lei nº 9.430/96 determina é a impossibilidade da Administração Pública fazer a representação fiscal pelos crimes definidos nos arts. 1º e 2º da Lei nº 8.137/90 com base em crédito tributário declarado por lançamento ainda não definitivo, passível, pois, de desconstituição por processo administrativo fiscal, o que violaria o princípio do devido processo legal que, por sua vez, abrange a ampla defesa, o contraditório e a garantia de duplo grau.

2. Tal fato não viola a autonomia das instâncias administrativa e penal, uma vez que o art. 129, I da Constituição Federal determina como função institucional do Ministério Público promover privativamente a ação penal pública nos termos que definir lei ordinária cabendo, portanto, a este dispositivo legal, determinar se a ação penal pública será ou não condicionada, bem como os demais requisitos para a propositura da ação."

É de ser considerado que o Ministro Sepúlveda Pertence, STF, ao relatar o HC n. 81.611, DJ de 13.05.2005, levou a Corte Suprema a definir que o tipo previsto no art. 1º da Lei nº 8.137, de 1990, é de resultado, caracterizando como condição objetiva de punibilidade a existência de lançamento tributário em definitivo.

Por encontrar-se pacificado esse entendimento no âmbito do STF, o Min. Gilmar Mendes, no HC n. 88162/MS, decidiu que:

> *"A existência do crédito tributário é pressuposto para a caracterização do crime contra a ordem tributária, não se podendo admitir denúncia penal enquanto pendente o efeito preclusivo da decisão definitiva em processo administrativos."*

Em face desse posicionamento predominante no STF, não pode ser instaurada qualquer investigação para apurar delitos contra a ordem tributária sem que tenha havido o *"prévio exaurimento na esfera administrativa para que os órgãos de persecução penal possam objetivar uma suposta condenação no Juízo criminal, haja vista que o trânsito em julgado administrativo declararia a existência do crédito tributário suprimido ou reduzido pelo contribuinte"*. (Laís Vieira Cardoso, artigo já citado).

A respeito, merecem conferência os dois acórdãos abaixo anotados:

> "HC 89739 / PB – PARAÍBA. *HABEAS CORPUS*. Relator: Min. CEZAR PELUSO. Julgamento: 24/06/2008 Órgão Julgador: Segunda Turma. Publicação: DJe-152 DIVULG 14-08-2008 PUBLIC 15-08-2008. Parte(s): PACTE.(S): DANIEL DOS SANTOS MOREIRA. PACTE.(S): MARIA MADALENA BRAZ MOREIRA. PACTE.(S): RANIERY MAZZILLI BRAZ MOREIRA. PACTE.(S): ELIEZER DOS SANTOS MOREIRA. PACTE.(S): JOSÉ VALDISTÉRIO GARCIA OU JOSÉ VALDISTÉLIO GARCIA OU JOSÉ VADISTELIO GARCIA. IMPTE.(S): TANEY QUEIROZ E FARIAS E OUTRO(A/S). ADV.(A/S): JOSÉ LUIZ CLEROT. COATOR(A/S)(ES): SUPERIOR TRIBUNAL DE JUSTIÇA.
> EMENTA: 1. AÇÃO PENAL. Denúncia. Imputação do crime de lavagem de dinheiro. Art. 1º, VII, da Lei nº 9.613/98. Corrupção ativa como crime antecedente. Indícios suficientes da sua existência. Instrução hábil da denúncia daqueloutro. Aptidão reconhecida. Inteligência do art. 2º, II e § 1º, da Lei nº 9.613/98. Provas fundantes da imputação de outro crime figuram indícios do crime antecedente ao de lavagem de dinheiro e, como tais, bastam ao recebimento de denúncia do delito consequente. 2. AÇÃO PENAL. Tributo. Crimes contra a ordem tributária, ou crimes tributários. Art. 1º , I e III, da Lei nº 8.137/90. Delitos materiais ou de resultado, que é o de suprimir ou reduzir tributo (*caput* do art. 1º). Procedimento administrativo não encerrado. Lançamento não definitivo.

Delitos ainda não tipificados. Extinção do processo quanto à imputação correspondente. HC concedido, em parte, para esse fim. Crime material contra a ordem tributária não se tipifica antes do lançamento definitivo de tributo devido. Decisão: A Turma, a unanimidade, conheceu, em parte, da impetração e, na parte conhecida, deferiu-a, também em parte, nos termos do voto do Relator."

HC 89965 / RJ – RIO DE JANEIRO. *HABEAS CORPUS*. Relator: Min. GILMAR MENDES

Julgamento: 06/02/2007. Órgão Julgador: Segunda Turma. Publicação: DJ 09-03-2007 PP-00052. Parte(s): PACTE: NEWTON JOSÉ DE OLIVEIRA NEVES. IMPTE: MARCELLUS GLAUCUS GERASSI PARENTE. COATOR: SUPERIOR TRIBUNAL DE JUSTIÇA.

EMENTA: *Habeas Corpus*. 1. Pedido de trancamento da ação penal. 2. Crimes de: i) falsidade ideológica (CP, art. 299); ii) sonegação de contribuição previdenciária (CP, art. 337-A); iii) evasão de divisas (Lei nº 7.492/1986, art. 22, *caput*; e art. 22, segunda parte do parágrafo único); iv) lavagem de bens e valores (Lei nº 9.613/1998, art. 1º, inciso VI; e § 2º, inciso II); v) gestão fraudulenta de instituições financeiras; vi) frustração a direitos trabalhistas; vii) formação de quadrilha (CP, art. 288); e viii) sonegação fiscal (Lei nº 8.137/1990, art. 1º, I e art. 2º, I). 3. Alegações da defesa: a) falta de justa causa para a persecução penal quanto ao crime de sonegação fiscal pela inexistência do procedimento administrativo prévio para a sua apuração e; b) inépcia da denúncia oferecida pelo Parquet Federal em desfavor do paciente. 4. Descrição das etapas do procedimento administrativo e dos desdobramentos do processo administrativo-fiscal. No caso concreto, não há elementos que indiquem a existência de crédito definitivamente constituído em face do paciente. Não há, nos autos, indício de procedimento que tenha se exaurido de modo definitivo perante a instância administrativo-fiscal. Com relação aos delitos de sonegação fiscal que ainda não tenham sido devidamente apreciados, de modo definitivo, na instância administrativo-fiscal, configura-se patente situação de constrangimento ilegal apta a ensejar o deferimento da ordem, nos termos dos precedentes firmados por esta Corte (ADI nº 1.571/DF, de minha relatoria, Pleno, maioria, DJ 30.04.2004; HC nº 84.423/RJ, Rel. Min. Carlos Britto, Primeira Turma, por maioria, DJ 24.09.2004; HC nº 85.207/RS, Rel. Min. Carlos Velloso, 2ª Turma, unânime, DJ 29.04.2005; HC nº 81.611/DF, Rel. Min. Sepúlveda Pertence, Pleno, maioria, DJ 13.05.2005; e HC nº 85.949/MS, Primeira Turma, Rel. Min. Cármen Lúcia, ordem parcialmente deferida, unânime, DJ 06.11.2006). 5. Não obstante o reconhecimento de falta de justa causa para a apuração dos crimes tributários, no caso, a peça acusatória descreveu a ocorrência, ao menos em tese, de outros delitos. Não é possível declarar a peça acusatória como inepta porque os fatos criminosos estão narrados, bem como as suas circunstâncias, assim como estão presentes a qualificação do acusado e a classificação dos crimes, nos termos do art. 41 do CPP. 6. Ordem parcialmente concedida para que a ação penal instaurada na origem seja trancada tão-somente com relação aos delitos de sonegação fiscal (Lei nº 8.137/1990, art. 1º, inciso I e art. 2º, I) que ainda estejam em discussão no âmbito administrativo-fiscal, sem prejuízo, porém, de que a persecução penal persista com relação aos demais tipos imputados ao paciente na denúncia."

8. CONCLUSÕES

1. A pessoa jurídica estrangeira, sob pena de nulidade de pleno direito, necessita, para adquirir imóvel rural para exploração agrícola, situado no Brasil, de, primeiramente, apresentar projeto para tal empreendimento ao Ministério da Agricultura que, após ouvir os órgãos e setores competentes, deferirá, se aprová-lo, por a exigência legais terem sido cumpridas, o pedido de compra do bem. Registramos que há corrente em sentido contrário, entendendo que a legislação acima mencionada está revogada.
2. A autorização da autoridade administrativa para compra do imóvel rural com projeto aprovado deverá ser transcrita na escritura definitiva e na transcrição do imóvel no Registro de Imóvel, sob pena de nulidade do título de domínio.
3. O vendedor que aceitar vender imóvel rural destinado à exploração agrícola ou pecuária para empresa estrangeira sem haver comprovação da autorização das autoridades brasileiras para o comprador, está sujeito, por ser nulo de pleno direito o referido negócio jurídico sem tal consentimento, a devolver, devidamente corrigidas monetariamente, as importâncias recebidas pela venda ilegal efetuada, por ter concorrido para a ilicitude.
4. A escritura definitiva de compra de imóvel rural por pessoa jurídica estrangeira para exploração agrícola ou pecuária sem autorização das autoridades administrativas brasileiras é ato jurídico nulo, podendo, contudo, ser afastada a nulidade, por efeito de convalidação da exigência mesmo que seja concedida posteriormente. Essa nulidade não é de caráter absoluto, salvo se a autoridade administrativa apurar fatos que não indiquem a compra do bem por pessoa jurídica estrangeira, considerando-se os interesses nacionais.
5. Os delitos contra a ordem tributária só podem ser apurados após a conclusão definitiva do procedimento administrativo tributário a ser conduzido pelo Fisco, onde o não pagamento do tributo (obrigação principal) e/ou qualquer outra irregularidade (obrigação acessória) tenham sido definitivamente reconhecidas.
6. É imperioso o princípio da legalidade tributária no ordenamento jurídico penal brasileiro, pelo que só pode ser iniciada investigação policial contra a pessoa que diretamente praticou o delito ou concorreu para a sua consumação. No caso em análise, o estrangeiro não foi autor, nem partícipe em qualquer ato delituoso.
7. Pessoa física portuguesa e sediada em Portugal que constitui procurador no Brasil lhe outorgando os poderes da cláusula *"ad negotia"* não pode

responder por delitos penais tributários que o representante tenha, em tese, praticado sem qualquer autorização e ratificação do outorgante. O conceito de responsabilidade penal está diretamente vinculado ao fato da ilicitude ter sido praticada diretamente pela pessoa física ou que para a sua consumação tenha concorrido de forma direta (co-autoria) ou indireta (participação).

8. Há ausência absoluta de justa causa para a instauração de inquérito policial contra pessoa física estrangeira que não praticou o pretenso delito que se afirma ter sido consumado, especialmente por haver impossibilidade jurídica de ser considerado como autora por residir e ter domicílio em Portugal e os fatos terem sido praticados, pelo seu procurador, no Brasil, sem a sua participação e manifestação de vontade delituosa.

9. As pessoas físicas e estrangeiras que optarem por fazer investimentos no Brasil devem observar o documento denominado de GUIA LEGAL PARA O INVESTIDOR ESTRANGEIRO publicado pelo Ministério das Relações Exteriores.

10. Não há crime e lavagem de dinheiro pelo fato de o pagamento do imóvel rural ter sido feito via depósito em bancos estrangeiros. O crime de lavagem de dinheiro caracteriza-se, essencialmente, pela prática de se transformar dinheiro adquirido em transações ilícitas como tendo sido originário de negócios jurídicos lícitos. Lavagem de dinheiro, expressão típica brasileira, ou branqueamento de capitais, expressão utilizada pelos portugueses europeus, é um tipo de crime decorrente de *"prática econômico-financeira que têm por finalidade dissimular ou esconder a origem ilícita de determinados ativos financeiros ou bens patrimoniais, de forma a que tais ativos aparentem uma origem lícita ou a que, pelo menos, a origem ilícita seja difícil de demonstrar ou provar. É dar fachada de dignidade a dinheiro de origem ilegal"*, conforme definição que se encontra cunhada na wikipedia (www.wikipedia.com).

É delito que recebe intensa preocupação do Direito Internacional que possui, hoje, vários instrumentos para combatê-lo, com destaque para a Convenção de Viena de 1988, a Convenção contra o Crime Organizado Transnacional de 2000, e a Convenção contra a Corrupção de 2003. O Grupo de Ação Financeira Internacional sugeriu a criminalização logo nas suas primeiras recomendações, emitidas em 1990. O Brasil assinou a Convenção de Viena e, em março de 1998, aprovou a Lei nº 9.613, que tipifica o crime de lavagem de dinheiro, bem como adota a Lei nº 7.492, de 16 de junho de 1986, o Decreto nº 2.799, de 08.10.98, a Portaria nº 330, de 18 de dezembro de 1998, do Ministro de Estado da Fazenda, a Portaria nº 350, de

16.10.02, do Ministro de Estado da Fazenda e a Lei Complementar nº 105, de 10.01.2001, como instrumentos legais para evitá-lo e puni-lo.

O Banco Central do Brasil, no cumprimento da legislação existente a respeito, expediu, em 22 de dezembro de 2006, a Circular 3.339, que dispõe acerca dos procedimentos a serem observados pelos bancos múltiplos, bancos comerciais, caixas econômicas, cooperativas de crédito e associações de poupança e empréstimo para o acompanhamento das movimentações financeiras de pessoas politicamente expostas ou PEPs (da sigla inglesa para *politically exposed persons*) – voltada especialmente para detentores de cargos políticos, membros dos poderes Executivo e Judiciário e profissionais que ocupam cargos relevantes na Administração Pública, bem como seus familiares em primeiro grau, que passam a ser acompanhados com mais rigor.

Não está descrito, em nenhum dos artigos da legislação acima anotada, que a remessa de dinheiro legal para o Brasil, por estrangeiro, para adquirir imóvel rural seja considerado crime de lavagem de dinheiro. Impera, portanto, o princípio da legalidade penal.

11. Não é **CRIME ADQUIRIR IMÓVEL NO BRASIL COLOCANDO DINHEIRO PRÓPRIO E LEGAL EM CONTA INDICADA PELO VENDEDOR, NO EXTERIOR.** Inexiste qualquer proibição em nossa legislação que o cumprimento da obrigação em dinheiro assumida por comprador estrangeiro de imóvel no Brasil, o pagamento do negócio jurídico celebrado, seja feita por via de depósito da quantia em conta do vendedor, por este indicada, situada no estrangeiro, notadamente, quando o comprador é estrangeiro. A obrigação é considerada cumprida e sem nenhuma repercussão criminal e tributária.

12. Não **EXISTE A OCULTAÇÃO QUANDO OS VALORES TRANSFERIDOS PARA VENDEDOR FORAM, POR ESTE ÚLTIMO, UTILIZADOS DE FORMA DIVERSA.** O vendedor brasileiro que recebe, por via de contas que têm em bancos estrangeiros, valores decorrentes de venda de imóvel a pessoa física não brasileira, tem por obrigação fiscal registrar a transação no Banco Central e declará-la perante o fisco. A sua situação passa a ser a mesma do brasileiro que mantém conta no exterior, o que é permitido desde que as exigências legais sejam cumpridas, especialmente a da não ocultação.

13. O conceito de repatriar dinheiro pode ter sua base vinculada a duas origens: lícita e ilícita. Em se tratando de dinheiro de origem lícita, como é o caso que está sendo analisado, não há proibição do dinheiro estrangeiro vir para o Brasil e ser aplicado em imóvel. O estrangeiro deve ter CPF no Brasil e

constituir procurador que será o responsável para responder por todos os seus atos perante a Receita Federal. Há de ter, contudo, a atenção para que a remessa de dinheiro do exterior para investimento no Brasil seja registrada no Banco Central do Brasil, preenchendo formulários dos valores e prestando outras informações, para que não seja tributada. Feita a remessa em euros, o remetente faz a conversão para real, o que pode ser realizado em qualquer instituição financeira no Brasil.

Cumprindo essas formalidades, a remessa não terá nenhum problema com o Fisco. Há de ter cuidado, contudo, o remetente, quando realizar remessa de forma direta. A fiscalização da Polícia Federal pode apreender o dinheiro remetido e instaurar procedimento de perda do mesmo.

14. Não é crime a **PRÁTICA DE AQUISIÇÃO DE IMÓVEL SITUADO NO BRASIL COM PAGAMENTO A BRASILEIRO NO EXTERIOR, ISTO É,** para o estrangeiro que adquiriu o imóvel e efetuou o pagamento a brasileiro em moeda diferente do real. O crime de evasão de divisas está previsto no art. 22 da Lei 7.492/86 da seguinte forma: *"Art. 22. Efetuar operação de câmbio não autorizada, com o fim de promover evasão de divisas do País: Pena – Reclusão, de 2 (dois) a 6 (seis) anos, e multa. Parágrafo único – incorre na mesma pena quem, a qualquer título, promove, sem autorização legal, a saída de moeda ou divisa para o exterior, ou nele mantiver depósitos não declarados à repartição federal competente".*

O referido delito está descrito como sendo uma *norma penal em branco, em face das expressões "não autorizada" e "sem autorização" contidas na descrição do tipo.* Cabe ao Conselho Monetário Nacional expedir tais normas, isto é, definir o que se constitui operação de câmbio não autorizada para cumprimento pelo Banco Central. Este, também, pode expedi-las com o mesmo fim. Só se configura, portanto, o crime de evasão de divisas quando há um ilícito cambial, na forma que uma das autoridades administrativas já mencionadas determinar.

O art. 65, da Lei nº 9.069, de 1995, passou a considerar como prática do crime de evasão de divisas efetuar operação cambial sem a intermediação de um estabelecimento bancário, envolvendo valores acima de R$ 10.000,00, com o especial fim de enviar esses recursos para o exterior. Uma outra conduta típica corresponde à remessa de valores para o exterior, em quantia superior ao equivalente a R$ 10.000,00, realizada sem a necessária transferência bancária, ou desacompanhada da Declaração de Porte de Valores (DPV) quando a remessa é feita em espécie. No mesmo patamar criminal incorre quem mantiver depósito no exterior, não declarado ao Banco Central, em valores superiores ao equivalente a US$ 100.000,00

(Circulares BACEN nos 3.225/2004, 3.278/2005 e 3.313/2006). A declaração do depósito no exterior deve ser endereçada, atualmente, ao Banco Central e não à Receita Federal.

Em face desse ordenamento jurídico, no caso analisado, não há prática de crime de evasão de divisas a ser imputado ao comprador do imóvel. O pagamento do imóvel adquirido no Brasil, no caso em análise, foi efetuado uma parte, a maior, com moeda estrangeira depositada em conta no exterior. Nenhum real saiu do Brasil de modo irregular por parte do comprador. Este, consequentemente, nenhum delito cometeu. Não há proibição do estrangeiro pagar no exterior, com moeda de sua nacionalidade, as obrigações assumidas no Brasil. Difere a situação do vendedor. Este, no momento em que passou a ter depósito no estrangeiro em decorrência de transação imobiliária realizada no Brasil, está obrigado a cumprir as exigências do Banco Central e da fiscalização. Deverá, imediatamente, fazer as declarações devidas e recolher, quando for o caso, os impostos devidos. O fato de o pagamento ter sido feito no estrangeiro, em moeda que não o real, não desnatura o negócio jurídico, nem gera qualquer responsabilidade para o comprador do imóvel, transação feita por empresa da qual é sócio majoritário por via de uma terceira empresa. Gera, sim, obrigações administrativas e fiscais para o vendedor do imóvel que, por ser brasileiro e ter conta bancária no exterior, deverá cumprir as exigências de transparências fiscais a respeito.

15. Entendemos que há ilícitos penais cometidos em tese, haja vista que a fiscalização ainda não apurou definitivamente se infrações tributárias foram praticadas. Estas, porém, se forem tidas como consumadas, não foram cometidas pelo estrangeiro mencionado, em face do que já argumentamos a respeito da autoria e da participação penal, que têm conceitos diferentes para a área tributária. Os crimes contra a ordem tributária só se consumam, definitivamente, quando a autoridade administrativa apura, definitivamente, que a infração se concretizou e fixa os valores a serem recolhidos à Fazenda Pública, quer os decorrentes das obrigações tributárias principais, quer os decorrentes das obrigações tributárias acessórias. Na hipótese em debate os sujeitos ativos das obrigações tributárias serão o vendedor, os mandatários e a pessoa jurídica que adquiriu, por último, o imóvel.

O pagamento, de imediato, dos impostos devidos (obrigações principais) e das multas aplicadas (obrigações acessórias), determina a extinção da punibilidade de qualquer tipo penal e extingue qualquer ação. A empresa tida como compradora do imóvel, por determinação da pessoa física, já determinou a retificação e a ratificação da escritura de compra e venda do imóvel e o pagamento dos impostos remanescentes que estão a incidir sobre esse ato.

Está a demonstrar a sua vontade para regularizar a situação fiscal, numa prova inequívoca de que não praticou nenhum delito penal. O pagamento dos tributos devidos impede que qualquer inquérito policial e ação penal sejam instaurados contra qualquer pessoa.

16. O equívoco na escritura foi praticado pelo procurador. No instante em que o outorgante da procuração determinou que a empresa que controla e que adquiriu o imóvel pedisse, o que fez, a retificação e ratificação da escritura, pretendendo sanar o vício, está a demonstrar que ele não aprovou o ato do seu procurador. Nenhum delito, portanto, praticou o outorgante da procuração porque não foi autor do ato ilícito, do ato viciado. A convalidação do negócio jurídico pode ser celebrada, conforme expomos no curso do parecer. Não somente a convalidação no referente à ausência de autorização administrativa para a compra do imóvel rural destinado a exploração agrícola, como, também, a que envolve as exigências fiscais.

17. O contrato de promessa de compra e venda do imóvel foi celebrado entre pessoa física e o vendedor. Cumprido o referido contrato de promessa, a escritura definitiva foi outorgada a uma empresa que tem como sócio controlador outra empresa da qual a pessoa física é sócia majoritária. A realidade dos fatos demonstra que, primeiramente, houve uma compra e venda consumada entre o vendedor e a pessoa física. Depois, a pessoa física resolveu passar o imóvel para o patrimônio de uma pessoa jurídica, com o que concordou o vendedor. A promessa de compra e venda que existia entre vendedor e a pessoa física deu origem a uma escritura definitiva outorgada pelo vendedor a uma pessoa jurídica, isto é, um novo contratante. Para efeitos fiscais, não temos dúvida de que houve uma nova transação, uma nova transmissibilidade do imóvel. Dois negócios jurídicos foram celebrados: o primeiro entre o vendedor e a pessoa física. O segundo entre a pessoa física e a pessoa jurídica que adquiriu o imóvel, tendo o vendedor aceitado passar, desde logo, o bem para a pessoa jurídica.

Dois fatos geradores tributários ocorreram e, consequentemente, duas obrigações nasceram. Uma decorrente do negócio jurídico entre as duas pessoas físicas. Outra decorrente do negócio jurídico entre a pessoa física e a pessoa jurídica. São devidos, quanto ao primeiro fato gerador, imposto ao Município pela transmissão do imóvel (ITBI), de responsabilidade da pessoa física, e à União, de responsabilidade do vendedor, pelo lucro obtido (IR). Em face do segundo negócio jurídico, que na verdade, foi a venda do imóvel para a pessoa jurídica, venda esta que foi feita pela pessoa física, não obstante na escritura tenha constado o vendedor originário como outorgante, surgiu um novo fato gerador: a transmissibilidade do imóvel para a empresa jurídica.

É devido, consequentemente, um novo ITBI, desta feita da responsabilidade da pessoa jurídica.

O vendedor que, de fato, foi à pessoa física, deverá pagar à União o lucro que, se for o caso, tiver obtido com essa nova transação. O vendedor do imóvel não tem uma segunda obrigação tributária com a União, para fins de Imposto de Renda. Ele só obteve um lucro. Necessita, tão somente, explicar ao fisco essa situação extravagante. Aplica-se à situação complexa que estamos a analisar os artigos seguintes do Código Tributário Nacional:

a) *"Art. 109. Os princípios gerais de direito privado utilizam-se para pesquisa da definição, do conteúdo e do alcance de seus institutos, conceitos e formas, mas não para definição dos respectivos efeitos tributários.*

Art. 116. Salvo disposição de lei em contrário, consideram-se ocorrido o fato gerador e existentes os seus efeitos: I – tratando-se de situação de fato, desde o momento em que o se verifiquem as circunstâncias materiais necessárias a que produza os efeitos que normalmente lhe são próprios; II – tratando-se de situação jurídica, desde o momento em que esteja definitivamente constituída, nos termos de direito aplicável. Parágrafo único. A autoridade administrativa poderá desconsiderar atos ou negócios jurídicos praticados com a finalidade de dissimular a ocorrência do fato gerador do tributo ou a natureza dos elementos constitutivos da obrigação tributária, observados os procedimentos a serem estabelecidos em lei ordinária. (Parágrafo incluído pela Lcp nº 104, de 10.1.2001).

Art. 117. Para os efeitos do inciso II do artigo anterior e salvo disposição de lei em contrário, os atos ou negócios jurídicos condicionais reputam-se perfeitos e acabados: I – sendo suspensiva a condição, desde o momento de seu implemento; II – sendo resolutória a condição, desde o momento da prática do ato ou da celebração do negócio.

Art. 118. A definição legal do fato gerador é interpretada abstraindo-se: I – da validade jurídica dos atos efetivamente praticados pelos contribuintes, responsáveis, ou terceiros, bem como da natureza do seu objeto ou dos seus efeitos; II – dos efeitos dos fatos efetivamente ocorridos.

Art. 123. Salvo disposições de lei em contrário, as convenções particulares, relativas à responsabilidade pelo pagamento de tributos, não podem ser opostas à Fazenda Pública, para modificar a definição legal do sujeito passivo das obrigações tributárias correspondentes."

18. Há o fato comprovado de que o imóvel foi vendido, diretamente, para a pessoa jurídica pela pessoa física compradora do mesmo.

A referida pessoa jurídica deve comprovar perante o fisco disponibilidade de caixa para tal aquisição. Essa disponibilidade pode ser demonstrada por via de aumento de capital, em dinheiro, que deve ter ocorrido, ou por empréstimos a ela concedidos para tal fim. Não se pode deixar sem exame o fato de que a pessoa física não é a sócia majoritária da pessoa jurídica. A sócia majoritária desta empresa é uma outra pessoa jurídica da qual a pessoa física vendedora do imóvel é sócia majoritária.

Há de ser observado que temos, na hipótese, vários negócios jurídicos independentes e cada um gerando fato gerador tributário isolado. Não afastamos a hipótese do imóvel ser incorporado ao capital da empresa, ou já ter sido. De qualquer modo, há de determinadas formalidades legais serem cumpridas. O Capital Social de qualquer empresa coletiva poderá ser formado mediante contribuições em dinheiro ou qualquer espécie de bens suscetíveis de avaliação em dinheiro, conforme disposto no artigo 7º da Lei nº 6.404/1976.

Sendo em bens, estes serão avaliados por 3 (três) peritos ou por empresa especializada, nomeados em Assembleia Geral dos subscritores, se a empresa for S/A, ou pelos sócios majoritários, se LTDA., convocada pela imprensa e presidida por um dos fundadores, instalando-se em primeira convocação com a presença de subscritores que representem metade, pelo menos, do Capital Social, e em segunda convocação com qualquer número. Os peritos ou a empresa avaliadora deverão apresentar laudo fundamentado, com a indicação dos critérios de avaliação e dos elementos de comparação adotados e instruídos com os documentos relativos aos bens avaliados, e estarão presentes à assembleia que conhecer do laudo, a fim de prestarem as informações que lhe forem solicitadas. Havendo aceitação dos valores apresentados, os bens passam a incorporar o Capital Social da companhia. Por sua vez, se a assembleia não aprovar a avaliação ou o subscritor não aceitá-la, ficará sem efeito o projeto de constituição da companhia. A transferência dos bens do subscritor – pessoa física ou jurídica – para a sociedade é um ato de alienação e, como tal, exige, para sua validade, o cumprimento das formalidades próprias desse ato (STF, RE nº 85.100-3 SP, D.J.U 19.05.1978) e, quando exigidos, o pagamento de tributos.

A incorporação de imóveis para a formação do Capital Social dispensa a exigência de escritura pública, mas requer registro no Cartório de Registro de Imóveis, para comprovar a propriedade. Nesta hipótese, será registrada a escritura pública de constituição da companhia ou a ata de assembleia de constituição da companhia ou aquela que deliberar sobre aumento de capital. Não incidirá ITBI sobre a transmissão de bens incorporados ao patrimônio da companhia para formação do Capital Social, salvo se a atividade preponderante da sociedade for a compra e venda desses bens, locação de imóveis ou arrendamento mercantil. Esclarecemos que, em caso de subscritor casado, é exigida a outorga uxória, conforme previsto no artigo 1.647, inciso II, do Código Civil. Esta é a orientação pregada pelo conteúdo do que está no site http://www.sesconms.org.br/not_ler.asp?codcat=3&codigo=78, que entendemos compatível com o atual estágio do nosso ordenamento jurídico.

CAPÍTULO 3

Reflexões acerca da Lei nº 11.672/08 – Recursos Repetitivos no Superior Tribunal de Justiça – uma Nova Sistemática – Procedimento e Análise dos Primeiros Meses de Aplicação

Daniel Castro Gomes da Costa

Advogado militante em Campo Grande (MS) e em Brasília (DF). Sócio do Escritório José Delgado, Souza Rodrigues & Castro Gomes Advogados. Presidente do Instituto Sul-mato-grossense de Direito Público – ISDP. Professor de Direito Constitucional.

André Puccinelli Júnior

Advogado. Mestre em Direito Constitucional pela PUC-SP. Professor de Direito Constitucional da Universidade Federal de Mato Grosso do Sul.

SUMÁRIO: 1. Considerações Iniciais. 2. Julgamento de recursos repetitivos – procedimento. 2.1. Primeira Fase: Identificação dos recursos repetitivos. 2.2. Segunda Fase: Atuação dos presidentes dos Tribunais de Justiça e dos presidentes dos Tribunais Regionais Federais. 2.3. Terceira Fase: Inércia de presidente dos Tribunais de Justiça ou dos Tribunais Regionais Federais – possibilidade do ministro relator do STJ determinar a suspensão dos recursos em que a controvérsia esteja estabelecida. 2.4. Quarta Fase: Solicitação de informações aos Tribunais de Justiça e Tribunais Regionais Federais. 2.5. Quinta Fase: Possibilidade de atuação do amicus curiae. 2.6. Sexta Fase: Abertura de vista ao Ministério Público. 2.7. Sétima Fase: Preparação do julgamento e da sua efetivação. 2.8. Oitava Fase: STJ profere o julgamento e publica o acórdão. 3. Os recursos repetitivos nos regimentos dos Tribunais. 4. Breve análise dos primeiros meses de aplicação da técnica de julgamento dos recursos repetitivos – Conclusão. 5. Casos de Recursos Repetitivos já julgados pelo Superior Tribunal de Justiça.

1. Considerações Iniciais

O ordenamento jurídico positivo brasileiro passou a ser composto, a partir de 08 de agosto de 2008, com a vigência da Lei n. 11.672, de procedimento para o julgamento de recursos repetitivos no âmbito do Superior Tribunal de Justiça.

A referida norma acrescentou o art. 543-C ao Código de Processo Civil, senão vejamos:

> "Art. 543-C. Quando houver multiplicidade de recursos com fundamento em idêntica questão de direito, o recurso especial será processado nos termos deste artigo.
>
> § 1º Caberá ao presidente do tribunal de origem admitir um ou mais recursos representativos da controvérsia, os quais serão encaminhados ao Superior Tribunal de Justiça, ficando suspensos os demais recursos especiais até o pronunciamento definitivo do Superior Tribunal de Justiça.
>
> § 2º Não adotada a providência descrita no § 1º deste artigo, o relator no Superior Tribunal de Justiça, ao identificar que sobre a controvérsia já existe jurisprudência dominante ou que a matéria já está afeta ao colegiado, poderá determinar a suspensão, nos tribunais de segunda instância, dos recursos nos quais a controvérsia esteja estabelecida.
>
> § 3º O relator poderá solicitar informações, a serem prestadas no prazo de quinze dias, aos tribunais federais ou estaduais a respeito da controvérsia.
>
> § 4º O relator, conforme dispuser o regimento interno do Superior Tribunal de Justiça e considerando a relevância da matéria, poderá admitir manifestação de pessoas, órgãos ou entidades com interesse na controvérsia.
>
> § 5º Recebidas as informações e, se for o caso, após cumprido o disposto no § 4º deste artigo, terá vista o Ministério Público pelo prazo de quinze dias.
>
> § 6º Transcorrido o prazo para o Ministério Público e remetida cópia do relatório aos demais Ministros, o processo será incluído em pauta na seção ou na Corte Especial, devendo ser julgado com preferência sobre os demais feitos, ressalvados os que envolvam réu preso e os pedidos de *habeas corpus*.
>
> § 7º Publicado o acórdão do Superior Tribunal de Justiça, os recursos especiais sobrestados na origem:
>
> I terão seguimento denegado na hipótese de o acórdão recorrido coincidir com a orientação do Superior Tribunal de Justiça; ou
>
> II serão novamente examinados pelo tribunal de origem na hipótese de o acórdão recorrido divergir da orientação do Superior Tribunal de Justiça.
>
> § 8º Na hipótese prevista no inciso II do § 7º deste artigo, mantida a decisão divergente pelo tribunal de origem, far-se-á o exame de admissibilidade do recurso especial.
>
> § 9º O Superior Tribunal de Justiça e os tribunais de segunda instância regulamentarão, no âmbito de suas competências, os procedimentos relativos ao processamento e julgamento do recurso especial nos casos previstos neste artigo."

O desígnio do legislador, ao introduzir mais essa alteração pontual no sistema processual civil vigente no Brasil, está consubstanciado em tornar eficaz e efetivo o direito fundamental consagrado no item LXXVIII do art. 5º da Constituição Federal que assegura a todos os cidadãos, no âmbito judicial e administrativo, a razoável duração do processo e os meios que garantam a celeridade de sua tramitação, postulado que foi incluído na Carta Magna pela Emenda Constitucional n. 45, de dezembro de 2004.

A referida técnica de julgamento é uma, entre tantas outras, que são apregoadas pelos reformistas contemporâneos para vencer a crise da demora na entrega da prestação jurisdicional.

Verificamos que há a tentativa de ser adotado, por parte do direito positivo, tanto quanto possível, modalidades de julgamento no círculo dos Tribunais Superiores que alcancem uniformização de soluções judiciais caracterizadas por efeitos de massa, a exemplificar citamos a possibilidade de julgamento de processos repetitivos pelos juízes de primeiro grau (art. 285-A), a força da súmula impeditiva de recursos (art. 518, § 1º), repercussão geral do recurso extraordinário (arts. 543-A e 543-B) e a obrigatoriedade da súmula vinculante.

Outras normas vieram com o escopo de se efetivar a celeridade processual, dentre as principais anotamos a Lei 11.187/05, que reformou o procedimento dos agravos, a Lei 11.232/06, que modificou a execução de título judicial em fase do processo de conhecimento, a Lei 11.382/06, que aperfeiçoou a execução de título executivo extrajudicial e a Lei 11.419/06, que instituiu e normatizou o processo eletrônico.

Não há discordância de que o art. 543-C introduziu no CPC um novo procedimento recursal. Urge, em razão desse quadro modificativo, buscar a fixação da sua natureza jurídica, a fim de enquadrá-lo no contexto recursal instituído pelo nosso ordenamento jurídico processual formal. A doutrina está a perguntar, em primeiro plano, se o art. 543-C é um procedimento de uniformização de jurisprudência ou de julgamento vinculado, análogo às súmulas vinculantes.

Marcos Luiz da Silva, advogado da União, em "*Julgamento de recursos repetitivos no âmbito do STJ. Alterações instituídas pela Lei nº 11.672/2008*"[1], opinando a respeito, toma o seguinte posicionamento:

> "Ainda que estejamos apenas no princípio desse debate, nos parece que tal procedimento guarda grande semelhança com o instituto das 'súmulas vinculantes', na medida em que determina a adoção do julgado pelo STJ, com a denegação dos recursos que contrariem o entendimento estabelecido pela Corte. Nesse aspecto, a decisão do STJ ganha força de vinculação com relação aos demais Recursos Especiais em tramitação na Corte, de modo a que os demais relatores não tenham mais a autonomia para julgar os recursos, e tenham que se amoldar, de forma impositiva, ao entendimento adotado pela Corte."

Não obstante a tal conclusão, registra a ressalva seguinte:

> "Contudo, há uma questão que terminar por afastar a natureza vinculante: os tribunais inferiores devem reexaminar a matéria, mas não estão obrigados a julgar em pleno acor-

---

1. Jus Navigandi, Teresina, ano 12, n. 1778, 14 maio 2008. Disponível em: <http://jus2.uol.com.br/doutrina/texto.asp?id=11267>. Acesso em: 02 mar. 2009.

do com a decisão do STJ, de modo que o Recurso Especial deverá ter sua admissibilidade apreciada por aquela Corte. Ora, se não é obrigatória a adoção do julgado do STJ, a força vinculante do acórdão é de alcance limitado ao âmbito de competência do próprio STJ, servindo apenas como diretriz de julgamento aos Tribunais Federais e de Justiça dos Estado."

Conclui com a afirmação de que:

"Como se vê, trata-se de procedimento híbrido, por ser parcialmente vinculante no âmbito do STJ, mas ao mesmo tempo instituir um reexame necessário não impositivo no âmbito dos Tribunais de Justiça e Federais, de forma a possibilitar ao tribunal recorrido que possa denegar o recurso, se entender por reconhecer como correta a interpretação dada à matéria de fundo pelo STJ.

Nesse caso, só caberia recurso especial ao STJ na hipótese de manutenção da decisão anterior pelo Tribunal competente quando do reexame da matéria, não sendo, ao nosso sentir, possível o Resp. se houver a adequação da decisão aos termos preconizados por aquela Corte Superior.

Em suma, o novo procedimento não se enquadra, pelo menos à primeira vista, com os institutos processuais atualmente previstos na legislação, podendo ser chamado de nova espécie jurídico-processual, a qual deverá, ao longo dos próximos meses, ganhar os contornos doutrinários e jurisprudenciais que lhe permitirão a perfeita identificação e qualificação, cuja tarefa não nos arriscamos a realizar nesse breve artigo, que têm a única finalidade de tecer as primeiras considerações sobre o tema."

2. Julgamento de Recursos Repetitivos – Procedimento

A Lei n. 11.672, de 08 de maio de 2008, criou sistema procedimental específico para o julgamento de recursos repetitivos no âmbito do Superior Tribunal de Justiça, sem extensão aos demais tribunais. A operacionalidade dessa alteração obedece às fases seguintes:

2.1 Primeira Fase: Identificação de Recursos Repetitivos

O novo art. 543-C determina que *"Quando houver multiplicidade de recursos com fundamento em idêntica questão de direito, o recurso especial será processado nos termos deste artigo"*.

A primeira providência, portanto, é a de se conceituar o que seja *"multiplicidade de recursos especiais com fundamento em idêntica questão de direito"*. Desta feita, verificamos que existem dois requisitos para que possa ocorrer o julgamento de recursos repetitivos no âmbito do STJ: a) *multiplicidade de recursos*; b) *idêntica questão de direito*.

O primeiro questionamento que deve ser realizado é o que deve ser entendido por *multiplicidade de recursos*?

Nota-se que a lei não estabelece nenhum padrão para que seja definido, de modo concreto, o número de recursos. Emprega o vocábulo multiplicidade que significa, no caso, o que é múltiplo, isto é, o que apresenta grande número de demandas com o mesmo objeto. Consequentemente, a jurisprudência há que definir um padrão quantitativo para determinar o volume de recursos que apresentam essa primeira característica, a de multiplicidade, para que possam receber julgamentos em uma só assentada.

Por outro turno, o segundo requisito exigido é o de que os recursos apresentem *idênticas questões de direito*. A respeito, colhemos pronunciamentos doutrinários que acenam para algumas dificuldades a serem enfrentadas sobre o assunto.

Denis Danoso, por exemplo, em *"Julgamento de recursos repetitivos no âmbito do STJ e o novo art. 543-C do Código de Processo Civil. Análise do PL nº 1.213/2007"*[2], suscita o seguinte:

> "Outro requisito é a existência de idênticas questões de direito. A primeira parte – questões idênticas – não oferece grande dificuldade de interpretação, bastando que as teses jurídicas discutidas, reveladas pelas respectivas causas de pedir, sejam as mesmas.
>
> Maior dificuldade poderá haver na resposta do que sejam as questões de direito, no que a própria doutrina ainda vacila para responder. Sem pretender alongar a interessantíssima discussão, temos que as questões puramente de direito não existem – não pelo menos nas ações que podem ensejar a aplicação da nova regra, e assim ressalvamos porque a ADin pode ser um exemplo de ação que trata unicamente de direito objetivo (questão de direito) –, porque o direito subjetivo discutido no processo sempre decorre de fatos jurídicos. Propomos, aqui, a solução de que se aplica a regra naquelas situações cuja controvérsia não gira em torno da existência ou inexistência dos fatos, mas sim nas suas consequências jurídicas. Esta é a questão de direito para os fins da lei, como, aliás, sempre se admitiu para o recurso especial, que também não admite a discussão de fatos (Súmula 07 do STJ)."

2.2. Segunda Fase: Atuação dos Presidentes dos Tribunais de Justiça e dos Presidentes dos Tribunais Regionais Federais

Dispõe o § 1º, do art. 543-C, do CPC, que *"Caberá ao presidente do tribunal de origem admitir um ou mais recursos representativos da controvérsia, os quais*

---

2. Jus Navigandi, Teresina, ano 12, n. 1624, 12 dez. 2007. Disponível em: <http://jus2.uol.com.br/doutrina/texto.asp?id=10745> Acesso em: 02 mar. 2009.

serão encaminhados ao Superior Tribunal de Justiça, ficando suspensos os demais recursos especiais até o pronunciamento definitivo do Superior Tribunal de Justiça".

Ultrapassada a primeira fase, isto é, a da identificação de multiplicidade de recursos repetitivos somente em matéria de direito, inicia-se a segunda fase, que tem como agentes atuantes os Presidentes dos Tribunais de Justiça e dos Tribunais Regionais Federais. A estas autoridades foi dada a competência de, após identificar a existência de recursos repetitivos quanto à matéria de direito, admitir um ou mais recursos caracterizadores da mesma situação e encaminhá-los ao Superior Tribunal de Justiça, determinando a suspensão dos demais até o julgamento definitivo dos enviados por aquela Corte. O dispositivo em apreço não determina quantos recursos podem ser enviados. Dispõe, tão somente, que um ou mais, abrindo possibilidade para o Presidente do Tribunal enviar tantos quantos entenda necessário. Não é razoável compreender que, em tal situação, o Presidente do Tribunal envie um número elevado de recursos ou todos os recursos, o que desvirtua a intenção do legislador. O número de recursos enviados deve ser razoável e em harmonia com os objetivos da técnica de julgamento de recursos repetitivos no STJ.

Exprime-se da mensagem legislativa que o presidente do tribunal tem o dever de selecionar os recursos repetitivos da questão em debate e encaminhar um ou alguns ao Superior Tribunal de Justiça, determinando a suspensão dos demais. Não lhe é dada a faculdade de assim não agir e deixar de cumprir o § 1º do art. 543-C do CPC. Entendemos que se houver omissão do Presidente do Tribunal, qualquer uma as partes interessadas, inclusive o Ministério Público, poderá provocar o Conselho Nacional de Justiça, em procedimento de providências, para que haja a aplicação do dispositivo em apreço.

Ao lado dessa providência de cunho regularizador da atividade exercida pelo Presidente do Tribunal, existe, ainda, para emprestar real eficácia e efetividade ao § 1º do art. 543-C, o determinado pelo § 2º do mesmo artigo, no sentido de que *"Não adotada a providência descrita no § 1º deste artigo, o relator no Superior Tribunal de Justiça, ao identificar que sobre a controvérsia já existe jurisprudência dominante ou que a matéria já está afeta ao colegiado, poderá determinar a suspensão, nos tribunais de segunda instância, dos recursos nos quais a controvérsia esteja estabelecida"*. Chamamos a atenção para o fato de que a segunda providência será mais demorada, haja vista que só poderá ser tomada quando um dos recursos tenha chegado ao Superior Tribunal de Justiça, como também, poderá ser dificultada pela remessa de todos os recursos existentes no segundo grau sobre a matéria de direito.

A reclamação perante o Conselho Nacional de Justiça para que sejam tomadas providências para a aplicação do § 1º do art. 543-C, pelo Presidente do Tribunal, quando houver omissão, parece ser o caminho que impõe maior celeridade e praticidade ao processo.

2.3 Terceira Fase: Inércia de Presidente dos Tribunais de Justiça ou dos Tribunais Regionais Federais – Possibilidade do Ministro Relator do STJ Determinar a Suspensão dos Recursos em que a Controvérsia esteja Estabelecida

Se o Presidente do Tribunal de Justiça ou do Tribunal Regional Federal não tomar as providências determinadas pelo § 1º do art. 543-C, o relator no Superior Tribunal de Justiça, ao identificar que sobre a controvérsia já existe jurisprudência dominante ou que a matéria já está afeta ao colegiado, poderá determinar a suspensão, nos tribunais de segunda instância, dos recursos nos quais a controvérsia esteja estabelecida.

Esta terceira fase só tem a sua abertura concretizada quando chegar, por distribuição, ao relator um recurso especial que enfrente questão de direito do mesmo teor da que está sendo discutida, também, em vários outros processos no Tribunal remetente ou em outros Tribunais. Ela exige, diferentemente do contido na segunda fase, que já exista no Superior Tribunal de Justiça pronunciamento de forma dominante sobre o assunto, inclusive súmula, ou de que o mesma tema já esteja afetado ao colegiado, isto é, à turma, à sessão ou à Corte Especial, para apreciação. É, portanto, mais complexa e mais burocrática, o que contribui para dificultar a aplicação da técnica de julgamento dos recursos repetitivos.

2.4 Quarta Fase: Solicitação de Informações aos Tribunais de Justiça e Tribunais Regionais Federais

O relator, de ofício ou por provocação das partes ou do Ministério Público, quando estiver a frente um recurso com características de ser repetitivo, poderá, para influenciar em sua decisão, solicitar informações, a serem prestadas no prazo de quinze dias, aos tribunais federais ou estaduais a respeito da controvérsia. Tais informações deverão ser prestadas pelos Presidentes dos respectivos Tribunais que deverão diligenciar para o seu atendimento do modo mais consistente possível.

Consolidados os procedimentos determinados pelas fases já examinadas, os recursos que ficaram retidos nos Tribunais de origem permanecem paralisados, aguardando o julgamento do mérito do processo pelo STJ. Convém, contudo, observar que a retenção dos recursos nos Tribunais de segundo grau não devem impedir que as partes recorridas apresentem as suas contra-razões. Após estas serem apresentadas é que deve ser determinada a suspensão do trâmite recursal.

2.5 Quinta Fase: Possibilidade de Atuação do *Amicus Curiae*

O § 4º do art. 543-C abriu espaço para a atuação, em se tratando de recursos repetitivos, da figura do *"amicus curiae"*, isto é, do amigo da lide. Dispõe o referido dispositivo que *"O relator, conforme dispuser o regimento interno do Superior Tribunal de Justiça e considerando a relevância da matéria, poderá admitir manifestação de pessoas, órgãos ou entidades com interesse na controvérsia"*.

A aplicação do referido parágrafo torna-se tormentosa, primeiramente, quando determina que o regimento interno do Superior Tribunal de Justiça é quem vai determinar os pressupostos para a manifestação de pessoas, órgãos ou entidades com interesse na controvérsia, considerando a relevância da matéria.

Há, portanto, do regimento interno especificar, de modo exaustivo, quais as matérias relevantes? Entendemos que não. O regimento poderá ditar que são relevantes as matérias jurídicas que envolvam interesses de ordem pública, financeira, administrativa, de repercussão social, de repercussão geral, de saúde, etc. Outras matérias poderão ser consideradas relevantes, independentemente das especificadas no regimento, a critério de cada relator, sob pena de, assim não se entendendo, haver um esvaziamento da norma em questão.

2.6 Sexta Fase: Abertura de Vista ao Ministério Público

Tomadas as providências acima apontadas, o relator, se for o caso, ouvirá o Ministério Público. É o que determina o § 5º do art. 543-C: *"Recebidas as informações e, se for o caso, após cumprido o disposto no § 4º deste artigo, terá vista o Ministério Público pelo prazo de quinze dias"*.

Consigna-se que não há necessidade de ser solicitado o parecer do Ministério Público para todos os casos. A sua intervenção só torna-se obrigatória nas situações previstas no Código de Processo Civil, em seu art. 82: *"Compete ao Ministério Público intervir: I – nas causas em que há interesses de incapazes; II – nas causas concernentes ao estado da pessoa, pátrio poder, tutela, curatela, interdição, casamento, declaração de ausência e disposições de última vontade; III – nas ações que envolvam litígios coletivos pela posse da terra rural e nas demais causas em que há interesse público evidenciado pela natureza da lide ou qualidade da parte"*.

2.7 Sétima Fase: Preparação do Julgamento e da sua Efetivação

Oferecido o parecer do Ministério Público, quando tanto for solicitado, ou sem parecer se este for desnecessário, abre-se a sétima fase do trâmite recursal em apreço, que é a da preparação do julgamento e da sua efetivação.

Dispõe o § 6º, do art. 536-C, do CPC, que *"Transcorrido o prazo para o Ministério Público e remetida cópia do relatório aos demais Ministros, o processo será incluído em pauta na seção ou na Corte Especial, devendo ser julgado com preferência sobre os demais feitos, ressalvados os que envolvam réu preso e os pedidos de habeas corpus".*

Nota-se que a preferência estabelecida pela Lei é quase absoluta, tendo em vista que até o mandado de segurança foi afastado, excetuando-se, apenas, os processos que envolvam réu preso e os pedidos de *habeas corpus*. Interessante anotar que o mandado de segurança, embora seja um direito fundamental processual da cidadania, cedeu a preferência de julgamento que sempre lhe foi dada para o dos recursos repetitivos. Essa circunstância está amparada pelo inciso LXVIII, do art. 5º, da Constituição Federal. Entre dois direitos fundamentais em rota de colisão, o legislador escolheu por privilegiar um deles, no caso o da razoável duração do processo. Pode ocorrer até que a matéria de direito uniforme presente nos recursos repetitivos sejam em sede de mandado de segurança. Isso ocorrendo, temos a proteção cumulativa, ao mesmo tempo, de dois direitos fundamentais da cidadania.

2.8 Oitava Fase: STJ Profere o Julgamento e Publica o Acórdão

Após a adoção do rito processual descrito, o STJ profere o julgamento do recurso especial ou dos recursos especiais em exame e publica o acórdão. Configurada essa situação, aplica-se o § 7º do art. 543-C que determina:

> *"Art. 543-C – (...)*
> *(...)*
> *§ 7º – Publicado o acórdão do Superior Tribunal de Justiça, os recursos especiais sobrestados na origem:*
> I   terão seguimento denegado na hipótese de o acórdão recorrido coincidir com a orientação do Superior Tribunal de Justiça; ou
> II   serão novamente examinados pelo tribunal de origem na hipótese de o acórdão recorrido divergir da orientação do Superior Tribunal de Justiça.
> *§ 8º* Na hipótese prevista no inciso II do § 7º deste artigo, mantida a decisão divergente pelo tribunal de origem, far-se-á o exame de admissibilidade do recurso especial."

Na hipótese da decisão do Tribunal de Segundo Grau estar em harmonia com o decidido pelo Superior Tribunal de Justiça, cumpre ao Presidente do Tribunal de Justiça ou Tribunal Federal denegar o Recurso Especial quanto ao mérito, ou mesmo impedir o seu conhecimento ante a ausência de pressupostos essenciais de admissibilidade, fundamentando a sua decisão no acórdão da Corte Superior. Nesta oportunidade, a fundamentação de mérito é vinculante, não podendo ser acrescida nem restringida.

Há uma questão que não ficou esclarecida no art. 543-C. É a da ausência de pressupostos recursais. Entendemos que, assim ocorrendo, o Presidente do Tribunal deverá, previamente, proclamá-la e aguardar o recurso da parte interessada. Se esta recorrer, deve o Presidente do Tribunal suspender o curso do recurso até o julgamento do Superior Tribunal de Justiça. Se a decisão do STJ encontrar-se em harmonia com o que decidiu o Tribunal de origem, o recurso da parte quanto aos pressupostos processuais perde o objeto em face de ter sido absorvido pela imposição da solução da questão meritória.

Ocorrendo divergência entre o que decidiu o Superior Tribunal de Justiça e o acórdão de segundo grau, o Tribunal de origem voltará a examinar o mérito da controvérsia. Se entender que deve prevalecer o decidido pelo STJ imporá modificação ao seu julgado. Caso contrário, presentes os pressupostos recursais, remeterá o recurso ao Superior Tribunal de Justiça.

3. OS RECURSOS REPETITIVOS NOS REGIMENTOS DOS TRIBUNAIS

Dispõe o § 9º do art. 543-C que *"O Superior Tribunal de Justiça e os tribunais de segunda instância regulamentarão, no âmbito de suas competências, os procedimentos relativos ao processamento e julgamento do recurso especial nos casos previstos neste artigo"*.

O Superior Tribunal de Justiça, em cumprimento ao referido dispositivo, baixou a Resolução a seguinte:

"SUPERIOR TRIBUNAL DE JUSTIÇA
RESOLUÇÃO Nº 8, DE 7 AGOSTO DE 2008.
Estabelece os procedimentos relativos ao processamento e julgamento de recursos especiais repetitivos.
O PRESIDENTE DO SUPERIOR TRIBUNAL DE JUSTIÇA, no uso da atribuição que lhe é conferida pelo art. 21, XX, do Regimento Interno, "ad referendum" do Conselho de Administração, e CONSIDERANDO a necessidade de regulamentar os procedimentos para admissibilidade e julgamento dos recursos especiais repetitivos, previstos na Lei n. 11.672, de 8 de maio de 2008,
RESOLVE:
Art. 1º Havendo multiplicidade de recursos especiais com fundamento em idêntica questão de direito, caberá ao presidente ou ao vice-presidente do tribunal recorrido (CPC,

art. 541) admitir um ou mais recursos representativos da controvérsia, os quais serão encaminhados ao Superior Tribunal de Justiça, ficando os demais suspensos até o pronunciamento definitivo do Tribunal.

§ 1º Serão selecionados pelo menos um processo de cada Relator e, dentre esses, os que contiverem maior diversidade de fundamentos no acórdão e de argumentos no recurso especial.

§ 2º O agrupamento de recursos repetitivos levará em consideração apenas a questão central discutida, sempre que o exame desta possa tornar prejudicada a análise de outras questões arguidas no mesmo recurso.

§ 3º A suspensão será certificada nos autos.

§ 4º No Superior Tribunal de Justiça, os recursos especiais de que trata este artigo serão distribuídos por dependência e submetidos a julgamento nos termos do art. 543-C do CPC e desta Resolução.

Art. 2º Recebendo recurso especial admitido com base no artigo 1º, *caput*, desta Resolução, o Relator submeterá o seu julgamento à Seção ou à Corte Especial, desde que, nesta última hipótese, exista questão de competência de mais de uma Seção.

§ 1º A critério do Relator, poderão ser submetidos ao julgamento da Seção ou da Corte Especial, na forma deste artigo, recursos especiais já distribuídos que forem representativos de questão jurídica objeto de recursos repetitivos.

§ 2º A decisão do Relator será comunicada aos demais Ministros e ao Presidente dos Tribunais de Justiça e dos Tribunais Regionais Federais, conforme o caso, para suspender os recursos que versem sobre a mesma controvérsia.

Art. 3º Antes do julgamento do recurso, o Relator:

I   poderá solicitar informações aos tribunais estaduais ou federais a respeito da controvérsia e autorizar, ante a relevância da matéria, a manifestação escrita de pessoas, órgãos ou entidades com interesse na controvérsia, a serem prestadas no prazo de quinze dias.

II dará vista dos autos ao Ministério Público por quinze dias.

Art. 4º Na Seção ou na Corte Especial, o recurso especial será julgado com preferência sobre os demais, ressalvados os que envolvam réu preso e os pedidos de *habeas corpus*.

Parágrafo único: A Coordenadoria do órgão julgador extrairá cópias do acórdão recorrido, do recurso especial, das contra-razões, da decisão de admissibilidade, do parecer do Ministério Público e de outras peças indicadas pelo Relator, encaminhando-as aos integrantes do órgão julgador pelo menos 5 (cinco) dias antes do julgamento.

Art. 5º Publicado o acórdão do julgamento do recurso especial pela Seção ou pela Corte Especial, os demais recursos especiais fundados em idêntica controvérsia:

I   se já distribuídos, serão julgados pelo relator, nos termos do art. 557 do Código de Processo Civil;

II   se ainda não distribuídos, serão julgados pela Presidência, nos termos da Resolução n. 3, de 17 de abril de 2008.

III se sobrestados na origem, terão seguimento na forma prevista nos parágrafos sétimo e oitavo do artigo 543-C do Código de Processo Civil.

Art. 6º A coordenadoria do órgão julgador expedirá ofício aos tribunais de origem com cópia do acórdão relativo ao recurso especial julgado na forma desta Resolução.

Art. 7º O procedimento estabelecido nesta Resolução aplica-se, no que couber, aos agravos de instrumento interpostos contra decisão que não admitir recurso especial.

Art. 8º Esta Resolução entra em vigor em 8 de agosto de 2008 e será publicada no Diário de Justiça eletrônico, ficando revogada a Resolução nº 7, de 14 de julho de 2008.

Brasília, 7 de agosto de 2008.
Ministro CESAR ASFOR ROCHA
Fonte: Diário da Justiça Eletrônico [do] Superior Tribunal de Justiça, 8 ago. 2008."

A meu juízo, anotamos que a Resolução 08/2008 aperfeiçoou e facilitou a aplicação da técnica de julgamento dos recursos repetitivos no Superior Tribunal de Justiça, suprindo as principais deficiências do legislador ordinário. **Destacamos, da referida Resolução, os pontos seguintes que complementam a aplicação do art. 543-C do CPC:**

a) São selecionados pelo menos um processo de cada relator e, dentre esses, os que contiverem maior diversidade de fundamentos no acórdão e de argumentos no Recurso Especial;

b) O agrupamento de recursos repetitivos levará em consideração apenas a questão central discutida, sempre que o exame desta possa tornar prejudicada a análise de outras questões arguidas no mesmo recurso;

c) A suspensão será certificada nos autos;

d) No Superior Tribunal de Justiça, os recursos especiais de que trata este artigo serão distribuídos por dependência e submetidos a julgamento, nos termos do art. 543-C do CPC e da referida Resolução;

e) Recebendo recurso especial admitido com base no artigo 1º, *caput*, desta Resolução, o relator submeterá o seu julgamento à Seção ou à Corte Especial, desde que, nesta última hipótese, exista questão de competência de mais de uma Seção;

f) A critério do Relator, poderão ser submetidos ao julgamento da Seção ou da Corte Especial, os recursos especiais já distribuídos que forem representativos de questão jurídica objeto de recursos repetitivos;

g) A decisão do Relator será comunicada aos demais Ministros e ao Presidente dos Tribunais de Justiça e dos Tribunais Regionais Federais, conforme o caso, para suspender os recursos que versem sobre a mesma controvérsia;

h) Antes do julgamento do recurso o relator: I – poderá solicitar informações aos tribunais estaduais ou federais a respeito da controvérsia e autorizar, ante a relevância da matéria, a manifestação escrita de pessoas, órgãos ou entidades com interesse na controvérsia, a serem prestadas no prazo de quinze dias;

i) A coordenadoria do órgão julgador extrairá cópias do acórdão recorrido, do recurso especial, das contra-razões, da decisão de admissibilidade, do parecer do Ministério Público e de outras peças indicadas pelo Relator, encaminhando-as aos integrantes do órgão julgador pelo menos 5 (cinco) dias antes do julgamento;

j) Publicado o acórdão do julgamento do Recurso Especial pela Seção ou pela Corte Especial, os demais recursos especiais fundados em idêntica controvérsia:

I se já distribuídos, serão julgados pelo relator, nos termos do art. 557 do Código de Processo Civil;

II se ainda não distribuídos, serão julgados pela Presidência, nos termos da Resolução n. 3, de 17 de abril de 2008;

III se sobrestados na origem, terão seguimento na forma prevista nos parágrafos sétimo e oitavo do artigo 543-C do Código de Processo Civil.

k) A coordenadoria do órgão julgador expedirá ofício aos tribunais de origem com cópia do acórdão relativo ao recurso especial julgado na forma da Resolução nº 08/2008 do STJ;

l) O procedimento estabelecido nesta Resolução aplica-se, no que couber, aos agravos de instrumento interpostos contra decisão que não admitir recurso especial.

4. Breve Análise dos Primeiros Meses de Aplicação da Técnica de Julgamento dos Recursos Repetitivos. Conclusões

Após esta minunciosa análise, pode-se facilmente verificar que o procedimento de recursos repetitivos está repercutindo de forma extremamente positiva no sistema processual brasileiro. Desde o início de sua implementação, a Lei 11.672 garantiu uma diminuição de 34% no número de Recursos Especiais que são distribuídos ao Superior Tribunal de Justiça.[3]

Neste momento do estudo, nosso objetivo central é relatar um sucinto diagnóstico sobre os primeiros meses da efetiva aplicação da técnica de julgamento dos

---

3. Dados divulgados pelo setor de estatística do Superior Tribunal de Justiça em 02 de Agosto de 2009. http://www.stj.jus.br/portal_stj/publicacao/engine.wsp?tmp.area=398&tmp.texto=93018&tmp.area_anterior=44&tmp.argumento_pesquisa=recursos%20repetitivos.

recursos repetitivos. Para se ter uma ideia do impacto da nova norma processual, trazemos adiante importantes dados técnicos da distribuição do Tribunal da Cidadania[4]:

a) desde sua instalação, em 07 de abril de 1989, até o final deste ano, o STJ terá julgado 3 milhões de processos;
b) entre agosto de 2007 e julho de 2008 foram autuados 103.235 recursos;
c) no primeiro ano de vigência da nova lei subiram ao tribunal 68.267 recursos;
d) até junho deste ano foram julgados 205 processos qualificados como recursos repetitivos.

Ante as informações acostadas, e pelas declarações do eficiente presidente do Superior Tribunal de Justiça, Ministro Cesar Asfor Rocha[5], podemos chegar a clara conclusão que o grande responsável pela diminuição de aproximadamente 35.000 processos nos últimos 12 meses é a nova sistemática processual introduzida pela Lei 11.672/08.

Indispensável consignar que o Superior Tribunal de Justiça teve um importante papel neste calvário, uma vez que em cumprimento a Lei n. 11.672/08, baixou a Resolução nº 08/2008, a qual aperfeiçoou e facilitou a aplicação da técnica de julgamento dos recursos repetitivos, preenchendo as lacunas do legislador e possibilitando que os resultados práticos fossem obtidos num lapso temporal tão exíguo.

Deste modo, numa cognição sumária, temos que o procedimento dos recursos repetitivos, aliados a outros instrumentos utilizados pelo Tribunal da Cidadania, permitem que nossa maior Corte infraconstitucional possa, de uma vez por todas, deixar de analisar milhares de processos que tratam da mesma matéria e que terão o mesmo resultado, e concentrar sua atenção para a aplicação do direito em

---

4. Dados divulgados pelo setor de estatística do Superior Tribunal de Justiça em 02 de Agosto de 2009. http://www.stj.jus.br/portal_stj/publicacao/engine.wsp?tmp.area=398&tmp.texto=93018&tmp.area_anterior=44&tmp.argumento_pesquisa=recursos%20repetitivos.

5. *"Quando do lançamento da Lei n. 11.672/08, o ministro* **Cesar Asfor Rocha** *apresentou o novo dispositivo como 'o primeiro passo para o choque de gestão' que promove à frente da Presidência da Corte superior e em combate à morosidade. À época, o magistrado destacou como fundamental a participação de todos os tribunais de segunda instância na indicação de recursos com temas repetitivos e na efetiva aplicação da lei. Doze meses depois da regulamentação, o dispositivo está devidamente aplicado no STJ e nas Cortes de todo o país e mostra resultados de peso."*

*Texto retirado de notícia vinculada no site do Superior Tribunal de Justiça em 02 de Agosto de 2009: http://www.stj.jus.br/portal_stj/publicacao/engine.wsp?tmp.area=398&tmp.texto=93018&tmp.area_anterior=44&tmp.argumento_pesquisa=recursos%20repetitivos

situações mais complexas e no reexame de entendimentos jurisprudenciais considerados suplantados.

Consigna-se, finalmente, que o procedimento dos recursos repetitivos cumpriu com louvor o que foi proposto pelo legislador, ou seja, trouxe maior celeridade e efetividade ao processo. Porém, devemos dirigir a atenção aos procedimentos adotados pelos Tribunais de Justiça e Tribunais Regionais Federais, para que estes possam, de fato, colaborar para o desaceleramento da máquina do judiciário, em especial do Superior Tribunal de Justiça. Somente assim poderemos, um dia, sonhar em vencer a crise da demora na entrega da prestação jurisdicional.

5. Casos de Recursos Repetitivos Julgados no Superior Tribunal de Justiça

O quadro que passamos a apresentar foi extraído do site do Superior Tribunal de Justiça em de 02 de março de 2009. Até esta data, foram examinados os seguintes casos de recursos repetitivos:

REsp 1091443 – CORTE ESPECIAL – MARIA THEREZA DE ASSIS MOURA – 10/10/2008 – Processo Civil. Cessão de Crédito. Execução. Substituição Processual do Polo Ativo. Necessidade de Anuência do Devedor.

REsp 1101723 – CORTE ESPECIAL – BENEDITO GONÇALVES – 02/03/2009 – Texto não disponível.

REsp 1102473 – CORTE ESPECIAL – MARIA THEREZA DE ASSIS MOURA – 20/02/2009 https://ww2.stj.jus.br/websecstj/decisoesmonocraticas/decisao.asp?registro=200802566525&dt_publicacao=20/02/2009 – Recurso Especial Repetitivo. Processo Civil. Execução Judicial.Cessão de Crédito. Honorários Advocatícios Sucumbenciais. Precatório Expedido em nome do Exequente. Possibilidade de Habilitação de Cessionário.

REsp 970217 – TERCEIRA SEÇÃO – NAPOLEÃO NUNES MAIA FILHO – 04/09/2008 – https://ww2.stj.jus.br/websecstj/decisoesmonocraticas/decisao.asp?registro=200701661622&dt_publicacao=04/09/2008Conversão dos vencimentos em URV. Servidores do Poder Executivo Gaúcho. Excepcionamento da Lei no 8.880/94. Ausência de prejuízo aos servidores. Eficácia de leis estaduais.

REsp 1047686 – TERCEIRA SEÇÃO – NAPOLEÃO NUNES MAIA FILHO – 04/09/2008 – Conversão dos vencimentos em URV. Servidores do Poder Executivo Gaúcho. Excepcionamento da Lei nº 8.880/94. Ausência de prejuízo aos servidores. Eficácia de leis estaduais.

REsp 1086944 – TERCEIRA SEÇÃO – MARIA THEREZA DE ASSIS MOURA – 18/09/2008 https://ww2.stj.jus.br/websecstj/decisoesmonocraticas/decisao.asp?registro=200802080770&dt_publicacao=18/09/2008 – Juros moratórios. Percentual. Medida

Provisória 2.180/2001. Condenações impostas à Fazenda Pública. Pagamento. Verbas remuneratórias. Servidores Públicos.

REsp 1073976 – https://ww2.stj.jus.br/revistaeletronica/ita.asp?registro=200801516650 TERCEIRA SEÇÃO – MARIA THEREZA DE ASSIS MOURA – 23/09/2008 https://ww2.stj.jus.br/websecstj/decisoesmonocraticas/decisao.asp?registro=200801516650&dt_publicacao=23/09/2008 – Militares inativos da Polícia Militar do Rio Grande do Sul. Benefícios concedidos pela Lei Complementar Estadual nº 10.990/97. Prescrição.

REsp 990284 – https://ww2.stj.jus.br/revistaeletronica/ita.asp?registro=200702242110 TERCEIRA SEÇÃO – MARIA THEREZA DE ASSIS MOURA – 09/10/2008 https://ww2.stj.jus.br/websecstj/decisoesmonocraticas/decisao.asp?registro=200702242110&dt_publicacao=09/10/2008- Servidor Público. Reajuste de 28.86%. Leis nº 8.622/93 e 8.627/93. Concessão aos militares federais. Prescrição. Base de Cálculo. Termo inicial da correção monetária. Limitação temporal. Medida Provisória nº 2.131/2000. Compensação com a complementação do salário mínimo. Aplicação do artigo 73 da Lei nº 8.237/91.

REsp 1091539 – TERCEIRA SEÇÃO – MARIA THEREZA DE ASSIS MOURA – 10/10/2008 https://ww2.stj.jus.br/websecstj/decisoesmonocraticas/decisao.asp?registro=200802161869&dt_publicacao=10/10/2008 – Texto indisponível.

REsp 1100007 – TERCEIRA SEÇÃO – LAURITA VAZ – 14/11/2008 – https://ww2.stj.jus.br/websecstj/decisoesmonocraticas/decisao.asp?registro=200802420709&dt_publicacao=14/11/2008Reconhecimento da prescrição do fundo de direito. Servidor Público Estadual. Carreira de Magistério. Vantagens pecuniárias. Progressões funcionais previstas na lei estadual 110/95. Nulidade do processo. Procurador impedido de advogar contra a Fazenda Pública Estadual.

REsp 1101726 – TERCEIRA SEÇÃO – MARIA THEREZA DE ASSIS MOURA – 16/12/2008 https://ww2.stj.jus.br/websecstj/decisoesmonocraticas/decisao.asp?registro=200802409050&dt_publicacao=16/12/2008- Servidor Público Municipal. Conversão de vencimentos/proventos, recebidos em reais, para o equivalente em URV. Aplicabilidade da Lei Federal nº 8.880/94.

REsp 1100005 – TERCEIRA SEÇÃO – LAURITA VAZ – 18/11/2008 – Reconhecimento da prescrição do fundo de direito. Servidor Público Estadual. Carreira de Magistério. Vantagens pecuniárias. Progressões funcionais previstas na lei estadual 110/95. Nulidade do processo. Procurador impedido de advogar contra a Fazenda Pública Estadual.

REsp 1100006 – TERCEIRA SEÇÃO – LAURITA VAZ – 18/11/2008 – Reconhecimento da prescrição do fundo de direito. Servidor Público Estadual. Carreira de Magistério. Vantagens pecuniárias. Progressões funcionais previstas na lei estadual 110/95. Nulidade do processo. Procurador impedido de advogar contra a Fazenda Pública Estadual.

REsp 1099144 – TERCEIRA SEÇÃO – LAURITA VAZ – 18/11/2008 – https://ww2.stj.jus.br/websecstj/decisoesmonocraticas/decisao.asp?registro=200802408104&dt_publicacao=18/11/2008Reconhecimento da prescrição do fundo de direito. Servidor Público Estadual. Carreira de Magistério. Vantagens pecuniárias. Progressões funcionais previstas na lei estadual 110/95. Nulidade do processo. Procurador impedido de advogar contra a Fazenda Pública Estadual.

REsp 1099230 – TERCEIRA SEÇÃO – LAURITA VAZ – 28/11/2008 – https://ww2.stj.jus.br/websecstj/decisoesmonocraticas/decisao.asp?registro=200802334496&dt_

publicacao=28/11/2008Execução Penal. Fração de pena exigida nos termos do art. 112 da Lei de Execução Penal. Visita periódica ao lar. Prazo. Saídas Automáticas. Possibilidade de apreciação do implemento dos requisitos para obtenção da saída temporária e intervenção obrigatória do Ministério Público concentradas em única decisão.

REsp 1101739 – TERCEIRA SEÇÃO – MARIA THEREZA DE ASSIS MOURA – 15/12/2008 – https://ww2.stj.jus.br/websecstj/decisoesmonocraticas/decisao.asp?registro=200802374220&dt_publicacao=15/12/2008Servidor Público aposentado do município do Rio de Janeiro. Gratificação de lotação prioritária. Prescrição. Legitimidade passiva do município. Admissibilidade do recebimento em dobro de valores pagos administrativamente. Juros de mora. Percentual e Termo Final.

REsp 1102482 – TERCEIRA SEÇÃO – LAURITA VAZ – 02/02/2009 – https://ww2.stj.jus.br/websecstj/decisoesmonocraticas/decisao.asp?registro=200802557538&dt_publicacao=02/02/2009Recurso Especial representativo da controvérsia. Execução Penal. Saídas temporárias. Limites para o deferimento. Função jurisdicional delegada ao administrador do presídio. Arts. 123 e 124 da LEP. Dissídio Jurisprudencial.

REsp 1101727 – TERCEIRA SEÇÃO – ARNALDO ESTEVES LIMA – 02/02/2009 https://ww2.stj.jus.br/websecstj/decisoesmonocraticas/decisao.asp?registro=200802437020&dt_publicacao=02/02/2009Previdenciário. Processual Civil. Fazenda Pública. INSS. Custas e Despesas Processuais na Justiça Estadual. Art. 1º A da lei 9.494/97. Art. 27 do CPC. Reexame Necessário. § 2º do art. 475 do CPC. Recurso Especial sujeito ao regime do art. 543-C do CPC e Resolução STJ 08/2008.

REsp 1102459 – TERCEIRA SEÇÃO – ARNALDO ESTEVES LIMA – 02/02/2009 https://ww2.stj.jus.br/websecstj/decisoesmonocraticas/decisao.asp?registro=200802558119&dt_publicacao=02/02/2009Honorários advocatícios. Condenação da Fazenda Pública. Autarquia Estadual. Demandas patrocinadas pela Defensoria Pública Estadual. Confusão entre as qualidades de credor e devedor. Alegação de contrariedade ao art. 381 do Código Civil de 2002.

REsp 1105204 – TERCEIRA SEÇÃO – OG FERNANDES – 10/02/2009 – https://ww2.stj.jus.br/websecstj/decisoesmonocraticas/decisao.asp?registro=200802784805&dt_publicacao=10/02/2009Auxílio-suplementar e Aposentadoria por invalidez. Aplicação da lei nº 6.367/76. Absorção do auxílio-suplementar pelo auxílio-doença em face da aplicação da lei nº 8.213/91.

REsp 1102469 – TERCEIRA SEÇÃO – LAURITA VAZ – 12/02/2009 – https://ww2.stj.jus.br/websecstj/decisoesmonocraticas/decisao.asp?registro=200802613479&dt_publicacao=12/02/2009Recurso Especial Repetitivo. Penal. Porte ilegal de arma de fogo. Arma desmuniciada. Discussão sobre a sua relevância para a configuração do delito.

REsp 1110898 – TERCEIRA SEÇÃO – MARIA THEREZA DE ASSIS MOURA – 19/02/2009 – https://ww2.stj.jus.br/websecstj/decisoesmonocraticas/decisao.asp?registro=200900115720&dt_publicacao=19/02/2009Recurso especial. Pensão de Ex-combatente marítimo. Índice de reajuste. Art. 543-C, § 2º, do Código de Processo Civil.

REsp 1096244 – TERCEIRA SEÇÃO – MARIA THEREZA DE ASSIS MOURA – 19/02/2009 – https://ww2.stj.jus.br/websecstj/decisoesmonocraticas/decisao.asp?registro=200802154195&dt_publicacao=19/02/2009Recurso Especial Repetitivo. Previdenciário. Auxílo-acidente. Majoração do percentual. Lei n. 9.032/95. Possibilidade de incidência imediata.

REsp 1102484 – TERCEIRA SEÇÃO – ARNALDO ESTEVES LIMA – 25/02/2009 -https://ww2.stj.jus.br/websecstj/decisoesmonocraticas/decisao.asp?registro=200802604760&dt_publicacao=25/02/2009Previdenciário. Critério de correção monetária incidente entre a data da elaboração dos cálculos e a inscrição do precatório. Apontada violação ao Art. 18 da lei 8.870/94 (Correção pela UFIR/IPCA-E). Acórdão que determina a utilização de índices previdenciários (IGP-DI).

REsp 1107314 – TERCEIRA SEÇÃO – LAURITA VAZ – 27/02/2009 – https://ww2.stj.jus.br/websecstj/decisoesmonocraticas/decisao.asp?registro=200802824428&dt_publicacao=27/02/2009Recurso Especial. Penal e Execução Penal. Condenação em regime aberto. Possibilidade de substituição da pena privativa de liberdade por pena restritiva de direitos.

REsp 1110823 – TERCEIRA SEÇÃO – LAURITA VAZ – 27/02/2009 – https://ww2.stj.jus.br/websecstj/decisoesmonocraticas/decisao.asp?registro=200802827560&dt_publicacao=27/02/2009Recurso Especial. Penal e Execução Penal. Condenação em regime aberto. Possibilidade de substituição da pena privativa de liberdade por pena restritiva de direitos.

REsp 1110565 – TERCEIRA SEÇÃO – FELIX FISCHER – 05/03/2009 – https://ww2.stj.jus.br/websecstj/decisoesmonocraticas/decisao.asp?registro=200900013828&dt_publicacao=05/03/2009Recurso Especial.Repetitivo. Representativo de Controvérsia. Previdenciário. Pensão por morte. Condição de Segurado do de cujus. Discussão: (im)prescindibilidade desse requisito para a concessão do benefício.

REsp 1110824 – TERCEIRA SEÇÃO – LAURITA VAZ – 06/03/2009 – https://ww2.stj.jus.br/websecstj/decisoesmonocraticas/decisao.asp?registro=200802829745&dt_publicacao=06/03/2009Recurso Especial. Penal e Execução Penal. Condenação em regime aberto. Possibilidade de substituição da pena privativa de liberdade por pena restritiva de direitos.

REsp 1095523 – TERCEIRA SEÇÃO – LAURITA VAZ – 12/03/2009 – https://ww2.stj.jus.br/websecstj/decisoesmonocraticas/decisao.asp?registro=200802272950&dt_publicacao=12/03/2009Recurso Especial Repetitivo. Observância da sistemática prevista no art. 543-C do CPC e na resolução n. 08/STJ. Previdenciário. Diacusia. Tabela de Fowler. Controvérsia: Negativa de concessão de auxílio-acidente com base, exclusivamente, na perda auditiva mínima.

REsp 1112114 – TERCEIRA SEÇÃO – ARNALDO ESTEVES LIMA – 03/04/2009 – https://ww2.stj.jus.br/websecstj/decisoesmonocraticas/decisao.asp?registro=200900250130&dt_publicacao=03/04/2009Direito Processual Civil. Administrativo. Servidores Públicos do Estado de São Paulo. Fator de atualização monetária – FAM. Prescrição do Fundo de Direito. Recurso Especial representativo de controvérsia repetitiva. Afetação à Terceira Seção. Art. 543-C, § 2º do CPC C.C o 2º da Resolução 8/08 do STJ.

REsp 1111828 – TERCEIRA SEÇÃO – FELIX FISCHER – 14/04/2009 – https://ww2.stj.jus.br/websecstj/decisoesmonocraticas/decisao.asp?registro=200900299638&dt_publicacao=14/04/2009Recurso especial repetitivo representativo de controvérsia. Previdenciário. Auxílio-acidente. Aposentadoria. Discussão: possibilidade de cumulação desses benefícios face à edição da lei nº 9.528/97, que a veda.

REsp 1061530 – SEGUNDA SEÇÃO – ARI PARGENDLER – 19/08/2009 – https://ww2.stj.jus.br/websecstj/decisoesmonocraticas/decisao.asp?registro=200801199924&dt_publicacao=19/08/2009Ações que digam respeito a contratos bancários, sobre as seguintes matérias: juros remuneratórios, capitalização de juros, mora, comissão de permanência, inscrição do nome do devedor em cadastros de proteção ao crédito, disposições de ofício no âmbito do julgamento da apelação acerca de questões não devolvidas no Tribunal.

REsp 1023057 – SEGUNDA SEÇÃO – ALDIR PASSARINHO JUNIOR – 27/08/2008 – https://ww2.stj.jus.br/websecstj/decisoesmonocraticas/decisao. asp?registro= 2008001093 30&dt_publicacao=27/08/2008. Texto indisponível.https://ww2.stj.jus.br/websecstj/decisoesmonocraticas/decisao.asp?registro=200800109330&dt_publicacao=04/09/2008.

REsp 1061134 – SEGUNDA SEÇÃO – NANCY ANDRIGHI – 10/12/2008 – Indenização por Danos Morais decorrente de inscrição do nome do devedor nos cadastros de restrição ao crédito com ausência de comunicação prévia, em especial nos casos onde o devedor já possua outras inscrições nos cadastros de devedores.

REsp 990507 – SEGUNDA SEÇÃO – NANCY ANDRIGHI – 29/08/2008 – Reivindicação e posse das terras que o Espólio de Anastácio Pereira Braga e Outros alegam ser de sua propriedade e que hoje formam o Condomínio Porto Rico, em Santa Maria no Distrito Federal.

REsp 1003305 – SEGUNDA SEÇÃO – NANCY ANDRIGHI – 29/08/2008 – Reivindicação e posse das terras que o Espólio de Anastácio Pereira Braga e Outros alegam ser de sua propriedade e que hoje formam o Condomínio Porto Rico, em Santa Maria no Distrito Federal.

REsp 1062336 – SEGUNDA SEÇÃO – NANCY ANDRIGHI – 29/08/2008 – Indenização por Danos Morais decorrente de inscrição do nome do devedor nos cadastros de restrição ao crédito com ausência de comunicação prévia, em especial nos casos onde o devedor já possua outras inscrições nos cadastros de devedores.

REsp 1059736 – SEGUNDA SEÇÃO – ALDIR PASSARINHO JUNIOR – 02/09/2008 – Texto indisponível.

REsp 982133 – SEGUNDA SEÇÃO – ALDIR PASSARINHO JUNIOR – 02/09/2008.

REsp 1033241 – SEGUNDA SEÇÃO – ALDIR PASSARINHO JUNIOR – 04/09/2008 – Contratos de Participação Financeira. Definição do valor patrimonial das ações da Brasil Telecom S/A e prescrição.

REsp 1094846 – SEGUNDA SEÇÃO – CARLOS FERNANDO MATHIAS (JUIZ FEDERAL CONVOCADO DO TRF 1ª REGIÃO) – 15/10/2008 – Aplicação do Artigo 359 do Código de Processo Civil nas ações cautelares de exibição de documentos.

REsp 1070297 – SEGUNDA SEÇÃO – LUIS FELIPE SALOMÃO – 12/03/2009 – Contrato celebrado no âmbito do sistema Financeiro de Habitação, quanto às seguintes questões de direito: a) possibilidade de incidência do Coeficiente de Equiparação Salarial – CES – em contratos anteriores à edição da Lei nº 8.692/93; b) legalidade do Sistema Francês de Amortização, também conhecido como Tabela Price; c) aplicação do Código de Defesa do Consumidor a contratos anteriores à sua vigência; d) limitação dos juros remuneratórios ao percentual de 10% ao ano, com base no artigo 6º, "e", da Lei nº 4.380/64.

REsp 1091363 – SEGUNDA SEÇÃO – LUIS FELIPE SALOMÃO – 15/10/2008 – Contratos de seguro habitacional vinculados ao Sistema Financeiro Habitacional e que não tenham relação com o Fundo de Compensação de Variações Salariais (FVCS).

REsp 1091393 – SEGUNDA SEÇÃO – CARLOS FERNANDO MATHIAS (JUIZ FEDERAL CONVOCADO DO TRF 1ª REGIÃO) – 15/10/2008 – Contratos de seguro habitacional vinculados ao Sistema Financeiro Habitacional e que não tenham relação com o Fundo de Compensação de Variações Salariais (FCVS).

REsp 1063343 – SEGUNDA SEÇÃO – NANCY ANDRIGHI – 24/10/2008 – https://ww2.stj.jus.br/websecstj/decisoesmonocraticas/decisao.asp?registro=200801289049&dt_publicacao=24/10/2008Legalidade da cláusula que, em contratos bancários, prevê a cobrança da comissão de permanência na hipótese de inadimplência do consumidor.

REsp 1058114 – SEGUNDA SEÇÃO – NANCY ANDRIGHI – 24/10/2008 – Legalidade da cláusula que, em contratos bancários, prevê a cobrança da comissão de permanência na hipótese de inadimplência do consumidor.

REsp 1044990 – SEGUNDA SEÇÃO – JOÃO OTÁVIO DE NORONHA – 13/11/2008 – Direito do participante de plano de extensão de rede de telefonia fixa, instituído, originalmente, pela Companhia Rio Grandense de Telecomunicações – CRT, de ser indenizado pela não-emissão de lote complementar de ações quando da cisão parcial desta, que culminou com a criação e constituição da CRT Celular (telefonia móvel – "dobra acionária").

REsp 1017852 – SEGUNDA SEÇÃO – LUIS FELIPE SALOMÃO – 11/02/2009 – a) redução da multa moratória de 10% para 2%; b) legalidade do Sistema Francês de Amortização, também conhecido como Tabela Price; c) índice de correção do saldo devedor em março de 1990.

REsp 1067237 – SEGUNDA SEÇÃO – LUIS FELIPE SALOMÃO – 11/02/2009 – Possibilidade de tutela cautelar com vistas a suspender a execução extrajudicial a que se refere o Decreto-lei nº 70/66, bem como de impedir a inscrição do nome do devedor em bancos de dados desabonadores, desde que o mutuário de contrato celebrado no âmbito do Sistema financeiro de Habitação consigne os valores que entender devidos.

REsp 1102539 – SEGUNDA SEÇÃO – LUIS FELIPE SALOMÃO – 13/02/2009 – https://ww2.stj.jus.br/websecstj/decisoesmonocraticas/decisao.asp?registro=200802640490&dt_publicacao=13/02/2009Necessidade de participação do agente financeiro (Caixa Econômica Federal) nos feitos que envolvam contratos de seguro habitacional vinculados ao Sistema Financeiro de Habitacional e que não tenham relação com o fundo de Compensação de Variações Salariais (FCVS).

REsp 1105205 – SEGUNDA SEÇÃO – FERNANDO GONÇALVES – 13/02/2009 – Possibilidade de conversão de demanda individual na qual se busca a cobrança de expurgos inflacionários sobre o saldo de cadernetas de poupança em liquidação em função do julgamento de ação coletiva movida com a mesma finalidade.

REsp 1110899 – SEGUNDA SEÇÃO – FERNANDO GONÇALVES – 13/02/2009 – Necessidade de participação do agente financeiro (Caixa Econômica Federal) nos feitos que envolvam contratos de seguro habitacional vinculados ao Sistema Financeiro Habitacional e que não tenham relação com o fundo de Compensação de Variações Salariais (FCVS).

REsp 1110561 – SEGUNDA SEÇÃO – SIDNEI BENETI – 23/03/2009 – Prescrição em ações de cobrança referentes a correção monetária incidente sobre valores recolhidos a fundo de previdência privada e utilização do IPC como fator de atualização das parcelas restituídas.

REsp 1083291 – SEGUNDA SEÇÃO – NANCY ANDRIGHI – 23/03/2009 – Necessidade de comprovação, mediante AR, do recebimento pelo devedor da correspondência mediante a qual ele é cientificado previamente da incrição de seu nome em cadastros de inadimplentes.

REsp 1046768 – SEGUNDA SEÇÃO – JOÃO OTÁVIO DE NORONHA – 25/03/2009 – Capitalização mensal de juros em ação revisional de contrato bancário.

REsp 1110549 – SEGUNDA SEÇÃO – SIDNEI BENETI – 27/03/2009 – Suspensão de ação individual movida por depositante de caderneta de poupança visnado ao recebimento de correção monetária decorrente de planos econômicos (Plano Bresser; Plano Verão; Plano Collor; Plano Collor II) ante a existência de ação coletiva sobre a matéria.

REsp 1111973 – SEGUNDA SEÇÃO – SIDNEI BENETI – 03/04/2009 – https://ww2.stj.jus.br/websecstj/decisoesmonocraticas/decisao.asp?registro=200900335550&dt_publicacao=03/04/2009. Prescrição em ações de cobrança referentes a diferenças de correção monetária incidentes sobre valores recolhidos a fundo de previdência privada, e utilização do IPC como fator de atualização do IPC como fator de atualização das parcelas restituídas.

REsp 1110544 – SEGUNDA SEÇÃO – LUIS FELIPE SALOMÃO – 16/04/2009 – Texto indisponível.https://ww2.stj.jus.br/websecstj/decisoesmonocraticas/decisao.asp?registro =200900004109&dt_publicacao=16/04/2009

REsp 886462 – https://ww2.stj.jus.br/revistaeletronica/ita.asp?registro=200602031840 PRIMEIRA SEÇÃO – TEORI ALBINO ZAVASCKI – 21/08/2008 – https://ww2.stj.jus. br/websecstj/decisoesmonocraticas/decisao.asp?registro=200602031840&dt_publicaca o=21/08/2008Configuração ou não de denúncia espontânea relativamente a tributo estadual sujeito a lançamento por homologação (ICMS), declarado pelo contribuinte (em Guia de Informação e Apuração – GIA), mas não pago no devido prazo.

REsp 1012903 – https://ww2.stj.jus.br/revistaeletronica/ita.asp?registro=200702954219 PRIMEIRA SEÇÃO – TEORI ALBINO ZAVASCKI – 21/08/2008 – https://ww2. stj.jus.br/websecstj/decisoesmonocraticas/decisao.asp?registro=200702954219&dt_ publicacao=21/08/2008Lei 7.713/88 – Cobrança de imposto de renda sobre pagamento de benefício de complementação de aposentadoria, decorrente de plano de previdência privada.

REsp 962379 – https://ww2.stj.jus.br/revistaeletronica/ita.asp?registro=200701428689 PRIMEIRA SEÇÃO – TEORI ALBINO ZAVASCKI – 21/08/2008 – https://ww2.stj.jus. br/websecstj/decisoesmonocraticas/decisao.asp?registro=200701428689&dt_publica cao=21/08/2008Configuração ou não de denúncia espontânea relativamente a tributo federal sujeito a lançamento por homologação (PIS/COFINS), regularmente declarado pelo contribuinte (DCTF), mas pago com atraso.

REsp 960476 – PRIMEIRA SEÇÃO – TEORI ALBINO ZAVASCKI – 21/08/2008 – https://ww2.stj.jus.br/websecstj/decisoesmonocraticas/decisao.asp?registro=200701362950&dt_publicacao=21/08/2008 Legitimidade da cobrança de ICMS sobre o valor pago a título de "demanda contratada" de energia elétrica.

REsp 1012683 – PRIMEIRA SEÇÃO – FRANCISCO FALCÃO – 01/09/2008 – https://ww2.stj.jus.br/websecstj/decisoesmonocraticas/decisao.asp?registro=200702903922&dt_publicacao=01/09/2008 Texto indisponível.

REsp 1003955 – PRIMEIRA SEÇÃO – ELIANA CALMON – 03/09/2008 – Empréstimo compulsório sobre energia elétrica, no qual se discute, em síntese: a) prescrição – termo a quo; b) correção monetária plena sobre o principal (a partir da data do recolhimento até a data do efetivo pagamento de juros e de 31 de dezembro até a data da assembléia de conversão), bem como o reflexo dos juros de 6% ao ano sobre a diferença de correção monetária; c) juros remuneratórios de 6% ao ano; d)taxa SELIC; e e) juros moratórios.

REsp 1068944 – PRIMEIRA SEÇÃO – TEORI ALBINO ZAVASCKI – 08/09/2008 – Legitimidade ou não da cobrança da tarifa de assinatura mensal relativa à prestação de serviços de telefonia e a existência, ou não, nessa causa, de litisconsórcio passivo necessário entre a empresa concessionária de telefonia e a ANATEL.

REsp 1072939 – PRIMEIRA SEÇÃO – FRANCISCO FALCÃO – 08/09/2008 – Texto indisponível.

REsp 1028592 – PRIMEIRA SEÇÃO – ELIANA CALMON – 08/09/2008 – https://ww2.stj.jus.br/websecstj/decisoesmonocraticas/decisao.asp?registro=200800305592&dt_publicacao=08/09/2008 Empréstimo compulsório sobre energia elétrica, no qual se discute, em síntese: a) prescrição – termo a quo; b) correção monetária plena sobre o principal (da data de cada recolhimento mensal até 31/12 de cada ano e de 31/12 do ano anterior à AGE que autorizou a conversão) e sobre os juros remuneratórios de 6% ao ano (de 31/12 de cada ano até julho do ano seguinte), bem como o reflexo dos juros remuneratórios sobre a diferença de correção monetária; c) devolução em ações (valor patrimonial x valor de mercado); d) taxa SELIC; e e) juros moratórios.

REsp 1004817 – PRIMEIRA SEÇÃO – LUIZ FUX – 11/09/2008 – https://ww2.stj.jus.br/websecstj/decisoesmonocraticas/decisao.asp?registro=200702403778&dt_publicacao=11/09/2008 Texto indisponível.

REsp 880026 – CORTE ESPECIAL – LUIZ FUX – 29/06/2009 – Incidência do Coeficiente de Equiparação Salarial – CES no cálculo do reajuste do encargo mensal subjacente aos contratos de mútuo do Sistema Financeiro da Habitação – SFH, antes da edição da Lei 8.692, de 29 de julho de 1993.

REsp 1046376 – PRIMEIRA SEÇÃO – LUIZ FUX – 15/09/2008 – Forma de intimação do ato que exclui o contribuinte do Programa de Recuperação Fiscal – REFIS, a saber, se necessário ato publicado no DOU, ou suficiente comunicação pela via da internet, nos termos da Lei 9.964/00, art. 9º, III, c/c art. 5º da Resolução 20/2001 do Comitê Gestor.

REsp 1036375 – PRIMEIRA SEÇÃO – LUIZ FUX – 15/09/2008 – https://ww2.stj.jus.br/websecstj/decisoesmonocraticas/decisao.asp?registro=200800465883&dt_publicacao=15/09/2008 Legalidade da retenção de 11% sobre os valores brutos das faturas dos contratos de prestação de serviço pelas empresas tomadoras, conforme disposição do art. 31 da Lei 9.711/98.

REsp 1001655 – PRIMEIRA SEÇÃO – LUIZ FUX – 15/09/2008 – Compensação, em sede de embargos à execução, sobre a de valores retidos na fonte, a título de imposto de renda, com aqueles restituídos, quando do ajuste anual das declarações dos exequentes.

REsp 999901 – PRIMEIRA SEÇÃO – LUIZ FUX – 15/09/2008 – Possibilidade de interrupção da prescrição por meio de citação por edital em ação de execução fiscal.

REsp 977058 – PRIMEIRA SEÇÃO – LUIZ FUX – 15/09/2008 – Exigibilidade da contribuição adicional destinada ao Instituto Nacional de Colonização e Reforma Agrária – INCRA, criada pela Lei nº 2.613/55, cobrada no importe de 0,2% sobre folha de salário.

REsp 1069810 – PRIMEIRA SEÇÃO – LUIZ FUX – 15/09/2008 – Fornecimento de medicamento necessário ao tratamento de saúde, sob pena de bloqueio ou sequestro de verbas do Estado a serem depositadas em conta-corrente.

REsp 1055345 – PRIMEIRA SEÇÃO – LUIZ FUX – 15/09/2008 – Forma de cálculo da contribuição previdenciária incidente sobre a gratificação natalina.

REsp 1063974 – PRIMEIRA SEÇÃO – LUIZ FUX – 15/09/2008 – Possibilidade, ou não, da segunda quitação do saldo residual relativo a contrato de financiamento para aquisição de residência própria, entabulado pelas regras do Sistema Financeiro da Habitação – SFH, com a utilização de recursos provenientes do Fundo de Compensação de Variações Salariais – FCVS, nos termos da Leis 4.380/64, 8.004/99 e 8.100/99.

REsp 1054847 – PRIMEIRA SEÇÃO – LUIZ FUX – 15/09/2008 – https://ww2.stj.jus.br/websecstj/decisoesmonocraticas/decisao.asp?registro=200800992226&dt_publicacao=15/09/2008 Texto indisponível.

REsp 902349 – PRIMEIRA SEÇÃO – LUIZ FUX – 15/09/2008 – Aplicação da multa, juros e correção monetária, a partir do vencimento da contribuição sindical rural, no caso de seu recolhimento extemporâneo, conforme disposição do art. 600 da CLT.

REsp 894060 – PRIMEIRA SEÇÃO – LUIZ FUX – 15/09/2008 – Processamento de recurso administrativo sem o depósito prévio de 30% (trinta por cento) da exigência fiscal, instituído pelo § 1º, do artigo 126, da Lei 8.213/91, acrescentado pela Medida Provisória nº 1.607-12/98, convertida na Lei nº 9.639/98.

REsp 1072662 – PRIMEIRA SEÇÃO – LUIZ FUX – 15/09/2008 – Obrigatoriedade ou não de discriminação detalhada na fatura mensal telefônica dos valores cobrados à título de "pulsos além da franquia" ou pulsos excedentes, consoante Decreto 4.733/2003, Lei Geral de Telecomunicação de nº 9.472/97 e art. 7º do Código de Defesa do Consumidor, os quais afastam a obrigação da recorrente em discriminar os pulsos anteriormente à data de 01/01/2006.

REsp 1074799 – PRIMEIRA SEÇÃO – FRANCISCO FALCÃO – 17/09/2008 – Legalidade da cobrança de pulsos excedentes à franquia telefônica, sem a discriminação das ligações.

REsp 1086935 – PRIMEIRA SEÇÃO – TEORI ALBINO ZAVASCKI – 30/09/2008 – Termo inicial da incidência dos juros moratórios em demanda objetivando a restituição de contribuição previdenciária de servidor público inativo.

REsp 1101937 – PRIMEIRA SEÇÃO – HERMAN BENJAMIN – 17/10/2008 – Suspensão no fornecimento de energia elétrica em face de dívida em discussão.

REsp 871760 – PRIMEIRA SEÇÃO – LUIZ FUX – 20/10/2008 – Existência ou não de isenção de ICMS sobre o bacalhau oriundo de país signatário do GATT – General Agreement on Tariffs and Trade.

REsp 760246 – PRIMEIRA SEÇÃO – TEORI ALBINO ZAVASCKI – 23/10/2008 – Cobrança de imposto de renda sobre valores recebidos em decorrência do rateio do patrimônio de entidade de previdência privada, tendo em vista a Lei 7.713/88.

REsp 1092206 – PRIMEIRA SEÇÃO – TEORI ALBINO ZAVASCKI – 24/11/2008 – Incidência do ICMS na operação de fornecimento de embalagens sob encomenda associada ao serviço de composição gráfica.

REsp 1050199 – PRIMEIRA SEÇÃO – ELIANA CALMON – 27/11/2008 – Restituição dos valores cobrados a título de empréstimo compulsório sobre energia elétrica, acrescidos de correção monetária plena e juros, pleiteada pela parte possuidora de OBRIGAÇÕES AO PORTADOR emitidas pela ELETROBRÁS, na forma da Lei 4.156/62 com a redação dada pelo DL 644/69.

REsp 1070252 – PRIMEIRA SEÇÃO – LUIZ FUX – 10/12/2008 – Legitimidade passiva *ad causam* do Banco Central do Brasil-BACEN para responder pela correção monetária dos cruzados novos retidos pela implantação do Plano Collor.

REsp 1101728 – PRIMEIRA SEÇÃO – TEORI ALBINO ZAVASCKI – 16/12/2008 – Responsabilidade dos sócios para responder por débitos da pessoa jurídica devedora em execução fiscal.

REsp 1101725 – PRIMEIRA SEÇÃO – BENEDITO GONÇALVES – 19/12/2008 – https://ww2.stj.jus.br/websecstj/decisoesmonocraticas/decisao.asp?registro=200802497505&dt_publicacao=19/12/2008 Possibilidade de aplicação da multa prevista no art. 461 do CPC nos casos de descumprimento da obrigação de fornecer medicamentos imposta ao ente estatal.

REsp 1102552 – https://ww2.stj.jus.br/revistaeletronica/ita.asp?registro=200802664687 – PRIMEIRA SEÇÃO – TEORI ALBINO ZAVASCKI – 19/12/2008 – https://ww2.stj.jus.br/websecstj/decisoesmonocraticas/decisao.asp?registro=200802664687&dt_publicacao=19/12/2008 Incidência da Taxa SELIC a título de juros de mora na atualização da conta vinculada do FGTS.

REsp 1102554 – PRIMEIRA SEÇÃO – CASTRO MEIRA – 03/02/2009 – https://ww2.stj.jus.br/websecstj/decisoesmonocraticas/decisao.asp?registro=200802661176&dt_publicacao=03/02/2009. Ofensa ao art. 40, § 4º da Lei nº 6.830/80, por entender que o referido § 4º deve ser interpretado em consonância com o *caput* do art. 40 e com os demais parágrafos que o antecedem, razão pela qual não pode ser reconhecida a prescrição intercorrente, nas hipóteses em que o arquivamento do feito ocorrer em razão do baixo valor do débito executado (art. 20 da Lei 40.522/02).

REsp 1102577 – https://ww2.stj.jus.br/revistaeletronica/ita.asp?registro=200802661103 PRIMEIRA SEÇÃO – HERMAN BENJAMIN – 03/02/2009 – https://ww2.stj.jus.br/websecstj/decisoesmonocraticas/decisao.asp?registro=200802661103&dt_publicacao=03/02/2009Aplicação do instituto da denúncia espontânea (art. 138 do CTN) aos casos de parcelamento de débito tributário.

REsp 1103050 – https://ww2.stj.jus.br/revistaeletronica/ita.asp?registro=200802698681 – PRIMEIRA SEÇÃO – TEORI ALBINO ZAVASCKI – 03/02/2009 – https://ww2.

stj.jus.br/websecstj/decisoesmonocraticas/decisao.asp?registro=200802698681&dt_publicacao=03/02/2009Cabimento da citação editalícia na execução fiscal.

REsp 1104900 – https://ww2.stj.jus.br/revistaeletronica/ita.asp?registro=200802743578 PRIMEIRA SEÇÃO – DENISE ARRUDA – 17/02/2009 – https://ww2.stj.jus.br/websecstj/decisoesmonocraticas/decisao.asp?registro=200802743578&dt_publicacao=17/02/2009Responsabilidade do sócio-gerente, cujo nome consta da CDA, para responder por débitos da pessoa jurídica.

REsp 1103043 – PRIMEIRA SEÇÃO – CASTRO MEIRA – 11/02/2009 – https://ww2.stj.jus.br/websecstj/decisoesmonocraticas/decisao.asp?registro=200802663160&dt_publicacao=11/02/2009Negativa de vigência ao art. 40, §§ 1º e 2º da Lei nº 6.830/80, por entendimento de que descabe o reconhecimento da prescrição intercorrente, com base no § 4º do referido art. 40, na hipótese de não ter havido a suspensão do feito.

REsp 1102556 – PRIMEIRA SEÇÃO – FERNANDO GONÇALVES – 12/02/2009 – https://ww2.stj.jus.br/websecstj/decisoesmonocraticas/decisao.asp?registro=200802661342&dt_publicacao=12/02/2009 Texto indisponível.https://ww2.stj.jus.br/websecstj/decisoesmonocraticas/decisao.asp?registro=200802661342&dt_publicacao=03/03/2009

REsp 1092154 – PRIMEIRA SEÇÃO – CASTRO MEIRA – 17/02/2009 – https://ww2.stj.jus.br/websecstj/decisoesmonocraticas/decisao.asp?registro=200802146804&dt_publicacao=17/02/2009 Existência ou não do direito de punir, quando não expedida a notificação do infrator de trânsito, no prazo de trinta dias, com a impossibilidade de reinício do procedimento administrativo.

REsp 1102457 – PRIMEIRA SEÇÃO – BENEDITO GONÇALVES – 18/02/2009 – Obrigatoriedade de fornecimento, pelo Estado, de medicamentos não contemplados na Portaria n. 2.577/2006 do Ministério da Saúde (Programa de Medicamentos Excepcionais).

REsp 1110927 – PRIMEIRA SEÇÃO – BENEDITO GONÇALVES – 09/03/2009 – Aplicação do encargo de 20% previsto no Decreto-lei n. 1.025/69 nas execuções fiscais manejadas contra massa falida.

REsp 1110925 – PRIMEIRA SEÇÃO – TEORI ALBINO ZAVASCKI – 09/03/2009 – Execução fiscal proposta contra sócio de pessoa jurídica devedora. Exclusão de seu nome no polo passivo da demanda. Cabimento ou não da exceção de pré-executividade para arguição de ilegitimidade passiva.

REsp 1110547 – PRIMEIRA SEÇÃO – CASTRO MEIRA – 08/03/2009 – Opção pelo FGTS proporcionada pela Lei 5.958/73, com efeitos retroativos a 1.1.67. Capitalização dos juros de forma progressiva, na forma da Lei 5.107/66, aos empregados admitidos até a edição da Lei 5.705/71. Prescrição trintenária. Atualização dos juros de mora pela aplicação da taxa SELIC, conforme o art. 406 do Código Civil, às ações ajuizadas a partir de 11.1.2003.

REsp 1110550 – PRIMEIRA SEÇÃO – TEORI ALBINO ZAVASCKI – 03/03/2009 – Trata-se de recurso especial originado de embargos a execução fiscal (cobrança da majoração da alíquota do ICMS de 17% para 18% no Estado de São Paulo), em que o acórdão recorrido considerou o executado parte ilegítima para pleitear a redução da alíquota, além de negar a existência de denúncia espontânea.

REsp 1111003 – PRIMEIRA SEÇÃO – HUMBERTO MARTINS – 12/03/2009 – Necessidade da juntada dos comprovantes de pagamento da taxa de iluminação pública juntamente com a petição inicial da ação de repetição de indébito tributário.

REsp 1103045 – PRIMEIRA SEÇÃO – DENISE ARRUDA – 06/03/2009 – https://ww2.stj.jus.br/websecstj/decisoesmonocraticas/decisao.asp?registro=200802662909&dt_publicacao=06/03/2009 Texto indisponível.https://ww2.stj.jus.br/websecstj/decisoesmonocraticas/decisao.asp?registro=200802662909&dt_publicacao=30/03/2009.

REsp 1111124 – PRIMEIRA SEÇÃO – TEORI ALBINO ZAVASCKI – 12/03/2009 – Hipótese em que o acórdão recorrido decidiu que "a notificação do contribuinte acerca do lançamento do IPTU pode dar-se por quaisquer atos administrativos eficazes de comunicação", cabendo-lhe "comprovar que não possuía ciência quanto ao lançamento do imposto pelo Município".

REsp 1111157 – PRIMEIRA SEÇÃO – TEORI ALBINO ZAVASCKI – 12/03/2009 – Recurso especial originado de embargos à execução de valores correspondentes a honorários advocatícios, em que o acórdão recorrido entendeu pela inaplicabilidade do art. 29-C da Lei 8.036/90.

REsp 1111164 – PRIMEIRA SEÇÃO – TEORI ALBINO ZAVASCKI – 13/03/2009 – Recurso especial originado de mandado de segurança em que a impetrante busca autorização para "a compensação de seus créditos provenientes do pagamento indevido de contribuição ao PIS(...) e ao FINSOCIAL "com parcelas vencidas e vincendas dos mesmos tributos. O acórdão recorrido considerou desnecessária, para a concessão da ordem, a prova do recolhimento da exação indevida.

REsp 1111189 – PRIMEIRA SEÇÃO – TEORI ALBINO ZAVASCKI – 13/04/2009 – Recurso Especial em que se questiona o índice dos juros moratórios em demanda objetivando a restituição de contribuição previdenciária de servidor público inativo.

REsp 1090898 – PRIMEIRA SEÇÃO – CASTRO MEIRA – 05/02/2009 – Execução Fiscal. Possibilidade de nomeação à penhora de créditos oriundos de precatórios emitidos pela Fazenda do Estado para garantia do juízo. Suposta ofensa aos arts. 620, 655 e 668 do CPC e aos arts. 9º, 11 e 15 da Lei nº 6.830/80.

REsp 1111223 – PRIMEIRA SEÇÃO – CASTRO MEIRA – 18/03/2009 – Imposto sobre a renda nas verbas rescisórias de contrato de trabalho. Natureza Jurídica.

REsp 1110551 – PRIMEIRA SEÇÃO – MAURO CAMPBELL MARQUES – 23/03/2009 – Possibilidade de responsabilização do proprietário do imóvel (promitente vendedor) pelo pagamento do IPTU na execução fiscal, diante da existência de negócio jurídico que visa a transmissão da propriedade (contrato de compromisso de compra e venda).

REsp 1111202 – PRIMEIRA SEÇÃO – MAURO CAMPBELL MARQUES – 23/03/2009 – https://ww2.stj.jus.br/websecstj/decisoesmonocraticas/decisao.asp?registro=200900091426&dt_publicacao=23/03/2009 Possibilidade de responsabilização do promietnet vendedor e/ou do promitente comprador pelo pagamento do IPTU na execução fiscal, diante da existência de negócio jurídica que visa a transmissão da propriedade (contrato de compromisso de compra e venda).

REsp 1104775 – PRIMEIRA SEÇÃO – CASTRO MEIRA – 30/03/2009 – https://ww2.stj.jus.br/websecstj/decisoesmonocraticas/decisao.asp?registro=200802545421&dt_publicacao=30/03/2009Legitimidade da exigência do pagamento de multa e demais despesas decorrentes do recolhimento do veículo em depósito quando válida e eficaz a autuação da infração de trânsito.

REsp 1111982 – https://ww2.stj.jus.br/revistaeletronica/ita.asp?registro=200900333946 PRIMEIRA SEÇÃO – CASTRO MEIRA – 31/03/2009 – https://ww2.stj.jus.br/websecstj/decisoesmonocraticas/decisao.asp?registro=200900333946&dt_publicacao=31/03/2009 Acórdão recorrido que manteve a sentença extinguindo o feito sem resolução do mérito. Execução fiscal. Débito de valor considerado inexpressivo inscrito como Dívida Ativa da União pela Fazenda Nacional ou por ela cobrado. Lei nº 10.522/02, com a redação dada pela Lei nº 11.033/04 e Portaria MF nº 49/04. Arquivamento do executivo fiscal, sem baixa na distribuição.

REsp 1110907 – PRIMEIRA SEÇÃO – MAURO CAMPBELL MARQUES – 03/04/2009 https://ww2.stj.jus.br/websecstj/decisoesmonocraticas/decisao.asp?registro=2009001 15743&dt_publicacao=03/04/2009 Questão Jurídica indicada pelo(a) Relator(a): Discussão sobre a efetivação de contrato de arrendamento imobiliário especial com opção de compra, criado pela Lei n. 10.150/2000, a fim de garantir a posse de imóvel ocupado por ex-mutuário do Sistema Financeiro de Habitação.

REsp 1111829 – https://ww2.stj.jus.br/revistaeletronica/ita.asp?registro=200900244059 PRIMEIRA SEÇÃO – TEORI ALBINO ZAVASCKI – 03/04/2009 – https://ww2.stj.jus.br/websecstj/decisoesmonocraticas/decisao.asp?registro=200900244059&dt_publicacao=03/04/2009 Recurso especial originado de ação de desapropriação por utilidade pública, em que o acórdão recorrido decidiu que os juros compensatórios correspondem a 6% ao ano a partir da imissão na posse do imóvel.

REsp 1108034 – PRIMEIRA SEÇÃO – HUMBERTO MARTINS – 03/04/2009 – https://ww2.stj.jus.br/websecstj/decisoesmonocraticas/decisao.asp?registro=200802664853&dt_publicacao=03/04/2009 Obrigação da Caixa Econômica Federal em apresentar em juízo os extratos analíticos das contas do FGTS referentes ao período anterior à centralização, para fins de atualização dos dados.

REsp 1108013 – PRIMEIRA SEÇÃO – ELIANA CALMON – 13/04/2009 – https://ww2.stj.jus.br/websecstj/decisoesmonocraticas/decisao.asp?registro=200802779506&dt_publicacao=13/04/2009 Possibilidade de condenar a municipalidade em honorários advocatícios quando a parte, representada por defensor público, restar vencedora na demana. Existência de confusão entre credor e devedor.

REsp 1111099 – PRIMEIRA SEÇÃO – FRANCISCO FALCÃO – 14/04/2009 – https://ww2.stj.jus.br/websecstj/decisoesmonocraticas/decisao.asp?registro=200900157369&dt_publicacao=14/04/2009 Recursos especiais interpostos por PARANAPREVIDÊNCIA e pelo ESTADO DO PARANÁ, contra o acórdão onde restou declarado que a Constituição Federal excluiu da incidência da contribuição previdenciária estadual os pensionistas e inativos. Naquele acórdão ficou definido que a pendência do julgamento sobre a questão, na ADI 2.189 não impede o prosseguimento do feito. Aquele Sodalício, ao admitir o recurso especial, enviou os autos a este STJ, buscando a obtenção de efeito vinculante para os processos nos quais se discutam a suspensão prevista no artigo 265, IV, "a", do CPC.

REsp 1111186 – PRIMEIRA SEÇÃO – FRANCISCO FALCÃO – 14/04/2009 – Prescrição intercorrente nos casos de demora na citação, por motivos inerentes ao mecanismo da justiça.

REsp 1112416 – PRIMEIRA SEÇÃO – HERMAN BENJAMIN – 14/04/2009 – https://ww2.stj.jus.br/websecstj/decisoesmonocraticas/decisao.asp?registro=200900456132&dt_publicacao=14/04/2009 Termo a quo do prazo para oferecimento dos Embargos à Execução Fiscal, quando a garantia consiste na penhora de bens ou de direitos.

REsp 1110532 – PRIMEIRA SEÇÃO – DENISE ARRUDA – 17/04/2009 – https://ww2.stj.jus.br/websecstj/decisoesmonocraticas/decisao.asp?registro=200900062120&dt_publicacao=17/04/2009 Recurso Especial interposto pela Procuradoria da Fazenda Nacional, na condição de representante judicial do Instituto Nacional do Seguro Social contra acórdão do TRF 1ª Região, indicando contrariedade ao art. 535, II, do CPC, sob o argumento de que, ao julgar os embargos declaratórios, a Turma Regional teria deixado de se pronunciar sobre a alegada não-ocorrência da prescrição intercorrente em relação aos débitos previdenciários cujos fatos geradores ocorreram entre a data de promulgação da Constituição Federal de 1988 e o advento da Lei 8.212/91, além de apontar contrariedade aos arts. 144, da Lei 3.807/60, e 2º, § 9º, da Lei 6.830/80, pois defende a aplicação do prazo prescricional trintenário em relação às contribuições previdenciárias cujos fatos geradores ocorreram após a promulgação da atual Constituição Federal e antes do advento da Lei 8.212/91.

REsp 1111234 – PRIMEIRA SEÇÃO – ELIANA CALMON – 20/04/2009 – Possibilidade de utilização de interpretação extensiva dos seriços bancários constantes da Lista Anexa à Lei Complementar 116/2003 e, para os fatos jurídicos que lhe são pretéritos, da Lista Anexa ao Decreto-lei 406/68. A parte recorrente aduz contrariedade aos itens 95 e 96 das referidas lista de serviços, além de divergência jurisprudencial.

REsp 1111190 – PRIMEIRA SEÇÃO – ELIANA CALMON – 20/04/2009 – Recurso Especial cuja questão central resume-se à possibilidade de extinção de ofício de execução fiscal por carência de ação (interesse de agir) quando o valor excutido não superar o valor de alçada previsto no art. 20 da Lei 10.522/2002. Há questão jurídica já submetida ao procedimento de julgamento de recursos repetitivos (REsp 1.102.554/MG, rel. Min Castro Meira), discutindo a interpretação do mesmo dispositivo tido por violado nestes autos. Entretanto, a controvérsia diz respeito à possibilidade de decretação da prescrição intercorrente ns execução fiscal suspensa. A questão controvertida nos presentes autos, portanto, difere da constante no processo que já aguarda o processamento indicado como repetitivo

REsp 1111001 – CORTE ESPECIAL – LUIZ FUX – 20/04/2009 – Recurso Especial admitido pelo Tribunal Regional Federal da 3ª Região que confirmou decisão monocrática que negou seguimento ao agravo de instrumento interposto pelo art. 525, do CPC, sob o fundamento de que as cópias ques instruíram o recurso estavam desprovida de autenticação, ou sem declaração de autenticidade pelo advogado. Com base em suposta ofensa aos arts. 525, I e II ; 527, I: e 557, a recorrente busca que seja determinado conhecimento do agravo de instrumento interposto na origem.

REsp 1100156 – PRIMEIRA SEÇÃO – TEORI ALBINO ZAVASCKI – 23/04/2009 – Recurso especial originado de execução fiscal de créditos de IPTU, em que o acórdão recorrido decidiu que as providências indicadas no § 4º do art. 40 da Lei 6.830/80 somente se aplicam em caso de prescrição intercorrente, razão pela qual se revela possível a decretação de ofício da prescrição verificada antes do ajuizamento, com base no § 5º do art. 219 do CPC.

REsp 1105442 – PRIMEIRA SEÇÃO – FRANCISCO FALCÃO – 24/04/2009 – Discussão acerca do prazo prescricional aplicável quando o crédito fiscal for decorrente de multa administrativa.

REsp 1110904 – SEGUNDA SEÇÃO – LUIS FELIPE SALOMÃO – 17/04/2009 – Cabimento de multa diária em caso de não exibição de extratos de contas de cadernetas de poupança em ação cautelar de exibição de documento, bem como possibilidade de imposição da multa de ofício pelo Tribunal.

REsp 1101740 – CORTE ESPECIAL – LUIZ FUX – 17/03/2009 – Mandado de Segurança. Agravo de Instrumento. Cabimento em sede de liminar.

REsp 1002932 – PRIMEIRA SEÇÃO – LUIZ FUX – 08/05/2009 – Questão referente ao prazo prescricional para o contribuinte pleitear a restituição do indébito, nos casos dos tributos sujeitos a lançamento por homologação.

REsp 1022330 – PRIMEIRA SEÇÃO – LUIZ FUX – 07/05/2009 – Questão relativa à quebra do sigilo bancário em execução fiscal, por meio do sistema BACEN-JUD, o qual viabiliza o bloqueio de ativos financeiros do executado (Lei Complementar 105/2001).

REsp 1028414 – PRIMEIRA SEÇÃO – LUIZ FUX – 07/05/2009 – https://ww2.stj.jus.br/websecstj/decisoesmonocraticas/decisao.asp?registro=200800198956&dt_publicacao=07/05/2009 Questão referente ao limite à compensação tributária instituída pela Lei 9.129/95.

REsp 1102575 – PRIMEIRA SEÇÃO – MAURO CAMPBELL MARQUES – 30/04/2009 – https://ww2.stj.jus.br/websecstj/decisoesmonocraticas/decisao.asp?registro= 200802661241 &dt_publicacao=30/04/2009 Não incidência de imposto de renda sobre as verbas paga a título de liberalidade, em razão imotivada de contrato de trabalho, por possuir natureza de indenização pela perda do vínculo laboral. Aplicação, por analogia, da Súmula n. 215/STJ. Recurso da Fazenda Nacional alegando contrariedade aos artigos 458, II e 535, II do CPC; artigos 43 e 111, do CTN; e art. 6º, V, da Lei n. 7.713/88, bem como inaplicabilidade, por analogia, do enunciado da Súmula 215, do STJ.

REsp 1105349 – PRIMEIRA SEÇÃO – LUIZ FUX – 07/05/2008 – https://ww2.stj.jus.br/websecstj/decisoesmonocraticas/decisao.asp?registro=200802628910&dt_publicacao=07/05/2008 Questão referente à legitimidade ativa "ad causam" do contribuinte de direito para pleitear a repetição de indébito decorrente da incidência de tributo indireto, em virtude da ausência de demonstração do repasse financeiro do ônus do tributo ao contribuinte de fato, nos termos do art. 166, do CTN.

REsp 1107460 – PRIMEIRA SEÇÃO – ELIANA CALMON – 30/04/2009 – https://ww2.stj.jus.br/websecstj/decisoesmonocraticas/decisao.asp?registro=200802661366&dt_publicacao=30/04/2009 Possibilidade de comprovação, por outros meios idôneos, da existência de acordo celebrado entre o FGTS, com intervenção da Caixa Econômica Federal – agente operador, e o titular de conta vinculada, para reaver expurgos inflacionários ocorridos entre dezembro de 1988 e fevereiro de 1989 (16,64%) e abril de 1990 (44,08%).

REsp 1110848 – PRIMEIRA SEÇÃO – LUIZ FUX – 08/05/2009 – https://ww2.stj.jus.br/websecstj/decisoesmonocraticas/decisao.asp?registro=200802744920&dt_publicacao=08/05/2009 Questão referente à movimentação de valores depositados em conta do FGTS e devolvidos ao Município pela CEF, em virtude de contrato de trabalho declarado nulo por ausência de concurso público.

REsp 1110578 – PRIMEIRA SEÇÃO – LUIZ FUX – 02/04/2009 – https://ww2.stj.jus.br/websecstj/decisoesmonocraticas/decisao.asp?registro=200900083134&dt_publicacao=02/04/2009 Texto indisponível. https://ww2.stj.jus.br/websecstj/decisoesmonocraticas/decisao.asp?registro=200900083134&dt_publicacao=07/05/2009.

REsp 1110924 – PRIMEIRA SEÇÃO – BENEDITO GONÇALVES – 09/03/2009 – Aplicação do encargo de 20% previsto no Decreto-lei n. 1.025/69 nas execuções fiscais manejadas contra massa falida.

REsp 1111002 – PRIMEIRA SEÇÃO – MAURO CAMPBELL MARQUES – 30/04/2009 – Cabimento da condenação da Fazenda Pública ao pagamento dos honorários advocatícios, na hipótese de extinção de execução fiscal fundada no art. 26, da Lei n. 6.830/80. Princípio da causalidade. Recurso da Fazenda Nacional alegando contrariedade aos artigos 535, I e II, do CPC; art. 26, da Lei n. 6.830/80 e art. 1º-D, da Lei n. 9.494/97, bem como inaplicabilidade da Súmula 153, do STJ.

REsp 1111156 – PRIMEIRA SEÇÃO – HUMBERTO MARTINS – 07/05/2009 – Questão relativa à incidência do ICMS sobre produtos dados em bonificação.

REsp 1111175 – PRIMEIRA SEÇÃO – DENISE ARRUDA – 04/05/2009 – Recurso especial interposto em face de acórdão do Tribunal Regional Federal da 3ª Região, no qual se discutem os períodos de aplicação da taxa Selic nos juros de mora incidentes sobre a repetição de indébito tributário.

REsp 1112577 – PRIMEIRA SEÇÃO – CASTRO MEIRA – 30/04/2009 – Discussões sobre o prazo de prescrição para a cobrança de multa por infração à legislação do meio ambiente, se quinquenal, de acordo com art. 1º do Decreto 20.910/32, ou decenal, nos termos do art. 205 do novo Código Civil, bem como sobre o termo inicial desse prazo, se a data da autuação ou do término do processo administrativo.

REsp 1111191 – TERCEIRA SEÇÃO – MARIA THEREZA DE ASSIS MOURA – 05/05/2009 – Recurso Especial Representativo da controvérsia. Pensão de ex-combatente. Critério de Reajuste. Art. 543-C, § 2º, do Código de Processo Civil.

REsp 1111220 – TERCEIRA SEÇÃO – ARNALDO ESTEVES LIMA – 07/05/2009 – Recurso Especial Repetitivo. Alíneas "A" e "C". Direito Processual Civil. Servidor Público. Art.77, § 2º, II, da Lei 8.213/91. Pensão por morte. Pagamento a filho maior de 21 (vinte e um) anos. Processamento nos termos do art. 543-C do CPC e da Resolução n. 08/STJ.

REsp 1112418 – TERCEIRA SEÇÃO – MARIA THEREZA DE ASSIS MOURA – 13/04/2009 Recurso Especial Repetitivo. Previdenciário. Aposentadoria Rural. Enquadramento do cônjuge da autora como empregador rural, proprietário de latifúndio por exploração. Descaracterização do regime de economia familiar.

REsp 1112562 – TERCEIRA SEÇÃO – LAURITA VAZ – 28/04/2009 – Recurso Especial Repetitivo. Alínea C do permissivo constitucional (CF art. 105, III). Penal Causa de aumento prevista no art. 157, § 2º, inciso I, do Código Penal. Necessidade de perícia na arma para a incidência da majorante. Processamento nos termos do art. 543-C do CPC e da Resolução nº 08/STJ.

REsp 1112574 – TERCEIRA SEÇÃO – FELIX FISCHER – 11/05/2009 – Recurso Especial Repetitivo Representativo de controvérsia. Previdenciário. Aposentadoria. Teto. Discussão: Restrição do valor do benefício previdenciário de prestação continuada ao limite máximo do salário de benefício na data de início do benefício.

REsp 1100053 – TERCEIRA SEÇÃO – OG FERNANDES – 14/05/2009 – Recurso Especial Repetitivo. Previdenciário. Companhia Siderúrgica Nacional – CSN. Análise da Legitimidade AD CAUSAM e do interesse de agir para a propositura de ações contra o INSS, em que se discuta a manutenção do benefício de aposentadoria por invalidez a empregados por ela contratados.

REsp 1112862 – PRIMEIRA SEÇÃO – HUMBERTO MARTINS – 12/05/2009 – Questão referente à possibilidade de imposição de multa diária prevista no art. 461 do CPC, pelo não-cumprimento da obrigação de fazer, qual seja, correção de contas vinculadas do FGTS.

REsp 1102468 – TERCEIRA SEÇÃO – CELSO LIMONGI (DESEMBARGADOR CONVOCADO DO TJ/SP) – 12/05/2009 – Recurso Especial Repetitivo. Alíneas "A" e "C". PENAL. Crime de tráfico de entorpecentes. Processo e julgamento ocorrido sob a égide da Lei n. 6.368/76. Pedido de aplicação do benefício (causa especial de diminuição da pena) previsto no artigo 33, § 4º, da Lei n.11.343/2006. (Im)possibilidade de combinação de leis.

REsp 1104801 – PRIMEIRA SEÇÃO – LUIZ FUX – 12/05/2009 – Questão referente à existência ou não de bi-tributação, decorrente de suposta identidade entre as bases de cálculo da contribuição sindical rural – CSR – e do imposto territorial rural – ITR, de modo a definir a possibilidade do enquadramento do produtor rural, pessoa física, na condição de contribuinte sindical rural, nos moldes do art. 1º, do Decreto-Lei 1.161/71.

REsp 1107893 – TERCEIRA SEÇÃO – OG FERNANDES – 19/05/2009 – Recurso Especial Repetitivo. Previdenciário. Salário-Maternidade devido a trabalhadoras rurais. Filhos nascidos sob a vigência do parágrafo único do art. 71 da Lei n. 8.213/91 (acrescido pela Lei n. 8.861/94). Definição da natureza doprazo para requerimento do aludido benefício.

REsp 1112745 – PRIMEIRA SEÇÃO – MAURO CAMPBELL MARQUES – 21/05/2009 – https://ww2.stj.jus.br/websecstj/decisoesmonocraticas/decisao.asp?registro=20090055 5243&dt_publicacao=21/05/2009 Recurso especial interposto em face de acórdão do Tribunal Regional Federal da 3ª Região que reconheceu a incidência de imposto de renda sobre verbas recebidas a título de "compensação espontânea" e "gratificação não habitual", decorrentes de Programa de Demissão Voluntária – PDV. Recurso do particular, alegando contrariedade ao artigo 43, I e II, do CTN, e evocando a aplicação da Súmula 215 do STJ.

REsp 1112747 – PRIMEIRA SEÇÃO – DENISE ARRUDA – 21/05/2009 – https://ww2.stj.jus.br/websecstj/decisoesmonocraticas/decisao.asp?registro=200900559966&dt_publicacao=21/05/2009 Recurso especial interposto em face de acórdão do Tribunal Regional Federal da 1ª Região que levou em consideração "os maiores índices expurgados do FGTS" para fins de apuração de sucumbência.

REsp 1110560 – TERCEIRA SEÇÃO – OG FERNANDES – 21/05/2009 – https://ww2.stj.jus.br/websecstj/decisoesmonocraticas/decisao.asp?registro=200900013752&dt_publicacao=21/05/2009 Recurso Especial Repetitivo Representativo de Controvérsia. Previdenciário. Aposentadoria por Idade. Trabalhador Rural. Arts. 142 e 143 da Lei nº 8.213/91. Exercício de Atividade Urbana dentro do Período de Carência Necessário à Concessão do Benefício.

REsp 1113403 – PRIMEIRA SEÇÃO – TEORI ALBINO ZAVASCKI – 25/05/2009 – https://ww2.stj.jus.br/websecstj/decisoesmonocraticas/decisao.asp?registro=200900156853&dt_publicacao=25/05/2009 Recurso especial originado de ação objetivando o reconhecimento da inexigibilidade da tarifa cobrada pelo fornecimento de água e tratamento de esgoto, em que o Tribunal de origem decidiu que: a) é ilegítima a cobrança progressiva da tarifa de água e b) a prescrição aplicável ao caso é quinquenal, nos termos do art. 27 do Código de Defesa do Consumidor.

REsp 1112121 – TERCEIRA SEÇÃO – NAPOLEÃO NUNES MAIA FILHO – 25/05/2009 – https://ww2.stj.jus.br/websecstj/decisoesmonocraticas/decisao.asp?registro=200900333910&dt_publicacao=25/05/2009 Recurso Especial Repetitivo. Art. 105, II, Alíneas A e C da CF. Direito Previdenciário. Auxílio-acidente. Art. 86 da Lei 8.213/91. Alegação de nulidade do julgamento realizado por Juiz Federal Convocado em substituição a Desembargador. Revisão do Benefício. Teto do Salário-de-contribuição. Processamento nos termos do art. 543-C do CPC e da Resolução nº 08/STJ.

REsp 1112886 – TERCEIRA SEÇÃO – NAPOLEÃO NUNES MAIA FILHO – 25/05/2009 – https://ww2.stj.jus.br/websecstj/decisoesmonocraticas/decisao.asp?registro=200900553676&dt_publicacao=25/05/2009 Recurso Especial Repetitivo. Art. 105, III, Alínea A da CF. Direito Previdenciário. Auxílio-acidente. Art. 86 da Lei 8.213/91. Alegação de Impossibilidade de Condicionamento da Concessão do Benefício Acidentário à Irreversibilidade da Moléstia Incapacitante. Processamento nos termos do Art. 543-C do CPC e da Resolução nº 08/STJ.

REsp 1111117 – SEGUNDA SEÇÃO – LUIS FELIPE SALOMÃO – 22/05/2009 – https://ww2.stj.jus.br/websecstj/decisoesmonocraticas/decisao.asp?registro=200900157244&dt_publicacao=22/05/2009 Fixação de juros moratórios em 12% ao ano, a partir do novo Código Civil, em sede de execução de título judicial, com suposta ofensa à coisa julgada estabelecida na sentença.

REsp 1111118 – SEGUNDA SEÇÃO – LUIS FELIPE SALOMÃO – 22/05/2009 – https://ww2.stj.jus.br/websecstj/decisoesmonocraticas/decisao.asp?registro=200900157293&dt_publicacao=22/05/2009 Fixação de juros moratórios em 12% ao ano, a partir do novo Código Civil, em sede de execução de título judicial, com suposta ofensa à coisa julgada estabelecida na sentença.

REsp 1111119 – SEGUNDA SEÇÃO – LUIS FELIPE SALOMÃO – 22/05/2009 – https://ww2.stj.jus.br/websecstj/decisoesmonocraticas/decisao.asp?registro=200900157270&dt_publicacao=22/05/2009 Fixação de juros moratórios em 12% ao ano, a partir do novo Código Civil, em sede de execução de título judicial, com suposta ofensa à coisa julgada estabelecida na sentença.

REsp 1112748 – TERCEIRA SEÇÃO – FELIX FISCHER – 22/05/2009 – https://ww2.stj.jus.br/websecstj/decisoesmonocraticas/decisao.asp?registro=200900566326&dt_pu-

blicacao=22/05/2009 Recurso Especial Repetitivo representativo da controvérsia. Art. 105, III, A e C Da Cf/88. Penal. Art. 334, § 1º, Alíneas C e D, do Código Penal. Descaminho. Tipicidade. Aplicação do Princípio da Insignificância.

REsp 1112741 – PRIMEIRA SEÇÃO – DENISE ARRUDA – 26/05/2009 – https://ww2.stj.jus.br/websecstj/decisoesmonocraticas/decisao.asp?registro=200900567866&dt_publicacao=26/05/2009 Recurso especial interposto em face de acórdão do TRF da 1ª Região, proferido em ação versando sobre cláusulas contratuais e recálculo de prestações e do saldo devedor de contrato de mútuo firmado de acordo com as normas ditadas pelo Sistema Financeiro de Habitação, com garantia de quitação do saldo devedor com recursos do Fundo de Compensação das Variações Salariais – FCVS. Discute-se, no caso, se o art. 6º, e da Lei 4.380/64, estabeleceu limite para o percentual de juros aplicável aos referidos contratos.

REsp 1111177 – PRIMEIRA SEÇÃO – BENEDITO GONÇALVES – 26/05/2009 – https://ww2.stj.jus.br/websecstj/decisoesmonocraticas/decisao.asp?registro=200900285081&dt_publicacao=26/05/2009 Recurso especial admitido pelo TRF da 1ª Região, relativo à averiguação da incidência do imposto de renda sobre os valores recebidos a título de antecipação ("Renda antecipada") de 10% da "Reserva Matemática" de Fundo de previdência privada, como incentivo para a migração para novo plano de benefícios da entidade. Discute-se nos autos se tais valores recebidos antecipadamente correspondem ao resgate das contribuições pagas pelo beneficiário para a formação do mencionado fundo ou se representam antecipação opcional de complementação de aposentadoria, para fins de verificar se configuram ou não acréscimo patrimonial a ensejar a incidência do imposto de renda.

REsp 1112887 – PRIMEIRA SEÇÃO – FRANCISCO FALCÃO – 28/05/2009 – https://ww2.stj.jus.br/websecstj/decisoesmonocraticas/decisao.asp?registro=200900608212&dt_publicacao=28/05/2009 Recurso especial interposto pela empresa contra acórdão onde restou assentado a impossibilidade de homologar desistência parcial de mandado de segurança que objetiva assegurar direito líquido e certo de não pagar IPI sobre saídas de açúcar oriundo da safra 1996/97, uma vez que a IN-SRF 67/98 reconhece a não-incidência dessa exação, no que tange às operações de venda de açúcar nela indicadas. Não homologação da desistência, sob o fundamento de não haver nos autos qualquer prova de correlação entre os açúcares indicados no ato normativo e aqueles que foram objeto da inicial.

REsp 860369 – PRIMEIRA SEÇÃO – LUIZ FUX – 29/05/2009 – https://ww2.stj.jus.br/websecstj/decisoesmonocraticas/decisao.asp?registro=200601258053&dt_publicacao=29/05/2009 Questão referente à possibilidade de compensação dos créditos de IPI relativos à aquisição de matérias-primas, insumos e produtos intermediários tributados à alíquota zero, nos moldes dos artigos 11, da Lei 9.779/99.

REsp 931727 – PRIMEIRA SEÇÃO – LUIZ FUX – 29/05/2009 – https://ww2.stj.jus.br/websecstj/decisoesmonocraticas/decisao.asp?registro=200700474638&dt_publicacao=29/05/2009 Questão referente à inclusão do valor do frete na base de cálculo do ICMS nas vendas sujeitas à substituição tributária (artigo 13, § 1º, II, "b", da Lei Complementar 87/96).

REsp 939527 – PRIMEIRA SEÇÃO – LUIZ FUX – 29/05/2009 – https://ww2.stj.jus. br/websecstj/decisoesmonocraticas/decisao.asp?registro=200700726055&dt_publicacao=29/05/2009 Questão referente à legalidade da sistemática prevista nos artigos 29 e 36, da Lei 8.541/92, que determinam a incidência do imposto de renda na fonte, de forma autônoma e isolada, nas aplicações financeiras das pessoas jurídicas, inobstante a ocorrência de prejuízos.

REsp 973733 – PRIMEIRA SEÇÃO – LUIZ FUX – 29/05/2009 – https://ww2.stj.jus. br/websecstj/decisoesmonocraticas/decisao.asp?registro=200701769940&dt_publicacao=29/05/2009 Questão referente ao termo inicial do prazo decadencial para a constituição do crédito tributário pelo Fisco nas hipóteses em que o contribuinte não declara, nem efetua o pagamento antecipado do tributo sujeito a lançamento por homologação (discussão acerca da possibilidade de aplicação cumulativa dos prazos previstos nos artigos 150, § 4º, e 173, do CTN).

REsp 1035847 – PRIMEIRA SEÇÃO – LUIZ FUX – 29/05/2009 – https://ww2.stj.jus. br/websecstj/decisoesmonocraticas/decisao.asp?registro=200800448972&dt_publicacao=29/05/2009 Questão referente à possibilidade de correção monetária de créditos escriturais de IPI referentes à operações de matérias-primas e insumos empregados na fabricação de produto isento ou beneficiado com alíquota zero.

REsp 1041237 – PRIMEIRA SEÇÃO – LUIZ FUX – 29/05/2009 – https://ww2.stj.jus. br/websecstj/decisoesmonocraticas/decisao.asp?registro=200800604621&dt_publicacao=29/05/2009 Questão referente à legalidade da exigência de Certidão Negativa de Débito – CND, para o reconhecimento do benefício fiscal de drawback no "momento do desembaraço aduaneiro".

REsp 1045472 – PRIMEIRA SEÇÃO – LUIZ FUX – 29/05/2009 – https://ww2.stj.jus. br/websecstj/decisoesmonocraticas/decisao.asp?registro=200701506206&dt_publicacao=29/05/2009 Questão referente à possibilidade de substituição da CDA antes da sentença de mérito, na forma do disposto no § 8º, do artigo 2º, da Lei 6.830/80, na hipótese de mudança de titularidade do imóvel sobre o qual incide o IPTU.

REsp 1049748 – PRIMEIRA SEÇÃO – LUIZ FUX – 29/05/2009 – https://ww2.stj.jus. br/websecstj/decisoesmonocraticas/decisao.asp?registro=200800849080&dt_publicacao=29/05/2009 Questão referente à incidência do imposto de renda sobre as verbas pagas pela PETROBRÁS a título de "indenização por horas trabalhadas" – IHT.

REsp 1075508 – PRIMEIRA SEÇÃO – LUIZ FUX – 29/05/2009 – https://ww2.stj.jus. br/websecstj/decisoesmonocraticas/decisao.asp?registro=200801532905&dt_publicacao=29/05/2009 Questão referente à possibilidade de creditamento de IPI relativo à aquisição de materiais intermediários que se desgastam durante o processo produtivo sem contato físico ou químico direto com as matérias primas (bens destinados ao uso e consumo).

REsp 1096288 – PRIMEIRA SEÇÃO – LUIZ FUX – 29/05/2009 – https://ww2.stj.jus. br/websecstj/decisoesmonocraticas/decisao.asp?registro=200802204160&dt_publicacao=29/05/2009 Questão referente à incidência do imposto de renda sobre verba paga a título de ajuda de custo pelo uso de veículo próprio no exercício das funções profissionais (auxílio-condução).

REsp 1103952 – PRIMEIRA SEÇÃO – LUIZ FUX – 29/05/2009 -https://ww2.stj.jus.br/websecstj/decisoesmonocraticas/decisao.asp?registro=200802471300&dt_publicacao=29/05/2009 Questão referente à incidência de ICMS sobre a importação de equipamento destinado a compor o ativo fixo de pessoa jurídica, prestadora de serviços médicos, depois do advento da Emenda Constitucional 33/2001, que alterou a redação do artigo 155, IX, "a", da Constituição Federal de 1988.

REsp 1110552 – PRIMEIRA SEÇÃO – ELIANA CALMON – 01/06/2009 – https://ww2.stj.jus.br/websecstj/decisoesmonocraticas/decisao.asp?registro=200900099482&dt_publicacao=01/06/2009 Questão referente à legitimidade ad causam do Ministério Público para pleitear medicamento necessário ao tratamento de saúde de paciente, bem como acerca da admissão da União Federal como litisconsorte passiva necessária, nesta modalidade de demanda. O julgado recorrido reconheceu a legitimidade do Ministério Público e, bem assim, a existência de litisconsórcio facultativo entre o Estado do Ceará e a União Federal.

REsp 1112579 – PRIMEIRA SEÇÃO – TEORI ALBINO ZAVASCKI – 01/06/2009 – https://ww2.stj.jus.br/websecstj/decisoesmonocraticas/decisao.asp?registro=200900485488&dt_publicacao=01/06/2009 Recurso especial originado de impugnação oposta na execução de honorários advocatícios estabelecidos em demanda visando à correção monetária dos saldos de contas vinculadas do FGTS, em que o acórdão recorrido decidiu que "é impossível a retenção, por parte da CEF, de honorários estabelecidos por contrato entre os advogados e os autores".

REsp 1112647 – PRIMEIRA SEÇÃO – HERMAN BENJAMIN – 02/06/2009 – https://ww2.stj.jus.br/websecstj/decisoesmonocraticas/decisao.asp?registro=200900494515&dt_publicacao=02/06/2009 Recurso Especial interposto contra acórdão do Tribunal de Justiça do Estado de São Paulo, assim ementado: ISS – Execução fiscal – Oferecimento à penhora de parte ideal de imóvel de propriedade dos sócios – Não aceitação pela Municipalidade – Insucesso da penhora on line – Deferimento do pedido de penhora de 10% sobre o faturamento da empresa– Inteligência do disposto no artigo 11 da Lei 6.830/80 e 620, do Código de Processo Civil.

REsp 977090 – PRIMEIRA SEÇÃO – LUIZ FUX – 29/05/2009 – https://ww2.stj.jus.br/websecstj/decisoesmonocraticas/decisao.asp?registro=200701971072&dt_publicacao=29/05/2009 Questão referente à possibilidade de creditamento de ICMS incidente na energia elétrica consumida em estabelecimento comercial.

REsp 1112467 – PRIMEIRA SEÇÃO – TEORI ALBINO ZAVASCKI – 29/05/2009 – https://ww2.stj.jus.br/websecstj/decisoesmonocraticas/decisao.asp?registro=200900455200&dt_publicacao=29/05/2009 Recurso especial em que se questiona a aplicação às empresas optantes pelo SIMPLES do art. 31 da Lei 8.212/91, segundo o qual "a empresa contratante de serviços executados mediante cessão de mão de obra, inclusive em regime de trabalho temporário, deverá reter 11% (onze por cento) do valor bruto da nota fiscal ou fatura de prestação de serviços (...)".

REsp 1111159 – PRIMEIRA SEÇÃO – BENEDITO GONÇALVES – 04/06/2009 – https://ww2.stj.jus.br/websecstj/decisoesmonocraticas/decisao.asp?registro=200900147413&dt_publicacao=04/06/2009 Questão relativa à fixação da competência da justiça federal ou estadual para apreciar demandas referentes ao empréstimo compulsório estabelecido em favor da Eletrobrás, nos casos em que a União manifesta seu interesse no feito apenas após a prolação da sentença. A recorrente alega, além do dissídio jurisprudencial, violação aos artigos 50, e 535, I do CPC, bem como ao artigo 5º da Lei 9469/97.

REsp 903394 – PRIMEIRA SEÇÃO – LUIZ FUX – 05/06/2009 – https://ww2.stj.jus.br/websecstj/decisoesmonocraticas/decisao.asp?registro=200602520769&dt_publicacao=05/06/2009 Questão referente à legitimidade ativa *ad causam* do substituído (contribuinte de fato) para pleitear a repetição de indébito decorrente da incidência de IPI (tributo indireto) sobre os descontos incondicionais. Por se tratar de hipótese de substituição tributária, a presente quaestio iuris não se encontra compreendida no thema iudicandum objeto do Recurso Especial 1.105.349/RJ (legitimidade ativa *ad causam* do contribuinte de direito para pleitear a repetição de indébito decorrente da incidência de tributo indireto, em virtude da ausência de demonstração do repasse financeiro do ônus do tributo ao contribuinte de fato, nos termos do artigo 166, do CTN), submetido ao regime dos recursos repetitivos em 14 de abril de 2009.

REsp 1112646 – PRIMEIRA SEÇÃO – HERMAN BENJAMIN – 08/06/2009 – https://ww2.stj.jus.br/websecstj/decisoesmonocraticas/decisao.asp?registro=200900510886&dt_publicacao=08/06/2009 Recurso Especial interposto contra acórdão do Tribunal de Justiça de São Paulo que versa sobre a incidência de IPTU sobre imóvel em que há exploração de atividade agrícola, à luz do Decreto-Lei 57/1966 (fl. 170).

REsp 1113175 – PRIMEIRA SEÇÃO – BENEDITO GONÇALVES – 08/06/2009 – https://ww2.stj.jus.br/websecstj/decisoesmonocraticas/decisao.asp?registro=200900570336&dt_publicacao=08/06/2009 Questão em que se discute o cabimento de embargos infringentes relativamente a questões acessórias, a exemplo da fixação de verbas honorárias, que tenham sido decididas por maioria de votos. Para tanto, alega-se violação ao artigo 530 do CPC, bem como dissídio jurisprudencial.

REsp 1112743 – PRIMEIRA SEÇÃO – CASTRO MEIRA – 08/06/2009 – https://ww2.stj.jus.br/websecstj/decisoesmonocraticas/decisao.asp?registro=200900567312&dt_publicacao=08/06/2009 Recurso Especial interposto contra acórdão do TRF da 1ª Região, assim ementado: Processual Civil. Embargos à execução. Correção do saldo de conta vinculada ao FGTS. Impossibilidade jurídica do pedido. Ausência de alegado excesso na execução. Juros de mora devidos por força de lei. Percentual. Súmula nº 46/TRF 1ª Região. Vigência do novo Código civil. Aplicação do art. 406. Condenação em honorários advocatícios. Descabimento. Existência ou não de violação à coisa julgada e à norma do art. 406 do novo Código Civil, quando o título judicial exequendo, exarado em momento anterior ao CC/2002, fixa os juros de mora em 0,5% ao mês e, na execução do julgado, determina-se a incidência de juros pela lei nova (CC de 2002).

REsp 1112746 – PRIMEIRA SEÇÃO – CASTRO MEIRA – 08/06/2009 – https://ww2.stj.jus.br/websecstj/decisoesmonocraticas/decisao.asp?registro=200900565822&dt_publicacao=08/06/2009 Recurso Especial interposto contra acórdão do TRF da 1ª Região, assim ementado: Processual Civil. FGTS. Expurgos inflacionários. Recomposição. Conta vinculada. Juros de mora. Existência ou não de violação à coisa julgada e à norma do art. 406 do novo Código Civil, quando o título judicial exequendo, exarado em momento anterior ao CC/2002, fixa os juros de mora em 0,5% ao mês e, na execução do julgado, determina-se a incidência de juros de 1% ao mês a partir da lei nova. Possibilidade ou não de ser aplicado índice diverso.

REsp 1097042 – TERCEIRA SEÇÃO – NAPOLEÃO NUNES MAIA FILHO – 09/06/2009 – https://ww2.stj.jus.br/websecstj/decisoesmonocraticas/decisao.asp?registro=200802 279706&dt_publicacao=09/06/2009 RECURSO ESPECIAL REPETITIVO. PROCESSUAL PENAL. LEI MARIA DA PENHA. LEI 11.340/06. VIOLÊNCIA DOMÉSTICA. LESÕES CORPORAIS DE NATUREZA LEVE. NATUREZA JURÍDICA DA AÇÃO PENAL. NECESSIDADE, OU NÃO, DE REPRESENTAÇÃO DA VÍTIMA. RETRATABILIDADE. PROCESSAMENTO NOS TERMOS DO ART. 543-C DO CPC E DA RESOLUÇÃO 08/STJ.

REsp 1112413 – PRIMEIRA SEÇÃO – MAURO CAMPBELL MARQUES – 10/06/2009 – https://ww2.stj.jus.br/websecstj/decisoesmonocraticas/decisao.asp?registro=200900440 680&dt_publicacao=10/06/2009 Recurso especial contra acórdão oriundo do TRF da 5ª Região que, nos autos de embargos à execução de sentença que determinou a aplicação dos expurgos inflacionários no cálculo da correção monetária dos saldos de conta vinculada do FGTS, reconheceu não restar configurado o excesso de execução, pois o valor devido deve ser atualizado a partir da data em que deveriam ter sido pagas as diferenças cobradas. Recurso da CEF alegando contrariedade ao disposto nos arts. 475-L e 743, I, do CPC, sob o argumento de que há excesso nos cálculo, pois, segundo a CEF: (a) suas análises obedeceram estritamente à decisão exequenda; (b) a simples verificação dos extratos e cálculos elaborados revelam a sua regularidade, vez que aplicaram o índice de poupança existente no primeiro dia de cada mês até a presente data; (c) a planilha adotada pelo exequente, ora recorrido, utilizou o mês de junho de 2003 como termo inicial da progressão dos cálculos, quando o correto seria adotar o mês da citação no processo de conhecimento, qual seja, agosto de 2006.

REsp 1112705 – TERCEIRA SEÇÃO – LAURITA VAZ – 01/06/2009 – https://ww2.stj.jus.br/websecstj/decisoesmonocraticas/decisao.asp?registro=200900511330&dt_publicacao=01/06/2009 Recurso Especial Repetitivo. Alínea A do Permissivo Constitucional (CF, Art. 105, III). Penal. Causa de Aumento Prevista no art. 157, § 2º, inciso I, do Código Penal. Necessidade de Perícia na Arma para a incidência da majorante. Processamento nos termos do art. 543-C do CPC e da Resolução nº 08/STJ.

REsp 1102431 – PRIMEIRA SEÇÃO – LUIZ FUX – 15/06/2009 – https://ww2.stj.jus.br/websecstj/decisoesmonocraticas/decisao.asp?registro=200802558208&dt_publicacao=15/06/2009 Questão referente à alegada impossibilidade de decretação de prescrição intercorrente nos casos de demora na citação, por motivos inerentes ao mecanismo da justiça (Súmula 106/STJ).

REsp 1113159 – PRIMEIRA SEÇÃO – LUIZ FUX – 15/06/2009 – https://ww2.stj.jus.br/websecstj/decisoesmonocraticas/decisao.asp?registro =200900569356&dt_publicacao=15/06/2009 Questão referente à possibilidade de dedução do valor referente à CSLL da base de cálculo da própria contribuição para apuração do lucro real e do Imposto de Renda (discussão acerca das bases de cálculo do IRPJ e do CSLL, previstas nos artigos 43 do CTN, 47 da Lei 4.506/64 e 1º da Lei 9.316/96, além das Leis 6.404/76 e 7.689/88).

REsp 1112884 – PRIMEIRA SEÇÃO – LUIZ FUX – 15/06/2009 – https://ww2.stj.jus.br/websecstj/decisoesmonocraticas/decisao.asp?registro=200900566185&dt_publicacao=15/06/2009 Questão referente à possibilidade de acumulação, por farmacêutico, de responsabilidade técnica por drogaria e farmácia, à luz do que dispõe o art. 20 da Lei 5.991/73 e art. 15 da Lei 5.991/73.

REsp 1110548 – CORTE ESPECIAL – LAURITA VAZ – 18/06/2009 – Texto indisponível.https://ww2.stj.jus.br/websecstj/decisoesmonocraticas/decisao.asp?registro=200900004069&dt_publicacao=18/06/2009.

REsp 1106462 – PRIMEIRA SEÇÃO – MAURO CAMPBELL MARQUES – 30/06/2009 – https://ww2.stj.jus.br/websecstj/decisoesmonocraticas/decisao.asp?registro=200802594366&dt_publicacao=30/06/2009 Recurso especial interposto pela Companhia do Metropolitano de São Paulo – Metrô, contra acórdão proferido pelo TJ do Estado de São Paulo, assim ementado: "Desapropriação – Avaliação – Indenização fixada a partir da prevalência do trabalho pericial – Idade do imóvel e estado de conservação – Valor unitário – Juros moratórios e compensatórios, índices, termo a quo e forma de cálculo – Redução dos compensatórios a 6% – Honorários, alíquota e base de cálculo – Elevação cabível segundo precedentes". Razões recursais sustentando: a) a contrariedade do disposto nos artigos 27, § 1º, e 42 do Decreto Lei 3.365/41 – pela fixação de verba honorária em 10% sobre a diferença entre a oferta e o montante fixado a título de indenização – combinado com o artigo 20, § 4º, além do artigo 535, inciso II, também do CPC; b) que deve ser considerado o depósito complementar à oferta na base de cálculo da verba honorária, vez que o laudo prévio elaborado e o depósito complementar efetuado independem da intervenção dos expropriados.

REsp 1114407 – PRIMEIRA SEÇÃO – LUIZ FUX – 30/06/2009 – https://ww2.stj.jus.br/websecstj/decisoesmonocraticas/decisao.asp?registro=200900798376&dt_publicacao=30/06/2009 Questão referente à incidência de ICMS sobre os encargos financeiros nas vendas a prazo.

REsp 1112557 – TERCEIRA SEÇÃO – NAPOLEÃO NUNES MAIA FILHO – 19/06/2009 – https://ww2.stj.jus.br/websecstj/decisoesmonocraticas/decisao.asp?registro=200900409999&dt_publicacao=19/06/2009 RECURSO ESPECIAL REPETITIVO. ART. 105, III, ALÍNEA C DA CF. DIREITO PREVIDENCIÁRIO. BENEFÍCIO ASSISTENCIAL. POSSIBILIDADE DE DEMONSTRAÇÃO DA CONDIÇÃO DE MISERABILIDADE DO BENEFICIÁRIO POR OUTROS MEIOS DE PROVA, QUANDO A RENDA *PER CAPITA* DO NÚCLEO FAMILIAR FOR SUPERIOR A 1/4 DO SALÁRIO MÍNIMO. PROCESSAMENTO DO RECURSO ESPECIAL NOS TERMOS DO ART. 543-C DO CPC E DA RESOLUÇÃO Nº 08/STJ.

REsp 1113983 – TERCEIRA SEÇÃO – LAURITA VAZ – 29/06/2009 – https://ww2.stj.jus.br/websecstj/decisoesmonocraticas/decisao.asp?registro=200900790940&dt_publicacao=29/06/2009 RECURSO ESPECIAL REPETITIVO. OBSERVÂNCIA DA SISTEMÁTICA PREVISTA NO ART. 543-C DO CPC E NA RESOLUÇÃO Nº 08/STJ. PREVIDENCIÁRIO. APOSENTADORIA POR INVALIDEZ. BENEFÍCIO CONCEDIDO ANTES DA CONSTITUIÇÃO FEDERAL VIGENTE. SALÁRIO-DE-CONTRIBUIÇÃO. CORREÇÃO MONETÁRIA. PROCESSAMENTO NOS TERMOS DO ART. 543-C DO CPC E DA RESOLUÇÃO Nº 08/STJ.

REsp 1117068 – TERCEIRA SEÇÃO – LAURITA VAZ – 29/06/2009 – https://ww2.stj.jus.br/websecstj/decisoesmonocraticas/decisao.asp?registro=200900917626&dt_publicacao=29/06/2009 RECURSO ESPECIAL REPETITIVO. PENAL. VIOLAÇÃO AOS ART. 59, INCISO II, C.C. ARTS. 65 E 68, *CAPUT*, DO CÓDIGO PENAL. CIRCUNSTÂNCIAS ATENUANTES. MENORIDADE E CONFISSÃO ESPONTÂNEA. REDUÇÃO DA PENA ABAIXO DO MÍNIMO LEGAL. CRIME PREVISTO NO ART. 12, *CAPUT*, DA LEI Nº 6.368/76. COMBINAÇÃO DE LEIS. OFENSA AO ART. 2º, PARÁGRAFO ÚNICO, DO CÓDIGO PENAL E AO ART. 33, § 4º, DO ART. 11.343/06.

REsp 1104164 – TERCEIRA SEÇÃO – LAURITA VAZ – 29/06/2009 – https://ww2.stj.jus.br/websecstj/decisoesmonocraticas/decisao.asp?registro=200802770603&dt_publicacao=29/06/2009 RECURSO ESPECIAL REPETITIVO. EXECUÇÃO PENAL. DIVERGÊNCIA JURISPRUDENCIAL. FALTA GRAVE. REINÍCIO DA CONTAGEM DO PRAZO PARA A PROGRESSÃO DE REGIME DE CUMPRIMENTO DE PENA.

REsp 1117057 – TERCEIRA SEÇÃO – JORGE MUSSI – 01/07/2009 – https://ww2.stj.jus.br/websecstj/decisoesmonocraticas/decisao.asp?registro=200900907351&dt_publicacao=01/07/2009 Recurso Especial Representativo da Controvérsia. Processual Civil. Artigo 534-C do CPC. Previdenciário. Juros de mora. Termo inicial.

REsp 1106654 – SEGUNDA SEÇÃO – PAULO FURTADO (DESEMBARGADOR CONVOCADO DO TJ/BA) – https://ww2.stj.jus.br/websecstj/decisoesmonocraticas/decisao.asp?registro=200802617500&dt_publicacao= Trata-se de recurso especial interposto contra acórdão do Tribunal de Justiça do Estado do Rio de Janeiro, que considerou não abrangida na pensão alimentícia a gratificação natalina e a gratificação de férias recebidas pelo alimentante.

Capítulo 4

O Direito Constitucional como Filosofia Prática no Direito e no Estado Contemporâneos[1]

Paulo Ferreira da Cunha
Professor Catedrático de Direito Constitucional e de Filosofia do Direito das Universidades de Paris II e Coimbra. Agregado em Direito Público.

Embrenhar-se no âmbito da filosofia prática – moral, jurídica e religiosa – é sempre uma aventura. Mas uma aventura irrenunciável para qualquer sociedade que deseje medir-se com a altura humana – não apenas animal – no decorrer quotidiano da vida.
Disso dá testemunho a nossa já vasta tradição ocidental que, a par do saber pelo saber, converteu em foco da sua preocupação o saber para e a partir do fazer: o 'saber prático'.
Nele se incluem, por direito próprio, três perguntas (...): pela felicidade, pela justiça e pela legitimidade do poder.
Adela Cortina – *Ética Mínima. Introducción a La Filosofia Práctica*, 3ª Ed., Madrid, Tecnos, 1992 (trad. nossa).

Introdução

1. Ponto de partida

Colocação do Problema: O Direito terá uma ideia-força, um ar de família, uma ideia directora? Há algo no Direito que se expande por todos os ramos e poreja cada uma das suas manifestações, uma espécie de DNA do Direito[2]?

---

1. Este texto corresponde aos tópicos desenvolvidos (e documentados com alguma bibliografia pertinente) da conferência homónima no II Congresso Sul-Mato-Grossense de Direito Público, realizado em Campo Grande, em 15 e 16 de maio de 2008, que foi proferida com auxílio de *power point*. Estes tópicos confluem com alguns capítulos do nosso livro *Filosofia Jurídica Prática*, a publicar no Brasil pela editora Forum, de Belo Horizonte, e em Portugal pela editora Quid Juris, de Lisboa, assim como revelam intertextualidade naturais com outros estudos e conferências em torno de temas afins. Desde logo em alguns dos textos alheios citados, que são, como hoje se diz, "incontornáveis".
2. Algum tempo depois de termos proferido esta conferência lemos a tese de doutoramento de Marcelo Lamy (em cuja banca tivemos a honra de participar), que utiliza também a metáfora do ADN do Direito. Houve confluência de intuições...

E esse DNA não será permanente, ou, pelo contrário, de algum modo mutável?

Partimos da observação histórica, de que há elementos comuns, universais, do Direito (designadamente, desde logo, há universalidade no que já exprimimos por "tópica sociológica"[3], elementos indicadores da existência de normatividade, mas externos e não substanciais ou axiológicos), mas que o seu entendimento e prática têm sido mutáveis. Assim, haverá uma mutabilidade segundo certas regras e dentro de dados paradigmas.

2. Hipótese geral

Os Jusnaturalismos foram, historicamente, uma primeira abordagem desse DNA, o positivismo jurídico e a sua *dura Lex sed lex* foi outra abordagem desse DNA, reactiva à primeira. Tem-se proclamado vezes demais a superação de ambos, ora com mais ênfase na de um, ora sublinhando mais a de outro: o que é significativo. E com ou sem razão. Como verificação histórico – espiritual, muitas vezes, mas mais ainda como desejo... Não é por acaso: é frequente os teóricos tomarem a nuvem dos seus anelos pela Juno das realidades.

Poderemos encontrar uma nova e mais aguda visão do DNA do Direito, num novo paradigma (e independentemente do problema da superação, de que poderíamos fazer uma *épochê*)?

Essa procura terá sempre de contar com alguns novos vectores já no terreno:

- Desde logo, o primado actual do Direito Constitucional e impacto do *neoconstitucionalismo*[4] e afins,
- Acresce a globalização da teoria dos Direitos Humanos e revolução no próprio conceito de Direito,
- E finalmente, mas não menos importante no plano teórico-prático, o retorno da Retórica e especialmente da Tópica em Direito[5].

3. Tese específica

Especificamente, o Direito Constitucional funciona já, pela constitucionalização expansiva de todo o Direito e pelo controle da constitucionalidade, como o di-

---

3. FERREIRA DA CUNHA, Paulo – *Filosofia do Direito*, Coimbra, Almedina, 2006, p. 55 ss.
4. A questão é já objecto de estudos doutorais de conjunto, no Brasil, de que é testemunho MOREIRA, Eduardo Ribeiro – *Neoconstitucionalismo. A invasão da Constituição*, São Paulo, Método, 2008.
5. Para mais desenvolvimentos, MALATO, Maia Luísa/ FERREIRA DA CUNHA, Paulo – *Manual de Retórica & Direito*, Lisboa, Quid Juris, 2007.

reito natural dos tempos actuais. Agindo como instância de apreciação do demais Direito, e sua base legitimadora: qual ponto fixo de Arquimedes[6].

Assim, o Direito Constitucional se tornou numa *filosofia prática*, com todos os elementos destas, encaradas no seu sentido mais lato:

- Como axiologia (ética e até, embora lateralmente, como estética)
- Como *paideia* (formação e educação)
- Como política

E para quem considere, como Adela Cortina, a filosofia da religião incluída nesta matéria, temos, do lado do Direito em sentido estrito e clássico, a chamada 'religião dos direitos humanos'... Mas temos que ter cuidado com as metáforas. Sobretudo num tempo de falta de sutileza, há quem considere que a conotação é a denotação, e até quem nem distinga uma da outra... Mesmo no público universitário, o que não era de prever antes da massificação e de outros fenômenos concomitantes do lado discente e docente...

4. Pausa para Sumário da Conferência

I Recordaremos as Teorias (grandes visões) do Direito.

II Falaremos do Direito enquanto Filosofia prática.

III Abordaremos finalmente o tema concreto para que toda a argumentação anterior se dirigiu: o Direito Constitucional como filosofia prática, e especificamente como ética política contemporânea. Com particular ênfase para a questão das virtudes políticas em concreto.

I Teorias (Grandes Visões) do Direito

I.1. Paradigmas, perspectivas ontológicas, metodologias

O **Paradigma Objectivista**, ontologia jusnaturalista e metodologia dialéctica. O modelo mítico é o do Direito Romano. Devemos verificar o seu generalizado esquecimento.

O **Paradigma Subjectivista**, ontologia juspositivista e metodologia dogmática. O modelo mítico é o do direito subjectivo e da modernidade. Há a verificar a sua pronunciada crise.

---

6. Cf. FERREIRA DA CUNHA, Paulo – *O Ponto de Arquimedes*, Coimbra, Almedina, 2001.

E a seguir a estes paradigmas, que poderá vir?... A seguir... é já hoje, é já agora... Pois agora sobretudo há **Teorias da Justiça** e afins (natureza das coisas, direito vital), e metodologia tópica (uma abordagem micro –)... mas com pano de fundo dos Direitos Humanos (uma abordagem macro –).

Novos paradigmas assomam explicitamente. Não são tão novos assim senão no assumirem-se: **Direito altruísta e Direito Fraterno**[7]: direito dessa Fraternidade esquecida no Ternário sagrado da Revolução Francesa, e que corresponde à terceira geração/dimensão dos Direitos Fundamentais.

I.2. Analisando as Teorias

1. Paradigmas do Direito

Entre o velho paradigma romanístico, objectivo e o paradigma da modernidade, subjectivo... poderá haver alguma síntese superadora?

2. Perspectivas ontológicas do Direito

Encontramo-nos na contemporaneidade entre teorias: entre jusnaturalismo, juspositivismo, teorias da justiça e afins. Ou, noutra versão, pluralismos jurídicos e monismos jurídicos. Cremos que os monismos não se conseguem justificar no mundo complexo de hoje, e com a policracia e pluralidade de agentes normogenéticos.

3. Correntes metodológicas

Uns defendem a norma acima de tudo: é o normativismo; mas o judicialismo recorda que, no limite, e a final, sempre um juiz terá a última palavra. Inclinamo-nos pessoalmente para este último, embora defendamos acerrimamente a legalidade contra o arbítrio. Ao menos a legalidade!

Há outras dicomias, como se sabe: Pensamento dogmático construindo castelos de cartas ou areia, muito certo e seguro da sua *cientificidade* (que sempre se deve moderar e matizar em Direito, que é uma Arte, antes de mais): tal é o velho paradigma. Contudo, o Direito nasceu no Forum e na Ágora, como pensamento

---

[7]. RESTA, Eligio – *Il Diritto Fraterno,* Roma/ Bari, Laterza, 2002; AYRES DE BRITO, Carlos – *Teoria da Constituição*, Rio de Janeiro, Forense, 2006, pp. 216 ss.; CARDUCCI, Michele – *Por um Direito Constitucional Altruísta,* trad. port., Porto Alegre, Livraria do Advogado Editora, 2003. Mais recentemente, cof. Ainda MOTA DE SOUSA, Carlos Aurélio/ CURY, Munir / CASO, Giovanni – *Direito e Fraternidade*, LTR, 2008.

problemático, dialéctico. Mais antigo que o velho, o clássico. Há quem confunda o vetusto com o antigo, clássico.

I.3. Olvidos, Crises e superações

1. O esquecimento dos paradigmas é fundamental na história das ciências, e também no Direito. Os paradigmas são esquecidos e substituídos, não dialecticamente enfrentados e refutados. Veja-se a obra geral de Thomas Kuhn[8]. E, no Direito, especificamente, W. Hassemer[9]. Um caso exemplar seria o da teoria finalista da acção, em direito penal. Quem provou que estava errada? Há mesmo teorias detes tipo que se possam dizer "erradas" mesmo? E contudo tem passado de moda...

2. Olvido do paradigma jusnaturalista. Olvido que se renova a cada ano: o *réveillon* que no hemisfério Norte 'faria' muitos professores jusnaturalistas converterem-se ao positivismo legalista em Janeiro, depois da pausa lectiva de Inverno. Por que será?

3. A Crise e a superação do paradigma juspositivista. É uma estória nem sempre bem contada. As ilusões nesta matéria são muitas. Demasiadas ilusões em muitos dos intervenientes, parece. E a superação não é erradicação. Já o sabemos.

4. Há ainda as falsas superações: Até que ponto algumas teorias da justiça superam o jusnaturalismo? Por outro lado: o jusnaturalismo (titularista) positivista é um positivismo apenas com outra gênese e sentido ideológico. Só Vale a pena alargar Além da lei os títulos jurídicos, se for para fazer convocar algo de *terrivelmente* político: os direitos de cada um, sem serem de herança, ou contra, ou algo afim...

5. Há porém um não-positivismo (não importa muito o nome: o mais consensual deverá pluralismo – mas é expressão polissêmica) não titularista. A revolução do título **natureza humana** e dos Direitos Humanos levou de novo a "impureza" redentora do Direito. O Direito não são apenas títulos positivados, não se funda apenas no direito positivo, seja legal, seja social. O Direito funda-se, antes de mais, ao menos na condição humana do Homem. E isso já lhe dá bastante título para reclamar um direito que seja concorde com a sua **dignidade** de pessoa humana.

---

8. KUHN, Thomas S. – *The Structure of Scientific Revolutions,* Chicago, Chicago University Presse, 1962.
9. HASSEMER, Winfried – *História das Ideias Penais na Alemanha do Pós-Guerra, seguido de A Segurança Pública no Estado de Direito,* trad. port., Lisboa, AAFDL, 1995.

II. Direito e Filosofia Prática

Há várias, interessantes e confluentes perspectivas, muito acessíveis hoje, sobre o que seja Filosofia Prática.

1. Para o Instituto Nacional de Estudos e Pesquisas Educacionais Anísio Teixeira a filosofia prática é o "ramo da filosofia decorrente dos princípios da Filosofia fundamental, os quais são aplicados à realidade total do homem em interação com o meio. A Filosofia prática é aplicada nas seguintes áreas: i) ciências exatas e relativas atividades; ii) ciências humanas, ciências sociais e relativo comportamento humano e iii) expressão estética do homem, como arte e todas as atividades."[10]

2. Diz, por seu turno, o Instituto de Filosofia Prática da Universidade da Beira Interior:

> "O objectivo filosófico do IFP é a promoção dos estudos e a investigação nas áreas tradicionais da filosofia prática, ou seja em ética, filosofia moral, filosofia política, assim como em áreas conexas mais recentes, nomeadamente a filosofia do direito, a antropologia filosófica, as filosofias da sociedade, da cultura, da comunicação e da educação." O campo parece um pouco mais restrito, na base, mas alargado pelas "áreas conexas"[11].

3. O filósofo frânces Régis Jolivet tem uma perspectiva muito clara:

> "(...) a filosofia prática se compõe de duas partes distintas: filosofia da arte e filosofia moral."[12]

4. Na *Wikipedia* francesa podemos ler:

> "La philosophie pratique est la branche de la philosophie qui a pour objet les actions et actvités des homes. Elle inclut classiquement la philosophie morale, la philosophie politique; et depuis Kant, la philosophie du droit."[13]

5. A *Wikipedia* inglesa dá-nos uma lista exemplificativa do que consta da reflexão em causa:

> "Ethics, Political philosophy, Decision theory, Philosophy of law, Philosophy of religion Feminist philosophy, Aesthetics, Value theory."[14]

---

10. http://www.inep.gov.br/pesquisa/thesaurus/thesaurus.asp?tel=34181&te2=34379&te3=34574
11. http://www.ifp.ubi.pt
12. http://www.consciencia.org/cursofilosofiajolivet36.shtml
13. http://en.wikipedia.org/wiki/Practical_philosophy
14. http://fr.wikipedia.org/wiki/Philosophie_pratique

6. Os **Romanos** não estavam alheios ao problema:

Para os Romanos o próprio direito, *tout court,* era uma filosofia verdadeira, e, na verdade, prática?

> ULPIANUS – *lib. 1 Institutionum* = D. 1, 1, 1, 1: "[...] veram nisi fallor philosophiam, non simulatam affectantes."

III. Direito Constitucional como Filosofia Prática

1. Fundamentalidade da ética constitucional no Direito e no Estado contemporâneos

Independentemente do seu valor estético (Germano Shwartz[15] e Patrick Hanafin[16], por exemplo, desenvolvem brilhantemente a relação entre Literatura e Constituição), e pedagógico (paidêutico), a Constituição avulta na sua dimensão ética.

A constituição como ética é filosofia prática, uma das partes da filosofia prática, e nela avultam duas grandes categorias:

- *Valores constitucionais* – que vão basear e legitimar os princípios e as normas. Trata-se da dimensão objectiva, embora com um elemento de subjectividades, como quando sentimentos pessoalmente o triunfo dos valores no concreto, o que nos "enche as medidas", nos dá um sentimento singular de plenitude e transcendência.
- *Virtudes constitucionais* – que vão informar a acção político-constitucional. São a objectivação do elemento subjectivo, se quisermos apresentar a questão de forma simétrica. A virtude está na pessoa em concreto, mas externaliza-se, de algum modo, numa conduta.

2. Ou ética constitucional... ou nenhuma

Fora a ética constitucional, os estados contemporâneos pluralistas e laicos, por vezes até multiculturais, não têm outra base axiológica. Por isso, é absurdo (e de algum modo até suicida) uma interpretação literalista e maximalista de constituições e leis que restrinham a acção ética e educativa ou cívica do Estado.

---

15. Cf. SCHWARTZ, Germano André Doerdelein – *A Constituição, a Literatura e o Direito,* Porto Alegre, Livraria do Advogado Editora, 2006.
16. HANEFIN, Patrick – *Constituting Identity,* Aldershot *et al.,* Ashgate / Dartmouth, 2001.

É o caso do art. 43º, 2 da Constituição da República Portuguesa, naturalmente redigido com a melhor das intenções, mas que pode ter uma interpretação "perversa" de paralização da acção do Estado:

> "O Estado não pode programar a educação e a cultura segundo quaisquer directrizes filosóficas, estéticas, políticas, ideológicas ou religiosas."

Embora deva notar-se que, neste artigo, não se proscrevem explicitamente valores éticos, que são os mais importantes, de uma ética política, evidentemente, que é a que nesta matéria está em causa (e não outra) como já ressaltava Montesquieu prefaciando o *Espírito das Leis*. Embora, como é óbvio, a ética seja uma parte filosofia, poderemos tentar interpretar o artigo salvando a ética da proibição.

3. Valores Constitucionais no Brasil e em Portugal

Estado Democrático de Direito

Um dos primeiros tópicos a ter em consideração é o Estado Democrático de direito (em Portugal "Estado de Direito democrático": mas são realmente a mesma coisa) este presente em ambos os textos (na Constituição brasileira mais explicitamente no art. 1º que no Preâmbulo).

Valores Constitucionais Supremos

A liberdade, a igualdade e a justiça são considerados na Constituição Federal brasileira (com a segurança, o bem-estar, e o desenvolvimento: que, em rigor, são especificações deles), "valores supremos" da sociedade. Eles estão pressupostos na Constituição da República Portuguesa e explícitos na Constituição espanhola (art. 1º), embora com o acrescento de um princípio "promovido" aí a valor: o "pluralismo político".

A utopia social

A Constituição portuguesa fala em "país, mais livre, mais justo e mais fraterno".

Já a Constituição federal do Brasil refere-se a uma sociedade "fraterna, pluralista e sem preconceitos, fundada na harmonia social e comprometida, na ordem internacional, com a solução pacífica das controvérsias". Ou ainda, no seu artigo art. 3º diz a Constituição federal: sociedade "livra, justa e solidária" – com as mesmas palavras e na mesma ordem que o texto da Constituição portuguesa na revisão de 1989.

Ordem Internacional

A referência à ordem internacional, em termos confluentes com os da Constituição brasileira virá na Constituição portuguesa no art. 7º e não no Preâmbulo; mas é apenas uma questão de sistematização.

E o Socialismo?

O Preâmbulo da Constituição da República portuguesa fala em "sociedade socialista", a Constituição do Brasil foi ideologicamente mais cautelosa (quiçá se possa afirmar que mais compromissória), e referiu, além de todos os aspectos de uma democracia avançada, o assegurar do exercício "dos direitos sociais e individuais" e dos valores referidos. O sentido moderno do "socialismo constitucional", "no respeito da vontade do povo português" é Estado social, como se explana no do art. 6º ss. da Constituição Federal.

3. Algumas Virtudes Constitucionais

Deveríamos beber em alguns textos de Montesquieu como quem bebe suco de pérolas. É o caso deste:

> "Il ne faut pás beaucoup de probité, pour qu'un gouvernemente monarchique ou un gouvernemente despotique se maintiennent ou se soutiennent. La force de lois dans l'un, le bras du prince toujour levé dans l'autre, règlent ou continnent tout. Mais, dans un Etat populaire, il faut un resort de plus, qui est la VERTU. (...) Lorsque cette vertu cesse, l'ambition entre dans les coeurs qui peuvent la recevoir, et l'avarice entre dans tous. Les desires changent d'objets: ce qu'on aimait, on ne l'aim plus; on était libre avec les lois, on veut être libre contre ells. Chaque citoyen est comme un esclave échappé de la maison de son maître; ce qui était maxime, on l'appelle crainte. C'est la frugalité qui y est l'avarice, et non pas le désir d'avoir. Autrefois le bien des particuliers faisait le trésor public; mais pour lors le trésor publics deviant le patrimoine des particuliers. La république est une dépouille; et sa force n'est plus que le pouvoir de quelques citoyens et la licence de tous."[17]

Aqui está a questão resolvida. Sem virtude não pode estado popular, democracia ou república. Mas, curiosamente, pouco parece termos aprendido sobre isso.

Virtudes 1. *Autor à Liberdade. Igualdade. Fraternidade*

Isso é, importa é a Virtude política, e não a virtude *tout court*, como no seu *De l'Espirit des lois* diria Montesquieu.

---

17. MONTESQUIEU – *De l'Esprit des Lois*, III, 3.

Virtudes 2. *Serviço e Dedicação Pública*

Há grandes exemplos, naturalmente mitificados, sobretudo no séc. XVIII, na história política grega e romana.

Exemplos de dedicação sem apego ao poder, como a de Cincinnatus que prefere a sua vida de agricultor ao mundo, mas não enjeita colaborar quando chamado, para logo regressar à sua terra, mal o perigo passe. E exemplos também de sacrifício pela pátria e honra da palavra dada, como Regulus, que honra a sua palavra dada aos inimigos de Roma, e volta para os seus algozes, que não o pouparão, quando poderia ter ficado a salvo em sua pátria. Há um belíssimo estudo sobre este último, da autoria de François Vallançon, nos "Archives de Philosophie du Droit"[18].

Virtudes 3. *Desapego e Liberalidade Privada*

Fernandes Tomás, grande liberal e constituinte, morre pobre (foi preciso votar no parlamento uma pensão à viúva e aos filhos). Agostinho da Silva, que vivia de uma pequena aposentadoria como professor, cria, ainda, desses magros proventos, uma bolsa para jovens filósofos e agrónomos. Exemplos afinal não muito distantes de nós, nem no tempo nem no espaço...

Virtudes 4. *Despojamento, Frugalidade e Comedimento Pessoais*

Teófilo Braga, primeiro presidente da República português, ia para o Palácio (que se discutiu na Constituinte se deveria haver, ou se o presidente não deveria quiçá despachar em casa...) de eléctrico, com seu chapéu, guarda-chuva e sobretudo, como qualquer empregado público. E, na verdade, ele era o primeiro dos empregados públicos. Nunca deveríamos esquecer também a etimologia de "ministro"... Como está longe do aparato que hoje se lhe atribui.

Virtude 5. *Constância, Adaptabilidade Inteligente e Coerente*

Há um poema muito forte de um poeta e político português, Manuel Alegre. Citamos apenas um passo:

> "Mesmo na noite mais triste
> Em tempo de servidão
> Há sempre alguém que resiste
> Há sempre alguém que diz não."

---

18. VALLANÇON, François – *Images romaines de morale et de droit, devotio et fides*, in "Archives de Philosophie du Droit", XXXIV, Paris, Sirey, 1989, p. 304 ss.

Mas ele mesmo parece concordar (e muito bem) que o socialismo da Constituição da República, cujo preâmbulo teria (segundo alguns) sido por si redigido, enquanto deputado constituinte, deve hoje ser lido de forma actualista significando sobretudo "Justiça social". Ora é essa justiça social que deve ser barreira de liberdade concreta contra a desafeição a todos e a cada um dos elementos do ternário sagrado da Revolução Francesa: Liberdade, Igualdade e Fraternidade.

Virtude 6. *Respeito pelas leis e os pactos como garantes de liberdade*

Mito ou história, tem força simbólica relevantíssima: Egas Moniz, aio do primeiro rei de Portugal, D. Afonso Henriques, quando viu que ele não cumpriria um acordo com seu primo, rei de Leão e Castela, vai descalço e de corda ao pescoço com a família, oferecer a sua vida e a dos seus em penhor da palavra dada. O rei manda-o em paz, impressionado com a sua honestidade e apreço pela palavra. Na Índia, o vice-rei português, não tendo mais que empenhar, empenha as barbas. Tempos de honra, pelo menos de alguns. Quem hoje aceitaria barbas em penhor, ainda que de vice-rei? E já não há vice-reis...

Virtudes 7. *Contra a Licença, ou Laxismo, as Virtudes da Delicadeza, Atenção e Solidariedade*

Uma estória dizem que verdadeira e edificante, edificante mesmo: Conta-se que o poeta era funcionário público. Devia aborrecer-se. O economista tinha direito a ser promovido. Mas desistiu em favor do poeta. Afinal, o poeta não tinha outros meios de subsistência. Chegada a hora, o encomista de ser funcionário público e enriqueceu. Não sabemos o que sucedeu profissionalmente ao poeta. Mas é um poeta consagrado, e pouca gente sabe que foi (deverá estar pelo menos aposentado)... funcionário público.

Virtude 8. *Contra o Privilégio, as Virtudes do Amor à Racionalidade e Ordem, Imparcialidade e Equidade*

O Rei Balduíno abdica por um dia para não ter de promulgar uma lei que lhe repugna. Mas não cria uma crise constitucional. Abstém-se num acto, que não obstrui, e volta no dia seguinte ao seu cargo... Independentemente de consideramos se teve ou não razão no motivo pelo que o fez, é um gesto equilibrado, garante simultaneamente o respeito pela vontade popular e pela objeção de consciência do príncipe.

Virtude 9. *Contra o abuso do poder e a corrupção, as Virtudes do amor ao diálogo, pluralismo, transparência, rigor, controlo e separação dos poderes*

A Operação *mãos limpas*, na Itália, resolveu, no seu tempo, uma situação crítica. E procurou culpados mesmo entre quem não se suspeitava. E talvez parecesse acima de toda a suspeita. Por vezes, é preciso ir à raiz dos problemas e não temer.

Virtude 10. *Contra o Complexo de Aquiles. Zenão*

Há uma película curiosa sobre Churchill: o filme começa com ele derrotado. Mas não... Apenas se está a meio, e ainda virá depois a II Guerra Mundial e o grande triunfo do estadista. A tartaruga deve andar sempre. E Zenão sabe que os Aquiles muito velozes também podem ser apanhados (como as lebres) por corredores de fundo. Que correm tranquilamente. Como a *força tranquila* de François Miterrand, que insistiu sempre em concorrer até ser eleito presidente de França. E foi-o, com grande sentido de Estado. Em grande estilo[19].

REFLEXÃO METODOLÓGICA FINAL

Estas pequenas estórias que acabámos de evocar foram apenas algumas das que nos tocaram. Sabemos que o politicamente correcto que invade e se impõe poderosamente e sufocantemente ao nosso pensamento gosta de coisas vagas, plastificadas, sem sentimento, até sem gente real, se possível.

Pois a revolução pacífica na ética política que importa empreender é a de colocar os dedos nas feridas, e vigorosamente ser capaz de contar as estórias. Mesmo as comoventes, mesmo as ingénuas, mesmo as inconvenientes. O movimento do *story telling* [20] está a invadir, aliás, vários domínios. E é uma força [21].

---

19. O ponto de alguns o dizerem o último rei da França. Uma nota, discordando: Os grandes presidentes republicanos por vezes são assimilados a monarcas. Mas é uma confusão, que se deve sobretudo ao contrate face à má qualidade de outros governantes em república, nem sempre muito republicanos. É que um presidente da república é um símbolo sempre de uma Pátria. Monarca ou Republicano, tem de ser símbolo. E isso não é dado a todos. Nem sequer a todos os líderes carismáticos.
20. FARBER. Danicl A. / SHERRY, Suzanna – *Legal Stolytelling and Constitutional Law. The Medium and tlhe Message, in Law Stories. Narrative and Rhetoric in the Law*, ed. por BROOKS, Peter / GEWIRTZ, Paul. New Haven e Londres, Yale University Press, 1996.
21. SALMON. Christian – *Storytelling, la machine àfabriquer des histoires et àformater les esprits*, Paris, La Découverte, 2007.

Dir-nos-ão que se transforma o digno Direito Constitucional em estória, quiçá em historieta... O Direito Constitucional é, na verdade, Literatura do Estado[22]. Literatura sagrada é a Constituição, sacred instrument, dizem nos EUA. Preferimos por vezes dizer Bíblia da República. Mas é uma metáfora, com os respectivos problemas, agravados pelas susceptibilidades religiosas...

A indignação (ou desprezo) com o uso de certas fontes e de certas teorias é apenas uma manifestação da sobranceria do direito dogmático fenecente. O futuro é a da plural idade metódica em Direito, e o Direito Constitucional é disso pioneiro. Tal é determinado pela ruptura epistemológica primordial pós-moderna[23], que apanhará na torrente quem a não quiser ver...

O novo Direito Fraterno que naturalmente se erguerá como culminar da marcha histórica dos direitos fundamentais, arrastará mudanças de paradigmas, mudanças metodológicas, de que as alterações hermenêuticas lideradas pelo Direito Constitucional já são um anúncio promissor. Já muitos de nós sentimos que direito objectivo, e mesmo direito subjectivo (ou vice-versa) não se compatibilizam bem com a revolução dos Direitos Humanos, e com o que está a mudar no Direito.

Com prudência, fazendo frente a novidades para *épater le bourgeois*, que tendem a proliferar em períodos de viragem como o nosso, está ante nós, juristas, o desafio de um refundação do Direito. Em que o Direito Constitucional será, já está sendo, o grande protagonista, ou, pelo menos, o grande motor. E ele só conseguirá desempenhar o seu papel teórico com uma prática de valores e virtudes constitucionais, que são filosofia prática.

Quiçá nunca como hoje se esteve perante uma tão exaltante promessa e uma encruzilhada tão fecunda. Porque estão simultaneamente em jogo a prática e a teoria, que se devem mutuamente olhar e frutificar em bons frutos de Justiça.

---

22. Cf., de entre inúmeros já. LARUE, L. H. – *Constitutional Law as Fiction*, Pensylvania State Univ. Press, 1995.
23. Cf., por último, SANTOS NEVES, Fernando dos (coord.) – *Introdução ao Pensamento Contemporâneo. Tópicos, Ensaios, Documentos*, Edições Universitárias Lusófonas, 2007, *passim*. FERREIRA DA CUNHA, Paulo – *Sobre o "Espistema-Paradigma euro-ocidental" (dos Direitos Humanos) e sucessivos avatares*, in *ibidem*, pp. 853-880.

CAPÍTULO 5

As Liberdades Públicas no Âmbito da Comunicação Social

Suzana de Camargo Gomes
Desembargadora Federal. Vice-Presidente do Tribunal Regional Federal da 3ª Região. Mestre e Ciências Jurídico-Políticas pela Faculdade de Direito de Lisboa.

1. Introdução

O homem demonstrou, desde priscas eras, ser detentor de ínsita natureza gregária, em primeiro lugar como forma de vencer as adversidades decorrentes do mundo primitivo em que vivia, a reclamar a conjugação de forças como instrumento indispensável à sobrevivência, e depois, com o decorrer dos tempos e desenvolvimento da civilização, revelou-se fundamental como meio de satisfação dos fins superiores de cooperação e auxílio, expressos tanto na esfera material como ética.

E é justamente, como emanação do sentido societário, que surge a comunicação humana, na condição de elemento indispensável, pois, faculta a exteriorização e a troca de ideias entre as pessoas, encarnando, assim, um dos mais expressivos elos a propiciar as relações sociais.

De sorte que a interação social repousa, fundamentalmente, na liberdade pública consubstanciada no direito de manifestação do pensamento, por meio das diversas modalidades de expressão oral e escrita. É por isso que os ordenamentos jurídicos dos países tem tido a preocupação de disciplinar essa matéria, de forma assegurar a livre expressão do pensamento.

Na verdade, trata-se de uma das grandes conquistas da civilização, sendo resultante da luta do homem contra as opressões e o obscurantismo.

Na Antiguidade, a manifestação do pensamento estava sujeita a severas restrições, sendo bastante conhecida a série de perseguições movidas contra o fabulista Caio Julio Fedro, em Roma, por conter suas histórias, embora de maneira discreta e inteligente, uma dose de crítica social às elevadas autoridades romanas.

É assim que esse antigo escravo, liberto do Imperador Augusto, teve suas fábulas proibidas por ordem de Lucio Elio Sejano, prefeito do pretório, chegando a ser exilado, após ter seus escritos apreendidos. A fábula, que mais causou descontentamento a Sejano, foi a do *"Lobo e o Cordeiro"*, sendo o lobo a indicação clara ao prefeito do pretório e o cordeiro representava todo e qualquer cidadão inocente, perseguido no Império.

Neste caso, restou a Fedro somente se resignar, lembrando para tanto, com tristeza, a velha·sentença de Enio, o trágico, donde aprendera, ainda no início de sua formação, que *"é crime para o plebeu manifestar-se publicamente"* (Enio, Tragédias, 276, V).

Outro exemplo de opressão foi o vivido por Sócrates, dado que, por ter afirmado sua fé em uma Justiça superior; por ter lançado as bases para um sistema filosófico idealista; por ter orientado a sua meditação para o estudo do homem; por ter insistido na necessidade do auto-conhecimento celebrizado nas expressões *"conhece-te a ti mesmo"*; por ter ensinado o respeito às leis, não só as escritas, como também as emanadas dos deuses e impostas aos homens; enfim, em razão da manifestação de suas ideias, veio a ser condenado à morte, sob a acusação injusta de ter introduzido novos deuses e corrompido a juventude.

A acusação somente foi possível porque Sócrates se dizia inspirado por uma divindade, que não era outra senão a sua consciência, o que foi suficiente para ser entendido que a sua postura era contrária à religião dominante, fazendo com que seus adversários se utilizassem desse artifício para impor a eliminação da sua vida.

Era a represália em relação ao seu modo de pensar, e que foi aceita com resignação pelo condenado, daí ter Giorgio Del Vecchio ressaltado, a respeito de Sócrates, que "a maneira sublime e serena como encarou a morte torna ainda mais admirável a sua figura e faz dele um precursor de outros mártires do pensamento."[1]

Verifica-se, assim, que a história registra páginas lamentáveis, onde a liberdade de manifestação do pensamento não foi respeitada, tendo, muitas dessas passagens, redundado até em severas penas aplicadas aos que ousaram expressar suas ideias. Desse jaez é a condenação de Fedro, a de Sócrates, a morte de Cristo, de Joana D'Arc, a imposição feita a Galileu Galilei para que abjurasse publicamente as conclusões científicas a que chegara, a extirpação da língua nos escravos e servos pelos seus senhores.

A luta do homem, portanto, nessa seara, foi árdua e intensa, tendo tido papel decisivo nas conquistas encetadas a Declaração dos Direitos do Homem e do Cidadão de 1791, quando, em seu artigo 11, já reconhecia que:

> "A livre comunicação dos pensamentos e das opiniões é um dos direitos mais preciosos do homem."

Da mesma forma, grande relevância teve a Constituição alemã de Weimar, de 1919, onde consagrava que:

---

1. *Lições de Filosofia do Direito*, 5ª ed., 1979, Armênio Amado-Editor, Sucessor – Coimbra, p. 39-39.

"Todo alemão tem direito, dentro das leis gerais, a manifestar com liberdade a sua opinião, oralmente ou por escrito, mediante a imprensa, a gravação, ou de qualquer outra maneira."

Enfim, verifica-se que os regimes democráticos facultam a manifestação do pensamento, quer pela escrita, quer por meio da fala, dos gestos ou quaisquer outros sinais exteriores idealizados pela inteligência humana, enquanto que os regimes totalitários, em qualquer uma das modalidades em que se apresentem, utilizam-se de mecanismos de ingerência e controle sobre todas as formas de expressão do pensamento humano.

E, assim, tomando-se em consideração os diversos segmentos da humanidade, vê-se que a luta continua, devendo ainda muito ser pugnado para a consagração no seio de todos os povos da relevante liberdade pública, consubstanciada na manifestação do pensamento sem peias e sem restrições autoritárias, mas jungida exclusivamente à lei, tendo em vista que não se encontra presente em todos os cantões do mundo.

2. A COMUNICAÇÃO SOCIAL NO BRASIL

2.1 A Comunicação Social

A comunicação social consiste na exteriorização do pensamento humano, na projeção de ideias no mundo.

Trata-se da revelação do pensamento interior, que, sendo objeto de manifestação, transborda da intimidade do ser emissor e é transmitido para os homens.

As ideias, as opiniões, os pensamentos, se não transitivados, não possuem relevância para o Direito, pois, consoante realça Pimenta Bueno:

"*a liberdade de pensamento, em si mesma, enquanto o homem não o manifesta exteriormente, enquanto o não comunica*, está fora *de todo o poder social. Até então, é do domínio do próprio homem, de sua inteligência e de Deus. A sociedade, ainda quando quisesse, não tinha meio algum de penetrar nessa esfera intelectual, suas leis não chegam até lá.*"[2]

No mesmo diapasão posiciona-se V. E. Orlando, quando destaca que:

"o pensamento é por si mesmo livre, escapa, como tal, a qualquer sanção jurídica. Esta liberdade é um dos modos mais elevados, o mais elevado entre todos, mediante o qual o homem afirma sua personalidade. Por isso, quando o pensamento se exterioriza por meio da palavra, resta ainda intacto o fundamento da liberdade do pensar."[3]

---

2. *Direito Público Brasileiro*, 1857, p. 394.
3. *Principii di Diritto Costituzionale*, 5ª ed., 1909, p. 283.

E mais, enfatiza Carlos Maximiliano que:

> "*o pensamento é íntimo, simples função psíquica incoercível. Dele faz uso até o encarcerado. O próprio indivíduo dificilmente o evita, cada um sente a tortura de uma ideia, que desejaria expungir do cérebro. Reivindica-se apenas a liberdade da palavra, que é a expressão do pensamento.*"[4]

Destarte, revela-se de importância fundamental a livre expressão das ideias, pois, somente dessa forma se concretiza a garantia jurídica à liberdade de manifestação do pensamento, sendo nessa esteira o ensinamento de Pontes de Miranda, ao ressaltar que:

> "*é pela liberdade da psiquê que começam as liberdades, se queremos considerá-las quanto à sua importância humana. Se não pode pensar e julgar com liberdade, que se há de entender por liberdade de ir, ficar e vir, de fazer e não fazer? Se falta liberdade de pensamento, todas as outras liberdades humanas estão sacrificadas, desde os fundamentos. Foram os alicerces mesmos que cederam. Todo o edifício tem de ruir.*"[5]

Assim, o tratamento dispensado pelos ordenamentos jurídicos às questões relativas à comunicação social assume especial realce, ainda mais no momento atual, em que os meios existentes possibilitam que as ideias sejam propagadas de maneira mais rápida e atingindo um número infindável de pessoas, em todos os quadrantes do mundo.

É, pois, indubitável que, no contexto hodierno da civilização, a comunicação humana não encontra mais fronteiras, tendo o antigo mundo escrito de Gutenberg se transformado no mundo audiovisual, face a utilização dos meios de transmissão de sons e imagens determinados pelos avanços tecnológicos. É o que registra J. Cretella Júnior ao aduzir que "*a galáxia de Gutenberg cede lugar à galáxia da imagem e do som*".[6]

2.2 Evolução histórica no Brasil

A Constituição do Império de 1824, em seu artigo 179, 4º, consagrava a liberdade pública da expressão escrita e falada, sendo que estava consignada nos seguintes termos:

> "Todos podem comunicar os seus pensamentos por palavras, escritos, e publicá-los pela imprensa, sem dependência de censura, contanto que hajam de responder pelos abusos que cometerem no exercício deste direito, nos caso e pela forma que a lei determinar."

---

4. Comentários à Constituição Brasileira de 1891, ed. 1918, p. 710.
5. Comentários à Constituição de 1946, 2ª ed., Forense, Rio de Janeiro, 1953, vol. IV, p. 151-153.
6. Comentários à Constituição de 1988, 1ª ed., Forense Univertária, 1993, vol. 8, p. 4.493.

A par da garantia da liberdade de expressão, prevista constitucionalmente na época, foram criados também limites, principalmente no tocante a espetáculos e diversões públicas. Surgiu, assim, a censura teatral, que teve origem no ano de 1829, sendo, portanto, a mais antiga forma de limitação à liberdade de expressão no Brasil. Posteriormente, com o Decreto n. 435, de 1845, deu-se a regulamentação em todas as suas nuanças, com o detalhe de que determinava, para o "caso de se anunciar alguma peça que não tenha o visto do Chefe de Policia, este faria saber, imediatamente, a diretoria das peças, que o teatro será fechado naquela noite".

Com a proclamação da República e o advento da Constituição de 1891, novamente foi insculpido na Carta Magna preceito que assegurava a liberdade de pensamento, em seu artigo 72, parágrafo 12, sendo que então o texto assim estava redigido:

> "Em qualquer assunto é livre a manifestação de pensamento pela imprensa ou pela tribuna, sem dependência de censura, respondendo cada um pelos abusos que cometer nos casos e pela forma que a lei determinar. Não é permitido o anonimato."

No período republicano é que iremos encontrar o início da censura cinematográfica, regulamentada por extensão da lei sobre censura teatral, e que foi objeto, naquele tempo, do Decreto n. 14.529, de 1920.

Na Constituição Brasileira de 1934 constata-se uma disciplina mais detalhada da matéria, com referência expressa aos mecanismos de defesa, que poderiam ser utilizados quando da ocorrência de abusos no que tange a liberdade de pensamento, pelo que em seu artigo 113, n. 9, prescrevia:

> "Em qualquer assunto é livre a manifestação do pensamento, sem dependência de censura, salvo quanto a espetáculos e diversões públicas, respondendo cada um pelos abusos que cometer, nos casos e pela forma que a lei determinar. Não é permitido o anonimato. É assegurado o direito de resposta. A publicação de livros e periódicos independe de licença do poder público. Não será, porém, tolerada propaganda de guerra ou de processos violentos para subverter a ordem política ou social."

De sorte que, na Carta de 1934, foi admitida constitucionalmente a censura no tocante a espetáculos e diversões públicas, como forma de proteger valores éticos e sociais do povo, que até então estava somente tratada a nível infraconstitucional. Ademais, restou proibida a propaganda que pudesse concitar a guerra ou a violência, ou que pudesse sublevar e atingir a ordem social. Ainda, foi assegurado, na órbita constitucional, o direito de resposta, e o mais relevante está que ficou consagrado não ser necessária a autorização da autoridade competente para a publicação de livros e de periódicos.

Na Constituição subsequente de 1937, artigo 122, n. 15, a par de ter sido garantido o direito de manifestação do pensamento, foram expressamente consignados no Texto Maior as condições e limites a que estaria sujeita essa liberdade pública, restando assim estabelecido que:

> "Todo cidadão tem o direito de manifestar o seu pensamento, oralmente, por escrito, impresso ou por imagens, mediante as condições e nos limites prescritos em lei."

A lei pode prescrever:

a) com o fim de garantir a paz, a ordem e a segurança pública, a censura prévia da imprensa, do teatro, do cinematógrafo, da radiodifusão, facultando à autoridade competente proibir a circulação, a difusão ou a representação;
b) medidas para impedir as manifestações contrárias à moralidade pública e aos bons costumes, assim como as especialmente destinadas à proteção da infância e da juventude;
c) providências destinadas à proteção do interesse público, bem-estar do povo e segurança do Estado.

Constata-se, portanto, a esse tempo, restrições mais incisivas à liberdade de expressão a nível constitucional, inclusive admitindo a censura prévia e a proibição de circulação de escritos, difusão de sons e imagens, vindo a atingir, destarte, os livros e periódicos, o teatro, o rádio e o cinema.

Já com o advento da Constituição Brasileira de 1946, uma onda de maior liberalismo é inaugurada na seara da divulgação do pensamento, sem, no entanto, prescindir da necessária ordem de limitações no tocante aos excessos que pudessem ser perpetrados, daí porque o artigo 141, parágrafo 5º, estabelecia que:

> *"É livre a manifestação do pensamento, sem que dependa de censura, salvo quanto a espetáculos e diversões públicas, respondendo cada um, nos casos e na forma que a lei preceituar, pelos abusos que cometer. Não é permitido o anonimato. É assegurado o direito de resposta. A publicação dos livros e periódicos não dependerá de licença do poder público. Não será, porém, tolerada propaganda de guerra, de processos violentos para subverter a ordem política e social, ou de preconceitos de raça ou de classe."*

Portanto, até a esse tempo, a preocupação do legislador constituinte cingia-se em assegurar a liberdade de manifestação do pensamento, admitindo como veículos a imprensa, o teatro, o rádio e o cinema, inexistindo disciplina a nível constitucional no tocante a televisão.

Entretanto, na órbita infraconstitucional o tratamento normativo no tocante as atividades televisivas veio a ocorrer em 1962, quando, então, entrou em vigor o Código Brasileiro de Telecomunicações, instituído por meio da Lei n. 4.117, de 27 de agosto de 1962, época em que veio a ser conceituado o serviço de radiodifusão, como sendo aquele destinado a ser recebido direta e livremente pelo público em geral, compreendendo radiodifusão sonora e televisão (art. 6º).

Além do mais, a regulamentação da Lei n. 4.117/62, em especial no que tange aos serviços de radiodifusão, deu-se mediante o Decreto n. 52.795, de 31 de outubro de 1963.

Mas, é somente com a Constituição de 1967 que passa a haver uma disciplina na Carta Magna a respeito dos serviços de radiodifusão de sons e imagens, mormente da televisão, até porque esse veículo de comunicação somente teve sua implantação em território brasileiro no ano de 1950, pelo que na Constituição anterior, de 1946, não havia ainda essa espécie de atividade.

Assim, o artigo 166 da Constituição Brasileira de 1967, pela vez primeira a nível constitucional, estabeleceu que:

> "São vedadas a propriedade e a administração de empresas jornalísticas, de qualquer espécie, inclusive de televisão e radiodifusão:
> I – a estrangeiros;
> II – a sociedades por ações ao portador;
> III – a sociedade que tenham, como acionistas ou sócios, estrangeiros ou pessoas jurídicas, exceto os aprtidos políticos.
> § 1º. Somente a brasileiros natos caberá a responsabilidade, a orientação intelectual e administrativa das empresas referidas neste artigo.
> § 2º. Sem prejuízo da liberdade de pensamento e de informação, a lei poderá estabelecer outras condições para a organização e o funcionamento das empresas jornalísticas ou de televisão e de radiodifusão, no interesse do regime democrático e do combate à subversão e à corrupção."

De sorte que, paralelamente à consagração do direito à *"livre manifestação do pensamento, de convicção política ou filosófica e de prestação de informação sem sujeição a censura"*, prevista no parágrafo 8º do artigo 150, da Constituição de 1967, houve também a preocupação em regular, juntamente com as atividades jornalísticas e de radiodifusão, aquelas pertinentes à televisão.

É, portanto, a contar da Carta Magna de 1967, que surge uma disciplina em nível constitucional das atividades televisivas, mas, ainda, de forma incipiente, não propriamente com o sentido de assegurar em primeiro lugar a comunicação social, tendo mais um conteúdo de resguardar a ordem política e social e de evitar a ingerência de estrangeiros na exploração desses ramos.

Tratamento idêntico perseverou com a Emenda Constitucional n. 1, de 1969, sendo que, somente com a Constituição de 1988, o quadro de garantia da liberdade de manifestação do pensamento veio a ser minudentemente tratado, pois, além de disciplinar essa matéria, em todos os seus matizes, ao tratar dos direitos e garantias fundamentais, fez ainda inserir um capítulo especial sobre a "Comunicação Social", inclusive estabelecendo os princípios basilares informadores do sistema.

2.3 A Comunicação Social na Constituição Brasileira de 1988

Numa ótica abrangente e enfocando a Constituição Federal de 1988 em sua unidade, deflui que esse texto constitucional resguarda, de forma efetiva e ampla, a liberdade pública da comunicação social e, paralelamente, oferece mecanismos de proteção aos destinatários das mensagens contra eventuais danos que tais manifestações do pensamento e da criação possam produzir-lhes.

Ora, a liberdade pública de comunicação social enfeixa um conjunto de direitos, de formas, processos e veículos, por meio dos quais pode ocorrer a manifestação das ideias, como fruto da atividade intelectiva do homem.

Nessa esteira, assevera José Afonso da Silva que a:

> "liberdade de comunicação compreende, nos termos da Constituição, as formas de criação, expressão e manifestação do pensamento e de informação, e a organização dos meios de comunicação, esta sujeita a regime jurídico especial".[7]

Desta sorte, cabe enfatizar que, no âmbito dos direitos e garantias fundamentais previstos na Constituição Federal, encontram-se, em primeiro lugar, preceitos específicos garantindo a liberdade de manifestação do pensamento, sendo vedado, no entanto, o anonimato (art. 5º, IV, CF); e mais, resulta assegurado o direito de resposta, proporcional ao agravo, além da indenização, nesses casos, por dano material, moral ou à imagem (art. 5º, V, CF); como também é garantida a liberdade de expressão da atividade intelectual, artística, científica e de comunicação, independentemente de censura ou licença, (art. 5º, IX, CF), ao mesmo tempo em que é reconhecida a inviolabilidade da intimidade, da vida privada, da honra, da imagem das pessoas, com direito à indenização pelo dano material ou moral decorrente de sua violação (art. 5º, X, CF).

Mas, não terminam aí as regras de proteção na área da comunicação social, pois é, ainda, assegurado a todos o acesso a informação, resguardado o sigilo da fonte, quando necessário ao exercício profissional (art. 5º, XIV, CF).

---

7. *Curso de Direito Constitucional Positivo*, 9ª ed., 3ª tiragem, Malheiros Editores, São Paulo, 1993, p. 221.

Igualmente, em sentido amplo, é consagrado ser inviolável a liberdade de consciência e de crença (art. 5º, VI, CF), sendo que ninguém poderá ser privado de direitos em decorrência de professar um credo ou de possuir determinada convicção filosófica ou política, salvo se os invocar para eximir-se de obrigação legal a todos imposta e recusar-se a cumprir prestação alternativa fixada em lei (art. 5º, VIII, CF).

Ainda, a Constituição Federal de 1988, ao mesmo tempo em que garante, de forma genérica, o livre exercício de qualquer trabalho, ofício ou profissão (art. 5º, XIII), traça uma disciplina própria no que tange aos autores de produções intelectuais, assegurando a titularidade e o direito exclusivo de utilização, publicação ou reprodução de suas obras, e a transmissibilidade aos herdeiros (art. 5º, XXVII); como também há proteção às participações individuais em obras coletivas e à reprodução da imagem e voz humanas, inclusive nas atividades desportivas, da mesma forma que resguarda o direito de fiscalização do aproveitamento econômico das obras que criarem ou de que participarem aos criadores, aos intérpretes e às respectivas representações sindicais e associativas (art. 5º, XXVIII,); sem contar que assegura aos autores de inventos industriais privilégio temporário para sua utilização, bem como proteção às criações industriais, à propriedade das marcas, aos nomes de empresas e a outros signos distintivos, tendo em vista o interesse social e o desenvolvimento tecnológico e econômico do País (art. 5º, XXIX).

Mas, a verdade é que a Constituição Federal de 1988 não se limitou a consagrar os direitos que compreendem a liberdade pública da comunicação social tão só ao tratar dos direitos e garantias fundamentais, pois, em sede específica, delineou toda a disciplina dessa área, abrindo capítulo próprio com esse desiderato.

Assim, nos artigos 220 a 224 da Carta Magna são tratados os princípios informadores da Comunicação Social, em todas as suas minudências.

Desta maneira, reconhece que a manifestação do pensamento, a criação, a expressão e a informação, sob qualquer forma, processo ou veículo, não podem ser objeto de restrições, como também nenhuma lei poderá constituir embaraço à plena liberdade de informação jornalística, cabendo, no entanto, a consequente responsabilização daqueles que extrapolarem a órbita da licitude e adentrarem no campo das ofensas aos direitos de terceiros, quando da exteriorização de sua atividade intelectiva (art. 220 e parágrafo 1º da CF).

Vedou também, de forma categórica, toda e qualquer censura de natureza política, ideológica e artística (art. 220, parágrafo 2º).

E, por outro lado, como forma de proteger os receptores das mensagens, veio a Constituição Federal a estabelecer que compete à lei federal regular as diversões e espetáculos públicos, cabendo ao Poder Público informar sobre a natureza deles, as faixas etárias a que não se recomendem, locais e horários em que a sua apresentação se mostre inadequada.

Desta maneira, mesmo vedando a censura, não deixou ao alvedrio das empresas de comunicação, e dos artistas em geral, a realização das diversões e espetáculos públicos, devendo ser os destinatários cientificados a respeito do teor que possuem essas atividades lúdicas e dos efeitos que possam delas advir, pelo que instituiu um sistema de classificação, por meio do qual há uma indicação a respeito de ser ou não aconselhável para menores ou maiores de certa idade, como ainda no tocante aos horários mais adequados para sua apresentação e, até mesmo, apontando se se trata de drama, comédia, tragédia.

Enfim, ao mesmo tempo em que não impõe a censura, resguarda, no entanto, interesses e valores da comunidade, posto que coloca a sociedade com conhecimento a respeito da natureza do espetáculo ou da diversão, de forma ampla, o que permite que as pessoas possam valer-se da faculdade de não assisti-los, face a avaliação prévia quanto à sua conveniência.

Com o mesmo propósito de resguardar valores éticos e familiares, a Constituição Federal de 1988 estabeleceu que caberá à lei federal disciplinar os meios legais que garantam à pessoa e à família a possibilidade de se defenderem de programas ou programações de rádio e televisão, que se apresentem afastados das finalidades maiores de ordem educativa, artística, cultural e informativa ou, que veiculem propaganda de produtos, práticas e serviços, que possam ser nocivos a saúde e ao meio ambiente.

E mais, estabeleceu, peremptoriamente, restrições à propaganda de tabaco, bebidas alcoólicas, agrotóxicos, medicamentos e terapias, determinando sejam os destinatários informados de seus malefícios, além de que devera conter, sempre que necessário, advertência quanto aos males provenientes de seu uso (art. 220, parágrafo 4º, CF).

Destarte, constata-se que a Constituição Federal de 1988, de uma maneira vasta e extensa, traçou a disciplina maior relativa à expressão do pensamento, garantindo essa suprema liberdade pública em suas diversas vertentes, seja pelo ângulo do autor das ideias, seja no momento da exposição e veiculação, seja no que tange aos receptores das mensagens.

Vejamos, agora, as espécies de liberdades públicas relativas à comunicação social, que foram consagradas na Constituição Federal Brasileira.

3. Das Liberdades Públicas na Área da Comunicação Social

3.1 Conceito de Liberdade Pública

Em primeiro lugar cabe precisar o conceito de liberdade pública, sendo que J. Cretella Júnior entende tratar-se de *"todo direito subjetivo público de autodeterminação individual ou coletivo, declarado expressamente pelo Direito Positivo, reconhecido e garantido pelo Estado, mediante o qual o respectivo titular opta livremente por modos de agir, dentro de limites previamente fixados por normas jurídicas constitucionais ou infraconstitucionais vigentes"*.[8]

Representa, assim, um campo de atuação em que pode o homem autodeterminar-se, tendo como parâmetros a Constituição e a Lei, daí ter Montesquieu ressaltado que *"a liberdade política não consiste em fazer o que se quer num Estado, isto é, numa sociedade onde há leis, a liberdade não pode consistir senão em poder fazer o que se deve querer, e a não ser constrangido a fazer o que não se deve querer"*. E conclui concebendo a liberdade, como *"o direito de fazer tudo o que as leis permitem"*.[9]

Portanto, a ideia de liberdade pública repousa, primacialmente, na parcela de autonomia individual, cujos parâmetros estão no ordenamento jurídico, e em relação a qual a pessoa humana não pode prescindir ou dela ser espoliado, sob pena de, assim ocorrendo, estarem sendo violados os próprios núcleos básicos dos direitos fundamentais consagrados na Constituição e na Lei.

Na seara da Comunicação Social, as liberdades públicas podem ser enfeixadas num conjunto de direitos, formas, processos e veículos, que possibilitam a coordenação desembaraçada da criação, expressão e difusão do pensamento e da informação, representando, portanto, áreas em que a pessoa humana pode autodeterminar-se, observados os limites constitucionais e legais próprios.

Desta forma, imperiosa é a caracterização de cada uma dessas liberdades, inclusive extremando-as entre si, como forma de estabelecer o seu conteúdo e extensão, pois, a Constituição Federal de 1988, ao traçar uma disciplina ampla da matéria, não deixou de concebê-las em suas diversas vertentes.

3.2 Da Liberdade de Pensamento

A primeira e mais sagrada liberdade pública assegurada na Carta Magna, na seara da comunicação social, diz respeito à livre manifestação do pensamento.

---

8. *Curso de Liberdades Públicas*, Forense, Rio de Janeiro, 1986, p. 43-44.
9. *L'Esprit des lois*, Paris, Éditions Garnier Frères, 1956, Lib. XI, Cap. III, t. 1o, p. 162.

Nesse diapasão, entende-se que a liberdade de pensamento confere ao seu titular o direito público subjetivo de livre manifestação de suas ideias, por meio de qualquer forma, processo ou veículo, não podendo sofrer impedimentos, à exceção dos resultantes da necessidade de se resguardar o interesse público e a sociedade no tocante aos abusos que possam ser perpetrados.

Sampaio Dória conceitua a liberdade de pensamento como sendo o *"direito de exprimir, por qualquer forma, o que se pense em ciência, religião, arte ou o que for"*,[10] enquanto que Albert Colliard ressalta que se trata de liberdade de conteúdo intelectual e supõe o contacto do indivíduo com seus semelhantes, mediante a qual *"o homem tenda, p. ex., a participar a outros suas crenças, seus conhecimentos, sua concepção do mundo, suas opiniões políticas ou religiosas, seus trabalhos científicos."*[11]

A manifestação do pensamento dá-se, principalmente, por meio da palavra, quer escrita ou oral, devendo estar compreendida nessa categoria toda a ordem de modalidades de comunicação, como a mímica, os símbolos, os sinais convencionais, os distintivos, as bandeiras, o tambor, a fumaça, o grito, a música.

Ora, o tinir de tambores já consistiu em prenúncio de guerras, já revelou sentimentos festivos, como também já serviu para evocações transcendentais, sendo que algumas civilizações ainda mantém parte dessas características culturais de comunicação.

A fumaça, expelida no capitólio em Roma, revela a escolha de um novo Papa.

Enfim, as formas de expressão do pensamento são tão diversificadas e denotam, em seu ponto máximo, a expressão da inteligência humana, que é impossível abranger a todas ou mesmo proceder a uma classificação nessa seara, cabendo somente a indicação de seus aspectos principais.

É por isso que a Constituição Brasileira de 1988, mesmo a despeito de ter assegurado a livre manifestação em suas plúrimas acepções, no Capítulo dos Direitos e Garantias Fundamentais (artigo 5º, IV, VI e VIII), novamente consagra essa liberdade pública ao disciplinar a Comunicação Social, justamente para ressaltar que se trata de uma proteção ampla e multiforme, daí ter estabelecido, em seu artigo 220, que:

> "A manifestação do pensamento, a criação, a expressão e a informação, sob qualquer forma, processo ou veiculo não sofrerão qualquer restrição, observado o disposto nesta Constituição."

É indubitável, portanto, que restou assegurada a liberdade de pensamento no ordenamento constitucional brasileiro com amplitude.

---

10. *Direito Constitucional, Comentários à Constituição de 1946*, 4ª ed., Max Limonad, 1958, v. 3, p. 602.
11. *Libertés Publiques*, 4ª. ed., Dalloz, Paris, 1972, p. 313.

3.3 Da Liberdade de Criação

Há quem entenda que, no gênero liberdade de pensamento, estaria inserida também a liberdade de criação, na qualidade de fruto da intelectualidade humana. E, efetivamente, se tomarmos a liberdade de pensamento em seu sentido lato, poderíamos assim concluir.

Entretanto, considerando-a em seu sentido estrito, vislumbra-se a existência de distinções, pois ai, então, deveríamos conceber que a manifestação do pensamento leva apenas à projeção, à exteriorização das ideias, enquanto que, na criação, há o elemento denotador da introdução, que se revela pela colocação de algo de novo no mundo.

De maneira que pode haver a exteriorização do pensamento sem que nada no mundo seja alterado com sentido de inovação, pelo que a criação, apesar de revelar a atividade intelectiva do homem, teria um "plus" em relação à mera manifestação do pensamento, dado que importaria na introdução de um elemento novo no mundo.

A Constituição Federal, ao lado da liberdade de pensamento, garantiu, também, a liberdade de criação, pelo que quis o legislador constituinte enfatizar que essas duas formas de manifestação da intelectualidade humana tem relevância, inclusive nos pontos em que se distanciam, estabelecendo, assim, garantias para resguardar essas duas emanações do espírito.

Ora, no tocante à criação, estabelece ser livre a expressão da atividade intelectual, artística, científica e de comunicação, independentemente de censura ou licença, artigo 5º, IX, além de que o próprio 220 do Texto Constitucional, reafirma essa garantia, ao estabelecer que a criação, sob qualquer forma, processo ou veículo, ao lado de outras expressões da atividade interior do homem, não sofrerão qualquer restrição.

E mais, há proteção aos autores de obras, inventos e outras criações intelectuais, bem como são assegurados os direitos daqueles que participam de obras coletivas, artigo 5º, XXVII, XXVIII e XXIX, da Constituição Federal.

Enfim, a liberdade de criação ficou convenientemente garantida no texto constitucional em vigor.

3.4 Da Liberdade de Opinião

A liberdade de opinião também consubstancia uma variante da própria liberdade de pensamento considerada em seu sentido amplo, dado que nada mais representa do que a enunciação de uma escolha, a tomada de uma opinião, de maneira reservada ou publicamente.

Neste particular, José Afonso da Silva elucida que *"trata-se da liberdade de o indivíduo adotar a atitude intelectual de sua escolha, quer um pensamento íntimo, quer seja a tomada de posição pública; liberdade de pensar e dizer o que se crê verdadeiro"*.[12]

Há, no Direito Brasileiro, a consagração dessa liberdade, sob esse dúplice ângulo, pois, como direito ao pensamento íntimo, tem-se a liberdade de consciência e de crença, e como direito à uma posição pública é resguardada a liberdade de manifestação de crença e de convicções pessoais, artigo 5º, VI; além de que, no inciso VIII desse mesmo artigo, é assegurado que ninguém poderá ser privado de direitos por motivo de crença religiosa ou de convicção filosófica ou política, salvo se as invocar para eximir-se de obrigação legal a todos imposta e recusar-se a cumprir prestação alternativa, fixada em lei.

Assim, não há mais, por exemplo, qualquer restrição às convicções marxistas, que outrora se fazia sentir no Brasil, da mesma maneira que nenhuma outra corrente de pensamento pode ser desautorizada. Somente é vedado que partidos políticos formem organizações paramilitares, ou mesmo que as convicções professadas por pessoas ou entidades levem a preconceitos de raças, de classes ou atentem contra a ordem constitucional e o estado democrático.

3.5 Da Liberdade de Informação

A liberdade de informação revela, na modernidade, o avanço a que chegou a velha liberdade de imprensa, a propósito de que Karl Marx já reconhecia importante valor, ao posicionar que:

> "A imprensa livre é o olhar onipotente do povo, a confiança personalizada do povo nele mesmo, o vínculo articulado que une o indivíduo ao Estado e ao mundo, a cultura incorporada que transforma lutas materiais em lutas intelectuais, e idealiza suas formas brutas. É a franca confissão do povo a si mesmo, e sabemos que o poder da confissão é o de redimir. A imprensa livre é o espelho intelectual no qual o povo se vê, e a visão de si mesmo é a primeira confissão de sabedoria".[13]

Hoje, a liberdade de informação é mais ampla, não englobando somente a imprensa, mas toda e qualquer forma de difusão de notícias, comentários e opiniões, por qualquer veículo de comunicação social.

É assim que, no escólio de Albino Greco, por informação deve ser entendido *"o conhecimento de fatos, de acontecimentos, de situações de interesse geral e*

---

12. *Curso de Direito Constitucional Positivo*, 9ª ed., Malheiros Editores, São Paulo, 1993, p. 220.
13. *A Liberdade de Imprensa*, Porto Alegre, L & PM Editores, 1980, trad. de Claudia Schiling e José Fonseca, p. 42.

particular, que implica, do ponto de vista jurídico, duas direções: a do direito de informar e a do direito de ser informado."[14]

No direito de informar, há a consagração da liberdade de manifestar o pensamento pela palavra, pelo escrito ou qualquer outro modo de expressão, com o fim de difundir notícias ou elementos de conhecimento ou, até mesmo, ideias e opiniões.

Por outro lado, o direito de ser informado está fulcrado no interesse, cada vez mais forte, da coletividade, no sentido de obter o conhecimento necessário relativo a fatos da vida e da sociedade, em sua amplitude e sem desvirtuamentos.

Daí o reconhecimento, no dizer de José Afonso da Silva, de que *"a liberdade de informação não é simplesmente a liberdade de dono da empresa jornalística ou do jornalista. A liberdade destes é reflexa no sentido de que ela só existe e se justifica na medida do direito dos indivíduos a uma informação correta e imparcial. A liberdade dominante é a de ser informado, a de ter acesso às fontes de informação, a de obtê-la. O dono da empresa e o jornalista têm um direito fundamental de exercer sua atividade, sua missão; mas, especialmente tem um dever. Reconhece-se-lhe o direito de informar ao público os acontecimentos e idéias, mas sobre ele incide o dever de informar a coletividade tais acontecimentos e idéias, objetivamente, sem alterar-lhes a verdade ou esvaziar-lhes o sentido original: do contrário, se terá não informação, mas deformação".*[15]

Portanto, a liberdade de informação, além de representar uma forma de expressão da própria liberdade de pensamento, pode ser concebida sob dúplice enfoque, tanto no sentido de permitir a procura, o acesso à informação e à difusão sem peias, sem censuras, resguardado o sigilo da fonte, quando do exercício profissional; como também, no tocante ao direito de recebimento das mensagens, a percepção das ideias, em sua pureza, sem tergiversações, dado que, se desvirtuadas, ensejarão a consequente responsabilização.

É para resguardar todos esses ângulos, que a Constituição estabelece todo um quadro de garantias, e que estão concentradas algumas no próprio artigo 220, parágrafo 1º, da Constituição Federal, ao preceituar que:

> "Nenhuma lei conterá dispositivo que possa constituir embaraço à plena liberdade de informação jornalística em qualquer veículo de comunicação social, observado o disposto no art. 5º, IV, V, X, XIII e XlV."

---

14. *La Libertà di Stampa nell'Ordinamento Giuridico Italiano*, Roma, Bulzioni Editores, 1974, p. 38, citando Chiola, L'Informazione nella Costituzione, p. 28.
15. *Curso de Direito Constitucional Positivo*, 9ª ed., 3ª tiragem, Malheiros Editores, São Paulo, 1993, p. 224.

Ora, os incisos IV e V do artigo 5º prescrevem que *"é livre a manifestação do pensamento, sendo vedado o anonimato"*, e que *"é assegurado o direito de resposta, proporcional ao agravo, alem da indenização por dano material, moral ou à imagem"*; enquanto que o inciso X estabelece que "são invioláveis a intimidade, a vida privada, a honra e a imagem das pessoas, assegurado o direito à indenização pelo dano material ou moral decorrente de sua violação", e, ainda, os incisos XIII e XIV, estatuem que *"é livre o exercício de qualquer trabalho, ofício ou profissão, atendidas as qualificações profissionais que a lei estabelecer"*, bem como *"é assegurado a todos o acesso à informação e resguardado o sigilo da fonte, quando necessário ao exercício profissional"*.

Portanto, assim procedendo, toda a disciplina relativa à liberdade de informação foi estabelecida, tanto no tocante ao aspecto do direito à informação, quanto ao aspecto do direito de ser informado.

3.6 Da Liberdade de Meios de Comunicação

A liberdade de comunicação encerra também a escolha dos meios de exteriorização do pensamento e difusão das informações, que são principalmente os livros, os jornais e outros periódicos, os serviços de radiodifusão sonora e de sons e imagens.

Ocorre que esses meios de comunicação estão sujeitos a regimes jurídicos próprios, sendo que, no tocante à publicação de livros, jornais e outros periódicos não há, na Constituição Federal, exigência de licença de autoridade alguma, consoante dispõe o artigo 220, parágrafo 6º, devendo, no entanto, ocorrer no Cartório de Registro das Pessoas Jurídicas, a matrícula das empresas coletivas que atuam nessa área, sob pena de serem tidas como clandestinas, como sói acontecer com qualquer outra entidade do setor privado.

Mas em relação aos serviços de radiodifusão sonora, de sons e imagens, as exigências são mais acuradas, dado que constituem serviços públicos, de interesse da comunidade, cuja exploração e deferida à União, que por sua vez pode, no entanto, delegá-los, mediante concessão, permissão ou autorização.

Feitas essas considerações, analisemos, agora, alguns recentes julgados do colendo Supremo Tribunal Federal, que, de forma enfática, consagram as liberdades públicas acima referenciadas, justamente a denotar que tais garantias constitucionais não se revelam somente como solenes declarações constantes do Texto Constitucional, mas têm tido efetivo reconhecimento quando levados tais pleitos ao Judiciário.

4. Recentes Decisões do Supremo Tribunal Federal Reconhecendo Liberdades Públicas no Âmbito da Comunicação Social

4.1 A Lei de Imprensa e sua incompatibilidade com a Constituição Federal[16]

O Supremo Tribunal Federal, no julgamento da ADPF 130 – Arguição de Descumprimento de Preceito Fundamental –, ajuizada pelo Partido Democrático Trabalhista – PDT, ultimado no dia 30 de abril de 2009, de que foi relator o eminente Ministro Carlos Britto, por maioria de votos, reconheceu a incompatibilidade da Lei de Imprensa (Lei 5.250/67) com a atual Constituição Federal de 1988.

Votaram pela total procedência, entendendo não ter sido recepcionada pela ordem constitucional vigente todos os preceitos contidos na Lei 5.250/67, na mesma linha do relator, os ilustres Ministros Eros Grau, Menezes Direito, Cármen Lúcia, Ricardo Lewandowski, Cezar Peluso e Celso de Mello, ao passo que os eminentes Ministros Joaquim Barbosa, Ellen Gracie e Gilmar Mendes se pronunciaram pela parcial procedência da ação e o Ministro Marco Aurélio, pela improcedência.

O percuciente e laborioso voto prolatado pelo Ministro Carlos Britto, nesse julgamento, aborda todos os ângulos da matéria, merecendo ser citados alguns trechos, dado que reveladores da maestria e profundidade como foram tratados, a iniciar pelo que deve ser entendido por imprensa:

> "16. Deveras, todo exame normativo-constitucional que, entre nós, tenha na liberdade de imprensa o seu específico ponto de incidência, há de começar pela constatação de que, objetivamente, a imprensa é uma atividade. Uma diferenciada forma do agir e do fazer humano. Uma bem caracterizada esfera de movimentação ou do protagonismo dessa espécie animal que Protágoras (485/410 a.C) tinha como "a medida de todas as coisas". Mas atividade que, pela sua força de multiplicar condutas e plasmar caracteres, ganha a dimensão de instituição-ideia. Locomotiva sóciocultural ou ideia-força. Nessa medida, atividade (a de imprensa) que se põe como a mais rematada expressão do jornalismo; quer o jornalismo como profissão, quer o jornalismo enquanto vocação ou pendor individual (pendor que é frequentemente identificado como arte, ou literatura). Donde a

---

16. Os comentários contidos neste tópico acerca do julgamento da ADPF 130, pelo Supremo Tribunal Federal, tiveram como fonte de pesquisa as notícias veiculadas no site daquela Corte, no dia 30 de abril de 2009, e que podem ser acessadas por meio do portal www.stf.jus.br, pois até o momento o acórdão respectivo ainda não foi publicado, o que inviabilizou o manuseio direto dos votos proferidos naquela ocasião e a consequente citação neste artigo, à exceção do voto do eminente Ministro Carlos Britto, cujo texto foi disponibilizado.

Constituição mesma falar de "liberdade de informação jornalística" (§ 1º do art. 220), expressão exatamente igual a liberdade de imprensa.

17. Já do ângulo subjetivo ou orgânico, a comprovação cognitiva é esta: a imprensa constituise num conjunto de órgãos, veículos, "empresas", "meios", enfim, juridicamente personalizados (§ 5º do art. 220, mais o § 5º do art. 222 da Constituição Federal). Logo, subjetivamente considerada, a imprensa é instituição-entidade, instituiçãoaparelho, instituição-aparato. Mas seja a imprensa como objetivo sistema de atividades, seja como subjetivados aparelhos, a comunicação social é mesmo o seu traço diferenciador ou signo distintivo. As duas coisas sempre englobadas (instituição-ideia e instituição-entidade), pois o fato é que assim binariamente composta é que a imprensa consubstancia um tipo de comunicação que não desborda do significado que se contém nos dicionários da língua portuguesa; ou seja, comunicação é ato de comunicar, transmitir, repassar, divulgar, revelar. No caso da imprensa, comunicar, transmitir, repassar, divulgar, revelar: a) informações ou notícias de coisas acontecidas no mundo do ser, que é o mundo das ocorrências fáticas; b) o pensamento, a pesquisa, a criação e a percepção humana em geral, estes situados nos escaninhos do nosso cérebro, identificado como a sede de toda inteligência e de todo sentimento da espécie animal a que pertencemos."

E, mais, adiante, destaca o Ministro Carlos Britto em seu voto que:

"24. Pois bem, assim binariamente concebida e praticada entre nós é que a imprensa possibilita, por modo crítico incomparável, a revelação e o controle de praticamente todas as coisas respeitantes à vida do Estado e da sociedade. Coisas que, por força dessa invencível parceria com o tempo, a ciência e a tecnologia, se projetam em patamar verdadeiramente global. Com o mérito adicional de se constituir, ela, imprensa, num necessário contraponto à leitura oficial dos fatos e suas circunstâncias, eventos, condutas e tudo o mais que lhes sirva de real motivação. Quero dizer: a imprensa como alternativa à explicação ou versão estatal de tudo que possa repercutir no seio da sociedade, conforme realçado pelo jurista, deputado federal e jornalista Miro Teixeira, um dos subscritores da presente ADPF. O que já significa visualizar a imprensa como garantido espaço de irrupção do pensamento crítico em qualquer situação ou contingência. Pensamento crítico ou racionalmente exposto, com toda sua potencialidade emancipatória de mentes e espíritos. Não aquele pensamento sectariamente urdido, ou então superficialmente engendrado, quando não maquinadamente elaborado para distorcer fatos e biografias. Sendo de toda relevância anotar que, a título de reforço à mantença dessa verdadeira relação de inerência entre o pensamento crítico e a imprensa livre, a própria Constituição impõe aos órgãos e empresas de comunicação social a seguinte interdição: "Os meios de comunicação social não podem, direta ou indiretamente, ser objeto de monopólio ou oligopólio" (§ 5º do art. 220). Norma constitucional de concretização de um pluralismo finalmente compreendido como fundamento das sociedades autenticamente democráticas; isto é, o pluralismo como a virtude democrática da respeitosa convivência dos contrários (o necessário consenso é apenas quanto às regras do jogo, conforme enuncia Norberto Bobbio em seu clássico livro "O futuro da democracia"). Pluralismo, enfim, que a nossa Constituição prestigia em duas explícitas oportunidades, : no seu preâmbulo e no inciso V do art. 1º. Aqui, pluralismo político; ali, pluralismo cultural ou social genérico."

Ainda, analisou o Ministro Carlos Britto qual a amplitude que Constituição Federal de 1988 tratou da liberdade de imprensa, sendo que, para tanto, realçou:

> "27. Mas a decisiva questão é comprovar que o nosso Magno Texto Federal levou o tema da liberdade de imprensa na devida conta. Deu a ela, imprensa, roupagem formal na medida exata da respectiva substância. Pois é definitiva lição da História que, em matéria de imprensa, não há espaço para o meio-termo ou a contemporização. Ou ela é inteiramente livre, ou dela já não se pode cogitar senão como jogo de aparência jurídica. É a trajetória humana, é a vida, são os fatos, o pensamento e as obras dos mais acreditados formadores de opinião que retratam sob todas as cores, luzes e contornos que imprensa apenas meio livre é um tão arremedo de imprensa como a própria meia verdade das coisas o é para a explicação cabal dos fenômenos, seres, condutas, ideias. Sobretudo ideias, cuja livre circulação no mundo é tão necessária quanto o desembaraçado fluir do sangue pelas nossas veias e o desobstruído percurso do ar pelos nossos pulmões e vias aéreas. O que tem levado interlocutores sociais de peso – diga-se de passagem – a se posicionar contra a exigência de diploma de nível superior para quem se disponha a escrever e falar com habitualidade pelos órgãos de imprensa."

Também destacou o eminente Ministro Carlos Britto os laços fortes existentes entre a imprensa livre e a democracia, posicionando que:

> "36. Avanço na tessitura desse novo entrelace orgânico para afirmar que, assim visualizada como verdadeira irmã siamesa da democracia, a imprensa passa a desfrutar de uma liberdade de atuação ainda maior que a liberdade de pensamento e de expressão dos indivíduos em si mesmos considerados. Até porque essas duas categorias de liberdade individual também serão tanto mais intensamente usufruídas quanto veiculadas pela imprensa mesma (ganha-se costas largas ou visibilidade – é fato –, se as liberdades de pensamento e de expressão em geral são usufruídas como o próprio exercício da profissão ou do pendor jornalístico, ou quando vêm a lume por veículo de comunicação social). O que faz de todo o capítulo constitucional sobre a comunicação social um melhorado prolongamento dos preceitos fundamentais da liberdade de manifestação do pensamento e de expressão em sentido lato. Comunicando-se, então, a todo o segmento normativo prolongador a natureza jurídica do segmento prolongado; que é a natureza de "DIREITOS E GARANTIAS FUNDAMENTAIS", tal como se lê no título de nº II da nossa Constituição. E para a centrada tutela de tais direitos e garantias é que se presta a ação de descumprimento de preceito fundamental, cujo *status* de ação constitucional advém da regra que se lê no § 1º do art. 101 da nossa Lei Maior, *literis*: "A arguição de descumprimento de preceito fundamental, decorrente desta Constituição, será apreciada pelo Supremo Tribunal Federal, na forma da lei."

Ainda, o Ministro Carlos Britto, em seu lapidar voto, realça a proteção constitucional dada à expressão do pensamento, em suas várias vertentes, posicionando que:

> "37. Com efeito, e a título de outorga de um direito individual que o ritmo de civilização do Brasil impôs como conatural à espécie humana (pois sem ele o indivíduo como que se

fragmenta em sua incomparável dignidade e assim deixa de ser o ápice da escala animal para se reduzir a subespécie), a Constituição proclama que "é livre a manifestação do pensamento, sendo vedado o anonimato" (inciso IV do art. 5º). Assim também, e de novo como pauta de direitos mais fortemente entroncados com a dignidade da pessoa humana, a nossa Lei Maior estabelece nesse mesmo art. 5º que: a) "é livre a expressão da atividade intelectual, artística, científica e de comunicação, independentemente de censura ou licença" (inciso IX); b) "é livre o exercício de qualquer trabalho, ofício ou profissão, atendidas as qualificações profissionais que a lei estabelecer" (inciso XIII); c) "é assegurado a todos o acesso à informação e resguardado o sigilo da fonte, quando necessário ao exercício profissional" (inciso XIV); d) "conceder-se-á habeas data: a) para assegurar o conhecimento de informações relativas à pessoa do impetrante, constantes de registros ou bancos de dados de entidades governamentais ou de caráter público: b) para a retificação de dados, quando não prefira fazê-lo por processo sigiloso, judicial ou administrativo" (inciso LXXII). Discurso libertário que vai reproduzir na cabeça do seu art. 220, agora em favor da imprensa, com pequenas alterações vocabulares e maior teor de radicalidade e largueza. Confira-se: "Art. 220. A manifestação do pensamento, a criação, a expressão e a informação, sob qualquer forma, processo ou veículo, não sofrerão qualquer restrição, observado o disposto nesta Constituição."

"38. É precisamente isto: no último dispositivo transcrito a Constituição radicaliza e alarga o regime de plena liberdade de atuação da imprensa, porquanto fala: a) que os mencionados direitos de personalidade (liberdade de pensamento, criação, expressão e informação) estão a salvo de qualquer restrição em seu exercício, seja qual for o suporte físico ou tecnológico de sua veiculação; b) que tal exercício não se sujeita a outras disposições que não sejam as figurantes dela própria, Constituição. Requinte de proteção que bem espelha a proposição de que a imprensa é o espaço institucional que melhor se disponibiliza para o uso articulado do pensamento e do sentimento humanos como fatores de defesa e promoção do indivíduo, tanto quanto da organização do Estado e da sociedade. Plus protecional que ainda se explica pela anterior consideração de que é pelos mais altos e largos portais da imprensa que a democracia vê os seus mais excelsos conteúdos descerem dos colmos olímpicos da pura abstratividade para penetrar fundo na carne do real. Dando-se que a recíproca é verdadeira: quanto mais a democracia é servida pela imprensa, mais a imprensa é servida pela democracia. Como nos versos do poeta santista Vicente de Carvalho, uma diz para a outra, solene e agradecidamente, "Eu sou quem sou por serdes vós quem sois".

"39. É de se perguntar, naturalmente: mas a que disposições constitucionais se refere o precitado art. 220 como de obrigatória observância no desfrute das liberdades de pensamento, criação, expressão e informação que, de alguma forma, se veiculem pela imprensa? Resposta: àquelas disposições do art. 5º, versantes sobre vedação do anonimato (parte final do inciso IV); direito de resposta (inciso V); direito a indenização por dano material ou moral à intimidade, à vida privada, à honra e imagem das pessoas (inciso X); livre exercício de qualquer trabalho, ofício ou profissão, atendidas as qualificações profissionais que a lei estabelecer (inciso XIII); direito ao resguardo do sigilo da fonte de informação, quando necessário ao exercício profissional (inciso XIV).

40. Não estamos a ajuizar senão isto: a cabeça do art. 220 da Constituição veda qualquer cerceio ou restrição à concreta manifestação do pensamento, bem assim todo cerceio ou restrição que tenha por objeto a criação, a expressão e a informação, pouco importando

a forma, o processo, ou o veículo de comunicação social. Isto é certo. Impossível negá-lo. Mas o exercício de tais liberdades não implica uma fuga do dever de observar todos os incisos igualmente constitucionais que citamos no tópico anterior, relacionados com a liberdade mesma de imprensa (a começar pela proibição do anonimato e terminando com a proteção do sigilo da fonte de informação). Uma coisa a não excluir a outra, tal como se dá até mesmo quando o gozo dos direitos fundamentais à liberdade de pensamento e de expressão da atividade intelectual, artística, científica e de comunicação, além do acesso à informação, acontece à margem das atividades e dos órgãos de imprensa (visto que o desfrute de tais direitos é expressamente qualificado como "livre"). Mas é claro que os dois blocos de dispositivos constitucionais só podem incidir mediante calibração temporal ou cronológica: primeiro, assegura-se o gozo dos sobredireitos (falemos assim) de personalidade, que são a manifestação do pensamento, a criação, a informação, etc., a que se acrescenta aquele de preservar o sigilo da fonte, quando necessário ao exercício da profissão do informante, mais a liberdade de trabalho, ofício, ou profissão. Somente depois é que se passa a cobrar do titular de tais sobre-situações jurídicas ativas um eventual desrespeito a direitos constitucionais alheios, ainda que também densificadores da personalidade humana; ou seja, como exercer em plenitude o direito à manifestação do pensamento e de expressão em sentido geral (sobredireitos de personalidade, reitere-se a afirmativa), sem a possibilidade de contraditar, censurar, desagradar e até eventualmente chocar, vexar, denunciar terceiros? Pelo que o termo "observado", referido pela Constituição no *caput* e no § 1º do art. 220, é de ser interpretado como proibição de se reduzir a coisa nenhuma dispositivos igualmente constitucionais, como os mencionados incisos IV, V, X, XIII e XIV do art. 5º. Proibição de se fazer tabula rasa desses preceitos igualmente constitucionais, porém sem que o receio ou mesmo o temor do abuso seja impeditivo do pleno uso das liberdades de manifestação do pensamento e expressão em sentido lato."

"41. Sem que o receio ou mesmo o temor do abuso seja impeditivo do pleno uso das duas categorias de liberdade, acabamos de falar, porque,para a Constituição, o que não se pode é, por antecipação, amesquinhar os quadrantes da personalidade humana quanto aos seguintes dados de sua própria compostura jurídica: liberdade de manifestação do pensamento e liberdade de expressão em sentido genérico (aqui embutidos a criação e o direito de informar, informar-se e ser informado, como expletivamente consignado pelo art. 37, 1, da Constituição portuguesa de 1976, "versão 1997"). Caso venha a ocorrer o deliberado intento de se transmitir apenas em aparência a informação para, de fato, ridicularizar o próximo, ou, ainda, se objetivamente faz-se real um excesso de linguagem tal que faz o seu autor resvalar para a zona proibida da calúnia, da difamação, ou da injúria, aí o corretivo se fará pela exigência do direito de resposta por parte do ofendido, assim como pela assunção de responsabilidade civil ou penal do ofensor. Esta, e não outra, a lógica primaz da interação em causa."

Por outro lado, no que tange à indenização, salientou o Ministro Carlos Britto:

"42. Lógica primaz ou elementar – retome-se a afirmação – porque reveladora da mais natural cronologia das coisas. Não há como garantir a livre manifestação do pensamento, tanto quanto o direito de expressão lato sensu (abrangendo, então, por efeito do *caput* do art. 220 da CF, a criação e a informação), senão em plenitude. Senão colocando em estado de momentânea paralisia a inviolabilidade de certas categorias de direitos subjetivos fundamentais, como, por exemplo, a intimidade, a vida privada, a imagem e a honra de terceiros. Tal inviolabilidade, aqui, ainda que referida a outros bens de personalidade (o entrechoque é entre direitos de personalidade), não pode significar mais que o direito de resposta, reparação pecuniária e persecução penal, quando cabíveis; não a traduzir um direito de precedência sobre a multicitada parelha de sobredireitos fundamentais: a manifestação do pensamento e a expressão em sentido geral. Sendo que, no plano civil, o direito à indenização será tanto mais expressivo quanto maior for o peso, o tamanho, o grau da ofensa pessoal, ou da desqualificação objetiva do fazer alheio. Donde a Constituição mesma falar de direito de resposta "proporcional ao agravo", sem distinguir entre o agravado agente público e o agravado agente privado. Proporcionalidade, essa, que há de se comunicar à reparação pecuniária, naturalmente. Mas sem que tal reparação financeira descambe jamais para a exacerbação, porquanto: primeiro, a excessividade indenizatória já é, em si mesma, poderoso fator de inibição da liberdade de imprensa; segundo, esse carregar nas cores da indenização pode levar até mesmo ao fechamento de pequenos e médios órgãos de comunicação social, o que é de todo impensável num regime de plenitude da liberdade de informação jornalística. Sem falar que, em se tratando de agente público, ainda que injustamente ofendido em sua honra e imagem, subjaz à indenização uma imperiosa cláusula de modicidade. Isto porque todo agente público está sob permanente vigília da cidadania (é direito do cidadão saber das coisas do Poder, ponto por ponto), exposto que fica, além do mais, aos saneadores efeitos da parábola da "mulher de César": não basta ser honesta; tem que parecer. E quando o agente estatal não prima por todas as aparências de legalidade e legitimidade no seu atuar oficial, atrai contra si mais fortes suspeitas de comportamento antijurídico. O que propicia maior número de interpelações e cobranças em público, revelando-se claramente inadmissível que semelhantes interpelações e cobranças, mesmo que judicialmente reconhecidas como ofensivas, ou desqualificadoras, venham a ter como sanção indenizatória uma quantia tal que leve ao empobrecimento do cidadão agressor e ao enriquecimento material do agente estatal agredido. Seja como for, quer o ofendido esteja na condição de agente privado, quer na condição de agente público, o que importa para o intérprete e aplicador do Direito é revelar a vontade objetiva da Constituição na matéria. E esse querer objetivo da Constituição reside no juízo de que a relação de proporcionalidade entre o dano moral ou material sofrido por alguém e a indenização que lhe cabe receber (quanto maior o dano, maior a indenização) opera é no próprio interior da relação entre a potencialidade da ofensa e a concreta situação do ofendido. Nada tendo a ver com essa equação a circunstância em si da veiculação do agravo por órgão de imprensa. Repito: nada tendo a ver com essa equação de Direito Civil a circunstância da veiculação da ofensa por órgão de imprensa, porque, senão, a liberdade de informação jornalística deixaria de ser um elemento de expansão e de robustez da liberdade de pensamento e de expressão lato sensu para se tornar um fator de contração e de esqualidez dessa liberdade. Até de nulificação, no limite."

Também, analisou o Ministro Carlos Britto os dispositivos da Lei de Imprensa que tratam de tipificar condutas, sendo que, neste particular, enfatizou que:

"43. Já no que diz respeito à esfera penal, o esquadro jurídico-positivo também não pode ser de maior severidade contra jornalistas. Vale dizer, a lei não pode distinguir entre pessoas comuns e jornalistas para desfavorecer penalmente estes últimos, senão caminhando a contrapasso de uma Constituição que se caracteriza, justamente, pelo desembaraço e até mesmo pela plenificação da liberdade de agir e de fazer dos atores de imprensa e dos órgãos de comunicação social. Logo, é repelente de qualquer ideia de tipificação criminosa em apartado a conduta de quem foi mais generosamente aquinhoado pela Constituição com a primazia das liberdades de manifestação do pensamento e de expressão em sentido genérico."

E, desenvolvendo seu raciocínio, prossegue o Ministro Relator, Carlos Britto, destacando os fundamentos de ordem constitucional que está a adotar:

"48. Está-se primariamente a lidar, assim, com direitos constitucionais insuscetíveis de sofrer "qualquer restrição (...)", seja qual for a "forma, processo ou veículo" de sua exteriorização. O que vem a ser confirmado pelo § 1º do mesmo artigo constitucional de nº 220, *verbis*: "Nenhuma lei conterá dispositivo que possa constituir embaraço à plena liberdade de informação jornalística em qualquer veículo de comunicação social, observado o disposto no art. 5º, IV, V, X, XIII e XIV"."

Assim, apresentou o Ministro Carlos Britto sua primeira conclusão:

"54. É hora de uma primeira conclusão deste voto e ela reside na proposição de que a Constituição brasileira se posiciona diante de bens jurídicos de personalidade para, de imediato, cravar uma primazia ou precedência: a das liberdades de pensamento e de expressão lato sensu (que ainda abarca todas as modalidades de criação e de acesso à informação, esta última em sua tríplice compostura, conforme reiteradamente explicitado). Liberdades que não podem arredar pé ou sofrer antecipado controle nem mesmo por força do Direito lei, compreensivo este das próprias emendas à Constituição, frise-se. Mais ainda, liberdades reforçadamente protegidas se exercitadas como atividade profissional ou habitualmente jornalística e como atuação de qualquer dos órgãos de comunicação social ou de Imprensa. Isto de modo conciliado: I – contemporaneamente, com a proibição do anonimato, o sigilo da fonte e o livre exercício de qualquer trabalho, ofício, ou profissão; II – a posteriori, com o direito de resposta e a reparação pecuniária por eventuais danos à honra e à imagem de terceiros. Sem prejuízo do uso de ação penal também ocasionalmente cabível, nunca, porém, em situação de rigor mais forte do que o prevalecente para os indivíduos em geral."

E, mais adiante, apresentou outras duas conclusões:

"64. É o quanto me basta para chegar a duas outras centradas conclusões deste voto: a) não há espaço constitucional para movimentação interferente do Estado em qualquer das matérias essencialmente de imprensa; b) a Lei Federal nº 5.250/67, sobre disciplinar matérias essencialmente de imprensa, misturada ou englobadamente com matérias circundantes ou periféricas e até sancionatórias (de enfiada, portanto), o faz sob estruturação formal estatutária. Dois procederes absolutamente inconciliáveis com a superveniente Constituição de 1988, notadamente pelo seu art. 20 e §§ 1º, 2º e 6º dele próprio, a acarretar o kelseniano juízo da não-recepção do Direito velho, todo ele, pela ordem constitucional nova. Circunstância que viabiliza o emprego da Arguição de Descumprimento de Preceito Fundamental como fórmula processual subsidiária da Ação Direta de Inconstitucionalidade – ADIN, nos termos das regras que se lê no § 1º do art. 102 da CF e no § 1º do art. 4º da Lei nº 9.882/99 – Lei da ADPF. Fórmula instauradora de um substitutivo controle abstrato de constitucionalidade que se revela tanto mais necessário quanto envolto em concreta (agora sim) ambiência jurisdicional timbrada por decisões conflitantes."

Por fim, aduziu o Ministro Carlos Britto que:

"67. Sem maior esforço mental, por conseguinte, conclui-se que a lei em causa faz da liberdade de imprensa uma obra de impostura, distanciada a anos-luz da radical tutela que salta de uma Constituição apropriadamente apelidada de cidadã pelo deputado federal Ulysses Guimarães (presidente da Assembleia Nacional Constituinte de 1987/1988). Por ilustração, se o art. 1º da Lei de Imprensa, cabeça, assenta que "É livre a manifestação do pensamento e a procura, o recebimento e a difusão de informações ou idéias, por qualquer meio, e sem dependência de censura, respondendo cada um, nos termos da lei, pelos abusos que cometer", passa a dizer já no § 1º desse mesmo artigo que "Não será tolerada a propaganda (...) de processos de subversão da ordem política e social (...)", e, na mesma toada de prepotência e camuflagem discursiva, acrescenta no parágrafo subsequente que "O disposto neste artigo não se aplica a espetáculos e diversões públicas, que ficarão sujeitos à censura, na forma da lei, nem na vigência do estado de sítio, quando o Governo poderá exercer a censura sobre os jornais ou periódicos e empresas de radiodifusão e agências noticiosas nas matérias atinentes aos motivos que o determinaram, como também em relação aos executores daquela medida" (sem ao menos dizer "nos termos" ou "na forma da lei"). Por igual, se, no *caput* do seu art. 2º, estabelece que "É livre a publicação e circulação, no território nacional, de livros e jornais e outros periódicos (...)", aí mesmo já principia a fragilizar o seu enunciado com um tipo de exceção que põe tudo abaixo: "salvo clandestinos ou quando atentem contra a moral e os bons costumes". Sobremais, impõe aos jornais e periódicos um regime tal de obrigações de registro e controle estatais que passa a corresponder ao mais rigoroso enquadramento com a ideologia de Estado então vigente (arts. 8º a 11). Já pelo seu art. 61, sujeita a apreensão os impressos que "contiverem propaganda de guerra ou de preconceitos de raça ou de classe, bem como os que promoverem incitamento à subversão da ordem política e social" (inciso I), ou, então, "ofenderem a moral pública e os bons costumes" (inciso II). Apreensão que, de início é regrada como da competência do Poder Judiciário, a pedido do Ministério Público (§ 1º do mesmo art. 61), porém já na cabeça do art. de nº 63 é transferida para o ministro da Justiça e Negócios Interiores, nas situações de urgência. E assim de ressalva em ressalva, de exceção em exceção, de aparentes avanços e efetivos recuos, a Lei nº 5.250/67 é um todo pro-indiviso que encerra modelo autoritário de imprensa em nada ajustado ao art. 220 da CF, mais os §§ 1º, 2º e 6º desse mesmo artigo, consagradores do clima de democracia plena que a nação passou a respirar com a promulgação da Magna Carta de 1988. Pior ainda, a Lei Federal nº 5.250/67 é tão servil do mencionado "regime de exceção", tão objetivamente impregnada por ele, que chega a ser um dos seus principais veículos formais de concreção. O próprio retrato falado e símbolo mais representativo, no plano infraconstitucional, de toda aquela desditosa quadra de amesquinhamento dos foros de civilidade jurídica do Brasil.

68. Tudo isto sem falar nos capítulos em que ela, Lei de Imprensa, define crimes e comina penas por "ABUSOS NO EXERCÍCIO DA LIBERDADE DE MANIFESTAÇÃO DO PENSAMENTO E INFORMAÇÃO (Capítulo de nº III, que vai dos arts. 12 a 28), seguido daquele que versa o tema da "RESPONSABILIDADE PENAL" (Capítulo de nº V, compreendendo os arts. de nºˢ 37 a 48). Quando é da lógica perpassante dos mesmíssimos preceitos constitucionais (art. 220 e seus §§ 1º, 2º e 6º) o comando de que os eventuais 104 abusos sejam detectados caso a caso, jurisdicionalmente (é abusivo legislar sobre abusos de imprensa, averbo), pois esse modo casuístico de aplicar a Lei Maior é a maneira mais eficaz de proteção dos superiores bens jurídicos da liberdade de manifestação do pensamento e da liberdade de expressão lato sensu. E já vimos que o tratamento penal mais gravoso para condutas de imprensa implica discriminar quem, precisamente, retira do linguajar prescritivo da nossa Constituição apoio incondicionado para o seu agir e o seu fazer na matéria.

69. Ora bem, presente esse vasto panorama, o intérprete jurídico não tem como deixar de se render às seguintes coordenadas: quando a colisão entre a lei menor e a Constituição Federal se dá em quase toda essa cadeia de técnica redacional, fio condutor das idéias e finalidades político ideológicas a alcançar, o que toma corpo não é simplesmente uma antinomia material entre dispositivos de desigual hierarquia. O que em verdade se tem é uma realidade marcada por diplomas normativos ferozmente antagônicos em sua integralidade. Visceralmente contrários, em suas linhas e entrelinhas. Por isso que imprestável, o de menor escalão hierárquico, para tentativas de conciliação hermenêutica com o de maior envergadura hierárquica, seja mediante expurgo puro e simples de destacados dispositivos da lei, seja mediante o emprego dessa refinada técnica de controle de constitucionalidade que atende pelo nome de "interpretação conforme a Constituição". É que até mesmo a técnica de interpretação conforme tem limites. Ela significa, sim, a recusa de incidência a um determinado sentido desse ou daquele preceito da lei interpretada, por incompatibilidade com a Constituição Federal, mas sob a condição de que semelhante operação não acarrete indeterminabilidade de sentido da parte remanescente da lei em causa. É dizer, a técnica da interpretação conforme não pode artificializar ou forçar a descontaminação da parte restante do diploma legal interpretado, pena de descabido incursionamento do intérprete em legiferação por conta própria. Reescrevendo ele, em verdade, o texto interpretado (o que não se admite jamais), pois o fato é que tal artificialização ou reescritura importa o desmonte da própria razão de ser de todo o conjunto da obra legislativa de menor galardão. Assim como quem transforma, num passe de mágica, o mais poluído pântano em cristalina água da fonte. Espécie de emenda insuscetível de salvar um soneto que tem em cada um dos seus versos a motivação e o significado, não apenas do verso anterior ou dos versos anteriores, não somente do verso posterior ou dos versos posteriores, mas de todos eles em congruente e inapartável unidade. Caso-limite ou situação extrema de interpretação necessariamente conglobante ou por arrastamento teleológico, a pré-excluir do intérprete/aplicador do Direito: primeiro, qualquer possibilidade da declaração de inconstitucionalidade de destacados dispositivos da lei sindicada, mas permanecendo incólume uma parte sobejante que já não tem significado autônomo; segundo, a possibilidade da declaração tão somente de não incidência de um ou de mais de um significado desse ou daquele isolado preceito da lei de menor

hierarquia frente à Constituição. Formulação teorética, esta (que ora vocalizo), imperiosamente ditada pela consideração de que, no particular, deixam de ter prestimosidade dois métodos de interpretação jurídica: a) o método teleológico, sabido que não se muda, a golpes de interpretação, o telos ou a finalidade da norma interpretada; b) o método sistemático, dada a impossibilidade de se preservar, após artificiosa hermenêutica de depuração, a coerência ou o equilíbrio interno de uma lei (a Lei Federal nº 5.250/67) que foi ideologicamente concebida e maquinadamente escrita para operar em bloco. Urdida e concretamente redigida sob os auspícios do pensar maquiavélico de que o bem deve ser feito aos poucos, enquanto o mal, de uma vez só. No caso, o mal do estrangulamento da liberdade de imprensa, a ser perpetrado pelas tenazes de um só conjunto monolítico de regras legais, acumpliciadamente dispostas numa completa unidade de desígnios quanto ao seu conteúdo e finalidades próximas e remotas."

E, assim, com esse primoroso voto, o Ministro Carlos Britto culminou por entender pelo recebimento da arguição de descumprimento de preceito fundamental e, ainda, votou pela procedência total do pedido, "para o efeito de declarar não-recepcionado pela Constituição de 1988 todo o conjunto de dispositivos da Lei Federal n. 5.250, de 9 de fevereiro de 1967, nele embutido o de natureza penal (compreensivo dos preceitos definidores de crimes, impositivos de penas e determinantes de responsabilidades).

O preclaro Ministro Menezes Direito seguiu o entendimento do relator, pela total procedência do pedido, tendo destacado, em seu voto, que a imprensa é a única instituição *"dotada de flexibilidade para publicar as mazelas do Executivo"*, sendo reservada a outras instituições a tarefa de tomar atitudes a partir dessas descobertas. Desta forma, realçou que a imprensa apresenta uma missão democrática, pois o cidadão depende dela para obter informações e relatos com as avaliações políticas em andamento e as práticas do governo. Por isso, essa instituição precisa ter autonomia em relação ao Estado. Dentro dessa linha de raciocínio, enfatizou que *"não existe lugar para sacrificar a liberdade de expressão no plano das instituições que regem a vida das sociedades democráticas"*, sendo que, apesar de reconhecer que há uma permanente tensão constitucional entre os direitos da personalidade e a liberdade de informação e de expressão, destacou que deve-se ter presente que *"quando se tem um conflito possível entre a liberdade e sua restrição deve-se defender a liberdade. O preço do silêncio para a saúde institucional dos povos é muito mais alto do que o preço da livre circulação das idéias."*

E, ainda mais, nos termos do voto do Ministro Menezes Direito, *"a sociedade democrática é valor insubstituível que exige, para a sua sobrevivência institucional, proteção igual à liberdade de expressão e à dignidade da pessoa humana e esse balanceamento é que se exige da Suprema Corte em cada momento de sua história"*, sempre tendo presente que deve haver um cuidado para solucionar esse conflito sem afetar a liberdade de expressão ou a dignidade da pessoa humana.

A Ministra Cármen Lúcia Antunes Rocha também seguiu a linha adotada pelo relator, Ministro Carlos Britto, tendo afirmado que o fundamento da Constituição Federal é o da democracia e que não há qualquer contraposição entre a liberdade de expressão e de imprensa com o valor da dignidade da pessoa humana. Muito pelo contrário, asseverou que o segundo princípio é reforçado diante de uma sociedade com imprensa livre.

Por seu turno, o Ministro Ricardo Lewandowiski, ao acompanhar a posição defendida pelo Ministro Carlos Britto, deixou consignado que a Lei de Imprensa, editada em período de exceção institucional, é totalmente incompatível com os valores e princípios abrigados na Constituição Federal de 1988, pelo que concluiu no sentido da revogação integral da Lei 5.250/67. Aduziu, para tanto, que o texto da lei além de não se harmonizar com os princípios democráticos e republicanos presentes na Carta Magna, é supérfluo, uma vez que a matéria se encontra regulamentada pela própria Constituição. Diversos dispositivos constitucionais garantem o direito à manifestação de pensamento – direito de eficácia plena e aplicabilidade imediata, frisou o Ministro.

O Ministro Cezar Peluso também seguiu o voto do relator pela não recepção da Lei de Imprensa pela Constituição Federal de 1988, tendo destacado que a Constituição Federal não prevê caráter absoluto a qualquer direito, sendo assim, "não poderia conceber a liberdade de imprensa com essa largueza absoluta". Realçou, ainda, que *"a Constituição tem a preocupação não apenas de manter um equilíbrio entre os valores que adota segundo as suas concepções ideológicas entre os valores da liberdade de imprensa e da dignidade da pessoa humana"*, afirmou o Ministro, ressaltando que a liberdade de imprensa é plena dentro dos limites reservados pela Constituição. Destacou, também, que *"talvez não fosse prático manter vigentes alguns dispositivos de um sistema que se tornou mutilado e a sobrevivência de algumas normas sem organicidade realmente poderia levar, na prática, a algumas dificuldades"*. De acordo com o Ministro, até que o Congresso Nacional entenda a necessidade da edição de uma lei de imprensa – o que, para ele, é perfeitamente compatível com o sistema constitucional – cabe ao Judiciário a competência para decidir algumas questões relacionadas, por exemplo, ao direito de resposta.

O Ministro Celso de Mello manifestou seu posicionamento pela revogação total da Lei de Imprensa, destacando que *"nada mais nocivo e perigoso do que a pretensão do Estado de regular a liberdade de expressão e pensamento"*. Informar e buscar informação, opinar e criticar são direitos que se encontram incorporados ao sistema constitucional em vigor no Brasil. Nessa linha, consignou que as críticas dos meios de comunicação social dirigidas às autoridades, por mais duras que sejam, não podem sofrer limitações arbitrárias. Essas críticas, quando emitidas com base no interesse público, não se traduzem em abuso de liberdade de expressão e, dessa forma, não devem ser suscetíveis de punição. Essa liberdade é, na verdade, um dos pilares da democracia brasileira, asseverou o decano. Mas a liberdade de expressão não é absoluta – como, aliás, nenhum direito, disse o ministro, explicando que o próprio direito à vida tem limites, tendo em vista a possibilidade de pena de morte (artigo 5º, XLVII) nos casos de guerra.

Ainda, afirmou o Ministro Celso de Mello, que a mesma Constituição que garante a liberdade de expressão, garante também outros direitos fundamentais, como os direitos à inviolabilidade, à privacidade, à honra e à dignidade humana. De sorte que esses direitos são limitações constitucionais à liberdade de imprensa. E sempre que essas garantias, de mesma estatura, estiverem em conflito, o Poder Judiciário deverá definir qual dos direitos deverá prevalecer, em cada caso, com base no princípio da proporcionalidade.

Posicionou, também, o Ministro Celso de Mello que o direito de resposta existe na legislação brasileira desde 1923, com a Lei Adolpho Gordo, sendo que, na ordem jurídica vigente, esse direito ganhou *status* constitucional (artigo 5º, V), e se qualifica como regra de suficiente densidade normativa, podendo ser aplicada imediatamente, sem necessidade de regulamentação legal. Assim, a eventual ausência de regulação legal pela revogação da Lei de Imprensa, em razão do julgamento levado a efeito pelo Supremo Tribunal Federal, não será obstáculo para o exercício dessa prerrogativa por quem se sentir ofendido, seja para exigir o direito de resposta ou de retificação.

Em suma, o Ministro Celso de Mello votou pela procedência integral da Arguição de Descumprimento de Preceito Fundamental (ADPF) 130, julgando que a Lei de Imprensa (Lei 5.250/67) é completamente incompatível com a Constituição de 1988.

Por seu turno, o Ministro Joaquim Barbosa votou pela parcial procedência do pedido, entendendo que os artigos 20, 21 e 22, da Lei de Imprensa, não se apresentam incompatíveis com a ordem constitucional vigente, devendo ser ressalvados. Realçou que esses artigos descrevem figuras penais, já que tipificam as condutas de calúnia, injúria e difamação no âmbito da comunicação pública e social e, de tal sorte, são compatíveis com a Constituição Federal. Aduziu, ainda, que *"o tratamento em separado dessas figuras penais quando praticadas através da imprensa se justifica em razão da maior intensidade do dano causado à imagem da pessoa ofendida"*. Para o Ministro, esse tratamento especializado é um importante instrumento de proteção ao direito de intimidade e útil para coibir abusos não tolerados pelo sistema jurídico, não apenas em relação a agentes públicos.

Destacou, também, o Ministro Joaquim Barbosa que *"não basta ter uma imprensa livre, mas é preciso que seja diversa e plural, de modo a oferecer os mais variados canais de expressão de ideias e pensamentos"*, além de que entendeu compatível com a ordem constitucional vigente as normas que veiculam a proibição de propaganda de guerra, de processos de subversão da ordem política e social ou de preconceitos de raça ou classe, pelo que tais dispositivos também deveriam ser preservados.

A Ministra Ellen Gracie acompanhou a divergência iniciada pelo Ministro Joaquim Barbosa, e votou pela procedência parcial da Arguição de Descumprimento de Preceito Fundamental (ADPF) 130, mantendo em vigor alguns artigos da Lei de Imprensa, que segundo ela estão em harmonia com a Constituição. Assim, destacou que o artigo 220 da Constituição Federal de 1988, quando diz que nenhum diploma legal pode se constituir em embaraço à plena liberdade de informação, quis dizer que a lei que tratar dessas garantias não poderá impor empecilhos ou dificultar o exercício da liberdade de informação, sendo devem ser mantidos, na lei, artigos que, para ela, não agridem a Constituição Federal – no caso os artigos 1º, parágrafo 1º, 2º (*caput*), 14, 16 (inciso I), 20, 21 e 22.

Votou, também pela parcial procedência da ADPF – 130, o Ministro Gilmar Mendes, entendendo, destarte, que deveriam ser mantidas as regras que disciplinam o direito de resposta presentes na Lei de Imprensa. Destacou, para tanto, que *"o direito de resposta é assegurado no plano constitucional, mas necessita no plano infraconstitucional de normas de organização e procedimento para tornar possível o seu efetivo exercício"*. Disse ver com grande dificuldade a supressão das regras da Lei de Imprensa, advertindo que *"nós estamos desequilibrando a relação, agravando a situação do cidadão, desprotegendo-o ainda mais; nós também vamos aumentar a perplexidade dos órgãos de mídia, porque eles terão insegurança também diante das criações que certamente virão por parte de todos os juízes competentes"*.

Ainda, o Ministro Gilmar Mendes previu fenômenos que podem surgir a partir da jurisprudência no sentido da revogação da lei, especialmente no tocante ao direito de resposta, com construções as mais variadas e eventualmente até exóticas, ou um caso estranho de ultratividade dessa lei que não foi recebida. Assim, diante da *"falta de parâmetros vai continuar aplicando o direito de resposta (previsto na lei revogada)"*, asseverou.

Por fim pela total improcedência da ADPF, votou o Ministro Marco Aurélio, manifestando o entendimento de que devemos deixar *"à carga de nossos representantes, dos representantes do povo brasileiro, a edição de uma lei que substitua essa, sem ter-se enquanto isso o vácuo que só leva à babel, à bagunça, à insegurança jurídica, sem uma normativa explícita da matéria"*.

Questionou, ademais, em seu o voto, qual preceito fundamental estaria sendo violado pela Lei de Imprensa, destacando que *"a não ser que eu esteja a viver em outro Brasil, não posso dizer que a nossa imprensa hoje é uma imprensa cerceada. Temos uma imprensa livre"*, asseverou.

Mencionou, ainda, o Ministro Marco Aurélio, que a Lei de Imprensa foi *"purificada pelo crivo equidistante do próprio Judiciário"*, que não aplica os dispositivos que se contrapõem à Constituição Federal. Afastou também o argumento de que a edição da norma durante o período militar tornaria a lei, a priori, antidemocrática. Para tanto, aduziu que *"não posso, de forma alguma, aqui proceder a partir de um ranço, de um pressuposto de que essa lei foi editada em regime que aponto não como de chumbo, mas como regime de exceção, considerado o essencialmente democrático."*

Por fim, advertiu que, com a revogação da Lei de Imprensa, dispositivos dos Códigos Penal e Civil passarão a ser aplicados pelos magistrados para julgar processos contra empresas de comunicação e jornalistas, o que não poderia ser adequado.

Verifica-se, de todos os votos prolatados pelos Ministros integrantes do Supremo Tribunal Federal, a preocupação maior em resguardar as liberdades públicas no âmbito da comunicação social, mesmo naqueles votos que entenderam pela parcial procedência do pleito deduzido na ADPF ou até pela improcedência, pois, em nenhum deles foram negados os direitos a uma imprensa livre, detentora da mais ampla liberdade de informar, nem sonegado o direito da sociedade de ser informada.

4.2 Da Desnecessidade do diploma de jornalismo para o exercício da profissão de jornalista[17]

Outro julgado, extremamente significativo e consagrador da liberdade de expressão do pensamento, foi a decisão tomada pelo Supremo Tribunal Federal, no Recurso Extraordinário 5511961, de que foi relator o eminente Ministro Gilmar Mendes, ao reconhecer, por maioria de votos, a inconstitucionalidade da exigência do diploma de jornalismo e registro profissional no Ministério do Trabalho como condição para o exercício da profissão de jornalista.

No julgamento, o entendimento vencedor adotado pelo Ministro Gilmar Mendes e sufragado pelos demais integrantes do Supremo Tribunal Federal, à exceção do Ministro Marco Aurélio, foi no sentido de que o artigo 4º, inciso V, do Decreto-Lei 972/1969, não foi recepcionado pela Constituição Federal (CF) de 1988 e que

---

17. Os comentários contidos neste tópico acerca do julgamento do RE 511961, pelo Supremo Tribunal Federal, tiveram como fonte de pesquisa as notícias veiculadas no site daquela Corte, no dia 17 de junho de 2009, e que podem ser acessadas por meio do portal www.stf.jus.br, pois até o momento o acórdão respectivo ainda não foi publicado, o que inviabilizou o manuseio direto dos votos proferidos naquela ocasião e a consequente citação neste artigo, à exceção do voto do eminente Ministro Carlos Britto, cujo texto foi disponibilizado.

as exigências nele contidas ferem a liberdade de imprensa e contrariam o direito à livre manifestação do pensamento.

O Recurso Extraordinário 5511961 havia sido interposto pelo Ministério Público Federal (MPF) e pelo Sindicato das Empresas de Rádio e Televisão do Estado de São Paulo (Sertesp) contra acórdão do Tribunal Regional Federal da 3ª Região, que afirmou a necessidade do diploma, contrariando uma decisão da 16ª Vara Cível Federal em São Paulo, numa ação civil pública.

O Ministro Gilmar Mendes, na qualidade de relator, destacou que *"o jornalismo e a liberdade de expressão são atividades que estão imbricadas por sua própria natureza e não podem ser pensados e tratados de forma separada"*, sendo que, no seu entender, *"o jornalismo é a própria manifestação e difusão do pensamento e da informação de forma contínua, profissional e remunerada"*. Assim, o DL 972/69, baixado durante o regime militar, teve como objetivo limitar a livre difusão de informações e manifestação do pensamento, a revelar que tais normas contrariam o artigo 5º, incisos IX e XIII, e o artigo 220 da Constituição Federal, que tratam da liberdade de manifestação do pensamento e da informação, bem como da liberdade de exercício da profissão.

Ademais, restou enfatizado que o artigo 4º do referido DL 972/69, ao estabelecer a obrigatoriedade de registro dos profissionais da imprensa no Ministério do Trabalho, não se coaduna com o artigo 13 da Convenção Americana de Direitos Humanos de 1969, mais conhecida como Pacto de San Jose da Costa Rica, ao qual o Brasil aderiu em 1992, pois, esse dispositivo garante a liberdade de pensamento e de expressão como direito fundamental do homem.

A Ministra Cármen Lúcia acompanhou a posição adotada pelo Relator, tendo sustentado que a Constituição Federal de 1988 não recepcionou o DL 972, nem material, nem formalmente, bem como asseverou também que o inciso V do artigo 4º do DL contraria o artigo 13 do Pacto de San Jose da Costa Rica.

Na mesma esteira, posicionou-se o Ministro Ricardo Lewandowski, tendo realçado que *"o jornalismo prescinde de diploma"*. Só requer desses profissionais *"uma sólida cultura, domínio do idioma, formação ética e fidelidade aos fatos"*. Segundo ele, tanto o DL 972 quanto a já extinta – também por decisão do STF – Lei de Imprensa, representavam *"resquícios do regime de exceção, entulho do autoritarismo"*, que tinham por objeto restringir informações dos profissionais que lhe faziam oposição.

Por seu turno, o Ministro Carlos Britto, ao votar pelo fim da obrigatoriedade do diploma para o exercício da profissão de jornalista, distinguiu entre *"matérias nuclearmente de imprensa, como o direito à informação, criação, a liberdade de pensamento"*, consagrados na Constituição Federal, e direitos reflexamente de imprensa, que podem ser objeto de lei.

Assim, destacou que a exigência do diploma se enquadra na segunda categoria, sendo que tal imposição, no seu entender, *"não salvaguarda a sociedade a ponto de justificar restrições à liberdade de exercício da atividade jornalística, expressão sinônima de liberdade de imprensa. Eu até diria, sem receio de incorrer em demasia nesse campo, nessa matéria objeto deste recurso: a salvaguarda das salvaguardas da sociedade, o anteparo dos anteparos sociais é não restringir nada. No caso, o que pode ocorrer é o seguinte: ou a lei não pode fazer da atividade jornalística uma profissão; ou pode. Se puder, tal profissionalização não pode operar como requisito "sine qua non" para o desempenho dos misteres jornalísticos, inteiramente livres por definição. Quem quiser se profissionalizar como jornalista, frequentando uma universidade, cumprindo a grade curricular, ganhando os créditos, prestando exames, diplomando-se, registrando o diploma em órgão competente, quem quiser pode fazê-lo. Só tem a ganhar com isso. Porém, esses profissionais – vamos chamar assim – não açambarcam o jornalismo. Não atuam sob reserva de mercado. A atividade jornalística, implicando livre circulação das idéias, das opiniões e das informações, sobretudo, é atividade que se disponibiliza sempre e sempre para outras pessoas também vocacionadas, também detentoras de pendor individual para a escrita, para a informação, para a comunicação, para a criação. Mesmo sem diploma específico. Então, a atividade jornalística tanto se disponibiliza para a profissionalização quanto não se disponibiliza, e nem por isso os não titulados estão impedidos de exercê-la. Sob pena de inadmissível restrição à liberdade de imprensa. Lembro-me, Senhor Presidente, de nomes como o de Otto Lara Resende, Carlos Drummond de Andrade, Vinicius de Moraes, Manuel Bandeira, Armando Nogueira, verdadeiros expoentes do vernáculo que sabiam fazer como faz Manoel de Barros: sabiam perfeitamente bem que penetrar na intimidade das palavras é tocar na própria humanidade. E não se pode fechar[18] as portas dessa atividade comunicacional que em parte é literatura e arte, talvez mais do que ciência e técnica, para os que não têm diploma de curso superior na matéria"*.

O Ministro Cezar Peluso, ao manifestar sua posição, consignou que se para o exercício do jornalismo fossem necessárias qualificações como garantia contra danos e riscos à coletividade, uma aferição de conhecimentos suficientes de verdades científicas exigidas para a natureza do trabalho, ofício ou profissão, o diploma se justificaria. Entretanto, realçou que, no seu entender, *"não há, no jornalismo, nenhuma dessas verdades indispensáveis"*, pois o curso de Comunicação Social não é uma garantia contra o mau exercício da profissão. E mais, ao questionar se *"há riscos no jornalismo"*, entendeu que *"sim, mas nenhum é atribuível ao des-*

---

18. Trecho do voto proferido pelo Ministro Carlos Aires Britto, no julgamento do RE 511.961-1 – São Paulo, disponibilizado para pesquisa, mas que até a presente data ainda não foi publicado, estando no aguardo da lavratura do acórdão.

conhecimento de verdade científica que devesse governar a profissão", tanto que *"há séculos, o jornalismo sempre pode ser bem exercido, independentemente de diploma".*

Ainda, acompanharam o voto do Relator os Ministros Eros Grau, Ellen Gracie e Celso de Mello, sendo que este último, ao proferir seu voto no julgamento, após fazer uma análise histórica das constituições brasileiras desde o Império até os dias atuais, nas quais sempre foram ressaltados o livre exercício da atividade profissional e o acesso ao trabalho, destacou que não questionaria, o que chamou de "origem espúria" do DL 972, que passou a exigir o diploma ou o registro profissional para exercer a profissão de jornalista, em razão de ter sido editado durante o período da ditadura militar. Segundo seu entendimento, a regra geral é a liberdade de ofício e a Constituição da República há de ser observada.

A divergência foi manifestada pelo Ministro Marco Aurélio, tendo para tanto ressaltado que é favorável à obrigatoriedade do diploma de jornalista, pois além de a regra estar em vigor há 40 anos, nesse período, a sociedade se organizou para dar cumprimento à norma, com a criação de muitas faculdades de nível superior de jornalismo no país. *"E agora chegamos à conclusão de que passaremos a ter jornalistas de gradações diversas. Jornalistas com diploma de curso superior e jornalistas que terão, de regra, o nível médio e quem sabe até o nível apenas fundamental"*, ponderou.

Ademais, o ministro Marco Aurélio questionou se a regra da obrigatoriedade pode ser *"rotulada como desproporcional, a ponto de se declarar incompatível"* com regras constitucionais que preveem que nenhuma lei pode constituir embaraço à plena liberdade de expressão e que o exercício de qualquer profissão é livre, e respondeu negativamente. Para tanto, aduziu que o jornalista deve contar com uma formação básica, que viabilize a atividade profissional, dado que sua atuação repercute na vida dos cidadãos em geral. Assim, entendeu que ele deve contar com *"técnica para entrevista, para se reportar, para editar, para pesquisar o que deva estampar no veículo de comunicação"*, disse o ministro. E, ainda mais, enfatizou que *"não tenho como assentar que essa exigência, que agora será facultativa, frustando-se até mesmo inúmeras pessoas que acreditaram na ordem jurídica e se matricularam em faculdades, resulte em prejuízo à sociedade brasileira. Ao contrário, devo presumir o que normalmente ocorre e não o excepcional, que tendo o profissional um nível superior estará mais habilitado à prestação de serviços profícuos à sociedade brasileira".*

Vê-se, em suma, também desse julgado, que a preocupação maior do Supremo Tribunal Federal foi a de não impor obstáculos à livre manifestação do pensamento e da expressão, sendo que, para tanto, entendeu não ser compatível com a Constituição Federal a exigência de diploma de jornalismo para o exercício da profissão de jornalista, justamente porque isso implicaria em restrição a essa tão importante liberdade pública.

Tem-se, portanto, que hoje os caminhos que trilhamos são outros, de maior liberdade no âmbito da comunicação social, o que representa um grande avanço nessa seara.

REFERÊNCIAS BIBLIOGRÁFICAS

AGUIAR DIAS, José de – *Da Responsabilidade Civil*, 4ª ed., 2vs., Forense, Rio de Janeiro, 1960.

BANDEIRA DE MELLO, Oswaldo Aranha – *Da Licitação*, Jose Buschatsky, Editor, São Paulo, 1978.

BUENO, Pimenta – *Direito Público Brasileiro*, Forense, Rio de Janeiro, 1857.

CAETANO, Marcello – *Manual de Direito Administrativo*, 10ª ed., Almedina, Coimbra, 1991.

CAMPINOS, Jorge – *Direito Internacional dos Direitos do Homem*, Coimbra Editora, 1984.

CANOTILHO, José Joaquim Gomes – *Constituição Dirigente e Vinculação do Legislador*, Coimbra, 1982.

CAUPERS, João – *Os Direitos Fundamentais dos Trabalhadores e a Constituição*, Almedina, Coimbra, 1985.

COLLIARD, Albert – *Libertés Publiques*, 4ª ed., Dalloz, Paris, 1972.

CRETELLA JR., José – *Comentários à Constituição de 1988*, 1ª ed., Forense Universitária, Rio de Janeiro, 1993.

_____ – *Curso de Liberdades Públicas*, Forense, Rio de Janeiro, 1986.

DORIA, Sampaio – *Direito Constitucional, Comentários a Constituição de 1946*, 4ª ed., Max Limonad, São Paulo, 1958.

FERREIRA, Manoel Gonçalves – *Comentários a Constituição*, Saraiva, São Paulo 1990.

FERREIRA, Pinto – *Comentários a Constituição Brasileira de 1988*, Saraiva, São Paulo, 1989.

FERREIRA, Wolgran Junqueira – *Comentários a Constituição de 1988*, Julex, São Paulo, 1989.

FIGUEIREDO, Lucia Valle – *Curso de Direito Administrativo*, Malheiros Editores, São Paulo, 1994.

GONÇALVES, Maria Eduarda – *Direito da Informação*, Almedina, Coimbra, 1994.

GRECO, Albino – *La Liberta di Stampa nell'Ordinamento Giuridico Italiano*, Bulzioni Editores, Roma, 1974.

HAURIOU, Maurice – *Droit Administratif e Droit Public*, Sirey, 1927.

MARTINS, Ives Gandra – *Comentários a Constituição do Brasil*, Saraiva, São Paulo, 1992.

MARX, Karl – *A Liberdade de Imprensa*, L & PM Editores, Porto Alegre, 1980, trad. de Claudia Schiling e José Fonseca.

MEIRELLES, Hely Lopes – *Direito Administrativo Brasileiro*, 9ª ed., Editora RT, São Paulo, 1982.

MICHEL, Herve et ANGOULVENT, Anne Laure – *Les Télévisions en Europe*, Presses Universitaires de france, Paris, 1992.

MIRANDA, Jorge – *Manual de Direito Constitucional*, Coimbra Editora, 2ª ed., 1993.

MIRANDA, Pontes – *Comentários a Constituição de 1946*, 2ª ed., Forense, Rio de Janeiro, v. IV, 1953.

_____ – *Comentários a Constituição de 1967*, 3ª ed., Forense, Rio de Janeiro, 1987.

ORLANDO, V. E. – *Principii di Diritto Coztituzionale*, 5ª ed., Roma 1909.

RADBRUCH, Gustav – *Filosofia do Direito*, 6ª ed., Armenio Amado, Coimbra, 1979.

SILVA, Jose Afonso – *Curso de Direito Constitucional Positivo*, 9ª ed., São Paulo 1993.

SOUSA, Marcelo Rebelo de – *Direito Constitucional. Introdução a Teoria da Constituição*, I, Braga, 1979.

VECCHIO, Giorgio Del – *Lições de Filosofia do Direito*, 5ª ed., Armenio Amado Editor-Sucessor, Coimbra, 1979.

CAPÍTULO 6

Declaração Universal de Direitos Humanos: Desafios e Perspectivas

FLÁVIA PIOVESAN

Professora Doutora em Direito Constitucional e Direitos Humanos da Pontifícia Universidade Católica de São Paulo, Professora de Direitos Humanos dos Programas de Pós-Graduação da Pontifícia Universidade Católica de São Paulo, da Pontifícia Universidade Católica do Paraná e da Universidade Pablo de Olavide (Sevilha, Espanha); visiting fellow do Human Rights Program da Harvard Law School (1995 e 2000), visiting fellow do Centre for Brazilian Studies da University of Oxford (2005), visiting fellow do Max Planck Institute for Comparative Public Law and International Law (Heidelberg – 2007 e 2008), procuradora do Estado de São Paulo, membro do CLADEM (Comitê Latino-Americano e do Caribe para a Defesa dos Direitos da Mulher), membro do Conselho Nacional de Defesa dos Direitos da Pessoa Humana e membro da SUR – Human Rights University Network.

1. INTRODUÇÃO

Como compreender o processo de construção histórica dos direitos humanos? Qual é o legado da Declaração Universal de 1948? Em que medida introduz uma nova concepção a respeito dos direitos humanos? Quais são os principais desafios e perspectivas para a afirmação de uma cultura de direitos na ordem contemporânea?

São estas as questões centrais a inspirar o presente estudo, que tem por objetivo maior propor uma reflexão a respeito dos direitos humanos e seus desafios na ordem contemporânea, tendo como referência o legado da Declaração Universal de 1948.

2. A CONSTRUÇÃO HISTÓRICA DOS DIREITOS HUMANOS E A DECLARAÇÃO UNIVERSAL DE 1948

Os direitos humanos refletem um construído axiológico, a partir de um espaço simbólico de luta e ação social. No dizer de Joaquin Herrera Flores[1], com-

---
1. Joaquín Herrera Flores, *Direitos Humanos, Interculturalidade e Racionalidade de Resistência*, mimeo, p. 7.

põem uma racionalidade de resistência, na medida em que traduzem processos que abrem e consolidam espaços de luta pela dignidade humana. Invocam uma plataforma emancipatória voltada à proteção da dignidade humana. No mesmo sentido, Celso Lafer[2], lembrando Danièle Lochak, realça que os direitos humanos não traduzem uma história linear, não compõem a história de uma marcha triunfal, nem a história de uma causa perdida de antemão, mas a história de um combate.

Enquanto reivindicações morais, os direitos humanos nascem quando devem e podem nascer. Como realça Norberto Bobbio, os direitos humanos não nascem todos de uma vez e nem de uma vez por todas[3]. Para Hannah Arendt, os direitos humanos não são um dado, mas um construído, uma invenção humana, em constante processo de construção e reconstrução[4].

A partir de uma perspectiva histórica, observa-se que o discurso jurídico da cidadania sempre enfrentou a tensa dicotomia entre os valores da liberdade e da igualdade.

No final do século XVIII, as modernas Declarações de Direitos refletiam um discurso liberal da cidadania. Tanto a Declaração francesa de 1789, como a Declaração americana de 1776, consagravam a ótica contratualista liberal, pela qual os direitos humanos se reduziam aos direitos à liberdade, segurança e propriedade, complementados pela resistência à opressão. Daí o primado do valor da liberdade, com a supremacia dos direitos civis e políticos e a ausência de previsão de qualquer direito social, econômico e cultural que dependesse da intervenção do Estado.

Caminhando na história, verifica-se por sua vez que, especialmente após a Primeira Guerra Mundial, ao lado do discurso liberal da cidadania, fortalece-se o discurso social da cidadania e, sob as influências da concepção marxista-leninista,

---

2. Celso Lafer, prefácio ao livro *Direitos Humanos e Justiça Internacional*, Flávia Piovesan, São Paulo, ed. Saraiva, 2006, p. XXII.
3. Norberto Bobbio, *Era dos Direitos*, trad. Carlos Nelson Coutinho, Rio de Janeiro, Campus, 1988.
4. Hannah Arendt, *As Origens do Totalitarismo*, trad. Roberto Raposo, Rio de Janeiro, 1979. A respeito, ver também Celso Lafer, A Reconstrução dos Direitos Humanos: Um diálogo com o pensamento de Hannah Arendt, Cia. das Letras, São Paulo, 1988, p. 134. No mesmo sentido, afirma Ignacy Sachs: "Não se insistirá nunca o bastante sobre o fato de que a ascensão dos direitos é fruto de lutas, que os direitos são conquistados, às vezes, com barricadas, em um processo histórico cheio de vicissitudes, por meio do qual as necessidades e as aspirações se articulam em reivindicações e em estandartes de luta antes de serem reconhecidos como direitos". (Ignacy Sachs, Desenvolvimento, Direitos Humanos e Cidadania, In: Direitos Humanos no Século XXI, 1998, p. 156). Para Allan Rosas: "O conceito de direitos humanos é sempre progressivo. (...) O debate a respeito do que são os direitos humanos e como devem ser definidos é parte e parcela de nossa história, de nosso passado e de nosso presente." (Allan Rosas, So-Called Rights of the Third Generation, In: Asbjorn Eide, Catarina Krause e Allan Rosas, Economic, Social and Cultural Rights, Martinus Nijhoff Publishers, Dordrecht, Boston e Londres, 1995, p. 243).

é elaborada a Declaração dos Direitos do Povo Trabalhador e Explorado da então República Soviética Russa, em 1918. Do primado da liberdade transita-se ao primado do valor da igualdade, objetivando-se eliminar a exploração econômica. O Estado passa a ser visto como agente de processos transformadores e o direito à abstenção do Estado, nesse sentido, converte-se em direito à atuação estatal, com a emergência dos direitos a prestações sociais. A Declaração dos Direitos do Povo Trabalhador e Explorado de 1918, bem como as Constituições sociais do início do século XX (ex: Constituição de Weimar de 1919, Constituição Mexicana de 1917 etc.) primaram por conter um discurso social da cidadania, em que a igualdade era o direito basilar e um extenso elenco de direitos econômicos, sociais e culturais era previsto.

Essa breve digressão histórica tem o sentido de demonstrar o quão dicotômica se apresentava a linguagem dos direitos: de um lado, direitos civis e políticos, e do outro, direitos sociais, econômicos e culturais.

Considerando esse contexto, a Declaração Universal de Direitos Humanos de 1948 introduz extraordinária inovação, ao conter uma linguagem de direitos até então inédita. Combinando o discurso liberal da cidadania com o discurso social, a Declaração passa a elencar tanto direitos civis e políticos (arts. 3º a 21), como direitos sociais, econômicos e culturais (arts. 22 a 28), afirmando a concepção contemporânea de direitos humanos. De um lado, parifica, em grau de relevância, os direitos civis e políticos e os direitos econômicos, sociais e culturais; por outro, endossa a interdependência e inter-relação destas duas categorias de direitos, inspirada na visão integral dos direitos humanos.

Esta concepção é fruto do movimento de internacionalização dos direitos humanos, que surge, no pós-guerra, como resposta às atrocidades e aos horrores cometidos durante o nazismo. Apresentando o Estado como o grande violador de direitos humanos, a era Hitler foi marcada pela lógica da destruição e descartabilidade da pessoa humana, que resultou no envio de 18 milhões de pessoas a campos de concentração, com a morte de 11 milhões, sendo 6 milhões de judeus, além de comunistas, homossexuais, ciganos,... O legado do nazismo foi condicionar a titularidade de direitos, ou seja, a condição de sujeito de direitos, à pertinência a determinada raça – a raça pura ariana. No dizer de Ignacy Sachs, o século XX foi marcado por duas guerras mundiais e pelo horror absoluto do genocídio concebido como projeto político e industrial[5]. A barbárie do totalitarismo significou a ruptura do paradigma dos direitos humanos, por meio da negação do valor da pessoa humana como valor fonte do Direito. Se a Segunda Guerra significou a

---

5. Ignacy Sachs, "O Desenvolvimento enquanto apropriaçao dos direitos humanos", in Estudos Avançados 12 (33), 1998, p. 149.

ruptura com os direitos humanos, o Pós-Guerra deveria significar a sua reconstrução. Nas palavras de Thomas Buergenthal: "O moderno Direito Internacional dos Direitos Humanos é um fenômeno do pós-guerra. Seu desenvolvimento pode ser atribuído às monstruosas violações de direitos humanos da era Hitler e à crença de que parte destas violações poderiam ser prevenidas se um efetivo sistema de proteção internacional de direitos humanos existisse".[6] É neste cenário que se vislumbra o esforço de reconstrução dos direitos humanos, como paradigma e referencial ético a orientar a ordem internacional.

Fortalece-se a ideia de que a proteção dos direitos humanos não deve se reduzir ao domínio reservado do Estado, porque revela tema de legítimo interesse internacional. Prenuncia-se, deste modo, o fim da era em que a forma pela qual o Estado tratava seus nacionais era concebida como um problema de jurisdição doméstica, decorrência de sua soberania. Para Andrew Hurrell: "O aumento significativo das ambições normativas da sociedade internacional é particularmente visível no campo dos direitos humanos e da democracia, com base na ideia de que as relações entre governantes e governados, Estados e cidadãos, passam a ser suscetíveis de legítima preocupação da comunidade internacional; de que os maus-tratos a cidadãos e a inexistência de regimes democráticos devem demandar ação internacional; e que a legitimidade internacional de um Estado passa crescentemente a depender do modo pelo qual as sociedades domésticas são politicamente ordenadas".[7]

Neste contexto, a Declaração de 1948 vem a inovar a gramática dos direitos humanos, ao introduzir a chamada concepção contemporânea de direitos humanos, marcada pela universalidade e indivisibilidade destes direitos.

Universalidade porque clama pela extensão universal dos direitos humanos, sob a crença de que a condição de pessoa é o requisito único para a titularidade de direitos, considerando o ser humano como um ser essencialmente moral, dotado

---

6. Thomas Buergenthal, *International human rights*, op. cit., p. 17. Para Henkin: "Por mais de meio século, o sistema internacional tem demonstrado comprometimento com valores que transcendem os valores puramente "estatais", notadamente os direitos humanos, e tem desenvolvido um impressionante sistema normativo de proteção desses direitos". (*International law,* op. cit., p. 2). Ainda sobre o processo de internacionalização dos direitos humanos, observa Celso Lafer: "Configurou-se como a primeira resposta jurídica da comunidade internacional ao fato de que o direito *ex parte populi* de todo ser humano à hospitabilidade universal só começaria a viabilizar-se se o "direito a ter direitos", para falar com Hannah Arendt, tivesse uma tutela internacional, homologadora do ponto de vista da humanidade. Foi assim que começou efetivamente a ser delimitada a "razão de estado" e corroída a competência reservada da soberania dos governantes, em matéria de direitos humanos, encetando-se a sua vinculação aos temas da democracia e da paz". (Prefácio ao livro *Os direitos humanos como tema global*, op. cit., p. XXVI).

7. Andrew Hurrell, Power, principles and prudence: protecting human rights in a deeply divided world, In: Tim Dunne e Nicholas J. Wheeler, *Human Rights in Global Politics*, Cambridge, Cambridge University Press, 1999, p. 277.

de unicidade existencial e dignidade, esta como valor intrínseco à condição humana. Isto porque todo ser humano tem uma dignidade que lhe é inerente, sendo incondicionada, não dependendo de qualquer outro critério, senão ser humano. O valor da dignidade humana, incorporado pela Declaração Universal de 1948, constitui o norte e o lastro ético dos demais instrumentos internacionais de proteção dos direitos humanos.

Além de afirmar a universalidade dos direitos humanos, a Declaração Universal acolhe a ideia da indivisibilidade dos direitos humanos, a partir de uma visão integral de direitos. A garantia dos direitos civis e políticos é condição para a observância dos direitos sociais, econômicos e culturais e vice-versa. Quando um deles é violado, os demais também o são. Os direitos humanos compõem, assim, uma unidade indivisível, interdependente e inter-relacionada, capaz de conjugar o catálogo de direitos civis e políticos com o catálogo de direitos sociais, econômicos e culturais.

A partir da Declaração de 1948, começa a se desenvolver o Direito Internacional dos Direitos Humanos, mediante a adoção de diversos instrumentos internacionais de proteção. O sistema internacional de proteção dos direitos humanos constitui o legado maior da chamada "Era dos Direitos", que tem permitido a internacionalização dos direitos humanos e a humanização dos Direito Internacional contemporâneo, como atenta Thomas Buergenthal[8]. Este sistema é integrado por tratados internacionais de proteção que refletem, sobretudo, a consciência ética contemporânea compartilhada pelos Estados, na medida em que invocam o consenso internacional acerca de temas centrais aos direitos humanos, na busca da salvaguarda de parâmetros protetivos mínimos – do "mínimo ético irredutível". Neste sentido, cabe destacar que, até agosto de 2007, o Pacto Internacional dos Direitos Civis e Políticos contava com 160 Estados-partes; o Pacto Internacional dos Direitos Econômicos, Sociais e Culturais contava com 157 Estados-partes; a Convenção contra a Tortura contava com 145 Estados-partes; a Convenção sobre a Eliminação da Discriminação Racial contava com 173 Estados-partes; a Convenção sobre a Eliminação da Discriminação contra a Mulher contava com 185

---

8. Thomas Buergenthal, prólogo do livro de Antônio Augusto Cançado Trindade, A Proteção Internacional dos Direitos Humanos: fundamentos jurídicos e instrumentos básicos, São Paulo, Saraiva, 19991, p. XXXI. No mesmo sentido, afirma Louis Henkin: "O Direito Internacional pode ser classificado como o Direito anterior à Segunda Guerra Mundial e o Direito posterior a ela. Em 1945, a vitória dos aliados introduziu uma nova ordem com importantes transformações no Direito Internacional." (Louis Henkin et al, International Law: Cases and materials, 3ª ed., Minnesota, West Publishing, 1993, p. 03)

Estados-partes e a Convenção sobre os Direitos da Criança apresentava a mais ampla adesão, com 193 Estados-partes.[9]

Ao lado do sistema normativo global, surgem os sistemas regionais de proteção, que buscam internacionalizar os direitos humanos nos planos regionais, particularmente na Europa, América e África. Adicionalmente, há um incipiente sistema árabe e a proposta de criação de um sistema regional asiático. Consolida-se, assim, a convivência do sistema global da ONU com instrumentos do sistema regional, por sua vez, integrado pelo sistema americano, europeu e africano de proteção aos direitos humanos.

Os sistemas global e regional não são dicotômicos, mas complementares. Inspirados pelos valores e princípios da Declaração Universal, compõem o universo instrumental de proteção dos direitos humanos, no plano internacional. Nesta ótica, os diversos sistemas de proteção de direitos humanos interagem em benefício dos indivíduos protegidos. O propósito da coexistência de distintos instrumentos jurídicos – garantindo os mesmos direitos – é, pois, no sentido de ampliar e fortalecer a proteção dos direitos humanos. O que importa é o grau de eficácia da proteção, e, por isso, deve ser aplicada a norma que, no caso concreto, melhor proteja a vítima. Ao adotar o valor da primazia da pessoa humana, estes sistemas se complementam, interagindo com o sistema nacional de proteção, a fim de proporcionar a maior efetividade possível na tutela e promoção de direitos fundamentais. Esta é inclusive a lógica e a principiologia próprias do Direito Internacional dos Direitos Humanos, todo ele fundado no princípio maior da dignidade humana.

Ressalte-se que a Declaração de Direitos Humanos de Viena, de 1993, reitera a concepção da Declaração de 1948, quando, em seu parágrafo 5º, afirma: *"Todos os direitos humanos são universais, interdependentes e inter-relacionados. A comunidade internacional deve tratar os direitos humanos globalmente de forma justa e equitativa, em pé de igualdade e com a mesma ênfase"*.

Logo, a Declaração de Viena de 1993, subscrita por 171 Estados, endossa a universalidade e a indivisibilidade dos direitos humanos, revigorando o lastro de legitimidade da chamada concepção contemporânea de direitos humanos, introduzida pela Declaração de 1948. Note-se que, enquanto consenso do *"pós Guerra"*, a Declaração de 1948 foi adotada por 48 Estados, com a abstenções. Assim, a Declaração de Viena de 1993 estende, renova e amplia o consenso sobre a universalidade e indivisibilidade dos direitos humanos. A Declaração de Viena afirma ainda a interdependência entre os valores dos direitos humanos, democracia e desenvolvimento.

---

9. A respeito, consultar Human Development Report, UNDP, New York/Oxford, Oxford University Press, 2007.

Não há direitos humanos sem democracia e nem tampouco democracia sem direitos humanos. Vale dizer, o regime mais compatível com a proteção dos direitos humanos é o regime democrático. Atualmente, 140 Estados, dos quase 200 Estados que integram a ordem internacional, realizam eleições periódicas. Contudo, apenas 82 Estados (o que representa 57% da população mundial) são considerados plenamente democráticos. Em 1985, este percentual era de 38%, compreendendo 44 Estados[10]. O pleno exercício dos direitos políticos pode implicar o "empoderamento" das populações mais vulneráveis, o aumento de sua capacidade de pressão, articulação e mobilização políticas. Para Amartya Sen, os direitos políticos (incluindo a liberdade de expressão e de discussão) são não apenas fundamentais para demandar respostas políticas às necessidades econômicas, mas são centrais para a própria formulação destas necessidades econômicas[11].

O direito ao desenvolvimento, por sua vez, demanda uma globalização ética e solidária. No entender de Mohammed Bedjaqui: "Na realidade, a dimensão internacional do direito ao desenvolvimento é nada mais que o direito a uma repartição equitativa concernente ao bem estar social e econômico mundial. Reflete uma demanda crucial de nosso tempo, na medida em que os quatro quintos da população mundial não mais aceitam o fato de um quinto da população mundial continuar a construir sua riqueza com base em sua pobreza."[12] As assimetrias globais revelam que a renda dos 1% mais ricos supera a renda dos 57% mais pobres na esfera mundial[13].

Como atenta Joseph E. Stiglitz:

> "The actual number of people living in poverty has actually increased by almost 100 million. This occurred at the same time that total world income increased by an average of 2.5 percent annually".[14] Para a World Health Organization: "poverty is the world's greatest killer. Poverty wields its destructive influence at every stage of human life, from

---

10. Consultar UNDP, Human Development Report 2002: Deepening democracy in a fragmented world, New York/Oxford, Oxford University Press, 2002.
11. Amartya Sen, Foreword ao livro "Pathologies of Power", Paul Farmer, Berkeley, University of California Press, 2003.
12. Mohammed Bedjaqui, The Right to Development, in M. Bedjaoui ed., International Law: Achievements and Prospects, 1991, p. 1182.
13. A respeito, consultar Human Development Report 2002, UNDP, New York/Oxford, Oxford University Press, 2002, p. 19.
14. Joseph E. Stiglitz, Globalization and its Discontents, New York/London, WW Norton Company, 2003, p. 06. Acrescenta o autor: "Development is about transforming societies, improving the lives of the poor, enabling everyone to have a chance at success and access to health care and education." (op. cit., p. 252).

the moment of conception to the grave. It conspires with the most deadly and painful diseases to bring a wretched existence to all those who suffer from it."[15]

O desenvolvimento há de ser concebido como um processo de expansão das liberdades reais que as pessoas podem usufruir, para adotar a concepção de Amartya Sen[16]. Acrescente-se ainda que a Declaração de Viena de 1993, enfatiza ser o direito ao desenvolvimento um direito universal e inalienável, parte integral dos direitos humanos fundamentais. A Declaração de Viena reconhece a relação de interdependência entre a democracia, o desenvolvimento e os direitos humanos.

Feitas essas considerações a respeito da concepção contemporânea de direitos humanos, transita-se à reflexão final, que tem por objetivo destacar os desafios centrais à afirmação dos direitos humanos na ordem internacional contemporânea.

3. Declaração Universal: Desafios e Perspectivas

Serão destacados sete desafios centrais à implementação dos direitos humanos na ordem contemporânea, tendo como referência o legado introduzido pela Declaração Universal.

---

15. Paul Farmer, Pathologies of Power, Berkeley, University of California Press, 2003, p. 50.

    De acordo com dados do relatório "Sinais Vitais", do Worldwatch Institute (2003), a desigualdade de renda se reflete nos indicadores de saúde: a mortalidade infantil nos países pobres é 13 vezes maior do que nos países ricos; a mortalidade materna é 150 vezes maiores nos países de menor desenvolvimento com relação aos países industrializados. A falta de água limpa e saneamento básico mata 1,7 milhão de pessoas por ano (90% crianças), ao passo que 1,6 milhão de pessoas morrem de doenças decorrentes da utilização de combustíveis fósseis para aquecimento e preparo de alimentos. O relatório ainda atenta para o fato de que a quase totalidade dos conflitos armados se concentrar no mundo em desenvolvimento, que produziu 86% de refugiados na última década.

16. Ao conceber o desenvolvimento como liberdade, sustenta Amartya Sen: "Neste sentido, a expansão das liberdades é vista concomitantemente como 1) uma finalidade em si mesma e 2) o principal significado do desenvolvimento. Tais finalidades podem ser chamadas, respectivamente, como a função constitutiva e a função instrumental da liberdade em relação ao desenvolvimento. A função constitutiva da liberdade relaciona-se com a importância da liberdade substantiva para o engrandecimento da vida humana. As liberdades substantivas incluem as capacidades elementares, como a de evitar privações como a fome, a sub-nutrição, a mortalidade evitável, a mortalidade prematura, bem como as liberdades associadas com a educação, a participação política, a proibição da censura,... Nesta perspectiva constitutiva, o desenvolvimento envolve a expansão destas e de outras liberdades fundamentais. Desenvolvimento, nesta visão, é o processo de expansão das liberdades humanas." (Amartya Sen, op. cit., p. 35-36 e p. 297). Sobre o direito ao desenvolvimento, ver também Karel Vasak, For Third Generation of Human Rights: The Rights fo Solidarity, International Institute of Human Rights, 1979.

Universalismo *versus* Relativismo Cultural

O primeiro desafio refere-se a um dos temas mais complexos e instigantes da teoria geral dos direitos humanos, concernente à própria fundamentação dos direitos humanos.

O debate entre os universalistas e os relativistas culturais retoma o dilema a respeito dos fundamentos dos direitos humanos: por que temos direitos? As normas de direitos humanos podem ter um sentido universal ou são culturalmente relativas?

Para os universalistas, os direitos humanos decorrem da dignidade humana, enquanto valor intrínseco à condição humana. Defende-se, nesta perspectiva, o mínimo ético irredutível – ainda que possa se discutir o alcance deste "mínimo ético" e dos direitos nele compreendidos.

Para os relativistas, a noção de direitos está estritamente relacionada ao sistema político, econômico, cultural, social e moral vigente em determinada sociedade. Cada cultura possui seu próprio discurso acerca dos direitos fundamentais, que está relacionado às específicas circunstâncias culturais e históricas de cada sociedade. Não há moral universal, já que a história do mundo é a história de uma pluralidade de culturas. Há uma pluralidade de culturas no mundo e estas culturas produzem seus próprios valores.[17] Na crítica dos relativistas, os universalistas invocam a visão hegemônica da cultura eurocêntrica ocidental, na prática de um canibalismo cultural. Já para os universalistas, os relativistas, em nome da cultura, buscam acobertar graves violações a direitos humanos. Ademais, complementam, as culturas não são homogêneas, nem tampouco compõem uma unidade coerente; mas são complexas, variáveis, múltiplas, fluídas e não estáticas. São criações humanas e não destino[18].

Para Jack Donnelly, há diversas correntes relativistas:

> "No extremo, há o que nós denominamos de relativismo cultural radical, que concebe a cultura como a única fonte de validade de um direito ou regra moral. (...) Um forte relativismo cultural acredita que a cultura é a principal fonte de validade de um direito ou regra moral.(...) Um relativismo cultural fraco, por sua vez, sustenta que a cultura pode ser uma importante fonte de validade de um direito ou regra moral."[19]

Para dialogar com Jack Donnelly, poder-se-ía sustentar a existência de diversos graus de universalismos, a depender do alcance do *"mínimo ético irredutível"*.

---

17. A respeito, ver R. J. Vincent, *Human rights and international relations*, p. 37-38.
18. Ver Jack Donnelly, *Universal human rights in theory and practice*, 2nd edition, Ithaca/London, Cornell University Press, 2003, p.86. Para o autor, "um dos elementos que nos fazem humanos é a a capacidade de criar e transformar a cultura." (op. cit., p. 123)
19. Jack Donnelly, *Universal human rights in theory and practice*, op. cit., p. 89-90.

No entanto, a defesa, por si só, deste mínimo ético, independentemente de seu alcance, apontará à corrente universalista – seja a um universalismo radical, forte ou fraco.

Neste debate, destaca-se a visão de Boaventura de Souza Santos, em defesa de uma concepção multicultural de direitos humanos, inspirada no diálogo entre as culturas, a compor um multiculturalismo emancipatório. Para Boaventura: *"os direitos humanos têm que ser reconceptualizados como multiculturais. O multiculturalismo, tal como eu o entendo, é pré-condição de uma relação equilibrada e mutuamente potenciadora entre a competência global e a legitimidade local, que constituem os dois atributos de uma política contra-hegemônica de direitos humanos no nosso tempo."*[20] Prossegue o autor defendendo a necessidade de superar o debate sobre universalismo e relativismo cultural, a partir da transformação cosmopolita dos direitos humanos. Na medida em que todas culturas possuem concepções distintas de dignidade humana, mas são incompletas, haveria que se aumentar a consciência destas incompletudes culturais mútuas, como pressuposto para um diálogo intercultural. A construção de uma concepção multicultural dos direitos humanos decorreria deste diálogo intercultural[21].

No mesmo sentido, Joaquín Herrera Flores sustenta um universalismo de confluência, ou seja, um universalismo de ponto de chegada e não de ponto de partida. No dizer de Herrera Flores:

> "(...) nossa visão complexa dos direitos baseia-se em uma racionalidade de resistência. Uma racionalidade que não nega que é possível chegar a uma síntese universal das diferentes opções relativas a direitos. (...) O que negamos é considerar o universal como um ponto de partida ou um campo de desencontros. Ao universal há que se chegar – universalismo de chegada ou de confluência – depois (não antes de) um processo conflitivo, discursivo de diálogo (...). Falamos de entrecruzamento e não de uma mera superposição de propostas."[22]

Em direção similar, Bhikhu Parekh defende um universalismo pluralista, não etnocêntrico, baseado no diálogo inter-cultural. Afirma o autor:

---

20. A respeito ver Boaventura de Souza Santos, *Uma concepção multicultural de direitos humanos*, Revista Lua Nova, v. 39, São Paulo, 1997, p. 112.
21. Boaventura de Souza Santos, op. cit., p. 114. Adiciona o autor: "Neste contexto é útil distinguir entre globalização de-cima-para-baixo e globalização de-baixo-para-cima, ou entre globalização hegemônica e globalização contra-hegemônica. O que eu denomino de localismo globalizado e globalismo localizado são globalizações de-cima-para-baixo; cosmopolitanismo e patrimônio comum da humanidade são globalizações de-baixo-para cima." (op. cit., p. 111).
22. Joaquín Herrera Flores, *Direitos Humanos, Interculturalidade e Racionalidade de Resistência*, mimeo, p. 7.

"O objetivo de um diálogo inter-cultural é alcançar um catálogo de valores que tenha a concordância de todos os participantes. A preocupação não deve ser descobrir valores, eis que os mesmos não têm fundamento objetivo, mas sim buscar um consenso em torno deles. (...) Valores dependem de decisão coletiva. Como não podem ser racionalmente demonstrados, devem ser objeto de um consenso racionalmente defensável. (...) É possível e necessário desenvolver um catálogo de valores universais não-etnocêntricos, por meio de uma diálogo inter-cultural aberto, no qual dos participantes decidam quais os valores a serem respeitados. (...) Esta posição poderia ser classificada como um universalismo pluralista."[23]

A respeito do diálogo entre as culturas, merece menção as reflexões de Amartya Sen sobre direitos humanos e valores asiáticos, particularmente pela crítica feita à interpretações autoritárias destes valores e pela defesa de que as culturas asiáticas (com destaque ao Budismo) enfatizam a importância da liberdade e da tolerância[24]. Menção também há que ser feita às reflexões de Abdullah Ahmed An-Na'im, ao tratar dos direitos humanos no mundo islâmico, a partir de uma nova interpretação do islamismo e da Sharia[25].

Acredita-se, de igual modo, que a abertura do diálogo entre as culturas, com respeito à diversidade e com base no reconhecimento do outro, como ser pleno de dignidade e direitos, é condição para a celebração de uma cultura dos direitos humanos, inspirada pela observância do *"mínimo ético irredutível"*, alcançado por um universalismo de confluência. Para a construção desta cultura de direitos humanos, há que se transitar da ideia de *"clash of civilizations"* para a ideia do *"dialogue among civilizations"*[26].

---

23. Bhikhu Parekh, Non-ethnocentric universalism, In: Tim Dunne e Nicholas J. Wheeler, *Human Rights in Global Politics*, Cambridge, Cambridge University Press, 1999, p. 139-140.
24. Amartya Sen, Human Rights and Asian Values, *The New Republic* 33-40 (July 14, 1997), *Apud* Louis Henkin *et al*, *Human Rights*. New York, New York Foundation Press, 1999, p. 113-116. A respeito da perspectiva multicultural dos direitos humanos e das diversas tradições religiosas, ver *Direitos Humanos na Sociedade Cosmopolita*, César Augusto Baldi (org.), Rio de Janeiro, ed. Renovar, 2004, em especial os artigos de Chandra Muzaffar, *Islã e direitos humanos*; Damien Keown, *Budismo e direitos humanos*; Tu Weiming, *Os direitos humanos como um discurso moral confuciano*; e Ashis Nandy, *A política do secularismo e o resgate da tolerância religiosa*. Ver também Joseph Chan, Confucionism and Human Rights e Stephen Chan, Buddhism and Human Rights, In: Rhona K.M.Smith e Christien van den Anker (eds), *The essentials of Human Rights*, London, Hodder Arnold, 2005, p. 55-57 e p. 25-27, respectivamente.
25. Abdullah Ahmed An-na'im, Human Rights in the Muslim World, 3 *Harvard Human Rights Journal*, 13 (1990), *Apud* Henry J. Steiner e Philip Alston, *International Human Rights in Context*, p. 389-398. Ver também Abdullah Ahmed An-na'im (ed.), *Human Rights in Cross-Cultural Perspectives: A Quest for Consensus*, Philadelphia, Univresity of Pennsylvania Press, 1992.
26. Amartya Sen, *Identity and Violence: The illusion of destiny*, New York/London, W. W. Norton & Company, 2006, p. 12. Sobre a ideia de "clash of civilization", ver Samuel Hungtington, *The*

O universalismo de confluência, fomentado pelo ativo protagonismo da sociedade civil internacional[27], a partir de suas demandas e reivindicações morais, é que assegurará a legitimidade do processo de construção de parâmetros internacionais mínimos voltados à proteção dos direitos humanos.

Laicidade Estatal *versus* Fundamentalismos religiosos

Um segundo desafio central à implementação dos direitos humanos é o da laicidade estatal. Isto porque o Estado laico é garantia essencial para o exercício dos direitos humanos, especialmente nos campos da sexualidade e reprodução[28].

Confundir Estado com religião implica a adoção oficial de dogmas incontestáveis, que, ao impor uma moral única, inviabiliza qualquer projeto de sociedade aberta, pluralista e democrática. A ordem jurídica em um Estado Democrático de Direito não pode se converter na voz exclusiva da moral de qualquer religião. Os grupos religiosos têm o direito de constituir suas identidades em torno de seus princípios e valores, pois são partes de uma sociedade democrática. Mas não têm o direito a pretender hegemonizar a cultura de um Estado constitucionalmente laico.

No Estado laico, marcado pela separação entre Estado e religião, todas as religiões mereçam igual consideração e profundo respeito, inexistindo, contudo, qualquer religião oficial, que se transforme na única concepção estatal, a abolir a dinâmica de uma sociedade aberta, livre, diversa e plural. Há o dever do Estado em garantir as condições de igual liberdade religiosa e moral, em um contexto desafiador em que, se de um lado o Estado contemporâneo busca separar-se da religião, esta, por sua vez, busca adentrar nos domínios do Estado (ex: bancadas religiosas no Legislativo).

Destacam-se, aqui, duas estratégias: a) reforçar o princípio da laicidade estatal, com ênfase à Declaração sobre a Eliminação de todas as formas de Discrimi-

---

Clash of Civilizations and the Remaking of the World Order, New York, Simon & Schuster, 1996.

27. Se em 1948 apenas 41 organizações não-governamentais tinham *status* consultivo junto ao Conselho Econômico e Social, em 2004 este número alcança aproximadamente 2350 organizações não-governamentais com *status* consultivo. Sobre o tema, consultar Gay J. McDougall, Decade for NGO Struggle, In: *Human Rights Brief – 10th Anniversary*, American University Washington College of Law, Center for Human Rights and Humanitarian Law, v. 11, issue 3 (spring 2004), p. 13

28. Ver a respeito Miriam Ventura, Leila Linhares Barsted, Daniela Ikawa e Flávia Piovesan (org.), "Direitos Sexuais e Direitos Reprodutivos na perspectiva dos direitos humanos", Rio de Janeiro, Advocaci/UNFPA, 2003.

nação com base em Intolerância Religiosa; e b) fortalecer leituras e interpretações progressistas no campo religioso, de modo a respeitar os direitos humanos.

Direito ao Desenvolvimento *versus* Assimetrias globais

O terceiro desafio traduz a tensão entre o direito ao desenvolvimento e as assimetrias globais.

Em 1986, foi adotada pela ONU a Declaração sobre o Direito ao Desenvolvimento por 146 Estados, com um voto contrário (EUA) e 8 abstenções. Para Allan Rosas:

> "*A respeito do conteúdo do direito ao desenvolvimento, três aspectos devem ser mencionados. Em primeiro lugar, a Declaração de 1986 endossa a importância da participação. (...) Em segundo lugar, a Declaração deve ser concebida no contexto das necessidades básicas de justiça social. (...) Em terceiro lugar, a Declaração enfatiza tanto a necessidade de adoção de programas e políticas nacionais, como da cooperação internacional. (...)*"[29]

Deste modo, o direito ao desenvolvimento compreende três dimensões:

a) a importância da participação, com realce ao componente democrático a orientar a formulação de políticas públicas. A sociedade civil clama por maior transparência, democratização e accountability na gestão do orçamento público e na construção e implementação de políticas públicas;

b) a proteção às necessidades básicas de justiça social, enunciando a Declaração sobre o Direito ao Desenvolvimento que: "A pessoa humana é o sujeito central do desenvolvimento e deve ser ativa participante e beneficiária do direito ao desenvolvimento."; e

b) a necessidade de adoção de programas e políticas nacionais, como de cooperação internacional – já que a efetiva cooperação internacional é essencial para prover aos países em desenvolvimento meios que encorajem o direito ao desenvolvimento. A respeito, adiciona o artigo 4º da Declaração que os Estados têm o dever de adotar medidas, individualmente ou coletivamente, voltadas a formular políticas de desenvolvimento internacional, com vistas a facilitar a plena realização de direitos, acrescentando que a efetiva cooperação internacional é essencial para prover aos países em desenvolvimento meios que encorajem o direito ao desenvolvimento.

---

29. Allan Rosas, The Right to Development, In: Asbjorn Eide, Catarina Krause e Allan Rosas, Economic, Social and Cultural Rights, Martinus Nijhoff Publishers, Dordrecht, Boston e Londres, 1995, p. 254-255.

Em uma arena global não mais marcada pela bipolaridade Leste/Oeste, mas sim pela bipolaridade Norte/Sul, abrangendo os país desenvolvidos e em desenvolvimento (sobretudo as regiões da América Latina, Ásia e África), há que se demandar uma globalização mais ética e solidária.

Note-se que, em face das assimetrias globais, os 15% mais ricos concentram 85% da renda mundial, enquanto que os 85% mais pobres concentram 15% da renda mundial.

Se, tradicionalmente, a agenda de direitos humanos centrou-se na tutela de direitos civis e políticos, sob o forte impacto da "voz do Norte", testemunha-se, atualmente, a ampliação desta agenda tradicional, que passa a incorporar novos direitos, com ênfase nos direitos econômicos, sociais e culturais, no direito ao desenvolvimento, no direito à inclusão social e na pobreza como violação de direitos. Este processo permite ecoar a "voz própria do Sul", capaz de revelar as preocupações, demandas e prioridades desta região.

Neste contexto, é fundamental consolidar e fortalecer o processo de afirmação dos direitos humanos, sob esta perspectiva integral, indivisível e interdependente.

Proteção dos Direitos Econômicos, Sociais e Culturais *versus* Dilemas da Globalização Econômica

O quarto desafio relaciona-se com o terceiro, na medida em que aponta aos dilemas decorrentes do processo de globalização econômica, com destaque à temerária flexibilização dos direitos sociais.

Nos anos 1990, as políticas neoliberais, fundadas no livre mercado, nos programas de privatização e na austeridade econômica, permitiram que, hoje, sejam antes os Estados que se achem incorporados aos mercados e não a economia política às fronteiras estatais, como salienta Jurgen Habermas[30].

A globalização econômica tem agravado ainda mais as desigualdades sociais, aprofundando-se as marcas da pobreza absoluta e da exclusão social. Lembre-se que o próprio então diretor-gerente do FMI, Michel Camdessus, em seu último discurso oficial, afirmou que "desmantelar sistematicamente o Estado não é o caminho para responder aos problemas das economias modernas. (...) A pobreza é a ameaça sistêmica fundamental à estabilidade em um mundo que se globaliza"[31].

Considerando os graves riscos do processo de desmantelamento das políticas públicas socias, há que se redefinir o papel do Estado sob o impacto da globali-

---

30. Jurgen Habermas, Nos Limites do Estado, Folha de S. Paulo, Caderno Mais!, p. 5, 18 de julho de 1999.
31. "Camdessus crítica desmonte do Estado", Folha de S. Paulo, 14.02.2000.

zação econômica. Há que se reforçar a responsabilidade do Estado no tocante à implementação dos direitos econômicos, sociais e culturais.

Como adverte Asbjorn Eide: "Caminhos podem e devem ser encontrados para que o Estado assegure o respeito e a proteção dos direitos econômicos, sociais e culturais, de forma a preservar condições para uma economia de mercado relativamente livre. A ação governamental deve promover a igualdade social, enfrentar as desigualdades sociais, compensar os desequilíbrios criados pelos mercados e assegurar um desenvolvimento humano sustentável. A relação entre governos e mercados deve ser complementar."[32]

No mesmo sentido, pontua Jack Donnelly: "Mercados livres são economicamente análogos ao sistema político baseado na regra da maioria, sem contudo a observância aos direitos das minorias. As políticas sociais, sob esta perspectiva, são essenciais para assegurar que as minorias, em desvantagem ou privadas pelo mercado, sejam consideradas com o mínimo respeito na esfera econômica. (...) Os mercados buscam eficiência e não justiça social ou direitos humanos para todos".[33]

No contexto da globalização econômica, faz-se também premente a incorporação da agenda de direitos humanos por atores não estatais. Neste sentido, surgem três atores fundamentais: a) agências financeiras internacionais; b) blocos regionais econômicos; e c) setor privado.

Com relação às agências financeiras internacionais, há o desafio de que os direitos humanos possam permear a política macro-econômica, de forma a envolver a política fiscal, a política monetária e a política cambial. As instituições econômicas internacionais devem levar em grande consideração a dimensão humana de suas atividades e o forte impacto que as políticas econômicas podem ter nas economias locais, especialmente em um mundo cada vez mais globalizado[34].

---

32. Asbjorn Eide, Obstacles and Goals to be Pursued, In: Asbjorn Eide, Catarina Krause e Allan Rosas, Economic, Social and Cultural Rights, Martinus Nijhoff Publishers, Dordrecht, Boston e Londres, 1995, p. 383.

33. Jack Donnelly, International Human Rights, Westview Press, Boulder, 1998, p. 160. "Aliviar o sofrimento da pobreza e adotar políticas compensatórias são funções do Estado e não do mercado. Estas são demandas relacionadas à justiça, a direitos e a obrigações e não à eficiência. (...) Os mercados simplesmente não podem tratá-las – porque não são vocacionados para isto." (Jack Donnelly, Ethics and International Human Rights, in: Ethics and International Affairs, Japão, United Nations University Press, 2001, p. 153).

34. Cf. Mary Robinson, Constructing an International Financial, Trade and Development Architeture: The Human Rights Dimension, Zurich, 1 July 1999, www.unhchr.org. Adiciona Mary Robinson: "A título de exemplo, um economista já advertiu que o comércio e a política cambial podem ter maior impacto no desenvolvimento dos direitos das crianças que propriamente o alcance do orçamento dedicado à saúde e educação. Um incompetente diretor do Banco Central pode ser mais prejudicial aos direitos das crianças que um incompetente Ministro da Educação". (op. cit.)

Embora as agências financeiras internacionais estejam vinculadas ao sistema das Nações Unidas, na qualidade de agências especializadas, o Banco Mundial e o Fundo Monetário Internacional, por exemplo, carecem da formulação de uma política vocacionada aos direitos humanos. Tal política é medida imperativa para o alcance dos propósitos da ONU e, sobretudo, para a coerência ética e principiológica que há de pautar sua atuação. A agenda de direitos humanos deve ser, assim, incorporada no mandato de atuação destas agências.

Há que se romper com os paradoxos que decorrem das tensões entre a tônica includente voltada para a promoção dos direitos humanos, consagrada nos relevantes tratados de proteção dos direitos humanos da ONU (com destaque ao Pacto Internacional dos Direitos Econômicos, Sociais e Culturais) e, por outro lado, a tônica excludente ditada pela atuação especialmente do Fundo Monetário Internacional, na medida em que a sua política, orientada pela chamada "condicionalidade", submete países em desenvolvimento a modelos de ajuste estrutural incompatíveis com os direitos humanos. Além disso, há que se fortalecer a democratização, a transparência e a accountability destas instituições[35]. Note-se que 48% do poder de voto no FMI concentra-se nas mãos de 7 Estados (US, Japão, França, Inglaterra, Arábia Saudita, China e Rússia), enquanto que no Banco Mundial 46% do poder de voto concentra-se nas mãos também destes mesmos Estados[36]. Na percepção crítica de Joseph E. Stiglitz: "(...) we have a system that might be called global governance without global government, one in which a few institutions – the World Bank, the IMF, the WTO – and a few players – the finance, commerce, and trade ministries, closely linked to certain financial and commercial interests – dominate the scene, but in which many of those affected by their decisions are left almost voiceless. It's time to change some of the rules governing the international economic order (...)"[37].

---

35. A respeito, consultar Joseph E. Stiglitz, Globalization and its Discontents, New York/London, WW Norton Company, 2003. Para o autor: "When crises hit, the IMF prescribed outmoded, inappropriate, if standard solutions, without considering the effects they would have on the people in the countries told to follow these policies. Rarely did I see forecasts about what the policies would do to poverty. Rarely did I see thoughtful discussions and analyses of the consequences of alternative policies. There was a single prescription. Alternative opinions were not sought. Open, frank discussion was discouraged – there is no room for it. Ideology guided policy prescription and countries were expected to follow the IMF guidelines without debate. These attitudes made me cringe. It was not that they often produced poor results; they were antidemocratic."(op. cit., p. XIV).

36. A respeito, consultar Human Development Report 2002, UNDP, New York/Oxford, Oxford University Press, 2002.

37. Joseph E. Stiglitz, op. cit., p. 21-22.

Quanto aos blocos regionais econômicos, vislumbram-se, do mesmo modo, os paradoxos que decorrem das tensões entre a tônica excludente do processo de globalização econômica e os movimentos que intentam reforçar a democracia e os direitos humanos como parâmetros a conferir lastro ético e moral à criação de uma nova ordem internacional. De um lado, portanto, lança-se a tônica excludente do processo de globalização econômica e, de outro lado, emerge a tônica includente do processo de internacionalização dos direitos humanos, somado ao processo de incorporação das cláusulas democráticas e direitos humanos pelos blocos econômicos regionais. Embora a formação de blocos econômicos de alcance regional, tanto na União Europeia, como no Mercosul, tenha buscado não apenas a integração e cooperação de natureza econômica, mas posterior e paulatinamente a consolidação da democracia e a implementação dos direitos humanos nas respectivas regiões (o que se constata com maior evidência na União Europeia e de forma ainda bastante incipiente no Mercosul), observa-se que as cláusulas democráticas e de direitos humanos não foram incorporadas na agenda do processo de globalização econômica.

No que se refere ao setor privado, há também a necessidade de acentuar sua responsabilidade social, especialmente das empresas multinacionais, na medida em que constituem as grandes beneficiárias do processo de globalização, bastando citar que das 100 (cem) maiores economias mundiais, 51 (cinquenta e uma) são empresas multinacionais e 49 (quarenta e nove) são Estados nacionais. Por exemplo, importa encorajar empresas a adotarem códigos de direitos humanos relativos à atividade de comércio; demandar sanções comerciais a empresas violadoras dos direitos sociais; adotar a "taxa Tobin" sobre os investimentos financeiros internacionais, dentre outras medidas.

Respeito à Diversidade *versus* Intolerâncias

Em razão da indivisibilidade dos direitos humanos, a violação aos direitos econômicos, sociais e culturais propicia a violação aos direitos civis e políticos, eis que a vulnerabilidade econômico-social leva à vulnerabilidade dos direitos civis e políticos. No dizer de Amartya Sen: "*A negação da liberdade econômica, sob a forma da pobreza extrema, torna a pessoa vulnerável a violações de outras formas de liberdade.(...) A negação da liberdade econômica implica na negação da liberdade social e política.*"[38]

O processo de violação dos direitos humanos alcança prioritariamente os grupos sociais vulneráveis, como as mulheres e a população afro-descendentes (daí os

---

38. Amartya Sen, Development as Freedom, Alfred A. Knopf, New York, 1999, p. 08.

fenômenos da "feminização" e "etnicização" da pobreza). Se no mundo hoje há 1 bilhão de analfabetos adultos, 2/3 são mulheres.

A efetiva proteção dos direitos humanos demanda não apenas políticas universalistas, mas específicas, endereçadas a grupos socialmente vulneráveis, enquanto vítimas preferenciais da exclusão. Isto é, a implementação dos direitos humanos requer a universalidade e a indivisibilidade destes direitos, acrescidas do valor da diversidade. Nas lições de Paul Farmer:

> "The concept of human rights may at times be brandished as an all-purpose and universal tonic, but it was developed to protect the vulnerable. The true value of human rights movement's central documents is revealed only when they serve to protect the rights of those who are most likely to have their rights violated. The proper beneficiaries of the Universal Declaration of Human Rights (...) are the poor and otherwise disempowered."[39]

A primeira fase de proteção dos direitos humanos foi marcada pela tônica da proteção geral, que expressava o temor da diferença (que no nazismo havia sido orientada para o extermínio), com base na igualdade formal.

Torna-se, contudo, insuficiente tratar o indivíduo de forma genérica, geral e abstrata. Faz-se necessária a especificação do sujeito de direito, que passa a ser visto em sua peculiaridade e particularidade. Nesta ótica, determinados sujeitos de direitos, ou determinadas violações de direitos, exigem uma resposta específica e diferenciada. Neste cenário as mulheres, as crianças, a população afro-descendentes, os migrantes, as pessoas portadoras de deficiência, dentre outras categorias vulneráveis, devem ser vistas nas especificidades e peculiaridades de sua condição social. Ao lado do direito à igualdade, surge, também, como direito fundamental, o direito à diferença. Importa o respeito à diferença e à diversidade, o que lhes assegura um tratamento especial.

Destacam-se, assim, três vertentes no que tange à concepção da igualdade: a) a igualdade formal, reduzida à fórmula "todos são iguais perante a lei" (que, ao seu tempo, foi crucial para abolição de privilégios); b) a igualdade material, correspondente ao ideal de justiça social e distributiva (igualdade orientada pelo critério sócio-econômico); e c) a igualdade material, correspondente ao ideal de justiça enquanto reconhecimento de identidades (igualdade orientada pelos critérios gênero, orientação sexual, idade, raça, etnia e demais critérios).

Para Nancy Fraser, a justiça exige, simultaneamente, redistribuição e reconhecimento de identidades. Como atenta a autora:

---

39. Paul Farmer, op. cit., p. 212.

"O reconhecimento não pode se reduzir à distribuição, porque o *status* na sociedade não decorre simplesmente em função da classe. (...) Reciprocamente, a distribuição não pode se reduzir ao reconhecimento, porque o acesso aos recursos não decorre simplesmente em função de *status*."[40] Há, assim, o caráter bidimensional da justiça: redistribuição somada ao reconhecimento. No mesmo sentido, Boaventura de Souza Santos afirma que apenas a exigência do reconhecimento e da redistribuição permite a realização da igualdade[41].

Ainda Boaventura acrescenta:

"temos o direito a ser iguais quando a nossa diferença nos inferioriza; e temos o direito a ser diferentes quando a nossa igualdade nos descaracteriza. Daí a necessidade de uma igualdade que reconheça as diferenças e de uma diferença que não produza, alimente ou reproduza as desigualdades."[42]

Considerando os processos de "feminização" e "etnicização" da pobreza, há a necessidade de adoção, ao lado das políticas universalistas, de políticas específicas, capazes de dar visibilidade a sujeitos de direito com maior grau de vulnerabilidade, visando ao pleno exercício do direito à inclusão social. Se o padrão de violação de direitos tem um efeito desproporcionalmente lesivo às mulheres e às populações afro-descendentes, adotar políticas "neutras" no tocante ao gênero, à raça/etnia, significa perpetuar este padrão de desigualdade e exclusão.

Daí a urgência no combate de toda e qualquer forma de racismo; sexismo; homofobia; xenofobia e outras formas de intolerância correlatas, tanto mediante a vertente repressiva (que proíbe e pune a discriminação e a intolerância), como mediante a vertente promocional (que promove a igualdade).

Combate ao Terror *versus* Preservação de Direitos e Liberdades Públicas

O desafio de combater todas as formas de intolerância se soma ao sexto desafio, que realça o dilema de preservação dos direitos e das liberdades públicas no enfrentamento ao terror.

---

40. Nancy Fraser, Redistribución, reconocimiento y participación: hacia un concepto integrado de la justicia, In: Unesco, Informe Mundial sobre la Cultura – 2000-2001, p. 55-56.
41. A respeito, ver Boaventura de Souza Santos, Introdução: para ampliar o cânone do reconhecimento, da diferença e da igualdade. In: *Reconhecer para Libertar: Os caminhos do cosmopolitanismo multicultural*. Rio de Janeiro, Civilização Brasileira, 2003, p. 56. Ver ainda do mesmo autor "Por uma Concepção Multicultural de Direitos Humanos". In: op. cit., p. 429-461.
42. Ver Boaventura de Souza Santos, op. cit.

No cenário do pós 11 de setembro o risco é que a luta contra o terror comprometa o aparato civilizatório de direitos, liberdades e garantias, sob o clamor de segurança máxima[43].

Basta atentar à doutrina de segurança adotada nos EUA pautada: a) no unilateralismo; b) nos ataques preventivos e c) na hegemonia do poderia militar norte-americano. Atente-se às nefastas consequências para a ordem internacional se cada um dos duzentos Estados que a integram invocasse para si o direito de cometer "ataques preventivos", com base no unilateralismo. Seria lançar o próprio atestado de óbito do Direito Internacional, celebrando o mais puro hobbesiano "Estado da Natureza", em que a guerra é o termo forte e a paz se limita a ser a ausência da guerra.

Estudos demonstram o perverso impacto do pós 11 de setembro, na composição de uma agenda global tendencialmente restritiva de direitos e liberdades. A título de exemplo, cite-se pesquisas acerca da legislação aprovada, nos mais diversos países, ampliando a aplicação da pena de morte e demais penas; tecendo discriminações insustentáveis; afrontando o devido processo legal e o direito a um julgamento público e justo; admitindo a extradição sem a garantia de direitos; retringindo direitos, como a liberdade de reunião e de expressão; dentre outras medidas[44].

No contexto do pós 11 de setembro, emerge o desafio de prosseguir no esforço de construção de um Estado de Direito Internacional, em uma arena que está por privilegiar o Estado Polícia no campo internacional, fundamentalmente guiado pelo lema da força e segurança internacional. Só haverá um efetivo Estado de Direito Internacional sob o primado da legalidade, com o império do Direito, com o poder da palavra e a legitimidade do consenso. Como conclui o UN Working Group on Terrorism: "a proteção e a promoção dos direitos humanos sob o primado do Estado de Direito é essencial para a prevenção do terrorismo"[45].

Retoma-se a questão: Como preservar a Era dos Direitos em tempos de terror?

---

43. A respeito, consultar Philip B Heymann, Civil Liberties and Human Rights in the aftermath of september 11. *Harvard Journal of Law & Public Policy*, Spring 2002, p.441-456; e Commitee of Ministers of the Council of Europe, *Guidelines on Human Rigthts and the Fight against Terrorism*, Strasbourg, Council of Europe, 2002.

44. Ver, dentre outras, a pesquisa apontada no artigo For whom the Liberty Bell tolls, *The Economist*, 31 de agosto, 2002, p. 18-20.

45. Ver United Nations, *Report of the Policy Working Group on the United Nations and Terrorism*, United Nations, A/57/273-S/2002/875. Ver ainda Connor Gearty, Terrorism and Human Rights, In: Rhona K.M.Smith e Christien van den Anker (eds), *The essentials of Human Rights*, London, Hodder Arnold, 2005, p. 331.

Unilateralismo *versus* Multilateralismo: Fortalecer o Estado de Direito e a construção da paz nas esferas global, regional e local, mediante uma cultura de direitos humanos

Por fim, cabe enfatizar que, no contexto pós 11 de setembro, emerge o desafio de prosseguir no esforço de construção de um "Estado de Direito Internacional", em uma arena que está por privilegiar o "Estado Polícia" no campo internacional, fundamentalmente guiado pelo lema da força e segurança internacional.

Contra o risco do terrorismo de Estado e do enfrentamento do terror, com instrumentos do próprio terror, só resta uma via – a via construtiva de consolidação dos delineamentos de um "Estado de Direito" no plano internacional. Só haverá um efetivo Estado de Direito Internacional sob o primado da legalidade, com o "império do Direito", com o poder da palavra e a legitimidade do consenso.

À luz deste cenário, marcado pelo poderio de uma única superpotência mundial, o equilíbrio da ordem internacional exigirá o avivamento do multilateralismo e o fortalecimento da sociedade civil internacional, a partir de um solidarismo cosmopolita.

Quanto à multilateralismo, ressalte-se o processo e justicialização do Direito Internacional. Para Norberto Bobbio, a garantia dos direitos humanos no plano internacional só será implementada quando uma *"jurisdição internacional se impuser concretamente sobre as jurisdições nacionais, deixando de operar dentro dos Estados, mas contra os Estados e em defesa dos cidadãos"*.[46]

É necessário que se avance no processo de justicialização dos direitos humanos internacionalmente enunciados. Associa-se a ideia de Estado de Direito com a existência de Cortes independentes, capazes de proferir decisões obrigatórias e vinculantes.

Neste quadro emerge ainda o fortalecimento da sociedade civil internacional, com imenso repertório imaginativo e inventivo, mediante networks/redes que aliam e fomentam a interlocução entre entidades locais, regionais e globais, a partir de um solidarismo cosmpolita. Se em 1948 apenas 41 ONGs tinham *status* consultivo junto ao Conselho Econômico e Social da ONU, em 2004 este número aponta a aproximadamente 2350 ONGs[47]. Para Mary Kaldor: *"As vantagens na atuação da sociedade civil são precisamente seu conteúdo político e suas implicações no campo da participação e da cidadania. A sociedade civil adiciona ao*

---

46. Norberto Bobbio, *A Era dos Direitos*, op. cit., p. 25-47.
47. Consultar Gay J. McDougall, Decade for NGO Struggle, In: *Human Rights Brief – 10ᵗʰ Anniversary*, American University Washington College of Law, Center for Human Rights and Humanitarian Law, v. 11, issue 3 (spring 2004), p. 13.

discurso de direitos humanos a noção de responsabilidade individual pelo respeito a estes direitos mediante ação pública".[48]

Multilateralismo e sociedade civil internacional: são estas as únicas forças capazes de deter o amplo grau de discricionariedade do poder do Império, civilizar este temerário *"Estado da Natureza"* e permitir que, de alguma forma, o império do direito possa domar a força do império.

Se, no início, este artigo acentuava que os direitos humanos não são um dado, mas um construído, enfatiza-se agora que a violação a estes direitos também o são. Isto é, as violações, as exclusões, as discriminações, as intolerâncias são um construído histórico, a ser urgentemente desconstruído. Há que se assumir o risco de romper com a cultura da "naturalização" da desigualdade e da exclusão social, que, enquanto construídos históricos, não compõem de forma inexorável o destino de nossa humanidade. Há que se enfrentar essas amarras, mutiladoras do protagonismo, da cidadania e da dignidade de seres humanos. A ética dos direitos humanos é a ética que vê no outro um ser merecedor de igual consideração e profundo respeito, dotado do direito de desenvolver as potencialidades humanas, de forma livre, autônoma e plena. É a ética orientada pela afirmação da dignidade e pela prevenção ao sofrimento humano.

Vislumbra Hannah Arendt a vida como um milagre, o ser humano como, ao mesmo tempo, um início e um iniciador, acenando que é possível modificar pacientemente o deserto com as faculdades da paixão e do agir. Afinal, se *"all human must die; each is born to begin"*.[49]

Resta concluir pela crença na implementação dos direitos humanos, como a racionalidade de resistência e única plataforma emancipatória de nosso tempo, inspirada no princípio da esperança e da capacidade criativa e transformadora de realidades.

---

48. Mary Kaldor, Transnational Civil Society, In: Tim Dunne e Nicholas J. Wheeler, *Human Rights in Global Politics*, Cambridge, Cambridge University Press, 1999, p. 211.
49. Hannah Arendt, *The Human Condition*. Chicago, The University of Chicago Press, 1998. Ver ainda da mesma autora *Men in Dark Times*, New York, Harcourt Brace & Company, 1995.

Capítulo 7

A Garantia Constitucional de Publicidade no Processo Judicial à Luz da Emenda Constitucional nº 45/2004. Um Novo Princípio Constitucional do Processo

CARLOS ALBERTO GARCETE

Juiz de Direito. Especialista em Direito Processual Civil. Professor da Escola Superior da Magistratura de Mato Grosso do Sul na matéria Técnicas de Judicatura. Autor de livros individuais e coletivos e de artigos publicados em revistas especializadas.

A Emenda Constitucional n. 45, de 8 de dezembro de 2004, ficou conhecida como aquela que representa a "Reforma do Poder Judiciário".

A aprovação da referida emenda deu-se com base em pontos sobre os quais não houvera qualquer alteração tanto na Câmara dos Deputados, quanto no Senado Federal. É ressabido que há outros que ainda estão a aguardar aprovação em ambas as Casas, haja vista o projeto originário ter sofrido alteração no Senado e, assim, acabou por retornar à Câmara (PEC n. 29-A/2000).

De qualquer sorte, a EC n. 45 trouxe modificações substanciais ao sistema judicial brasileiro, a exemplo da introdução das *súmulas vinculantes,* da *repercussão geral,* da criação do Conselho Nacional de Justiça e do Conselho Nacional do Ministério Público, da federalização do julgamento das causas que envolvam violação grave de direitos humanos.

Outro destaque deita-se sobre a tentativa de mitigar o problema da morosidade da justiça, com vista no que a EC 45 introduz a garantia de julgamento do processo *em prazo razoável e meios que garantam essa celeridade,* o que é motivo de grande controvérsia, porquanto os direitos e garantias fundamentais do art. 5º devem (ou deveriam) ser de *aplicação imediata* (parágrafo primeiro), o que não se compatibiliza com conceitos fluídos, a exemplo do sobredito julgamento em *prazo razoável*. Além disso, impõe a distribuição imediata de processos em todos os graus de jurisdição.

Tudo isso, a bem verdade, nada representa se não houver reforma estrutural do sistema processual brasileiro. Como bem pontua **Ada Pellegrini Grinover**[1], as novidades introduzidas pela EC n. 45/2004, especialmente o disposto no novo inciso LXXVII do art. 5º, exigem que sejam oferecidos os meios a tanto pela umbilicalmente necessária reforma infraconstitucional do sistema processual.

Márcio Fernando Elias Rosa[2] ressalta que a concretização de modificações orgânicas ao Judiciário e ao Ministério Público não bastará para o desassossego gerado pela quase eternização da prestação jurisdicional e menos servirá para a garantia última da concreção do regime de respeito às liberdades públicas. Por isso, o eminente professor chama a atenção para o fato de que o equacionamento de eventuais distorções que podem resultar da atuação do Judiciário e mesmo do Ministério Público não guardam relação com a sua estrutura interna, a composição de seus órgãos ou a existência ou inexistência de mecanismos de fiscalização interna e externa.

De qualquer modo, as reformas procedentes da EC n. 45 estão divididas, basicamente, em quatro grupos, a saber:

i) normas que buscam imprimir celeridade à justiça, como o julgamento em prazo razoável e a distribuição imediata de processos em todos os graus de jurisdição;

ii) normas que objetivam dar transparência à justiça, no que se incluem a criação do Conselho Nacional de Justiça, do Conselho Nacional do Ministério Público, a publicidade de todos os julgamentos do Poder Judiciário, incluindo as decisões administrativas;

iii) normas que facilitam o acesso ao Poder Judiciário, a exemplo do que se apercebe pela criação de justiça itinerante e das câmaras regionalizadas de tribunais;

iv) normas que trazem o aperfeiçoamento da forma de ingresso nas carreiras da magistratura e do Ministério Público, por meio da exigência de tempo mínimo de três anos de atividade jurídica, bem como a constante reciclagem para fins de promoção e, ainda, a quarentena para magistrados nos casos de afastamento do cargo por aposentadoria ou exoneração.

O objetivo deste ensaio é discorrer exclusivamente acerca do dever de transparência do Poder Judiciário em todos os atos e julgamentos de seus órgãos, visto

---

1. *Reformas do Judiciário*. Analisada e Comentada. Coordenadores: André Ramos Tavares, Pedro Lenza e Pietro de Jesús Lora Alarcón. São Paulo: Método, 2005. p. 502.

2. *Reformas do Judiciário*. Analisada e Comentada. Coordenadores: André Ramos Tavares, Pedro Lenza e Pietro de Jesús Lora Alarcón. São Paulo: Método, 2005. p. 520.

que a Constituição Federal assegura ao cidadão a garantia fundamental da publicidade de seus atos:

Art. 5º omissis;
LX – a lei só poderá restringir a publicidade dos atos processuais quando a defesa da intimidade ou o interesse social o exigirem.

A propósito, a questão do **segredo de justiça**, sob o fundamento da existência de preservação de *interesse público*, sempre contou com alta carga de subjetividade em decisões que a concediam, o que delegava ao juiz grande margem de discricionariedade no caso concreto, consoante se apercebe, inclusive, das normas infraconstitucionais.

De lege lata, pode-se citar o art. 155 do Código de Processo Civil[34], segundo o qual os atos processuais são públicos. Correm, todavia, em segredo de justiça os processos (i) em que o exigir o **interesse público** e (ii) que dizem respeito a casamento, filiação, separação dos cônjuges, conversão desta em divórcio, alimentos e guarda de menores.

Não se deve olvidar, igualmente, do art. 20 do Código de Processo Penal, do qual se giza que a autoridade assegurará, no inquérito, o sigilo necessário à elucidação do fato ou exigido pelo **interesse da sociedade**.

Pois bem. A redação anterior do inciso IX do art. 93 da Constituição Federal estava assim vazada:

Todos os julgamentos dos órgãos do Poder Judiciário serão públicos, e fundamentadas todas as decisões, sob pena de nulidade, podendo a lei, **se o interesse público o exigir**, limitar a presença, em determinados atos, às próprias partes e a seus advogados, ou somente a estes. [grifo nosso]

A redação dada ao dispositivo *ex vi* da EC n. 45 foi:

Todos os julgamentos dos órgãos do Poder Judiciário serão públicos, e fundamentadas todas as decisões, sob pena de nulidade, podendo a lei limitar a presença, em determinados atos, às próprias partes e a seus advogados, ou somente a estes, **em casos nos quais a preservação do direito à intimidade do interessado no sigilo não prejudique o interesse público à informação**. [grifo nosso]

Depreende-se que, a teor da norma revogada, bastava-se invocar um suposto *interesse público* para restringir-se acesso ao processo. De início, é de notar-se que o atual texto está sulcado em duas garantias constitucionais proporcionadas ao cidadão:

---

3. Os atos processuais são públicos. Correm, todavia, em segredo de justiça os processos: I – em que o exigir o interesse público; II – que dizem respeito a casamento, filiação, separação dos cônjuges, conversão desta em divórcio, alimentos e guarda de menores.
4. Além de outros, como os arts. 444, 815, 823, 841, 1.120 e 1.177.

i) obrigatoriedade de julgamentos públicos;

ii) obrigatoriedade de todas as decisões judiciais conterem fundamentação.

Não poderia ser diferente em um país que se rege pelo princípio do *Estado Democrático de Direito*. A valer, em ambientes democráticos, todas as decisões de autoridades devem ser públicas; não há espaço para *atos secretos* e, tampouco, que sejam praticados à margem do conhecimento do povo. **Bobbio** (2000), ao definir democracia, considera-o como sendo o "poder em público"[5].

Segue-se que os atos praticados por governantes e por autoridades de um modo geral são imanentes ao interesse dos administrados, ou seja, ao *interesse público*, sobre cuja definição **Ives Gandra Martins Filho** glosa ser *a relação entre a sociedade e o bem por ela perseguido, através daqueles que, na comunidade, têm autoridade (governantes, administradores públicos, magistrados etc.)*[6].

Em outras palavras, interesse público é aquele da coletividade, e não o interesse de alguém em evitar o conhecimento público dos fatos. Logo, a restrição à informação pública não pode causar prejuízo ao *interesse público à informação*.

Tenha-se presente que, com a entrada em vigor da EC n. 45/2004, o *interesse público à informação* erigiu-se a verdadeira garantia constitucional (princípio-garantia).

É que a *publicidade* dos atos processuais é, no dizer de **Vicente Greco Filho**[7], a garantia de outras garantias, inclusive da reta aplicação da lei. Por essa razão, **Geraldo Prado**[8] complementa que, pela publicidade, os cidadãos podem controlar, de forma adequada, o cumprimento da exigência de respeito aos direitos básicos, além da moralidade e impessoalidade da ação estatal.

Nesse viés da democracia, a CF de 1988[9] introduziu o *direito à liberdade de imprensa*, a garantir a informação, sob qualquer forma, processo ou veículo, sem qualquer tipo de restrição.

---

5. BOBBIO, Norberto. *Teoria Geral da Política*. Rio de Janeiro: Campus, 2000.
6. *O princípio ético do bem comum e a concepção jurídica de interesse público.* Disponível em: www.jus.com.br/doutrina/texto.asp?id=11/ acesso em 12-4-2005.
7. *Tutela Constitucional das Liberdades*. São Paulo: Saraiva, 1989. p. 113.
8. *Sistema Acusatório*. 4. ed. Rio de Janeiro: Lumen Juris, 2006. p. 159.
9. RT 220. A manifestação do pensamento, a criação, a expressão e a informação, sob qualquer forma, processo ou veículo não sofrerão qualquer restrição, observado o disposto nesta Constituição. § 1º Nenhuma lei conterá dispositivo que possa constituir embaraço à plena liberdade de informação jornalística em qualquer veículo de comunicação social, observado o disposto no art. 5º, IV, V, X, XII e XIV. § 2º É vedada toda e qualquer censura de natureza política, ideológica e artística.

A única excepcionalidade à publicidade dos julgamentos ocorre quando **lei** (anterior) restringir a presença, em determinados atos, às próprias partes e a seus advogados, ou somente a estes, em casos nos quais a preservação do direito à intimidade do interessado no sigilo **não prejudique o *interesse público à informação*.**

A grande diferença desta norma ao modelo anterior está em que, antes, o magistrado podia apenas invocar o interesse público – de definição subjetiva – para impor o "segredo de justiça" a determinado processo.

Hodiernamente, ao fazê-lo, deve esclarecer o porquê a preservação da *intimidade* do interessado não violará o princípio do *interesse público à informação*, porquanto a publicidade de todos os atos do Poder Judiciário decorre do propalado *Estado Democrático de Direito*.

Por força do *princípio* que é introduzido ao sistema – de teor axiológico muito mais inspirador do que as *regras* –, houve perda superveniente do fundamento que emprestava substrato à regra.

Aliás, não se deve descurar da natureza conceitual dos *princípios*, os quais, na lição de **Bandeira de Mello**[10], são mandamentos nucleares de um sistema, verdadeiros alicerces dele, e ainda disposições fundamentais que se irradiam sobre diferentes normas, compondo-lhes o espírito e servindo de critério para a sua exata compreensão e inteligência, exatamente por definirem a lógica e a racionalidade do sistema normativo, no que lhe confere a tônica e lhe dá sentido harmônico.

Nesse sentido, a atual redação do inciso IX do art. 93 da CF restringiu, ainda mais, as hipóteses de exceção à publicidade. A população tem o direito de conhecer todos os atos e decisões emanadas do Poder Judiciário. Não há discricionariedade neste dever constitucional.

Leva-se a cabo a práxis censurável de estabelecer-se "segredos de justiça" em situações incabíveis, como processos que envolvam pessoas públicas e autoridades, o que denota a ideia de que estes têm direito a preservar seus interesses, enquanto que o cidadão em geral não goza da mesma prerrogativa na Justiça. Tanto que, decisões desse jaez, até então, não contêm, amiúde, qualquer fundamentação, até mesmo porque seria difícil fazê-lo.

A novel disposição constitucional preocupa-se com outra garantia, qual seja a da *preservação da intimidade* (art. 5º, inciso X), de color eminentemente individualista. Sem embargo, prestigia-se, estreme de dúvida, o *princípio da proporcio-*

---

10. BANDEIRA DE MELLO, Celso Antônio. *Princípios de processo civil na Constituição Federal.* Jus Navigandi. Teresina, a. 4, n. 46. out.2000. Disponível em: http://www1.jus.com.br/doutrina. Acesso em: 25/07/07.

nalidade (ou da *ponderação*) – em aparente *colisão de princípios* –, ao garantir o *interesse público à informação*.

Cabe anotar que há duas condições – cumulativas – para que a exceção à publicidade possa ser adotada pelo Poder Judiciário no caso concreto:

i) existência de lei (anterior) que contemple o caso em concreto;
ii) situação que não cause prejuízo ao interesse público à informação.

Está clarividente que a restrição à publicidade de atos do Poder Judiciário deve ter sustentáculo em lei que preveja, especificamente, determinada hipótese a ser invocada no caso concreto (subsunção do fato à norma).

Mutatis mutandi, é de concluir-se que, desde o advento da Emenda Constitucional n. 45/2004, juízes e integrantes de tribunais não mais têm discricionariedade para cunhar o selo de "segredo de justiça" em qualquer processo, a seu talante, ou a requerimento de interessado, como ocorre, *verbi gratia,* quando seja parte *alguma autoridade* – de qualquer um dos Poderes, dos tribunais de contas e do Ministério Público – ou *personalidade* de conhecimento comum da população.

É claro que, mercê do princípio da ponderação, deverá adotar as cautelas necessárias para que o *interesse público à informação* e o *direito à liberdade de imprensa* não transformem o processo em um espetáculo a causar o chamado *julgamento paralelo da imprensa*.

Geraldo Prado[11] acena para o contexto havido em tempos modernos, quando a exploração das causas penais como casos jornalísticos, com intensa cobertura por todos os meios, leva à constatação de que, ao contrário do processo penal tradicional, no qual o réu e a Defesa poderão dispor de recursos para tentar resistir à pretensão de acusação em igualdade de posições e paridade de armas com o acusador formal, o *processo paralelo* difundido na mídia é superficial, emocional e muito raramente oferece a todos os envolvidos igualdade de oportunidade para expor seus pontos de vista.

É iniludível que há alguns péssimos profissionais da imprensa – como há em qualquer área profissional – que, de sorte irresponsável, fazem da narrativa de uma notícia um espetáculo midiático que condena o réu antes mesmo de uma decisão judicial. Há flagrante violação ao princípio constitucional da presunção de não culpabilidade. Em casos tais, se, eventualmente, a sentença não atende aos anseios daquela matéria jornalística, a sensação transmitida à população é de que não foi feita a justiça esperada naquele caso e que o sistema judicial deve ser repensado.

---

11. *Op. cit.,* p. 162-3.

Sem embargo, não é por conta dessas excepcionalidades que a garantia constitucional do *interesse público à informação* deve ser desrespeitada no processo judicial.

Entra em cena o *princípio da proporcionalidade* (ou da *ponderação*), que, na lição de **Canotilho** e **Moreira,** proíbe nomeadamente as restrições desnecessárias, inaptas ou excessivas de direitos fundamentais. Os direitos fundamentais só podem ser restringidos quando tal se torne *indispensável,* e no *mínimo necessário,* para salvaguardar outros direitos ou interesses constitucionalmente protegidos[12].

Nesse contexto é que haverá a necessidade da atuação habilidosa do magistrado, inclusive por meio de manifestações institucionais, se houver tal necessidade, e, em última instância, a invocação do predito *princípio da ponderação.* Sonegar a informação, nunca.

Conclusões

1. Com o advento da Emenda Constitucional n. 45/2004, que alterou a redação do inciso IX do art. 93 da Constituição Federal, é imprescindível que haja lei (anterior) que defina hipótese de segredo de justiça a ser aplicada ao caso concreto, visto que o **interesse público à informação** erigiu-se a cânon constitucional, de tal arte que, entendimento *a contrario sensu,* representa, em última razão, violação ao próprio *direito de imprensa.*
2. As hipóteses legais de restrição à publicidade dos processos comportam *interpretação restritiva,* em face do que as hipóteses não são *exemplificativas,* mas, sim, *taxativas.*
3. A garantia (-princípio) constitucional do **interesse público à informação** não mais pode ser arredada pela simples invocação da tutela do direito à intimidade.
4. A Constituição impõe a necessidade de aplicação das técnicas alusivas ao *princípio da proporcionalidade,* pois cabe ao magistrado, no caso concreto, dosar a *preservação à intimidade* da parte e a garantia do *interesse público à informação,* com as cautelas necessárias a evitar o denominado *julgamento paralelo da imprensa.*

---

12. CANOTILHO, J. J. Gomes. MOREIRA, Vital. *Fundamentos da Constituição.* Coimbra, Portugal: Coimbra Editora, 1991. p. 134.

REFERÊNCIAS BIBLIOGRÁFICAS

BANDEIRA DE MELLO, Celso Antônio. *Princípios de processo civil na Constituição Federal*. Jus Navigandi. Teresina, a. 4, n. 46. out.2000. Disponível em: http://www1.jus.com.br/doutrina.Acesso em :25/07/07.

BOBBIO, Norberto. *Teoria Geral da Política*. Rio de Janeiro: Campus, 2000.

CANOTILHO, J. J. Gomes. MOREIRA, Vital. *Fundamentos da Constituição*. Coimbra, Portugal: Coimbra Editora, 1991.

ELIAS ROSA, Márcio Fernando. *Reformas do Judiciário*. Analisada e Comentada. Coordenadores: André Ramos Tavares, Pedro Lenza e Pietro de Jesús Lora Alarcón. São Paulo: Método, 2005.

GRECO FILHO, Vicente. *Tutela Constitucional das Liberdades*. São Paulo: Saraiva, 1989.

GRINOVER, Ada Pellegrini. *Reformas do Judiciário*. Analisada e Comentada. Coordenadores: André Ramos Tavares, Pedro Lenza e Pietro de Jesús Lora Alarcón. São Paulo: Método, 2005.

MARTINS FILHO, Ives Gandra. *O princípio ético do bem comum e a concepção jurídica de interesse público*. Disponível em: www.jus.com.br/doutrina/texto.asp?id=11/ acesso em 12-4-2005.

PRADO, Geraldo. *Sistema Acusatório*. 4. ed. Rio de Janeiro: Lumen Juris, 2006.

Capítulo 8

Aditamentos Qualitativos e Quantitativos dos Contratos Administrativos e os Limites Legais

MÁRCIO CAMMAROSANO
Professor de Direito Administrativo da Universidade Católica de São Paulo. Mestre e Doutor em Direito Administrativo pela PUC/SP.

O tema das alterações dos contratos administrativos submetidos ao regime jurídico da lei nº 8.666, de 21 de junho de 1993, é daqueles que ainda enseja divergências, especialmente em se considerando posições das entidades governamentais que os celebram e de órgãos integrantes do sistema de controle. Aquelas, com tendências mais acentuadas de interpretações que lhes assinalem atuação com maior desenvoltura, e estes, os órgãos de controle – sobretudo os de controle externo – professando orientação mais draconiana, postulando pela existência de limites mais estreitos de atuação governamental.

Desse tema voltamos a nos ocupar recentemente, proferindo exposição exatamente a respeito de alterações contratuais fundadas no art. 65, I, letras **a** e **b** da lei 8.666/93, ao ensejo do Seminário Nacional de Direito Público, realizado em São Paulo de 28 a 29 de junho do corrente ano.

Refletindo uma vez mais a respeito da matéria, relendo o que escrevemos há dez anos[1], e revisitando autores de nomeada, entendemos oportuno tecer novas considerações quanto aos limites estabelecidos no art. 65 da lei referida, em razão mesmo da gravidade das sanções cominadas para os que sejam tidos como violadores da ordem estabelecida.

Para tanto convém transcrevermos o art. mencionado, com os dispositivos pertinentes:

"*Art. 65. Os contratos regidos por esta Lei poderão ser alterados, com as devidas justificativas, nos seguintes casos:*
I – unilateralmente pela Administração:

---

1. Informativo de Licitações e Contratos, Zênite Editora, ILC 520/41, julho de 1997.

a) quando houver modificação do projeto ou das especificações, para melhor adequação técnica aos seus objetivos;
b) quando necessária a modificação do valor contratual em decorrência de acréscimo ou diminuição quantitativa de seu objeto, nos limites permitidos por esta Lei;

....

§ 1º O contratado fica obrigado a aceitar, nas mesmas condições contratuais, os acréscimos ou supressões que se fizerem nas obras, serviços ou compras, até 25% (vinte e cinco po cento) do valor inicial atualizado do contrato, e, no caso particular de reforma de edifício ou de equipamento, até o limite de 50% (cinquenta por cento) para os seus acréscimos.

§ 2º Nenhum acréscimo ou supressão poderá exceder os limites estabelecidos no parágrafo anterior, salvo: (Redação dada pela Lei nº 9.648/98 – D.O.U. 28.05.1998)
I – (vetado)
II – as supressões resultantes de acordo celebrado entre os contratantes.

§ 3º Se no contrato não houverem sido contemplados preços unitários para obras ou serviços, esses serão fixados mediante acordo entre as partes, respeitados os limites estabelecidos no § 1º deste artigo.

....

§ 6º Em havendo alteração unilateral do contrato que aumente os encargos do contratado, a Administração deverá restabelecer, por adiantamento, o equilíbrio econômico-financeiro inicial.

....

Esse artigo, no que dispõe a respeito de alterações unilaterais de contratos regidos pela lei sob comento, é um dos que consubstanciam prerrogativas especiais da Administração Pública, as denominadas cláusulas exorbitantes, desconhecidas no regime jurídico informador dos contratos firmados entre pessoas de direito privado, na gestão de interesses particulares dessas pessoas, físicas ou jurídicas, não voltados à satisfação do interesse público.

Com efeito, o art. 58 *caput*, da mesma lei, usa a palavra **prerrogativa** ao elencar algumas das notas características do regime jurídico dos contratados administrativos. Prerrogativas, dentre outras, de rescindi-los **unilateralmente** nos casos especificados no inciso I do art. 79; de aplicar sanções pela inexecução total ou parcial do ajuste; de ocupar provisoriamente bens, móveis, imóveis, pessoal e serviços vinculados ao objeto do contrato, em se tratando de serviços essenciais; de modificá-los, **unilateralmente**, para melhor adequação às finalidades de interesse públicos respeitados os direitos do contratado.

A propósito, as prerrogativas da Administração Pública a que acabamos de nos referir justificam-se exatamente porque constituem instrumentos utilíssimos voltados à consecução das **finalidades de interesse público** que aquela deve atender.

A expressa referência da lei a **finalidades de interesse público**, já no art. 58, I, da lei 8.666/93, reportada à prerrogativa de modificar unilateralmente os contratos, assim como a expressão **razões de interesse público**, justificadoras de recisão determinada também por ato unilateral da Administração, nos termos do art. 79, I, c.c. o art. 78, XII, evidenciam a importância da noção **interesse público**. Conquanto soando vaga, imprecisa, essa é a expressão verbal de um conceito fundamental no direito público, pouco importando para esse reconhecimento a maior ou menor dificuldade que operadores do direito, administradores em geral e doutrinadores encontrem em face dela. Dificuldades essas que têm propiciado, não raro, indevidas e equivocadas considerações até mesmo quanto à compreensão e aplicação do princípio da supremacia do interesse público sobre o interesse privado – supremacia sobre o mero **interesse**, não sobre o **direito**, evidentemente.

De qualquer forma, a prerrogativa de modificação unilateral de contratos pela Administração Pública, uma das expressões do princípio da supremacia do interesse público sobre o privado, apresenta-se, conformada pela lei.

É essa conformação que devemos identificar.

Pois bem. É certo que quando da realização de licitação, para subsequente assinatura de um contrato, deve haver acentuado esforço em estimar, com base em estudos e pesquisas, e nos termos de projetos e memoriais descritivos, quanto custará aos cofres públicos à execução do ajuste.

A lei 8.666/93 revela, em variados dispositivos, a relevância que atribui à adequada identificação do objeto do contrato que se pretenda celebrar. Basta perpassar os olhos pelos arts.: 6º, incisos IX e X, que dispõem a respeito do projeto básico e executivo; 7º e seus parágrafos, que dispõem a respeito das etapas a serem observadas nas licitações para obras e serviços, que só podem ser levadas a efeito quando houver projeto básico e orçamento detalhado em planilhas; 14, que exige, para compras, adequada caracterização de seu objeto, e indicação dos recursos orçamentários; 40, I, § 2º, I e II, que prescreve ser obrigatório que o edital indique o objeto da licitação, em descrição sucinta e clara, dele fazendo parte, como anexos, o projeto básico e/ou executivo, com todas as suas partes, desenhos, especificações e outros complementos, assim como orçamento estimado em planilhas de quantitativos e preços unitários; 55, que dispõe ser cláusula necessária em todo contrato, dentre outras, a que estabeleça o objeto e seus elementos característicos.

Não obstante a obrigatoriedade de prévia e precisa definição do objeto de uma licitação e de um contrato, precedido este, ou não, de certame licitatório, a experiência tem demonstrado que nem sempre é possível ou conveniente a execução do contrato exatamente como planejado e firmado.

Com alguma frequência, para que um contrato seja levado a bom termo, respeitada à finalidade a que se destina, faz-se necessário, **imprescindível mesmo**, alterações de maior ou menor monta decorrentes de motivos ou ocorrências de variada natureza. Outras vezes, conquanto nada obste a execução do contrato rigorosamente consoante ajustado inicialmente, razões outras podem recomendar algumas alterações de sorte a melhor satisfazer o interesse público.

Alterações contratuais no campo do direito privado, informado ainda, em larga medida, pelo princípio da autonomia da vontade, podem ser levadas a efeito consoante a vontade livre das partes, consensualmente.

Já em se tratando de contratos regidos pelo Direito Público – no caso pela lei 8.666/93 – só são admissíveis alterações nos termos, limites e condições estabelecidos pela própria lei, não vigorando o princípio da autonomia, mas a ideia de **função**, de dever jurídico, de indisponibilidade do interesse público, como insculpido no ordenamento jurídico.

Seja como for, o fato é que, no regime da lei 8.666/93, os contratos, precedidos ou não de licitação – e a licitação é a regra – comportam alterações, sempre nos termos do seu art. 65.

Em se tratando de contratos decorrentes de licitação, as alterações contratuais reclamam acentuada cautela, em razão mesmo das finalidades dos certames licitatórios que não se pode burlar, quais sejam: garantir a observância do princípio constitucional as isonomia e selecionar a proposta mais vantajosa para a Administração (art. 3º, *caput*). Destarte, não burlar a licitação, atentar sempre para as finalidades de interesse público, e observar as demais prescrições legais é o que se impõe ao administrador público. E por vezes realiza-se o interesse público exatamente procedendo-se a alterações contratuais.

Mas voltando um pouco mais para o objeto de um contrato, e da licitação que o tenha precedido, cumpre distinguir seus principais aspectos, quais sejam: **natureza**, **vulto** ou dimensão e **especificações técnicas** ou características.

Esses aspectos são de relevância para efeito de alterações contratuais.

À toda evidência não se pode admitir alterações do contrato que impliquem a substituição do objeto de determinada natureza por outro de natureza distinta.

Também não se admite, ainda que mantida a natureza do objeto, alterações tão acentuadas no que concerne ao seu vulto ou dimensão, ou mesmo em suas características ou especificações técnicas, que impliquem, em rigor, um outro objeto.

Todavia, se alterações há das quais se possa afirmar que, sem sombra de dúvida, implicam substituição de objeto ou sua desnaturação, situações há em que a dúvida se instala, a ensejar opiniões não coincidentes.

Essas situações costumam ocorrer exatamente quando se cogita de alterações contratuais consubstanciadas em modificações do projeto ou das suas especificações, ou consistentes em acréscimos ou diminuição do próprio objeto do contrato.

São alterações que se têm qualificado como **qualitativas** umas, e **quantitativas** outras do contrato, assim consideradas, respectivamente, as previstas no art. 65, inciso I, alíneas **a** e **b**, da lei 8.666/93.

Modificações de projeto ou das especificações de um objeto de contrato, ou acréscimos ou diminuição quantitativa de seu objeto, hão de ter limites, sob pena de, desmesuradas, implicarem também substituição ou desnaturação do objeto do contrato, sempre inadmissíveis.

É certo, pois, que a lei contempla hipóteses de alterações contratuais, por acordo das partes e também alterações determinadas unilateralmente pela Administração. Mas ao fazê-lo, estabelece exigências, condicionamentos, limites.

Também é certo que o estabelecimento, em lei, de limites a alterações contratuais, não deixa de refletir presunção de que é possível respeitá-los sempre, sem prejuízo do escopo almejado, sem prejuízo da efetiva realização do interesse público e da observância de princípios maiores condicionadores da atuação da Administração Pública.

A lei, ao contemplar hipóteses de alterações contratuais e ao fixar limites, reconhece de um lado que, em face de certas circunstâncias, aquelas podem se apresentar convenientes ou até imprescindíveis, inevitáveis, e que estes – os limites – constituem instrumento que se supõe hábil a evitar abusos, desvirtuamentos, fraudes.

De qualquer forma, a própria lei reconhece também que mesmo em se tratando, por exemplo, de aditamentos contratuais em decorrência de acréscimo ou diminuição quantitativa de seu objeto, ditadas por mera conveniência da Administração, não é razoável impor limite igual para obras, serviços ou compras, e para reforma de edifício ou equipamento. Dependendo da natureza do objeto do contrato o limite legal é de 25% (vinte e cinco por cento) ou 50% (cinquenta por cento) do valor inicial atualizado do contrato.

E mais do que estabelecer **limites variados** em face da **especificidade do objeto do contrato**, a lei deixa expresso que os limites que assinala são para **acréscimos ou diminuição quantitativa do objeto do contrato** (lei 8.666/93, art. 65, I, b c.c. § 2º), o que ensejará considerações mais alentadas a seguir.

Vê-se, portanto, que o sistema jurídico em vigor é sensível a necessidades e conveniências da Administração, supervenientes à licitação e assinatura de um contrato, razão pela qual o intérprete e o aplicador do Direito não podem ser absolutamente inflexíveis em matéria de alterações contratuais, salvo no que concerne, é evidente, a expedientes, declarados ou artificiosos, que instrumentalizam o dolo, a má-fé, a lesão ao erário, a violação de princípios conformadores da Administração Pública, que só pode agir respeitando direitos e realizando os superiores interesses da coletividade.

Consideremos, a este passo, o regime jurídico de alterações contratuais, especialmente as que impliquem aumento do valor inicial em decorrência de aumento quantitativo do objeto, e de modificações qualitativas.

Não é esta, obviamente, a primeira vez que discorremos a respeito de contratos administrativos e limites para sua alteração, razão pela qual as considerações que seguem são coincidentes, em certa medida, com as que desenvolvemos anteriormente ao ensejo de outros estudos e pareceres quanto à matéria.

Pois bem. Retomando o caminho que havíamos começado a percorrer, reafirmamos que o traço característico fundamental do contrato administrativo, razão de sua existência e condição de sua validade, é a finalidade de interesse público. Em decorrência, aos entes governamentais, no exercício de suas atividades, reconhecem-se prerrogativas instrumentais à consecução do interesse público, conferidas expressamente pela lei e justificadas pelos princípios que regem a Administração Pública.

Essas prerrogativas são traduzidas nas denominadas *cláusulas exorbitantes* dos contratos administrativos, "*caracteriza-se por seu caráter incomum em um contrato de Direito Privado, seja porque aí seria nula, seja porque inadaptada a ele ainda que não fora nula*"[2].

As cláusulas exorbitantes consubstanciam poderes singulares à Administração Pública, "*relativos à prática de atos unilaterais, inerentes às competências públicas incidentes sobre aqueles objetos. (...) Tais poderes de instabilização descendem diretamente das regras de competência administrativa sobre os serviços públicos e o uso de bens públicos. E são competências inderrogáveis pela vontade das partes, insuscetíveis de transação (...)*"[3].

Estamos, pois, a nos ocupar de uma das prerrogativas assinadas à Administração Pública, qual seja, a de alterar unilateralmente os contratos que celebra, nos termos da lei.

A respeito dessa prerrogativa, o eminente e saudoso Hely Lopes Meirelles[4] professou:

> "*nenhum particular adquire direito à imutabilidade do contrato ou à sua execução integral, ou ainda, às suas vantagens 'in specie', porque isto equivale a subordinar o interesse público ao interesse individual do contratado.*"

---

2. Celso Antonio Bandeira de Mello. in *Curso de Direito Administrativo*, 22ª ed., Malheiros Editores, 2006, p. 597.
3. Celso Antonio Bandeira de Mello, ob. cit., p. 598.
4. In *Contrato Administrativo*, 11ª ed., Malheiros Editores, 1996, p. 164.

Essa prerrogativa não está a significar o aniquilamento dos interesses do particular, posto que, por outro lado:

> "o princípio básico do poder de alteração unilateral do contrato pela Administração é o de que toda modificação que agrave os encargos do contratado obriga a mesma Administração a compensar economicamente os novos encargos, a fim de restabelecer o equilíbrio inicial."[5]

O próprio § 6º do artigo 65 da lei 8.666/93 estabelece que:

> "em havendo alteração unilateral do contrato que aumente os encargos do contratado, a Administração deverá restabelecer, por aditamento, o equilíbrio econômico-financeiro inicial."

Simplificadamente, ao poder de alteração unilateral do contrato administrativo, por parte da Administração, contrapõe-se o dever de restabelecer ou menos preservar o equilíbrio inicial da equação econômico-financeira do contrato.

Há que se verificar ainda que a atuação discricionária da Administração Pública em momento algum poderá confundir-se com arbitrariedade, de tal sorte que a alteração unilateral somente terá cabimento quando fundada em uma das duas hipóteses previstas nas alíneas "a" e "b" do inciso I do supracitado artigo 65.

Também é certo que mesmo nas hipóteses em que cabe alteração contratual ditada unilateralmente pela Administração, esta não está impedida, e até mesmo convém que o faça, de manter entendimentos com o contratado de sorte a viabilizar o aditamento por acordo das partes, já que o contratado não é, em princípio, um adversário, mas sim um colaborador, um parceiro do Estado para a realização do interesse público.

Por outro lado, aditamentos há que só se podem realizar mediante acordo das partes – lei 8.666/93, art. 65, II, alíneas 'a' a 'd' – sem embargo do direito do contratado de, em face de omissão da Administração lesiva a direito seu, postular em Juízo o que couber na hipótese, por exemplo, de álea econômica extraordinária (art. 65, II, d).

Considerada, agora, a segunda hipótese de alteração unilateral definida naquele dispositivo (inciso I, b), evidencia-se a possibilidade de aumento ou diminuição quantitativa do objeto contratual, dentro dos limites permitidos na própria lei, isto é, no § 1º do artigo 65 em apreço, inicialmente transcrito.

> Por oportuno, convém registrar que a limitação constante do § 1º do citado art. 65 já constara no artigo 55, § 1º do Decreto-lei 2.300/86. A diferença fundamental entre aquele sistema e o atual reside no § 4º do artigo 55 daquele primeiro diploma, que permitia

---

5. Hely Lopes Meirelles, ob. cit., p. 166.

fossem ultrapassados os limites previstos no § 1º, desde que não houvesse alteração do objeto do contrato.

A legislação em vigor, por sua vez, além de não reproduzir o teor do mencionado § 4º do artigo 55 do Decreto-lei 2.300/86, tornou esses limites de acréscimo e supressão intransponíveis, exceto quando se tratar de **supressão** determinada por acordo entre as partes. É o que preceitua o § 2º, inciso II do mesmo artigo 65.

Essa modificação legal evidentemente representa reação às interpretações e aplicações equivocadas do que dispunha o Decreto-lei 2.300/86 nessa matéria, que tantos abusos ensejaram, ignorando-se o real sentido do preceito.

Em face dos parágrafos mencionados, mais do que nunca é imperioso, na investigação de seus respectivos sentido e alcance, atentar para as regras de hermenêutica que postulam o processo sistemático de interpretação das leis, que Carlos Maximiliano com maestria assim sintetizou:

> "O Direito objetivo não é um conglomerado caótico de preceitos, constitui vasta unidade, organismo regular, sistema, conjunto harmônico de normas coordenadas, em interdependência metódica, embora fixada cada uma no seu lugar próprio. De princípios jurídicos mais ou menos gerais deduzem corolários; uns e outros se condicionam e restringem reciprocamente, embora se desenvolvam de modo que constituem elementos autônomos operando em campos diversos.
>
> Cada preceito, portanto, é membro de um grande todo; por isso do exame em conjunto resulta bastante luz para o caso em apreço."

E mais adiante:

> *"Aplica-se modernamente o processo tradicional, porém com amplitude maior do que a de outrora: atende à conexidade entre as partes do dispositivo, e entre estes e outras prescrições da mesma lei, ou de outras leis; bem como à relação entre uma, ou várias normas, e o complexo das ideias dominantes na época. A verdade inteira resulta do contexto, e não de uma parte truncada, quiçá defeituosa, mal redigida; examine-se a norma na íntegra, e mais ainda: o Direito todo, referente ao assunto. Além de comparar o dispositivo com outros afins, que formam o mesmo instituto jurídico, e com os referentes a institutos análogos; força é, também, afinal pôr tudo em relação com os princípios gerais, o conjunto do sistema em vigor."* [6]

Inspirados nessas lições, consideremos que os parágrafos em questão (§§ 1º e 2º do artigo 65 da Lei 8.666/93) são parágrafos **do artigo 65**. E este artigo prevê alterações contratuais determinadas unilateralmente pela Administração, ou por acordo das partes, por variados motivos, entre eles a modificação do valor contra-

---

6. In *Hermenêutica e Aplicação do Direito*, Forense, 9ª ed., 1979, pp. 128, 129 e 130.

tual em decorrência de acréscimo ou diminuição quantitativa de seu objeto, nos limites permitidos pela própria lei.

Ora, da análise do artigo 65 da lei 8.666/93 depreende-se que a referência a **limites permitidos** pela lei só consta da hipótese consubstanciada no inciso I, da alínea "b", que diz respeito a aumento ou diminuição quantitativa **do objeto** do contrato.

A propósito, grifamos a expressão **do objeto** para enfatizar que não se pode confundir **aumento de quantidades deste ou daquele serviço**, como os de terraplanagem e escavação de valas, ou de materiais como ferro, cimento e areia, que podem variar em razão de necessidades emergentes, independentes da vontade das partes, com **aumento da dimensão ou vulto do próprio objeto do contrato**, da própria obra, globalmente considerada.

Exemplificando: suponha-se que, numa obra, previsto determinado volume de solo de má qualidade a ser substituído, seja constatado, em meio à execução dos serviços, que as reais condições do solo demandem substituição de quantidade bem maior, serviço adicional esse que, se não for feito, inviabilizará a execução segura da obra. Ou então que, mal iniciada a execução das obras de fundação, ocorra afloramento de lençol freático que se encontrava a profundidade diferente do que a que se supunha, a exigir redimensionamento do próprio projeto das fundações. Os acréscimos de serviços e aumento de materiais terão sido determinados por exigências de ordem técnica.

Acréscimos de obras, bens e serviços dessa ordem, e, consequentemente, de valor, decorrentes muitas vezes de situações imprevisíveis ou, quando menos, razoavelmente não previstas, não estão sujeitos aos limites do § 1º do artigo 65 da lei 8.666/93. Em rigor situações como essas não se subsumem à alínea b do inciso I do art. 65.

Já não é o mesmo que se verifica quando, contratada a construção de uma escola com 10.000m² (dez mil metros quadrados) de área, resolve a Administração determinar à contratada que amplie a área construída para que a escola comporte maior número de salas de aula do que o inicialmente definido. Nesse caso, o aumento quantitativo é da própria obra globalmente considerada, e fruto de decisão não decorrente de exigência técnica impostergável, mas simplesmente de decisão ditada por critérios de conveniência e oportunidade da própria Administração, com vistas à melhor satisfação do interesse público.

É para alterações dessa natureza – aumento quantitativo não deste ou daquele serviço, ou de materiais a serem utilizados, mas da própria obra – que incide a limitação consubstanciada no § 1º do artigo 65 da Lei. É para acréscimos ou supressões dessa natureza, ditadas pela Administração no exercício de competência discricionária, que vale a radical proibição do § 2º do artigo 65, proibição essa enfática, cuja finalidade é a de evitar práticas abusivas que grassaram, repita-se, com fulcro em equivocadas interpretações do § 4º do artigo 55 do Decreto-lei 2.300/86.

Em excelente estudo, Antônio Carlos Cintra do Amaral demonstra, à sociedade, que o limite de 25% (vinte e cinco por cento), fixado no § 1º do artigo 65 da lei 8.666/93, não se aplica aos acréscimos decorrentes de alteração, adaptação ou complementação de projetos, ditados em função do *"interesse coletivo primário"*, ou aos acréscimos nos casos em que configurada situação superveniente, imprevisível e excepcional[7].

Celso Antônio Bandeira de Melo, discorrendo a respeito do mesmo tema[8], também entende que, diante das chamadas *"sujeições imprevistas"*, *"seria literalmente absurdo que a Administração devesse simplesmente rescindir o contrato, abrir nova licitação e incorrer em dispêndios muito maiores, para não superar os 25% estabelecidos na lei"*.

Para o eminente mestre, *"sujeições imprevistas"*, que permitem superar os limites do § 1º do art. 65, "são dificuldades naturais, materiais, isto é, de fato, 'que dificultam ou oneram a realização de uma obra contratada, as quais ainda que preexistem, eram desconhecidas ou, ao menos, se conhecidas, não foram dadas a conhecer ao contratado ou o foram erroneamente, quando do estabelecimento das condições determinantes do contrato[...]' (*Curso de direito administrativo*. 12. ed. Malheiros, 2000, p. 556). Assim, a existência de um perfil geológico diferente daquele constante dos dados oferecidos pela Administração e que levante dificuldades suplementares, insuspeitas, para a execução do contrato e, que, pois, acarrete dispêndios não previstos é um caso típico desta figura".

Portanto, em se tratando das chamadas *"sujeições imprevistas"*, não há que se cogitar da limitação estabelecida pelo § 1º do art. 65 da lei 8.666/93, seja pelo absurdo da rescisão do contrato diante de situações excepcionais, que devem ensejar, isto sim, alterações contratuais, seja pela não incidência mesmo do disposto na letra *b* do inciso I do art. 65 e seus §§ 1º e 2º, como sustentamos.

Já no que concerne às alterações contratuais **qualitativas**, previstas na alínea *a* do inciso I do art. 65, que compreendem inclusive correções de projeto e de especificações, perfilhamos a orientação no sentido de que a essas, assim como ocorre nas decorrentes de "sujeições imprevistas", também não se aplicam os limites do § 1º.

---

7. In *Extensões Contratuais Decorrentes de Alteração do Projeto*. Interpretação dos §§ 1º e 2º do artigo 65 da lei 8.666/93.
8. Extensão das Alterações dos Contratos Administrativos: a questão dos 25%, in Revista Brasileira de Direito Público, RBDP, ed. Fórum, nº 01, pp. 43 a 63.

Toshio Mukai também entende que o disposto nos §§ 1º e 2º do artigo 65 é restrito a alterações quantitativas previstas no inciso I, alínea "b", do art. 65, não estando adstritas a tais limites alterações qualitativas, previstas no inciso I, alínea "a"[9].

Vera Lúcia Machado D'Ávila perfilha a mesma orientação, afirmando:

> "Sendo assim, não são aplicáveis às alterações qualitativas do objeto contratado as limitações de quantidades previstas no § 1º, do art. 65 da lei 8.666/93."[10]

Também Marçal Justen Filho, referindo-se a alteração do projeto ou de suas especificações, sustenta que *"a lei não estabelece limites qualitativos para essa modalidade de modificação contratual"*, ainda que não se possa presumir *"existir liberdade ilimitada"*[11].

Vale registrar sobretudo a posição do eminente Caio Tácito, que professa:

> *"As alterações qualitativas, precisamente porque são, de regra, imprevisíveis, senão mesmo inevitáveis, não têm limite preestabelecido, sujeitando-se a critérios de razoabilidade, de modo a não se desvirtuar a integridade do objeto do contrato. Daí porque as alterações qualitativas exigem motivação expressa e vinculação objetiva às causas determinantes, devidamente explicitadas."*[12]

Cumpre ressaltar que não é apenas a doutrina, flagrantemente majoritária, que acolhe o entendimento ora desenvolvido, mas, igualmente, podemos retirar da jurisprudência dos Tribunais de Contas decisões no mesmo sentido. *Exempli gratia*, o acórdão proferido nos autos do Processo TC-33931/026/97, em que a Primeira Câmara do Tribunal de Contas do Estado de São Paulo julgou a regularidade dos Termos de Aditamento referentes ao Contrato firmado entre a CPTM e determinada construtora, objetivando a execução de obras civis, nos seguintes termos:

> "A E. Primeira Câmara do Tribunal de Contas do Estado de São Paulo, em sessão de 14 de maio de 2002, pelo voto dos Conselheiros Eduardo Bittencourt Carvalho, Presidente, e Robson Marinho, considerando que as modificações introduzidas pelos aditivos analisados derivaram de eventos supervenientes, invulgares e imprevisíveis na concepção dos projetos originários, sendo formalizadas apenas para que a administração pudesse alcançar o escopo originalmente pactuado, considerando a existência de acréscimos exclusivamente qualitativos, na exata medida em que não houve alteração da dimensão da obra, mas tão somente a incorporação das adaptações necessárias à finalização de empreendimento de relevante interesse público, consistente em linha de trem metropolitano

---

9. In *Contratos Públicos*, Editora Forense Universitária, 1995, pp. 58 e 59.
10. In *Temas Polêmicos sobre Licitações e Contratos,* Malheiros Editores, 1995, p. 194, *in fine*.
11. In *Comentários à Lei de Licitações e Contratos Administrativos,* Dialética, 7ª ed., 2000, p. 551.
12. **Contrato Administrativo. Alteração Quantitativa. Alteração Qualitativa. Limite de Valor.** In Boletim de Licitações e Contratos nº 3, ano 1997, Ed. NDJ, p. 119.

situada em região de alta densidade, beneficiando população de baixa renda, além da impactação positiva no trânsito da cidade; considerando os aspectos peculiares e excepcionais envolvidos nos aditamentos aqui apreciados, gerando alterações e acréscimos por absoluta e inquestionável necessidade técnica; considerando, finalmente, que os laudos técnicos produzidos pela administração demonstram satisfatoriamente que a opção pela continuidade da obra ofereceu economia real aos cofres do Estado, tal como reconhecido expressamente pelo próprio agente financiador, DECIDIU, nas conformidades das razões elencadas nas correspondentes notas taquigráficas juntadas aos autos, JULGAR REGULARES os termos de aditamento em exame."

Observa-se que, os citados aditivos implicaram alterações qualitativas nas especificações do objeto inicialmente previsto, levando a um aumento no valor do contrato que superaram os limites estabelecidos em lei. Do voto do Conselheiro Robson Marinho extrai-se as razões de sua decisão, que evidenciam não só uma interpretação finalística e razoável da legislação mas, sobretudo, leva em consideração a complexidade do objeto do contrato bem como as consequências nefastas de seu retardo. Senão vejamos:

> *"E neste campo de raciocínio, na análise da onerosidade relacionada à rescisão contratual, não vejo, particularmente, como se poderia deixar de levar em conta os **custos** que a Administração teria de suportar relacionados ao próprio preço do(s) futuro(s) ajuste(s) decorrentes de nova licitação, quando se visse diante de situação fática à que ora se examina, com vistas a aditar ou não, qualitativamente, o contrato em vigor além do patamar fixado no art. 65, § 1º, da Lei de Licitação.*
>
> Entendo, ainda, que os aspectos envolvendo os prejuízos de natureza social e ambiental decorrentes do atraso na conclusão de determinadas obras cuja dimensão e impacto trazem grandes e claros benefícios à coletividade – como é o caso dos autos – devem, também, ser levados em conta pelo administrador, quando da verificação da necessidade de rescindir ou de aditar o contrato além dos parâmetros do art. 65, § 1º, da Lei nº 8.666/93, à luz dos princípios da primazia do interesse público e da razoabilidade.
>
> De outra parte, há que se levar, também, em conta a envergadura da obra e a dimensão dos problemas que ela visa resolver ou minorar – especialmente considerando a vasta área beneficiada, qual seja, a região Sul do Município de São Paulo e os Municípios contíguos (já conurbados), com seus milhões de habitantes (...)
>
> Dessa forma, sob a perspectiva da decisão nº 215/99 do E. Tribunal de Contas da União, entendendo plenamente atendidas, no tocante às condições contidas no inciso VI da epigrafada decisão e relacionada à demonstração do "insuportável sacrifício ao interesse público primário", decorrente da postergação da conclusão do objeto contratado, da gravidade do não atendimento do interesse coletivo associada ao adiamento da conclusão da obra, até no que se refere à sua urgência e emergência, na medida em que são evidentes os transtornos que a população da vasta região sul da capital e de suas adjacências teria de suportar com o atraso na conclusão da obra metroviária, particularmente levando-se em conta a notória característica da região de Capão Redondo e de seu entrono enquanto região fragilizada por enormes carências, cuja população depende, essencialmente, de transporte coletivo para sua locomoção diária.

Por todo exposto, meu voto é pela regularidade dos aditivos em exame, considerando as razões apresentada pela Origem em seu memorial e a natureza predominante qualitativa das alterações a que se refere." (grifo nosso)

Vê-se, portanto, que a distinção entre aumentos quantitativos e qualitativos do objeto do contrato é de rigor, especialmente para que orientações equivocadas não constituam empecilho à boa execução e conclusão, por exemplo, de uma obra, com a devida segurança, e por quem tenha sido regularmente contratado para executá-la desde o início, bem como para evitar o enriquecimento ilícito da Administração Contratante. Esta inclusive não pode furtar-se ao pagamento do que realmente tenha sido necessário executar em seu proveito, por sua própria determinação ou aquiescência e para atendimento de situações emergentes que não possam ser imputadas a dolo ou culpa do próprio contratado, observados os preços contratuais ou, quando não contemplados no contrato, fixados mediante acordo entre as partes, desde que compatíveis com os vigentes no mercado.

Destarte, devidamente configurada a necessidade, e não mera conveniência, de alteração contratual, de sorte a assegurar a adequada execução do objeto do contrato para que seja atendida plenamente a finalidade a que se destina, em face mesmo de situações imprevisíveis ou razoavelmente não previstas, desde que não configurado **aumento quantitativo do objeto do contrato, ou ainda a hipótese de obra, serviço ou fornecimento novo**, nada obstará que haja aditamento contratual, mesmo que acima de 25% ou 50% do valor inicial do contrato, consoante a hipótese, devidamente atualizado, observadas as cautelas e providências pertinentes, dentre elas a adequada justificação técnica e por escrito.

E por obra, serviço ou fornecimento novo há de se entender o que seja de natureza absolutamente distinta da natureza do objeto inicialmente contratado, ou que não seja complementar ou acessório indissociável do objeto do contrato, e que possa ser executado por outrem que não o contratado, sem implicar prejuízos como confusão de canteiros de obras e impossibilidade de adequada identificação de responsabilidades pelo que se apresentar eventualmente inseguro, defeituoso ou falho.

É de se ressaltar, a propósito, que há situações em que o valor inicial de um contrato pode a final, sofrer aumento não submetido aos limites do art. 65, § 1º, da lei 8.666/93, mesmo não configurada a imperiosa necessidade da alteração pretendida, bastando, isto sim, que seja demonstrado que a alteração melhora, otimiza o produto final, escopo do contrato, que essa otimização se apresenta relevante, significativamente útil à luz do interesse público. Se a alteração assim se apresenta, promove-la atende mesmo a exigências de boa administração.

Com efeito, com o intuito de obter **melhor adequação técnica aos seus objetivos** – expressão de que se vale a própria lei 8.666/93, em seu art. 65, I, alínea 'a' – admite-se modificação do projeto ou das especificações sem as amarras de limites de valor. Se quisesse, na referida hipótese, estabelecer também limite rígido, o mencionado dispositivo repetiria a expressão final da alínea 'b' do inciso II do art. 65, qual seja, *"nos limites permitidos por esta lei"*.

Resumindo: alterações contratuais só não podem implicar aumentos do valor inicial do contrato, devidamente atualizado, que superem, conforme a hipótese, 25% ou 50%, apenas nas situações que configurem acréscimo **quantitativo** do seu objeto, isto é, acréscimo da dimensão do objeto do contrato. Alterações **qualitativas**, assim entendidas as que consubstanciam modificação do projeto ou das especificações, e que só podem ter por finalidade a melhor adequação técnica aos seus objetivos, não estão sujeitas aos limites rígidos mencionados. Também não estão sujeitas aos limites em questão as alterações que se fizerem necessárias ou que forem justificadamente recomendadas em decorrência de fatores supervenientes, ou preexistentes mas desconhecidos do contratado que tenha e esteja operando de boa-fé.

É bem verdade que a inexistência, em princípio, de limites rígidos expressos em lei, para alterações **qualitativas**, ou determinadas por fatores não previstos quando da licitação e assinatura do contrato, se não obstam os aditamentos que se fazem indispensáveis à consecução dos objetivos legitimamente colimados, ou que se apresentam como acentuadamente recomendados por razões de ordem técnica, não tem o condão de fazer desaparecer possíveis responsabilidades por imprevidências injustificáveis da Administração à época do certame licitatório.

Também é verdade que a inexistência de limites rígidos para fazer frente a alterações qualitativas e ou situações imprevistas não autoriza desnaturar o objeto do contrato, nem realizar intervenções de tal ordem que lhe alterem profundamente as características consoante inicialmente concebidas e consubstanciadas no projeto e orçamento anexos ao edital do certame licitatório.

Alterações dessa magnitude poderiam caracterizar burla à licitação realizada, ofensa aos princípios da isonomia, da moralidade administrativa e da razoabilidade, razão suficiente para que a execução do contrato não prossiga, seja e fosse elaborado novo projeto e realizado novo certame.

Nesse sentido, cogitando-se de modificações que, mesmo fundadas na alínea **a** do inciso I do art. 65 da Lei 8.666/93, venham implicar aumento substancial do valor do contrato, especialmente aumentos superiores aos percentuais previstos no § 1º do mesmo artigo, recomenda-se prudência. É como se acendesse um sinal de alerta a demandar criterioso exame do que se pretende modificar e das justificativas necessárias, porque quanto maior o aumento do valor do contrato, maior a possibilidade de se estar diante de desnaturação do seu objeto, o que somente o exame de cada caso concreto poderá apontar.

Será necessário atentar-se também para possíveis consequências de uma eventual rescisão do contrato e promoção de novo certame, pois a substituição da contratada originariamente por outra empresa poderá trazer sérios transtornos no que concerne, por exemplo, à definição de responsabilidades pela execução do contrato e até mesmo quanto à garantia e segurança da uniformidade e compatibilidade de técnicas executivas e operacionais, comprometendo a perfeita consecução dos objetivos pré-determinados.

São essas, pois, em apertada síntese, algumas das considerações que o tema comporta e que não esgotam a matéria, em razão mesmo da acentuada variedade das situações que o dia a dia da Administração Pública revela, e de seus múltiplos aspectos.

Capítulo 9

Considerações sobre o Conflito entre a Liberdade de Imprensa e a Inviolabilidade da Honra

Flavio Saad Perón
Juiz de Direito em Mato Grosso do Sul.

1. Introdução

A Constituição consagra os valores e princípios em que se funda o Estado brasileiro, dispõe sobre as suas instituições e sua organização e fixa os objetivos fundamentais da República.

Dentre os fundamentos do Estado, sobressai a dignidade da pessoa humana (art. 1º, III). Como desdobramento deste fundamento, no Título II, Dos Direitos e Garantias Fundamentais, a Constituição declara a inviolabilidade do direito à vida (art. 5º, *caput*) e da intimidade, da vida privada, da honra e da imagem das pessoas (inc. X).

E não poderia ser de outro modo, pois a vida humana, como ensina José Afonso da Silva, "não é apenas um conjunto de elementos materiais. Integram-na, outrossim, valores imateriais, como os morais". E prossegue: "a moral individual sintetiza a honra da pessoa, o bom nome, a boa fama, a reputação que integram a vida humana como dimensão imaterial. Ela e seus componentes são atributos sem os quais a pessoa fica reduzida a uma condição animal de pequena significância. Daí por que o respeito à integridade moral do indivíduo assume feição de direito fundamental."[1]

A liberdade da manifestação do pensamento, e de expressão da atividade intelectual, artística, científica e de comunicação, a liberdade de imprensa, de informar e ser informado, também consubstanciam direitos fundamentais, proclamados nos incisos IV e IX do art. 5º e 220 da Constituição Federal.

As liberdades da manifestação do pensamento e de imprensa são essenciais ao Estado Democrático de Direito, pois possibilitam às pessoas o conhecimento dos

---

1. SILVA, José Afonso. **Curso de direito constitucional positivo**. 13. ed., São Paulo: Malheiros, 1997, p. 197.

fatos a partir dos quais forma-se o espírito crítico, indispensável para a participação do cidadão nos destinos da sociedade.

Discorrendo sobre a importância da liberdade de imprensa, Karl Marx, *apud* Silva, verberou: "A imprensa livre é o olhar onipotente do povo, a confiança personalizada do povo nele mesmo, o vínculo articulado que une o indivíduo ao Estado e ao mundo, a cultura incorporada que transforma lutas materiais em lutas intelectuais, e idealiza suas formas brutas. É a franca confissão do povo a si mesmo, e sabemos que o poder da confissão é o de redimir. A imprensa livre é o espelho intelectual no qual o povo se vê, e a visão de si mesmo é a primeira confissão da sabedoria".[2]

Vivemos o tempo em que muitos denominam de a era da informação. O volume e a rapidez da transmissão e recebimento de informações constitui hoje algo inimaginável há uma década. Se o rádio e a televisão já permitiam a transmissão de informações a um enorme número de pessoas, em tempo real, a Internet, e a popularização do seu acesso nos últimos anos, aumentou ainda mais a abrangência e a velocidade das transmissões de dados e informações. Hoje, um acontecimento é noticiado e chega ao conhecimento de um número infindável de pessoas, nos grandes centros urbanos ou nos mais longínquos pontos do planeta, ao mesmo tempo em que está ocorrendo.

São indiscutíveis os benefícios decorrentes desta nova realidade, principalmente pela velocidade da transmissão de informações e pela democratização do acesso à informação que a cada ano chega a um número maior de pessoas.

Ocorre que não raras vezes testemunhamos a divulgação de matérias jornalísticas atribuindo fatos desabonadores a pessoas, publicamente conhecidas ou não, que posteriormente revelam-se inverídicos. Em tais casos o prejuízo à intimidade ou à honra das pessoas indicadas na notícia materializa-se com a sua publicação, com a divulgação a um grande e indeterminado número de pessoas.

Muitos destes casos são levados à apreciação do Poder Judiciário, que para decidir a lide deve solucionar o conflito entre os dois mencionados princípios constitucionais: da inviolabilidade da honra e da liberdade de manifestação de pensamento e imprensa.

Ambos os princípios têm a mesma hierarquia (posto que ambos estão consagrados na Constituição Federal) e são contemporâneos (ambos surgiram com a Carta Constitucional de 5/10/1988), sendo impossível a solução do conflito pelos critérios empregados para a solução dos conflitos de normas, como a hierarquia, anterioridade ou a especialidade.

---

2. Ibid., p. 239.

A solução, com a definição, em cada caso, sobre qual princípio deve prevalecer, conforme Robert Alexy *apud* Enéas Costa Garcia, se dá com a aplicação da "relação de precedência condicionada", pela análise e ponderação dos fatos e circunstâncias particulares de cada caso.[3]

Ensina Garcia, com base na lição de Alexy, que "especialmente nos princípios constitucionais, não se admite uma prevalência absoluta de um determinado princípio em conflito", esclarecendo que "são as condições do caso concreto que vão determinar a prevalência do princípio".[4]

2. O CONFLITO HONRA X LIBERDADE DE INFORMAÇÃO

A honra, segundo Silva, "é o conjunto de qualidades que caracterizam a dignidade da pessoa, o respeito dos concidadãos, o bom nome, a reputação".[51] Do mesmo modo, Bulos ensina que a honra "traduz-se pelo sentimento de dignidade própria (honra interna), pelo apreço social, reputação e boa fama (honra exterior ou objetiva) (Victor Cathrein, Moralphilosophie, p. 65; Arthur von Schopenhauer, Aphorismen zur Lebensweisheit, p. 68)".[6]

Dada à sua importância, eis que essencialmente ligada à dignidade humana, a honra recebeu, como já assentado no capítulo anterior, proteção constitucional, no art. 5º, X, que a declara inviolável e assegura o direito à indenização pelo dano material ou moral decorrente da sua violação.

Como também já asseverado no Capítulo 1, a liberdade de imprensa é fundamental à democracia, estando albergada nos arts. 5º, IV, IX e 220 da Carta Constitucional. Este último dispositivo, porém, ao assegurar, em seu § 1º, que "nenhuma lei conterá dispositivo que possa constituir embaraço à plena liberdade de informação jornalística em qualquer veículo de comunicação social", ressalva, expressamente, em sua parte final, que deve ser observado, no exercício da liberdade de informação jornalística, o disposto no art. 5º, IV, V, X, XIII e XIV, ou seja, dentre outros princípios, o da inviolabilidade da honra, resguardado no inciso X, do art. 5º.

É óbvio que em uma sociedade que consagra o princípio da liberdade de imprensa, os meios de comunicação, inevitavelmente, divulgam matérias com críticas

---

3. GARCIA, Enéas Costa. **Responsabilidade Civil dos Meios de Comunicação**. São Paulo: Ed. Juarez de Oliveira, 2002, p. 135.
4. Ibid., mesma página.
5. SILVA, José Afonso. **Curso de direito constitucional positivo**. 13. ed., São Paulo: Malheiros, 1997, p. 205.
6. BULOS, Uadi Lammêgo. **Curso de Direito Constitucional**. 4. ed., São Paulo: Saraiva, 2009, p. 463.

ao trabalho de pessoas notórias (como administradores públicos ou artistas) ou com a imputação de fatos a pessoas notórias ou não, que podem lhes afetar a honra.

No que concerne ao direito de crítica, observa Bdine Júnior que "ele integra o próprio cerne da liberdade de pensamento, mas não é ilimitado" e, citando Cláudio Luiz Bueno de Godoy, complementa que a "chave para a solução da adequação da crítica" é "a pertinência da crítica com a obra e fato criticados. Em diversos termos, o que não se deve admitir é que a pretexto do exercício do direito de crítica, acerca de fato ou obra, se queira, a rigor, atingir, de modo ofensivo, a pessoa a quem diga respeito esse fato ou obra criticados".[7]

Quanto à divulgação de notícia com imputação de fato ofensivo à honra de determinada pessoa, ensina Garcia que "no conflito informação x honra tem grande peso o critério da 'veracidade da informação', coadjuvado pela regra da 'actual malice'"[84], construída pela jurisprudência norte-americana. E prossegue: "Geralmente a honra sofre compressão diante de fatos noticiosos verdadeiros. O titular do direito não pode se queixar quando o fato é verdadeiro, pois a justa composição dos interesses estaria a determinar que a verdade deve prevalecer e que sua divulgação faz parte da missão institucional da Imprensa.

Também atua a regra da 'actual malice' para proteger a informação não verdadeira, desde que de boa-fé. Sendo a informação verdadeira em princípio o jornalista estaria protegido, recaindo sobre o ofendido o ônus da prova do abuso da liberdade de informação. Sendo a publicação falsa em princípio o ato ilícito estaria caracterizado, de modo que o ônus da prova se inverte, cabendo ao jornalista demonstrar que agiu de boa-fé, que agiu sem o conhecimento da falsidade, que tomou atitude diligente".[9]

Como se vê, para que emerja a responsabilidade civil, não basta estar demonstrada a falsidade da informação, sendo necessário que resulte provado, também, que o meio de comunicação agiu com abuso da liberdade de informação, consubstanciada no dolo ou culpa do seu repórter, ou seja, que seu repórter tinha ciência da falsidade dos atos atribuídos aos requerentes, ou não adotou a conduta que lhe era exigível em razão de seu ofício, para certificar-se da veracidade dos fatos contidos na reportagem que elaborou.

---

7. SILVA, Regina Beatriz Tavares da; SANTOS, Manoel J. Pereira dos (coords). **Responsabilidade civil: responsabilidade civil na Internet e nos demais meios de comunicação**. São Paulo: Saraiva, 2007, p. 417.
8. GARCIA, Enéas Costa. **Responsabilidade Civil dos Meios de Comunicação**. São Paulo: Ed. Juarez de Oliveira, 2002, p. 172.
9. Ibid., mesma página.

Não se trata, como observa Garcia, de exigir da imprensa o ônus de buscar a verdade absoluta. Porém, "o jornalista não pode contentar-se com a publicação de uma notícia sem conferir-lhe a exatidão, sem assegurar-se de que o fato tem fundamento, guarda correspondência com a realidade".[10] E acrescenta: "Viola o dever de verificação a publicação leviana, destituída de fundamento, fruto de ligeireza na investigação, carente de maior reflexão e ponderação frente aos fatos, sem coerência interna do material colhido.

O dever de verificação exige uma conduta prudente do jornalista. Não pode publicar a notícia sem confirmação de sua autenticidade, sem previamente ter adotado a cautela necessária para afastar eventual imprecisão. Esta a conduta cuidadosa esperada de qualquer profissional deste ramo, de modo que sua inobservância caracteriza culpa".[11]

Exige-se do repórter, ao receber informação de determinada fonte, que verifique a eventual existência de animosidade ou interesse da fonte na imputação de fato depreciativo à honra de outrem. Neste caso, a inidoneidade da fonte, impõe ao jornalista a adoção de cuidado redobrado na averiguação da veracidade das informações.

A reportagem baseada em informação de fonte inidônea evidencia a culpa do jornalista autor da reportagem, fazendo surgir para a empresa exploradora do meio de comunicação a responsabilidade pela reparação dos danos causados pela publicação de fatos inverídicos.

Segundo Garcia, "mesmo estando a 'fonte' perfeitamente identificada, o jornalista pode ser chamado a responder civilmente pela indenização. Trata-se da hipótese onde a fonte não é confiável, caracterizada a culpa do jornalista pela falha no dever de verificação".[12] E prosseguindo, em seu escólio, assevera: "O primeiro elemento a ser verificado é a confiabilidade da fonte. A fonte será tanto mais confiável quanto maior a sua isenção de ânimo. O jornalista não pode construir toda a matéria a partir do depoimento de fontes suspeitas.

A fonte confiável deve apresentar uma certa isenção de ânimo em relação ao assunto sobre o qual é chamada a se manifestar. Não deve o informante manter relações de amizade ou inimizade com pessoas envolvidas na controvérsia objeto de investigação jornalística.

Como já decidiu o TJSP: 'o jornal, responsável pela publicação caluniosa, injuriosa e difamatória, houve-se com manifesta imprudência. Divulgou fatos altamente ofensivos à moral do autor, sem tomar a menor cautela no sentido de

---

10. Ibid., p. 268.
11. Ibid., mesma página.
12. Ibid., p. 273.

'checá-las' e ver o alcance das acusações feitas por pessoas, inclusive, que guardavam animosidade contra o autor'.

Também não é confiável a fonte que tem algum tipo de interesse no prevalecimento de determinada versão. Este interesse pode ser de conteúdo variado: comercial, pessoal, político partidário, vingança etc.

A fonte não pode apresentar hostilidade em relação aos personagens da notícia. Assim, o depoimento de inimigo declarado ou adversário não pode servir de base exclusiva para a veiculação da matéria".[13]

As matérias jornalísticas que noticiam a existência de investigação criminal ou de ação penal contra alguém, ou que imputam a alguém a prática de crime devem ser redigidas em termos comedidos, sem sensacionalismo, limitando-se a narrar os fatos. A narrativa em tons carregados, exacerbados, com sensacionalismo, configura abuso direito de informar, da liberdade de manifestação de pensamento e de imprensa, com a consequente responsabilidade civil do meio de comunicação, por indevida violação à honra da pessoa prejudicada.

Não pode, outrossim, a matéria, sob pena de restar configurada a responsabilidade do repórter e do veículo de comunicação, conter juízo de valor acerca da culpabilidade do investigado ou denunciado, se não houver condenação judicial, pois, como observa Garcia, "há uma regra profissional a respeito da imputação de crimes. O jornalista não deve imputar a pecha de criminoso a alguém, a não ser que exista condenação judicial, confissão ou outros elementos aptos a comprovar a denúncia".[14]

3. ANÁLISE DE TRÊS CASOS REAIS

É interessante e esclarecedora a análise de três casos submetidos à minha apreciação, no exercício da judicatura.

3.1. No primeiro deles, dois tabeliães de Campo Grande – MS ajuizaram ação contra a editora responsável por uma revista semanal de circulação nacional, requerendo a sua condenação no pagamento de indenização por terem sua honra ofendida, em matéria que os acusava da prática de crimes e graves irregularidades no exercício de suas funções[15].

A editora impugnou o pedido, afirmando que seu repórter se limitou a narrar fato verdadeiro, consistente na denúncia de ex-empregado do cartório, verificou o andamento de processos e conferiu o que apurou com outros colegas da imprensa,

---

13. Ibid., mesma página.
14. Ibid., p. 280.
15. Proc. nº 001.97.019809-0, da 2ª Vara Cível da Comarca de Campo Grande – MS.

e que não existe abuso do direito de informação, quando se divulga a existência de denúncias e de apuração ainda não concluída, mesmo que o denunciado venha a ser inocentado.

Afirmou, ainda, que não firmou juízo de valor sobre a questão e que eventual responsabilidade só poderia ser atribuída ao ex-empregado dos autores, que denunciou os fatos narrados na reportagem.

O pedido foi julgado procedente, porquanto ao fim da instrução processual, restou provada a responsabilidade civil da ré.

Em primeiro lugar, porque os fatos imputados aos autores eram falsos e o repórter deixou de cumprir o seu dever de verificação. Se o cumprisse, constataria a falsidade das acusações, pois muito antes da elaboração da matéria, a Corregedoria-Geral de Justiça de Mato Grosso do Sul, após ampla e exaustiva correição no cartório a cargo dos autores, inclusive com a participação do ex-empregado que formulada a denúncia, bem como do Ministério Público, concluíra pela inexistência dos crimes e irregularidades imputados aos tabeliães.

A responsabilidade da ré restou configurada, também, pelo fato de que a fonte era inidônea em razão da forte animosidade que tinha para com eles. O repórter deu crédito, sem a devida e exigível verificação, à palavra do o ex-empregado dos tabeliães, que após sua demissão, ajuizou reclamação trabalhista e apresentou, na Corregedoria-Geral de Justiça de Mato Grosso do Sul, graves denúncias contra seus ex-patrões, cuja falsidade restara demonstrada, muito tempo antes da elaboração da matéria.

3.2. Em outra ação, duas pessoas requereram a condenação de dois jornais diários de Campo Grande – MS, afirmando que sua honra fora ofendida, porque os réus, após terem noticiado o sequestro de uma delas, informaram em matérias veiculadas nos dias seguintes, que a polícia suspeitava de que as duas haviam forjado o sequestro da suposta vítima, ressaltando que até a data do ajuizamento da ação, tal hipótese não fora comprovada.[16]

Neste caso, o pedido foi julgado improcedente porque as matérias não acusavam as rés de terem forjado o sequestro. As rés se limitaram a informar, em termos comedidos e sem sensacionalismo, com base em informações prestadas pela assessoria de imprensa da Polícia Civil, as linhas de investigação seguidas pela polícia, dentre estas, a de que o sequestro pudesse ter sido forjado pelas autoras, não tendo, contudo, os réus emitido nenhum juízo de valor relativamente à existência ou não do sequestro e à culpabilidade das autoras pela sua possível simulação.

3.3. No terceiro caso, um agente penitenciário ajuizou ação contra um jornal diário de Campo Grande – MS, requerendo indenização por dano moral, asseve-

---

16. Proc. nº 001.03.109163-7, da 15ª Vara Cível da Comarca de Campo Grande – MS.

rando que sua honra fora violada porque o réu, ao noticiar a apreensão de armas no interior do presídio em que o autor trabalhava, arrolou, equivocadamente, o seu nome entre os dos presidiários ocupantes da cela em que foram apreendidas as armas.[17]

O réu reconheceu o erro, mas afirmou que não agiu com culpa, porque reproduziu as informações que lhe foram repassadas pela Polícia Militar.

Neste caso, embora fosse incontroverso o equívoco, a falsidade do fato atribuído ao autor na matéria, o pedido foi julgado improcedente porque o réu agiu de boa-fé.

O réu limitou-se a reproduzir um fato que lhe fora noticiado pelo órgão de comunicação da Polícia Militar. Não lhe era exigível, portanto, dada à confiabilidade da fonte, que encetasse maiores esforços para verificar a veracidade de uma informação que lhe fora dada por um órgão oficial da Administração Pública. Assim, não há que se falar em descumprimento do dever de verificação.

Por outro lado, a matéria resumiu-se a narrar, sem qualquer resquício de sensacionalismo, a informação dada pela Polícia Militar, restando demonstrada, destarte, a boa-fé do e ficando afastada a culpa do réu, apesar da inequívoca falsidade do fato noticiado.

4. Conclusão

O conflito entre a inviolabilidade da honra e a liberdade de imprensa envolve dois princípios consagrados na Carta Constitucional e essenciais ao Estado Democrático de Direito.

O aprofundamento do estudo sobre esta questão ocorreu no Século XIX, nos Estados Unidos da América, de onde provêm os principais textos doutrinários sobre o tema. Longe de se constituir em uma questão ultrapassada e este problema se avulta a cada dia, com a incrível evolução do volume e da velocidade de transmissão de informações, e a democratização do acesso à informação e aos meios de divulgação de informação, propiciada com o advento da Internet.

A solução do conflito não é simples, afigurando-se bem mais complexa que no caso do conflito de normas legais.

Conforme demonstrado no Capítulo 2, existem, na doutrina, critérios para solução do conflito. Porém tais critérios devem ser cuidadosamente sopesados em cada caso concreto.

---

17. Proc. nº 001.04.033826-7, da 15ª Vara Cível da Comarca de Campo Grande – MS.

Não se pode, em nome da liberdade de imprensa, consagrar-se a irresponsabilidade dos meios de comunicação, com ampla liberdade para a divulgação, açodada e sem verificação, de quaisquer notícias, muitas vezes de cunho sensacionalista e interesses comerciais ou políticos, de matérias com injusta atribuição de fatos ofensivos à honra, elemento fundamental à dignidade da pessoa humana, que consubstancia um dos fundamentos do Estado brasileiro, conforme expressa o art. 1º, III, da Carta Constitucional.

Por outro lado, a inviolabilidade da honra não pode ser indevidamente invocada para tolher a liberdade de expressão e desencorajar a imprensa livre, instituto essencial à manutenção do Estado Democrático de Direito.

A solução da questão exige do operador do direito, cuidado, atenção e minucioso estudo do caso concreto, para com a aplicação dos critérios concebidos pela doutrina, estabelecer, em cada caso, qual o princípio a prevalecer.

Capítulo 10

A Revisão Judicial dos Contratos de Crédito Bancário e a Limitação da Taxa de Juros

Sideni Soncini Pimentel
Desembargador do Tribunal de Justiça do Estado de Mato Grosso do Sul.

Contrato é um acordo de vontades para estabelecer uma regulamentação de interesses das partes, celebrado nos limites da lei, da ética, da probidade e da boa-fé, exercido em razão e nos limites de sua função social (CC, arts. 421 e 422). A manifestação dos contratantes fundamenta-se no princípio da autonomia da vontade, que lhes permite escolher e decidir pelos ajustes que lhes forem mais convenientes e úteis.

Os contratos de crédito bancário, objeto deste breve estudo, são típicos contratos por adesão, em que as cláusulas contratuais são estabelecidas unilateralmente por um dos contratantes, no caso a instituição bancária, sem que ao outro, o consumidor, seja possível modificar substancialmente seu conteúdo. É evidente que com isso o princípio da autonomia da vontade sofre relevante mitigação, já que, na lição do saudoso Caio Mário da Silva Pereira,[1] ela pressupõe que o contratante possa escolher não só com quem contratar, mas também o conteúdo a ser contratado, a forma de elaboração do contrato e de seu cumprimento.

Nesses casos, ensina Arnaldo Rizzardo que "o princípio da autonomia da vontade fica reduzido à mera aceitação do conteúdo do contrato". E explica:

> "Daí, sem dúvida, enquadrar-se como hipossuficiente o aderente, posto que obrigado a aceitar cláusulas aleatórias, abusivas, unilaterais, como a que permite ao banco optar unilateralmente por índice de atualização monetária que quiser, sem consultar o consumidor; a que possibilita ao mesmo banco utilizar a taxa de mercado por ele praticada; aquela que autoriza o vencimento antecipado do contrato em caso de protesto ou execução judicial de outras dívidas; a cláusulas que impõe a eleição do foro de comarca

---

1. Instituições de Direito Civil. 19ª ed., Rio de Janeiro: Forense, 2001, p. 302.

diferente ou daquela onde foi celebrada a operação; e a relativa à outorga de mandato ou poderes para o credor contra ele emitir título de crédito, dentre inúmeras outras."[2] (destaquei)

O ordenamento jurídico brasileiro não tolera a liberdade absoluta na pactuação da remuneração do capital, não podendo passar despercebida a falsa ideia da autonomia da vontade, sobretudo e fundamentalmente daquele que simplesmente adere ao contrato-modelo, com cláusulas muitas vezes redigidas de forma obscura, ininteligíveis pelo cidadão comum, elaboradas unilateralmente pelas instituições financeiras, como as que estabelecem os encargos a serem pagos pelo devedor de mútuo bancário.

A atividade de crédito, regularmente exercida, é sempre bem-vinda, pois alavanca o crescimento econômico. Todavia, se o seu exercício é abusivo, caracteriza usura, que não produz riqueza, mas tão-somente a transfere, para concentrá-la nas mãos de poucos. A usura é, sem dúvida, agente catalisador da pobreza, da marginalização, da desigualdade social e da concentração de riqueza, diametralmente oposta aos mais elevados objetivos da República (art. 3º, CF).

> "*A usura é em si, denominador comum de um conjunto de práticas financeiras proibidas. A usura é a arrecadação de juros por um emprestador nas operações que não devem dar lugar ao juro. Não é, portanto a cobrança de qualquer juro. Usura e juro não são sinônimos, nem usura e lucro: a usura intervém onde não há produção ou transformação material de bens concretos.*" (LE GOFF, Jacques. A bolsa e a vida: economia e religião na Idade Média. São Paulo: Brasiliense, 1989, p. 18)

A usura é, pois, um abuso reconhecido e repudiado pela prática das relações intersubjetivas, o que lhe conferiu relevância jurídica, a ponto de vir a ser condenada pelo Direito. Assim, na década de 1930, num contexto mundial marcado pela Crise de 1929 e num cenário interno pós-revolução de 1930, a par do teor social da Carta de 1934, que visava ao desenvolvimento das classes produtoras –, tornou-se imperioso impedir e reprimir os excessos praticados pela remuneração exagerada do capital.

O Código Civil de 1916, no art. 1.262, em consonância com o dogma da autonomia da vontade e a consequente liberdade de contratar, até então prevalecente no direito privado, não limitava a taxa de juros nos contratos de mútuo feneratício, dispondo que poderia ser fixada abaixo ou acima da taxa legal. Por conseguinte, o legislador, objetivando atender às expectativas de seu tempo, passou a estabelecer um limite para a contratação de juros, o que fez por meio do Decreto 22.626, conhecido como Lei da Usura, cujo art. 1º, "caput", estabelece: "*É veda-

---

2. *Contratos de Crédito Bancário*. 7ª ed. rev. atual. e ampl. São Paulo: Editora Revista dos Tribunais, 2007, p. 28.

do, e será punido nos termos desta lei, estipular em quaisquer contratos taxas de juros superiores ao dobro da taxa legal (Código Civil, artigo nº 1.062)".

Assim, a Lei da Usura, surgida em meio à crise de 1929, quando se pretendia reprimir os efeitos nocivos da cobrança de juros abusivos e do anatocismo, veio preencher a lacuna deixada pelo legislador de 1916. Por considerar que juros convencionados acima de um por cento ao mês eram intoleráveis, o Decreto 22.626/33 vedou a estipulação em quaisquer contratos, sob pena de punição, de taxas de juros superiores ao dobro da estabelecida pelo então Código Civil, chamada de "taxa legal", que era de seis por cento ao ano (art. 1.062).

No entanto, na década de 1960, o Brasil atravessava uma séria crise não só econômica mas também política. Com a ditadura militar instaurada a partir de abril de 1964, sobressaiu-se um Poder Executivo forte, preocupado de regular e controlar o valor da moeda, os surtos inflacionários, a dívida externa, os investimentos de bancos estrangeiros e das multinacionais, e coordenar as políticas monetária, creditícia, orçamentária, fiscal e a dívida pública, para assegurar a liquidez e solvência das instituições financeiras.

Diante disso, em 1964, a Lei 4.595 – Lei de Mercado de Capitais – que dispõe sobre a política e as instituições monetárias, bancárias e creditícias –, criou o Conselho Monetário Nacional e passou a atribuir-lhe competência para, entre outras, limitar, sempre que necessário, as taxas de juros, que, no entanto, já eram limitadas pela Lei da Usura.

Nos anos setenta, o Governo Militar propugnava o crescimento econômico do País, interessado na confiança dos banqueiros estrangeiros e das grandes multinacionais, a fim de favorecer novos investimentos, para combater os altíssimos índices de inflação e o crescimento brutal da dívida externa. Em 1973, a Crise do Petróleo fez a economia mundial passar do crescimento à recessão, com a consequente elevação das taxas internacionais de juros e a dificuldade brasileira de exportação.

Nesse cenário, o Supremo Tribunal Federal (STF), em dezembro de 1976, acabou por editar a Súmula 596, preceituando que as disposições do Dec. 22.626/33 não poderiam ser aplicadas às taxas de juros e aos outros encargos cobrados nas operações realizadas por instituições públicas ou privadas que integrassem o sistema financeiro nacional.

A Súmula 596 do STF decorreu particularmente do voto do então Ministro Oswaldo Trigueiro, proferido no julgamento do RE 78.953, no sentido de que o art. 1º da Lei da Usura teria sido revogado pela Lei 4.595/64. O entendimento deveu-se, sobretudo, ao disposto no art. 4º, IX, dessa lei, que estatui competir ao Conselho Monetário Nacional *"limitar, sempre que necessário, as taxas de juros"*.

Entendeu o Ministro que, com a lei nova, a limitação imposta pela Lei da Usura já não poderia prevalecer, até porque, na época, naquele cenário econômico, o limite da Lei da Usura não era observado, tendo em vista os altíssimos índices de inflação, que tornavam inviável, não só para os bancos, mas também para os cidadãos, a estipulação das taxas de juros em até um por cento ao mês.

Nisso, o Ministro Xavier de Albuquerque, no mesmo julgamento daquele RE 78.953, concluiu que "a cláusula, *sempre que necessário*', contida nesse preceito [o art. 4º, IX, da Lei 4.595/64]" parecia "mostrar que deixou de prevalecer o limite genérico do Dec. 22.626/33; a não ser assim, jamais se mostraria necessária, dada a prevalência de um limite geral, único, constante e permanente, preestabelecido naquele velho diploma legal, a limitação que a nova lei atribuiu ao Conselho"[3].

Assim, a Lei da Usura deixou de ser aplicada às instituições integrantes do Conselho Monetário Nacional, muito embora permanecesse plenamente aplicável a todos os demais contratos de mútuo feneratício que não fossem celebrados por instituição financeira, dando ensejo a uma construção jurisprudencial que passou a discriminar o mútuo bancário do mútuo civil.

Com a Constituição Federal de 1988, o Brasil deixou de ser uma ditadura e passou a Estado Democrático de Direito, destinado a assegurar o exercício dos direitos sociais e individuais, a liberdade, a segurança, o bem-estar, o desenvolvimento, a igualdade e a justiça como valores supremos. O Estado passou a ter o dever expresso de promover a defesa do consumidor (art. 5º, XXXII), erigida como princípio geral da atividade econômica (CF, art. 170, V), o que viria a se refletir em diversos setores econômicos, principalmente nos contratos de consumo, como os contratos de crédito bancário.

A partir de 1994, com o Plano Real, a inflação deixou de ser um dos maiores problemas que assolavam o País; mas as instituições financeiras continuavam a estipular, nos contratos de mútuo, taxas de juros imensamente superiores ao limite de 1% ao mês, que se impunha a todos os demais cidadãos, a despeito da vedação expressa que então era feita pelo art. 192, § 3º, da Lei Maior. Surgiu, pois, a necessidade de revisar a Súmula 596 do Supremo Tribunal Federal, até porque, como esclarece o Desembargador do Tribunal de Justiça do Rio Grande do Sul, Rui Portanova:

> "Na época, a Lei da Reforma Bancária era quase uma necessidade conjuntural, em face do período inflacionário então vivido. Disso dá conta a decisão do Supremo Tribunal Federal, na apreciação do Recurso Extraordinário nº 78.953, o que serviu de base à Súmula 596. Aquela preocupação, hoje, já não faz mais sentido. De um lado, porque,

---

3. *Apud* Rizzardo, Arnaldo. *Contratos de Crédito Bancário*. 7ª ed. rev. atual. e ampl. São Paulo: Editora Revista dos Tribunais, 2007, p. 445.

como visto, na caracterização constitucional do que sejam juros reais, não está incluída a correção monetária. De outro lado, porque a correção monetária, até então mal compreendida, passou a ser admitida, inclusive na via legislativa, também a partir de 1964, como é de conhecimento geral e se pode constatar de diversos textos doutrinários."[4]

Assim, em 2003, no julgamento do Recurso Especial 407.097-RS, o Ministro do STJ, relator do recurso, Antônio de Pádua Ribeiro, assim se pronunciou:

"Nos idos da década de 70, o Poder Judiciário, sensível a uma conjuntura econômica caracterizada pelas altas taxas de inflação e pela impossibilidade de se aplicar um mecanismo de correção monetária, reconhecia que às instituições financeiras era facultado praticar taxas de juros superiores aos 12% anuais, previstos na legislação civil, entendimento que perdurou mesmo após a Constituição em vigor, que estipulou em 12% os juros máximos a serem cobrados pelas instituições financeiras.
A realidade atual, porém, é bem diferente.
Desde a implementação do chamado Plano Real, em julho de 1994, os indicadores revelam que a inflação tem permanecido sob relativo controle, variando pouco em torno dos 5% anuais, com tendência de redução. Esse contexto, aliado à legitimidade da utilização de índices de correção monetária, impõe uma maior ponderação quanto à aplicação da Súmula 596, do STF."

E afirmou, de forma categórica:

"Se no passado coube ao Judiciário, diante de certas circunstâncias, dizer que os juros bancários não se sujeitavam ao limite imposto pela Lei de Usura, agora, diante de outra realidade, deve enfrentar novamente a questão para coibir os abusos que vêm sendo cometidos. E pode perfeitamente fazê-lo valendo-se das disposições do Código de Defesa do Consumidor."

A propósito, lembra Bruno Miragem que "a atividade bancária e, consequentemente, os contratos bancários, são uma das mais importantes alcançadas pelas normas de proteção do consumidor estabelecidas pela ordem jurídica brasileira". E esclarece: *"em face das condições econômica da imensa maioria da população brasileira, o acesso ao crédito bancário constitui, em muitas situações, um dos últimos recursos disponíveis para atendimento de problemas financeiros imediatos e urgentes"*.[5]

O Código de Defesa do Consumidor (CDC) é um instrumento social de defesa das necessidades do consumidor em face dos abusos contra ele praticados, principalmente nas relações jurídicas decorrentes de contratos de natureza bancária,

---
4. Ob. cit., pp. 74 e 75.
5. MARQUES, Cláudia Lima. ALMEIDA, João Batista de. PFEIFFER, Roberto Augusto Catellanos (Coord.) Aplicação do Código de Defesa do Consumidor aos Bancos. São Paulo: Editora Revista dos Tribunais, 2006, pp. 308 e 309.

financeira ou de crédito, com o objetivo de resguardar o respeito à sua dignidade, saúde e segurança, bem como a proteção de seus interesses econômicos, a melhoria de sua qualidade de vida, assegurando-se a transparência e a harmonia das relações de consumo (CDC, art. 4º, *caput*).

A importância da submissão dos contratos bancários ao Código de Defesa do Consumidor revela-se na proibição das cláusulas abusivas (art. 51, IV), de modo que, como ensina Bruno Miragem, o conteúdo da proteção ao consumidor vai importar na determinação do conteúdo do próprio contrato, com uma dupla garantia: a) o acesso à informação sobre o contrato, como requisito de qualidade da manifestação volitiva do aderente; e (b) a preservação do equilíbrio contratual.[6]

Se perdido o equilíbrio contratual, em virtude da existência de cláusulas abusivas, exsurge a possibilidade de revisão, por ser direito básico do consumidor a modificação das cláusulas que estabeleçam prestações desproporcionais e iníquas (CDC, art. 6º, V), como as que estabeleçam a cobrança de encargos abusivos. Eis o magistério de Luis Renato Ferreira da Silva:

> "se um contrato ficar muito desproporcional na relação entre prestação e contraprestação, tornando-se excessivamente oneroso para alguma das partes, certamente ocorrerá o inadimplemento. Como não interessa, dada a inserção no meio econômico das relações contratuais, que haja a descontinuidade dos contratos, senão que se quer mantê-los (assumindo-se as premissas antes lançadas), o caminho da revisão contratual se abre".[7]

Por essa razão é que o Ministro Antônio de Pádua Ribeiro, ao proferir seu voto, no julgamento daquele REsp 407.097, afirmou, com notável sensibilidade, que, diante da nova conjuntura, competiria ao Judiciário coibir os abusos praticados pelas instituições financeiras, valendo-se, sobretudo, do Código de Defesa do Consumidor. Aliás, como já doutrinava o grande Carlos Maximiliano, com a característica maestria da ideia e a beleza da expressão, que "*o magistrado (...) não procede como insensível e frio aplicador mecânico de dispositivos; porém como órgão de aperfeiçoamento destes, intermediário entre a letra morta dos Códigos e a vida real, apto a plasmar, como a matéria-prima da lei, uma obra de elegância moral e útil à sociedade*".[8]

---

6. MARQUES, Cláudia Lima. ALMEIDA, João Batista de. PFEIFFER, Roberto Augusto Catellanos (Coord.) Aplicação do Código de Defesa do Consumidor aos Bancos. São Paulo: Editora Revista dos Tribunais, 2006, p. 32.
7. SILVA, Luis Renato Ferreira da. *A função social do contrato no novo Código Civil e sua conexão com a solidariedade social*. In: SARLET, Ingo Wolgang – org. – O Novo Código Civil e a Constituição. Porto Alegre: Livraria do Advogado, 2003, p. 145.
8. Hermenêutica e aplicação do direito. 19ª ed. Rio de Janeiro: Forense, 2002, p. 50.

Com essa preocupação de plasmar a letra morta da Súmula 596 do STF às exigências de seu tempo, afirmou o Ministro Antônio de Pádua Ribeiro:

> "É sabido que as instituições financeiras atuam basicamente como intermediárias, de um lado, captando dos poupadores e do outro, emprestando aos que necessitam de recursos. Não há como negar a importância do setor financeiro para o desenvolvimento de qualquer país. Contudo, algumas distorções e desvirtuamentos existentes no sistema contribuem em sentido contrário, ou seja, desestimulam os potenciais empreendedores do setor produtivo. Basta ver as agruras por que passam os micros e pequenos empresários, às voltas com os surreais encargos que oneram o financiamento de suas atividades. É sintomático o resultado do balanço geral que apurou o lucro líquido do setor no ano de 2001. O Itaú (R$ 2,38 bilhões), primeiro do ranking, sozinho, lucrou mais do que a AmBev (R$ 784,6 milhões), Souza Cruz (R$ 634 milhões), Gerdau (R$ 464 milhões) e Votorantim (375 milhões), juntas. E estamos falando de quatro das maiores empresas não-financeiras que operam no Brasil (fonte: Bancos, ABM Consulting e Economática). O spread elevadíssimo, a flutuação dos juros e do câmbio garantiram os recordes de lucratividade verificados nos últimos anos. Um estudo feito com base nos balanços de 28 bancos mostra que, de 2000 para 2001 (dezembro a dezembro), o ganho dessas entidades passou de R$ 6,912 bilhões para R$ 9,485 bilhões, revelando um aumento de 37,2% (fonte: ABM Consulting). Não se trata de criticar o lucro em si, mas o desvirtuamento de um sistema que privilegia o capital em detrimento da produção, com a colaboração em certo momento, embora involuntária, é bom que se diga, do próprio Poder Judiciário."

E prosseguiu:

> "Hoje, os bancos sentem-se muito à vontade para cobrar juros remuneratórios a taxas mensais que superam, em muitos casos, o dobro da inflação anual, sobre débitos corrigidos monetariamente, adotando, por inércia, procedimentos que lhes são altamente convenientes, vigentes na época da inflação exacerbada. **Argumentam que praticam taxas de mercado. Mas que mercado?** Nos Estados Unidos existem cerca de 14 mil bancos e a taxa de juros média não chega a 6% ao ano. No Brasil, em 1997, tínhamos 206 bancos, em 2002 temos aproximadamente 180, com um predomínio quase absoluto dos 10 maiores, que detinham, em 2000, 76,70% dos depósitos, caminhando para 85% nos próximos anos." (fonte: Austin Asis)

Assim, sustentou o Ministro que os juros deveriam fixados no percentual correspondente à Taxa Selic. Contudo, no mesmo julgamento, em resposta ao argumento de que a Lei da Usura deveria ser aplicada para a limitar a taxa de juros, o Ministro Ari Pargendler afirmou não haver nenhuma racionalidade, ao menos de natureza econômica, em sustentar que, numa conjuntura de inflação mensal próxima de zero, os juros que excediam de 1% ao mês eram abusivos.

No julgamento do RESp 271.214-RS, de sua relatoria, também ocorrido em março de 2003, fez a mesma afirmação de que não havia fundamento econômico razoável para a limitação dos juros com fundamento na Lei da Usura, ao argumento de que, se a taxa básica de juros praticada no País, a Selic, era (na época) de 19% ao ano, não se poderia exigir que as instituições financeiras emprestassem por uma taxa de 12% ao ano, tanto mais se considerados as despesas de sua manutenção e os riscos próprios da atividade. Assim, afirmou:

> "Sem nenhum trabalho e despesa, os rendimentos do banqueiro seriam de 19% a.a.; mantendo toda a estrutura produtiva, as instituições financeiras só receberiam juros de 12% a.a. Na verdade, toda a problemática resulta do fato de que o maior tomador de empréstimos é o governo, e de que ele só obtém esses empréstimos se mantiver uma taxa de juros que compense o risco de quem empresta". (Grifo nosso.)

Isso não quer dizer, no entender do Ministro, que, em casos concretos, não se pode reconhecer a existência de juros abusivos. Contudo, como a questão dos juros é questão de política econômica, o reconhecimento do abuso dependerá da comprovação de discrepância entre as taxas pactuadas no contrato e a taxa média de mercado. Firmou-se assim, a jurisprudência daquela Corte, na seguinte orientação: "*As instituições financeiras não se sujeitam à limitação dos juros remuneratórios estipulada na Lei de Usura (Decreto 22.626/33), Súmula 596/STF*" (REsp 1.061.530 – RS).

O Código Civil de 2002 – ajustado ao relevante papel que o Direito Constitucional passou a desempenhar no âmbito do sistema jurídico, principalmente com a advento da Constituição de 1988 e do fenômeno da "constitucionalização do direito privado" –, veio reforçar, em seu art. 591, a preocupação com a abusividade dos encargos nos contratos de mútuo com fins econômicos, impondo os mesmos limites da Lei da Usura para as taxas de juros e autorizando a capitalização anual.

O art. 406, c/c o art. 161, § 1º, do CTN, dispõe que a taxa dos juros moratórios, quando não convencionada, será de um por cento ao mês. Já o art. 591 do Código Civil, ao dispor sobre o contrato de mútuo destinado a fins econômicos, é expresso ao prescrever que os juros decorrentes desses contratos – e neste caso especialmente os juros remuneratórios –, não poderão exceder a taxa a que se refere o art. 406, ou seja, a taxa que estiver em vigor para a mora do pagamento de impostos devidos à Fazenda Nacional, que, se a lei não dispuser de modo diverso, será de 1% (um por cento) ao mês (CTN, art. 1º, § 1º), sob pena de redução, permitida a capitalização anual. Eis o teor do art. 591:

> "*Destinando-se o mútuo a fins econômicos, presumem-se devidos juros, os quais, sob pena de redução, não poderão exceder a taxa a que se refere o art. 406, permitida a capitalização anual.*" (destaquei)

O contrato de mútuo destinado a fins econômicos é justamente o empréstimo de dinheiro a juros. Abarca, portanto, os contratos de financiamento bancário, por meio dos quais a instituição financeira empresta dinheiro ao mutuário, que deverá pagar-lhe não só a quantia emprestada, mas também os juros remuneratórios, que decorrem da compensação pela utilização do capital alheio, e eventuais juros moratórios, devidos em razão de mora no pagamento.

O disposto no art. 591 do Código Civil, aliás, não diverge do que estabelece a Lei da Usura sobre a limitação de taxas de juros, não obstante posicionamentos contrários, que entendem que, com o novo estatuto civil, a taxa máxima de juros passou a ser de 24% ao ano (dobro da taxa legal). Observo que a disposição do Código Civil, art. 591, também não diverge da redação original do art. 192, § 3º, da Constituição Federal, revogado pela Emenda 40/2003, o que só revela a preocupação do legislador com a estipulação de juros abusivos.

Assim, entendo conveniente indagar se a questão das taxas de juros é apenas uma questão de política econômica, ante as constantes insistências do legislador em estabelecer um limite à sua livre estipulação e o fato de a Constituição Federal ter implantado a independência efetiva dos Poderes, atribuindo, no art. 48, III, **exclusiva competência ao Congresso Nacional** para dispor sobre *"matéria financeira, cambial e monetária, instituições financeiras e suas operações"*, e estabelecendo, de resto, no art. 68, § 1º, que os atos de competência exclusiva do Congresso Nacional não poderão ser objeto de delegação.

Não obstante a falta de razoabilidade das reiteradas medidas provisórias que, manifestamente contrárias ao propósito do constituinte de 1988, foram elastecendo a competência do Conselho Monetário Nacional, que não poderia ser prorrogada por mais de 180 dias, até culminar na Lei 8.392/91, que, definitivamente, estabeleceu, *ad eternum*, sua competência para limitar as taxas de juros,[9] considero importante indagar também se, numa conjuntura de inflação mensal próxima de zero, existe fundamento jurídico para se recusar a aplicação do Decreto 22.626/33 e do Código Civil de 2002. Existe fundamento jurídico para o tratamento diferenciado, dispensado ao cidadão comum e às instituições financeiras, quando o Comitê de Política Monetária do Banco Central (COPOM) acaba de anunciar a redução da taxa básica de juros para 8,75 ao ano? E ainda, consta que os bancos

---

9. Importante colacionar a pertinente observação do insigne Ministro do STF, Marco Aurélio Mello, proferida no julgamento do RE 286.963-5, a respeito da competência do Conselho Monetário Nacional para dispor sobre juros bancários: "Todavia, há de se dar interpretação ao texto a partir da razoabilidade. Em síntese, não se coaduna com o citado princípio a sucessividade de leis elastecendo um prazo de 180 dias de forma indeterminada. Hoje, passados mais de 15 anos da vigência da Carta de 1988, tem-se, ainda a competência do Conselho Monetário Nacional a partir de extravagante delegação, porquanto contrária aos ditames constitucionais. Há se proclamar a supremacia da Carta da República, predicado que apanha não apenas os preceitos situados no corpo permanente, mas também no Ato das Disposições Transitórias".

fazem captação de dinheiro no mercado internacional à taxa pouco superior a 1% ao ano.

De um lado, há o consumidor, a lei, o direito fundamental de proteção ao consumidor (CF, art. 5º, XXXII), o direito fundamental da isonomia (CF, art. 5º, *caput*), todos os demais sujeitos de direito, pessoas físicas e jurídicas, que não fazem parte do Sistema Financeiro Nacional, além de um cenário econômico muito diverso daquele das décadas de 1960 e 1970. De outro, ao revés, há as instituições financeiras e o argumento de que, como a taxa de juros é questão de política econômica, "a *estipulação de juros remuneratórios superiores a 12% ao ano, por si só, não indica abusividade*" (Súmula 382 do STJ).

Os fundamentos que vêm sendo apresentados pelo Superior Tribunal de Justiça não se sustentam, porque a taxa básica de juros no País é hoje inferior a 10% ao ano, tendo sido recentemente reduzida para 8,75% ao ano, atingindo o nível mais baixo da história[10]. Por outro lado, os maiores bancos do País ainda cobram juros, por exemplo, no cheque especial, a uma taxa média superior a 8% ao mês, ou seja, quase 100% ao ano,[11] sem contar a incidência, por exemplo, da capitalização mensal, o que, aliás, é crime, se praticada pelo cidadão comum, mas tem sido tolerada, quando praticada por instituições financeiras.

Como bem asseverou o advogado Darci Norte Rebelo, em espirituoso artigo publicado no sítio da rede mundial de computadores, Jus Navigandi, a respeito da Súmula 382 do STJ:[12]

> "...essa fórmula da inequação, em cujo étimo se encontra a raiz da palavra igualdade com sinal contrário, revela que atrás da taxa 'superior' a 12% ao ano, escondem-se, na verdade, taxas de 12% ao mês ou, capitalizando, 289% ao ano, que é um número enquadrável na Súmula que inclui, na sua estante de juros, qualquer número acima de 12% ao ano."

E assevera:

> "O que está por detrás da Súmula, portanto, são números muito distantes dos 12% ao ano. O não-dito no texto da Súmula é que as instituições financeiras são se sujeitam a limitação de juros [sic]. A elas não se aplicam os arts. 591 e 406 do CC. A palavra mês é cuidadosamente encoberta pela inequação 'superiores a...'. Por isso se diz que juros

---

10. http://www.estadao.com.br/noticias/economia,copom-reduz-taxa-selic-para-8-75-ao-ano,406797,0.htm.
11. Pesquisa em: http://www.bcb.gov.br/fis/taxas/htms/012010T.asp?idpai=txjuros. Realizada em julho de 2009.
12. O não-dito e o encoberto na Súmula no 382 do STJ. Jus Navigandi, Teresina, ano 13, n. 2.190, 30 jun. 2009. Disponível em: <http://jus2.uol.com.br/doutrina/texto.asp?id=13069>. Acesso em: 29 jul. 2009.

superiores a 12% ao ano por si só não indicam abusividade e concede-se que, 'em casos excepcionais' [sic], os contratos poderão sofrer revisões se "a abusividade for cabalmente demonstrada".

É importante ter presente que o que determina e qualifica um ato como usurário não é nem pode ser a pessoa que o pratica, cidadão pessoa física pessoa jurídica ou entidade pertencente ao Sistema Financeiro Nacional. Um ato é usurário, quando consiste no enriquecimento injusto daquele que concede o crédito, em razão do empobrecimento do tomador de crédito, tendo em vista a cobrança excessiva de juros, indo muito além da simples remuneração do capital. Daí a observação, bastante pertinente e sensata, do Ministro Marco Aurélio Mello, proferida em 24 de abril de 2005, no julgamento pelo Supremo do Recurso Extraordinário 286.963-5, a respeito da aplicação da Lei da Usura às entidades integrantes do Sistema Financeiro Nacional: "**Registro que até hoje não alcancei a base maior para distinção: os cidadãos e as pessoas jurídicas em geral devem observância à Lei da Usura; os estabelecimentos bancários, não**".

Não causa espanto a afirmação do eminente Ministro do Supremo, já que a usura é, como afirmado, condenada por sua própria natureza e consequências, e não em razão de quem a pratica. De resto, em meu entender, nunca houve um fundamento jurídico, ou de relevância jurídica, para a distinção que se faz entre as instituições financeiras e os demais membros da sociedade, em relação às limitações impostas à pactuação de taxas de juros e outros encargos.

Também entende o STJ que:

> "são *inaplicáveis aos juros remuneratórios dos contratos de mútuo bancário as disposições do art. 591, c/c o art. 406 do CC/02*" (REsp 1.061.530 – RS), e o precedente é o voto do Ministro Aldir Passarinho Júnior, proferido no julgamento do REsp 680.237 – RS, no sentido de que existe uma "*diferenciação entre as duas espécies de mútuo com finalidade econômica (três, na lição de Judith Martins Costa, antes reproduzia) o bancário e o civil, aquele, no que tange aos juros remuneratórios, regulado em lei especial e complementar.*"

A conclusão é de que:

> "...mesmo para os contratos de agentes do Sistema Financeiro Nacional celebrados posteriormente à vigência do novo Código Civil, que é lei ordinária, os juros remuneratórios não estão sujeitos à limitação, devendo ser cobrados na forma em que ajustados entre os contratantes, consoante a fundamentação acima, que lhes conferia idêntico tratamento antes do advento da Lei n. 10.406/2002, na mesma linha da Súmula n. 596 do E. STF."

Trata-se do mesmo tratamento diferenciado que fundamenta a não-aplicação da Lei da Usura aos contratos bancários; seu fundamentado não é propriamente jurídico, mas a jurisprudência que se firmou a partir da Súmula 596 do STF. O que é juridicamente relevante é que, sem embargo de não se admitir a aplicação da Lei da Usura e do Código Civil às instituições financeiras, a cobrança escorchante de juros não deixa de ser usurária e, por conseguinte, prática abusiva, contrária aos fins da própria sociedade. Essa prática malfere os princípios da boa-fé objetiva, da finalidade social do contrato e da propriedade, a moralidade, os bons costumes e o próprio interesse público. Essa prática ofende princípios gerais de direito, como a vedação ao enriquecimento sem causa e a desproporção exagerada nas relações negociais; ofende princípios constitucionais, como o da dignidade da pessoa humana, e da função social da propriedade; contraria princípios contratuais, a exemplo da função social do contrato, da equivalência material e o Código de Defesa do Consumidor.

Aliás, bem assentou o Supremo Tribunal Federal, no julgamento da ADI 2.591, que "**as instituições financeiras estão, todas elas, alcançadas pela incidência das normas veiculadas pelo Código de Defesa do Consumidor**"[13]. Sendo pacífico o posicionamento que reprova a imposição de cláusulas abusivas ao aderente dos contratos de crédito bancário, com disposição expressa no Código de Defesa do Consumidor (art. 51), a questão, portanto, desloca-se da aceitação ou não da usura (entenda-se: cobrança abusiva de juros) para, de forma velada, residir na afirmação de que a cobrança de juros acima do limite estabelecido pela Lei da Usura ou do Código Civil de 2002 não é, necessariamente, abusiva. Em outras palavras, passa-se do problema da usura para o problema da abusividade, ficando a questão da existência do ato usuário a depender da existência do ato abusivo.

Ao sustentar que as decisões do Superior Tribunal de Justiça, que afastam a incidência da Lei da Usura e do Código Civil aos contratos bancários, carecem de fundamento jurídico, quer-se com isso afirmar que o próprio STJ não pôde deixar de reconhecer a necessidade de limitação dos juros estipulados pelas instituições financeiras, fazendo uso da própria Lei da Usura.

As cédulas de crédito rural, por exemplo, não estão abrangidas pela exclusão da Lei da Usura, e o fundamento é bastante simples: a omissão do Conselho Monetário Nacional em fixar as taxas de juros aplicáveis aos contratos de crédito rural. Bastante esclarecedor é o julgamento do REsp 111.881, em que o Ministro Carlos Alberto Menezes Direito assim se manifestou:

> "*Deve-se responder, agora, as seguintes indagações: se não consta dos autos tenha o Conselho Monetário Nacional fixado o limite da taxa de juros referida no art. 5º do Decreto-lei nº 167/67, estaria a instituição bancária livre para cobrar qualquer taxa? Em caso negativo, qual seria o limite e qual a norma que a fixaria?(...)* **as taxas de juros, ante**

---

13. ADI-ED 2591 – DF – TP – Rel. Min. Eros Grau – DJU 13.04.2007 – p. 83.

*a eventual omissão do Conselho Monetário Nacional, não podem ficar sujeitas à livre vontade das instituições bancárias, geridas sempre com o intuito de trilhar os caminhos do lucro, muitas vezes exagerados, como sói acontecer, o que prejudica a própria razão de ser da cédula de crédito rural. Assim, ao invés de incentivar a atividade rural, **a liberdade excessiva dos bancos** tem acarretado, na verdade, a quebra de centenas de agricultores que dependem do crédito para sobreviver"*. (Grifo nosso.)

Ora, independentemente de os contratos de crédito rural serem regidos por lei especial, o Decreto-lei 167/67, o fato é que o próprio STJ reconhece que a omissão da autoridade competente na fixação de taxas juros dá ensejo a que as instituições financeiras, *"geridas sempre com o intuito de trilhar os caminhos do lucro, muitas vezes exagerados, como sói acontecer"*, acabam por estipular cláusulas contratuais abusivas, iníquas e desproporcionais, que as favoreçam grandemente, em detrimento do consumidor, estabelecendo juros muito acima do razoável, justamente por se valerem de uma liberdade excessiva, ao argumento de que os juros que praticam não podem ser limitados. É a vetusta Súmula 596 do STF, que, reconhecidamente, passa a chancelar o abuso contra aqueles que dependem do crédito e não têm a quem recorrer.

Diante disso, concluiu o Ministro:

"É certo que a jurisprudência do Supremo Tribunal Federal, consolidada na Súmula nº 596 e aplicada já em alguns casos nesta Corte, entende que 'as disposições da do Decreto nº 22.626/33 não se aplicam às taxas de juros e aos outros encargos cobrados nas operações realizadas por instituições públicas ou privadas, que integram o sistema financeiro nacional'. Isso porque a Lei nº 4.595/64, art. 4º, inciso IX, incumbiu ao Conselho Monetário Nacional limitar, apenas quando necessário, as taxas de juros relativas a operações e serviços bancários ou financiamentos."

*Ocorre que o Decreto-lei nº 167/67, além de posterior à Lei 4.595/64 e específica para as cédulas de crédito rural, prevê no art. 5º que ao Conselho Monetário Nacional compete fixar **e não que poderá fixar** os juros a serem praticados. Assim, a faculdade prevista na Lei nº 4.595/64, art. 4º, IX, cede à norma específica e mais moderna do Decreto-lei 167/67, que estabelece um dever.*

Como corolário, a orientação da Súmula nº 596 do Supremo Tribunal Federal, penso, não alcança a cédula de crédito rural quanto à limitação dos juros, devendo incidir, enquanto não regulamentada pelo Conselho Monetário Nacional, a taxa de juros máxima de 12% ao ano prevista no Decreto nº 22.626/33, art. 1º, *caput*".

Com relação a esse voto, chamo a atenção para o fato de que a questão suscitada pelo Ministro, consistente na diferença entre "poder fixar" e "dever fixar" é irrelevante. Isso porque, a meu ver, o fundamental – e o voto é bastante enfático nesse sentido –, é que os juros praticados pelas instituições bancárias não podem ficar a seu alvedrio, ou seja, sem limite algum,cobrados segundo as taxas de mercado, sob pena de a liberdade excessiva inegavelmente conduzir ao abuso, e é isso que vem ocorrendo, com cobrança de juros remuneratórios pelos bancos brasileiros a patamares superiores a 100% ao ano, quando no mercado internacional, ao que consta, a média gira em torno de 6%, sendo que o único país que mais se aproxima do Brasil, a Itália, chega a pouco mais de 20% ao ano.

A jurisprudência do STJ, aliás, tem feito uso do parâmetro de 12% ao ano, ao reconhecer a abusividade dos contratos com previsão de incidência de juros remuneratórios sem especificação de taxas, como demonstram os seguintes julgados:

> "PROCESSO CIVIL – RECURSO ESPECIAL – NEGATIVA DE PROVIMENTO – AGRAVO REGIMENTAL – CONTRATO BANCÁRIO – JUROS REMUNERATÓRIOS – TAXA NÃO ESTABELECIDA NO CONTRATO – PACTUAÇÃO NÃO DEMONSTRADA – COMISSÃO DE PERMANÊNCIA – INEXISTÊNCIA DE PREVISÃO – DESPROVIMENTO. 1. *Encontra-se pacificado nesta Corte o entendimento de que, quanto aos juros remuneratórios, uma vez não estabelecida no contrato a taxa de juros a ser aplicada, deve ser imposta a limitação de 12% ao ano, vez que a previsão de que o contratante deve arcar com os juros praticados no mercado financeiro é cláusula potestativa, que sujeita o devedor ao arbítrio do credor ao assumir obrigação futura e incerta. Precedentes. (...)"* (Ag. Rg. no REsp nº 723.778/RS, Rel. Min. Jorge Scartezzini, 4ª Turma, DJ de 21/11/2005)

> *"Agravo regimental. Recurso especial a que se negou seguimento. Contrato bancário. Código do Consumidor. Juros remuneratórios. Limitação. Precedentes. 1. Não havendo previsão no contrato do percentual dos juros remuneratórios, correta a decisão que impôs a limitação a 12% ao ano. 2. Impossibilidade de reexame da questão em face do óbice da Súmula nº 5/STJ. 3. Agravo regimental desprovido."* (Ag. Rg. no REsp nº 646.386/RS, Relator Min. Carlos Alberto Menezes Direito, DJ de 1º/2/2005)

A outra questão que, em minha opinião, exsurge do mencionado voto do Ministro Direito é o fato de que o Conselho Monetário Nacional, muito embora tivesse o dever de fixar os juros dos contratos de crédito rural, permaneceu silente, o que levou o Judiciário a reconhecer a necessidade de limitação dos juros bancários. *Mutatis mutandis*, em relação aos demais contratos de crédito bancário, o mesmo Conselho Monetário Nacional, a quem se delegou a faculdade de limitar os juros, **também permaneceu silente**; mas, curiosamente, nesse caso, não se cogita de simples inércia do Conselho, atribuindo-se a falta de limitação às conveniências da política econômica e permitindo-se que os bancos passassem a fixar os juros segundo as taxas que vêm sendo praticadas no mercado, que, diga-se de passagem, são por eles mesmos definidas.

Nesse passo, bastante pertinente trazer à colação o **questionamento** do Ministro do STJ Ruy Rosado de Aguiar: "**E qual a razão para que essas taxas sejam assim tão elevadas? É que fica ao critério dos bancos a sua estipulação, que assim** definem a 'taxa média de mercado'[14]". Daí é que a aplicação da Lei da Usura, do Código Civil e do Código de Defesa do Consumidor se torna relevante, como instrumento jurídico para assegurar o equilíbrio contratual e a função social do contrato, garantindo-se a todos, sem discriminação, uma existência digna, conforme os ditames da justiça social. Como se percebe, o que se pretende por meio da aplicação da Lei da Usura ou, no mesmo sentido, do Código Civil, é afastar as cláusulas contratuais abusivas, estabelecidas unilateralmente pelos bancos, que comprometem a qualidade do consentimento do aderente e o equilíbrio contratual e violam, pela mesma razão, o Código de Defesa do Consumidor.

Sustentar que os juros podem ser cobrados pela média do mercado é assegurar a liberdade excessiva dos bancos e permitir o abuso na estipulação de encargos abusivos. Na prática, é impossibilitar a comprovação do desequilíbrio contratual, porque o consumidor ficará adstrito a comprovar que os juros fixados no contrato são discrepantes da média de mercado. Assim, atribui-se ao consumidor, a despeito da norma que lhe assegura a facilitação da defesa de seus direitos, inclusive com a inversão do ônus da prova, o difícil mister de comprovar o abuso. Essas são as consequências que decorrem da Súmula 382 do STJ, segundo a qual *"a estipulação de juros remuneratórios superiores a 12% ao ano, por si só, não indica abusividade"*.

Na lição de Ruy Rosado de Aguiar Júnior,

> "No Brasil de hoje, com as taxas praticadas, o pingo se torna maior que o balde após alguns meses de juros capitalizados. "De acordo com o relatório 'Juros e Spread Bancário no Brasil', elaborado pelo BC, o spread *está composto por: 16% pela inadimplência; 19% por despesas administrativas; 29% por impostos; 36% pela margem líquida do banco. Margens de lucro tão elevadas garantem os lucros astronômicos dos bancos brasileiros, muito acima da média mundial"* (editorial da Folha de S. Paulo, 06.02.2003, p. A/2). *Como se vê, a alegação corrente de que o spread é levado por causa da inadimplência não procede, pois a sua maior parcela, quase o triplo, corresponde ao lucro; reduzido o quantitativo deste, certamente seria menor o índice de inadimplência. Nos países em que é menor o índice de inadimplência, é significativamente menor o percentual do lucro."*[15]

A propósito do assunto, lembra Alcio Manoel de Sousa Figueiredo, que o entendimento do STJ:

---

14. REsp 271.214 – RS – 2ª Seção – J. 24.10.2001.
15. *Apud* MARQUES, Cláudia Lima. ALMEIDA, João Batista de. PFEIFFER, Roberto Augusto Catellanos (Coord.) Aplicação do Código de Defesa do Consumidor aos Bancos. São Paulo: Editora Revista dos Tribunais, 2006, pp. 338 e 339.

> "...*na prática autorizou as instituições financeiras a fixarem taxas de juros moratórios e remuneratórios que melhor lhes convier, sem qualquer limite, desde que não superior à taxa média de mercado. Acontece, todavia, que a estipulação da taxa média dos juros praticados no mercado e apurada pelo Banco Central do Brasil, fica a critério exclusivo das instituições financeiras, ou seja, os bancos é que fixam as taxas de juros que serão aplicadas nos empréstimos bancários.*"[16]

Como afirma Bruno Miragem:

> "*o equilíbrio das prestações contratuais e da execução da relação obrigacional como um todo, reclamada pela aplicação dos princípios gerais das obrigações e pelos princípios especiais do microssistema de defesa do consumidor, exige naturalmente o exame e controle destas cláusulas abusivas.*"[17]

O entendimento que assenta na Súmula 596 do STF precisa, portanto, ser revisto, sendo oportuno transcrever, a respeito do papel da súmula, o que já afirmou o próprio Supremo Tribunal Federal, em voto do eminente Ministro Moreira Alves:

> "No tocante ao dissídio com a súmula, ele não ocorre, uma vez que esta não é norma jurídica, mas representa a cristalização da jurisprudência da Corte, e seu alcance se afere das decisões tomadas nos precedentes em que ela se baseia. A súmula é mero instrumento de trabalho que simplifica o julgamento, uma vez que, com sua referência, o julgador não precisa de repetir os fundamentos que deram margem à tese enunciada, e isso porque as partes litigantes, para saberem quais sejam eles, dispõem dos acórdãos que deram margem a ela, e onde se encontram tais fundamentos."[18]

As relações contratuais assumiram notória relevância econômica e social, exigindo do Estado proteção e regulação, de forma a viabilizar a consecução dos objetivos fundamentais da República (construir uma sociedade livre, justa e solidária; garantir o desenvolvimento nacional; erradicar a pobreza e a marginalização e reduzir as desigualdades sociais e regionais, promovendo o bem de todos). Surge, assim, a figura do dirigismo contratual, proclamando a supremacia dos interesses coletivos, valorizando, homenageando e respeitando a dignidade da pessoa humana, ao lado de princípios e preceitos de envergadura constitucional.

Nessa realidade da noção de contrato, extrai-se, como principal característica, a regulamentação legal de cláusulas, a fim de coibir abusos decorrentes da desigualdade técnica e, especialmente, econômica entre as partes. A mitigação, ou melhor, a adequação do princípio da autonomia da vontade a essa nova realidade é

---

16. Juros Bancários: limites e possibilidades. 2ª ed. rev. e atual. Curitiba: Juruá, 2008, p. 61.
17. Ob. cit., p. 329.
18. STF – AI-AgR 121969/RJ – 1ª T. – J. 6.11.1987.

uma tendência mundial, pois também as outras nações reconhecem a importância das relações contratuais, ainda mais acentuada em tempos de globalização.

Os contratos, em especial aqueles que têm por objeto o crédito, não podem produzir, sozinhos, o efeito de reduzir o devedor ao patamar patrimonial inferior àquele anterior à pactuação. O mútuo deve, pelo contrário, trazer benefícios econômicos tanto ao tomador do crédito quanto à cessionária, pois essa é sua essência, a sua função social.

A conclusão é de que, na ausência de outros parâmetros para a limitação dos juros, e dado que ao Judiciário compete aplicar a lei, os juros devem ser limitados pela aplicação da Lei da Usura e Código Civil de 2002, em conjunto com o Código de Defesa do Consumidor. Afinal, o juiz deve ter inteligência e coração atentos aos interesses e necessidades da sociedade, e seu pronunciar deve ter um cunho prático e humano, sem cerrar os olhos às realidades da vida.[19]

---

19. Maximiliano, Carlos. Ob. cit., p. 50.

CAPÍTULO 11

Lacuna no Processo Civil

ILA BARBOSA BITTENCOURT
Professora da PUC/SP; Mestre e Doutoranda em Direito Penal pela PUC/SP.

SUMÁRIO: 1. Do agravo de instrumento no ordenamento jurídico brasileiro. 2. O Recurso Especial e o Recurso Extraordinário no ordenamento jurídico brasileiro. 3. Do agravo de instrumento em face da decisão que denega o recebimento do Recurso Especial ou do Recurso Extraordinário. 4. A lacuna constante do art. 544, parágrafo 1º, do Código de Processo Civil. 5. Conclusão.

RESUMO: O artigo versa sobre lacuna legislativa no processo civil brasileiro, sanável pela aplicação do princípio da equidade pelo magistrado, ocasionada pela falta de previsão legal da necessidade de comprovação do preparo recursal no agravo de instrumento que tiver por objetivo modificar decisão denegatória de recebimento do recurso especial ou do recurso extraordinário.

1. DO AGRAVO DE INSTRUMENTO NO ORDENAMENTO JURÍDICO BRASILEIRO

O duplo grau de jurisdição é princípio constitucional implícito, que permite à parte inconformada com a decisão de primeiro grau recorrer a novo julgamento, a fim de satisfazer seus interesses. Está presente na legislação brasileira desde a Constituição Imperial de 1824. Foi consagrado pela Revolução Francesa, como garantia do regime democrático, e foi previsto pela Constituição Francesa de 22/08/1795 (arts. 211, 218 e 219) e faz parte do Pacto de São José da Costa Rica.

Nesse sentido, o agravo de instrumento é uma das formas recursais previstas no ordenamento jurídico brasileiro, de modo que nossa abordagem versará sobre a questão específica de sua interposição quando denegado o recurso especial ou extraordinário.

Para tanto, faremos breve análise da sua previsão legal no ordenamento jurídico. Primeiramente, convém mencionar que o recurso era cabível contra decisões interlocutórias, de modo geral.

As decisões interlocutórias se caracterizam por ter resolvido, no curso do processo, uma questão incidente.[1] Por outro lado, Araken de Assis[2] esclarece que é inadmissível agravo contra as omissões do órgão judiciário. Segundo o autor, quando o gravame é provocado pela omissão do juiz, justamente por nada decidir, não é agravável. Nesse caso, o recurso adequado é chamado de embargos de declaração.

Com mudanças ocorridas na lei processual civil, tal recurso passou a ser previstos em casos específicos, como, por exemplo, na hipótese de decisão interlocutória que possa causar lesão grave ou de difícil reparação à parte, quando houver denegação de apelação ou decisão que receba a apelação em efeitos diversos e decisão que receba petição inicial de improbidade administrativa, sendo esta situação prevista na legislação extravagante.

Além dos casos previstos em lei, a Súmula 118 do Superior Tribunal de Justiça, "o agravo de instrumento é o recurso cabível da decisão que homologa a atualização do cálculo da liquidação". Os artigos 522 a 529 do Código de Processo Civil tratam do procedimento adequado à sua interposição, sendo que o agravo de instrumento deverá ser interposto diretamente perante o Tribunal competente e seu processamento será imediato, desde que devidamente instruído para que o Órgão Recursal analise a questão.

A petição escrita conterá os requisitos do art. 524, I a III do Código de Processo Civil e deve ser assinada pelo advogado da parte agravante e deverá ser interposta no prazo de dez dias. O agravo de instrumento, em regra, é recebido no efeito devolutivo e, se requerido, pode ser também recebido no efeito suspensivo e, neste caso, será concedido desde que presentes o *fumus boni iuris* e o *periculum in mora*.

Vale sempre lembrar que a Súmula 86 do Superior Tribunal de Justiça permite que haja recurso extraordinário do acórdão que julga o agravo de instrumento. Nesse caso, teremos a figura do recurso extraordinário retido, ou seja, não será processado imediatamente porque, *in casu*, o recurso teria sido decidido de forma interlocutória. Portanto, somente após a decisão de mérito, o STF poderia decidir o recurso extraordinário em relação ao acórdão do STJ, proferido em sede de agravo de instrumento.

---

1. DONIZETTI, Elpídio. *Curso Prático de Direito Processual Civil*. 11ª ed. Rio de Janeiro: Lumen Juris, 2009, pág. 499.
2. Manual dos Recursos. São Paulo: RT, 2008, pág. 489.

Não é demais salientar que a decisão interlocutória deve ser impugnada imediatamente, sob pena de preclusão. Atualmente, a regra é o agravo retido, sendo que o agravo de instrumento tornou-se exceção permitida nos casos retromencionados. Cabível ainda lembrar o fato de que o juízo de admissibilidade dos recursos ocorre em dois graus: no juízo *a quo* e no juízo *ad quem*. Em tal situação podemos visualizar o duplo controle de admissibilidade dos recursos.

A distinção dos efeitos do juízo de admissibilidade são relevantes para o encaminhamento de nosso estudo: se o juízo de admissibilidade for negativo no órgão *a quo*, abre-se a via do recurso de agravo de instrumento, ora em análise. Se o juízo de admissibilidade for negativo no órgão *ad quem*, o resultado será o não conhecimento do recurso. Se o recurso não é conhecido, seu mérito não será analisado.

A título de ampliar o arcabouço de informações sumárias a respeito do agravo de instrumento, vale mencionar que a Reforma Recursal no Processo Penal[3] pretende suprimir a Carta Testemunhável, cabível das decisões denegatórias de recebimento ou de seguimento de recurso, para dar lugar ao agravo de instrumento. Outra hipótese legal que será substituída pelo agravo, neste caso, retido ou de instrumento, será o recurso em sentido estrito, atualmente em vigor, destinado às decisões interlocutórias no processo penal.

2. O Recurso Especial e o Recurso Extraordinário no ordenamento jurídico brasileiro

É relevante recordarmos o fato de que, somente a partir da Constituição Federal de 1988, a tarefa de uniformização da interpretação da legislação federal infraconstitucional passou a ser do Superior Tribunal de Justiça. Até então, era atribuição do Supremo Tribunal Federal, por meio do recurso extraordinário.

Atualmente, está previsto no art. 105, III da Constituição Federal de 1988, acompanhado de suas hipóteses legais. A Lei nº 8.039/90 regula o seu processamento, bem como, o Regimento Interno do Superior Tribunal de Justiça.

Por se tratar de recurso excepcional, todas as vias ordinárias de recurso devem ter sido esgotadas, conforme o texto do inciso III do art. 105 da Constituição Federal de 1988: "causas decididas em única ou última instância", bem como a questão não pode ensejar reexame dos fatos, pois tal via recursal analisa, meramente, questão de direito infraconstitucional.

---

3. Projeto de Lei n. 4.206/2001.

Além daquele requisito legal, outros são exigidos para a admissibilidade do referido recurso. Entre eles está o **prequestionamento**. Para tanto, não basta que a parte alegue a questão federal de índole infraconstitucional no curso da ação, em primeiro grau ou nas razões de recurso. É preciso que a decisão recorrida faça referência a ela. Por isso, em caso de omissão do Tribunal, a parte deve opor embargos declaratórios, sob pena de faltar este requisito essencial ao seu recebimento.

Outra forma de realizar o prequestionamento está na interposição de embargos infringentes, cabíveis em face de decisões não unânimes proferidas em apelação e em recurso em sentido estrito.

Poderá ocorrer interposição simultânea de recurso extraordinário e de recurso especial e, neste caso, se admitidos, os autos vão para o STJ (ver art. 27, §§ 3º e 4º da Lei 8.030/90). Primeiro, o Recurso Especial é julgado e, depois, os autos são remetidos ao STF, a fim de que o Recurso Extraordinário seja apreciado, se este não estiver prejudicado. Caso o Recurso Especial não seja admitido, os autos serão remetidos diretamente ao STF.

Ainda no curso das recentes reformas, tivemos a edição da Lei n. 11.672/200, conhecida como Lei dos Recursos Repetitivos, cuja finalidade é identificar tese repetitiva já julgada pelo Superior Tribunal de Justiça e evitar recursos especiais em face de situações já consagradas pelo entendimento daquele Tribunal, no sentido de que a orientação firmada estabilizará a ordem jurídica em todos os níveis e desestimulará os litígios sobre matérias já resolvidas.

O Recurso Extraordinário, por sua vez, está previsto no art. 102, III da Constituição Federal. Sua finalidade precípua é a de uniformizar a interpretação dos dispositivos constitucionais, a fim de assegurar a autoridade da Constituição Federal em todo o território nacional.

Além dos requisitos de admissibilidade já mencionados para o Recurso Especial, tais como o prequestionamento e a decisão atacada ter sido proferida por única ou última instância, destaca-se o fato de que entre os requisitos específicos exigidos para o cabimento do Recurso Extraordinário está o da repercussão geral, introduzido no ordenamento jurídico por meio da Emenda Constitucional n. 45/04.

Repercussão geral significa que a matéria constitucional não pode estar restrita ao âmbito do feito examinado, mas que ela tenha probabilidade de se apresentar em situações futuras. Vale dizer: a questão deve ter relevância do ponto de vista econômico, político, social e jurídico, pois, assim, a questão deve ultrapassar o interesse subjetivo das partes. No Código de Processo Civil, o recurso especial e o extraordinário estão previstos nos arts. 541 a 546.

3. Do AGRAVO DE INSTRUMENTO EM FACE DA DECISÃO QUE DENEGA O RECEBIMENTO DO RECURSO ESPECIAL OU DO RECURSO EXTRAORDINÁRIO

Segundo o art. 28 da Lei 8.038/90, da decisão que denega o tanto o recurso especial, quanto o recurso extraordinário, caberá agravo de instrumento, no prazo de cinco dias. Entretanto, o Código de Processo Civil determina, no art. 511, que ao interpor recurso o recorrente deve comprovar, quando a lei o exigir, o preparo, que é requisito extrínseco de admissibilidade, consistente no pagamento prévio das custas relativas ao regular processamento dos recursos. A ausência de tal requisito ocasiona a preclusão consumativa e faz com que ocorra a deserção, cuja implicação é não conhecimento do recurso.

Nas palavras de Elpídio Donizetti[4], *"de um modo geral, os recursos estão sujeitos a preparo, ou seja, ao pagamento das despesas processuais correspondentes ao recurso interposto, que compreendem as custas e o porte de retorno"*. Não sendo providenciado o preparo, ou não sendo este comprovado, o recurso será julgado deserto nos casos em que a lei o exija.

A deserção figura como verdadeira punição para o descumprimento da exigência relativa aos requisitos pela parte recorrente. É relevante destacar que o preparo do recurso feito por um dos litisconsortes não aproveita ao outro. Outra situação, que gera a mesma consequência, é a insuficiência do preparo. Neste caso, o juiz deve, primeiramente, intimar a parte para completá-lo. Se assim não o fizer, o recurso será, finalmente, julgado deserto.

O art. 544 do Código de Processo Civil trata da admissibilidade do agravo de instrumento da decisão que denega o recurso extraordinário ou o especial. Vejamos:

> Art. 544 – Não admitido o recurso extraordinário ou o recurso especial, caberá agravo de instrumento, no prazo de 10 (dez) dias, para o Supremo Tribunal Federal ou para o Superior Tribunal de Justiça, conforme o caso.
>
> § 1º – O agravo de instrumento será instruído com as peças apresentadas pelas partes, devendo constar obrigatoriamente, sob pena de não conhecimento, cópias do acórdão recorrido, da certidão da respectiva intimação, da petição de interposição do recursos denegado, das contra-razões, da decisão agravada, da certidão da respectiva intimação e das procurações outorgadas aos advogados do agravante e do agravado. As cópias das peças do processo poderão ser declaradas autênticas pelo próprio advogado, sob sua responsabilidade pessoal. (...)

---

4. *Curso Prático de Direito Processual Civil*. 11ª ed. Rio de Janeiro: Lumen Juris, 2009, pág. 477.

Pela leitura do artigo em tela, percebemos o vasto rol de requisitos para que o agravo de instrumento seja recebido. A exigência de cumprimento dos requisitos de admissibilidade do recurso é necessária, caso contrário, teríamos a utilização do duplo grau de jurisdição como "segundo diagnóstico" da causa apenas e não como via de promoção do acesso à justiça e do controle dos atos estatais.

O parágrafo 3º do art. 544 do Código de Processo Civil possibilita a conversão do agravo de instrumento em recurso especial, nos casos em que especifica. Vejamos:

> § 3º – Poderá o relator, se o acórdão recorrido estiver em confronto com a súmula ou jurisprudência dominante do Superior Tribunal de Justiça, conhecer do agravo para dar provimento ao próprio recurso especial; poderá ainda, se o instrumento contiver os elementos necessários ao julgamento do mérito, determinar sua conversão, observando-se, daí em diante, o procedimento relativo ao recurso especial.

Por sua vez, o parágrafo 4º do art. 544 do Código de Processo Civil autoriza a mesma conversão para o recurso extraordinário. *In verbis*:

> § 4º – O disposto no parágrafo anterior aplica-se também ao agravo de instrumento contra denegação de recurso extraordinário, salvo quando, na mesma causa, houver recurso especial admitido e que deva ser julgado em primeiro lugar.

Nesse sentido, a falta de exigência de comprovação do preparo recursal no rol de requisitos do parágrafo 1º do art. 544 do CPC configura lacuna, capaz de prejudicar a parte recorrente em seu acesso à justiça. Insta esclarecer que se o agravo de instrumento for inadmitido, será cabível agravo interno no prazo de cinco dias, nos termos do art. 545 do CPC.

Vejamos o entendimento do Superior Tribunal de Justiça a respeito:

> AGRAVO REGIMENTAL. AGRAVO DE INSTRUMENTO. PROCESSUAL CIVIL. FORMAÇÃO. ART. 557, DO CPC. SÚMULA 187/STJ. AGRAVO DESPROVIDO.[5]
>
> Não se conhece do agravo interposto sem a comprovação do porte de remessa e retorno do recurso especial, nos moldes do art. 511 do CPC e Súmula 187 do STJ. O relator negará seguimento a recurso manifestamente inadmissível, improcedente, prejudicado ou em confronto com súmula ou com jurisprudência dominante do respectivo tribunal, do Supremo Tribunal Federal, ou de Tribunal Superior. (Art. 557 CPC)

---

5. Agravo Regimental a que se nega provimento. Superior Tribunal de Justiça. 6ª Turma, AgRg no Ag 714380/RS, Rel. Ministro Paulo Medina, unânime, julgado em 20/06/2006, DJU de 01/08/2006, p. 566.

Analisemos o entendimento do Supremo Tribunal Federal[6] a respeito:

> EMENTA: AGRAVO REGIMENTAL NO AGRAVO DE INSTRUMENTO. RECURSO EXTRAORDINÁRIO. AUSÊNCIA DO PAGAMENTO DO PREPARO. DESERÇÃO. O recorrente deve comprovar o pagamento do preparo no momento da interposição do recurso. Precedentes. Agravo regimental a que se nega provimento.

Em resumo, comprovar o pagamento do preparo não é exigência do parágrafo 1º do art. 544 do CPC, mas é requisito essencial para a conversão do recurso de agravo de instrumento em recurso especial ou extraordinário, nos casos em que a lei especifica, nos Tribunais Superiores.

4. A LACUNA CONSTANTE DO ART. 544, PARÁGRAFO 1º, DO CÓDIGO DE PROCESSO CIVIL

Sempre que o sistema jurídico apresentar ruptura nas relações entre os seus elementos, estaremos diante de uma lacuna. A lacuna provoca a quebra da unidade do sistema jurídico, na medida em que o nexo entre os objetos que o compõem deixa de existir, em determinadas situações. Assim, segundo Karl Engish[7], a lacuna do direito é uma imperfeição insatisfatória dentro da totalidade jurídica.

Então, a ela revela-se como incompletude do sistema, por deficiência. A falta de lei que regulamente a situação em estudo é uma lacuna, que deve ser sanada, a fim de que a segurança jurídica possa ser alcançada. Por outro lado, a proibição do *non linquet*[8] leva o juiz a julgar, mesmo diante da omissão da lei.

Logo, cabe ao juiz sanar tal incompletude (se o Poder Legislativo não o fizer), por meio do princípio da equidade, a fim de que possa exercer a prestação jurisdicional pleiteada. Maria Helena Diniz[9] explica que a equidade judicial é aquela em que o legislador, seja de forma explícita, ou seja de forma implícita, permite ao órgão jurisdicional solucionar o caso concreto por equidade.

A mesma Autora explica que:

> Em caso de lacuna, o juiz deverá constatar, na própria legislação, se há semelhança entre fatos diferentes, fazendo juízo de valor de que esta semelhança se sobrepõe às diferenças. E se não encontrar casos análogos, deve recorrer aos costumes e ao princípio geral de

---
6. AI 735381 AgR/SP – SÃO PAULO. Relator(a): Min. EROS GRAU, Julgamento: 28/04/2009, Órgão Julgador: Segunda Turma
7. *Introdução ao pensamento jurídico*. 6ª ed. Lisboa: Calouste Gulbendian, 1983. p. 277.
8. Pelo *non linquet*, o juiz romano se livraria da obrigação de julgar os casos em que a resposta jurídica não era clara.
9. *Compêndio de Introdução à Ciência do Direito*. São Paulo: Saraiva, 2008, pág. 475.

direito; não podendo contar com essas alternativas, é-lhe permitido, ainda, socorrer-se da equidade.[10]

Em mais uma explicação, Maria Helena Diniz[11] entende que a equidade é elemento de integração, que pode ser usado quando os mecanismos do art. 4º da Lei de Introdução do Código Civil forem esgotados. Vejamos o que diz o art. 4º do Lei de Introdução do Código Civil: "quando a lei for omissa, o juiz decidirá o caso de acordo com a analogia, os costumes e os princípios gerais de direito".

Nas palavras da autora, a aplicação da equidade seria o meio capaz de sanar a incompletude do sistema, porque seria usada para o fim de restituir à norma, a que acaso falte, por imprecisão de seu texto ou por imprevisão de certa circunstância fática, a exata avaliação da situação a que esta corresponde, a flexibilidade necessária à sua aplicação, afastando por imposição do fim social da própria norma o risco de converte-la num instrumento iníquo.[12]

Com tais explicações, fica autorizado o entendimento de que, se entre os requisitos para a interposição do Recurso Especial e para o Recurso Extraordinário está o preparo, para que o agravo de instrumento convertido em Recurso Especial ou Extraordinário possa ser admitido, claro está que a comprovação do preparo é requisito indispensável. Tal exigência deve ser feita, mesmo que a lei não a preveja. Neste caso, o juiz, antes de receber o recurso de agravo de instrumento, poderá despachar no sentido de que a parte comprove o preparo, sob pena de deserção do recurso.

Clara está à necessidade de o magistrado assim proceder, pois, conforme a própria natureza do agravo de instrumento, os autos principais não vão para o Tribunal, de modo que a comprovação do preparo é obrigação da parte, assim como dos demais requisitos exigidos pelo § 1º do art. 544 do CPC.

A fim de atender o disposto no § 3º do art. 544 do CPC, Antônio Cláudio da Costa Machado[13] explica que *"num mesmo ato o relator dá provimento ao agravo, converte-o em recurso especial, fundamentando ta decisão na suficiência documental do instrumento, e pede a inclusão na pauta."*[14]

---

10. Maria Helena Diniz, op. cit., pág. 474.
11. *Compêndio de Introdução à Ciência do Direito*. São Paulo: Saraiva, 2008, pág. 478.
12. Maria Helena Diniz, op. cit., pág. 478.
13. *Código de Processo Civil Interpretado*. Barueri/SP: Manole, 2006, pág. 1.027.
14. Entendemos que o mesmo procedimento é cabível no caso do Recurso Extraordinário.

A nosso ver, a lacuna existe e, por meio da aplicação da equidade, por parte do magistrado, o problema ficará solucionado até que o Poder Legislativo atue com a modificação legislativa pertinente.

Somente por meio de tal providência do Poder Judiciário ao jurisdicionado ficará assegurado o seu direito ao acesso à justiça e à segurança jurídica.

5. Conclusão

O agravo de instrumento é recurso cabível contra a decisão denegatória de recebimento de recurso especial e de recurso extraordinário. Uma vez interposto, poderá ele ser, nos termos do art. 544, parágrafos 3º e 4º, do Código de Processo Civil, convertido em recurso especial e recurso extraordinário, respectivamente.

Contudo, não basta que os requisitos dos parágrafos 1º, 3º e 4º do artigo 544 do Código de Processo Civil estejam presentes. Faz-se necessária a comprovação do preparo recursal, exigência para interposição dos recursos especial e extraordinário, no rol de documentos que vão instruir o agravo de instrumento.

A falta de tal comprovação ensejará o não conhecimento do recurso de agravo de instrumento que, ao contrário, será declarado deserto. A fim de evitar que o jurisdicionado seja prejudicado no seu direito ao acesso à justiça, o órgão *a quo* deve determinar que a parte junte o comprovante de preparo, no prazo determinado, sob pena de deserção, se não o tiver feito.

Agindo assim, o Relator estará preenchendo a lacuna legislativa, pela equidade e, desta forma, estará contribuindo para que a segurança jurídica seja realmente alcançada. Sem tal providência, não o acesso à justiça, como também, a segurança jurídica, tornar-se-ão letra morta e o prejuízo ao recorrente irreparável.

Referências Bibliográficas

ASSIS, Araken. *Manual dos Recursos*. São Paulo: RT, 2008.

DINIZ, Maria Helena. *Compêndio de Introdução à Ciência do Direito*. São Paulo: Saraiva, 2008.

DONIZETTI, Elpídio. *Curso Prático de Direito Processual Civil*. 11ª ed. Rio de Janeiro: Lumen Juris, 2009.

ENGISH, Karl. *Introdução ao pensamento jurídico*. 6ª ed. Lisboa: Calouste Gulbendian, 1983.

MACHADO, Antônio Cláudio da Costa. *Código de Processo Civil Interpretado*. Barueri/SP: Manole, 2006.

CAPÍTULO 12

Responsabilidade Tributária: Uma Nova Interpretação do Superior Tribunal de Justiça

JÚLIO CESAR SOUZA RODRIGUES
Advogado. Mestre e Doutorando em Direito Processual Civil pela PUC/SP. Professor de Direito Processual Civil da graduação e especialização na UCDB/MS.

SUMÁRIO: 1. Introdução. 2. Responsabilidade Tributária: Uma Nova Interpretação do Superior Tribunal de Justiça. 3. Conclusão.

1. INTRODUÇÃO

É de conhecimento que o art. 135 do CTN prevê as hipóteses em que o sócio responderá pelos créditos correspondentes às obrigações tributárias, isto é, naquelas eventualidades em que praticar atos com excesso de poderes ou com infração a lei, contrato social ou estatuto.

A orientação jurisprudencial do Superior Tribunal de Justiça sempre foi no sentido de que o ônus da prova deveria recair sobre a Fazenda Pública para demonstrar que o sócio tenha agido com excesso de poderes, ou infração de contrato social ou estatuto.

Todavia, recentemente o Colendo Superior Tribunal de Justiça deu nova interpretação à matéria, modificando radicalmente seu entendimento, onde, desde já, "se a execução foi ajuizada apenas contra a pessoa jurídica, mas o nome do sócio consta da CDA, a ele incumbe o ônus da prova de que não ficou caracterizada nenhuma das circunstâncias previstas no art. 135 do CTN". Desse modo, à luz desse posicionamento, o breve estudo tem como finalidade expor nosso entendimento a respeito do assunto.

2. Responsabilidade Tributária: Uma nova interpretação do Superior Tribunal de Justiça

Consta nos artigos 568, V, do CPC e art. 4º, V, da Lei 6.830/80, o responsável tributário como sujeito passivo da execução. Já no art. 121, *caput*, do Código Tributário Nacional, o legislador definiu o sujeito passivo da obrigação tributária, como sendo "a pessoa obrigada ao pagamento do tributo ou penalidade pecuniária", classificando-o em duas espécies:

a) *contribuinte*, "quando tenha relação pessoal e direta com a situação que constitua o respectivo fato gerador" (art. 121, parág. único, I);

b) *responsável*, "quando, sem revestir a condição de contribuinte, sua obrigação decorra de disposição expressa de lei" (art. 121, parág. único, II).

Na primeira situação, temos uma legitimação ordinária primária[1], isto é, o contribuinte representa o devedor, já que, atinge diretamente a pessoa que retira a vantagem econômica do fato gerador[2], estando incluído no inciso I do art. 568 do Código de Processo Civil.

Enquanto que, no caso do responsável tributário, o Código Tributário Nacional reuniu todas as hipóteses de sujeição passiva indireta, ou seja, "aquelas situações em que o tributo não é cobrado da pessoa que retira uma vantagem econômica do ato, fato ou negócio tributado, mas sim de pessoa diversa".[3]

Esclarece Humberto Theodoro Júnior que "a responsabilidade tributária reúne todas as figuras de sujeição passiva indireta e pode suceder sob duas modalidades principais:

I a *transferência*, que é a passagem da sujeição passiva para outra pessoa, em virtude de um fato posterior ao nascimento da obrigação contra o obrigado direto; comporta três hipóteses: a) *solidariedade*, quando havendo simultaneamente mais de um devedor, o que paga o total adquire a condição de obrigado indireto, quanto à parte que caberia aos demais; b) *sucessão*, quando, desaparecendo o devedor por morte, falência ou cassação do negócio, a obrigação passa para seus herdeiros ou continuadores; c) *responsabilidade*, quando a lei põe a cargo de um terceiro a obrigação não satisfeita pelo obrigado direto;

---

1. ARAKEN DE ASSIS. *Manual da execução*, 11ª ed., São Paulo: RT, 2007, p. 402.
2. RUBENS GOMES DE SOUZA. *Sujeito passivo das taxas*, in Revista de Direito Público, vol. 16, p. 347.
3. *Idem, idem.*

II a *substituição,* que é a hipótese em que independentemente de fato novo posterior ao nascimento da obrigação, a lei já define a esta como surgindo desde logo contra pessoa diversa da que seria o obrigado direto, isto é, contra pessoa outra que aquela que auferiu vantagem econômica do ato, fato ou negócio tributado."[4]

O Código Tributário Nacional, nos artigos 128 a 138, esboçou as linhas gerais da **responsabilidade tributária**, sendo completadas pela legislação específica de cada tributo em vigor no País.[5] Todavia, é exigência da execução forçada do crédito tributário a inscrição em *"dívida ativa"*, em nome do contribuinte e dos co-responsáveis. (CTN, arts. 201 a 204; Lei 6.830/80, art. 2º, § 5º, I).[6]

Assim, a Fazenda Pública só tem título executivo contra o co-responsável tributário se contra ele também estiver escrito o débito.

Com efeito, "o responsável tributário é alguém que deve sujeitar-se à execução forçada, mas dentro das forças do título executivo e das regras que definem a liquidez e certeza do documento básico e indispensável á atuação do processo de expropriação judicial".[7]

Entretanto, não resolve alegar apenas a co-responsabilidade fiscal, como também não basta mostrar a responsabilidade do devedor comum, para propor a execução forçada.

A execução fiscal, a que está vinculada subsidiariamente ao Código de Processo Civil, o título executivo é quem dá suporte imprescindível e insubstituível a ação executiva. É dele que se colhe a certeza, liquidez e exigibilidade da obrigação, requisitos sem os quais perderia sua força para validar a demanda executiva (art. 586, CPC).

Na execução fiscal proposta contra o sócio, por dívida da sociedade, só haverá certeza da responsabilidade pessoal deste, quando: "**a)** decorra de inquestionável mandamento legal, como nas hipóteses de sócio solidário; **b)** provenha de volun-

---

4. *Processo de Execução e Cumprimento de Sentença,* 24ª ed., São Paulo: Leud, 2007, p. 95, *apud* Rubens Gomes de Souza, *Sujeito Passivo das Taxas, in* Revista de Direito Público, vol. 16, págs. 347/348.

5. "(...), o Código cuida, neste capítulo, da responsabilidade dos sucessores, de terceiros e por infrações. Sem prejuízo de tais modalidades devidamente reguladas, a lei pode atribuir responsabilidade a outrem, desde que ele esteja vinculado ao fato gerador, isto é, tenha alguma participação na situação que faz surgir a obrigação principal, não podendo tal relação ser direta e pessoal, sob pena de se confundir o responsável com o contribuinte...". (Luiz Alberto Gurgel de Faria, *Responsabilidade Tributária,* in: Vladimir Passos de Freitas (coord.), *Código Tributário Nacional Comentado,* 4ª ed., São Paulo: RT, 2007, art. 128, p. 623).

6. SILVA, José Afonso da. *Execução fiscal,* p. 34.

7. HUMBERTO THEODORO JÚNIOR, op. cit., p. 95.

tária e expressa assunção do débito social pelo sócio particularmente; c) exista sentença declaratória da responsabilidade do sócio, apurada em prévio processo de execução; d) em regular procedimento administrativo se tenha procedido ao lançamento e inscrição da dívida ativa não só em nome da sociedade, mas também do sócio como co-responsável tributário (CTN, art. 202, I; Lei 6.830/80, art. 2º, § 5º, I)".[8]

Já o instrumento para alcançar em juízo a certeza sobre uma questão controvertida é o processo de conhecimento e não o de execução. Contudo, a Fazenda Pública tem a seu dispor permissão especial para conferir *certeza* a seus créditos por meio de *procedimento administrativo* de inscrição de dívida ativa. No entanto, esta certeza, em razão da lei que a criou, só surgirá após o termino do processo administrativo, com o lançamento definitivo do débito em nome do *contribuinte* e dos eventuais *co-responsáveis tributários*.

Por outro lado, importante jurisprudência do STJ sobre redirecionamento da execução fiscal e ônus da prova, conclui que: "*no caso em que a CDA já indica a figura do sócio-gerente como co-responsável tributário, tendo sido a ação proposta somente contra a pessoa jurídica ou também contra o sócio, há presunção relativa de liquidez e certeza do título que embasa a execução, cabendo o ônus da prova ao sócio. Na hipótese típica de redirecionamento, há presunção também relativa de que não estavam presentes, na propositura da ação, os requisitos necessários à constrição patrimonial do sócio. Nessa circunstância, inverte-se o ônus da prova, que passará a Fazenda Pública exeqüente*".[9]

---

8. Idem, idem, p. 96.
9. "(...). A controvérsia objetiva a ser dirimida nos presentes embargos refere-se ao ônus da prova. No aresto recorrido, a Primeira Turma entendeu caber ao Fisco a demonstração de qualquer das hipóteses do art. 135 que autorizam a responsabilização pessoal do sócio. Já Segunda Turma, no acórdão paradigma, concluiu que a responsabilidade pela prova compete ao sócio, já que a Certidão de Dívida Ativa goza de presunção de liquidez e certeza. A questão dos autos (responsabilização tributária do sócio-gerente) aponta para três situações de fato distintas: a) execução promovida exclusivamente contra a pessoa jurídica e, posteriormente, redirecionada contra o sócio-gerente, cujo nome não constava da CDA; b) execução inicialmente proposta contra a pessoa jurídica e o sócio-gerente e c) execução promovida exclusivamente contra a pessoa jurídica, embora do título executivo constasse o nome do sócio-gerente como co-responsável. Cada uma dessas hipóteses implica solução jurídica diferenciada. No **primeiro caso**, correta a orientação adotada pela Primeira Turma. Iniciada a execução contra a pessoa jurídica e, posteriormente, redirecionada contra o sócio-gerente, que não constava da CDA, cabe ao Fisco demonstrar a presença de um dos requisitos do art. 135 do CTN. Se da CDA consta apenas a pessoa jurídica como responsável tributária, decorre que a Fazenda Pública, ao propor a ação, não visualizava qualquer fato capaz de estender a responsabilidade também ao sócio-gerente. Se, posteriormente, pretende voltar-se também contra o patrimônio do sócio, deverá demonstrar a infração à lei, ao contrato social ou aos estatutos ou, ainda, dissolução irregular da sociedade. Nesse sentido, há precedentes de ambas as Turmas: "PROCESSUAL CIVIL E TRIBUTÁRIO. EXECUÇÃO FIS-

CAL. SÓCIO-GERENTE. REDIRECIONAMENTO. IMPOSSIBILIDADE. ART. 135 DO CTN. DECRETAÇÃO DE FALÊNCIA. RESPONSABILIDADE DO SÓCIO. SUBJETIVIDADE. COMPROVAÇÃO. 1. O redirecionamento da execução fiscal para o sócio-gerente da empresa somente é cabível quando comprovado que ele agiu com excesso de poderes, infração à lei ou contra estatuto, ou na hipótese de dissolução irregular da empresa. O simples inadimplemento de obrigações tributárias não caracteriza infração legal. 2. A autofalência é faculdade estabelecida em lei em favor do comerciante impossibilitado de honrar seus compromissos, não se configurando hipótese de dissolução irregular da empresa. 3. Recurso especial conhecido, mas improvido". (STJ – 2ª Turma, REsp nº 571.740/RS, rel. Min. Peçanha Martins, DJ de 08.08.2005); "PROCESSUAL CIVIL E TRIBUTÁRIO. AGRAVO REGIMENTAL. AGRAVO DE INSTRUMENTO. EXECUÇÃO FISCAL. RESPONSABILIDADE DO SÓCIO-GERENTE. ART. 135 DO CTN. PRECEDENTES. MANUTENÇÃO DA DECISÃO AGRAVADA. 1. Há de ser mantido o entendimento segundo o qual não é cabível o redirecionamento da execução quando não houver comprovação de que o sócio-gerente agiu com excesso de mandato ou infringência à lei, ao contrato social ou ao estatuto, não sendo o simples não-recolhimento do tributo sendo suficiente para caracterizar infração à lei. 2. Precedentes desta Corte. 3. Agravo regimental a que se nega provimento". (STJ – 1ª Turma, AgRg no AG nº 591.530/RS, rel. Min. José Delgado, DJ de 18.04.2005). Na **segunda hipótese**, encontra-se correta a tese esposada pela Segunda Turma. **Se a execução foi proposta contra a pessoa jurídica e contra o sócio-gerente a questão resolve-se com a inteligência do art. 204 do CTN c/c o art. 3º da Lei 6.830/80, segundo os quais a Certidão de Dívida Ativa goza de presunção relativa de liquidez e certeza (admite prova em contrário, a cargo do responsável), tendo o efeito de prova pré-constituída. Proposta a execução, simultaneamente, contra a pessoa jurídica e o sócio-gerente, haverá inversão do ônus da prova, cabendo a este último demonstrar que não se faz presente qualquer das hipóteses autorizativas do art. 135 do CTN.** Nesta senda, também não há discordância entre as Turmas: "PROCESSO CIVIL – EXECUÇÃO FISCAL – CERTIDÃO DE DÍVIDA ATIVA – RESPONSABILIZAÇÃO PESSOAL DO SÓCIO-GERENTE DA EMPRESA. HIPÓTESE QUE SE DIFERE DO REDIRECIONAMENTO DA EXECUÇÃO. 1. Pacífica a jurisprudência desta Corte no sentido de que o sócio somente pode ser pessoalmente responsabilizado pelo inadimplemento da obrigação tributária da sociedade se agiu dolosamente, com fraude ou excesso de poderes. 2. A CDA é documento que goza da presunção de certeza e liquidez de todos os seus elementos: sujeitos, objeto devido, e quantitativo. Não pode o Judiciário limitar o alcance dessa presunção. 3. Decisão que vulnera o art. 3º da LEF, ao excluir da relação processual o sócio que figura na CDA, a quem incumbe provar que não agiu com dolo, má-fé ou excesso de poderes nos embargos à execução. 4. Hipótese que difere da situação em que o exeqüente litiga contra a pessoa jurídica e no curso da execução requer o seu redirecionamento ao sócio-gerente. Nesta circunstância, cabe ao exeqüente provar que o sócio-gerente agiu com dolo, má-fé ou excesso de poderes. "PROCESSUAL CIVIL. EFEITOS DEVOLUTIVO E TRANSLATIVO DA APELAÇÃO. INTELIGÊNCIA DO ART. 515 DO CPC. TRIBUTÁRIO. LIQUIDEZ, CERTEZA E EXIGIBILIDADE DA CDA. PRESUNÇÃO *JURIS TANTUM* (LEI 6.830/80, ART. 3º) QUE TRANSFERE AO EXECUTADO O ÔNUS DE INFIRMAR A HIGIDEZ DO TÍTULO EXECUTIVO. (...). 3. A Certidão de Dívida Ativa goza de presunção *júris tantum* de liquidez, certeza e exigibilidade, incumbindo ao executado a produção de prova apta a infirmá-la. 4. Recurso Especial a que se nega provimento". (STJ – 1ª Turma, REsp nº 493.940/PR, rel. Min. Teori Zavascki, DJ de 20.06.2005). Como se vê, as duas teses são perfeitamente conciliáveis, adotando-se uma ou outra a depender da situação fática subjacente à lide. A **terceira situação** não difere substancialmente das duas anteriores. **Se da CDA consta o nome do sócio-gerente, mas e execução é proposta somente contra a pessoa jurídica, é de se reconhecer que o ônus da prova compete igualmente ao sócio, tendo em**

Recentemente a Primeira Seção do Superior Tribunal de Justiça, firmou-se no sentido de que:

> "PROCESSUAL CIVIL. RECURSO ESPECIAL, SUBMETIDO À SISTEMÁTICA PREVISTA NO ART. 543-C DO CPC. EXECUÇÃO FISCAL. INCLUSÃO DOS REPRESENTANTES DA PESSOA JURÍDICA, CUJOS NOMES CONSTAM DA CDA, NO PÓLO PASSIVO DA EXECUÇÃO FISCAL. POSSIBILIDADE. MATÉRIA DE DEFESA. NECESSIDADE DE DILAÇÃO PROBATÓRIA. EXCEÇÃO DE PRÉ-EXECUTIVIDADE. INVIABILIDADE. RECURSO ESPECIAL DESPROVIDO.
> 1. A Orientação da Primeira Seção desta Corte firmou-se no sentido de que, *se a execução foi ajuizada apenas contra a pessoa jurídica, mas o nome do sócio consta da CDA, a ele incumbe o ônus da prova de que não ficou caracterizada nenhuma das circunstâncias previstas no art. 135 do CTN, ou seja, não houve a prática de atos "com excesso de poderes ou infração de lei, contrato social ou estatutos"*. (...)".[10] Grifamos.

---

vista a presunção relativa de liquidez e certeza que milita em favor da Certidão de Dívida Ativa. (...). Os presentes embargos enquadram-se no segundo caso. A execução foi proposta simultaneamente contra a pessoa jurídica e o sócio-gerente, que figurava na Certidão de Dívida Ativa como co-responsável tributário. Diante dessa premissa e com base nos artigos 3º da Lei nº 6.830/80 e 204 do CTN, conclui-se que o ônus de provas a ausência dos requisitos do art. 135 do CTN a ele competia, já que a CDA goza de presunção relativa de liquidez e certeza. Ante o exposto, **dou provimento aos embargos de divergência.** É como voto". (STJ-ERESP 702.232, 1ª Seção, rel. Min. Castro Meira, j. 14.09.2005). No mesmo sentido: STJ-2ª T., EDcl no AgRg no REsp 692.835, 2ª T., rel. Min. Humberto Martins, j. 16.10.2008, também da relatoria do Min. Humberto Martins, REsp 875.072-SE, j. 06.02.2007, REsp 870.450-PE, j. 28.11.2006, REsp 866.222-RJ, j. 12.12.2006; 1ª T., REsp 782.109-MG, rel. Min. José Delgado, j. 21.03.2006; 1ª T., AgRg no REsp 1.041.402-SP, rel. Min. Francisco Falcão, j. 13.05.2008; 2ª T., REsp 1.010.399-PR, rel. Min. Eliana Calmon, j. 12.08.2008, EDcl no REsp 960.456, rel. Min. Eliana Calmon, j. 16.09.2008. Com efeito, "para que se viabilize o redirecionamento da execução é indispensável que a respectiva petição descreva, como causa para redirecionar, uma das situações caracterizadoras da responsabilidade subsidiária do terceiro pela dívida do executado. O que não se admite – e enseja desde logo o indeferimento da pretensão – é que o redirecionamento tenha como causa de pedir uma situação que, nem em tese, acarreta a responsabilidade subsidiária do terceiro requerido. (...)". (STJ-1ª T., AgRg no REsp 544.879-SC, rel. Min. Teori Albino Zavascki, j. 20.05.2004).

10. REsp 1.104.900-ES, rel. Min. Denise Arruda, j. 25.03.2009 (recurso este submetido à sistemática do art. 543-C do CPC). No mesmo sentido: "TRIBUTÁRIO PROCESSUAL. CIVIL. EXECUÇÃO FISCAL. REDIRECIONAMENTO CONTRA SÓCIO-GERENTE QUE FIGURA NA CERTIDÃO DE DÍVIDA ATIVA COMO CO-RESPONSÁVEL. POSSIBILIDADE. DISTINÇÃO ENTRE A RELAÇÃO DE DIREITO PROCESSUAL (PRESSUPOSTO PARA AJUIZAR A EXECUÇÃO) E A RELAÇÃO DE DIREITO MATERIAL (PRESSUPOSTO PARA A CONFIGURAÇÃO DA RESPONSABILIDADE TRIBUTÁRIA). 1. Não se pode confundir a relação processual com a relação de direito material objeto da ação executiva. Os requisitos para instalar a relação processual executiva são os previstos na lei processual, a saber, o inadimplemento e o título executivo (CPC, artigos 580 e 583). Os pressupostos para configuração da responsabilidade tributária são os estabelecidos pelo direito material, nomeadamente pelo art. 135 do CTN. **2. A indicação, na Certidão de Dívida Ativa, do nome do responsável ou do co-responsável (Lei 6.830/80, art. 2º, § 5º, I; CTN, art. 202, I), confere ao indicado a condição de legitimado passivo para a rela-

Dessa forma, pela decisão da 1ª Seção do STJ, a partir de agora, mudando completamente o entendimento sobre o assunto, cabe ao sócio (diretor, gerente ou representante da pessoa jurídica) e não mais a Fazenda Pública, o ônus de provar que não praticou ato ou fato eivado de excesso de poderes ou com infração de lei, contrato social ou estatutos, nos termos do art. 135, III, do CTN.

Diante dessa nova orientação jurisprudencial, os sócios responsáveis pela empresa dificilmente sairão ilesos da injusta cobrança dos débitos tributários em atraso, já que, terão enorme dificuldade em fazer prova negativa quanto à prática de uma ilicitude que nem sequer chegou a lhe ser imputada.

Vale lembrar que, a presunção de liquidez e certeza do crédito tributário é resultante de um procedimento administrativo fiscal, onde deve ser observado rigo-

---

ção processual executiva (CPC, art. 568, I), mas não configura, a não ser por presunção relativa (CTN, art. 204), a existência da responsabilidade tributária, matéria que, se for o caso, será decidida pelas vias cognitivas próprias, especialmente a dos embargos à execução. 3. É diferente a situação quando o nome do responsável tributário não figura na certidão de dívida ativa. Nesses casos, embora configurada a legitimidade passiva (CPC, art. 568, V), caberá à Fazenda exequente, ao promover a ação ou ao requerer o seu redirecionamento, indicar a causa do pedido, que há de ser uma das situações, previstas no direito material, como configuradoras da responsabilidade subsidiária. 4. No caso, havendo indicação dos co-devedores no título executivo (Certidão de Dívida Ativa), é viável, contra os sócios, o redirecionamento da execução. Precedente: EREsp 702.232-RS, 1ª Seção, Min. Castro Meira, DJ de 16.09.2005. 5. Recurso especial desprovido." (REsp 900.371/SP, 1ª Turma, Rel. Min. Teori Albino Zavascki, DJ de 2.6.2008 – sem grifo no original); "PROCESSUAL CIVIL E TRIBUTÁRIO. EXECUÇÃO FISCAL. SÓCIO-GERENTE. REDIRECIONAMENTO. CDA. PRESUNÇÃO DE LIQUIDEZ E CERTEZA. INSCRIÇÃO DO NOME DO SÓCIO. DIVERGÊNCIA JURISPRUDENCIAL. CONFIGURADA. PRECEDENTES. – Se os sócios têm seus nomes inscritos, juntamente com a empresa executada, na **Certidão de Dívida Ativa – CDA, que possui presunção de certeza e liquidez, cabe a eles provarem, por meio de embargos à execução, que não agiram com excesso de mandato, infringência à lei ou ao contrato social.** – Recurso especial conhecido, mas improvido". (REsp 750.581/RJ, 2ª Turma, Rel. Min. Francisco Peçanha Martins, DJ de 7.11.2005 – sem grifo no original); "PROCESSO CIVIL – EXECUÇÃO FISCAL – CERTIDÃO DE DÍVIDA ATIVA – RESPONSABILIZAÇÃO PESSOAL DO SÓCIO-GERENTE DA EMPRESA. HIPÓTESE QUE SE DIFERE CO REDIRECIONAMENTO DA EXECUÇÃO – NECESSIDADE DE PROVAR O EXEQÜENTE QUE O SÓCIO AGIU COM DOLO OU MÁ-FÉ. 1. Pacífica a jurisprudência desta Corte no sentido de que o sócio somente pode ser pessoalmente responsabilizado pelo inadimplemento da obrigação tributária da sociedade se agiu dolosamente, com fraude ou excesso de poderes. 2. A CDA é documento que goza da presunção de certeza e liquidez de todos os seus elementos: sujeitos, objeto devido, e quantitativo. Não pode o Judiciário limitar o alcance dessa presunção. **3. Decisão que vulnera o art. 3º da LEF, ao excluir da relação processual o sócio que figura na CDA, a quem incumbe provar que não agiu com dolo, má-fé ou excesso de poderes nos embargos à execução.** 4. Hipótese que difere da situação em que o exeqüente litiga contra a pessoa jurídica e no curso da execução requer o seu redirecionamento ao sócio-gerente. Nesta circunstância, cabe ao exeqüente provar que o sócio-gerente agiu com dolo, má-fé ou excesso de poderes. 5. Recurso especial parcialmente conhecido e, nessa parte, improvido". (REsp 704.014/RS, 2ª Turma, Rel. Eliana Calmon, DJ de 3.10.2005 – sem grifo no original)".

rosamente o princípio do devido processo legal, ou seja, este procedimento deverá ser submetido às garantias constitucionais processuais, sob pena de violação a Carta Magna.

Veja que não estamos falando da situação em que o sócio já constava do lançamento tributário, tendo-lhe, inclusive, sido facultada a defesa em relação não só a existência da dívida, mas também em relação á sujeição passiva, neste caso, pode-se admitir a presunção de liquidez e certeza do crédito no tocante a ele, sem que haja violação ao contraditório e a ampla defesa.

Mas sim, sobre aquela prática costumeira em que o redirecionamento contra o sócio se dá na fase de inscrição em dívida ativa, sem que o nome do responsável tributário tenha constado do lançamento, o que dificulta por completo sua atuação no procedimento judicial futuro.

Por isso, acreditamos que, sobre a matéria, a melhor orientação jurisprudencial era a anterior, pois o Superior Tribunal de Justiça, sequer admitia a caracterização da infração legal, pelo simples inadimplemento. Tanto é verdade que exigia a prova de que o sócio tenha agido com excesso de poderes, ou infração de contrato social ou estatutos. Aliás, nem sequer admitia o redirecionamento da execução sem que ficasse demonstrada a responsabilidade do sócio.

Ainda sobre o assunto, vale destacar essencial decisão da Corte Superior em que decidiu pela impossibilidade de responsabilizar empresa pelos débitos de outra pessoa jurídica sem que tenha havido contra ela qualquer lançamento tributário.[11]

Ademais, a solidariedade deve ser verificada no momento do lançamento do débito tributário, sendo inviável, no decurso da execução fiscal, alterar o polo passivo a relação processual para incluir empresa contra a qual não foi estabelecido o crédito.

Nesse sentido é a posição da doutrina, vejamos:

---

11. "(...). Na hipótese em exame, na Certidão da Dívida Ativa que deu origem à execução fiscal consta apenas o nome da empresa prestadora de serviços, pretendendo a autarquia seja redirecionada a ação à recorrida, em razão de sua responsabilidade solidária. Entretanto, a pretensão recursal mostra-se inviável. A responsabilidade solidária tributária é instituto que visa dar maior garantia à Fazenda Pública para recebimento de seus créditos fiscais, ou seja, verificando-se que o responsável solidário tem melhores condições de adimplir o débito, pode a credora executá-lo no lugar do devedor principal. Tal instituto, no entanto, não é capaz de legitimar o redirecionamento de execução fiscal, já em curso, contra pessoa jurídica em relação à qual não foi sequer lançado o débito tributário. Isso porque, tanto na esfera administrativa quanto na judicial devem ser observados os princípios da ampla defesa e do contraditório, possibilitando ao contribuinte, caso deseje, impugnar o lançamento do débito, apresentar provas que entenda cabíveis, dentre outras providências. (...)". (STJ-1ª T., REsp 463.418-SC, rel. Min. Denise Arruda, j. 21.11.2006).

"*É bom lembrar, ainda, para que possamos encontrar respaldo no fundamento de validade das normas estatais, necessário se faz acontecer plena subsunção dos fatos à norma. Para tanto, a conformidade do mundo fático com o jurídico, para a ciência positiva, deve ser vista sob a ótica da lei. Assim, a Lei Suprema garante o direito de defesa. Diante dessa ordem imperativa, para que o INSS tenha sucesso, na cobrança dos créditos fiscais em que figurem sujeitos passivos solidários, se faz necessário seguir rigorosamente os passos da norma, conformando essa realidade com o que descreve a lei. Em outras palavras, estabelecer o pleno direito de defesa, isto é, para o plano da realidade nada mais é do que notificar todos os devedores solidários, disponibilizando os elementos obtidos junto à contabilidade do originariamente sujeito passivo (contribuinte, art. 121, I, CTN). Portanto, solidariedade deve nascer já no momento do lançamento do débito, sob pena de a escolha posterior esbarrar no princípio da ampla defesa e esse vício de origem (esfera administrativa) contaminar os procedimentos posteriores e aí ocorrer o vício mais grave para o operador do direito, a inconstitucionalidade do ato administrativo*".[12]

De outro modo, o Ministro Teori Albino Zavascki, faz importante observação sobre a impossibilidade de se confundir a relação processual com a relação de direito material objeto da ação executiva, vejamos:

"*(...). 1. É preciso distinguir a relação processual da relação de direito material objeto da ação executiva. Os requisitos para instalar a relação processual executiva são os previstos na lei processual, a saber, o inadimplemento e o título executivo (CPC, artigos 580*[13] *e 583*[14]*), sendo que a circunstância de figurar como devedor no título é condição suficiente para estabelecer a legitimação (CPC, art. 568, I). (...). 2. A configuração dos requisitos da legitimação passiva não significa, todavia, afirmação de certeza a respeito da existência da responsabilidade tributária. Saber se o executado é efetivamente devedor ou responsável pela dívida, é tema pertencente ao domínio do direito material, disciplinado, fundamentalmente, no Código Tributário Nacional (art. 135), (...). 3. É diferente a situação quando o nome do responsável tributário não figura na certidão de dívida ativa. Nesses casos, embora possa ser sujeito passivo da execução (CPC, art. 568, V), caberá a Fazenda exeqüente, ao promover a ação ou ao pedir o seu redirecionamento, indicar a causa do pedido, que há de ser uma das situações, previstas no direito material, como configuradoras da responsabilidade subsidiária. (...)*"[15] Grifamos

Por derradeiro, a Lei 6.830 estabeleceu a favor dos **responsáveis tributários** o benefício de ordem, semelhante ao que há em proveito dos fiadores e sócios solidários, isto é, a possibilidade de o responsável executado nomear a penhora bens

---

12. OLIVEIRA, Milton Luiz Gazaniga de. *Revista da Procuradoria Geral do INSS*, n. 3, vol. 5, 1998, p. 80, citado pela Min. Denise Arruda no julgamento do REsp 463.418-SC.
13. Art. 580 do CPC: "A execução pode ser instaurada caso o devedor não satisfaça a obrigação certa, líquida e exigível, consubstanciada em título executivo". (Redação dada pela Lei 11.382/06).
14. Art. 583 do CPC, revogado pela Lei 11.382/06, já que se trata de mera adaptação do sistema do Livro II do CPC ao Cumprimento da Sentença (ver artigos 475-I e ss).
15. STJ-1ª T., REsp 964.155-RS, j. 09.10.2007. Ver também da relatoria do Ministro Teori Albino Zavascki os REps 943.681-RS, j. 09.10.2007 e 909.948-RS, j. 04.09.2007.

livres e desembaraçados do devedor. Todavia, "os bens dos responsáveis ficarão, porém, sujeitos à execução, se os do devedor forem insuficientes à satisfação da dívida".[16]

Esclarece Humberto Theodoro Júnior que "o benefício de ordem é de caráter apenas dilatório, não decorrendo de sua utilização a liberação definitiva do co-responsável tributário. Somente, portanto, com a solução integral da dívida é que o responsável terá condições de livrar-se da sujeição à relação jurídica tributária".[17]

3. Conclusão

Seja como for, o acertamento em torno do fato gerador da responsabilidade tributária tem de preceder à execução do sócio-administrador da pessoa jurídica. É evidente que a execução forçada não é local adequado para definir situações fático-jurídicas imprecisas e que todos os requisitos da certeza, liquidez e exigibilidade da obrigação exequenda têm de ser demonstrados em juízo antes de desencadear a sujeição do devedor aos atos executivos (CPC, art. 586).

---

16. Art. 4º, § 3º, da Lei 6.830/80.
17. Op. cit., p. 99. Por outro lado, na hipótese de solidariedade passiva inviável será a concessão do benefício de ordem, assim, pode o Fisco reclamar o débito dos obrigados, conforme dispõe o art. 124, § único do CTN, afastando expressamente a aplicação do art. 827, do Código Civil. O Superior Tribunal de Justiça, sobre o tema tem decidido: "(...), firmou-se o entendimento de que o instituto da **solidariedade tributária** caracteriza-se por não comportar o benefício de ordem, de maneira que pode o credor cobrar os valores devidos a título de contribuição previdência de qualquer um dos obrigados à satisfação do crédito, seja o contratante de serviços executados mediante cessão de mão-de-obra, seja o executor. O contratante do serviço de cessão de mão-de-obra somente consegue se eximir da responsabilidade solidária caso comprove a regularidade dos recolhimentos à Previdência, referentes aos serviços contratados, no momento do pagamento da nota fiscal ou da fatura. (...)". (1ª T., REsp 623.975-RS, rel. Min. Denise Arruda, j. 23.05.2006). Grifamos.

CAPÍTULO 13

As Três Velocidades do Moderno Processo Penal

EDILSON MOUGENOT BONFIM
Membro do Ministério Público de São Paulo. Doutor em Processo Penal (Universidade Complutense de Madri). Professor convidado de Direito Penal e Processo Penal da graduação e mestrado da Faculdade de Direito de Aix-en-Provence (Universidade Aix-Marseille, França). Coordenador do Sistema Mougenot de Ensino.

1. INTRODUÇÃO

A última palavra em processo penal nas modernas democracias chama-se *efetividade*[1]. Já não se busca um estudo processual "nada-mais-que-jurídico", como saber estéril, sem preocupar-se com suas repercussões no seio comunitário. Estruturada a "teoria da norma processual", decodificada a íntima fisiologia do processo por alentados estudos desenvolvidos nos dois lados do Atlântico, o estudo do processo penal hoje saiu da academia e seu tecnicismo, para ganhar dimensão social mais ampla, largo protagonismo, a ponto do "direito de ação" e "efetividade do processo" serem considerados pela moderna doutrina constitucional um verdadeiro *direito fundamental dos cidadãos*. Pergunta-se, assim, quais os mecanismos processuais a serem implementados, para que de fato, possa o processo penal ser *efetivo, eficaz,* para "dar a cada um o que é seu"? Reclama-se assim, a certeza da punição para o verdadeiro culpado, assim como a absolvição para o comprovadamente inocente, buscando se minorar os "espaços de dúvidas" que ensejam grande número de absolvições, por "dúvidas" não solucionadas, ensejando no mais das vezes, o "erro judicial contemporâneo" qualificado de "erro judiciário negativo", que se caracteriza pela "absolvição de culpados" e, se fundamenta, no caso brasileiro, no art. 386, inc. VI, do CPP.

Nesse sentido, se empresta, hoje, à ciência processualística tradicional a mesma crítica que se faz à ciência do direito na "linha Jellinek-Kelsen", ou seja, a de

---

1. MOUGENOT BONFIM, Edilson. *Le procès pènal moderne: les trois vitesses et la méthode interpretative*, no prelo, *in* Presses Universitaires d´Aix-Marseille. Faculté de Droit et de Science Politique, 2007.

ser reduzida à dimensão positivista-analítica, não havendo uma clara finalidade em sua fisiologia, reduzindo o direito a um inumano normativismo, levado a uma "rua sem saída, sem fim nem objetivo"[2]. Daí o questionamento de Heller, sobre haver um extravio de duas gerações de nossa ciência do Estado, que cria uma ciência jurídica asséptica a outros valores, tentando alhear da visão jurisdicional todos os problemas sociológicos e éticos da vida do Estado"[3]. Destarte, os fins do processo, os questionamentos face aos direitos fundamentais enfrentados pela utilização dos meios investigativos e probatórios, a dialética no jogo processual do binômio acusado-vítima, enfim, o *jus puniendi* como exercício do poder-dever jurisdicional, aporta à ciência do processo penal desafios mais além do que a análise do seu puro normativismo, adentrando no terreno ético e filosófico, tudo permeado pelo balizamento jurídico ínsito à moderna teoria constitucional.

2. Princípio da segurança jurídica

É o apogeu do chamado *princípio da segurança jurídica,* que promete um processo penal assegurador do respeito às formalidades previamente descritas em lei e perseguidor da verdade material ou fática. O primeiro momento, a estruturação e obediência às formalidades legais é instrumento para consecução do segundo e inafastável fim: a efetiva prestação jurisdicional.

Daí, uma necessária conclusão: é afirmativa recorrente que o modelo clássico de processo penal, nascido na razão iluminista, emergindo com a Revolução Francesa, pleno de garantias processuais, hoje se vê em crise, desafiado pela criminalidade hodierna[4]. Nesse sentido, o modelo tradicional do criminoso e de crime, que ensejou um processo penal acusatório, que tem no princípio *in dubio pro reo* a mais emblemática de suas garantias, se vê hoje posto a prova frente à nova e macro-criminalidade, dando azo à corajosa observação de Winfried Hassemer de que o clássico princípio *in dubio pro reo*, se atravessa no combate a criminalidade mais emblematicamente contemporânea[5], com isso, estabelecendo uma polêmica

---

2. ALEXY, Robert. *Teoría de los Derechos Fundamentales,* versão española: Ernesto Garzón Valdés e Ruth Zimmerling, Madri, Centro de Estudios Políticos y Constitucionales, março, 2001, p. 43.
3. Id. Ibid., p. cit.
4. MOUGENOT BONFIM, Edilson. *Direito Penal da Sociedade.* São Paulo, 1998, Ed. Oliveira Mendes, 2ª ed.
5. HASSEMER, Winfried. *Três Temas de Direito Penal,* tradução de Carlos Eduardo Vasconcelos, Edição Fundação Escola Superior do Ministério Público do Estado de Rio Grande de Sul, Brasil, 1993. Neste sentido, depois de dizer que o princípio do *in dubio pro reo* necessita ser "repensado" (p. 56, cit.), volta a sua análise concluindo enfaticamente: "O *in dubio pro reo* não funciona com a moderna criminalidade. Se esperamos até não ter dúvida, o problema da criminalidade inter-

constatação e um revelador desafio da constante tensão processual: as garantias e princípios do direito em favor da proteção dos cidadãos, e os mesmos, como obstáculos da efetividade do processo. Donde, o questionamento: o processo não é para a aplicação do direito penal? Mas, sendo assim, que valor deve preponderar e quais são os limites de ambos? A busca da justiça quando quebrantada a ordem legal – como garantia constitucional – ou a preservação do *status libertatis* dos acusados, enquanto não sejam declarados culpados?

3. Processo penal: um instrumento comprometido com valores constitucionais

A partir do momento em que se aceita a *natureza instrumental* do direito processual, torna-se imprescindível que se revisem seus institutos fundamentais, a fim de ajustá-los a essa nova visão, não podendo ser visto como um *simples instrumento* a serviço do ordenamento jurídico formalmente garantidor dos direitos, mas sobre tudo e, especialmente, como um *poderoso instrumento* ético destinado a servir à sociedade e ao Estado[6], tornando eficaz uma aplicação do direito penal para a proteção efetiva "de todos os membros da sociedade", nas palavras de Mir Puig[7].

Destarte, o crescimento expressivo das organizações criminosas, com todas suas múltiplas variantes e intersecções, tais como, a corrupção, a lavagem de dinheiro, o tráfico de drogas, o tráfico de mulheres etc., propõe uma discussão tal, de forma que o processo penal moderno possa ser instrumento eficiente em investigar e punir os reais culpados. Assim, o desafio é, como fazê-lo eficaz, sem o retrocesso a um "processo penal sem garantias" e de triste memória? Como tê-lo,

---

nacional ficará insolúvel. Necessitamos de uma intervenção oportuna, de saber oportunamente o que tenha passado, no momento correto. Necessitamos poder intervir nestes campos. Pensem no caso das armas de guerra, pensem no comércio e contrabando de material radioativo. Necessitamos poder intervir, ainda que tenhamos dúvidas. Minha tese é que o tradicional princípio *in dubio pro reo* atravessa-se no caminho da moderna criminalidade", cit., p. 94.

6. ARAÚJO CINTRA, Antonio Carlos *et allis, Teoria Geral do Processo*, cit., p. 45.
7. Após fazer advertências sobre o risco de "deixar de lado as garantias próprias do Estado de Direito", no afã de combater a criminalidade valendo-se de seu *jus puniendi*, escreve MIR PUIG, Santiago, como tarefa do Estado: "O direito penal de um Estado social e democrático não pode, pois, renunciar à missão de incidência ativa na luta contra a delinquência, mas que deve conduzi-la por e para os cidadãos. Isso poderia concretizar-se do seguinte modo: 1. O direito penal de um Estado social e democrático deve assegurar a proteção efetiva de todos os membros da sociedade pelo que deve realizar a prevenção de delitos (Estado social), entendidos como aqueles comportamentos que os cidadãos estimem danosos para seus bens jurídicos...", em *El Derecho Penal en el Estado social y democrático de derecho,* Barcelona, 1994, p. 37.

efetivamente a serviço da sociedade, e não um instrumento anódino, sem força, um "processo de papel", verdadeiro "processo penal light", sem força punitiva ou eficácia investigativa e probatória, a ponto de tornar-se um caro joguete nas mãos inábeis do Estado, e para o qual as organizações criminosas devotam apenas escárnio, desprezo e sorriso?

4. A EXPANSÃO DO DIREITO PENAL: O PROCESSO PENAL DE TRÊS VELOCIDADES

Nesse diapasão, o atual momento da sociedade – pós-moderna, de risco ou pós-industrial, na nomenclatura de sociólogos e filósofos- com o incremento de uma espécie de criminalidade veloz, audaz e imprevisível, obriga a repensar o "engessamento clássico" do processo penal, a ponto de aparelhá-lo com um método de interpretação que o habilite a "ponderar" em cada caso concreto os interesses em jogo, possibilitando-lhe sopesar os direitos do acusado – dependendo do crime a que esteja respondendo- com o poder-dever do Estado em dar segurança pública e fazer justiça penal, adequando o processo ao tipo do crime que se investiga, para que o instrumento esteja apto ao benefício social a que se propõe. Como se fala na criminologia de uma tipologia de criminosos e no direito penal de uma variação de sanções possíveis, fala-se hoje de uma variação dos modelos de procedimentos penais.

Assim, uma moderna nomenclatura do processo penal alude a um "processo penal de três velocidades"[8] ou em outras palavras, formas procedimentais que trabalham em perspectivas diversas, inerentes ao tipo de crime que visam investigar e coibir:

a) *O processo penal de primeira velocidade* é o modelo tradicional, nascido com a revolução francesa, às margens do qual nasceram os modelos procedimentais romano-germânicos. Caracteriza-se pela inflexibilidade e plenitude dos princípios e garantias *pro reo*. O modelo punitivo proposto é representado pela constrição da liberdade (prisão). Eis aí, desenhado, o processo penal clássico: as garantias processuais são maximizadas e a pena restritiva de liberdade, como pena corporal, emblematizada pelo cárcere. Tal modelo vem, paulatinamente, sendo superado pela aceitação de que existe um grande número de infrações penais cuja resposta punitiva do Estado não poderia ser a "prisão", mas alguma espécie de "pedagogia corretiva" ou "penas alternativas" a ela;

---

8. Por todos, vd. JESÚS-MARIA SILVA SÁNCHEZ, *La Expansión del Derecho Penal. Aspectos de la política criminal en las sociedades postindustriales*. 2ª ed., Civitas, Madrid, 2001.

b) *O processo penal de segunda velocidade*, caracteriza-se pela flexibilização das garantias processuais e a aplicação de uma pena alternativa à prisão. Nesse sentido, entra em jogo a possibilidade dos "acordos" entre a acusação e o acusado, em que o próprio dogma da culpabilidade é rompido – já não se pergunta se o acusado é culpado ou inocente, mas se aceita ou não uma punição-menor, para que se suspenda o processo e qualquer ameaça de uma pena maior. Em infrações menores, nesse caso, o rito e a verdade cedem a favor da celeridade e da efetividade.

c) *O processo penal de terceira velocidade*, ao contrário, caracteriza-se pela flexibilização das garantias processuais do acusado e ao mesmo tempo trabalha com a ameaça de uma pena de prisão. Combina os dois modelos previamente descritos. Porém, destina-se às infrações penais mais expressivas, ou seja, aquelas que colocam diretamente em risco as condições existenciais da vida em sociedade: crime organizado, terrorismo, etc. O processo traduz mais amplamente uma garantia *pro societatis*, mais adiante que mera garantia *pro reo*. Assim, flexibilizam-se os meios de produção de prova e alargam-se os mecanismos investigatórios. A prisão como sanção também pode ser longa, antecipando-se, quando o caso, pelas chamadas "prisões temporárias e preventivas", utilizadas com mais frequência que no primeiro modelo ("a") e desconhecida no modelo "b".

5. A TERCEIRA VELOCIDADE DO PROCESSO PENAL E O PRINCÍPIO DA PROPORCIONALIDADE: A PROIBIÇÃO DE EXCESSO E A PROIBIÇÃO DA PROTEÇÃO INSUFICIENTE

Lembremo-nos que em todo o processo penal temos uma constante dialética de direitos fundamentais: de um lado, o direito fundamental à liberdade do indivíduo, de outro, o direito fundamental à segurança; de um lado, o direito de personalidade (direito à honra) protegido diante de um direito de liberdade de expressão. Nesse sentido, a eficácia processual plena esbarra em um primeiro momento na necessidade que o Estado tem em respeitar os direitos fundamentais dos cidadãos, o que lhe impede de investigar de todas as formas possíveis – há limites ao seu poder investigativo –, de provar de todas as maneiras possíveis – há limites ao seu poder probatório –, ou seja, o processo penal obedece ao previamente descrito na lei, portanto, a um *due process of Law* ao qual o Estado deve respeitar.

Em última instância, no Estado de Direito, o exercício do poder estatal é limitado pela existência do direito. Assim, "só o poder cria o direito", ensina Bobbio, "e só o direito limita o poder"[9].

Foi precisamente para se solucionar o impasse criado nas democracias, de respeitar-se os direitos fundamentais – um justo processo e sua efetividade *pro societatis* – que surgiu o "princípio da proporcionalidade", consagrado pelo Tribunal Europeu de Direitos Humanos, dando-se, igualmente, sua progressiva difusão na jurisprudência do direito processual de muitos países, sendo indubitavelmente uma das maiores inovações de nossa cultura jurídica[10], é dizer, uma das principais contribuições ao Direito desde a Segunda Guerra Mundial[11], data aproximada do início de sua concepção.

Considerado um verdadeiro *princípio architettonico*[12] do sistema é de análise complexa, já que ainda não tem um lugar comum na dogmática processual ou no direito positivo[13], e para uma compreensão de sua utilidade e *status* jurídico, necessita ser estudado desde suas bases, até chegar às consequências práticas na jurisprudência. Nesse sentido, entendemos que falar do princípio da proporcionalidade em sede de processo penal, é falar primeiro e necessariamente do Direito, que se funde e se confunde com o conceito de justiça, posto que a própria ideia, centralmente, seja do direito, seja da justiça, desde suas origens, já *per si* aporta alguma ideia de proporcionalidade.

6. FUNDAMENTO LEGAL E NATUREZA JURÍDICA

Doutrinariamente, como já expusemos em nosso "Código de Processo Penal Anotado"[14], discute-se sua topografia constitucional, parecendo-nos correto o entendimento de que lastreia-se no art. 1º, *caput,* da CF, como fórmula política

---

9. BOBBIO, Norberto. *O futuro da democracia: uma defesa das regras do jogo.* Trad. Marco Aurélio Garcia. Paz e Terra. 6ª ed., São Paulo, 1997, p. 156-157
10. GUINCHARD, Serge *et allis. Droit processuel, droit comum et droit comparé du procès.* Paris, 2ª ed., Dalloz, 2003, p. 995.
11. Cf. WAHL, citado por KLUTH, Winfried, *Prohibición de exceso y principio de proporcionalidad en Derecho alemán,* em *Cuadernos de Derecho Público,* número 5, 1988, p. 220, nota 3; BEILFUSS, Markus González, *El principio de proporcionalidad,* cit., p. 18.
12. D'ANDREA, L, *Il principio di ragionevolezza come principio architettonico del sistema,* en *La Ragionevolezza nel Diritto,* La Torre Massimo y Spadaro Antonino (a cura di), Torino, L. Giappicheli editore, 2002.
13. MOUGENOT BONFIM, Edilson. *Curso de Processo Penal.* Saraiva, 2ª ed., São Paulo, 2007, p. 60/61.
14. MOUGENOT BONFIM, Edilson. *Código de Processo Penal Anotado.* Saraiva, 2007, p. 14.

do "Estado Democrático de Direito"[15]. Discute-se, por outro lado, também a *natureza jurídica do princípio da proporcionalidade*, ou seja, sua validade como verdadeiro "princípio", no sentido de ser uma *norma-princípio* de necessária aplicação. *Aduz-se, contudo, não ser apenas um "princípio", tal como estes são tradicionalmente concebidos, mas um princípio mais importante, um "princípio dos princípios", ou um "superprincípio", porque, enquanto todos os demais princípios jurídicos são relativos (não absolutos) e admitem flexibilizações ou balanço de valores, o princípio da proporcionalidade é um método interpretativo e de aplicação do direito para a solução do conflito de princípios — metáfora da colisão de princípios — e do balanço dos valores em oposição (ex.: tutela da intimidade em oposição à proteção da segurança pública), não se flexibilizando, configurando-se assim em um princípio absoluto.* **É nossa posição**[16]. Assim, em caso de conflito de princípios funciona como método hermenêutico para dizer qual deles e de que forma prevalece sobre o outro princípio antagônico. Argumenta-se, dessa forma, ser o princípio da proporcionalidade, na verdade, um "princípio hermenêutico", uma nova categoria, próxima ou análoga a um verdadeiro método de interpretação jurídico posto em prática sempre que houver a necessidade de restringir direitos fundamentais. Objetiva ser uma *restrição às restrições* dos direitos fundamentais por parte do Estado. Como o processo penal constantemente necessita contrabalançar valores e princípios que rotineiramente se opõem (ex.: o direito à liberdade do indivíduo e o dever do Estado de punir o culpado), o princípio da proporcionalidade tem grande e variada aplicação no processo penal, ainda que parte da doutrina e da jurisprudência resistam em aceitá-lo.

7. A MODALIDADE "PROIBIÇÃO DE EXCESSO"

Em um *primeiro aspecto*, sua concretização implica a proibição de que o Estado, ao agir, tanto na posição de acusador quanto na de julgador, pratique, em sua atividade, qualquer excesso. Assim, o princípio da proporcionalidade é também conhecido como princípio da "proibição do excesso" (do alemão, de onde se origina, literalmente, *Ubermassverbot*), na medida em que, a pretexto de combater infrações penais, sejam cometidos excessos na restrição aos direitos fundamentais. É preciso, portanto, moderação, a par de justificada necessidade. Dessa forma, o modo de restringir tais direitos fundamentais deverá ser aquele do princípio da

---

15. Posição de Gilmar FERREIRA MENDES, *O princípio da proporcionalidade na jurisprudência do Supremo Tribunal Federal: novas leituras*. Repertório IOB de Jurisprudência: Tributário, Constitucional e Administrativo, 14, 2000, p. 361-72.
16. Vd., ob. cit., pg. cit., e, igualmente, o nosso, *Curso de Processo Penal,* Saraiva, 2ª ed., 2007.

proporcionalidade, possibilitando assim, por meio de seu método, um controle intersubjetivo das ações do juiz-Estado ou de qualquer órgão estatal incumbido da aplicação do direito. Nesse sentido, seu conteúdo aproxima-se ao do princípio do devido processo legal, no sentido material.

8. Os sub-princípios: adequação, necessidade e proporcionalidade em sentido estrito

> *A atuação do Estado, portanto, deve ser proporcional, mas uma proporcionalidade, insista-se, obtida através de um método científico. A proporcionalidade, assim, consubstancia-se em três subprincípios, que devem ser concomitante ou sucessivamente atendidos: adequação, necessidade e "proporcionalidade em sentido estrito"*[17].

A adequação consubstancia-se em medida apta a alcançar o objetivo visado. É uma relação de meio e fim. Assim, por exemplo, decreta-se a prisão preventiva para com isso impedir o réu de turbar a instrução penal ("conveniência da instrução criminal"). *A necessidade — ou exigibilidade — impõe que a medida adotada represente gravame menos relevante do que o interesse que se visa tutelar* (ou seja, resulte numa relação custo/benefício que se revele benéfica). Seguindo nosso exemplo, a prisão preventiva, portanto, será decretada quando não tivermos outro meio menos gravoso para a preservação de determinado interesse. E *"proporcionalidade em sentido estrito", quando se faz um balanço entre os bens ou valores em conflito, promovendo-se a opção.* A proporcionalidade pauta-se, portanto, pelos dois elementos inicialmente expostos (ou sub-princípios), impondo-se por fim uma ponderação entre os interesses em jogo, de modo que seja possível reconhecer como justificada a medida. A implementação desse princípio relaciona-se ao reconhecimento da prevalência de um interesse sobre o outro, de modo que é comum adotar, para justificar como proporcional um ato, o princípio da supremacia do interesse público sobre o interesse privado, reconhecido aquele como o de maior valor ou importância.

Por exemplo, no Brasil, tem-se admitido como meio de prova a gravação telefônica realizada por um dos interlocutores sem a autorização do outro, com fundamento no princípio da proporcionalidade, quando presentes circunstâncias que denotem a existência de um interesse público superior, isto é, suspeita da prática de infração penal. O princípio da proporcionalidade, atenuou assim a vedação constitucional que trata do tema das "provas ilícitas".

---

17. MOUGENOT BONFIM, Edilson. *Curso de Processo Penal*, cit., p. 62.

Note-se, assim, que um dos grandes campos de aplicação desse *princípio é no terreno da valoração da prova*. De acordo com os critérios (subprincípios) que constituem o princípio da proporcionalidade (adequação e necessidade), julga-se a admissibilidade ou não de determinados meios de prova, mitigando, assim, diante do que estritamente requerer cada caso, as vedações às provas obtidas por meios ilícitos e das provas ilícitas por derivação, com o filtro final da "proporcionalidade em sentido estrito".

9. Proibição de infraproteção ou proibição de proteção deficiente: a outra vertente do princípio de proporcionalidade

Por fim, a outra modalidade do princípio de proporcionalidade — esta ainda bastante desconhecida pela doutrina e jurisprudência — é a da "proibição da proteção deficiente"[18] ou princípio da proibição da infraproteção (*Untermassverbot*, dos alemães), pela qual se compreende que, uma vez que o Estado se compromete pela via constitucional a tutelar bens e valores fundamentais (vida, liberdade, honra etc.), deve fazê-lo obrigatoriamente na melhor medida possível. Desse modo, assegura-se não somente uma garantia do cidadão perante os excessos do Estado na restrição dos direitos fundamentais (princípio da proibição de excesso) — a chamada "proteção vertical", na medida em que os cidadãos têm no princípio da proporcionalidade (modalidade proibição de excesso) um anteparo constitucional contra o poder do Estado (verticalizado, portanto, de "cima para baixo") — mas também uma garantia dos cidadãos contra agressões de terceiros — "proteção horizontal" —, no qual o Estado atua como garante eficaz dos cidadãos, impedindo tais agressões (tutelando eficazmente o valor "segurança", garantido constitucionalmente) ou punindo os agressores (valor "justiça", assegurado pela Constituição Federal). Dessa forma, pelo "princípio da proibição da infraproteção", toda atividade estatal que infringi-lo seria nula, ou seja, inquina-se o ato jurídico violador do princípio com a sanção de nulidade.

Note-se que ambas as modalidades do princípio da proporcionalidade (proibição de excesso e proibição de proteção deficiente) se aplicam não somente à criação da lei processual (dirigindo o princípio ao Poder Legislativo), mas também à aplicação da lei processual (dirigindo o princípio ao Poder Judiciário). Uma das consequências, a nosso sentir, da violação do princípio

---

18. MOUGENOT BONFIM, Edilson. *Curso de Processo Penal*, cit., p. 63; MOUGENOT BONFIM, Edilson. *El principio de proporcionalidad en el proceso penal: España y Brasil*. Madrid, Universidad Complutense de Madrid, 2005.

da proporcionalidade em qualquer de suas vertentes é a possibilidade, não somente por parte do prejudicado, de sustentar a *nulidade do ato judicial* (ou *inconstitucionalidade da lei aprovada pelo Legislativo*) viciado por meio de recursos ordinários, como por meio de recursos – adequáveis em razão de cada legislação particular em concreto – chegar-se à apreciação da constitucionalidade do ato junto à *Cour de Cassation*.

10. Violações do princípio em abstrato e em concreto

Imaginemos uma hipótese de violação do princípio da proporcionalidade *in abstracto*. Assim, se o Poder Legislativo aprovasse uma lei e esta, sancionada, criasse tão grande número de recursos processuais penais que, na prática, tornasse inviável a aplicação do direito penal, tal lei seria inconstitucional por violação do princípio de "proibição de infraproteção". Isso seria passível de demonstração empírica, ou seja, somando a quantidade dos recursos possíveis, computando os prazos processuais, o tempo de tramitação etc., demonstrando-se que, ao final, o agente não seria punido, em face de certeira prescrição ou outra causa de extinção de sua punibilidade. Da mesma forma, por exemplo, se nova lei processual penal suprimisse as hipóteses de "prisão preventiva" tendentes à garantia da ordem pública ou conveniência da instrução criminal. Destarte, não se poderia aceitar uma legislação processual que retirasse a proteção do cidadão ameaçado, por exemplo, por ser testemunha em um processo penal, e cuja garantia para tanto repousaria precipuamente na força e na possibilidade de custódia preventiva contra aquele que o ameaçava. Tal lei, se existente, constituiria flagrante violação do princípio de proporcionalidade na modalidade "proibição de infraproteção", tornando-se inconstitucional, porquanto, a despeito da independência do Parlamento e do "princípio de presunção da constitucionalidade das leis", tal lei "destutelaria" completamente os cidadãos, violando a Constituição Federal, que obriga o Estado à proteção de determinados bens e valores fundamentais.

Da mesma forma, um ato ou decisão judicial, para adequar-se em perfeita *tipicidade processual constitucional*, deve sempre atender ao "princípio da proibição de excesso" e ao "princípio da proibição de infraproteção", pena de nulidade. Destarte, uma indevida prisão preventiva (violadora do princípio da dignidade humana, da liberdade, do estado de inocência), uma escuta telefônica sem razão de ser (violadora do princípio da dignidade humana, da intimidade etc.) violariam o princípio de proibição de excesso *in concreto*, acarretando a nulidade do ato processual. A rigor e conforme o compreendemos, tanto padecem de nulidade as decisões que violem um ou outro dos aspectos do princípio, ou seja, a "proibição de excesso" ou a "proibição de infraproteção".

11. Conclusão

Conscientes da oposição entre o voluntarismo *naïf* e a insolubilidade do princípio da segurança jurídica em toda sua ampla dimensão, como da natural dificuldade de harmonização entre as liberdades e garantias individuais frente ao reclamo de segurança pública, em um balanço *ex parte individui* e *ex parte societatis* – sem que isso signifique uma perpétua supremacia do interesse público sobre o particular –, o que visamos é clarear um problema que tem o Supremo Tribunal Federal no Brasil como "última barreira" (*Schranken-Schranke*, dizem os alemães), "limite dos limites" da "tutela" ou "proteção" dos direitos e garantias individuais de todos os cidadãos – transposto "o primeiro baluarte" (juízes ordinários) da garantia jurisdicional dos direitos, e mais especialmente, no que se refere a sua aplicação na lei. Dito de outro modo: é a partir dele, interpretando o moderno direito processual penal sob o princípio da proporcionalidade, que se poderá contribuir, como instância formal de controle da ordem pública, a uma maior efetividade do processo penal, observando desde a elaboração da lei até sua aplicação, pois, da vigência do princípio da proporcionalidade, se "deduzem férteis consequências práticas".

Compreendemos assim, que as diferentes *velocidades* do processo penal, podem ser compreendidas juridicamente e, assim, respaldadas, desde que se sujeitem a um controle intersubjetivo das criações legislativas e decisões jurisdicionais, para o qual defendemos como método interpretativo o princípio da proporcionalidade.

Restaria, por fim, a inevitável pergunta: qual seria o direito, a garantia, princípio, ou valor mais importante, para referido método interpretativo? Respondemos sem hesitar: O caso concreto apontará a preferência de valores; vale dizer, no Estado Democrático de Direito inexiste uma tabela *a priori* de valores, genérica, abstrata, na qual se estabeleça qual deles possa invariavelmente preponderar sobre os demais; é verdade, existem consensos verdadeiramente tradicionais (a vida, por exemplo, prepondera sobre outros valores; o princípio da dignidade humana é o grande princípio do Estado de Direito etc.); contudo, tecnicamente falamos de uma "tabela móvel de valores" (Guastini[19]), porquanto no caso "x" pode o princípio "y" ser acolhido em detrimento do princípio "z", e no caso "x2" pode o

---

19. GUASTINI, Ricardo. *Distinguiendo. Estudios de teoría y metateoría del derecho*. Trad. Esp. J. Ferrer, Barcelona: Gedisa, 1999, p. 32 et s.

princípio "y" ter de ceder passo, dando preferência ao princípio "z". A concretude do caso, suas especificidades, ditarão a preferência, balizada pela aplicação metodológica do princípio da proporcionalidade e seus sub-princípios. Isso se deve à visão contemporânea de que a Constituição é um "sistema aberto" de regras e princípios, isto é, sofre o sistema normativo a constante influência de elementos externos, tais como valores culturais, econômicos e sociais, que são extremamente dinâmicos e variáveis.[20]

---

20. GIMENO SENDRA, cfr. VADILLO, Enrique Ruiz, *El Derecho Penal Sustantivo y el Proceso Penal. Garantías Constitucionales Básicas en la Realización de la Justicia.* Madrid, Editorial Colex, 1997, p. 113.

CAPÍTULO 14

A Aplicabilidade das Leis n°s 11.340/06 e 9.099/95 Relativamente à Suspensão Condicional do Processo, sob o Prisma da Constituição Federal

CARLOS EDUARDO CONTAR

Desembargador do Tribunal de Justiça de Mato Grosso do Sul. Mestrado em Ciências Jurídico-Criminais pela Universidade de Coimbra – Portugal. Diretor de Ensino do Instituto Sul-mato-grossense de Direito Público.

SUMÁRIO: 1. Introdução. 2. Aspectos gerais e legais sobre o tema. 3. A delimitação do aparente confronto entre as Leis 11.340/06 e 9.099/95 e da viabilidade da suspensão condicional do processo. 4. A possibilidade de interpretação conforme a constituição. 5. A interpretação conforme e a colisão entre direitos fundamentais.

1. INTRODUÇÃO

O presente trabalho versa sobre a inovação legislativa ocorrida no Brasil em 2006, que foi resultado de intensa campanha pela normatização de uma "ação afirmativa" pertinente à violência doméstica contra as mulheres, especialmente, bem como das suas consequências no âmbito processual penal.

As ações afirmativas têm como objeto aniquilar ou reduzir – por intermédio de alterações legislativas ou de atuações do Poder Executivo – situações de exclusão social ou de discriminações prejudiciais a determinados grupos sociais; no mundo inteiro, essas ações têm sido alvo de intensas discussões, tantos são os seus diversos resultados, tendo em vista que a eficácia de muitas dessas medidas pode ser facilmente questionada, como é o caso das cotas para hipossuficientes e negros em universidades.

No caso da violência contra as mulheres, não é objeto da referida ação positiva a violência que atinge a todas – nas ruas e em situações fora do lar ou em relações individuais – mas tão somente aquelas que possuem natureza conjugal (casamentos, uniões estáveis etc).

Interessante observar que a relação fundamental entre a Lei Maria da Penha e os movimentos nacionais e internacionais pela implementação de medidas que derivem das "ações afirmativas" é diversa das demais formas conhecidas, porque, no caso em apreço, não fica nítido o caráter temporário da aplicação da lei.

E desse descompasso nasceu um problema que gerou tantas críticas e discussões: o conserto do "tecido social", que deveria ocorrer por intermédio de medidas de impacto cultural, social e econômico, operou-se por meio da instituição de mudanças definitivas na legislação penal – aumentando-se as penas – e processual penal, vedando a adoção de técnicas de simplificação presentes nos procedimentos dos Juizados Especiais Criminais.

2. Aspectos Gerais das Legislações Analisadas

Trata-se do estudo da Lei nº 11.340/06 – denominada de Maria da Penha em homenagem à vítima de violência doméstica mais conhecida no país – e das implicâncias que essa novel legislação desencadeou em nosso sistema jurídico, haja vista que ela decorre da observação à Convenção Interamericana para Prevenir, Punir e Erradicar a Violência Doméstica, conforme explica a doutrina:

> "Veio a Lei Maria da Penha para atender os compromissos assumidos pelo Brasil em tratados internacionais, que impõem o reconhecimento do direito das mulheres como direitos humanos. Na sua ementa é feita referência à Convenção Interamericana para Prevenir, Punir e Erradicar a Violência Doméstica, ratificada pelo Brasil em 1995. Neste instrumento está proclamado que a violência doméstica constitui violação dos direitos humanos. Não é por outro motivo que afirma (art. 6º): 'A violência doméstica e familiar contra a mulher constitui uma das formas de violação dos direitos humanos.'"[1]

O estudo das aparentes incompatibilidades entre as referidas normas jurídicas passa pela análise do Projeto de Lei nº 4.559/04[2], que as originou.

A tramitação do PL nº 4.559/2004 é imprescindível para compreender o cerne do equívoco provocado pelo legislador – no intervalo de tempo ocorrido entre a apresentação do Projeto e a aprovação da sua redação final – na elaboração da norma.

Na Exposição de Motivos – item nº 10 – do PL nº 4.559/2004, restou evidenciado que a objetivo original do Poder Executivo era atender aos reclamos do Relatório nº 54 da Comissão Interamericana de Direitos Humanos da OEA, no sentido de simplificar os procedimentos relacionados ao atendimento de casos de violência doméstica contra as mulheres, nos seguintes termos:

---

1. DIAS, Maria Berenice, *A lei Maria da Penha na justiça*. RT, São Paulo, 2007, p. 60.
2. Extraído do site www.camara.gov.br, acesso em 21 maio 2009.

"10. Em abril de 2001, a Comissão Interamericana de Direitos Humanos da OEA, órgão responsável pelo recebimento de denúncias de violação aos direitos previstos na Convenção Americana sobre Direitos Humanos e na Convenção de Belém do Pará, atendendo denúncia do Centro pela Justiça pelo Direito Internacional (CEJIL) e do Comitê Latino-Americano de Defesa dos Direitos da Mulher (CLADEM), publicou o Relatório nº 54, o qual estabeleceu recomendações ao Estado Brasileiro no caso Maria da Penha Maia Fernandes. A Comissão concluiu que o Estado Brasileiro não cumpriu o previsto no artigo 7º da Convenção de Belém do Pará e nos artigos 1º, 8º e 25 da Convenção Americana de Direitos Humanos. Recomendou o prosseguimento e intensificação do processo de reforma que evite a tolerância estatal e o tratamento discriminatório com respeito à violência doméstica contra a mulher no Brasil e, em especial recomendou 'simplificar os procedimentos judiciais penais a fim de que possa ser reduzido o tempo processual, sem afetar os direitos e garantias do devido processo' e 'o estabelecimento de formas alternativas às judiciais, rápidas e efetivas de solução de conflitos intrafamiliares, bem como de sensibilização com respeito à sua gravidade e às consequências penais que gera.'"

(Destaques não originais)

O item nº 33 da Exposição de Motivos do referido Projeto de Lei apresenta outra preocupação do legislador: a ausência de estrutura dos Juizados Criminais para atender aos casos de violência doméstica – que são a maioria, segundo os estudos até então realizados – haja vista que os mecanismos necessários à aplicação das medidas de proteção às vítimas e de repressão diferenciada aos ofensores são parcialmente incompatíveis com o procedimento da Lei nº 9.099/95.

Mesmo assim, a redação inicial do Projeto não falava em vedação absoluta à aplicabilidade da Lei nº 9.099/95 aos casos de violência doméstica; a questão é que os artigos 12, 13 e 29 – na redação original do Projeto – possibilitavam expressamente o processamento de casos de violência doméstica segundo as regras dos Juizados, em conjunto com a lei processual penal e civil e a própria legislação que estava sendo criada, obviamente, senão veja-se:

"Art. 12. Em todos os casos de violência doméstica e familiar contra a mulher, feito o registro do fato, deverá a autoridade policial adotar, de imediato, os seguintes procedimentos, além daqueles já previstos no Código de Processo Penal e na Lei nº 9.099, de 26 de setembro de 1995:
I. colher todas as provas que servirem para o esclarecimento do fato e de suas circunstâncias;
II. ouvir a ofendida;
III. ouvir o indiciado e as testemunhas;
IV. determinar que se proceda ao exame de corpo de delito e requisitar os exames periciais necessários;

V. averiguar a vida pregressa do indiciado, sob o ponto de vista individual, familiar e social, sua atitude e estado de ânimo antes e depois do fato e durante ele, e quaisquer outros elementos que contribuam para a apreciação do seu temperamento e caráter;

VI. ordenar a identificação do indiciado e fazer juntar aos autos sua folha de antecedentes; e

VII. remeter à autoridade judiciária o expediente lavrado.

§ 1º O previsto no inciso IV deste artigo implicará no encaminhamento prioritário da ofendida, quando necessário à preservação das provas.

TÍTULO IV
DOS PROCEDIMENTOS
CAPÍTULO I
DISPOSIÇÕES GERAIS

Art. 13. Ao processo, julgamento e execução das causas cíveis e criminais em que esteja caracterizada a violência doméstica e familiar contra a mulher, aplicar-se-ão os Códigos de Processo Penal e Civil e a Lei nº 9.099, de 26 de setembro de 1995, no que não conflitarem com o procedimento estabelecido nesta Lei.

Art. 29. Ao processo, julgamento e execução dos crimes de competência dos Juizados Especiais Criminais em que esteja caracterizada violência doméstica e familiar contra a mulher, aplica-se a Lei nº 9.099, de 26 de setembro de 1995, no que não conflitar com o estabelecido nesta Lei."

Justamente por possibilitar a aplicação da Lei 9.099/95 e das legislações processuais penal e civil, sem estabelecer parâmetros exatos para impedir problemas de competência e de procedimentos, é que a redação acima não foi mantida durante a tramitação do Projeto de Lei.

As mudanças ocorridas pretendiam apenas evitar incompatibilidades, mas, para atingir esse intento, acabou por exagerar – por equívoco de técnica redacional – na restrição à aplicação da Lei dos Juizados aos casos de violência doméstica contra a mulher.

Assim, no decorrer da tramitação do PL nº 4.559/2004, foram excluídos todos os dispositivos que previam a aplicação da Lei dos Juizados Especiais Criminais, e incluída uma só regra que mencionava a referida legislação, vedando completamente a utilização de qualquer procedimento ou benefício lá previsto.

Observe-se que a comparação entre o aludido Projeto (texto original) e a sua redução final, leva à conclusão de que o legislador pretendia somente evitar a confusão entre o procedimento dos Juizados Especiais Criminais e os procedimentos da Lei nº 11.340/06, que são mais amplos e complexos; o desígnio não foi vedar de forma absoluta a aplicação das regras da Lei nº 9.099/95, mas sim reordenar os procedimentos, na medida do possível.

Entretanto, a redação final não atendeu à própria Exposição de Motivos do Projeto de Lei, que fazia referência expressa ao Relatório nº 56 da Comissão Interamericana de Direitos Humanos da OEA, no sentido de se buscar a simplicidade no que pertine ao processamento, à tomada de medidas de proteção e do julgamento dos feitos relacionados à violência doméstica cometida contra mulher.

Há que se ressaltar, outrossim, que os artigos 35 e 36, da redação original do Projeto nº 4.559/06, permitiam a realização de proposta de aplicação imediata de pena restritiva de direitos, ficando vedadas as penas de prestação pecuniária, pagamento de cesta básica e multa; desse modo, a crítica mais acirrada feita à Lei nº 9.099/95 não teria mais razão de ser, se fosse aprovado o texto com a redação original dos artigos 35 e 36, *in verbis*:

> "Art. 35. Havendo representação e não sendo caso de arquivamento, o Ministério Público poderá propor a aplicação imediata de pena restritiva de direitos, a ser especificada na proposta.
> § 1º Não se admitirá a proposta se ficar comprovado:
> I   ter sido o acusado condenado, pela prática de crime, a pena privativa de liberdade, por sentença definitiva;
> II ter sido o acusado beneficiado anteriormente, no prazo de cinco anos, pela aplicação de pena restritiva ou multa, nos termos deste artigo;
> III não indicarem os antecedentes, a conduta social e a personalidade do acusado, bem como os motivos e as circunstâncias, se necessária e suficiente a adoção da medida;
> IV o descumprimento, pelo acusado, das medidas cautelares que lhe tenham sido aplicadas.
> § 2º Ao propor a transação penal, o Ministério Público considerará os subsídios apresentados pela Equipe de Atendimento Multidisciplinar e os antecedentes do acusado.
> § 3º Aceita a proposta pelo acusado e seu defensor, será esta submetida à apreciação do juiz.
> Art. 36. É vedada a aplicação, nos casos de violência doméstica e familiar contra a mulher, das penas restritivas de direito de prestação pecuniária, cesta básica e multa."

Cabe ao intérprete, portanto, adequar a aplicação da Lei Maria da Penha, de acordo com a sua redação definitiva, quanto ao seu artigo 41, nos termos adiante apresentados.

3. A DELIMITAÇÃO DO CONFLITO ENTRE AS LEIS Nº 11.340/06 E Nº 9.099/95

Os primeiros embates jurídicos se concentraram na busca da declaração incidental de inconstitucionalidade da referida lei, especialmente no que diz respeito ao art. 41, porque esse dispositivo estabeleceu a vedação – absoluta – quanto à aplicabilidade da Lei nº 9.099/95 às ações penais em que estiver sendo apurada alguma forma de violência doméstica contra a mulher.

No tocante à constitucionalidade do art. 41, da Lei nº 11.340/06, pode-se afirmar que não há posicionamento definitivo e uniforme sobre a questão. Entretanto, o objetivo do presente trabalho não é discutir sobre a inconstitucionaliade da Lei Maria da Penha, mas sim de explorar outras hipóteses de fundamentação para a aplicação harmônica de ambos os institutos, especialmente no que diz respeito à possibilidade de suspensão condicional do processo.

Mister se faz esclarecer que as Leis nº 11.340/06 e nº 9.099/95 não são totalmente incompatíveis – semântica e tecnicamente – porque ambas são constitucionais, e, portanto, válidas.

Trata-se de um problema no âmbito da eficácia no plano infraconstitucional – de aplicabilidade, portanto – e não de validade perante o ordenamento jurídico, que será resolvido no momento em que se descobrir qual o alcance da restrição criada pelo art. 41 da Lei Maria da Penha.

4. A Interpretação conforme à Constituição como Solução Inicial para Possibilitar a Aplicação do art. 89, da Lei nº 9.099/95

Em um primeiro momento, constata-se que a norma do art. 41, da Lei nº 11.340/06 não possibilitaria outras interpretações senão aquela expressa em seu texto, no sentido de ser inaplicável a Lei nº 9.099/95 às hipóteses de violência doméstica contra a mulher.

Utilizando-se dos critérios tradicionais de interpretação para a resolução de conflito aparente de normas; tem-se que a Lei Maria da Penha é mais recente e especial em relação à Lei dos Juizados Especiais – sendo ambas da mesma hierarquia – levando os intérpretes, em geral, à solução mais óbvia e literal quanto ao tema, que é a completa inviabilização da suspensão condicional do processo prevista no art. 89 da aludida lei.

O viés interpretativo cabível para a melhor adequação da norma do art. 41, da Lei nº 11.340/06, à Constituição, especialmente quanto ao seu art. 226, § 8º, que diz respeito à proteção da família como célula-mater da sociedade, é a inexistência de ofensa da medida de natureza processual, que nenhuma proteção retira da mulher ofendida no âmbito das relações domésticas.

Se o principal fundamento constitucional para a elaboração da Lei nº 11.340/06 – além da isonomia material ou substancial – é a proteção a um dos membros da família, em razão da sua desvantagem no âmbito doméstico, esse mesmo alicerce deve ser levado em consideração pelo intérprete para delimitar a aplicabilidade de um dos dispositivos da lei supracitada.

Conforme explicado no tópico nº 2, o motivo preponderante para que na redação final do Projeto de Lei nº 4.559/04 fossem retiradas normas confusas respeitantes aos procedimentos foi a necessidade de harmonização e coerência sistemática, e não o intuito de vedação absoluta aos benefícios da Lei nº 9.099/95, porque a preocupação em afastar os institutos despenalizadores – que tantas críticas sofrem – relativos à aparência de barganha da violência (pagamento de cesta básica, prestação pecuniária e multa), foram resolvidos pelo texto do art. 36 da redação original do Projeto nº 4.559/04.

Bastaria que o texto do art. 36 permanecesse com as vedações relativas à *"banalização"* dos benefícios da Lei nº 9.099/95 para que fosse cumprido o compromisso do Brasil na Convenção Interamericana para Prevenir, Punir e Erradicar a Violência Doméstica, mostrando-se desnecessária e inadequada a vedação completa da Lei nº 9.099/95.

Os juristas que defendem a vedação absoluta do art. 41 o fazem com base na repugnância às medidas despenalizadoras, o que reforça a ideia de que é possível a relativização do referido dispositivo legal. Observe-se o que diz a Profª MARIA BERENICE DIAS a respeito do tema:

> "A ênfase em afastar a incidência da Lei dos Juizados Especiais nada mais significa que reação à maneira absolutamente inadequada com que a Justiça cuidava da violência doméstica. A partir do momento em que a lesão corporal leve foi considerada de pequeno potencial ofensivo, surgindo a possibilidade de os conflitos serem solucionados de forma consensual, praticamente deixou de ser punida a violência intrafamiliar. O excesso de serviço levava o juiz a forçar desistências impondo acordos. O seu interesse, como forma de reduzir o volume de demandas, era não deixar que o processo se instalasse. A título de pena restritiva de direito popularizou-se de tal modo a imposição de pagamento de cestas básicas, que o seu efeito punitivo foi inócuo. A vítima sentia-se ultrajada por sua integridade física ter tão pouca valia, enquanto o agressor adquiriu a consciência de que era 'barato bater em mulher.'"[3]

Como se vê, o que levou o legislador a alterar a redação original do Projeto de Lei nº 4.559/04 – além da necessidade de se harmonizar os procedimentos com a proteção devida à mulher – foi coibir a banalização das medidas despenalizadoras, sendo certo que esse desiderato já havia sido cumprido na redação do art. 36 do referido projeto.

A relativização da norma do art. 41, da Lei nº 11.340/06, não pode ser implementada por intermédio de métodos tradicionais de resolução de conflitos apa-

---

3. DIAS, Maria Berenice, *Op. cit.*, p. 08.

rentes de normas, e por isso a melhor solução para o impasse é utilizar a técnica denominada interpretação conforme a Constituição, instituto que:

> "Consoante a prática vigente, limita-se o Tribunal a declarar a legitimidade do ato questionado desde que interpretado em conformidade com a Constituição. (...) Ressalta-se, por um lado, que a supremacia da Constituição impõe que todas as normas jurídicas ordinárias sejam interpretadas em consonância com o seu texto. Em favor da admissibilidade da interpretação conforme a Constituição milita também a presunção da constitucionalidade da lei, fundada na ideia de que o legislador não poderia ter pretendido votar lei inconstitucional."[4]

Desse modo, o eventual reconhecimento da constitucionalidade da Lei nº 11.340/06 não significa que a referida legislação vede todos os mecanismos processuais previstos na Lei nº 9.099/95, como é o caso da suspensão condicional do processo, prevista no seu art. 89.

Isso porque a razão de ser a constitucionalidade da Lei nº 11.340/06, especialmente quanto ao seu artigo 41, é que a Lei nº 9.099/95 significaria o atendimento aos princípios da isonomia e ao art. 226, § 8º, da Constituição Federal, por inviabilizar a proteção da parte mais fraca das relações domésticas, no âmbito processual e material.

Na verdade, o que não se fez até o momento foi analisar se todos os mecanismos processuais contidos na Lei nº 9.099/95 são materialmente contrários à proteção resguardada pelo art. 226, § 8º, da Carta Magna.

É justamente nesse ponto que as interpretações dadas a casos de violência doméstica apresentavam um equívoco grave, baseado na generalização quanto à vedação conferida pelo art. 41, da Lei Maria da Penha.

Assim, mesmo em se considerando constitucional algum dispositivo específico ou a integralidade da Lei nº 11.340/06, é certo que ainda restaria aos Tribunais a hipótese de se manifestar não mais sobre o plano de validade da norma questionada, mas sim a respeito do plano de eficácia da mesma, ou seja, a respeito de qual o limite concreto da restrição criada por uma norma infraconstitucional em face de outra, da mesma hierarquia.

Há vedação quanto aos institutos despenalizadores ou benéficos da Lei nº 9.099/95, de acordo com a nova legislação, sendo certo que normas jurídicas que possuem caráter absoluto são excepcionais, devendo ser justificada a referida excepcionalidade.

Ao vedar todo o conteúdo da Lei nº 9.099/95 – sem especificar um ou outro dispositivo que atentasse contra a segurança da mulher no âmbito da família – a

---
4. MENDES, Gilmar Ferreira *et alli. Curso de direito constitucional,* São Paulo: Saraiva, 2008, p. 1.188.

cognominada "Lei Maria da Penha" acabou por atingir até mesmo o mecanismo processual que nenhuma relação tem com o respeito à isonomia ou à segurança da mulher no ambiente doméstico, conhecido como *sursis* processual.

Ora, tanto a Lei nº 11.340/06 quanto a Lei nº 9.099/95 são constitucionais. Entretanto, o julgador tem o dever de esclarecer e determinar qual o limite da vedação contida na "Lei Maria da Penha" – em obediência ao princípio da proporcionalidade – ao invés de simplesmente adotar uma interpretação literal e automática quanto à sobredita restrição.

Desse modo, é evidente que o art. 89, da Lei nº 9.099/95, que possibilita a suspensão condicional do processo, não ofende os princípios da isonomia e da proteção da família, pois estabelece uma regra processual que não fragiliza a mulher no âmbito doméstico, nem possibilita que a conduta praticada pelo acusado resulte no pagamento de cestas básicas ou em prestação de serviços à comunidade.

A doutrina vem há muito tempo reconhecendo a eficiência e a natureza preventiva da *sursis* processual prevista no art. 89 da Lei dos Juizados Especiais, dizendo a respeito:

> *"Talvez uma das mais importantes inovações do presente 'Diploma Legal' esteja na criação do instituto da 'suspensão condicional do processo', que por certo será responsável pela paralisação e posterior extinção da grande maioria dos processos em trâmite nas Varas Criminais. Não se trata da* probation system *do Direito anglo-saxão, pois neste a suspensão ocorre depois de reconhecida a culpabilidade do acusado.*
>
> Pelo sistema ora adotado, no limiar da ação penal, o órgão titular da ação penal, valendo-se de critérios de discricionariedade controlada, ao oferecer a denúncia – presentes os requisitos que serão estudados em seguida – poderá 'propor' a suspensão condicional do processo (art. 89).
>
> Resta clara, notadamente pela cogente necessidade de aceitação da proposta pelo acusado e seu defensor, a natureza consensual da medida. Somente será aplicável a suspensão se houver acordo entre as 'partes' (acusação e defesa) que, em seguida, submeterão à apreciação do julgador. Recebendo a denúncia, este poderá suspender o processo por um período de prova, à semelhança do que ocorre com o sursis (art. 89, § 1º).
>
> *A medida que ora se adota deverá representar importante instrumento de prevenção geral, com uma resposta rápida do Estado à sociedade e prestígio da Justiça, que apresentará soluções ágeis para delitos de menor importância, prevalecendo-se as 'grandes causas criminais', que hão de merecer maior cuidado e atenção."*[5]

Na mesma esteira, esclarece a doutrina que nunca foi necessária a fixação de competência dos Juizados Especiais para que se possibilitasse a realização de proposta de suspensão condicional do processo, bastando que haja o enquadramento

---

5. DEMERCIAN, Pedro Henrique *et alli*. *Juizados Especiais Criminais – comentários*, Aide, 1996, p. 101.

do caso concreto aos requisitos do art. 89, da Lei dos Juizados, e do art. 77, do Código Penal. Esse é o teor dos ensinamentos de DOORGAL GUSTAVO B. DE ANDRADA:

> "A suspensão é figura não é só do Juizado Especial, embora se aplique a ele também. Atinge os delitos do Código Penal com procedimento comum ou especial no Código de Processo Penal e previstos nas Leis Especiais.
> *De tal monta é o número de delitos passíveis da suspensão, que, na prática, será uma regra geral ao processo penal.*"[6]

Nesse sentido, mais especificamente sobre a "Lei Maria da Penha", colhe-se precedente jurisprudencial importante, *in verbis*:

> "*A Lei Maria da Penha é a consagração da máxima aristotélica de que o princípio da igualdade consiste em tratar igualmente os iguais e desigualmente os desiguais na medida em que se desigualam. Não se aplicam os dispositivos consensuais instituídos pela Lei nº 9.099/95 (composição, transação penal),* **salvo a suspensão condicional do processo quando a pena mínima for inferior a um ano, pois sua aplicação não é restrita aos crimes de menor potencial ofensivo.**"[7] (Destaques não originais)

A respeito, ainda sobreleva notar alguns enunciados resultantes do Encontro de Juízes dos Juizados Especiais Criminais e das Turmas Recursais do Estado do Rio de Janeiro, realizado em 2006:

> "**Enunciado nº 82** – *É inconstitucional o art. 41 da Lei nº 11.340/2006 ao afastar os institutos despenalizadores da Lei nº 9.099/95 para crimes que se enquadram na definição de menor potencial ofensivo, na forma do art. 98, I e 5º, I, da Constituição Federal;*
> **Enunciado nº 83** – *São aplicáveis os institutos despenalizadores da Lei nº 9.099/95 aos crimes abrangidos pela Lei nº 11.340/2006 quando o limite máximo da pena privativa de liberdade cominada em abstrato se confinar com os limites previstos no art. 61 da Lei nº 9.099/95, com a redação que lhe deu a Lei nº 11.313/2006;*
> **Enunciado nº 84** – *É cabível, em tese, a suspensão condicional do processo para o crime previsto no art. 129, § 9º, do Código Penal, com a redação dada pela Lei nº 11.340/2006;*
> **Enunciado nº 88** – *É cabível a audiência prévia de conciliação aos crimes abrangidos pela Lei nº 11.340/2006 quando o limite máximo de pena privativa de liberdade cominada em abstrato se confinar com os limites previstos no art. 61 da Lei nº 9.099/95, com a redação que lhe deu a Lei nº 11.313/2006;*
> **Enunciado nº 89** – *É cabível a audiência prévia de conciliação para o crime previsto no art. 129, § 9º, do Código Penal, com a redação dada pela Lei nº 11.340/2006.*"

---

6. *A suspensão condicional do processo penal*, 2ª ed., Belo Horizonte: Del Rey, 1996, p. 77.
7. TJMG, Ap 1.0183.07.125170-0/0011, Conselheiro Lafaiete, 5ª Cam. Crim., relª Desª MARIA CELESTE PORTO, j. 01/07/2008.

Portanto, ao contrário do que se tem alardeado contra a aplicação da Lei nº 9.099/95, a suspensão condicional do processo é medida não terminativa do processo e possui nítido cunho pedagógico e intimidador em relação ao agressor. Quando não cumpridas as condições determinadas pelo juízo após o oferecimento da proposta pelo representante do "Parquet", a ação penal transcorrerá normalmente até a sentença, e não será possível outra oportunidade de concessão de *sursis* ao mesmo acusado.

E ainda há que se considerar o fator da efemeridade da *sursis* processual, porque não será permitida a repetição do benefício ao infrator renitente na violência doméstica contra a mulher; uma vez utilizado o benefício, o art. 89 da Lei 9.099/95 veda àqueles que pratiquem novo delito a concessão da benesse processual.

Portanto, muito embora tenha que se reconhecer como constitucional a Lei nº 11.340/06, a sua eficácia restritiva em relação à Lei nº 9.099/95 não atinge todos os benefícios instituídos nesta última norma, devendo ser excluída da vedação o seu art. 89, que possibilita a suspensão condicional do processo, eis que esse mecanismo de natureza processual não limita ou afasta as medidas protetivas trazidas pela lei nova.

5. A INTERPRETAÇÃO CONFORME A CONSTITUIÇÃO E A COLISÃO ENTRE DIREITOS FUNDAMENTAIS

A atuação do legislador, no que pertine à violência doméstica, terminou por criar dois mecanismos para concretizar a restrição à aplicação dos procedimentos dos Juizados Especiais às situações em que os delitos forem cometidos contra a mulher no ambiente familiar; um deles foi a vedação genérica do art. 41 da Lei 11.340/06, e o outro foi o estabelecimento de pena mais elevada para um dos tipos penais mais frequentes nestas situações: a lesão corporal.

Assim, para os crimes que continuam com as penas inalteradas – a exemplo da ameaça, dos delitos contra a honra etc. – não houve nenhuma observação específica na novel legislação, bastando a vedação absoluta comentada nos tópicos anteriores.

Entretanto, no que tange especialmente ao crime de lesão corporal, a Lei Maria da Penha acrescentou o § 9º ao art. 129, do Código Penal, criando uma figura típica qualificada pela violência doméstica, em que a pena máxima foi aumentada de 02 (dois) para 03 (três) anos, justamente para evitar que houvesse a possibilidade de aplicação de algumas ou de todas as medidas despenalizadoras existentes nos Juizados Especiais.

Na hipótese dos crimes que apenas sofreram com a restrição genérica do art. 41 da Lei 11.340/06, não há comparativos a serem feitos quanto aos intervalos situados entre as penas mínima e a máxima; todavia, na hipótese do art. 129, § 9º, do CP, o legislador – com o evidente intuito de causar vedações no campo processual – inovou no mundo jurídico do modo mais inusitado já visto: diminuiu a pena mínima e aumentou a pena máxima.

Note-se que, antes do advento da Lei Maria da Penha, foi estabelecida para o crime de lesão corporal praticada no âmbito das relações domésticas – independentemente se cometido contra mulher ou outros membros da família – a pena mínima de 06 (seis) meses, pela Lei nº 10.886/2004.

Cita-se a peculiaridade da quantidade da pena mínima porque não é essa a regra quando o legislador pretende criar tipos penais que atendam a um juízo mais rigoroso de reprovabilidade da conduta, tendo em vista a maior ofensividade do crime ao bem jurídico protegido pelo Estado.

Se a finalidade da norma era proteger a mulher, aumentando o poder punitivo, o primeiro passo seria estabelecer uma reprimenda mínima maior do que a da lesão corporal simples (art. 129, *caput*, do Código Penal), porque nessa hipótese a pena inicial é de 03 (três) meses de detenção, como igualmente ocorre com a lesão qualificada pela violência doméstica, diferenciando-se as situações pela pena máxima desta, que é de 03 (três) anos.

Como visto, a restrição criada pelo legislador, muito embora legítima – por ter como fundamentos os princípios da isonomia e da proteção à família – utilizou-se de distorções para atingir o objetivo de aumentar o rigor contra a violência no ambiente familiar; o potencial ofensivo da lesão corporal continuou sendo o mesmo, havendo apenas a "potencialização" artificial decorrente do aumento da pena como justificante do impedimento da competência dos Juizados Especiais.

Aliás, deve ser esclarecido que o aumento da pena do crime de lesões corporais – mesmo que leves – quando forem cometidas contra mulher no ambiente doméstico, não afastaria, por si só, a aplicação da *sursis* processual prevista no art. 89 da Lei dos Juizados, porque **a quantidade da pena acima de 02 (dois) anos tem como objetivo somente determinar a competência daquela Justiça Especializada.**

Por outro lado, para que seja concedida a suspensão condicional do processo, basta que a reprimenda mínima seja igual ou inferior a 01 (um) ano, como se verifica pela transcrição dos dispositivos legais da Lei nº 9.099/95:

> "Art. 60. *O Juizado Especial Criminal, provido por juízes togados ou togados e leigos, tem competência para a conciliação, o julgamento e a execução das infrações penais de menor potencial ofensivo, respeitadas as regras de conexão e continência.*
> (...)

Art. 61. Consideram-se infrações penais de menor potencial ofensivo, para os efeitos desta Lei, as contravenções penais e os crimes a que a lei comine pena máxima não superior a 2 (dois) anos, cumulada ou não com multa."
(...)
"Art. 89. Nos crimes em que a pena mínima cominada for igual ou inferior a um ano, abrangidas ou não por esta Lei, o Ministério Público, ao oferecer a denúncia, poderá propor a suspensão do processo, por dois a quatro anos, desde que o acusado não esteja sendo processado ou não tenha sido condenado por outro crime, presentes os demais requisitos que autorizam a suspensão condicional da pena (art. 77 do Código Penal).
§ 1º (...)
§ 2º *O Juiz poderá especificar outras condições a que fica subordinada a suspensão, desde que adequadas ao fato e à situação pessoal do acusado.*"
(Destaques não originais)

Assim, tanto nos crimes de ameaça e nos delitos contra a honra, cujas penas mínimas não superam 01 (um) ano, seria cabível a suspensão condicional do processo, independentemente de serem os feitos processados perante o Juizado Especial Criminal; não é crível que tais delitos, ainda que cometidos no ambiente familiar, devam ser considerados de médio ou elevado potencial ofensivo, a ponto de não ser viável o sursis processual.

Analisando essas discrepâncias, o Promotor de Justiça do Estado da Bahia, Dr. RÔMULO DE ANDRADE MOREIRA, mesmo concluindo pela inconstitucionalidade do art. 41 da Lei Maria da Penha – no que discordo – traça um panorama que serve para demonstrar como é necessário realizar as devidas adequações no caso concreto, senão vejamos:

"Agora vejamos o art. 41 da lei, certamente o que vem causando o mais acirrado debate na doutrina. Segundo este dispositivo, aos crimes praticados com violência doméstica e familiar contra a mulher, independentemente da pena prevista, não se aplica a Lei 9.099/95. Entendemos tratar-se de artigo inconstitucional. Valem as mesmas observações expendidas quando da análise do art. 17. São igualmente feridos princípios constitucionais (igualdade e proporcionalidade). Assim, para nós, se a infração penal praticada for um crime de menor potencial ofensivo (o art. 41 não se refere às contravenções penais) devem ser aplicadas todas as medidas despenalizadoras previstas na Lei 9.099/95 (composição civil dos danos, transação penal e suspensão condicional do processo), além da medida "descarcerizadora" do art. 69 (Termo Circunstanciado e não lavratura do auto de prisão em flagrante, caso o autor do fato comprometa-se a comparecer ao Juizado Especial Criminal).
Seguindo o mesmo raciocínio, em relação às lesões corporais leves e culposas, a ação penal continua a ser pública condicionada à representação, aplicando-se o art. 88 da Lei 9.099/95.
Cremos que devemos interpretar tal dispositivo à luz da CF e não o contrário. Afinal de contas, como já escreveu Cappelletti, a conformidade da lei com a Constituição é o

lastro causal que a torna válida perante todas. Devemos interpretar as leis ordinárias em conformidade com a Carta Magna, e não o contrário! Segundo Frederico Marques, a CF não só submete o legislador ordinário a um regime de estrita legalidade, como ainda subordina todo o sistema normativo a uma causalidade constitucional, que é condição de legitimidade de todo o imperativo jurídico. A conformidade da lei com a Constituição é o lastro causal que a torna válida perante todos.

A prevalecer a tese contrária (pela constitucionalidade do artigo), uma injúria praticada contra a mulher naquelas circunstâncias não seria infração penal de menor potencial ofensivo (interpretando-se o art. 41 de forma literal); já uma lesão corporal leve, cuja pena é o dobro da injúria, praticada contra um idoso ou uma criança (que também mereceram tratamento diferenciado do nosso legislador – Lei 10.741/03 e Lei 8.069/90) é um crime de menor potencial ofensivo. No primeiro caso, o autor da injúria será preso e autuado em flagrante, responderá a inquérito policial, haverá queixa-crime, etc., etc. Já o covarde agressor não será autuado em flagrante, será lavrado um simples Termo Circunstanciado, terá a oportunidade da composição civil dos danos, da transação penal e da suspensão condicional do processo, etc., etc. (arts. 69, 74, 76 e 89 da Lei 9.099/95). Outro exemplo: em uma lesão corporal leve praticada contra uma mulher a ação penal independe de representação (é pública incondicionada), mas uma lesão corporal leve cometida contra um infante ou um homem de 90 anos depende de representação."[8]

A restrição do art. 41 da Lei Maria da Penha – anteriormente mencionada – implica no reconhecimento, à mulher vítima de violência doméstica, do direito fundamental consistente na existência de um processo adequado às suas peculiaridades (isonomia substancial) e da proteção do Estado a todos os membros da família.

De igual modo, para os acusados de lesões leves contra suas esposas ou companheiras, por exemplo, deve ser reconhecido o direito fundamental do devido processo legal, consubstanciado na adoção de um procedimento adequado à gravidade do delito (inegavelmente de menor potencial ofensivo), que permita a solução por intermédio de técnicas processuais simplificadas, conforme salientado na própria Convenção Interamericana para Prevenir, Punir e Erradicar a Violência Doméstica, ratificada pelo Brasil em 1995.

Resta evidenciado que o choque entre as leis acima comentadas ocorre porque ambas tem como objetivo dar guarida ao direito do devido processo legal. O questionamento passa a ser o seguinte: deve prevalecer apenas um dos direitos ou é possível a coexistência de ambos, com a redução do âmbito de proteção de um deles? Entendemos que a segunda hipótese é a mais coerente.

---

8. *A Lei Maria da Penha e suas inconstitucionalidades*, artigo publicado em 30/08/2007, extraído do site www.editoramagister.com, acesso em 28 de maio 2009.

A par dessas considerações e dúvidas, há outra ponderação a ser feita quanto à interpretação do aludido conflito aparente entre as leis acima mencionadas, sob a ótica do direito constitucional: a colisão entre os direitos fundamentais.

No caso em apreço, a criação de uma restrição para proteger a mulher no aspecto processual atinge o direito fundamental do réu ao devido processo legal; assim, temos o aparente conflito entre o direito ao *due process of law* – por ambos os titulares, mulher e acusado – em razão das pecualiaridades de cada litigante – sendo necessário inicialmente identificar o âmbito de proteção do respectivo direito fundamental.

Segundo GILMAR FERREIRA MENDES:

> "Fala-se em colisão entre direitos fundamentais quando se identifica conflito decorrente do exercício de direitos fundamentais por diferentes titulares. A colisão pode decorrer, igualmente, de conflito entre direitos individuais do titular e bens jurídicos da comunidade. Assinale-se que a ideia de conflito ou de colisão de direitos individuais comporta temperamentos. É que nem tudo que se pratica no suposto exercício de determinado direito encontra abrigo no seu âmbito de proteção.
>
> Assim, muitas questões tratadas como relações conflituosas de direitos individuais configuram conflitos aparentes, uma vez que as práticas controvertidas desbordam da proteção, oferecida pelo direito fundamental em que se pretende buscar abrigo. A precisa identificação do âmbito de proteção do direito indica se determinada conduta se acha protegida ou não. A corte Constitucional alemã já afirmou que o direito de manifestação de pensamento não autoriza o inquilino a colocar propaganda eleitoral na casa do senhorio. Da mesma forma, parace inadmissível que a poligamia seja considerada com fundamento na liberdade de religião ou que a liberdade científica se exerça em detrimento do patrimônio alheio ou, ainda, que se pratique um assassinato no palco em nome da liberdade artística.
>
> Embora se cogite, não raras vezes, de uma suposta colisão de direitos, é certo que a conduta questionada já se encontra, nesses casos, fora do âmbito de proteção do direito fundamental.
>
> *Tem-se, pois, autêntica colisão quando um direito individual afeta diretamente o âmbito de proteção de outro direito individual. Em se tratando de direitos submetidos a reserva legal expressa, compete ao legislador traçar os limites adequados, de modo a assegurar o exercício de faculdades eventualmente conflitantes.*"[9]

Como se vê, a identificação dos limites de proteção dos direitos fundamentais envolvidos num dado conflito é indispensável para se saber qual a solução a ser adotada. Prosseguindo no estudo dessa excepcional situação, o Professor GILMAR MENDES ensina que:

---

9. MENDES, Gilmar Ferreira *et alli*. *Curso de Direito Constitucional*, 2ª ed., São Paulo: Saraiva, 2008, p. 341/342.

> "Questão embaraçosa refere-se ao direito ou bem que há de prevalecer no caso de colisão autêntica. (...)
> É possível que uma das fórmulas alvitradas para a solução de eventual conflito passe pela tentativa de estabelecimento de uma hierarquia entre direitos individuais.
> Embora não se possa negar que a unidade da Constituição não se repugna a identificação de normas de diferentes pesos numa determinada ordem constitucional, é certo que a fixação de rigorosa hierarquia entre diferentes direitos individuais acabaria por desnaturá-los por completo, desfigurando, também, a Constituição como complexo normativo unitário e harmônico. Uma valoração hierárquica diferenciada de direitos individuais somente é admissível em casos especialíssimos."[10]

Portanto, a precedência de um direito fundamental sobre outro seria admissível somente em casos excepcionais, diante da imprecisão científica a respeito dos valores respeitantes a cada direito, sobretudo quando o fundamento é constitucional, onde há sabidamente uma tendência à unidade normativa.

Necessário, assim, utilizar o critério da ponderação entre os direitos em conflito – materializados ou não em regras jurídicas conflitantes – sob a denominação de "concordância prática" entre os valores jurídicos confrontados, nos seguintes termos

> "Ressalte-se porém, que o Tribunal não se limita a proceder a uma simplificada ponderação entre princípios conflitantes, atribuindo-se precedência ao de maior hierarquia ou significado. Até porque, como observado, dificilmente se logra estabelecer uma hierarquia precisa entre direitos individuais e outros valores constitucionalmente contemplados. Ao revés, no juízo de ponderação indispensável entre os valores em conflito, contempla a Corte as circunstâncias peculiares de cada caso. Daí afirmar-se, corretamente, que a solução desses conflitos há de se fazer mediante a utilização do recurso à concordância prática (praktische Konkordanz), de modo que cada um dos valores jurídicos em conflito ganhe realidade.
> *Uma tentativa de sistematização da jurisprudência mostra que ela se orienta pelo estabelecimento de uma 'ponderação de bens tendo em vista o caso concreto' (Guterabwagung im konkreten Fall), isto é, de uma ponderação que leve em conta todas as circunstâncias do caso em apreço (Abwagung aller Umstande des einzelfalles).*
> *Para Alexy, a ponderação realiza-se em três planos. No primeiro, há e se definir a intensidade da intervenção. No segundo, trata-se de saber a importância dos fundamentos justificadores da intervenção. No terceiro plano, então se realiza a ponderação em sentido específico e estrito. Alexy enfatiza que o postulado da proporcionalidade em sentido estrito pode ser formulado como uma 'lei de ponderação' segundo a qual, 'quanto mais intensa se revelar a intervenção em um dado direito fundamental, mais significativos ou relevantes hão de ser os fundamentos justificadores dessa intervenção.'"*[11]
> (Destaques não originais)

---

10. *Op. cit.*, p. 343/344.
11. *Op. cit.*, p. 346.

Conforme asseverado, a grave intervenção criada pela Lei Maria da Penha, ao restringir a aplicação de todos os mecanismos previstos na Lei nº 9.099/95 deveria estar alicerçada em fundamentos mais sólidos do que a simples necessidade de afastamento da competência dos Juizados Especiais Criminais, porque, como se sabe, a própria lei previu a criação de Juizados Especiais relacionados à violência doméstica (que até hoje não se tornaram realidade na maioria dos Estados brasileiros).

Os próprios defensores da nova legislação reconhecem, na atualidade, que esse rigor no âmbito penal e processual penal não tem sido muito eficaz, justamente porque as demais medidas previstas na Lei Maria da Penha ainda não são realizáveis, pela já conhecida falta de recursos públicos. Esse é o posicionamento de MARIA BERENICE DIAS, em recente artigo de sua autoria:

> *"Apesar destas profundas mudanças, passado um ano de vigência da lei, infelizmente é forçoso reconhecer que os avanços foram pequenos, até porque a aplicação da lei, em face de sua natureza, exige a criação dos Juizados da Violência e Especial contra a Mulher. Só um juiz especializado pode atentar à dúplice natureza da violência doméstica, que exige providências muito mais no âmbito do direito das famílias do que na esfera criminal.*
>
> *Assim, se a atribuição da competência às Varas Criminais buscou marcar o repúdio à forma de como a violência doméstica vinha sendo tratada no âmbito dos Juizados Especiais, a delegação das demandas às varas criminais não lhes concedeu melhor tratamento.*
>
> *Como aniversários servem para se fazer balanço do que foi feito e planejar o que fazer, este é o melhor momento para se atentar que de nada vai adiantar a criação da lei enquanto, que só conseguirá ser implantada quando não forem criados os juizados especializados."*[12]

Assim, se o afastamento da competência dos Juizados Especiais Criminais tinha como fundamentos a ruptura com a banalização e a falta de estrutura para atender aos reclamos da nova lei, forçoso reconhecer que as justificativas não foram coerentes com a realidade do país, o que redundou na criação de uma desordenação nos âmbitos processual e penal.

Ponderados os direitos de indiciado e vítima – no que tange ao direito ao devido processo legal – tem-se que a proteção à mulher, como defendido na Lei nº 11.340/06, seria atingido somente se se admitisse a composição civil dos danos, a transação penal ou qualquer outra forma de substituição de pena privativa de liberdade por restritivas de direitos, por permitir a imediata resolução do conflito entre as partes sem a adoção de medidas protetivas.

---

12. *O 1º aniversário da Maria da Penha*. Artigo publicado em 19/09/2007. Extraído do *site* www.editoramagister.com, acesso em 28 de maio 2009.

6. Conclusão

Portanto, tendo em vista os estudos supracitados, entende-se que é possível a suspensão condicional do processo, nos casos e nas condições estabelecidas nos artigos 89, da Lei nº 9.099/95 e do art. 77 do Código Penal, aos crimes de menor potencial ofensivo e à lesão corporal prevista no art. 129, porque essa medida de natureza processual, ao invés de deixar a mulher desprotegida, aumenta o receio do ofensor quanto ao descumprimento das condições, levando-o a evitar comportamentos agressivos no ambiente doméstico, se for o caso.

E ainda haverá a possibilidade de aplicação concomitante das demais medidas previstas na Lei Maria da Penha, conforme autoriza o parágrafo segundo do art. 89 da Lei nº 9.099/95, assim redigido: *"O Juiz poderá especificar outras condições a que fica subordinada a suspensão, desde que adequadas ao fato e à situação do acusado"*.

Entre as medidas que podem ser tomadas pela autoridade judicial, encontram-se as previstas nos artigos 18, 22, 23 e 24, da Lei Maria da Penha, bem como a prisão preventiva do agressor (art. 20), a seguir descritas:

*"Art. 22. Constatada a prática de violência doméstica e familiar contra a mulher, nos termos desta Lei, o juiz poderá aplicar, de imediato, ao agressor, **em conjunto ou separadamente**, as seguintes medidas protetivas de urgência, entre outras:*

I   suspensão da posse ou restrição do porte de armas, com comunicação ao órgão competente, nos termos da Lei nº 10.826, de 22 de dezembro de 2003;

II afastamento do lar, domicílio ou local de convivência com a ofendida;

III proibição de determinadas condutas, entre as quais:
  a) aproximação da ofendida, de seus familiares e das testemunhas, fixando o limite mínimo de distância entre estes e o agressor;
  b) contato com a ofendida, seus familiares e testemunhas por qualquer meio de comunicação;
  c) frequentação de determinados lugares a fim de preservar a integridade física e psicológica da ofendida;

IV restrição ou suspensão de visitas aos dependentes menores, ouvida a equipe de atendimento multidisciplinar ou serviço similar;

V   prestação de alimentos provisionais ou provisórios.

*§ 1º **As medidas referidas neste artigo não impedem a aplicação de outras previstas na legislação em vigor,** sempre que a segurança da ofendida ou as circunstâncias o exigirem, devendo a providência ser comunicada ao Ministério Público.*

§ 2º Na hipótese de aplicação do inciso I, encontrando-se o agressor nas condições mencionadas no caput e incisos do art. 6º da Lei no 10.826, de 22 de dezembro de 2003 o juiz comunicará ao respectivo órgão, corporação ou instituição as medidas protetivas de urgência concedidas e determinará a restrição do porte de armas, ficando o superior

imediato do agressor responsável pelo cumprimento da determinação judicial, sob pena de incorrer nos crimes de prevaricação ou de desobediência, conforme o caso.

§ 3º Para garantir a efetividade das medidas protetivas de urgência, poderá o juiz requisitar, a qualquer momento, auxílio da força policial

§ 4º Aplica-se às hipóteses previstas neste artigo, no que couber, o disposto no *caput* e nos §§ 5º e 6º do art. 461 da Lei no 5.869, de 11 de janeiro de 1973 (Código de Processo Civil).

Seção III

Das Medidas Protetivas de Urgência à Ofendida

Art. 23. Poderá o juiz, quando necessário, sem prejuízo de outras medidas:

I   encaminhar a ofendida e seus dependentes a programa oficial ou comunitário de proteção ou de atendimento;

II determinar a recondução da ofendida e a de seus dependentes ao respectivo domicílio, após afastamento do agressor;

III determinar o afastamento da ofendida do lar, sem prejuízo dos direitos relativos a bens, guarda dos filhos e alimentos;

IV determinar a separação de corpos.

Art. 24. Para a proteção patrimonial dos bens da sociedade conjugal ou daqueles de propriedade particular da mulher, o juiz poderá determinar, liminarmente, as seguintes medidas, entre outras:

I   restituição de bens indevidamente subtraídos pelo agressor à ofendida;

II proibição temporária para a celebração de atos e contratos de compra, venda e locação de propriedade em comum, salvo expressa autorização judicial;

III suspensão das procurações conferidas pela ofendida ao agressor;

IV prestação de caução provisória, mediante depósito judicial, por perdas e danos materiais decorrentes da prática de violência doméstica e familiar contra a ofendida."

(Destaques não originais)

    Defendemos, portanto, a possibilidade de interpretação conforme à Constituição – em obediência aos princípios da proteção à família, da isonomia e do devido processo legal – que a suspensão condicional do processo prevista no art. 89, da Lei nº 9.099/95, pode ser deferida ao acusado, desde que não haja prejuízo das medidas protetivas estabelecidas na Lei nº 11.340/06, que são a garantia de segurança para as vítimas de violência doméstica.

    A solução ora preconizada não tem como objetivo retirar a força normativa da Lei Maria da Penha, muito menos de agravar a situação de risco vivida por muitas brasileiras; muito pelo contrário, a interpretação aqui adotada permitirá a harmonização de institutos jurídicos e o aumento da eficácia jurídica e social da novel legislação, ao contrário do quem ocorrido no dia a dia forense.

CAPÍTULO 15

Punibilidade como Elemento na Teoria do Delito. Impressões Atuais da Teoria do Delito

Antônio André David Medeiros
Promotor de Justiça. Mestre em Direito Penal pela PUC/SP. Especialista em Direito Penal Parte Geral – USAL – Salamanca – ES. Livre pesquisador junto a UNIFI – Florença – IT.

SUMÁRIO: 1. Introdução. 2. Teorias do crime na atualidade. 3. Teoria bipartida. 4. Teoria tripartida. 5. Teoria quadripartida. 6. Análise da punibilidade como quarto elemento.

1. Introdução

A punibilidade é tema recorrente na seara do direito penal e na teoria do direito penal. Em geral, a punibilidade é tratada nos manuais somente sob o aspecto de sua extinção; muito poucos se aventuram a defini-la, passando pelo assunto sem a devida atenção.

Aqueles, todavia, que buscam um estudo do fato punível de forma mais profunda acabam necessariamente se deparando com questões que remetem à punibilidade, mesmo que seja esta mera consequência dos demais elementos do fato típico, como aponta Juarez Cirino dos Santos, em regra basta a tipicidade, da antijuridicidade e da culpabilidade para determinar a punibilidade respectiva, porém existem casos onde são necessários outros elementos para a configuração da punibilidade do crime.[1]

Não há dúvidas de que, verificadas as condições que não se encaixam no conceito clássico do delito, busca-se organizar e sistematizar o tema. A saída mais comumente encontrada é a criação de um novo elemento do crime, a punibilidade. Com isso, na busca de um tratamento uniforme, surgem vários estudiosos que pesquisam perseguindo uma legitimação teórica desse novo elemento. Essa tentativa, que vem se mostrando cada vez maior na doutrina nacional e estrangeira,

---
1. *A Moderna Teoria do Fato Punível*. Rio de Janeiro: Revan, 2002, p. 233.

por vezes recebe críticas pesadas por apontar soluções completamente diferentes da solução da punibilidade.

No entanto, mesmo as obras mais modernas não solucionam a questão em definitivo, e inclusive não partem da teoria do delito para resolver o problema, adotando o método indutivo, para tentar resolver os casos nos quais os três componentes clássicos do delito não atendem as expectativas.

Francesco Palazzo[2] lembra que, mesmo como quando temos a realização de um fato típico, antijurídico e culpável, quando pelo princípio da inevitabilidade da pena se espera seja uma pena aplicada – mesmo de caráter pecuniário – em muitos casos existe uma ligação necessária entre o crime (típico, antijurídico e culpável) e a pena. Isso o autor chama de punibilidade.

Assim, na verdade, o sistema penal apresenta uma "sujeição de pena" que pode ou não se concretizar por razões de oportunidade; o exemplo mais claro está na própria prescrição, em que permanecem a ilicitude e a culpabilidade, mas o fato deixa de ser punível pelo decorrer do tempo.

A visão da punibilidade inserta no tipo penal, ou seja, vista como mera consequência do fato típico, antijurídico e culpável, não se mostra eficiente para explicar os casos práticos, não permitindo um desenvolvimento dogmático da categoria ao incorporar-se política criminal na fundamentação.

Nesse contexto, a análise das diversas visões do conceito analítico do crime é essencial para se entender as visões consequentes das condições objetivas de punibilidade de cada autor. É essencial ainda para a análise dos diferentes elementos do crime, que são limitadores do *ius puniendi*, e traçam aos julgadores a forma de aproximação do crime, o que elimina a abstração e direciona à uma garantia da segurança jurídica dos cidadãos, necessária ao Estado Democrático de Direito[3].

2. Teorias do Crime na Atualidade

O crime[4] pode ser visto de várias formas. Num primeiro momento, temos a visão do crime formal ou substancial, em que o crime seria a ação que viola a lei penal, vendo-o de uma perspectiva unitária.

---

2. *Corso di Diritto Penale. Parte generale*. Torino: Giapichelli, 2006, p. 555.
3. Hans-Heinrich Jescheck. Thomas Weigend. *Tratado de derecho penal: parte general*. Granada: Comares, 2002, pp. 210-211: "Los elementos generales del hecho punible que son tratados por la teoría del delito, posibilitan por el contrario una *jurisprudencia racional, objetivamente fundada e igualitaria*, contribuyendo así esencialmente a garantizar la *seguridad jurídica*"; Ainda vide Juarez Cirino dos Santos. *A moderna teoria do fato punível*, cit., p. 2.
4. Quando tratamos das teorias do crime, adota-se a simplificação dogmática da bipartição, tripartição etc., porém mesmo dentro de tais classificações, os elementos variam sua significação, que

O crime, sob esse prisma da visão unitária do delito, é um "todo incindível" que pode apresentar os mais diversos "aspectos", mas que não se deixa dividir em "elementos" individuais[5].

As teorias do crime, conforme Jesus-Maria Silva Sanchez, "[...] se ocupam da exposição sistemática dos pressupostos, que devem concorrer de modo genérico para imposição de uma sanção penal e das consequências intra-sistemáticas que resultam da presença ou ausência de cada um deles"[6].

Isso ocorre com a concepção analítica do crime, ou visão estratificada[7], uma vez que a concepção unitária do delito não permite um estudo dogmático do crime, bem como das consequências do crime, sem infirmar que o crime não é uno[8], uma vez que o papel da "teoria do delito pode ser definido como o responsável por apresentar um determinado fato como violação de um dever possuidor de todos os requisitos para ser imputado a alguém"[9].

Não existe, todavia, uma unanimidade quando falamos no conceito de crime para a dogmática penal. Ora coloca-se como fato típico e antijurídico, ora como fato típico, antijurídico e culpável; ora como fato típico, antijurídico e punível; ora como fato típico, antijurídico, culpável e punível.

Interessante notar ainda que não se pode incidir no erro de vincular a adoção de teoria analítica do delito com a escola penal adotada pelo doutrinador. Afirma-se isso pelo motivo de, muitas vezes, se vincularem os ditos autores clássicos à teoria tripartida (fato típico, antijurídico e culpável) e os finalistas, com a bipartida (fato

---

pode ser dividida em clássica, neoclássica e finalista. Como não é isso o ponto central do trabalho, adotaremos as significações mais atuais e utilizadas na doutrina em geral. Para um estudo mais aprofundado do tema, consultar: Hans-Heinrich Jescheck. Thomas Weigend. *Tratado de derecho penal: parte general*. Op. cit., pp. 214-232; César Roberto Bitencourt. *Tratado de direito penal. Parte geral*. São Paulo: Saraiva, 2004, v. 1, pp. 183-188.

5. Ferrando Mantovani. *Diritto Penale* – parte generale. Padova: CEDAM, 2007, p. 99, livre tradução do texto: "è un 'tutto inscindibile', che può presentare al più diversi 'aspetti' ma che non si lascia dividere in singoli 'elementi'".
6. *Aproximación al derecho penal contemporáneo*. Barcelona: Bosch, 2002, p. 362, livre tradução do texto: "se ocupa de la exposición sistemática de los presupuestos que deben concurrir de modo genérico para la imposición de una sanción penal y las consecuencias intrasistemáticas que resultan de la presencia o ausencia de cada uno de ellos".
7. Cf. Raul Eugênio Zaffaroni e José Henrique Pierangeli. *Manual de direito penal brasileiro*, vol. 1 – Parte geral. São Paulo: Revista dos Tribunais, 2008, p. 335: "A respeito do delito têm formulado conceitos unitários e conceitos estratificados. Houve aqueles que pretenderam dar uma definição unitária – negando-se à análise – e os que sustentam a necessidade de um conceito estratificado, isto é, da determinação de diferentes planos analíticos".
8. Giulio Battaglini. *Direito Penal*. São Paulo: Saraiva, 1973, v. 1, p. 127.
9. Alamiro Velludo Salvador Neto. *Finalidades da pena. Conceito material de delito e sistema penal integral*. São Paulo: Quartier Latin, 2009, pp. 136-137.

típico e antijurídico). Na verdade, basta ver que o precursor do finalismo, Hans Welzel[10], sempre adotou a teoria tripartida[11].

Isso ocorre, pois a diferença entre causalistas e finalistas situa-se no âmbito da conduta, na teoria da ação. O único problema surge quando tratamos da teoria bipartida, como comentaremos abaixo.

3. Teoria Bipartida

A teoria bipartida do crime considera que, no conceito analítico do crime, são elementos somente o fato típico e a antijuridicidade, sendo a culpabilidade mero pressuposto da pena[12].

Antes de entrarmos na teoria propriamente dita, faz-se necessária a ressalva de que os causalistas não podem adotar tal teoria facilmente. Isso porque têm o dolo como normativo (onde a conduta não era valorada), e não um dolo naturalístico ou puro, ou seja, têm o elemento subjetivo do crime na culpabilidade e somente lá se verifica o dolo e a culpa, que para os finalistas está na conduta.

Assim, se os que adotam a teoria causalista da ação adotassem uma teoria bipartida (fato típico e antijurídico), somente teriam a parte objetiva no crime – pois para eles o dolo e a culpa estão na culpabilidade – logo, tornar-se-iam partidários de uma responsabilidade penal objetiva, dado que a parte subjetiva (dolo e culpa), que está na culpabilidade, seria ignorada.

Diante disso, temos, pela presente teoria, que o crime é formado pelo fato típico, isto é, a conduta humana comissiva ou omissiva e antijurídica, contrária ao direito, mantendo-se a culpabilidade separada e para um momento posterior.

Esse posicionamento tornou-se forte no Brasil após as colocações de René Ariel Dotti[13]. Nelas ele defende a culpabilidade como um juízo de reprovação *post factum*, tornando-se um pressuposto da pena.

Alega, ainda, que a passagem da culpabilidade para elemento do crime ocorreu em razão da teoria da causalidade adotada, pelo motivo que acima já comentamos. Assim, não coloca a culpabilidade como elemento, o que poderia resultar numa

---

10. *El nuevo sistema del derecho penal*. Buenos Aires: B de F, 2004, p. 78.
11. O mesmo acontece com os partidários da teoria social da ação (Hans-Heinrich Jescheck, Thomas Weigend e outros).
12. Para finalidade do presente estudo, tomou-se por teoria bipartida a mais difundida no Brasil, existindo outras formas de bipartição, como a teoria dos elementos negativos do tipo, que possuem menor expressão. Para um resumo das variações sistemáticas da teoria bipartida, consultar: Juan José Bustos Ramirez. Hernán Hormazábal Malarée. *Lecciones de derecho penal, v. II. Teoría del delito, teoría del sujeto responsable y circunstancias del delito*. Madri: Trotta, 1999, pp. 17-21.
13. *O incesto*. Curitiba: Lítero-Técnica, 1976, pp. 86 e 177.

responsabilidade penal objetiva, já que havia uma separação objetivo-subjetiva e não ficaria incluída no processo causal, objetivo, uma vez que a parte subjetiva estava concentrada na culpabilidade[14].

O autor informa também que, com a passagem para a teoria finalista, trazendo o dolo e a culpa na conduta e não mais na culpabilidade, a qual carrega em si somente a potencial consciência da ilicitude, não mais se justificaria a necessidade de colocação da culpabilidade como elemento do crime, dado que a culpabilidade deixou de abrigar o dolo e a culpa, como era na teoria clássica. O próprio autor reconhece, contudo, que sua opinião não é a dominante na doutrina[15].

O principal motivo dos que adotam tais teorias é o fato de a culpabilidade não incidir sobre o fato, ou seja, a culpabilidade que deverá incidir sobre o autor, logo não poderia incidir sobre o crime, a não ser que tivéssemos uma norma específica para o delito, ou então tivéssemos um fato "culpado"[16].

Tal argumento não parece sustentar-se, visto que a sentença criminal irá analisar o caso concreto, que antes somente existe no mundo do dever-ser, sendo a sentença o direito aplicado ao caso concreto. Assim, somente podemos verificar se existiu o crime, e o Estado pode infligir uma pena quando efetivamente houver uma ação, e aí as condições do autor já farão parte do fato, quando se dará uma análise, na verdade, da ação.

Adotam a teoria bipartida no Brasil: René Ariel Dotti[17], Júlio Fabbrini Mirabete[18], André Estefam[19], Damásio Evangelista de Jesus[20], Celso Delmanto[21], César Dario Mariano da Silva[22], Flavio Augusto Monteiro de Barros[23], entre outros.

Rogério Greco afirma, sobre o entendimento de que a culpabilidade seria somente um pressuposto na aplicação da pena, ser um engano, pois não só a culpabilidade é pressuposto de aplicação da pena, mas também o são o fato típico e a antijuridicidade, dado que, não constatado qualquer deles, também não há que se falar em pena[24].

---

14. *Curso de direito penal. Parte Geral*. Rio de Janeiro: Forense, 2005, p. 335 et. seq.
15. Ibid., p. 301.
16. César Roberto Bitencourt. Op. cit., p. 333.
17. *Curso de Direito Penal. Parte Geral*. Rio de Janeiro: Forense, 2005, 2ª ed. rev. atual e ampl, p. 301.
18. *Manual de direito penal*. São Paulo: Atlas, 1996, v. 1, p. 94
19. *Direito Penal. Parte geral*. São Paulo: Saraiva, 2006, *v.* 1, pp. 54-55.
20. *Direito Penal. Parte Geral*. São Paulo: Saraiva, 1992, v. 1, p. 136.
21. *Código Penal comentado*. Rio de Janeiro: Renovar, 2007, p. 49.
22. *Manual de Direito Penal. Parte Geral*. Rio de Janeiro: Forense, 2006, pp. 56-57.
23. *Direito penal, Parte geral*. São Paulo: Saraiva: 2004, v. 1, pp. 115-118.
24. *Curso de Direito Penal*. Niterói: Impetus, 2007, p. 145.

Igualmente, Juarez Tavares, apontando os problemas de adotar-se tal teoria, ensina: "O primeiro problema que surge dessa posição é que não se pode dizer que o pressuposto de pena seja tão-somente a culpabilidade, mas, igualmente, todos os demais elementos do delito e ainda as condições objetivas de punibilidade"[25].

Todos os que tratam da teoria do crime afirmam que o conceito analítico vingou entre os doutrinadores pelo fato de permitir aos aplicadores e estudiosos do delito sua dissecação e verificação, com base em conceitos científicos de elementos que compõem o delito, incrementando a segurança jurídica para os cidadãos e servindo como freio ao poder estatal de impor uma pena.

A isso chamam de pressupostos de aplicação da pena, ou seja, todos os elementos do crime, de qualquer que seja a teoria adotada, seriam, em última análise, pressupostos de punibilidade ou de aplicação da pena, o que demonstra a contradição conceitual que nasce na teoria objetiva em relação à posição dada para a culpabilidade.

O argumento de que se não tiramos a culpabilidade do crime ele ainda assim existe, embora não efetivo, não é aceitável. Essa argumentação é a mesma invocada quando falamos de punibilidade, com a diferença de que aqui o elemento subjetivo do agente é o que liga o crime ao autor, na visão bipartida.

Ainda os defensores pátrios da teoria bipartida no Brasil, ao se depararem com a expressão "é isento de pena", que consta nos arts. 21, *caput*, e 26 do CP, fazem a ilação de que o CP aponta tal teoria, todavia constata-se que tal expressão é equívoca no Código, que também a usa nas escusas absolutórias (art. 181 do CP[26]), ou mesmo no erro de tipo permissivo (art. 20, § 1º, do CP).

Entretanto, é fato que todo crime contém um juízo de censura. Tal censura não está contida somente na culpabilidade, pois, caso contrário, chegaríamos à conclusão de que existe crime sem censura. Outrossim, manter a censura somen-

---

25. *Teoria do delito – variações e tendências*. São Paulo: Revista dos Tribunais, 1980, p. 109; No mesmo sentido: Guilherme de Souza Nucci. *Código Penal Comentado*. São Paulo: Revista dos Tribunais, 2008, p. 121 e *Manual de Direito Penal*. São Paulo: Revista dos Tribunais, 2005, pp. 147-149.
26. Quanto ao crime de receptação, a controvérsia surge ao verificarmos a redação do art. 180, § 4º, que fala que a receptação é punível ainda que isento de pena o autor do crime original, isto é, um incapaz que, pela teoria tripartida não teria cometido crime, pois não haveria culpabilidade por ser inimputável. Logo, o legislador nacional teria admitido crime sem que houvesse a culpabilidade. Para nós, a confusão também se mostra decorrente da ausência de um melhor estudo da punibilidade, como ocorre no crime de receptação, que tem um pressuposto de punibilidade em crime anterior, assim como os crimes de lavagem de capitais, nas legislações de segunda geração, que necessitam de um crime anterior, entendendo-se somente como fato típico e antijurídico. Melhor seria se interpretássemos como não culpável a expressão "isento de pena", pois o resultado da conclusão do conceito de crime baseado apenas em um artigo que não leva em consideração toda a sistemática penal e efeitos de tais conclusões na teoria do delito logo, nos demais tipos legais.

te na culpabilidade é contrariar todo o direito penal moderno que trabalha com a culpa, e culpa no momento do crime, e não *a posteriori,* como quer a teoria bipartida.

Esse entendimento pode levar a um afastamento do direito penal democrático, visto que passamos a analisar uma culpabilidade do autor em vez de uma culpabilidade de fato. O autor já está ligado ao crime, não necessitando de um juízo de reprovação que o ligue a esse crime pelo simples fato de tê-lo cometido.[27]

4. TEORIA TRIPARTIDA

A teoria tripartida é a teoria mais aceita na doutrina nacional e mundial. Surgida na Alemanha[28], reconhece o crime[29] como fato típico, antijurídico e culpável, o que significa ser "uma ação (compreendendo também a omissão), a qual se deve ajustar à figura descrita na lei, opor-se ao direito e ser atribuível ao indivíduo a título de culpa *lato sensu* (dolo ou culpa)"[30].

Adotam a teoria tripartida Rogério Greco[31], Luis Régis Prado[32], Francisco de Assis Toledo[33], José Salgado Martins[34], Juarez Tavares[35], José Henrique Pierangeli e Raul Eugênio Zaffaroni[36], César Roberto Bitencourt[37], Juarez Cirino dos San-

---

27. Cf. Luís Augusto Freire Teotônio. Culpabilidade e a polêmica no Brasil: elemento integrante do crime ou mero pressuposto de aplicação da pena. *Revista dos Tribunais.* Revista dos Tribunais: São Paulo, v. 814. p. 459-460, ago. 2003.
28. Cf. Ferrando Mantovani. Op. cit., p 101.
29. Existem variações na denominação de todos os elementos, porém entendemos que as nuanças não causam relevância para o estudo apresentado de forma significativa.
30. Edgard Magalhães Noronha. Op. cit., p. 97.
31. *Curso de Direito Penal.* Niterói: Impetus, 2007, p. 141, conforme já mencionado existes diferença de denominação, e o autor faz a ressalva que entende que o primeiro elemento seria fato típico, uma vez que também abrange o nexo, em vez de ação típica como colocam alguns autores, ressaltando que a diferença não é relevante para o estudo.
32. *Curso de Direito Penal Brasileiro.* São Paulo: Revista dos Tribunais, vol. 1, 2005, p. 254.
33. Op. cit., São Paulo: Saraiva, 2002, p. 82.
34. *Direito penal.* São Paulo: Saraiva, 1974, p. 130.
35. *Teoria do delito – variações e tendências.* São Paulo: Revista dos Tribunais, 1980, p. 1.
36. *Direito Penal Brasileiro – I.* Rio de Janeiro: Revan, 2ª ed., 2003, p. 339.
37. *Tratado de direito penal. Parte geral.* São Paulo: Saraiva, v. 1, 2004, p. 191.

tos[38], Guilherme de Souza Nucci[39], Claudio Brandão[40], Aníbal Bruno[41], Cláudio Heleno Fragoso[42], Nelson Hungria[43], José Frederico Marques[44], Edgard Magalhães Noronha[45], João Mestieri[46], Nilo Batista[47], Paulo José da Costa Júnior[48], Álvaro Mayrink da Costa[49], Carlos Fontán Balestra[50], Gunter Jakobs[51], Gunter Stratenwerth[52], Reinhart Maurach e Heinz Zipf[53], Hans Welzel[54], Hans-Heinrich

---

38. *A Moderna Teoria do Fato Punível*. Rio de Janeiro: Revan, 2002, p. 4.
39. *Código Penal Comentado*. São Paulo: Revista dos Tribunais, 2008, p. 122; Guilherme de Souza Nucci, *Manual de Direito Penal*. São Paulo: Revista dos Tribunais, 2005, p. 150.
40. *Teoria Jurídica do Crime*. Rio de Janeiro: Forense, 2003, p. 12.
41. *Direito Penal – Parte Geral*. Rio de Janeiro: Forense, t. 1, 2003, p. 177.
42. *Lições de Direito Penal Parte Geral*. Rio de Janeiro: Forense, 2003, p. 172.
43. *Comentários ao Código Penal*. Rio de Janeiro: Forense, v. 1, t. 2, 1958, p. 9 e 27. Apesar de o autor, no começo, afirmar que na análise técnica-jurídica do crime devem ser distintamente considerados: o fato típico, injuricidade (ilicitude jurídica), culpabilidade e punibilidade, depois afirma que a punibilidade "não se trata como se tem pretendido, de um elemento componente do crime." (p. 27 – grifo do autor); Francisco de Assis Toledo o coloca como quadripartido ante a primeira colocação do autor (Op. cit., p. 81).
44. *Tratado de Direito Penal*. Campinas: Millennium, v. 2, 2002, p. 7.
45. *Direito Penal*, São Paulo: Saraiva, v. 1, 2003, p. 97.
46. *Teoria Elementar do Direito Criminal. Parte geral*. Rio de Janeiro: Edição do Autor, 1990, p. 141.
47. Notas históricas sobre a teoria do delito no Brasil. *Ciências Penais* – Revista da Associação de Professores de Ciências Penais. Brasil: Revista dos Tribunais, v. 1, ano 1, n. 1, jul-dez 2004, p. 130.
48. *Código Penal comentado*. São Paulo: DPJ, 2005, p. 318.
49. *Direito Penal. Parte geral*. Rio de Janeiro: Forense, v. 1, 2005, p. 573.
50. *Derecho Penal. Introducción y parte general*. Buenos Aires: Abeledo-Perrot, 1961, p. 258: "En nuestra opinión puede ser definido como acción típicamente antijurídica y culpable".
51. *Derecho Penal, Parte General. Fundamentos y teoría de La imputación*. Madri: Marcial Pons, 1997, p. 156: "*La teoría de la imputación desarrolla los conceptos que se han empleado: comportamiento del sujeto, infracción de la norma y culpabilidad*". (grifo do autor).
52. *Derecho Penal. Parte General I. El hecho punible*. Buenos Aires: Hammurabi, 2005, p. 125, não obstante adotar a teoria tripartida, afirma que o delito abriga basicamente os três elementos, porém admite que possam existir outros requisitos de punibilidade: condições objetivas de punibilidade, causas pessoais de exclusão da pena e causas de eliminação da pena (p. 138-139).
53. *Derecho Penal – parte general*. Buenos Aires: Júlio César Faria, v. 1, 2006, p. 224-233. Tal autor fala em ação antijurídica, penalmente típica e atribuível a um autor.
54. *El nuevo sistema del Derecho Penal*. Buenos Aires: B de F, trad. José Cerezo Mir. Col. Maestros del Derecho Penal nº 4, 2004, p. 69: "La acción tiene que *infringir*, por consiguiente, de un modo *determinado* el orden de la comunidad: tienes que ser "típica" y "antijurídica"; y ha de ser, además, reprochable al autor como persona responsable: tiene que ser "culpable". *La tipicidad, la antijuricidad y la culpabilidad son los tres elementos que convierten la acción en un delito*". (grifo do autor).

Jescheck e Thomas Weigend[55], Johannes Wessels[56], Juger Baumann[57], Enrique Bacigalupo[58], Juan José Bustos Ramirez e Hernán Hormazábal Malarée[59], José Cerezo Mir[60], Giuseppe Bettiol[61], Francesco Antolisei[62], Ferrando Mantovani[63], Giuseppe Maggiore[64], Giovanni Fiandaca e Enzo Musco[65], Domenico Pulitanò[66], dentre outros.

É importante lembrar que esquema tripartido clássico "é uno, mas não único"[67], sendo amplamente seguido, mas aberto a modificações e variações teóricas[68].

---

55. *Tratado de derecho penal: parte general*. Grananda: Comares, Trad. Miguel Olmedo Cardenete, 2002, p. 213-214.
56. *Direito Penal. Parte geral*. Porto Alegre: Fabris, trad. Juarez Tavares, 1976, p. 17, para o autor: "'Fato punível' é uma ação típica, antijurídica e culpável", motivo pelo qual se diz tripartido, todavia para justificar as condições objetivas de punibilidade acrescenta-a na teoria do tipo, quando afirma existir um tipo em sentido estrito e um tipo em sentido amplo (ideia originariamente colocada por Hans Welzel, *Derecho penal alemán*. Santiago: Editorial Jurídica de Chile: 1976, p. 87) afirmando: "Este conceito *amplo* de tipo abarca os elementos do tipo de injusto (em seguida citados), da antijuridicidade e da culpabilidade, assim como as "condições objetivas de punibilidade" (p. 30), colocando-a como anexo do tipo como veremos no tópico específico (item 3.3.1).
57. *Derecho Penal. Conceptos fundamentales y sistema*. Buenos Aires: Depalma, 1973, p. 39.
58. *Delito y Punibilidad*. Buenos Aires: Hammurabi, 1999, p. 211.
59. *Lecciones de derecho penal. Teoría del delito, teoría del sujeto responsable y circunstancias del delito*. Madri: Trotta, 1999, v. 2, p. 15: "En la doctrina penal se suele definir el delito como una *acción u omisión típica, antijurídica y culpable*". (grifo do autor)
60. *Derecho Penal. Parte general*. São Paulo: Revista dos Tribunais; Lima, Perú: ARA Editores, 2007, p. 377: "La concurrencia de una acción o una omisión, la tipicidad, La antijuridicidad y La culpabilidad son los elementos esenciales del concepto Del delito. El delito es la acción u omisión típica, antijurídica y culpable"; o autor, todavia, reconhece que em algumas ocasiões, presentes estes elementos, a aplicação da pena está condicionada pela ocorrência de uma condição objetiva de punibilidade ou escusa absolutória.
61. *Direito Penal*. São Paulo: Revista dos Tribunais, v. 1, 1966, p. 227.
62. *Manuale di diritto penale*. Milano: Giuffrè, 1949, p. 138.
63. *Diritto Penale*. Padova: CEDAM, 2007, p. 101 et. seq., e 782.
64. *Derecho Penal. El Derecho Penal – El Delito*. Bogotá: Temis, v. 1, 2000, p. 270.
65. *Diritto penale – Parte Generale*. Bologna: Zanichelli, 2004, p. 156; "Nonostante siano astrattamente legittime diverse sistematiche, ad avviso di scrive à la concezione *tripartita* quella che riesce meglio a soddisfare alle esigenze di indagine del peculiari fenomeno giuridico che va sotto il nome di <<reato>>".
66. *Diritto Penale*. Torino: G. Giappichelli, 2005, p. 71.
67. Domenico Pulitanò. Op. cit., p. 71.
68. Existem autores que reputam o crime como fato típico, culpável e punível. Giulio Battaglini. Op. cit., p. 136. Luiz Flávio Gomes. Da punibilidade como terceiro requisito do fato punível. *Boletim do Instituto de Ciências Penais*, ano 3, n. 40, out. 2003.

O crime é sempre voltado para o ser humano. Assim, ele somente surge de um ato humano[69], que pode ser omissivo, pois em determinadas situações a sociedade exige que não se permaneça inerte quando um bem jurídico está sendo violado. Todavia, vigora o princípio da reserva legal, por isso a conduta humana que será considerada crime deverá estar prevista anteriormente na lei penal. Essa descrição da conduta proibida contida no artigo de lei é chamada de tipo penal pela doutrina; por conseguinte, temos o primeiro elemento do crime: o fato típico.

Conclui-se que todo crime é um fato típico, mas nem todo fato típico é crime, isso porque necessita da verificação dos demais elementos[70], o que resulta do fato de haver uma sucessiva verificação do conteúdo do crime para sua caracterização[71].

Após a tipicidade, passa-se ao próximo elemento, que é a antijuridicidade, como bem salienta Cláudio Brandão, toda conduta tipificada é, em regra, antijurídica, pois o legislador não quer sua realização[72], porém poderão existir outros fatores que poderiam justificar a conduta. Logo, pode-se excluir a antijuridicidade imanente em todos os tipos penais, caso do art. 23 do CP, que traz em seu bojo o estado de necessidade, a legítima defesa, o estrito cumprimento do dever legal e o exercício regular do direito.

Então, o fato típico deve estar contrário à ordem jurídica e ao direito penal, uma vez que, em sendo justificável pelo próprio direito, e não existindo oposição do sistema penal para a conduta (excludente), não há que se falar em crime, e o fato típico é juridicamente permitido por meio de normas penais permissivas.

A teoria tripartida traz como terceiro elemento a culpabilidade, como a reprovabilidade do ato humano (imputabilidade, potencial consciência da ilicitude e inexigibilidade de conduta diversa)[73]. Isso quer dizer que o direito penal deve voltar os olhos para o autor vinculado ao fato e suas características no momento do crime.

---

69. Nas Ordenações Filipinas, primeira legislação penal a vigorar no Brasil, era possível animais cometerem crimes, sendo julgados e aplicadas sanções penais.
70. Ney Moura Teles. *Direito Penal. Parte geral*. São Paulo: Atlas, v. 1, 2004, p. 156.
71. José Cerezo Mir afirma: "Los distintos elementos del delito están en una relación lógica necesaria. Sólo una acción u omisión puede ser típica, sólo una acción u omisión puede ser antijurídica y sólo una acción u omisión antijurídica puede ser culpable". (*Derecho Penal. Parte general*. São Paulo: Revista dos Tribunais; Lima, Perú: ARA Editores, 2007, p. 381)
72. *Teoria Jurídica do Crime*. Rio de Janeiro: Forense, 2003, p. 11.
73. A culpabilidade foi dividida conforme a doutrina finalista, divisão que não se altera com uma visão funcionalista ou de imputação objetiva, que trabalham o risco dentro do fato típico.

O juízo de censura está vinculado a características do autor[74], uma vez que o direto penal necessita, para punir, que o autor seja responsável por seus atos, não esteja em erro invencível e opte por agir de forma contrária ao direito.

O fato é que a culpabilidade é elemento obrigatório para a configuração do crime, pois, caso contrário, poderíamos ter uma sentença penal que condenasse e deixasse de aplicar a pena. Por exemplo, no caso de inimputáveis, muitas vezes o laudo é realizado no curso do processo (processo que pela teoria bipartida seria um processo onde existe crime), e o magistrado, o que faria na presença de um crime? Teria que condenar para posteriormente afirmar a não aplicação da pena, quando na verdade o que acontece é uma absolvição justamente por não haver crime.

5. TEORIA QUADRIPARTIDA

Apesar de pouco comentado na doutrina nacional, a teoria do crime parece não se finalizar com a teoria tripartida. Existe uma corrente diferente que se baseia justamente na existência de outras condições que se tornariam parte do injusto penal, e fala-se exatamente da punibilidade.

Interessante apontamento de Heleno Cláudio Fragoso é que o estudo analítico do crime "iniciou-se com *Carmagnani* (cuja obra *Elementa Juris Criminalis* alcançou a forma definitiva na edição publicada em 1833)"[75] onde se propunham elementos "que modernamente representaria a ação, a antijuridicidade, a culpabilidade e a punibilidade"[76].

Mas também é fato que alguns autores colocam a punibilidade como quarta característica do crime, formando o conceito analítico do crime de fato típico, antijurídico, culpável e punível, como Luis Jimenez de Asúa[77], Basileu Garcia[78], Win-

---

74. Com isso, não se afirma que seja um direito penal focado no autor. Como já criticamos na visão bipartida, não se pode descambar para um direito penal do autor, onde na hora do julgamento do fato se consideraria as características do autor, uma vez que as características a serem consideradas são as do momento do crime, e não as características do autor no momento da sentença ou imposição de pena, o que se pode deduzir de uma culpabilidade como mero pressuposto da pena, a culpabilidade é muito mais.
75. *Lições de Direito Penal Parte Geral*. Rio de Janeiro: Forense, 2003, p. 177.
76. Ibid., loc. cit.
77. *Tratado de derecho penal*. Buenos Aires: Losada, v. 7, 1985, p. 98-103.
78. *Instituições de direito penal*. São Paulo: Saraiva, 2008, v. 1, t. 1, p. 261.

fried Hassemer[79], Claus Roxin[80], Francisco Muñoz Conde[81], Giorgio Marinucci e Emilio Dolcini[82], Manuel Cobo Del Rosal e Manuel Quintanar Díez[83], Santiago Mir Puig[84], Octavio Garcia Perez[85] e Jorge de Figueiredo Dias[86] afirmam que em alguns casos não bastam os elementos da teoria tripartida, concluindo que: "podemos definir o delito como a ação típica, antijurídica, culpável e punível"[87].

Heleno Cláudio Fragoso[88], apesar de afirmar que adota a teoria tripartida do delito, reconhece situações excepcionais para a existência do crime e, além dos

---

79. *Introdução aos Fundamentos do Direito Penal*. Porto Alegre: Sérgio Antonio Fabris, 2005, p. 277, este autor, na verdade, coloca que, além do fato típico, antijurídico e culpável existem: as causas pessoais de exclusão e anulação da pena; pressupostos processuais e obstáculos à punição, o que poderia colocá-lo como pentapartido. Todavia, da leitura da obra, verifica-se que trata as duas últimas fases de forma uniforme (f. 327), motivo pelo qual o reputamos como quadripartido.

80. *Derecho penal. parte general*. Madri: Civitas, 2003, t. 1, p. 193, decidimos colocar o autor como quadripartido a pesar de em obra anterior já ter afirmado que o elementos do crime a tipicidade, antijuridicidade e culpabilidade (*Política criminal y sistema del derecho penal*. Buenos Aires: Hammurabi, 2002, p. 58), no seu manual coloca que: "En la moderna dogmática del Derecho penal existe en lo substancial acuerdo en cuanto a que toda conducta punibile supone **una acción típica, antijurídica, culpable y que cumple otros eventuales presupuestos de punibilidad**." (grifo nosso) p. 193, e mais adiante afirma que: "Una acción típica, antijurídica y culpable es por lo general punible. Pero excepcionalmente, es decir en algunos preceptos penales concretos, han de añadirse aún otros presupuestos de punibilidad para desencadenar la punibilidad. Tales presupuestos son las llamadas **condiciones objetivas de punibilidad** y la **ausencia de causas de exclusión de la punibilidad**" (grifo do autor) p. 195.

81. *Teoria geral do delito*. Porto Alegre: Fabris, 1988, p. 3; O autor também se manifesta da mesma forma em obra conjunta: Francisco Muñoz Conde e Mercedes García Arán. *Derecho penal. Parte general*. Valencia: Tirant lo Blanch, 2004, p. 203: "Después de todo lo dicho hasta ahora, podemos definir al delito como la *conducta (acción u omisión) típica, antijurídica, culpable y punible*". (grifo do autor)

82. *Manuale di diritto penale. Parte generale*. Milano: Giuffrè, 2006, p. 141: "che individua nel reato quattro elementi: un fatto (umano); l´antigiuridicità del fatto; la colpevolezza del fatto antigiuridico; la punibilità del fatto antigiuridico e colpevole".

83. *Instituciones de derecho penal español. Parte general*. Madri: CESEJ, 2004, p. 117.

84. *Derecho Penal, Parte General*. Barcelona: Reppertor, 2004, p. 145, livre tradução do texto: "el **delito es un comportamiento humano típicamente antijurídico y culpable**, anãndiéndose a menudo la exigencia de que sea **punible**". (grifo do autor)

85. *La Punibilidad en el Derecho Penal*. Pamplona: Aranzadi, 1997, p. 380.

86. *Direito Penal – Parte Geral, Questões fundamentais. A doutrina geral do crime*. Coimbra: Coimbra, t. 1, 2004, p. 223.

87. *Teoria Geral do Delito*. Porto Alegre: Fabris, 1998, p. 5.

88. Op. cit., p. 179. Por tal razão colocamos o autor como partidário da teoria quadripartida, ainda vide p. 265. Francisco Muñoz Conde que reconhece a punibilidade com categoria do delito também reconhece que diferentemente dos demais elementos do delito a punibilidade "nem sempre tem que existir", mas o legislador "pode exigir para fundamentar ou excluir a imposição

elementos normais, exige que ocorra uma condição objetiva de punibilidade, concluindo: "nos casos em que a lei prevê condição objetiva de punibilidade, ele constitui pressuposto da pena, e, portanto, característica ou requisito do fato punível". É justamente em razão dessa excepcionalidade que José Cerezo Mir sustenta que não se poderia afirmar serem "elementos essenciais" do delito[89].

A punibilidade aparece quando não podemos negar a existência de condições objetivas de punibilidade, juntamente com as escusas absolutórias. Para José Cerezo Mir, a afirmação de o crime ser um fato típico, antijurídico, culposo e punível é uma simplificação da afirmação de ser o crime um fato típico, antijurídico e culpável sempre que houver as condições objetivas de punibilidade e que não ocorra uma escusa absolutória[90].

Isso reduziria a punibilidade ao conteúdo dos dois elementos citados, porém traria uma tautologia a colocar o efeito do crime como elemento, todavia afirma:

Na doutrina espanhola, a maior parte dos autores rechaçam a existência de uma tautologia, ao incluírem a punibilidade no conceito de delito, e consideram, inclusive, que a punibilidade constitui a última diferença ou a diferença específica do delito e das demais infrações jurídicas[91].

---

da pena". (*Teoria geral do delito*. Porto Alegre: Fabris, 1988); Já Walter Barbosa Bitar afirma que admitir a punibilidade seria como conhecer duas formas de interpretação, uma tripartida e outra quadripartida, o que geraria insegurança. (A punibilidade como categoria substantiva na estrutura do delito. In *Novos rumos do direito penal contemporâneo – Livro em homenagem ao Prof. Dr. Cezar Roberto Bitencourt*. Andrei Zankner Schmidt (org.). Rio de Janeiro: Lumen Juris, 2006, p. 633).

89. Op. cit., p. 380; Partindo do mesmo conceito Giulio Battaglini chega à conclusão diversa afirmando: "Ao se decompor o delito em suas partes (o que constitui exatamente o problema da *divisão*, que se relaciona com o da definição), não se pode deixar de considerar separadamente tudo aquilo que, sendo abrangido pelo definido, é contudo separável. **Mas é elemento todo e qualquer** *componente essencial*, **não podendo ser esquecido aquilo que, no nosso caso, marca exatamente a** *diferença específica*, **vale dizer, o mais importante.**" (itálico do autor, sublinhado nosso) (Giulio Battaglini. Op. cit., p. 344). Conclui que a punibilidade é um componente e não um caráter, portanto insuprimível do delito. Ibid., p. 346. A verdade é que um sistema jurídico de análise do delito que ignora alguns casos por não serem maioria é um sistema falho. Qualquer metodologia científica deve se preocupar com todos os aspectos do objeto de estudo e não somente aqueles que são mais comuns, sob pena de se tornar uma visão "condicionada", isto é, uma visão que se aplica a vários casos e não a todos, logo falha para explicar o objeto. Octávio Garcia Perez afirma que os autores que falam em escassez dos elementos condicionantes limitam-se a dar exemplos e não fazem um estudo exaustivo da parte especial (*La Punibilidad en el Derecho Penal*. Pamplona: Aranzadi, 1997, pp. 69-70).

90. Op. cit., p. 377.

91. Op. cit., p. 378, livre tradução do texto: "En la doctrina española la mayor parte de los autores rechazan la existencia de una tautología, al incluir la punibilidad en el concepto del delito y

6. ANÁLISE DA PUNIBILIDADE COMO QUARTO ELEMENTO

Num primeiro momento, pode-se pensar que a punibilidade[92], considerada na sua acepção mais comum, está sempre inserida no tipo, ou em alguns dos elementos anteriores, uma vez que a pena tem como característica a sua inderrogabilidade quando presente o fato típico, antijurídico e culpável.

Torna-se fato, todavia, que em algumas ocasiões a desaprovação e a ilicitude estão presentes e, mesmo assim, a pena não é aplicada em razão de uma condição objetiva de punibilidade (própria), mas "as causas de exclusão da punibilidade não modificam este juízo de desaprovação e, portanto, de ilicitude do fato, mas negam a punibilidade por razões que se acreditaram excepcionalmente mais oportunas renunciar a punição"[93].

A verdade é que a punibilidade, dependendo do caso, somente nasce com a existência de outros elementos, pois "em certos casos, imprescindível se faz, para nascer o direito de punir, que se realize determinada condição: é o que se denomina de condição objetiva de punibilidade"[94]. Por esse motivo, Davide Romano afirma que o conceito de punibilidade surgiu na Alemanha quase naturalmente, em razão da necessidade de se colocar as condições no âmbito da teoria do delito ou da pena[95].

Existem autores que rechaçam a hipótese de se colocar a punibilidade como característica, afirmando que seria tautológico, conforme já comentamos no item anterior. Aníbal Bruno afirma que: "A pena não é um momento constitutivo do

---

consideran, incluso, que la punibilidad constituye la última diferencia o la diferencia específica del delito y las demás infracciones jurídicas".

92. Um dos problemas apontados como impeditivos da criação de uma categoria autônoma e sempre colocado é o fato de a "punibilidade" ser um conceito equívoco. Octávio Garcia Perez faz uma separação entre as diferentes concepções do tema, dividindo em teses amplas e restritas e teses críticas (Op. cit., p. 69-82).

93. Francesco Carlo Palazzo. *Corso di Diritto Penale. Parte generale*. Torino: Giappichelli Editore, 2006, p. 557. Livre tradução do texto: "Le cause di esclusione della punibilità non modificano questo giudizio di disapprovacione e dunque di illiceità del fatto, ma ne negano la punibilità per ragioni che fanno ritenere eccezionalmente più opportuno rinunciare alla punizione".

94. José Frederico Marques. *Tratado de Direito Penal*, cit., p. 369.

95. *Le Condizioni Obiettive di Punibilità – Um'ipotesi di interpretazione dell'art. 44 c.p.*. Bari: Palomar, 2005, p. 15, afirmando que teria surgido inicialmente com Ernest Von Beling, porém a maior parte da doutrina alemã atual coloca a condição de punibilidade fora do fato punível, mas não sem dissenso.

atuar criminoso, é a sua consequência jurídica; uma consequência cujos pressupostos são precisamente os elementos do crime [...]"[96].

Assim, estar-se-ia considerando como elemento da causa o efeito[97], podendo-se, ainda, entender que a condição de punibilidade seria um elemento que exclui a punibilidade do crime já perfeito e acabado[98]. Contestando tal afirmação, Giulio Battaglini sustenta que não se pode afirmar que a punibilidade é causa, pois difere da própria essência do delito e constitui-se somente de uma parte dele, "[...] sem dúvida a mais importante – *de tal essência*, percebe-se claramente, inclusive à luz do instituto da *condição objetiva de punibilidade*"[99].

Na doutrina italiana[100], também adotam a punibilidade como elemento do crime Emilio Dolcini e Giorgio Marinucci, afirmando a teoria quadripartida, que

---

96. *Direito Penal. Parte geral.* Rio de Janeiro: Forense, t. 1, 2003, p. 179. Esse parece ser o principal argumento dos autores nacionais e estrangeiros que não aceita a punibilidade como elemento do crime, havendo, todavia variações, por alguns entenderem como mera consequência do crime, outros como possibilidade de imposição da pena. No mesmo sentido: Francisco de Assis Toledo. Op. cit., p. 81. Júlio Fabbrini Mirabette. Op. cit., p. 94: "A punibilidade é apenas a consequência jurídica do delito e não uma de suas características."; João Mestieri. *Teoria Elementar do Direito Criminal. Parte geral.* Rio de Janeiro: Edição do Autor, 1990, p. 383: "A punibilidade não é elemento constitutivo do crime, mas a consequência de se reconhecer presente seus elementos constitutivos". César Dario Mariano da Silva. *Manual de Direito Penal. Parte Geral.* Rio de Janeiro: Forense, 2006, p. 57: "A punibilidade não é requisito do crime, mas a possibilidade jurídica de imposição da pena", também, p. 296: "Assim, a punição é consequência lógica da prática de um crime por um indivíduo culpável"; Carlos Fontán Balestra. *Derecho Penal. Introducción y parte general.* Buenos Aires: Abeledo-Perrot, 1961, pp. 258 e 411-414; Davide Romano aponta que nos trabalhos preparatórios para o Código Rocco colocava-se a punibilidade como consequência jurídica de um crime inteiramente realizado (Op. cit., p. 19).

97. Edgard Magalhães Noronha. Op. cit., p. 106.

98. Nesse sentido: César Roberto Bitencourt. Op. cit., p. 192.

99. Giulio Battaglini. Op. cit., p. 345 (grifo do autor). O mesmo autor coloca importante consequência prática da punibilidade, que não se confunde com condição de punibilidade, pois esta passa a ser pressuposto de um elemento e não um elemento em si. Ibid., p. 359.

100. Giulio Battaglini é sempre citado como um dos principais doutrinadores que dividem o crime constando a punibilidade como elemento. Franco Bricola coloca que a redação das condições no código penal italiano foi modificado do projeto que afirmava: "quando a lei exige para existência do crime, ou para sua punibilidade verificar-se uma condição, o culpado responde pelo crime, ainda que, o evento, da qual depende se verificar a condição, não seja da sua vontade". Essa posição partia da opinião de Edoardo Massari (Le Condizioni di Punibilità nelle momento procesuale. *Riv. It. Dir. Penal,* 1929, v. 1, parte II, pp. 478-496) que entendia que as condições de punibilidade não se resumiam somente a execução da pena condição de punibilidade, mas também elemento estrutural do crime (condição de existência do crime), e após, essa distinção desapareceu do texto final, porém tal fato não resultou de uma superação da distinção, mas resultou da incerteza que passou a reinar na doutrina. (Punibilità (Condizioni objettive di). in *Noviss. dig. it., XIV,* Torino, 1967, p. 590).

inclui a punibilidade como elemento essencial do delito; é a que melhor respeita a fisionomia que cada crime possui no ordenamento italiano[101].

Colocam que no código italiano a ameaça de pena opera "com reserva", aplicando-se somente com a presença de uma série de condição ulteriores, concluindo que "se tais condições não subsistem, a pena é inaplicável e o fato não constitui crime"[102]. Concluem isso, pois afirmam que o que diferencia o direito penal dos demais ramos do ordenamento é exatamente a imposição da pena[103], e mais, apesar de a punibilidade relacionar-se ora com elementos do crime, ora com relações de direito processual, a autonomia da punibilidade se justifica em razão de se poder generalizar a categoria por meio de uma ideia guia: "a valoração da oportunidade de aplicar uma pena ao autor de um fato antijurídico e culpável"[104].

Biagio Petrocelli[105], ao tratar do crime e da punibilidade, afirma que se destacarmos a punibilidade do crime, que possui estreita conexão orgânica com o preceito e a sanção, porque existe crime cuja pena não se aplica pela existência de uma causa de não punibilidade, teríamos que ir contra o princípio da indissolubilidade entre preceito e sanção, o que seria a essência do ilícito[106].

Sob tal raciocínio, estaria ferido o princípio da taxatividade, pois um crime sem punibilidade resultaria em uma ilicitude genérica, sem definição da qualidade (isto é civil, penal etc.), uma vez que um ilícito não pode ser juridicamente determinado senão com base na qualidade da sanção imposta[107], e deixar tal proposição para fora do delito é voltar a concepções jusnaturalísticas.

---

101. Op. cit., p. 141.
102. Ibid., p. 147, livre tradução do texto: "Se tali condizioni non sussistono, la pena è inapplicabile e il fatto non costituice reato".
103. Ibid., p. 148.
104. Ibid., p. 313, tradução livre de parte do texto: "La categoria dell punibilità appare problematica talora nei rapporti con gli altri elementi del reato, talora nei reporti con il diritto processale. Nondimeno, tutti gli istituti riconducibili a tale categoria sono accomunati, come si è detto, da un'idea-guida, che ne giustifica l'autonomia: la valutazione dell'opportunità di applicare la pena all' autore di un fatto antijuridico e colpevole".
105. Reato e punibilità. Riv. It. Dir. e Proc. Penal. 1960, p. 669-700.
106. Nesse sentido, Ubaldo Giuliani afirma que realmente o ilícito é indissolúvel, todavia estabelece a diferença entre fato punível, que depende da condição, e crime. Para o autor, adiciona-se uma condição ao "crime", e se chama de "crime" uma entidade que de forma nenhuma se identifica com o fato punível. Argumenta com a própria redação do art. 44 do CPi, que fala em "punibilidade do crime", demonstrando que o legislador contrapôs a condição ao crime, não podendo ser a punibilidade considerada elemento do crime. (Il Problema giuridico delle condizioni di punibilità. Padova: CEDAM, 1966, pp. 1-6)
107. Op. cit., p. 670. Coloca também o autor que um fato sem consequência jurídica não é e nem pode ser um fato jurídico, pois jurídico é o fato que possui consequências legais. Assim, para um fato ser crime dever ter, na norma, a consequência jurídica da pena, concluindo: "Mancando

Davide Romano também defende a punibilidade como um elemento do crime, mas coloca que são poucos os defensores dessa linha de pensamento na Itália. Aqui, segundo ele, palavras dos que afastam a punibilidade como elemento: "Acreditamos que tal posição não é aceitável, uma vez que, apoiado por uma minoria minoritária, estamos convencidos de que a punição é um elemento essencial do crime"[108].

Coloca, por outro lado, que na doutrina majoritária a punibilidade existe somente como contraposição aos conceitos de "não punibilidade", "extinção da punibilidade" e "transformação da punibilidade"[109]. Com efeito, essa parece ser a posição da maioria.

A punibilidade, para Ferrando Mantovani, é uma característica geral do crime[110], entendimento que também é esposado por Francesco Carlo Palazzo, ao entender que a punibilidade incide concomitante, podendo limitar ou excluir a pena pelas condições objetivas de punibilidade ou pelas causas pessoais de exclusão da pena[111].

Francesco Bettiol adota posição semelhante; e afirma que a punibilidade como elemento do crime não é um progresso, podendo ser vista relacionada com as consequências do crime ou aos seus elementos, e que "não pode incidir sobre um único elemento do crime mas deve impregnar todos os elementos do crime"[112].

---

uno qualsiasi di questi coefficiente non v'è possibilita di questa conseguenza giuridica, non v'è punibilità: e quindi non v'è reato". p. 673.

108. Op. cit., p. 19-20, livre tradução do texto: "Riteniamo una tale posizione non condivisibile in quanto, sostenuti da autorevole anche se minoritaria douttrina, siamo convinti che la punibilità sia un elemento essenciale del reato".

109. Ibid., p. 17. Esse também é o posicionamento de Nelson Hungria, ao afirmar: "Por considerações de oportunidade ou de política criminal, a lei, não obstante a existência de um crime (como todos os seus elementos e caracteres, determina, em certos casos, a *não-aplicação da pena*, ou a *extinção da punibilidade*". (*Comentários ao Código Penal*. Rio de Janeiro: Forense, v. 1, t. 2, 1958, p. 26-27, grifo do autor); Criticando tais conceitos, vide: Biagio Petrocelli. *Reato e punibilità*, cit., pp. 685-693;

110. Op. cit., p. 101: "la <<punibilità>>, sia che la si intenda come caratteristica generale del reato, sia più esattamente come conseguenza sanzionatoria ricollegata dal legislatore al reato completo di tutti i suoi elementi, non può essere mai elemento che concorre alla esistenza del reato".

111. *Corso di Diritto Penale*, cit., 2006, p. 557, para o autor, a punibilidade pode ser afetada por razões de oportunidade de renúncia da pena, sem que isso queira dizer que o desvalor da conduta tenha sido afetado, pois a "desaprovação" do fato é configurada como crime e é ameaçada de pena; também a punibilidade é afetada em razão dos fins da pena (prevenção geral e especial), entendendo que atuam causas de "não punibilidade". pp. 555-560.

112. *Direito Penal*. São Paulo: Revista dos Tribunais, v. 1, 1966, p. 231. Ainda, na página 240: "Deixamos aparentemente fora da definição formulada o 'elemento' da punibilidade, por não ser elemento que disponha de autonomia estrutural. A punibilidade é antes uma nota genérica de todo o crime, enquanto este, quando perfeito estruturalmente em cada um de seus elementos, é um fato

Manuel Cobo Del Rosal e Manuel Quintanar Díez, que adotam a teoria quadripartida, entendendo a punibilidade como elemento do crime, apontam o argumento de quem não aceita: "A punibilidade, é um elemento conceitual de toda definição de delito, mas não é estrutural. [...] um delito conceitualmente *requer a menção a sua consequência jurídica* que é a pena."[113] Assim, como bem colocam, um delito sem pena não somente pode ocorrer como ocorre frequentemente, por razões práticas, citando a própria prescrição penal[114].

Na mesma esteira, Giuglio Battaglini coloca que a punibilidade não pode ser confundida com a pena e afirma: "Perceber-se-á claramente a diferença se se pensar que *o delito pode existir sem pena* (isenção da pena não pressupõe, quem sabe, o delito?), *enquanto que sem punibilidade é logicamente inadmissível*"[115].

A doutrina estrangeira vem buscando estudar o fenômeno da punibilidade, principalmente em razão do tema proposto. Neste prisma, Octavio Garcia Perez[116] afirma, já na introdução de sua obra sobre o tema, que, em face da existência de circunstâncias que atenuam, excluem e determinam a aplicação da pena, "não se

---

'punível', que reclama necessariamente a pena"; No mesmo sentido, Domenico Pulitanò. Op. cit., p. 71: "La 'punibilità' – nel senso corrente di 'assoggettabilità a pena' – non è elemento del reato accanto agli altri, ma è l'enunciazione sintetica della rilevanza giuridica del reato, collegada dall'ordinamento giuridico all'insieme deglie elementi del reato".

113. Op. cit., p. 118, livre tradução do texto: "La punibilidad, es un elemento conceptual de toda definición de delito, pero no lo es estructuralmente. Un delito abstractamente no punible, no puede existir. Es decir, un delito conceptualmente *requiere de la referencia a su consecuencia jurídica que es la pena*" (grifo do autor); no mesmo sentido, Juarez Tavares. *Teoria do delito – variações e tendências*. São Paulo: Revista dos Tribunais, 1980, p. 1: "ela não faz parte do delito, mas constitui, sim, sua consequência".

114. *Instituciones de derecho penal español*, cit., p. 118. Tais autores, apesar de situarem a punibilidade no conceito de crime, afirmam que carecem "de valor como elemento estrutural do delito", p. 263. A afirmação de que existe crime sem pena é controversa e depende do conceito de punibilidade, visto que existem os que afirmam que não existe crime sem pena, afirmando com isso que não existe crime sem ameaça de pena e não propriamente pena, pois poderia existir crime sem pena aplicada, mas sem punibilidade, jamais. (Biagio Petrocelli. Op. cit., p. 674).

115. *Direito Penal*. Vol. 1. São Paulo: Saraiva, 1973, p. 340, grifos do autor. No mesmo sentido, Luis Jiménez de Asúa. *El criminalista*. Buenos Aires: Ed. Argentina, t. 8, 1948, p. 87: "Realmente la 'penalidad' es la característica propia del delito, sin negar que constituye además la consecuencia de la infracción". (grifos do autor).

116. Para o autor, a punibilidade é elemento do crime. Após analisar os fundamentos e os elementos da parte especial chega à conclusão que se trata de elemento essencial do delito, onde se considera o caráter preventivo da pena, baseando-se no princípio da subsidiariedade. (Cf. *La punibilidad en el Derecho Penal*, cit.).

pode explicar por meio das categorias do injusto culpável. Refiro-me às condições objetivas de punibilidade e às escusas absolutórias"[117].

A existência desses elementos acaba resultando na elaboração de uma sede sistemática para eles, visto que não estão inclusos nas demais categorias do delito, com a ressalva de Francisco Muñoz Conde, que assevera: "essa nova categoria é mais um conjunto desordenado, que não corresponde a uma ideia unitária"[118]. O local encontrado por muitos é a punibilidade[119], pois a conformação normal do

---

117. *La Punibilidad en el Derecho Penal*, cit., p. 27. Livre tradução do texto: "Esta discusión encuentra su razón de ser en la existencia de ciertas circunstancias determinantes de la aplicación, exclusión o, en su caso, atenuación de la pena, que según la opinión mayoritaria no pueden explicarse a través de las categorías de lo injusto culpable. Me refiero a las condiciones objetiva de punibilidad y a las excusas absolutorias". Jorge de Figueiredo Dias coloca a punibilidade como elemento do crime justamente sob tal argumento, afirmando: "Com o tipo ilícito e o tipo de culpa não se esgota o conteúdo do sistema do facto penal, antes se torna indispensável completá-lo com uma outra categoria, que bem poderá chamas-se da 'punibilidade'" (*Direito Penal – Parte Geral*, cit., p. 264). Em Portugal, entendendo de forma contrária, Germano Marques da Silva. *Direito Penal português. Teoria das penas e das medidas de segurança*. Verbo: Lisboa/São Paulo, v. 3, 1999, p. 16: "É certo que a punibilidade não é característica do crime, elemento do crime, mas a sua consequência. Embora não haja crime que não seja punível, pode suceder que a punibilidade seja condicionada por factos que lhe seja exteriores".

118. Op. cit., p. 170. Santiago Mir Puig, apesar de colocar que o crime necessita de "frequentemente" ser punível, acaba por concluir em sentido contrário, pelo mesmo motivo: "Me inclino por entender que no se trata de uma categoria unitária, sino que hace referencia a **dos grupos de elementos** de distinta naturaleza: a) por uma parte, lãs condiciones objetivas de punibilidade (...) b) de outra parte, aquellas circunstancias que impieden castigar a *uma determinada persona*". *Derecho Penal, Parte General*. Barcelona: Repperter, 2004, 151, grifos do autor. Criticando a criação de uma categoria diversa, Borja Mapelli Caffarena afirma que: "Em definitiva, el intento de colocar lãs condiciones objetivas fuera del delito y dentro de la punibilidade muestra um esfuerzo artificioso por manter uma visión totalizadora de la estructura del delito". Para o autor, o fato de a concepção tripartida não responder a todos os casos não deve conduzir à elaboração de uma categoria de uma categoria que justifica que pelo fato de não existir um "cárcere metodológico e estrutural", e sim uma simplificação na teoria do delito das estruturas relevantes, com o desprezo das que não o sejam As condições objetivas de punibilidade devem resultar numa nova visão crítica das exigências constitucionais que os princípios do Direito penal impõem para configuração do delito. (Op. cit., pp. 56-57).

119. Francisco Muñoz Conde e Mercedes García Arán. Op. cit., pp. 403-404, que pelo autor também é chamada de "penalidade". Na verdade, existe alguma divergência sobre o nome utilizado, porém o autor não acrescenta nenhuma solução de relevância à conclusão científica, e o termo punibilidade é, de longe, o mais aceito no direito. (Também usa o termo penalidade, sem distinção, Luis Jiménez de Asúa (*Tratado de derecho penal*. Buenos Aires: Losada, v. 7, 1985, pp. 53-54 e 98-103; *El criminalista*. Buenos Aires: Ed. Argentina, t. 8, 1948, p. 86-87; *Principios del derecho penal, la ley e el delito*. Buenos Aires: Abeledo-Perrot, 2005, pp. 417-431); Francisco Muñoz Conde (*Teoria geral do delito*. Porto Alegre: Fabris, 1988, p. 170, falando em "punibilidade" ou "penalidade"), e Carlos Fontán Balestra (*Derecho Penal. Introducción y parte general*. Buenos Aires: Abeledo-Perrot, 1961, p. 411); Octavio García Perez resume bem o tema ao colocar que

delito, dada pela teoria tripartida, não responde sozinha a todos os anseios sociais, portanto de utilidade para a busca dos fins próprios do direito penal que, mesmo não presentes em todos os crimes, amiúde são confrontados pelo aplicador, uma vez que são utilizados pelo legislador em algumas ocasiões.

Parece ser a opinião dominante na doutrina espanhola a inclusão da categoria, mas também não sem resistência, principalmente em face da objetividade das condições e de sua relação com o dolo do agente, que resultaria na conclusão de retirá-las do injusto, fundamentando-as em razões de política criminal ou necessidade[120].

Juarez Tavares coloca argumento para afastar a teoria bipartida, que serve também, de forma inversa, para fundamentar a punibilidade como elemento do crime. Afirma que: "O primeiro problema que surge desta posição é que não se pode dizer que o pressuposto da pena seja tão-somente a culpabilidade, mas igualmente, todos os demais elementos do delito e ainda as condições objetivas de punibilidade"[121].

No Brasil, quase todos os autores que falam da punibilidade acabam por excluí-la do conceito de crime, tratando-a como mera consequência do crime ou como a possibilidade de imposição de uma pena, existente o crime[122].

Dentro de tal raciocínio, para os partidários da teoria bipartida, a explicação das condições objetivas de punibilidade seria símile à da culpabilidade. Dessarte, poderíamos chegar ao entendimento de que na teoria bipartida a punibilidade teria o mesmo *status* da culpabilidade, sendo mero pressuposto de aplicação da pena[123].

Interessante é que a crítica, colocada anteriormente para a teoria bipartida que não inclui a culpabilidade como elemento do crime, também serve para a teoria

---

a punibilidade vem sendo chamada de vários nomes pelos autores: punibilidade, penalidade, outros pressupostos de punibilidade ou da pena e pressupostos de punibilidade fora do injusto culpável ou da responsabilidade, citando os respectivos autores que usam as terminologias (*La Punibilidad en el Derecho Penal*. Pamplona: Aranzadi, 1997, p. 69).

120. Juan José Bustos Ramirez e Hernán Hormazábal Malarée. *Lecciones de derecho penal. v. II. Teoría del delito, teoría del sujeto responsable y circunstancias del delito*. Madri: Trotta, 1999, p. 20 e 235. Também, Octavio Garcia Perez. *La Punibilidad en el Derecho Penal*. Pamplona: Aranzadi, 1997, p. 96: "La doctrina mayoritaria se inclina por el reconocimiento de la punibilidad como una categoría situada más allá de lo injusto culpable, y cuyo contenido se ciñe a las circunstancias que se incluyen entre las condiciones objetivas de punibilidad y las escusas absolutorias".

121. *Teoria do delito – variações e tendências*. São Paulo: Revista dos Tribunais, 1980, p. 109.

122. Vide nota 182.

123. Luiz Régis Prado. Apontamentos sobre a punibilidade e suas condicionantes positiva e negativa. *Revista dos Tribunais*. São Paulo: Revista dos Tribunais, ano 89, v. 776, p. 441, jun. 2000.

tripartida que não coloca a punibilidade como elemento do crime, pelo menos quando o tipo exigir uma condição objetiva.

Criar uma categoria que encaixe todos os elementos que não se enquadram nos demais também é um problema, pois acaba atraindo para si todo e qualquer elemento que não esteja incluso na tipicidade, antijuridicidade e culpabilidade[124]. Por outro lado, poderia também passar a exigir cada vez mais elementos, inviabilizando o estudo do delito.

O problema, verdadeiramente, é que a punibilidade pode ser vista de dois modos: o primeiro como *merecimento de pena* (*Strafwurdig*), em que a punibilidade surge pelo fato de existir um delito (fato típico, antijurídico e culpável); o segundo vê a punibilidade como a *possibilidade de aplicação de pena* (*Strafbar*)[125], isto é, ainda existiria o crime, que seria punível, pois mereceria a pena, porém esta não seria aplicável[126].

Luiz Regis Prado rechaça a possibilidade da existência da punibilidade, afirmando que esta somente pode surgir após o delito, pois é após o delito que surge o direito concreto do Estado de punir – que antes era abstrato - sendo posterior ao crime[127], isso por não adotar a divisão germânica da punibilidade e enxergar a punibilidade somente como possibilidade de aplicação da pena.

Dentro de tal assertiva, Eugênio Raúl Zaffaroni e José Henrique Pierangeli afirmam que o problema da punibilidade reside no fato de que o crime, apesar de

---

124. Emilio Dolcini e Giorgio Marinucci. *Manuale di diritto penale. Parte generale*. Milano: Giuffrè, 2006, p. 147.

125. Interessante divisão do *ius puniendi* faz Luiz Flávio Gomes, afirmando que a doutrina confunde momentos diversos, dividindo-o em três fases, quais sejam: punibilidade (direito de ameaçar com pena), pretensão punitiva (direito de aplicar a pena) e pretensão executória (direito de executar a pena); a punibilidade como elemento do delito teria referência somente em relação ao primeiro momento. (Cf. Da punibilidade como terceiro requisito do fato punível. *Boletim do Instituto de Ciências Penais*, ano 3, n. 40, out. 2003)

126. Note-se que a possibilidade de aplicação da pena é tratada na doutrina como a *necessidade de aplicação da pena*, ou seja, a divisão e colocação feitas serão tratadas mais adiante, quando dos prováveis fundamentos das condições objetivas de punibilidade.

127. *Apontamentos sobre a ...* cit. No mesmo sentido: Davide Romano. *Le Condizioni ...* cit., p. 19: "Da um tale processo lógico derive che, mentre da um lado non può esistere la *punibilità* in assenza di reato, può invece esserci un reato non punibilie; diventa pertanto evidente la individuazione della *punibilità* come *posterius* rispetto al reato e dipendente da esso". (grifos do autor). Contra: Giulio Battaglini. Op. cit., p. 343, entendendo que a punibilidade é por essência um conceito abstrato, afirma que não se pode confundir pena com punibilidade, que uma coisa é se falar em sujeito punível e sujeito punido, pela pena em concreto, pois delito seria um fato punível, e não punido, o que se daria com a aplicação da pena no caso concreto, concluindo: "a *punibilidade não pode nascer depois de ter surgido o delito, e colocar-se entre a infração e a pena*". (grifo do autor), p. 344.

sempre digno de pena, às vezes não é passível da aplicação desta. A isso os autores chamam de coerção penal[128], fugindo da possibilidade de considerar a punibilidade como elemento, o que somente poderia ser feito se não se utilizasse dela para sistematizar logicamente todos os institutos (como as condições objetivas de punibilidade).

Resumindo, os autores afirmam que não existe punibilidade, mas criam a figura da "coerção penal" para resolver os problemas encontrados em determinados tipos penais, afirmando haver "condições de operatividade da coerção penal" e dividindo-a em "condições penais" e "condições processuais"[129]. Com isso, buscam, na verdade, enfrentar um dos grandes problemas que surgem quando falamos de elementos objetivos.

Não se resolve o problema apenas chamando a punibilidade de nome diverso e colocando-a fora do crime. Com isso, os autores acabam fugindo da polêmica criada em torno do tema apenas por rotulá-lo com outra forma de nome.

O que nos leva a concluir que a criação de nova categoria no delito, qual seja, a punibilidade, não resolve totalmente o problema, suscitando várias outras críticas e dúvidas na teoria do delito. E mesmo não entendendo a punibilidade como resultado do crime, mas como merecimento de pena[130] não seria a solução. O melhor esclarecimento da teoria do crime traz a necessidade de esclarecer os elementos que ensejam a discussão da criação da categoria da punibilidade como elemento do crime, pois uma tentativa de se enquadrar novos problemas como crimes de bens supraindividuais e mesmo problemas antigos em uma nova categoria não resolvem as controvérsias já existentes, apenas trazem outra perspectiva dos mesmos problemas, quando não se criam outros obstáculos.

REFERÊNCIAS BIBLIOGRÁFICAS

ANTOLISEI, Francesco. *Manuale di diritto penale*. Milano: Giuffrè, 1949.

BACIGALUPO, Enrique. *Delito y Punibilidad*. Buenos Aires: Hammurabi, 1999.

BALESTRA, Carlos Fontán. *Derecho Penal. Introducción y parte general*. Buenos Aires: Abeledo-Perrot, 1961.

---

128. *Manual de Direito Penal Brasileiro*, cit., v. 1, pp. 636-637.
129. Ibid., p. 658.
130. Existe um crescente estudo sobre o binômio merecimento/necessidade da pena, tratando-se de tema complexo que necessita de melhor aprofundamento por parte dos estudiosos da teoria do delito, da teoria da pena e da finalidade da pena.

BARROS, Flavio Augusto Monteiro de. *Direito penal, Parte geral*. São Paulo: Saraiva: 2004, v. 1.

BATISTA, Nilo Batista. Notas históricas sobre a teoria do delito no Brasil. *Ciências Penais* – Revista da Associação de Professores de Ciências Penais. Brasil: Revista dos Tribunais, v. 1, ano 1, n. 1, jul-dez 2004 p. 130.

BATTAGLINI, Giulio. *Direito Penal*. São Paulo: Saraiva, 1973, v. 1.

BAUMANN, Juger. *Derecho Penal. Conceptos fundamentales y sistema*. Buenos Aires: Depalma, 1973.

BETTIOL, Giuseppe. *Direito Penal*. São Paulo: Revista dos Tribunais, v. 1, 1966.

BITENCOURT, César Roberto. *Tratado de direito penal. Parte geral*. São Paulo: Saraiva, 2004, v. 1.

BITTAR, Walter Barbosa. A punibilidade como categoria substantiva na estrutura do delito. In *Novos rumos do direito penal contemporâneo – Livro em homenagem ao Prof. Dr. Cezar Roberto Bitencourt*. Andrei Zankner Schmidt (org.). Rio de Janeiro: Lumen Juris, 2006.

BRANDÃO, Cláudio. *Teoria Jurídica do Crime*. Rio de Janeiro: Forense, 2003.

BRUNO, Aníbal. *Direito Penal – Parte Geral*. Rio de Janeiro: Forense, t. 1, 2003.

BUSTOS RAMIREZ, Juan José. HORMAZÁBAL MALARÉE, Hernán. *Lecciones de derecho penal, v. II. Teoría del delito, teoría del sujeto responsable y circunstancias del delito*. Madri: Trotta, 1999.

BRÍCOLA, Franco. Punibilità (Condizioni objettive di). in *Noviss. dig. it., XIV*, Torino, 1967.

BRUNO, Anibal. *Direito Penal. Parte geral*. Rio de Janeiro: Forense, t. 1, 2003.

CEREZO MIR, José. *Derecho Penal. Parte general*. São Paulo: Revista dos Tribunais; Lima, Perú: ARA Editores, 2007.

_____. *Derecho Penal. Parte general*. São Paulo: Revista dos Tribunais; Lima, Perú: ARA Editores, 2007.

COBO DEL ROSAL, Manuel; QUINTANAR DÍEZ, Manuel. *Instituciones de derecho penal español. Parte general*. Madri: CESEJ, 2004.

COSTA, Álvaro Mayrink da. *Direito Penal. Parte geral*. Rio de Janeiro: Forense, v. 1, 2005.

COSTA JÚNIOR, Paulo José da. *Código Penal comentado*. São Paulo: DPJ, 2005.

DELMANTO, Celso et al. *Código Penal comentado*. Rio de Janeiro: Renovar, 2007.

DIAS, Jorge de Figueiredo. *Direito Penal – Parte Geral, Questões fundamentais. A doutrina geral do crime*. Coimbra: Coimbra, t. 1, 2004.

DOTTI, René Ariel. *O incesto*. Curitiba: Lítero-Técnica, 1976.

_____. *Curso de direito penal. Parte Geral*. Rio de Janeiro: Forense, 2005.

ESTEFAM, André. *Manual de direito penal*. São Paulo: Atlas, 1996, v. 1.

FIANDACA, Giovanni; MUSCO, Enzo. *Diritto Penale*. Padova: CEDAM, 2007.

FONTÁN BALESTRA, Carlos. *Derecho Penal. Introducción y parte general*. Buenos Aires: Abeledo-Perrot, 1961.

FRAGOSO, Cláudio Heleno Fragoso. *Lições de Direito Penal Parte Geral*. Rio de Janeiro: Forense, 2003.

GARCIA, Basileu. Instituições de direito penal. São Paulo: Saraiva, 2008.

GARCIA PEREZ, Octavio. *La Punibilidad en el Derecho Penal*. Pamplona: Aranzadi, 1997,

GIULIANI. Ubaldo. Il Problema giuridico delle condizioni di punibilità. Padova: CEDAM, 1966.

GOMES, Luiz Flávio Gomes. Da punibilidade como terceiro requisito do fato punível. *Boletim do Instituto de Ciências Penais*, ano 3, n. 40, out. 2003.

GRECO, Rogério. *Curso de Direito Penal*. Niterói: Impetus, 2007.

HASSEMER, Winfried. *Introdução aos Fundamentos do Direito Penal*. Porto Alegre: Sérgio Antonio Fabris, 2005.

HUNGRIA, Nelson. *Comentários ao Código Penal*. Rio de Janeiro: Forense, v. 1, t. 2, 1958.

JAKOBS, Gunter. *Derecho Penal, Parte General. Fundamentos y teoría de La imputación*. Madri: Marcial Pons, 1997.

JESCHECK, Hans-Heinrich. WEIGEND, Thomas. *Tratado de derecho penal: parte general*. Granada: Comares, 2002

JESUS, Damásio Evangelista de. *Direito Penal. Parte geral*. São Paulo: Saraiva, 2006, v. 1.

JIMENEZ DE ASÚA, Luis. *Tratado de derecho penal*. Buenos Aires: Losada, v. 7, 1985.

_____. *El criminalista*. Buenos Aires: Ed. Argentina, t. 8, 1948.

_____. *Principios del derecho penal, la ley e el delito*. Buenos Aires: Abeledo-Perrot, 2005.

MANTOVANI, Ferrando. *Diritto Penale* – parte generale. Padova: CEDAM, 2007.

MAGGIORE, Giuseppe. *Derecho Penal. El Derecho Penal – El Delito*. Bogotá: Temis, v. 1, 2000.

MAPELLI CAFFARENA, Borja. *Estudio jurídico-dogmático sobre las llamadas condiciones objetivas de punibilidad*. Madrid: Ministerio de Justicia, 1990.

MARINUCCI, Giorgio; DOLCINI, Emilio. *Manuale di diritto penale. Parte generale*. Milano: Giuffrè, 2006.

MARQUES, José Frederico. *Tratado de Direito Penal*. Campinas: Millennium, v. 2, 2002.

MARTINS, José Salgado. *Direito penal*. São Paulo: Saraiva, 1974.

MASSARI, Edoardo Le Condizioni di Punibilità nelle momento procesuale.*Riv. It. Dir. Penal*, 1929, v. 1, parte II, pp. 478-496.

MAURACH, Reinhart; ZIPF, Heinz. *Derecho Penal – parte general*. Buenos Aires: Júlio César Faria, v. 1, 2006.

MESTIERI, João. *Teoria Elementar do Direito Criminal. Parte geral*. Rio de Janeiro: Edição do Autor, 1990.

MIRABETE, Júlio Fabbrini. *Curso de Direito Penal. Parte Geral*. Rio de Janeiro: Forense, 2005, 2ª ed. rev. atual e ampl.

MIR PUIG, Santiago. *Derecho Penal, Parte General*. Barcelona: Reppertor, 2004.

MUÑOZ CONDE, Francisco. *Teoria geral do delito*. Porto Alegre: Fabris, 1988.

MUÑOZ CONDE, Francisco e GARCÍA ARÁN, Mercedes. *Derecho penal. Parte general*. 6ª ed. rev. e atual. Valencia: Tirant lo Blanch, 2004.

NORONHA, Edgard Magalhães. *Direito Penal*, São Paulo: Saraiva, v. 1, 2003.

NUCCI, Guilherme de Souza. *Código Penal Comentado*. São Paulo: Revista dos Tribunais, 2008.

_____. *Manual de Direito Penal*. São Paulo: Revista dos Tribunais, 2005.

PALAZZO, Francesco. *Corso di Diritto Penale. Parte generale*. Torino: Giapichelli, 2006.

PETROCELLI, Biagio. Reato e punibilità. *Riv. It. Dir. e Proc. Penal*. 1960.

PRADO, Luis Regis. Apontamentos sobre a punibilidade e suas condicionantes positiva e negativa. Revista dos Tribunais. São Paulo: Revista dos Tribunais, ano 89, v. 776, p. 441, jun. 2000.

_____. *Curso de Direito Penal Brasileiro*. São Paulo: Revista dos Tribunais, vol. 1, 2005.

PULITANÒ, Domenico. *Diritto Penale*. Torino: G. Giappichelli, 2005.

ROMANO, Davide. *Le Condizioni Obiettive di Punibilità – Um'ipotesi di interpretazione dell'art. 44 c.p.* Bari: Palomar, 2005.

ROXIN, Claus. *Derecho penal. parte general*. Madri: Civitas, 2003.

SALVADOR NETO, Alamiro Velludo. *Finalidades da pena. Conceito material de delito e sistema penal integral*. São Paulo: Quartier Latin, 2009.

SANTOS, Juarez Cirino dos. *A Moderna Teoria do Fato Punível*. Rio de Janeiro: Revan, 2002.

SILVA, Germano Marques da. *Direito Penal português. Teoria das penas e das medidas de segurança*. Verbo: Lisboa/São Paulo, v. 3, 1999.

SILVA SANCHEZ, Jesus-Maria. *Aproximación al derecho penal contemporáneo*. Barcelona: Bosch, 2002.

STRATENWERTH, Gunter. *Derecho Penal. Parte General I. El hecho punible*. Buenos Aires: Hammurabi, 2005.

TAVAREZ, Juarez. Teoria *do delito – variações e tendências*. São Paulo: Revista dos Tribunais, 1980.

TELES, Ney Moura. *Direito Penal. Parte geral*. São Paulo: Atlas, v. 1, 2004.

TEOTÔNIO, Luís Augusto Freire. Culpabilidade e a polêmica no Brasil: elemento integrante do crime ou mero pressuposto de aplicação da pena. *Revista dos Tribunais*. Revista dos Tribunais: São Paulo, v. 814. p. 459-460, ago. 2003.

TOLEDO, Francisco de Assis. *Princípios Básicos de Direito Penal*. 5 ed. São Paulo: Saraiva, 2002.

ZAFFARONI, Raul Eugênio; PIERANGELI, José Henrique. *Manual de direito penal brasileiro, vol. 1 – Parte geral*. São Paulo: Revista dos Tribunais, 2008.

WELZEL, Hans. *El nuevo sistema del Derecho Penal*. Buenos Aires: B de F, trad. José Cerezo Mir. Col. Maestros del Derecho Penal nº 4, 2004,

WESSELS, Johannes. *Direito Penal. Parte geral*. Porto Alegre: Fabris, trad. Juarez Tavares, 1976.

CAPÍTULO 16

Justiça Restaurativa e Direito Penal Juvenil: Uma Perspectiva

ABADIO BAIRD
Advogado. Presidente da Associação dos Novos Advogados de Mato Grosso do Sul – ANA-MS.

LETÍCIA CAMPOS BAIRD
Advogada. Economista. Especialista em Direito Processual.

SUMÁRIO: 1. Introdução. 2. A Justiça Penal na Perspectiva da Justiça Restaurativa. 3. O Modelo Clássico de Justiça Penal Confrontado com o Modelo de Práticas Restaurativas. 4. A Doutrina da Proteção Integral e a Aplicação das Práticas Restaurativas. 5. Notas Experimentais Brasileiras. 6. Conclusão.

"(...) as pessoas grandes jamais se interessam em saber como ele realmente é.
Não perguntam nunca: 'Qual é o som da sua voz?
Quais brinquedos que prefere? Será que ele coleciona borboletas?'
Mas, perguntam: 'Qual é a sua idade? Quantos irmãos ele tem?
Quanto pesa? Quanto ganha seu pai?'
Somente assim é que elas julgam conhecê-lo."
(O Pequeno Príncipe – Antoine de Saint Exupéry)

1. INTRODUÇÃO

No Brasil, aproximadamente quatorze mil adolescentes estão em cumprimento de medida sócio-educativa de privação de liberdade. Desses, 90% (noventa por cento) são meninos, 51% (cinquenta e um por cento) já não mais frequentam a escola (e sequer concluíram o ensino fundamental), 86% (oitenta e seis por cento) são usuários de drogas[1] e 80% (oitenta por cento) dos adolescentes em conflito

---

1. ZAMORA, Maria Helena (2008) "Aceitar ou Reagir", http://www.juizoofilme.com.br. Acesso em 6 de maio de 2008.

com a lei vêm de lares em que a renda familiar não alcança dois salários-mínimos[2]: jovens marginalizados dos valores perfilhados pela própria sociedade que os aborta.

Oriundos de famílias desestruturadas econômica e psicologicamente, marcados pela privação do mínimo existencial e da ausência de perspectivas, discriminados pela sociedade, filhos de uma Pátria omissa nos seus deveres e comissiva nas injustiças, os adolescentes infratores brasileiros traduzem a precisa expressão da socióloga e pesquisadora Vera da Silva Telles: "vidas que se estruturam no fio da navalha"[3].

O cometimento de ato infracional pelo adolescente – conduta, prevista em lei, como crime ou contravenção penal – pode deflagrar ação sócio-educativa pública com vistas à aplicação de medida sócio-educativa. A Constituição da República de 1988 sujeita o adolescente a uma legislação especial, assegurando-lhe um tribunal especial, presidido por um juiz especial, objetivando resposta estatal antes em uma finalidade pedagógica do que punitiva (apesar do cunho misto). Não é, todavia, o que tem sido implementado.

Em que pese a vigência da doutrina da proteção integral e a edição de inúmeros documentos internacionais guaridadores dos direitos juvenis, rotineiramente é possível deparar-se com a notícia de violações, inclusive processuais a que são submetidos os adolescentes, não sendo senão outra a percepção:

> "Se acompanharmos o noticiário cotidiano da imprensa, poderemos constatar que poucos países no mundo tratam os jovens infratores de forma tão desumana e degradante como o nosso. A política de atendimento – salvo as raras e honrosas exceções – tem-se resumido à construção de mais unidades e a sua lotação com pessoal despreparado (...)."[4]

Ocorre, todavia, que a submissão do adolescente da forma indiscriminada, como vem acontecendo, à privação de sua liberdade é imputar-lhe carga aflitiva de consequências inaferíveis. FRASSETO, nesse sentido, pontua:

> *"Todos os internos, quase invariavelmente, mais ou menos cedo acabam recomendados para a saída por conta do aproveitamento do regime. Assim, ou as avaliações estão enviesadas ou elas demonstram ser falaciosa toda a literatura vastíssima, que denuncia*

---

2. PRUDENTE, Neemias Moretti. "Pão e Sangue". Disponível em: http://www.ambito-juridico.com.br.
3. Termo de autoria da socióloga e pesquisadora do CENEDIC (Centro de Estudos dos Direitos da Cidadania), Vera da Silva Telles.
4. COSTA, Antônio Carlos Gomes da. "A implementação do Estatuto da Criança e do Adolescente: uma trajetória de luta e trabalho". *Publicação do Centro de Estudos e Aperfeiçoamento Funcional – CEAF. Procuradoria-Geral de Justiça/Ministério Público do Estado de Minas Gerais*. Belo Horizonte, ano II, edição especial – out.2007.

os danos psicossociais dos reformatórios juvenis. O sistema de execução baseado na avaliação psicossocial de aproveitamento, como se vê, é montado com um mecanismo de auto-reforçamento inibidor por excelência da crítica, ou seja, é montado para invisibilizar o entorno institucional"[5]. (grifo nosso)

Desta feita, configura-se em um sistema penal alienígena à linguagem do adolescente, eivado de rigores e formalismos que, ademais, tem-se demonstrado ineficaz também em seus objetivos primários.

É neste cenário que ascendem as práticas restaurativas que, calcadas no respeito à diferença e na tolerância, propõem uma quebra do paradigma punitivo imposto aos adolescentes, por meio de uma releitura do ato infracional, sob a ótica da voluntariedade e por meio da gestão compartilhada do conflito, envolvendo autor, vítima e comunidade, ampliando, dessa forma, o palco da cidadania.

Pretende-se a apresentação deste novo referencial de justiça por meio de sua aproximação com a realidade do adolescente infrator brasileiro. Para tanto, o texto, inicialmente, traçará um panorama da justiça penal nesta nova perspectiva, abordando conceitos, evolução e principiologia. Depois, um confronto entre o modelo clássico de justiça penal e o modelo de práticas restaurativas possibilitará uma formatação teórica menos abstrata. Mais adiante, partindo da doutrina da proteção integral – enunciando as garantias processuais e materiais proclamadas pelo Estatuto da Criança e do Adolescente – pretende-se a identificação desta com os pilares das práticas restaurativas convergindo para a sua aplicação quando do cometimento de ato infracional. Seguindo, notas experimentais, inclusive com menção e deferência às práticas restaurativas brasileiras, pragmatizarão o valimento e a conclusão do que aqui se defende.

2. A Justiça Penal na Perspectiva da Justiça Restaurativa

A ideia clássica do *jus puniendi* consubstancia-se no direito subjetivo do Estado de impor limites sociais e de defesa. A prática do sistema processual do tipo acusatório apresenta-se por meio de uma relação triangular (jurisdição – pretensão acusatória – resistência) edificada na oposição. É o paradigma punitivo-retributivo.

A ineficácia desse sistema penal que não tem atingido os objetivos a que ele mesmo se propôs, abriu as portas para o surgimento de penas e medidas alternativas que, tampouco, conseguiram melhor resultado. Conforme SICA, "nas últimas décadas muito se falou sobre penas alternativas: incontáveis projetos, experiências

---

[5]. FRASSETO, Flávio Américo *et al.* "O ECA, o Judiciário e as Medidas Sócio-Educativas". *Revista do IBCCRIM*, ano 13, n. 155, outubro de 2005:8-9.

e supostas inovações surgiriam nesse campo. Curiosamente, as taxas gerais de encarceramento subiram vertiginosamente (...)"[6].

KONZEN arremata o precitado pensamento, ponderando que de nada adianta pensar em penas e medidas alternativas se pela própria essência dos mecanismos existentes estas estão fechadas na ideia da pena:

> "A massa dos encarcerados, a (des)organização produzida a partir da falência do estado-aprisionador, a incapacidade resolutiva das políticas de segurança, os reclamos por mais e mais investimentos em repressão, a insuficiência das políticas sociais, as explicações para o fenômeno, tudo leva ao desespero pela retórica esvaziada dos discursos sem efetiva repercussão no campo das soluções."[7]

Importa, desde já, averbar que o telado paradigma de justiça penal não tem por desiderato a eliminação do modelo punitivo-retributivo, não configurando um modelo substitutivo ao atual,[8] devendo, ao contrário, nesta fase da evolução social e jurídica brasileira, coexistirem.

A conceituação das práticas restaurativas, por não se tratar de um tema fechado, legalizado, mas sim de medidas em vias da construção de sua teoria, não há uma definição cerrada, havendo conceitos doutrinários e sugestões enunciativas, todas, porém, no mesmo sentido: o de que qualquer ação que pretenda a justiça por meio da reparação do dano causado pelo crime pode ser considerada uma prática restaurativa. Eis algumas conceituações:

Publicação específica das Nações Unidas sobre a justiça restaurativa: *Handbook on Restorative Justice Programmes – Criminal Justice Handbook Series* (Viena, 2006), define o processo restaurativo como:

> "A restorative process is any process in wich the victim and the offender and where appropriate, any other individuals or community members affected by a crime participate together actively in the resolution of matters arising from the crime, generally with the help of a facilitator."[9]

---

6. SICA, Leonardo. *Justiça Restaurativa e Mediação Penal. O Novo Modelo de Justiça Criminal e de Gestão do Crime.* Rio de Janeiro: Editora Lumen Juris, 2007. p. 8.
7. KONZEN, Afonso Armando. *Justiça Restaurativa e Ato Infracional: desvelando sentidos no itinerário da alteridade.* Porto Alegre: Livraria do Advogado, 2007. p. 103.
8. Vale pontuar, no entanto, que Howard Zehr (grande referência no assunto, sendo considerado por muitos como o "pai da justiça restaurativa") vem realizando experimentações com a aplicação de práticas restaurativas em delitos de intensa gravidade, conforme suas próprias ponderações quando de conferência magna realizada em São Paulo, em abril de 2008.
9. *Handbook on Restorative Justice Programmes – criminal justice handbook series.* United Nations – Office on Drugs and Crime. New York: United Nations, 2006. United Nations Publication. Sales no. E. 06. v. 15. ISBN 10:92-1-133754-2. ISBN 13: 978-92-1-133754-9. p. 7.

O Conselho da União Europeia, conforme decisão de 4 de julho de 2002, criou a denominada "Rede Europeia de Pontos de Contacto Nacionais para a Justiça Restaurativa", definindo-a da seguinte forma:

> "Art. 2º. *Definição e formas de justiça restaurativa: Para efeitos da presente decisão, o termo "justiça restaurativa" refere-se a uma visão global do processo de justiça penal em que as* **necessidades da vítima assumem a prioridade e a responsabilidade do infrator é realçada de uma maneira positiva.** *A justiça restaurativa denota uma abordagem lata em que a reparação material e imaterial da relação confundida entre a vítima, a comunidade e o refractor constitui um princípio orientador geral no processo de justiça penal. O conceito de justiça restaurativa abrange um conjunto de ideias que é relevante para diversas formas de sancionamento e de tratamento de conflitos nas várias fases do processo penal ou com ele relacionados. Embora até à data a justiça restaurativa tenha encontrado expressão principalmente em diversas formas de mediação entre as vítimas e os infractores (mediação vítima-infractor), estão cada vez mais a ser aplicados outros métodos, como, por exemplo, o debate em família. Os governos, a polícia, os órgãos de justiça criminal, as autoridades especializadas, os serviços de apoio e assistência à vítima, os serviços de apoio ao infractor, os investigadores e o público estão todos implicados neste processo.*"[10] (grifo nosso)

Vale trazer, também, o conceito de justiça restaurativa delineado na ocasião do seminário "Building Restorative Justice in Latin América", em que se lançou a Declaração da Costa Rica sobre Justiça Restaurativa na América Latina (setembro do ano de 2005), conforme:

> "Art. 1º.
> § 1º processo restaurativo é aquele que permite vítimas, ofensores e quaisquer outros membros da comunidade, com a assistência de colaboradores, participar em conjunto, quando adequado, na busca da paz social.
> § 2º Arrependimento, perdão, restituição, accountability, reabilitação e integração social, entre outros, podem ser incluídos dentre as metas restaurativas."[11]

Doutrinadores e aplicadores nacionais, como Eduardo Rezende Melo conceitua na seguinte dimensão:

> "um modelo sem oportunidade de questionamento e de resistência. Uma justiça pautada por um processo de reforma permanente, como expressão de sua inserção histórica, em que se criam espaços outros de acolhimento e de promoção de direitos."[12]

---

10. BAIRD, Letícia Campos. *Ato Infracional e Justiça Restaurativa – Uma perspectiva de direito para o Direito Penal Juvenil*. Monografia apresentada ao Curso de Especialização Telepresencial e Virtual em Direito Processual Grandes Transformações. São Paulo: UNISUL-LFG, 2008. p. 15.
11. *Idem, ibidem*, p. 16.
12. MELO, Eduardo Rezende. *Justiça Restaurativa e seus desafios histórico-culturais*. In: SLAKMON, Catherine (Org). *Justiça Restaurativa*. Brasília: MJ e PNUD, 2005.

Dessumível, portanto, de todas as expressões conceituais é a aproximação da noção de justiça restaurativa ao pluralismo e, consequentemente, ao papel democrático que ela oportuniza, na medida em que a comunidade é tanto autora quanto destinatária nas e das políticas de reparação, formando, assim, o amálgama necessário para a reconstrução do sistema de regulação social sob o matiz dourado dos direitos humanos.

As práticas restaurativas têm sua sede evolutiva nos modelos de organização social comunais pré-estatais europeias e nas coletividades nativas, conforme assinala JACCOURD *apud* KONZEN[13]. Lá surgiram, uma vez que referidas sociedades valorizavam as práticas de regulamentação social baseadas na manutenção da coesão do grupo, sobrepondo o interesse coletivo em detrimento da individualidade.

SICA[14] traçando panorama histórico cita como o embrião restaurativo na América do Norte os movimentos descarcerizantes da década de 1970, como decorrência da crise do *welfare state*, consubstanciada na inefetividade das políticas públicas de promoção do bem-estar social, que tornou necessária a elaboração de outras formas de justiça a fim de atender os reclames de custos sociais menores e prisões menos lotadas.

Origens recentes do movimento restaurativo alocam-se, fortemente, no Canadá (VOM – Victim-Offender Mediation, por exemplo) e na Nova Zelândia (Children, Young Persons and Their Family Act – programa insersor do envolvimento familiar na resolução de atos infracionais), estando vinculadas aos parâmetros de justiça dos povos aborígines e maori. Nesses países, por muito tempo, vigeu a completa falibilidade da justiça perante esses segmentos sociais, em razão do "déficit comunicativo" entre esses povos (representantes de expressiva parcela da massa carcerária) e os valores tradicionais da justiça aplicados[15]. Na África, referidas práticas têm sido usadas no combate ao ranço deixado pelo *apartheid*, por meio das Comissões para Verdade e Reconciliação.[16]

A principiologia da justiça restaurativa, segundo a precitada e específica publicação das Nações Unidas, reflete a conexão entre os seguintes valores:

> "Process values: participation and empowerment of participants, respect for all participants, preference for consensual outcomes over imposed ones; commitment of parties

---

13. KONZEN, Afonso Armando. *Idem, ibidem*, p. 73.
14. SICA, Leonardo. *Idem, ibidem*, p. 20-27.
15. SICA, Leonardo. *Idem, ibidem*, p. 22.
16. SICA, Leonardo. *Idem, ibidem*, p. 24.

to agreement reached through the process, flexibility and responsiveness of process and outcomes and community empowerment."[17]

KONZEN, apoiado em Marshall, resumindo os valores apontados pelas Nações Unidas, elenca os vetores da justiça restaurativa sob três prismas[18]: importância do sistema dialogal (propiciador de um sentir mais justo e formatador de uma consciência coletiva, instrumentalizando a prevenção à reincidência), participação dos direta e indiretamente envolvidos (legitimando a aplicação e desenvolvendo a noção de justiça como respeito ao propriamente comunitário) e acordos restaurativos propriamente ditos (resultados que se afastam do lugar-comum das estatísticas de produtividade e se inserem na busca pela qualidade, independentemente da tradução formal do resultado).

Trazido pela publicação das Nações Unidas, o estudo de caso abaixo transcrito reflete a incidência e a conjugação dos valores acima expostos:

> Victim offender mediation
>
> After approximately two hours of at times heated and emotional dialogue, the mediator felt that the offender and victim had heard each other's story and had learned something important about the impact of the crime and about each other. They had agreed that the offender, a fourteen year old, would pay $ 200 in restitution to cover the cost of damages to the victim's home resulting from a break-in. In addition, he would be required to reimburse the victims for the cost of a VCR he had stolen, estimated at $ 150. A payment schedule would be worked out in the remaining time allowed for the meeting. The offender also made several apologies to the victim and agreed to complete community service hours working in a food bank sponsored by the victim's church. The victim, a middle aged neighbour of the offender, said that she felt less angry and fearful after learning more about the offender and the details of the crime and thanked the mediator for allowing the mediation to be held in her church basement.[19]

É, em suma, o reconhecimento e a valorização das experiências pessoais em um mundo cujo ritmo é o da impessoalidade, da *standartização* dos sentimentos.

---

17. *Handbook on Restorative Justice Programmes – criminal justice handbook series*. United Nations – Office on Drugs and Crime. New York: United Nations, 2006. United Nations Publication. Sales no. E. 06. v. 15. ISBN 10:92-1-133754-2. ISBN 13: 978-92-1-133754-9. p. 8.
18. KONZEN, Afonso Armando. *Idem, ibidem*, p. 82.
19. *Handbook on Restorative Justice Programmes – criminal justice handbook series*. United Nations – Office on Drugs and Crime. New York: United Nations, 2006. United Nations Publication. Sales no. E. 06. v. 15. ISBN 10:92-1-133754-2. ISBN 13: 978-92-1-133754-9. p. 20.

3. O Modelo Clássico de Justiça Penal Confrontado com o Modelo de Práticas Restaurativas

Abordagens comparativas permitem uma compreensão menos abstrata, sobretudo, quando uma das partes confrontadas tem a força de um dogma (modelo clássico) e a outra desenvolve sua teoria deitada em raízes empíricas (modelo das práticas restaurativas).

Para o cotejo[20], foram eleitos cinco critérios: valores de cada sistema, procedimentos, resultados, efeitos para a vítima e efeitos para o infrator.

Quanto aos valores, para a justiça retributiva, o conceito de crime liga-se à violação da lei penal configuradora de ofensa ao Estado; a culpabilidade é mirada sob a perspectiva individual; o Estado porta-se com indiferença quanto ao contexto e necessidades do infrator, vítima e entorno (comunidade, por exemplo); concepção excludente (monocultural) e calcada no uso dogmático do direito penal positivo (dissuasão) e monopólio estatal da justiça criminal. Sob o prisma da justiça restaurativa, o crime abarca uma ampla conceituação: é uma ofensa que transcende à vítima e ao Estado; a responsabilidade é lida como a restauração em dimensão coletiva; opera o comprometimento com a inclusão e a justiça social; realiza-se o uso crítico e alternativo do Direito, sedimentado na persuasão; concepção cultural pluralista; uma justiça criminal participativa.

Relativamente aos procedimentos manejados pelos sistemas, a justiça retributiva fundamenta o exercício da jurisdição no princípio da indisponibilidade da ação penal, a adoção de rito formal e procedimentos complexos (garantias processuais), denota cunho contencioso e contraditório, ficando o processo decisório afeto às autoridades (policiais e judiciárias). Para a justiça restaurativa, a orientação principiológica funda-se no princípio da oportunidade, a adoção de procedimento informal, com confidencialidade, proporciona liberdade esclarecida aos envolvidos, exprimindo seu cunho voluntário e colaborativo na condução de um processo decisório compartilhado.

Os resultados almejados pelo sistema retributivo focam-se no infrator, as penas podem dar-se sob a forma privativa de liberdade (muitas vezes, carcerização desumana), restritivas de direitos (algumas ineficazes), multas ou absolvições com base no princípio da insignificância; a tutela penal é de bens e interesses, sobrando à ressocialização papel secundário: paz social com tensão. A ótica restaurativa pretende a reconquista da relação entre as partes, na reparação por meio da conscientização aliada à escusa do infrator, da restituição e prestação de serviços à

---

20. O panorama comparativo é inspirado no Quadro: Para Entender a Justiça Restaurativa, publicado no periódico *Carta Forense*, ano V, n. 51, agosto 2007, p. 45.

comunidade, enfim, um acordo (conjunção de vontades) restaurativo pautado na razoabilidade das obrigações assumidas: paz social com dignidade.

Para a vítima, segundo a justiça retributiva, é conferida posição marginal dentro do processo, não lhe sendo atribuída participação efetiva; a assistência usualmente oferecida é irrisória diante da ofensa geralmente cometida, operando-se a endêmica sensação de impunidade, frustração e ressentimento com o sistema. Opostamente, na prática restaurativa a vítima é o centro do processo, possuindo voz ativa; recebe assistência, restituição material e psicológica.

Já para o infrator, os efeitos, pela justiça retributiva, são de considerá-lo em suas faltas e má-formação; ocupa posição de ignorância das garantias formais e materiais do processo, sendo a sua comunicação feita por intermédio de terceiros (advogado); é completamente desestimulado ou mesmo inibido a dialogar com a vítima; não há verdadeiramente uma responsabilização, mas sim punição pelo fato (às vezes, por quem é). O infrator, para a justiça restaurativa, é visto no seu potencial de responsabilidade pelos danos e consequências do delito; interage com a vítima e comunidade, sendo informado sobre os fatos do processo restaurativo em linguagem acessível e aberta; é-lhe oportunizado sensibilizar-se com o trauma da vítima e assim poder desculpar-se.

Logo, ao propor nova subjetividade – pluralidade ativa – e a redefinição dos problemas, significa, também, a instituição de modo menos autoritário e mais legítimo de regulação social, sedimentando, ademais, alicerces democráticos.

4. A Doutrina da Proteção Integral e a Aplicação das Práticas Restaurativas

TIMM *apud KONZEN* decifra a adolescência como:

> "um tempo da vida 'de intensificação de experiências, mudanças, sentidos, medos e ousadias; um tempo em que a dialética entre limites e a superação de limites, entre obstáculos e o gosto em desafiá-los e superá-los, se expande ainda mais, em todos os sentidos e direções; uma criatura exposta, uma pessoa em crise por excelência."[21]

A história do Direito Juvenil, conforme MENDEZ[22], é dividida em três etapas:

a) de caráter penal indiferenciado: cujo conteúdo foi eminentemente retribucionista, considerando os adolescentes da mesma forma que os adultos,

---

21. KONZEN, Afonso Armando. *Idem, ibidem*, p. 69.
22. SARAIVA, João Batista Costa. *Compêndio de direito penal juvenil: adolescente e ato infracional*. 3ª ed., rev. ampl. – Porto Alegre: Livraria do Advogado, 2006. p. 19.

sendo com estes recolhidos para fins de aplicação de penas privativas de liberdade. Vigeu do século XIX até a primeira década do século XX.

b) de caráter tutelar: decorreu esta fase da indignação moral decorrente das barbáries cometidas na primeira etapa; sua lógica culminou (no cenário brasileiro) na Lei de Assistência Social de Menores Delinquentes e Abandonados, editada em 1923, no Código Mello Matos, de 1927 e, posteriormente, no Código de Menores de 1979.

c) de caráter penal juvenil: delineada por ocasião da Declaração Universal dos Direitos da Criança (1959), inaugurou um processo de responsabilidade juvenil. Assentou-se no ano de 1989 com a aprovação da Convenção sobre os Direitos da Criança, que passaram, a partir de então, a contar com força coercitiva para os Estados signatários, dentre os quais, o Brasil.

COSTA, referindo-se ao nascimento do Estatuto da Criança e do Adolescente, comemora com esperança e nos seguintes termos:

> "*Mais do que um projeto de lei, que, aprovado pelas duas casas do Congresso Nacional e sancionado pelo Presidente, se tornou lei, o Estatuto da Criança e do Adolescente segue sendo um projeto.* **Um projeto de sociedade.**"[23] (grifo nosso)

Divisor de águas no trato da questão da criança e do adolescente, a Lei n. 8.069, de 13 de julho de 1990, regulamentou o espírito da Convenção Internacional dos Direitos da Criança de 1989 e a letra da Carta Constitucional Brasileira, promovendo, por meio da incorporação dos fundamentos da Doutrina das Nações Unidas de Direito da Criança, transformações que suplantaram as sendas jurídicas, alcançando as realidades social e política brasileiras.

Observando a Doutrina da Proteção Integral, segundo a qual reconhece a criança (até doze anos incompletos) e o adolescente (até 18 anos incompletos) enquanto sujeitos de direito, pessoas em peculiar condição de desenvolvimento, independentemente de sua condição social, econômica ou familiar, rompeu-se com a famigerada Doutrina da Situação Irregular, que bipartia a infância entre as crianças cujos direitos eram assegurados (crianças em situação regular) e aquelas tidas por "menores", objetos da lei, por estarem em situação irregular, sistema este reforçoso da exclusão social.

---

23. COSTA, Antônio Carlos Gomes da. "A implementação do Estatuto da Criança e do Adolescente: uma trajetória de luta e trabalho". *Publicação do Centro de Estudos e Aperfeiçoamento Funcional – CEAF. Procuradoria-Geral de Justiça/Ministério Público do Estado de Minas Gerais*. Belo Horizonte, ano II, p. 15, edição especial – out.2007.

Doravante, o tratamento legal a ser impingido ao adolescente a que se atribui a prática de uma conduta descrita na lei como crime ou contravenção penal deve, necessariamente, perpassar por uma leitura dos direitos fundamentais.

Imperioso, portanto, traçar as características principais da Doutrina da Proteção Integral e uma perspectiva da pessoa do adolescente visto sob o prisma de condição peculiar de pessoa em desenvolvimento e sujeito de suas ações para, assim, melhor poder reler-se o ato infracional e adequá-lo à justiça penal restaurativa.

Segundo KONZEN, "o paradigma da Convenção, base principiológica do que se convencionou chamar de Doutrina da Proteção Integral, propôs formas e limites ao poder do Estado de restringir ou privar de liberdade".[24]

O precitado autor sintetiza os postulados desta Convenção, que, ademais, são tradutores do âmago da doutrina da proteção integral, conforme:

> "(i) estabelecimento de uma idade mínima antes da qual se presume que a criança não tem capacidade para infringir leis penais; (ii) vedação da tortura e dos tratamentos cruéis, desumanos e degradantes; (iii) respeito ao princípios da reserva legal, presunção de inocência, ampla defesa, celeridade, juiz natural, assistência judiciária, oitiva pessoal, direito ao silêncio, privacidade, igualdade na relação processual, revisão das decisões, desjudicialização e da existência de medidas alternativas à institucionalização.; (iv) tratamento digno do privado de liberdade, levando-se em consideração as necessidades de uma pessoa em idade de desenvolvimento: contato com a família, acesso à assistência, em especial à jurídica; (v) tratamento proporcional às circunstâncias e ao tipo do delito."[25]

Denota-se, portanto, que a medida sócio-educativa não tem caracteres tutelar ou protetor. Torna-se sujeito de direitos e que, com o advento da proteção integral, passou a contar com possibilidade concreta de resistência à imputação, superando o mito da incapacidade.

O outro esteio do direito sócio-educativo – reconhecimento da condição peculiar de pessoa em desenvolvimento – remete à noção de respeito à difícil fase pela qual passa o adolescente; assim, na hipótese de prática de ato infracional, ao adolescente é reconhecida a responsabilidade penal, contudo, trata-se de uma responsabilidade penal diferenciada, em que se reforça antes a necessidade de se perceber as consequências do comportamento, viabilizando, assim, um processo educativo ("atendimento às necessidades pedagógicas") calcado na atribuição de responsabilidade.

O sistema processual, a que, hodiernamente, são submetidos os adolescentes brasileiros que praticam ato infracional, não reflete a grandeza das garantias acima delineadas. FRASSETO pondera que o que se tem visto é que "na prática, a equivocada conjugação dos critérios de gravidade e necessidade pedagógica tem

---
24. KONZEN, Afonso Armando. *Idem, ibidem*, p. 26.
25. *Idem, ibidem*, p. 25.

convertido o sistema de aplicação de medidas sócio-educativas num aparato repressor sem limites"[26]. Inclusive, é, também, latente a incoerência entre o direito assegurado no estatuto e a resistente jurisprudência:

> "As leis, dizem, envelhecem, mas a jurisprudência é sempre atual. Este ditado se vale como regra, encontra exceção na órbita da Infância e Juventude. Aqui, podemos dizer, a lei é nova, mas a jurisprudência, envelhecida, fonte de resistência à modernização do pensamento. Isto porque o ECA não veio simplesmente ratificar uma situação de fato já consolidada na realidade cotidiana ou nas decisões dos Tribunais. Ele se impôs, no dizer de Edson Seda, 'como matriz alterativa do imaginário e das práticas sociais', incorporando preceitos efetivamente modificadores de hábitos, usos e costumes até então vigentes no trato com a criança e com o adolescente."[27]

Uma vez traçadas as garantias e direitos reconhecidos aos adolescentes, bem como, após o esboço do que se entende por práticas restaurativas, cumpre, nesta parte, ressaltar alguns pontos de identidade que respaldam a coordenação aqui desposada: cometimento de ato infracional e aplicação das práticas restaurativas em observância à doutrina da proteção integral.

Talhadas segundo um proceder de atendimento das necessidades e expressões locais da vítima/comunidade e do ofensor, as práticas restaurativas vão ao encontro dos desdobramentos do princípio do reconhecimento da condição peculiar do adolescente como o de pessoa em desenvolvimento, na medida em que, durante os círculos restaurativos busca-se mirar o problema segundo o primado do interesse das pessoas envolvidas, definindo responsabilidades e restauração em uma dimensão social compartilhada, respeitadas as peculiaridades do contexto e dos envolvidos.

O Estatuto da Criança foi construído sob o matiz da democracia participativa, prevendo, inclusive, a co-responsabilização da sociedade civil no atendimento dos direitos fundamentais da criança e do adolescente, por meio, por exemplo, da criação de conselhos (expressão do princípio da incompletude institucional, art. 120, parágrafo 1º do ECA), bem como o manejo do princípio da rede enquanto norteador das políticas públicas de atendimento.

Essas interações – já conectadas ao ordenamento – resplandecem característica que é requisito deste novo paradigma de justiça: a participação de pessoas imediata (autor, vítima, familiares, amigos, vizinhos) e mediatamente (comunidade local, organizações sociais) ligadas ao evento, *"promovendo o conceito de democracia*

---

26. FRASSETO, Flávio Américo. "O ECA, o Judiciário e as Medidas Sócio-Educativas". *Revista do IBCCRIM*, ano 13, n. 155, outubro de 2005:8-9.
27. FRASSETO, Flávio Américo. "Ato Infracional, Medida Sócio-Educativa e Processo: A Nova Jurisprudência do Superior Tribunal de Justiça". *Discursos Sediosos*. Rio de Janeiro, v. 12, p. 167-191, 2002.

ativa, que empodera indivíduos e comunidades para a pacificação de conflitos de forma a interromper as cadeias de reverberação da violência"[28].

Assim, priorizam-se os mecanismos de intervenção, respaldados por valores do convívio comunitário, o que acaba por legitimar a *mens legens* contida nos preceitos normativos, tornando a lei coerente com a realidade.

O direito da Infância e Juventude caracteriza-se por ser um direito promocional, ou seja, que sob o prisma da prevenção almeja transformações estruturais.

Nesse diapasão, SICA chama a atenção para o seguinte fato:

> "diversas pesquisas admitem que práticas restaurativas atuam decisivamente na contenção da espiral de violência (alimentadas pelas práticas retributivas), revertendo esse movimento em sentido contrário: uma espiral de não-violência, pois conforme as taxas de crime caem, a sociedade tem menos razões para demandas punitivas e se posiciona mais a favor da abordagem restaurativa na justiça penal e, paulatinamente, abre mão de penas aflitivas."[29]

Isto é, para a construção deste novo referencial, esforços são direcionados no sentido do garantismo positivo, em que se recuperam as ideias de humanização do sistema, fortalecendo o caráter subsidiário do direito penal, promovendo, também, modificações sociais e estruturais sustentáveis.

A reparação do dano, prevista no Estatuto da Criança e do Adolescente como medida sócio-educativa resulta, segundo SARAIVA, "do agir do adolescente, de seus próprios meios, compondo com a própria vítima, muitas vezes em um agir restaurativo"[30]. ROSA concretiza, por meio do exemplo abaixo delineado, experiências do agir restaurativo nesse sentido:

> "En uno de los casos, el adolescente entendió la trascendencia de su acto de hurtar um 'mouse' de um ordenador, pudo disculparse com ele propietario y elaborar su fantasma, más allá de reelaborar su lugar en la família. Em esta aproximación el adolescente promovió una resignificación de condutcta y e lacto fue superado, vía mediación."[31]

Logo se vê que os valores das práticas restaurativas são também encontrados nas orientações das medidas sócio-educativas, o que, de antemão facilita o manuseio deste novo modelo de justiça.

---

28. "Justiça Restaurativa: do conflito à composição social". *Carta Forense*, São Paulo, ano V, n. 51, p. 44-46, ago.2007.
29. SICA, Leonardo. *Idem, ibidem*, p. 22.
30. SARAIVA, João Batista Costa. *Idem, ibidem*, p. 158.
31. ROSA, Alexandre Morais da. "Mediación y Protección Integral del Adolescente en Conflicto con la Ley en Brasil". Disponível em: http://www.ibjr.justicarestaurativa.com.br.

Mais adiante, à semelhança das práticas restaurativas que não vêm taxadas pela lei (basta recordar-se do conceito: qualquer atividade que busque a justiça por meio da reparação do dano traz consigo a função restaurativa), o Estatuto da Criança e do Adolescente não enumera rol fixo de situações em que deverá ser aplicada cada uma das medidas sócio-educativas, indicando apenas as diretrizes de cada uma delas; assim, vê-se que são dois institutos abertos à singularidade e necessidades carreadas pela casuística.

Ainda, em se tratando das similitudes e conexões das práticas restaurativas com as medidas sócio-educativas, pode-se dizer que com a assunção deste novo paradigma, o princípio da excepcionalidade da medida de internação deixará o plano teórico e encontrará guarida neste novo procedimento, favorecendo a afirmação das garantias conferidas ao adolescente-infrator, na medida em que o espaço para as medidas será muito mais amplo e acessível a todos os envolvidos, ademais de legítimo socialmente.

5. Notas Experimentais Brasileiras

As práticas restaurativas têm sido objetos de recomendação formal[32] e experimentações[33] pelo Brasil[34], como ocorre, por exemplo, em Porto Alegre/RS e em São Caetano do Sul/SP, sob a regência dos juízes Leoberto Narciso Brancher e Eduardo Rezende Mello, respectivamente.

A publicação das Nações Unidas *Handbook on Restorative Justice Programmes* ao tratar dos Programas Restaurativos aplicáveis a adolescentes infratores faz expressa referência à prática brasileira reportando-se ao Sistema de Justiça Juvenil gaúcho, conforme:

> "This system is experimenting with conferencing for young offenders. The Children and Adolescent Act of 1990 allows the presiding youth court judge to suspend the legal proceedings for first-time offenders involved in less serious crimes and for the use of sanc-

---

32. *E.g.*, a Recomendação n. 19, de 19 de setembro de 1999, do Conselho de Ministros sobre a Mediação em Matéria Penal, do Conselho da Europa e a Resolução n. 99/26, de 28 de julho de 1999, enunciada pelo Conselho Econômico e Social das Nações Unidas.
33. *Justiça Restaurativa: do conflito à composição social. Carta Forense,* ano V, n. 51, agosto 2007, p. 46.
34. Neste trabalho salienta-se as práticas empreendidas em São Paulo e no Rio Grande do Sul com os adolescentes, sabe-se, no entanto, que os círculos restaurativos têm também encontrado lugar em todas as regiões do Brasil, com experiências, *e.g.*, no Distrito Federal (sob a referência do Promotor Público Diógenes Antero Lourenço), em Pernambuco (sob a batuta dos advogados Carlos Eduardo Vasconcelos e Ernani Lemos de Faria, por meio de iniciativas como Projeto de Mediação Comunitária de Conflitos em conjunto com organização não-governamental).

tions such as community service and reparation. The Porto Alegre youth justice system is piloting the use of câmaras restaurativas for these offenders."[35]

A experiência gaúcha lida sob dois enfoques: antes de o magistrado aceitar a representação (em que se propõe o exercício da prática restaurativa) e quando da execução da sentença, hipótese esta em que caberá à equipe multidisciplinar aferir o momento hábil para o adolescente infrator participar dos círculos dialogais.

O caso paulista tem ampliado a atuação, por meio de atividades preventivas realizadas junto ao seio comunitário; consta que 90% (noventa por cento) dos casos são bem-sucedidos.

Vale anotar que mesmo em face dos princípios processuais penais da indisponibilidade e da obrigatoriedade da ação penal pública, as práticas restaurativas coadunam com o ordenamento jurídico brasileiro.

Referidas práticas, seja por meio da mediação ou não, tornam despicienda qualquer previsão legal específica, haja vista que havendo dispositivos legais receptores de medidas como a reparação, conciliação, enfim, soluções consensuais em que se atenua ou extingue a pena são suficientes para a aplicação deste novo paradigma.

Não se trata de desnecessidade legal; ao contrário, as práticas que vêm sendo realizadas hão de colaborar com o aprimoramento legislativo, moldando a lei segundo a realidade em que é aplicada. De anotar que tramita o Projeto de Lei n. 7006/2006 visando a regulamentar o assunto telado.

Quanto ao manuseio das práticas restaurativas diante do cometimento de ato infracional, SICA aponta não somente sua plena compatibilidade, mas, sobretudo, estimula a aplicação, conforme:

> "O *Estatuto da Criança e do Adolescente (Lei 8.069/90) representa uma esfera natural para o desenvolvimento do novo modelo, lembrando que todas as melhores experiências de justiça restaurativa e mediação surgiram nos tribunais de menores* e expandiram-se para a justiça comum. Além de uma fácil adaptação normativa, *a adoção da mediação nesse campo poderia ter efeitos positivos,* tais como recuperar o sentido da medida sócio-educativa, que hoje funciona como punição, e evitar a estigmatização e segregação de crianças e adolescentes em conflito com a lei. Conflitos, cuja resposta institucional oferecida representa o tipo de compromisso com o futuro assumido pela sociedade. Uma sociedade que oferece uma resposta hostil, distanciadora e excludente, estabelece um compromisso de futuro análogo."[36] (grifo nosso)

---

35. *Handbook on Restorative Justice Programmes – criminal justice handbook series*. United Nations – Office on Drugs and Crime. New York: United Nations, 2006. United Nations Publication. Sales no. E. 06. v. 15. ISBN 10:92-1-133754-2. ISBN 13: 978-92-1-133754-9. p. 27.

36. SICA, Leonardo. *Idem, ibidem*, p. 226.

As práticas restaurativas, nesse passo, agem segundo um "proceder em que as respostas não estão centradas na ideia única, fixa e universal da retributividade".[37] KONZEN:

> "Por mais que seja imperativo evitar a invasão dos espaços de privacidade do adolescente, nada impede que se lhe ofereçam oportunidades de reflexão e diálogo, para a compreensão dos acontecimentos e para a atribuição de outros sentidos, tarefa dos que pretendem exercer a disposição da ajuda e do estímulo antes do desejo do adolescente de ser ajudado. Se o ato infracional nada mais é do que um sintoma de uma necessidade não satisfeita, uma conduta fundada na ética da necessidade, expressão viva do excesso de ser, o exercício da tarefa da ajuda não estaria no auxílio à conscientização da existência dessa necessidade? A pretensão ressocializadora e os paradigmas educativos de natureza invasiva, que se expressam através do não-relacional, são vazios de sentido, porque incapazes de colaborar com a realização do dever-ser do programa de atendimento, dever-ser correspondente à tarefa de ajudar e de estimular o adolescente no seu processo de emancipação, modo de desenvolvimento direcionado à conquista de mais autonomia e responsabilidade."[38]

Ainda que diante das adversidades postas, importa observar que os primeiros passos já trilhados nesta longa jornada (já que o tema remete, em verdade, a uma mudança de paradigma cultural) apontam a eleição de válido e eficaz percurso, quando – sabe-se – as demais vias, ou estão obstruídas ou tornam a viagem tão desgastante que não fazem o destino valer a pena.

6. Conclusão

O advento da Constituição da República de 1988, a institucionalização dos direitos humanos no Brasil e a afirmação das práticas restaurativas revelam a ânsia social por novos limites e sentidos para a atividade penal.

O amadurecimento das instituições democráticas e a formatação de uma consciência social cidadã, torna imperioso que métodos de regulação social sejam capazes de expressar a linguagem e compreender o contexto de seus atores.

Neste cenário é que emergem as práticas restaurativas – consideradas modalidades de solução pacífica e dialogada do conflito pelas partes envolvidas mediata e imediatamente no embate.

Redefine-se o papel da justiça penal, no sentido de aproximar esse fosso comunicativo entre os sujeitos da ação penal e o sistema que lhes é imputado, por meio de uma releitura do valor dos bens jurídicos que realmente devem ser protegidos.

---

37. KONZEN, Afonso Armando. *Idem, ibidem*, p. 72.
38. KONZEN, Afonso Armando. *Idem, ibidem*, p. 56.

Reformula-se, portanto, os espaços públicos de controle das infrações, fortalecendo a comunidade, ampliando os espaços democráticos e, consectariamente, legitimando a medida sancionatória e educativa.

Esta quebra do paradigma punitivo, que reduz o impacto dos crimes sobre a sociedade, vai ao encontro dos valores corolários do princípio da dignidade da pessoa humana: "núcleo informador do ordenamento jurídico brasileiro"[39].

Assim, partindo o presente estudo de uma abordagem comparativa do modelo tradicional de justiça penal para a tentativa de esboço do paradigma restaurativo de justiça, necessário se fez perpassar pela leitura de experiências inspiradoras mundiais, o que confirmou os índices de sucesso das investidas domésticas.

Todavia, não sem antes, aproximar as previsões constantes de nosso ordenamento – sobretudo das normas do Estatuto da Criança e do Adolescente – às apropriações teóricas das práticas restaurativas, tudo isso numa busca de coordenação com o contexto do adolescente infrator brasileiro, sujeito da proteção integral, quando do cometimento de ato infracional.

Evidente que a plenitude da solução perpassa por uma transformação que suplanta modificações processuais e alcança o inevitável tema da necessidade de transformação produtiva com equidade social. Não é o tema deste trabalho. O que aqui se sugere é apenas um passo necessário nesta caminhada, a fim de torná-la suportável e menos injusta, até o dia que haja, entre nós, coragem e honestidade suficientes para modificações estruturais efetivas capazes de minimizar o enorme fosso que existe entre a lei e a realidade.

Nesse passo, bons ventos trazem as sementes do ideal restaurativo para o fértil campo do direito penal juvenil. O adolescente-infrator brasileiro, de história pessoal marcada pela privação e omissão, tem sua vida estruturada no "fio da navalha"; para a grande maioria desses, não há família, não há comunidade, não há vagas nas escolas, não há trabalho, não há o pão, não há dignidade. Só há o não.

São forçados a crescer dentro dessa estufa que é a vida moderna. E, dando ou não frutos, são podados com a violência de um machado cego. E, quando morrem para a beleza das flores, tendo as mãos sujas de sangue, drogas e pólvora, o Estado se esquece de que são crianças e de que lhes prometera proteção integral, prioridades, direitos e ... que crianças não se esquecem das promessas que lhes são feitas.

---

39. PIOVESAN, Flávia. "Direitos Humanos e o Direito Constitucional Internacional". São Paulo: Saraiva, 2006. p. 327.

REFERÊNCIAS BIBLIOGRÁFICAS

BAIRD, Letícia Campos. *Ato Infracional e Justiça Restaurativa – Uma perspectiva de direito para o Direito Penal Juvenil*. Monografia apresentada ao Curso de Especialização Telepresencial e Virtual em Direito Processual Grandes Transformações. São Paulo: UNISUL-LFG, 2008.

COSTA, Antônio Carlos Gomes da. "A implementação do Estatuto da Criança e do Adolescente: uma trajetória de luta e trabalho". *Publicação do Centro de Estudos e Aperfeiçoamento Funcional – CEAF. Procuradoria-Geral de Justiça/Ministério Público do Estado de Minas Gerais*. Belo Horizonte, ano II, edição especial – out.2007.

FRASSETO, Flávio Américo. "Esboço de um Roteiro para Aplicação das Medidas Sócio-Educativas". *Revista do IBCCRIM*, São Paulo, v. 26, 1998.

_____. "Ato Infracional, Medida Sócio-Educativa e Processo: A Nova Jurisprudência do Superior Tribunal de Justiça". *Discursos Sediosos*. Rio de Janeiro, v. 12, 2002.

_____. "O ECA, o Judiciário e as Medidas Sócio-Educativas". *Revista do IBCCRIM*, ano 13, n. 155, outubro de 2005:8-9.

Justiça Restaurativa: do conflito à composição social. Carta Forense, ano V, n. 51, agosto 2007, p. 46.

KONZEN, Afonso Armando. *Justiça Restaurativa e Ato Infracional: desvelando sentidos no itinerário da alteridade*. Porto Alegre: Livraria do Advogado, 2007.

MAZINA, Sérgio (2008) "O Despreparo do Sistema", http://www.juizoofilme.com.br. Acesso em 6 de maio de 2008.

MELO, Eduardo Rezende. *Justiça Restaurativa e seus desafios histórico-culturais. In:* SLAKMON, Catherine (Org). *Justiça Restaurativa*. Brasília: MJ e PNUD, 2005.

PIOVESAN, Flávia. "Direitos Humanos e o Direito Constitucional Internacional". São Paulo: Saraiva, 2006

PRUDENTE, Neemias Moretti. "Pão e Sangue". Disponível em: http://www.ambito-juridico.com.br.

ROSA, Alexandre Morais da. "Mediación y Protección Integral del Adolescente en Conflicto con la Ley en Brasil". Disponível em: http://www.ibjr.justicarestaurativa.nom.br.

SARAIVA, João Batista Costa. *Compêndio de direito penal juvenil: adolescente e ato infracional*. 3ª ed., rev. ampl. – Porto Alegre: Livraria do Advogado, 2006. p. 19.

SICA, Leonardo. *Justiça Restaurativa e Mediação Penal. O Novo Modelo de Justiça Criminal e de Gestão do Crime*. Rio de Janeiro: Editora Lumen Juris, 2007.

ZAFFARONI, Eugenio Raúl; PIERANGELI, José Henrique. *Manual de direito penal brasileiro*. Vol. 1. Parte Geral. São Paulo: Editora Revista dos Tribunais, 2007.

ZAMORA, Maria Helena (2008) "Aceitar ou Reagir", http://www.juizoofilme.com.br. Acesso em 6 de maio de 2008.

CAPÍTULO 17

Notas para um Ensaio sobre a Carência de Legitimidade da Criminalização das Infrações Tributárias[1]

MARCO AURÉLIO BORGES DE PAULA
Mestre e Pós-Graduado lato sensu em Ciências Jurídico-Econômicas pela Universidade de Coimbra (Portugal), Pós-Graduado lato sensu em Direito Penal Econômico & Europeu pela mesma instituição e Doutorando em Direito Tributário pela Universidade de Salamanca (Espanha). Presidente do Centro de Pesquisas e Estudos Jurídicos de Mato Grosso do Sul (Cepejus). Editor-Chefe da "Systemas – Revista de Ciências Jurídicas e Econômicas". Coordenador do Instituto Brasileiro de Ciências Criminais (IBCCrim) em Mato Grosso do Sul. Advogado.

SUMÁRIO: 1. Da injustiça do sistema tributário brasileiro. 2. O tributo enquanto "norma de rejeição social". 3. Carência de legitimidade da criminalização das infrações tributárias.

1. DA INJUSTIÇA DO SISTEMA TRIBUTÁRIO BRASILEIRO

"Não se pode, a rigor, dizer que o sistema tributário brasileiro é justo."[2]

Não se pode negar que os sistemas tributários de diversos países estejam extremamente complexos. O sistema tributário brasileiro padece, *v. g.*, da prolixidade, incoerência e incontinência normativa. Daí falar-se num "emaranhado tributário",[3] o que em nada traduz o ideal de uma *ordem jurídica unitária*.[4/5]

---

1. Aos meus pais, Milton José de Paula e Clarice Maria Borges de Paula; e irmãos, Eduardo Borges de Paula e Gabriela Borges de Paula.
2. MACHADO, Hugo de Brito. *Crimes contra a ordem tributária*. São Paulo: Atlas, 2008, p. 202.
3. MARTINS, Ives Gandra da Silva. O emaranhado tributário. *Folha de São Paulo*, Cad. Opinião, 23 de Jul. 2008.
4. TIPKE, Klaus. Sobre a Unidade da Ordem Jurídica Tributária. In: SCHOUERI, Luís Eduardo e ZILVETI, Fernando Aurélio (coords.). *Direito tributário: estudos em homenagem a Brandão Machado*. São Paulo: Dialética, 1998, p. 70.
5. Como vaticinam Pablo Navarro e Eurico Diniz de Santi, o aluvião de leis, decretos e regulamentos faz do Direito Tributário um "conjunto heterogêneo de normas, o que ameaça seu princípio

Há de ressaltar-se, outrossim, que a expressão "unidade da ordem jurídica tributária" (Klaus Tipke) está assente na ideia de *justiça*. O mesmo é dizer: a ordem jurídica tributária só formará uma *unidade* se os princípios de justiça forem seguidos à risca. Daqui surge um Direito consistente, harmônico e livre de contradições axiológicas, porque fundado em um único princípio fundamental.[6/7]

Feita esta observação elementar, insta referir que a complexidade das normas tributárias não é um fenômeno peculiar aos países subdesenvolvidos ou em vias de desenvolvimento. O sistema norte-americano, por exemplo, é extremamente complexo, de tal maneira que nem os profissionais mais habilitados em matéria tributária conseguem responder a algumas questões sobre uma dada situação hipotética.[8] As semelhanças, quanto a este assunto, aproximam, pois, países como Brasil, Estados Unidos, Alemanha, Portugal e Itália, revelando, por conseguinte, o "estado de doença" dos seus sistemas tributários.[9/10]

---

sistematizador" (NAVARRO, Pablo E. e SANTI, Eurico Marcos Diniz de. São Válidas as Normas Tributárias Imprecisas? *Revista Dialética de Direito Tributário*, nº 148 (jan. 2008). São Paulo: Dialética, p. 69).

6. TIPKE, Klaus. Sobre a Unidade da Ordem Jurídica Tributária, cit., p. 60.
7. Como Claus Wilhelm Canaris refere, a ordem e a unidade constituem qualidades do conceito geral de sistema. Este autor alemão expõe, em sua clássica obra "Pensamento Sistemático e Conceito de Sistema na Ciência do Direito" (Lisboa: Fundação Calouste Gulbenkian, 2002), as diferentes conceituações na evolução da ciência do direito, consignando que existem duas características que estão presentes em todas as possíveis definições: a ordenação e a unidade. Vide obra citada, pp. 09 e segs., *maxime* p. 12.
8. São conhecidos, neste domínio, os testes implementados pela revista *Money*. Esta revista concluiu que nem os funcionários da Administração Tributária, nem os "professionals" (consultores privados) estão seguros quanto ao cálculo do tributo. Os primeiros (os funcionários da Administração Tributária norte-americana) responderam apenas 75% das questões formuladas. Mas este dado é ainda melhor do que o verificado numa outra pesquisa de 1988. "In 2002, the IRS workers answered only 75 percent of the question accurately, far short of a perfect score but a large improvement over the 55 percent correct figure reported in 1988" (SLEMROD, Joel e BAKIJA, Jon. *Taxing Ourselves. A Citizen's Guide to the Debate over Taxes*. 3. ed. Londres: Massachusetts Institute of Technology, 2004, p. 157). No caso dos "professionals", vale esclarecer que, das perguntas direcionadas a 46 deles, todas as respostas foram divergentes quanto ao valor do imposto a pagar, variando entre 34,420 dólares e 68,192 dólares, quando, na verdade, o resultado correto era de 35,643 da moeda americana. Nenhuma das respostas estava certa, portanto. Vide idem, ibidem, últ. loc. cit.
9. O "estado de não doença" – estado de saúde, portanto – é "aquele estado do qual se encontra arredada toda a incerteza" (MARCOS, António. *O Direito dos Contribuintes à Segurança Jurídica*. Porto: Universidade Fernando Pessoa, 1997, p. 301).
10. Para um estudo sobre a situação destes últimos três países, vide, respectivamente, TIPKE, Klaus. *Moral Tributaria del Estado y de los Contribuyentes*. Madrid: Marcial Pons, 2002, p. 85; CAM-

Ocorre que, em meio à complexidade da sociedade pós-industrial, a favor da qual acresce a abundância legislativa e a complexidade das normas jurídicas (características do Direito pós-industrial), muitas são as ideias (correntes de pensamento) e variados são os instrumentos criados pelo legislador *para que a arrecadação de tributos não esmoreça*. Porém, nem sempre estas ideias e inovações normativas estão em harmonia com a *finalidade do Direito Tributário* – que é, *prima facie*, a *limitação ao poder de tributar*, por meio de normas jurídicas que propiciam aos contribuintes a *segurança jurídica* indispensável ao planejamento de suas atividades, à sua liberdade, em suma. Segue-se daí as *ameaças fáticas* e as *ameaças teóricas* ao Direito Tributário.[11]

No que respeita às *ameaças fáticas*, importa referir, em primeiro lugar, que a *técnica legislativa* pouco tem contribuído para o "estado de saúde" dos sistemas tributários da atualidade, enquanto sistemas resultantes do intervencionismo estatal, isto é, da superação da "ideologia das três separações", como, por exemplo, a "*Separação Estado-Economia*", de Adam Smith.[12] Deveras, como já ressaltamos em outra ocasião,[13] o câmbio de paradigma econômico (do paradigma clássico ao paradigma intervencionista, de cunho keynesiano) teve implicações pragmáticas no que à *certeza da tributação* se refere, aumentando a *insegurança jurídica* dos cidadãos-contribuintes *para além do mínimo suportável*. Diga-se, *en passent*, que uma norma jurídica deve revestir-se do máximo de *precisão*, de modo a ser concebida como "um limite genuíno à ar-

---

POS, Diogo Leite de. Justiça e Arrecadação nos Impostos Portugueses – Um Sistema Esgotado. In: CAMPOS, Diogo Leite de e MARTINS, Ives Gandra da Silva da Silva (coords.). *O Direito Contemporâneo em Portugal e no Brasil*. Coimbra: Almedina, 2003, pp. 133-148; e GANGEMI, Lello. Manicomio tributario italiano. *Studi in Memoria di Benvenuto Griziotti*. Milão: Dott A. Giuffrè, 1959, pp. 125-194, maxime p. 133.

11. Vide MARCOS, António. *O Direito dos Contribuintes à Segurança Jurídica*, op. cit., pp. 301 e segs.

12. De acordo com Jorge Reis Novais, a "ideologia das três separações" significa a somatória da "*Separação Estado-Economia*", de ADAM SMITH; da "*Separação Estado-Moralidade*", de KANT; e da "*Separação Estado-Sociedade*", de HUMBOLDT. NOVAIS, Jorge Reis. "Contributo para uma Teoria do Estado de Direito: do Estado de Direito liberal ao Estado social e democrático de Direito". In: *Separata do Suplemento ao Boletim da Faculdade de Direito da Universidade de Coimbra*, Vol. XXIX. Coimbra: Universidade de Coimbra, 1987, pp. 51-67.

13. Vide BORGES DE PAULA, Marco Aurélio. Algumas notas sobre o *paradigma clássico* e o *paradigma keynesiano*: as mudanças relacionadas à neutralidade econômica do Estado, ao equilíbrio orçamental e à certeza da tributação. *Revista Tributária e de Finanças Públicas*, n. 71 (nov.-dez. 2006). São Paulo: Revista dos Tribunais, pp. 157-210.

bitrariedade do Estado".[14] A segurança jurídica, neste prisma, exsurge como a "segurança de liberdade."[15/16]

Porque oportuna e sobremodo elucidativa, importa trazer à tona a lição de Manoel Gonçalves Ferreira Filho, já que, conquanto não esteja direcionada especificamente ao Direito Tributário, a mesma se adapta perfeitamente a este ramo do Direito – aquele "nel quale manca, più che in ogni altro, la 'certezza'"[17] –, revelando ao leitor as múltiplas e labirínticas questões que dizem respeito ao Estado intervencionista e ao seu revolto mundo normativo, *verbis*:

> "*A multiplicidade das leis é fenômeno universal e inegável. (...) Por um lado, essa multiplicação é fruto da extensão do domínio em que o governante se intromete, em razão das novas concepções sobre a missão do Estado. A lei é hoje onipresente. Não há campo da atividade humana, não há setor da vida humana, onde não esteja o governo a ditar*

---

14. NAVARRO, Pablo E. e SANTI, Eurico Marcos Diniz de. São Válidas as Normas Tributárias Imprecisas? cit., p. 69.

15. MARCOS, António. *O Direito dos Contribuintes à Segurança Jurídica*, op. cit., p. 49. Neste sentido, vide ainda: ALTAMIRANO, Alejandro C. Legalidad y discrecionalidad. In: TÔRRES, Heleno Taveira (coord.). *Tratado de direito constitucional tributário: estudos em homenagem a Paulo de Barros Carvalho*. São Paulo: Saraiva, 2005, p. 169; TORRES, Ricardo Lobo. A Segurança Jurídica e as Limitações Constitucionais ao Poder de Tributar. In: FERRAZ, Roberto (coord.). São Paulo: Quartier Latin, 2005, pp. 434-435; FERREIRO LAPATZA, José Juan. Marco normativo y conflictividad social (La nueva L.G.T. como nuevo marco de garantias de los contribuyentes). *Crónica Tributaria*, n. 100 (2001). Madrid: Instituto de Estudios Fiscales, p. 121; e MARTINS, Ives Gandra da Silva. Limitações ao poder impositivo e segurança jurídica. In: MARTINS, Ives Gandra da Silva (coord.). *Limitações ao poder impositivo e segurança jurídica*. São Paulo: Revista dos Tribunais / Centro de Extensão Universitária, 2005, pp. 48-49.

16. "No Brasil, a segurança jurídica e a proteção da confiança são amplamente reforçadas no campo do Direito Tributário. Assentam-se na legalidade formal e material (especificidade conceitual determinante), consagradas nos arts. 5º e 150, I, da CF; reforçadas pela exclusividade da lei que concede subsídio, isenção ou outro benefício fiscal (art. 150, § 6º, da CF/88); são minuciosamente explicitadas pelo art. 97 do CTN; confirmadas e reconfirmadas pela proibição da analogia (art. 108, § 1º, do CTN) e, consequentemente, das presunções; pela rejeição da interpretação econômica (art. 110) e da cláusula geral antielisiva (art. 109); pelo caráter estritamente vinculado dos atos administrativos de cobrança do tributo (arts. 3º e 142 do CTN); desenvolvem-se, ainda, na proibição da surpresa e da imprevisibilidade, por meio da vedação constitucional da irretroatividade do direito em geral (art. 5º, XXXVI), do Direito Penal (art. 5º, XL) e do Direito Tributário em especial (art. 150, III, *a*); no princípio da anterioridade e da espera nonagesimal (art. 150, III, *b*, *c*). Finalmente, complementa-se a proteção da confiança com a vedação do confisco e a observância da capacidade econômica, art. 150, IV e § 1º do art. 145 da Constituição da República" (DERZI, Misabel Abreu Machado. Mutações, complexidade, tipo e conceito, sob o signo da segurança e da proteção da confiança. In: TÔRRES, Heleno Taveira (coord.). *Tratado de direito constitucional tributário: estudos em homenagem a Paulo de Barros Carvalho*. São Paulo: Saraiva, 2005, p. 275).

17. UCKMAR, Victor. L'incertezza del Diritto Tributario. In: *La Certezza del Diritto – un valore da ritrovare*. Milão: Dott. A. Giuffrè, 1993, p. 49.

regras. (...) Essa mudança incessante das leis 'repercute sobre todas as relações sociais e afeta todas as exigências individuais. (...) O cidadão, aí, já não está protegido por um direito certo, pois a Justiça segue as leis cambiantes. Não mais está ele garantido contra os governantes cuja audácia lhes permite legislar segundo seu capricho. (...) Com isso, o mundo jurídico se torna uma babel. A multidão de leis afoga o jurista, esmaga o advogado, estonteia o cidadão, desnorteia o juiz. A fronteira entre o lícito e o ilícito fica incerta. A segurança das relações sociais, principal mérito do direito escrito, se evapora. Os males da inundação não ficam por aí, porém. (...) Quanto maior o número de leis que se editam, menor o respeito que cada qual inspira. (...) Daí o bonus pater familias ignorá-la, o jurista ironizá-la, o magistrado esquecê-la."[18]

Não resta a menor dúvida de que, perante esta "abundância normativa",[19] "nós solapamos exatamente o chão sobre o qual pisamos, porque tiramos o essencial, o básico, o elementar, o condicional de todo o resto",[20] "o bem mais incômodo à função confiscatória de todos os governos que entendem ser o tributo uma obrigação da sociedade"[21]: a segurança jurídica.

Por outro lado, porém ainda no âmbito das *ameaças fáticas* ao Direito Tributário, devemos dizer que são inúmeros os exemplos que retratam a frequência com que o Fisco descumpre os seus deveres para com o cidadão-contribuinte. Importa mencionar, por exemplo: (a) não-restituição do empréstimo compulsório sobre a aquisição de veículos e de combustíveis; (b) atrasos frequentes na restituição do imposto de renda das pessoas físicas que a isto têm direito em face do ajuste anual; (c) a oposição de obstáculos injustificáveis ao exercício do direito à compensação estabelecido pelo art. 66, da Lei nº 8.383/91; (d) a sistemática recusa à restituição de tributos pagos indevidamente, dentre muitos outros exemplos.[22]

Neste sentido, vale mencionarmos um caso recente (de 12 de junho de 2008) em que o Supremo Tribunal Federal, após declarar a inconstitucionalidade da ampliação dos prazos de decadência e prescrição das contribuições de seguridade social (de cinco para dez anos) por lei ordinária (artigos 45 e 46 da Lei 8.212/91), garantiu à Fazenda os créditos constituídos ou exigidos dentro do segundo quinquênio, impossibilitando os contribuintes de repetirem o indébito (restituição da contribuição recolhida), "a menos que já tenham ajuizado as respectivas ações

---

18. FERREIRA FILHO, Manoel Gonçalves. *Do processo legislativo*. 4. ed. São Paulo: Saraiva, 2001, pp. 13-14. (O itálico é nosso).
19. BENDA, MAIHOFER, VOGEL, HESSE, HEYDE. *Manual de Derecho Constitucional*. Madrid: Marcial Pons, 1996, pp. 516 e segs.
20. ATALIBA, Geraldo. Segurança Jurídica. In: *Revista de Direito Tributário*, n. 60. São Paulo: Revista dos Tribunais, p. 274.
21. MARTINS, Ives Gandra da Silva. *Limitações ao poder impositivo e segurança jurídica*, cit., pp. 48-49.
22. MACHADO, Hugo de Brito. *Crimes contra a ordem tributária*, op. cit., pp. 202-203.

judiciais ou solicitações administrativas até a data do julgamento (11 de junho)". Em outras palavras, o que o STF fez foi garantir à Fazenda valores arrecadados de forma ilegítima, dispensando-a de devolver aos contribuintes as quantias por eles pagas em afronta ao artigo 146, III, *b*, da Constituição Federal (reserva de lei complementar para normas gerais em Direito Tributário). É lógico que as leis tributárias inconstitucionais não produzem (ou não deveriam produzir) quaisquer efeitos válidos na esfera jurídica, de modo que constitui (ou deveria constituir) corolário lógico a restituição dos recolhimentos por elas impostos, mediante compensação ou repetição do indébito.[23] Certo é que situações como esta descrita não são impossíveis de serem repetidas, o que, quando ocorrerem, evidenciarão tanto a voracidade tributária do Estado Fiscal Social brasileiro, quanto aquilo que lhe é característica: a "ilegalidade eficaz".[24/25]

Portanto, mesmo quando os cidadãos-contribuintes pensam estarem obrando com correição (em consonância com os preceitos legais), eles podem ser surpreendidos por exegeses cujo escopo não é outro que não o aumento incontido da arrecadação tributária por meio de restrições de seus direitos.[26]

Já no domínio das *ameaças teóricas*, não faltam doutrinas com posições defensoras de alguns instrumentos viabilizadores da *eficiência fiscal* que não são congruentes com a almejada *conciliação* entre o *interesse arrecadatório do Estado*

---

23. VELLOSO, Andrei Pitten. A outorga de efeitos a leis tributárias inconstitucionais. *Carta Capital*, 1 de Julho de 2008. Disponível em: http://www.cartaforense.com.br/Materia.aspx?id=1859
24. Neste sentido: MARTINS, Ives Gandra da Silva. O emaranhado tributário, *Folha de São Paulo*, Cad. Opinião, 23 de Jul. 2008.
    Aliás, como recorda este mesmo autor (MARTINS, Ives Gandra da Silva. Limitações ao poder impositivo e segurança jurídica., cit., p. 47), "em 1978 Souto Maior Borges, em Congresso Latino-Americano em Buenos Aires, chegou a defender que o tributo indevido é receita, pois, se não for repetido, constitui ingresso efetivo nas burras estatais. Em outras palavras, sempre que o tributo recolhido indevidamente não é devolvido, constitui 'receita tributária'".
25. Ao fazermos referência ao "Estado Fiscal Social", estamos alargando a sua concepção para além do plano dos impostos, atingindo, assim, todas as espécies tributárias.
    Para um estudo sobre a "ideia de estado fiscal" ("estado fiscal liberal" e "estado fiscal social"), vide NABAIS, José Casalta. *O Dever Fundamental de Pagar Impostos*: Contributo para a compreensão constitucional do estado fiscal contemporâneo. Coimbra: Almedina, 2004, pp. 191 e segs.; idem, *Por um Estado Fiscal Suportável – Estudos de Direito Fiscal*. Coimbra: Almedina, 2005, pp. 09-118; TORRES, Ricardo Lobo. *A ideia de liberdade no Estado patrimonial e no Estado fiscal*. Rio de Janeiro: Renovar, 1991, pp. 97 e segs. Vide, ainda, BORGES DE PAULA, Marco Aurélio. Algumas notas sobre o *paradigma clássico* e o *paradigma keynesiano*, cit., maxime pp. 179-182, 185, 199 e 201-202.
26. Neste sentido: MARTINS, Ives Gandra da Silva. O emaranhado tributário. *Folha de São Paulo*, Cad. Opinião, 23 de Jul. 2008.

e a *justiça tributária*[27] – *justiça* que no plano da aplicação-interpretação do Direito é implementada pela proibição do arbítrio (*segurança jurídica*).[28]

Com efeito, o Direito Tributário debate-se, hodiernamente, entre o *polo da justiça* e o *polo estritamente financeiro*, sendo este último o "habitat" da desigualdade na relação entre a Administração Tributária e o contribuinte. Daí que, pela prevalência atual do mero interesse financeiro, o cidadão-contribuinte seja considerado um *mero objeto* do acontecer fiscal,[29] uma *cobaia* da atividade do Fisco,[30] um *súdito fiscal*,[31] ou, como dizem García de Enterría e Fernández, um *mero administrado*.[32]

Com o fim de elucidar essas considerações, cabe traçar um esboço – sobremodo reducionista, porém não menos realista – do que vem sucedendo na seara tributária desde o irromper do Estado Fiscal Social: (1) *as funções extrafiscais dos impostos se multiplicaram para viabilizar os fins – o interesse público superior – deste Estado Fiscal*;[33] (1.1) passou a falar-se numa *convulsiva e desordenada proliferação da*

---

27. Neste sentido: MARCOS, António. *O Direito dos Contribuintes à Segurança Jurídica*, op. cit., p. 24.

28. Vale fazer referência, mesmo aqui, à seguinte lição de SAINZ DE BUJANDA, Fernando. *Hacienda y Derecho*, vol. III. Madrid: Instituto de Estudios Políticos, 1963, p. 330: "la seguridad jurídica, en su doble manifestación – certidumbre del Derecho y eliminación de la arbitrariedad – há de considerarse ineludiblemente en función de la legalidad y de la justicia. Esta ultima y la seguridad son valores que se fundamentan mutuamente y que a su vez, necesitan de la legalidad para articularse de modo eficaz".

29. CAMPOS, Diogo Leite de. *O Sistema Tributário no Estado dos Cidadãos*. Coimbra: Almedina, 2006, p. 15.

30. MARCOS, António. *O Direito dos Contribuintes à Segurança Jurídica*, op. cit., p. 130.

31. SÁNCHEZ SERRANO, Luís. Los españoles, ¿súbditos fiscales? *Impuestos*, I (1992). Madrid: La Ley, pp. 236-264.

32. Como apregoam GARCÍA DE ENTERRÍA, Eduardo e FERNÁNDEZ, Tomás-Ramón. *Curso de Derecho Administrativo*, vol. II, 9. ed. (reimp.). Madrid: Thomson/Civitas, 2005, pp. 15-16, este termo "administrado" "es, realmente, poco feliz; como partícipio pasivo del verbo administrar, parece arguir una posición simplemente pasiva de un sujeto, que vendría a sufrir o soportar la acción de administrar que sobre él ejerce outro sujeto eminente y activo, la *potentior persona* a que llamamos Administración Pública. Sin embargo, esta connotación pasiva que el nombre de administrado evoca inevitablemente es inexacta hoy, tanto política como jurídicamente (...) Esta radical transformación, que está en la base del orden político y jurídico moderno, parece puesta en cuestion con la reviviscencia del viejo término 'administrado' en el actual Derecho Administrativo, porque el ciudadano es hoy no solo titular de situaciones jurídicas pasivas, sino, con la misma normalidad, un sujeto activo frente a la Administración".

33. Vale lembrar que a legitimidade do fenômeno da extrafiscalidade advém da busca do interesse geral. Vide AIZEGA ZUBILLAGA, Joxe Mari. *La utilización extrafiscal de los tributos y los principios de justicia tributaria*. Bilbao: Universidad del País Vasco/Euskal Herriko Unibertsitatea,

extrafiscalidade;³⁴ (1.2) daí adveio a hipertrofia legislativa; (1.3) daí resultou o *caráter muitas vezes prolixo, casuístico e complexo das normas tributárias*, que, por seu turno, é estimulador do *animus apropriandi* e do *animus abutendi* da Administração Tributária,³⁵ e, como sói ocorrer, da "distorção" do *processo de interpretação/ aplicação*, tornando difícil, quando não impossível, a *segurança jurídica* (certeza e confiança); (1.4) daí dimanou, pois, o *efeito multiplicador da complexidade no sistema tributário* – que não deixa de ser oriunda, num primeiro momento, da complexidade das relações sociais, econômicas e políticas da sociedade pós-industrial; (1.5) daí proveio, outrossim, a aberrante ideia da *eficiência singelamente arrecadatória*; (1.5.1) passou a falar-se em *praticabilidade*, em razão de um tal *estado de necessidade da Administração Tributária*, como se o despreparo para lidar com o ritmo vertiginoso da economia não fosse fruto de sua própria incompetência e/ou da falta de vontade política das entidades políticas; (1.5.1.1) presunções passaram a ser utilizadas (alterando a realidade); (1.5.2) cláusulas gerais (como as cláusulas gerais antielisivas) e conceitos indeterminados passaram a ser vistos como imprescindíveis para a tributação; (1.5.3) foi concedido, pois, um espaço mais alargado de atuação (amplos poderes de decisão) à Administração do Estado Fiscal Social, o que relativiza o princípio da legalidade tributária (reserva absoluta de lei formal) e potencializa a maximização das desigualdades, para além, é claro, de reforçar a volatização da segurança jurídica;³⁶ (1.6) ocorreu a *privatização da gestão tributária*; (1.6.1) as denominadas prestações formais (obrigações acessórias) passaram a pesar cada vez mais sobre os ombros dos contribuintes; (1.6.2) a atividade inspetora da Administração Tributária ganhou extrema importância; (1.6.3) ocorreu, assim, o *incremento das sanções* administrativas e penais; (1.7) Sucedeu, em alguns casos, a *deterioração dos direitos e garantias dos cidadãos-contribuintes*, pois tornou-se *frequente a opção dos detentores do poder por soluções casuísticas, mais orientadas para a*

2001, p. 51; e MOSCHETTI, Francesco. El principio de la capacidad contributiva. In: AMATUCCI, Andrea (dir.). *Tratado de Derecho Tributario*, t. I. Bogotá: Temis, 2001, p. 279.

34. LEJEUNE VALCÁRCEL, Ernesto. Prólogo. In: AIZEGA ZUBILLAGA, Joxe Mari. *La utilización extrafiscal de los tributos y los principios de justicia tributaria*, op. cit., p. 13. (A tradução é nossa).

35. Pondera António Marcos (*O Direito dos Contribuintes à Segurança Jurídica*, op. cit., pp. 313-314) que a Administração Tributária "aproveita quer o carácter defeituoso da redacção de certas normas que se apresentam assim com forte dose de obscuridade (...) para daí retirar dividendos que apenas servem os seus caprichos predatórios quase obsessivos e para, arvorando-se em anjo vingador, aplicar ao contribuinte sanções que ferem o ordenamento vigente e a consciência colectiva, na mais pura e arrojada atitude antijurídica".

36. Como vaticinam Marcelo Rebelo de Sousa e André Salgado de Matos, "a existência de margem de livre decisão administrativa envolve, necessariamente, a perda de alguma segurança jurídica e a introdução de alguma desigualdade friccional" (SOUSA, Marcelo Rebelo; e MATOS, André Salgado. *Direito Administrativo Geral*, Tomo I. Lisboa: Dom Quixote, 2004, pp. 177 e 192).

dimensão e a garantia das cobranças do que para o rigor dos princípios jurídicos,[37] fomentando, com isso, uma *cultura de desrespeito pelos cidadãos, porquanto radicada numa crescente e por vezes exacerbada egolatria ou culto do poder pessoal do administrador, no orgulho de mandar, no prazer de comando, na auto-criação de um verdadeiro mito de soberania e na prática do arbítrio, da discricionariedade e da sobranceriedade.*[38/39]

Numa palavra: a transferência, para o campo da tributação, da diabólica regra "*os fins justificam os meios*"[40] vem sendo patenteada no Estado Fiscal Social, na medida em que a satisfação "do social" e "do econômico" – o chamado "interesse superior" – vem sendo um pretexto avidamente aproveitado pelos Poderes Públicos para justificar a utilização de alguns *instrumentos de viabilização da eficiência arrecadatória*, entendidos tão-somente como *instrumentos de maximização da arrecadação*, contrariando, desta feita, a finalidade do Direito Tributário, o que o retira, consequentemente, do *mundo do Direito*.[41] Como bem ressalta Albert Calsamiglia, em ocorrendo dissolução dos valores da previsibilidade, da certeza, da proteção da confiança etc., dar-se-á, por conseguinte, a "dissolução dos direitos e do Direito".[42] Isto é tanto mais verdadeiro quanto é certo que, *no âmbito de aplicação da norma tributária, e na perspectiva do indivíduo, a transcendência da*

---

37. Neste sentido, vide FAVEIRO, Vítor. *Noções Fundamentais de Direito Fiscal Português*, vol. I. Coimbra: Coimbra, 1984, pp. 17-18.
38. Idem, ibidem, pp. 18-19; e idem, *O Estatuto do contribuinte: a pessoa do contribuinte no Estado social de Direito*. Coimbra: Coimbra, 2002, p. 195.
39. Aliás, por falar em *soberania*, é importante realçar que a mesma está restrita à ação do Estado enquanto Estado-legislador, ou seja, enquanto *criador do Direito*. A partir da fixação, em forma de lei, da norma tributária, o Estado passa a ser *sujeito de direitos e obrigações*, estando adstrito àquilo que a lei determina. Para Achille Donato Giannini, enquanto o Estado-legislador, "nella esplicazione del suo potere finanziario, sovranamente determina le varie imposte e le persone tenute a soddisfarle", o Estado-administrador, "invece, realizza il suo diritto al tributo in conformità alla legge, le cui norme vincolano lo Stato stesso non meno che il contribuente" (GIANNINI, Achille Donato. *I concetti fondamentali del Diritto Tributario*. Torino: Torinese, 1956, p. 03). Neste sentido, vide ainda VANONI, Ezio. *Naturaleza e interpretación de las Leyes Tributarias*. (Trad. espanhola). Madrid: Instituto de Estudio Fiscales, 1973, pp. 139 e segs., sobretudo p. 162; e BORGES, José Souto Maior. *Iniciação ao Direito Financeiro*. Recife: Imprensa Universitária (Universidade Federal de Pernambuco), 1966, pp. 18-19.
40. Vide CARRAZZA, Roque Antonio. *Curso de Direito Constitucional Tributário*. 22. ed. (rev., ampl. e atual.). São Paulo: Malheiros, 2006, pp. 260-261.
41. CAMPOS, Diogo Leite de. Interpretação das normas fiscais. In: CAMPOS, Diogo Leite de, *et alii*. *Problemas fundamentais do direito tributário*. Lisboa: Vislis, 1999, p. 21.
42. CALSAMIGLIA, Albert. *Racionalidad y Eficiencia del Derecho*. México: Fontamara, 1993, p. 36. (Traduzimos e destacamos).

*segurança jurídica (enquanto proteção da confiança*⁴³*) é indubitável, pois que a sua inobservância dá azo à relação de poder, ao desequilíbrio entre Administração Tributária e contribuinte*, isto é, à *injustiça tributária*, já que "só é justa a relação jurídica entre iguais".⁴⁴/⁴⁵

Concluímos, em abono do que vimos dizendo, que há uma estreita relação entre o emaranhado tributário e a injustiça tributária. Mais: há um déficit no que à democracia diz respeito, pois "a tax system is unsuitable for a democracy if can't be understood by the taxpayers themselves".⁴⁶ Não restam dúvidas de que, ao perpetuar-se este cenário de *pseuda ordem tributária*, os cidadãos-contribuintes continuarão sendo *meros objetos* de um Estado ávido por recursos financeiros, sobretudo para o *sustento dos detentores do poder*.⁴⁷ Portanto, ao perpetuar-se todo este "carnaval tributário" (Alfredo Augusto Becker), não veremos outra coisa senão uma *"imposição dos governantes aos seus governados"*.⁴⁸

Há, por tudo isso, uma visão limitada da tributação, com o inevitável olvido da *justiça* ou, como quer Klaus Tipke, da *ordem jurídica tributária unitária*. Em assim sendo, *as normas tributárias nada mais serão do que um "agregado" informe, agregadas por força de múltiplos interesses e pressões, sobretudo pelo interes-*

---

43. Como ressalta NABAIS, José Casalta. *O Dever Fundamental de Pagar Impostos*, op. cit., p. 395, "a ideia de protecção da confiança não é senão o princípio da segurança jurídica na perspectiva do indivíduo".
44. CAMPOS, Diogo Leite de. *O Sistema Tributário no Estado dos Cidadãos*, op. cit., p. 16. (O grifo é nosso). Neste mesmo sentido, vide idem, ibidem, p. 14, 73 e 117; idem, Natureza jurídica do Direito Tributário. In: *Estudos em homenagem à Dra. Maria de Lourdes Órfão de Matos Correia e Vale. Cadernos de Ciência e Técnica Fiscal*, n. 171 (1995). Lisboa: Ministério das Finanças, 1995, pp. 125-126; e idem e CAMPOS, Mônica Leite de. *Direito Tributário*. 2. ed. Coimbra: Almedina, 2000, p. 33.
45. "A imposição tributária será tanto mais justa quanto mais houver equilíbrio entre os dois pólos, passivo e ativo da respectiva relação" (MARTINS, Ives Gandra da Silva. Limitações ao poder impositivo e segurança jurídica, cit., p. 286; e idem, Uma teoria sobre a sanção tributária. In: TÔRRES, Heleno Taveira (coord.). *Tratado de direito constitucional tributário: estudos em homenagem a Paulo de Barros Carvalho*. São Paulo: Saraiva, 2005, p. 683.
46. Church of Scientology, campanha intitulada "How to Protect your Rights as a Taxpayer", *apud* UCKMAR, Victor. L'incertezza del Diritto Tributario, cit., p. 51.
47. Neste sentido, vide MARTINS, Ives Gandra da Silva. *Uma Teoria do Tributo*, op. cit., pp. 43-52.
48. COELHO, Sacha Calmon Navarro. *Teoria geral do tributo, da interpretação e da exoneração tributária*. São Paulo: Dialética, 2003, p. 92. Vide ainda CAMPOS, Diogo Leite de. *O Sistema Tributário no Estado dos Cidadãos*. Coimbra: Almedina, 2006, pp. 09-12; idem e CAMPOS, Mônica Leite de. *Direito Tributário*, op. cit., pp. 212-216; e MARTINS, Ives Gandra da Silva. *Teoria da imposição tributária*. 2. ed. (rev. e atual.). São Paulo: LTr, 1998, p. 77.

se do legislador em obter cada vez mais receitas,[49] notadamente – importa repetir – para o *sustento dos detentores do poder (políticos, burocratas, aproveitadores, amigos, empresários etc.)*.

Resulta cristalino, desta feita, que o tributo seja o "elemento mais relevante para o exercício do poder".[50]

2. O Tributo enquanto "Norma de Rejeição Social"

Ora bem, dissemos há pouco que a satisfação "do social" e "do econômico" vem sendo um pretexto avidamente aproveitado pelos Poderes Públicos para justificar a utilização de alguns *instrumentos de viabilização da eficiência arrecadatória*, entendidos tão-somente como *instrumentos de maximização da arrecadação* num sistema tributário combalido pela complexidade característica do Direito pós-industrial. Ocorre que a busca pela satisfação "do social" e "do econômico" tem sido igualmente utilizada como pretexto para justificar algumas decisões tomadas por alguns homens que detêm o poder. Mas, na realidade, muitas dessas decisões visam tão-somente o *alargamento dos quadros de pessoal do Estado, a criação de novos departamentos e novas burocracias para os administrar*.[51] Neste cenário, *pessoas até então obscuras são guindadas a posições e cargos de destaque na vida pública, frequentemente criados com o objetivo específico de as acolher. As despesas do Estado aumentam ...*[52]

Ora, sendo certo que *a burocracia tende ao seu próprio crescimento*,[53] é sintomático que o volume dos gastos públicos seja potencializado para satisfazer este crescimento, o que, como é óbvio, acaba surtindo efeitos no âmbito dos tributos. Neste sentido, o aumento da carga tributária acaba sendo indelével. Mas, neste caso, os "principais recipientes dos dinheiros públicos acabam sendo aqueles que deles menos necessitam".[54]

Será de concluir, pois, que *o aumento das despesas públicas nem sempre se traduz no correspondente aumento de bem-estar geral e de desenvolvimento*

---

49. CAMPOS, Diogo Leite de. Justiça e Arrecadação nos Impostos Portugueses – Um Sistema Esgotado, cit., p. 133; e idem e CAMPOS, Mônica Leite de. *Direito Tributário*, op. cit., p. 15.
50. MARTINS, Ives Gandra da Silva. *Uma Teoria do Tributo*. São Paulo: Quartier Latin, 2005, p. 51.
51. Vide ARROJA, Pedro. *O Estado e a Economia*. Porto: Vida Económica, 1989, pp. 81 e 83.
52. Idem, ibidem, p. 83.
53. NIETO DE ALBA, Ubaldo. *La Incertidumbre en la Economia (paradigmas, tiempo y agujeros negros)*. Barcelona: Real Academia de Ciencias Economicas y Financieras, 1989, p. 28.
54. ARROJA, Pedro. *O Estado e a Economia*, op. cit., p. 84.

econômico,⁵⁵ já que estas despesas são direcionadas mais à conservação dos detentores do poder no exercício deste, do que àquilo que traduz a "vontade geral" (Rousseau) – o aumento de bem-estar e de desenvolvimento econômico –, o que significa que são despesas injustas, improdutivas e impeditivas da *justiça tributária*, uma vez que o problema da justiça das receitas públicas está intimamente ligada – frise-se – com a questão da justiça e da eficiência das despesas públicas.⁵⁶ ⁵⁷

Nesta toada, além de manter vivo, em situações não raras, o ataque ao Direito Tributário – ao vilipendiar os direitos e garantias dos cidadãos-contribuintes –, escorando-se, sempre, de forma pouco escrupulosa, na satisfação do *interesse público*; os detentores do poder não têm conseguido (a) aumentar o *estado de bem-estar dos cidadãos*, nem tampouco (b) proporcionar o *crescimento econômico* almejado. Os motivos desta ineficiência são variados, dentre os quais destacamos a corrupção e a *má escolha dos objetivos a serem perseguidos*. Quanto a este motivo, cabe referir que, entre o aumento dos gastos de capital (investimentos) e os gastos correntes (com pessoal), a escolha tem recaído sobre estes últimos, contrariando, pois, a "golden rule" para o desenvolvimento econômico;⁵⁸/⁵⁹ entre o desenvolvimento empresarial e o inchaço da máquina estatal, a opção preferencial dos governantes tem sido esta última. Neste sentido, os objetivos perseguidos pe-

---

55. Neste sentido: NIETO DE ALBA, Ubaldo. *La Incertidumbre en la Economia*, op. cit., p. 28.
56. Neste sentido: CAMPOS, Diogo Leite de e CAMPOS, Mônica Leite de. *Direito Tributário*, op. cit., p. 105; MARTINS, Ives Gandra da Silva. Princípio da eficiência em matéria tributária. In: MARTINS, Ives Gandra da Silva da Silva (coord.). *Princípio da eficiência em matéria tributária*. São Paulo: Revista dos Tribunais/Centro de Extensão Universitária, 2006, p. 31; e NABAIS, José Casalta. Avaliação Indirecta e Manifestações de Fortuna na Luta contra a Evasão Fiscal em Portugal. In: TORRÊS, Heleno Taveira e PIRES, Adilson Rodrigues (Organizadores). *Princípios de direito financeiro e tributário – Estudos em homenagem ao Professor Ricardo Lobo Torres*. Rio de Janeiro: Renovar, 2006, p. 780.
57. "Estão os governos muito mais preocupados em encontrar novas formas impositivas e novas áreas de imposição para obter mais recursos 'pro domo sua', do que propriamente em buscar a tributação justa, caminho único para um fluir harmônico no plano da economia" – afirmou MARTINS, Ives Gandra da Silva. *Uma Teoria do Tributo*, op. cit., p. 301.
58. Vide TANZI, Vito e DAVOODI, Hamid R. Corruption, Public Investment, and Growth. *Working Paper nº 97/139*. International Monetary Fund (IMF), p. 05. Disponível em: http://ssrn.com/abstract=882701
59. Aliás, em meio à política de geração de superávits primários (implementada, como é sabido, no segundo governo de Fernando Henrique Cardoso), o tipo de ajuste fiscal adotado pelo governo poderia ser de dois tipos: um que privilegiasse o corte de despesas correntes, e o outro que adotasse o corte das despesas de capital. Pois bem, o ajuste fiscal da era Lula não é outro que não este último. Essa é a conclusão de uma pesquisa realizada por Ulysses de Moraes, em sua dissertação de mestrado "O perfil e a composição do ajuste fiscal brasileiro (1997/2007)" (*apud* HOLLAND, Márcio. Metas fiscais e o ajuste fiscal. *Conjuntura Econômica*, vol. 62, n. 07 (jul. 2008). Rio de Janeiro: Fundação Getúlio Vargas, 2008, p. 82).

los governantes não têm sido condizentes com a racionalização da máquina estatal (desburocratização) ou com a melhora significativa do aparato tecnológico e do treinamento de pessoal especializado para lidar com o ritmo atual da economia. A Administração Pública, nesta senda, queda impedida de atingir a *eficiência* conformadora da sua *legitimidade*, pois a sua obesidade, oriunda, no mais das vezes, dos favoritismos, dos nepotismos, dos conchavos políticos, enfim, das estreitas relações de clientela, a impede de atingir tal desiderato.[60]

É sintomático, com efeito, que a decisão sobre a carga tributária ideal caiba aos governantes e não ao povo. Este, quando consultado sobre aumento de tributos, é contrário; mas nas democracias de mero acesso ao poder os seus "representantes" não prescindem destas receitas derivadas.[61/62]

Neste diapasão, e tendo em conta que a percepção que os cidadãos-contribuintes têm da utilidade da despesa pública condiciona a sua reação à carga tributária,[63] é compreensível que o tributo seja encarado como uma "norma de rejeição social", vale dizer, como uma norma que depende da ameaça de uma *sanção* para o seu cumprimento. Por outras palavras, em função das várias razões que denotam a *injustiça tributária*, a norma que exige o tributo será sempre "examinada com resistência, ao contrário da maior parte das normas sociais, cujo cumprimento faz-se naturalmente, sendo o castigo exceção colocada à margem para os casos excepcionais de desrespeito. A sanção para a *norma social de aceitação* sem resistência é completamente natural à sua vigência e eficácia. A sanção para a *norma de rejeição social* é complemento essencial à sua vigência e eficácia. Mesmo sem sanção, a norma de aceitação sem resistência seria cumprida pela

---

60. Não podemos deixar de salientar que os gastos objetivando a melhora ou manutenção de uma boa infra-estrutura da Administração Pública (da Administração Tributária, p. ex.), bem assim com a qualificação técnica e treinamento constante do seu pessoal (capital humano), são gastos correntes extremamente salutares ao desenvolvimento econômico, ainda que aquela "regra de ouro" seja ainda constantemente invocada pela maioria dos economistas. Como consignam Vito Tanzi e Hamid Davoodi, "this rule continues to be invoked as a good guide to policy even in the face of much evidence that some current spending – such as 'operation and maintenance' that keeps the existing infrastructure in good condition or spending that contributes to the accumulation of human capital – can promote growth more than capital spending" (TANZI, Vito e DAVOODI, Hamid R. Corruption, Public Investment, and Growth, cit., últ. loc. cit.).

61. Vide MARTINS, Ives Gandra da Silva. Limitações ao poder impositivo e segurança jurídica, cit., p. 32. Vide, ainda, idem, *Uma Teoria do Tributo*, op. cit., p. 57.

62. Como refere James Buchanan, "la democracia en la adopción de decisiones significa algo muy alejado de la participación universal, ya que los indivíduos intervienen solo hasta la fase de elección de los candidatos para las funciones públicas" (BUCHANAN, James M. *Hacienda Pública*. [Trad. espanhola]. Madrid: Editorial de Derecho Financiero, 1968, p. 15).

63. FERREIRA, Eduardo da Paz. *Ensinar Finanças Públicas numa Faculdade de Direito*. Coimbra: Almedina, 2005, p. 172.

grande maioria da população. A *norma de rejeição*, sem a sanção, seria cumprida por muito poucos."[64]

Dessarte, sendo certo que desde há muito os tributos não são vistos pelos contribuintes como Direito, mas como "torto",[65] estes cidadãos somente cumprem suas *obrigações tributárias* em razão do receio da aplicação da norma sancionatória.[66] Como refere Ives Gandra Martins, "dificilmente a obrigação de recolher o tributo seria cumprida sem sanção".[67] [68]

Não temos dúvidas de que *a vigência efetiva do Direito Tributário requer a coercibilidade, isto é, a ameaça de uma sanção para o seu cumprimento*. Como refere Baptista Machado, *o Direito carece da Força*.[69] Porém, é mister ter *imensa cautela* – frise-se – nesse assunto, sobretudo numa situação de *carga fiscal desme-*

---

64. MARTINS, Ives Gandra da Silva. *Da sanção tributária*. 2. ed. (rev. e atual.). São Paulo: Saraiva, 1998, p. 50. (O itálico é nosso).
65. Neste sentido, vide CAMPOS, Diogo Leite de. *O Sistema Tributário no Estado dos Cidadãos*, op. cit., p. 123.
66. MARTINS, Ives Gandra da Silva. *Uma Teoria do Tributo*, op. cit., p. 288.
67. MARTINS, Ives Gandra da Silva. *Teoria da imposição tributária*. 2. ed. (rev. e atual.). São Paulo: LTr, 1998, p. 129.
68. Para maiores considerações sobre este tema (tributo enquanto *norma de rejeição social*), vide MARTINS, Ives Gandra da Silva. *Teoria da imposição tributária*, op. cit., pp. 126-132; idem, *Da sanção tributária*, op. cit., 50-56; idem, *Uma Teoria do Tributo*, op. cit., pp. 287-291; e idem, Limitações ao poder impositivo e segurança jurídica, cit., pp. 683-688. Vale ressaltar que há quem concorde com essas ideias (FURLAN, Anderson. Sanções Penais Tributárias. In: MACHADO, Hugo de Brito. *Sanções penais tributárias*. São Paulo: Dialética/ICET, 2005, p. 13; COSTA JÚNIOR., Paulo José da e DENARI, Zelmo. *Infrações tributárias e delitos fiscais*. 4 ed. São Paulo: Saraiva, 2000, pp. 85-86; e RIOS, Rodrigo Sánchez. Relevantes aspectos do tipo subjetivo no delito tributário. In: PEIXOTO, Marcelo Magalhães *et alli* (coords.). *Direito Penal Tributário*. São Paulo: MP, 2005, p. 382, n. 14) e quem discorde das mesmas (HUCK, Hermes Marcelo. *Evasão e elisão: rotas nacionais e internacionais*. São Paulo: Saraiva, 1997, p. 02; e TÓRTIMA, José Carlos. Despenalização do Delito Fiscal? In: MACHADO, Hugo de Brito. *Sanções penais tributárias*. São Paulo: Dialética/ICET, 2005, p. 481).
69. MACHADO, João Baptista. *Introdução ao Direito e ao Discurso Legitimador*. 13. reimp. Coimbra: Almedina, 2002, pp. 34-42. É bom que se diga que este autor destaca que o Direito existiria mesmo sem a presença da coação. Logo, para ele, *a coercibilidade não é elemento essencial do Direto*. Neste mesmo sentido, vide LOURENÇO, Ana Príncipe. *O Impacto da Lei nos Custos de Transacção: aplicação ao agrupamento complementar de empresas*. Porto: Universidade Católica, 2004, p. 24; e MELLO, Celso de Albuquerque. As sanções e os Direitos Humanos na Ordem Jurídica Internacional. In. TORRÊS, Heleno Taveira; e PIRES, Adilson Rodrigues (Organizadores). *Princípios de direito financeiro e tributário – Estudos em homenagem ao Professor Ricardo Lobo Torres*. Rio de Janeiro: Renovar, 2006, p. 14, o qual cita, nesta mesma página, J. HAESAERT e PETRAZYCKI, para além de outros seguidores desta corrente.

dida[70] e de complexidade elevada do sistema tributário, para além, é claro, dos efeitos maléficos daí decorrentes no que toca aos direitos e garantias dos contribuintes; situações, portanto, que configuram a *injustiça tributária*, isto é, o ataque ao Direito, sendo, portanto, situações de *violência tributária*.[71/72]

3. Carência de Legitimidade da Criminalização das Infrações Tributárias

Certo é, todavia, que o aumento da complexidade do sistema tributário – enquanto sintoma da sociedade pós-industrial e do intervencionismo estatal, designadamente da proliferação convulsiva e desordenada da extrafiscalidade – é coetâneo da criminalização das infrações tributárias. Resulta daí a relação entre o intervencionismo estatal, o intervencionismo fiscal (Estado Fiscal Social), com acréscimo de deveres e obrigações tributárias para os contribuintes, e, consequentemente, a previsão de sanções para assegurar o cumprimento do Direito. Numa palavra: *quanto mais intervenção, mais sanções*.

Ocorre que desde há vários decénios – sobretudo desde o aparecimento da "sociedade de risco"[73] – tem vindo a verificar-se uma acentuado intervencionismo

---

70. MARTINS, Ives Gandra da Silva. *Da sanção tributária*, op. cit., pp. 52-53. São, ao todo, "seis raciocínios" que evidenciam que a carga fiscal é "desmedida" e, por isso, injusta, o que dá azo àquela rejeição: (1) *Os objetivos e necessidades mal colocadas* – "o contribuinte entende que a fixação de objetivos, no concernente às necessidades públicas, é feita na perspectiva de metas superiores às possibilidades governamentais, quando não mal eleitas entre as prioridades existentes" –; (2) *os gastos supérfluos* – "na linha dos funcionários desnecessários e das mordomias institucionalizadas… o contribuinte sente que o peso excessivo da receita aumentada para o inútil e supérfluo é coberto pela carga tributária acrescida"; (3) *Os contribuintes apenados*; (4) *A sonegação e o tratamento prático diferencial*; (5) *A fiscalização*; (6) *A sonegação e o aumento de receita* (ibidem, pp. 54-55).

71. Neste sentido, CAMPOS, Diogo Leite de. Justiça e Arrecadação nos Impostos Portugueses – Um Sistema Esgotado, cit., p. 133; e idem, *O Sistema Tributário no Estado dos Cidadãos*, op. cit., pp. 33-34.

72. Baseado na ideia de que *a Força sem o Direito é violência*, visto que *é o Direito que legitima a Força*, Baptista Machado afirma que "a coacção apenas será legítima se a norma também o for, isto é, se esta puder ser considerada como uma norma conforme à ideia de Direito e, portanto, uma norma que vise, em último termo, a defesa e a promoção da autonomia da pessoa humana, e não a subordinação desta a valores *supostamente* superiores" (MACHADO, João Baptista. *Introdução ao Direito e ao Discurso Legitimador*, op. cit., p. 35, n. 1). (O itálico é nosso).

73. Sobre a denominada "sociedade do risco", é obrigatória a referência à clássica obra do sociólogo alemão Ulrich BECK, intitulada *Risikogesellschaft. Auf dem Weg in eine andere Moderne* – trazida à tona em 1986 (ano do acidente na central nuclear de Chernobyl, na Ucrânia) –, cuja tradução espanhola (2001), utilizada por nós, é a seguinte: BECK, Ulrich. *La sociedad del riesgo. Hacia una nueva modernidad*. Barcelona: Paídos, 2001.

penal, um "expansão do Direito Penal",[74] para além, é claro, do processo de criminalização que ocorrera já na primeira metade do Século XX, quando do intervencionismo estatal na economia (sobretudo após a Segunda Grande Guerra), de onde brotou, aliás, o chamado Direito Penal Tributário, enquanto subespécie do Direito Penal Econômico, que, por sua vez, surgia como a vertente repressiva do Direito Econômico, em atenção aos novos valores albergados pela "Constituição Econômica".[75]

Neste sentido, desde o irromper do Estado Fiscal Social, com seus novos valores (eticidade, socialidade, igualdade material etc.) e consagração, em normas constitucionais, dos direitos sociais e econômicos; as condutas evasivas (*tax evasion*) passaram a ser particularmente censuráveis. As obrigações tributárias, nesta senda, "ganharam a cogência dos imperativos éticos".[76] Ruía-se, assim, a conhecida lição de Veit, segundo a qual a honestidade dos contribuintes era "o equiva-

---

Vide ainda: GIDDENS, Anthony. *O mundo na era da globalização*. 5. ed. Lisboa: Presença, 2000, pp. 31-43: COSTA, José de Faria. *O Perigo em Direito Penal (contributo para a sua fundamentação e compreensão dogmáticas)*. Coimbra: Coimbra, 2000, p. 593; LOUREIRO, João. Da sociedade técnica de massas à sociedade de risco: prevenção, precaução e tecnociência – Algumas questões juspublicísticas. *Stvdia Ivridica*, n. 61. *Estudos em Homenagem ao Prof. Doutor Rogério Soares*. Coimbra: Coimbra, 2001, pp. 797-891. Sobre o Direito Penal Econômico e a Sociedade de Risco, vide SILVEIRA, Renato de Mello Jorge. *Direito penal econômico como direito penal de perigo*. São Paulo: Revista dos Tribunais, 2006, Cap. I; e PUCCI, Rafael Diniz. Responsabilização penal na sociedade de risco. In: SILVA, Luciano Nascimento (coord.). *Estudos jurídicos criminais*. Curitiba: Juruá, 2008, pp. 199-240.

74. SILVA SÁNCHEZ, Jesús-María. *La expansión Del Derecho penal. Aspectos de la política criminal en lãs sociedades postindustriales*. Madrid: Civitas, 1999.

75. Não ignoramos, aqui, vale ressaltar, a *ingenuidade* da ideia de que à economia tudo pertence (COSTA, José de Faria. *Direito Penal Econômico*. Coimbra: Quarteto, 2003, p. 36). Daí que, ao voltarmos a nossa atenção para a segunda etapa de expansão do Direito Penal (ligados à globalização, à sociedade de risco, com inovações tecnológicas e de biogenética), não desconheçamos que crimes há que estejam fora do "cosmos econômico", como o Direito Penal da Biotecnologia, por exemplo. Porém, com o propósito de distanciar esses delitos (de segunda e terceira velocidades) dos chamados delitos clássicos, vamos acentuar, aqui, a "tendência centrípeta que o direito penal econômico desencadeia" (idem, ibidem, p. 35), albergando, pois, tanto os delitos afetos às atividades econômicas, quanto aqueles que lhe são estranhos ou conexos.

Para um estudo do debate envolvendo as matérias envoltas pelo Direito Penal Econômico, vide, entre outros, DOTTI, René Ariel. A criminalidade econômica. *Revista dos Tribunais*, n. 602 (dez. 1985). São Paulo: Revista dos Tribunais, 1985, pp. 296-297; PALHARES, Cinthia Rodrigues Menescal. *Crimes Tributários. Uma visão prospectiva de sua despenalização*. Rio de Janeiro: Lumen Juris, 2004, pp. 44-46.

76. DIAS, Jorge de Figueiredo Dias e ANDRADE, Manuel da Costa. O crime de fraude fiscal no novo Direito Penal Tributário Português. *Direito Penal Econômico e Europeu: Textos Doutrinários*, vol II. Coimbra: Coimbra, 1999, p. 415.

lente da estupidez".[77] Substituía-se, pois, o quadro de indiferença do contribuinte perante o descumprimento de suas obrigações tributárias, desprovidas que eram de valores éticos, para um outro quadro, no qual ao tributo foi conferida uma "valência ética", enquanto meio privilegiado para assegurar as prestações sociais que tornavam possível que o *cidadão vivesse não só no Estado, mas também do Estado* (Ernst Forsthoff).[78/79] Foi a partir daí, das mudanças sociais produzidas conforme o "étimo social", que sucedeu a expansão da *tutela penal* a domínios até então estranhos ao Direito Penal.

Ora bem, o que vem à luz, dentro desse quadrante (de intervenção do Direito Penal), é, antes do conceito de *carência de tutela penal*, o conceito de *dignidade penal*, que, por seu turno, aparece sustentada por uma *valoração ético-social* contemporânea do momento histórico que mencionamos.[80/81] Portanto, dúvidas não há quanto à exposição do Direito Penal ao devir histórico.[82] Neste sentido, e sendo certo (segundo o entendimento praticamente unânime) que somente as condutas que lesem *bens jurídicos* assumem *dignidade penal*,[83] cumpre notar que, segundo o *princípio do consenso*, o Direito Penal passou a estar coartado ao núcleo irredutível dos *novos* valores e interesses apoiados, de forma generalizada, pela co-

---

77. Idem, ibidem últ. loc. cit. Vide, ainda, CORREIA, Eduardo. Os artigos 10º do Decreto-Lei nº 27153, de 31-10-1936, e 4º, nº 1º, do Decreto-Lei n.º 28221 de 24-11-1937, a Reforma Fiscal e a Jurisprudência (Secção Crminal) do S. T. J. *Separata da Revista de Legislação e de Jurisprudência*, Ano 100º, ns. 3350 a 3557, Coimbra, 1968, p. 18.

78. DIAS, Jorge de Figueiredo Dias e ANDRADE, Manuel da Costa. O crime de fraude fiscal no novo Direito Penal Tributário Português, cit., p. 415.

79. Vale a pena recordar que toda a lição de Forsthoff esteve assente na sua construção teórica sobre a "procura existencial" (*Daseinsvorsorge*), segundo a qual ao Estado foi reivindicado o protagonismo na provisão de bens ou prestações sociais. Vide FORSTHOFF, Ernst. Sociedad industrial y Administración Pública. In: *Estudios Administrativos*, n. 29. Madrid: ENAP, 1967, pp. 19-58.

80. Vide D'AVILA, Fábio Roberto. Direito Penal e direito sancionador: sobre a identidade do direito penal em tempos de indiferença. In: WUNDERLICH, Alexandre (coord.). *Política criminal contemporânea: criminologia, direito penal e direito processual penal: Homenagem do Departamento de Direito Penal e Processual Penal pelos 60 anos da Faculdade de Direito da PUCRS*. Porto Alegre: Livraria do Advogado, 2008, p. 127.

81. Como afirmam Figueiredo Dias e Costa Andrade, no contexto de uma sociedade democrática e aberta são dois os conceitos fundamentais que se têm procurado definir os parâmetros da legitimidade da intervenção do direito criminal: o conceito de *dignidade penal* e o conceito de *carência* (ou necessidade) *de tutela penal* (DIAS, Jorge de Figueiredo e ANDRADE, Manuel da Costa. *Criminologia – o homem delinquente e a sociedade criminógena*. 2. reimp. Coimbra: Coimbra, 1997, p. 405).

82. MONTE, Mário Ferreira. *Da legitimação do direito penal tributário – em partícula, os paradigmáticos casos de facturas falsas*. Coimbra: Coimbra, 2007, p. 23.

83. DIAS, Jorge de Figueiredo e ANDRADE, Manuel da Costa. *Criminologia – o homem delinquente e a sociedade criminógena*, op. cit., p. 405.

munidade.⁸⁴ Como se sabe, num dado momento histórico, anterior ao período do intervencionismo estatal (Estado Social, Welfare State, Estado Providência etc.), o Direito Penal viu seu campo de intervenção confinado aos chamados "crimes clássicos", tutelando determinadas situações de valor (de cunho individual) cuja integridade era (e ainda é, como é óbvio) indispensável à convivência comum, como por exemplo, a vida, a liberdade de expressão, a integridade física, o patrimônio etc. Ocorre que, "junto a esta protecção de bens jurídicos previamente dados, surge a necessidade de assegurar, *se necessário* através dos meios do direito penal, o cumprimento das prestações de caráter público de que depende o indivíduo no quadro da assistência social por parte do Estado".⁸⁵

No respeitante aos novos valores e interesses (difusos e coletivos) plasmados na Lei Maior, cabe aqui evocar, porque oportuna e sobremodo esclarecedora, a seguinte lição de Jorge de Figueiredo Dias:⁸⁶

> "tanto no direito penal geral como no direito penal económico temos a ver com a ofensa a verdadeiros bens jurídicos: só que os daquele se relacionam com o livre desenvolvimento da personalidade de cada homem como tal, enquanto os deste se relacionam com a actuação da personalidade do homem enquanto fenómeno social, em comunidade e em dependência recíproca dela. Desta forma, de resto, se ligam uns e outros à ordem de valores, ao ordenamento axiológico que preside à Constituição democrática do Estado: simplesmente, enquanto os bens jurídicos do direito penal geral se devem considerar concretização dos valores constitucionais ligados aos direitos, liberdades e garantias fundamentais dos cidadãos, os bens jurídicos do direito penal económico surgem como concretização dos valores ligados aos direitos sociais e à organização económica contidos ou pressupostos na Constituição."

Daí que possamos concluir, com Heloisa Estellita Salomão, que, sob o prisma das *concepções constitucionais do bem jurídico*, a função do Direito Penal é a exclusiva proteção dos bens jurídicos. "Em outras palavras: os bens jurídicos tuteláveis pelo Direito Penal devem ter relevância constitucional".⁸⁷/⁸⁸ Vale ressaltar,

---

84. Idem, ibidem, últ. loc. cit.
85. ROXIN, Claus. *Problemas Fundamentais de Direito Penal*. 3. ed. Lisboa: Veja, 1998, p. 28 (O itálico é nosso).
86. DIAS, Jorge de Figueiredo. Breves considerações sobre o fundamento, o sentido e a aplicação das penas em direito penal econômico. In: PODVAL, Roberto (org.). *Temas de Direito Penal Econômico*. São Paulo: Revista dos Tribunais, 2000, p. 126.
87. SALOMÃO, Heloisa Estellita. *A tutela penal e as obrigações tributárias na constituição federal*. São Paulo: Revista dos Tribunais, 2001, p. 219.
88. Como leciona Claus Roxin, os bens jurídicos são circunstâncias reais dadas ou finalidades necessárias para uma vida segura e livre, que garanta todos os direitos humanos e civis de cada um na sociedade ou para o funcionamento de um sistema estatal que se baseie nestes objetivos (*apud* CALLEGARI, André Luís. Estado e política criminal: a expansão do direito penal como forma

contudo, que há quem tenha chegado à conclusão de que o Direito Penal somente deveria ter como bens jurídicos "sólo aquellos cuya lesión se concreta en un ataque lesivo a otras personas de carne y hueso".[89]

No que à *carência de tutela penal* diz respeito, vale a pena prestar um novo e singelo tributo à *Alma Mater Conimbrigensis* ao trazer à colação mais uma lição de dois insignes expoentes de sua *Universitas*, Jorge de Figueiredo Dias e Manuel da Costa Andrade.[90] Vejamos:

> "Com esta categoria exprime-se de forma sintética, como assinala Sax, 'o juízo de que, em relação a determinados comportamentos que directa ou indirectamente lesam bens jurídicos, sendo, portanto, dignos de sanção criminal, esta sanção é também de facto o único meio para, de forma eficaz, proteger a ordenação comunitária. Este juízo assenta predominantemente numa investigação criminológica sobre factos que, pela sua frequência, persistência e danosidade, são considerados como problema político-criminal'."

Desta feita, a criminalização das infrações tributárias surge como um problema de *política criminal* tendente a proteger a satisfação daquelas "prestações de caráter público de que depende o indivíduo no quadro da assistência social por parte do Estado" (Roxin). "Com isto – afirma Anabela Rodrigues –, é inequivocamente o critério político-criminal da *necessidade* que se reconhece como critério decisivo legitimador da criminalização de comportamentos que implicam fuga ile-

---

simbólica de controle social. In: STRECK, Lenio Luiz e MORAIS, José Luis Bolzan de (organizadores). *Constituição, Sistemas Sociais e Hermenêutica*. Porto Alegre / São Leopoldo: Livraria do Advogado / Unisinos, 2008, p. 213, n. 41). Já Hans-Heinrich Jescheck afirma que "el bien jurídico há de entenderse como valor ideal del orden social jurídicamente protegido, en cuyo mantenimiento tiene interes la comunidad y que puede atribuirse, como a su titular, tanto al particular como a la colectividad" (p. 351). Mais: "Los bienes jurídicos no constituyen objetos aprehensibles del mundo real, sino valores ideales del orden social, sobre los que descansan la seguridad, el bienestar y la dignidad de la existencia de la colectividad" (p. 353). (Grifos do autor).

89. FERRAJOLI, Luigi. *Derecho y razón (Teoría del garantismo penal)*. 7. ed. (Trad. espanhola). Madrid: Trotta, 2005, p. 478. Como é cediço, tal como os expoentes da Escola de Frankfurt (Hassemer, Neumann, Herzog etc.) e Alessandro Baratta, Luigi Ferrajoli nega a tutela penal dos bens jurídicos coletivos. Daí que ressaltem a importância de se sancionar administrativamente alguns delitos, como a evasão fiscal e os delitos contra o meio-ambiente. Entretanto, Ferrajoli não concorda com o *abolicionismo da pena*, já que julga indispensável o recurso à mesma (vide idem, ibidem, pp. 247 e segs., 328 e segs., 341 e segs., e, finalmente, p. 413). Sobre a Escola de Frankfurt, vide DIAS, Jorge de Figueiredo. *Direito Penal*. Parte Geral, t. I. Coimbra: Coimbra, 2004, pp. 130 e segs. Para maiores considerações sobre a afinidade entre esta corrente de pensamento e as lições de Baratta e Ferrajoli, vide PUCCI, Rafael Diniz. Responsabilização penal na sociedade de risco, cit., pp. 221-227.

90. DIAS, Jorge de Figueiredo e ANDRADE, Manuel da Costa. *Criminologia – o homem delinquente e a sociedade criminógena*, op. cit., pp. 407-408.

gítima ao Fisco".[91] Não é descabido, porém, manter viva, aqui, a lição revigorada por Eduardo Correia, segundo a qual "a utilização de um critério de necessidade é altamente perigoso", como já dissera, aliás, Schiller: "Desconfiai, nobre senhor, não julgueis alguma coisa justa só por que é útil ao Estado".[92]

De todo modo, é crucial manter ressonante o eco da lembrança coimbrã no sentido de que "o conceito de carência de tutela corresponde ao princípio da subsidiariedade do direito penal, principalmente segundo o qual o direito penal deve constituir a ultima ratio do controlo social".[93] O legislador, portanto, jamais poderá esquecer que o Direito Penal constitui sempre a *última opção* a ser considerada, a que só deverá recorrer quando não houver outros meios de controle social à sua disposição, designadamente aqueles "não criminais de política social adequados e suficientes para a protecção dos valores que está em causa garantir".[94] Desta maneira, o legislador não poderá ignorar as demais formas de controle social.[95] Mais: caso o legislador, perante o caráter nocivo da conduta do contribuinte, institua tipos penais tributários, ou, em atenção às razões de política criminal, converta as infrações tributárias em crime (convertendo o "tipo administrativo" em "tipo penal"[96]); "o sistema penal só conseguirá afirmar e assegurar normas se mantiver uma relação de harmonia com as demais formas de controle social".[97]

Em que pese, porém, o acerto desta última lição (corresponde ao princípio da *subsidiariedade* do Direito Penal), fato é que ainda vivemos num Estado de Direito Social, em cujo seio predomina a procura constante pelas prestações sociais, inobstante a sua satisfação ou não. Seja como for, o que impera, aqui, é o receio de

---

91. RODRIGUES, Anabela Miranda. Contributo para a fundamentação de um discurso punitivo em matéria penal fiscal. In: PODVAL, Roberto (org.). *Temas de Direito Penal Econômico*. São Paulo: Revista dos Tribunais, 2000, p. 182.
92. CORREIA, Eduardo. Introdução ao Direito Penal Económico. *Direito Penal Económico e Europeo: Textos doutrinários*, vol. I. Coimbra: Coimbra, 1998, p. 301.
93. DIAS, Jorge de Figueiredo e ANDRADE, Manuel da Costa. *Criminologia – o homem delinquente e a sociedade criminógena*, op. cit., p. 408.
94. RODRIGUES, Anabela Miranda. Contributo para a fundamentação de um discurso punitivo em matéria penal fiscal, cit., p. 182.
95. COSTA, Helena Regina Lobo da. Contribuições das teorias de prevenção geral positiva limitadoras ao direito penal contemporâneo. In: SILVA, Luciano Nascimento (coord.). *Estudos jurídicos criminais*. Curitiba: Juruá, 2008, p. 125.
96. COSTA JÚNIOR, Paulo José da e DENARI, Zelmo. *Infrações tributárias e delitos fiscais*, op. cit., p. 82.
97. COSTA, Helena Regina Lobo da. Contribuições das teorias de prevenção geral positiva limitadoras ao direito penal contemporâneo, cit., p. 125. Neste trecho a autora mais não faz do que lançar luz sobre o modelo de Winfried Hassemer acerca da teoria de prevenção geral positiva – modelo concebido como limite à intervenção penal.

perder a receita que, em tese, será destinada ao interesse público superior, como as prestações próprias do Estado Assistencial. Daí o motivo para muitos acreditarem na legitimidade da criminalização das infrações tributárias, como meio de garantir a certeza da arrecadação dos tributos. Nestes termos, enquanto estivermos imersos num Estado de Direito Social, tanto menor será a probabilidade de vermos reluzente o princípio de intervenção mínima do Direito Penal. É o que diz Silva Sánchez: "en realidad, parece razonable pensar que um Derecho penal mínimo sólo pueda generarse en el marco de um Estado mínimo..."[98/99]

Incontroversa é, pois, a expansão do Direito Penal (Moderno), bem como de suas (novas) características, como *a proteção de bens jurídicos, a ideia de prevenção e a orientação às consequências*.[100]

No que respeita à proteção de bens jurídicos, vale destacar que ela converteu-se num *critério positivo* para justificar decisões criminalizadoras, perdendo, pois, o caráter de critério negativo que esteve na sua origem. O que foi originalmente formulado para limitar o legislador à proteção de bens jurídicos, agora foi convertido numa exigência para que se penalize determinadas condutas.[101] Enfim, a proteção de bem jurídicos se transforma, neste Direito Penal Moderno, num "mandato para penalizar", ao invés de ser uma proibição condicionada de penalização.[102]

É neste sentido que Figueiredo Dias e Costa Andrade afiançam que no *direito penal de justiça* é possível referenciar claramente o bem jurídico como "realidade ontológica e normativamente preexistente à descrição legal da conduta proibida".[103] Mas isso já não se configura como característica do Direito Penal Moderno, pois, aqui, o *objeto da proteção penal* há de resultar de objectivos e estratégias de uma dada política criminal, não sendo, portanto, "um *prius*, que sirva ao legislador de instrumento crítico da matéria a regular e do modo de regulação, mas um *posterius*, com uma função meramente interpretativa e classificatória dos tipos, construído a partir da opção por um dos vários figurinos dogmáticos e

---

98. SILVA SÁNCHEZ, Jesús-María. *La expansión Del Derecho penal*, op. cit., p. 40, n. 55.
99. "De facto, é hoje inegável que em certos sectores da vida não é de todo possível a ideia de compatibilizar um máximo Estado, um máximo Estado de direito social, com um direito penal mínimo. Seria desejável, é certo, mas não é possível" (MONTE, Mário Ferreira. *Da legitimação do direito penal tributário*, op. cit., p. 23).
100. HASSEMER, Winfried. *Persona, Mundo y Responsabilidad: bases para uma teoría de la imputación em derecho penal*. Valencia: Tirant lo Blanch, 1999, p. 47.
101. Idem, ibidem, últ. loc. cit.
102. Idem, ibidem, p. 48.
103. DIAS, Jorge de Figueiredo Dias e ANDRADE, Manuel da Costa. O crime de fraude fiscal no novo Direito Penal Tributário Português, cit., p. 418.

político-criminais que o legislador tem à disposição".¹⁰⁴ Eis, aqui, o porquê da natureza *artificial* de alguns "novos" delitos, como os delitos tributários.¹⁰⁵

A segunda característica citada do Direito Penal Moderno é a "exacerbação da ideia de *prevenção*",¹⁰⁶ que no Direito Penal Clássico era considerada como uma meta secundária da justiça penal, convertendo-se, já agora, no paradigma penal dominante. Como refere Hassemer, com toda essa transformação fica cada vez mais difícil assegurar os princípios de igualdade e de tratamento igualitário, uma vez que aqui predomina a certeza de que por meio da ideia da *prevenção* (individual e geral) o mundo será melhorado pelo Direito Penal, ainda que isto custe a renúncia aos tradicionais fins da pena de um tratamento equitativo, segundo a gravidade do ilícito e da culpabilidade. *Cada vez mais o fim parece justificar os meios.*¹⁰⁷

Há, finalmente, uma tendência *orientada às consequências*, entendida como um critério complementar para uma correta legislação, "marginando de la política jurídico-penal los princípios de igualdad y de retribución justa del delito". Essas tendências são diagnosticadas, por exemplo, quando se utiliza o *Direito Penal como um instrumento de pedagogia social* com o fim de "sensibilizar" as pessoas em determinados âmbitos de proteção.¹⁰⁸

Há, desta sorte, uma tendência a considerar o Direito Penal não como *ultima ratio*, mas como "primeira" ou "única" solução dos problemas sociais,¹⁰⁹ como seja a falta de "conscientização fiscal" dos contribuintes.

Nesse diapasão, a criminalização das infrações tributárias aparece como um elemento valioso para a formação generalizada da *consciência fiscal*.¹¹⁰/¹¹¹ Como

---

104. DIAS, Augusto Silva. O Novo Direito Penal Fiscal Não Aduaneiro (Dec.-Lei nº 20-A/90 de 15 de Janeiro) – Considerações Dogmáticas e Político-criminais. In: *Fisco*, n. 22 (julho 1990). Lisboa: Lex, p. 29.

105. Sobre este assunto, vide, ainda, MONTE, Mário Ferreira. *Da legitimação do direito penal tributário*, op. cit., pp. 96-100.

106. HASSEMER, Winfried. *Persona, Mundo y Responsabilidad: bases para uma teoría de la imputación em derecho penal*, op. cit., p. 49.

107. Idem, ibidem, pp. 49-50.

108. Idem, ibidem, p. 50.

109. Idem, ibidem, p. 51.

110. GERSÃO, Eliana. Revisão do Sistema Jurídico Relativo à Infracção Fiscal. *Cadernos de Ciência e Técnica Fiscal*, n. 112. Lisboa: Centro de Estudos Fiscais, 1976, p. 24; idem, Revisão do Sistema Jurídico Relativo à Infracção Fiscal. *Direito Penal Económico e Europeu: Textos Doutrinários*, vol II. Coimbra: Coimbra, 1999, pp. 90-91.

111. Citando Carlos MARTÍNEZ PÉREZ, Rodrigo Sánchez Rios afirma que a finalidade da criminalização da infração tributária é a "consciência fiscal" (RIOS, Rodrigo Sánchez. Relevantes aspectos do tipo subjetivo no delito tributário, cit., p. 379).

não poderia ser diferente (em sede de expansão do Direito Penal), a *pena de prisão* surge como uma das principais penas daquelas infrações.

Em consonância com este raciocínio, sobretudo com a primeira característica do chamado Direito Penal Moderno, é mister enfatizar, com Rodriguez Mourullo, que *o crime pressupõe, na maior parte dos casos, determinados valores éticos-sociais pré-existentes, mas outras vezes ele é criado precisamente para implantar um novo valor. O Direito Penal cumpre não só uma função puramente conservadora dos valores atuais, mas também uma função ativa tendente a suscitar a vigência de outros.*[112] A *pena de prisão*, neste particular, mesmo aquela mais curta (*sharp-short-shock*[113]), consistiria no elemento propulsor daquela desejada consciência fiscal, na medida em que tenha como fim a *prevenção geral de cariz positivo*, promovendo e reforçando, na consciência coletiva, a afirmação social de certos valores de justiça, constitucionalmente reconhecidos.[114]

Por conseguinte, à *pena* foi emprestada uma função de *promoção e reforço* daquilo que verdadeiramente falta à população brasileira: a consciência fiscal, isto é, o respeito às leis do seu Estado Fiscal Social. Nesta esteira, tendo como fim a prevenção geral positiva, a pena teria o condão de provocar alguns efeitos benéficos àquela almejada confiança, como o efeito pedagógico social.[115]

Porém, concebendo-se o Direito Penal como o "único instrumento eficaz de pedagogia político-social",[116] como o único mecanismo capaz de incutir na sociedade brasileira uma conscientização tributária, enfim, de provocar nos cidadãos-contribuintes a consciência de que a evasão fiscal viola valores fundamentais da ordem social; o que se faz é expandir *ad absurdum* a intervenção incriminadora,

---

112. RODRÍGUEZ MOURULLO, Gonzalo. *Presente y futuro del delito fiscal*. Madrid: Civitas, 1974, p. 28.
113. DIAS, Jorge de Figueiredo. Breves considerações sobre o fundamento, o sentido e a aplicação das penas em direito penal econômico, cit., pp. 121-135; e COSTA, José de Faria. *Direito Penal Econômico*, op. cit., pp. 91-94.
114. DIAS, Augusto Silva. O Novo Direito Penal Fiscal Não Aduaneiro, cit., p. 20. Vide, ainda, RODRIGUES, Anabela Miranda. Contributo para a fundamentação de um discurso punitivo em matéria penal fiscal, cit., pp. 183-184.
115. Para uma apreciação das funções da pena, vide, por exemplo, ROXIN, Claus. *Derecho Penal. Parte General*, t. I. 2. ed. (Trad. espanhola). Madrid: Civitas, 1997, pp. 81-103.
    Para uma análise das teorias de prevenção geral positiva, destacando-se as diferenças entre o modelo de Winfried Hassemer (*prevenção geral positiva limitadora da intervenção penal*) e o modelo proposto por Jakobs (segundo Mir Puig, uma modelo *ampliatório* do Direito Penal); vide COSTA, Helena Regina Lobo da. Contribuições das teorias de prevenção geral positiva limitadoras ao direito penal contemporâneo, cit., passim.
116. SILVA SÁNCHEZ, Jesús-María. *La expansión Del Derecho penal*, op. cit., p. 45.

sem que seja dada a devida relevância, num primeiro momento, a outras formas de "controle social". No âmbito tributário, por exemplo, uma forma como esta, de índole profilática e assaz benéfica à promoção da desejada consciência fiscal dos cidadãos, seria a *educação fiscal*.[117/118] É indubitável que num cenário de complexidade tributária, de leis com baixa qualidade técnica e de privatização da gestão das normas tributárias, esta *educação fiscal*, prestada aos contribuintes de diferentes maneiras, seja fundamental para a consciência fiscal, para o cumprimento voluntário das obrigações tributárias, enfim, para eficácia no cumprimento das normas tributárias, porque fundado numa atuação conforme a justiça tributária. Lançando luz sobre a lição de Richard Bird, segundo a qual "attitudes affect intentions and intentions affect behaviour",[119] vale considerar que a *atividade de educação dos contribuintes* (os "clients") cumpre uma função de enorme relevância relativamente à aceitação social do tributo, fomentando o cumprimento voluntário das obrigações tributárias, sendo, assim, essencial para uma aplicação mais eficaz e mais justa dos tributos.[120] Ainda sobre este tema (*educação fiscal*), importa lançar um olhar atento sobre o seguinte desabafo (fundado numa experiência profissional de cinco décadas) de Ives Gandra da Silva Martins, um dos

---

117. Cabe referir, com Helena Regina Costa, que, para Hassemer, o Direito Penal está inserido no sistema de controle social. "*As instâncias de controle social, tais como a 'educação das crianças pelos pais, família, escola, trabalho, vizinhança etc.*, e o Direito Penal atuam numa mesma esfera, o que faz com que seus instrumentos e processos se influenciem mutuamente" (HASSEMER, Winfried. *Fundamentos del Derecho Penal*. Barcelona: Bosch, 1984, p. 389, apud COSTA, Helena Regina Lobo da. Contribuições das teorias de prevenção geral positiva limitadoras ao direito penal contemporâneo, cit., p. 125).

118. Sobre o tema da educação fiscal, dentro do qual se insere o tema das informações tributárias, vide SAINZ DE BUJANDA, Fernando. *Hacienda y Derecho*, op. cit., pp. 133-137. Vide ainda: BARQUERO ESTEVAN, Juan Manuel. *La Información Administrativa a los Contribuyentes*. Navarra: Aranzadi, 2002, p. 39; PONT CLEMENTE, Joan-Francesc. *La economía de opción*. Madrid: Marcial Pons, 2006, p. 179; BIRD, Richard M. Administrative Dimensions of Tax Reform. Asia-Pacific Tax Bulletin (mar. 2004). Obtido via Internet: http://unpan1.un.org/intradoc/groups/public/documents/UNPAN/UNPAN015761.pdf; em 10.05.08, p. 140; e MARTINS, Antonio e SANTOS, Renata Borges. A Administração Fiscal como Elemento do Sistema Tributário. *Ciência e Técnica Fiscal*, n. 418 (jul.-dez. 2006). Lisboa: Centro de Estudos Fiscais, p. 161.

119. "Attitudes are formed in a social context by such factors as the perceived level of evasion, the perceived fairness of the tax structure, its complexity and stability, how it is administered, the value attached to government activities, and the legitimacy of government. Government policies affecting any of these factors may influence tax-payer attitudes and hence the observed level of taxpayer compliance" (BIRD, Richard M. Administrative Dimensions of Tax Reform, cit., p. 136).

120. BARQUERO ESTEVAN, Juan Manuel. *La Información Administrativa a los Contribuyentes*, op. cit., pp. 39-40.

maiores especialistas em matéria de Direito Tributário do nosso país: "Sempre lutei para que as relações entre o Fisco e o contribuinte fossem de tal ordem, que a primeira função fiscal deveria ser a de esclarecer o contribuinte e simplificar as operações. Com isso, teria nele um aliado para promover a justiça tributária, e não, um presumível sonegador. Infelizmente, é muito difícil obter qualquer informação segura e esclarecedora junto às repartições fiscais".[121] Portanto, quanto a esta "forma de controle social", de *educação fiscal*, de advertências e informações capazes de açodar a conscientização da importância do lealismo dos contribuintes quanto às leis tributárias; as expectativas de melhoras são, infelizmente, baixas. Isso num sistema tributário extremamente complexo, capaz de suscitar os mais variados atentados ao Direito dos tributos, o que, em boa verdade, mais não faz do que excitar a "sonegação de sobrevivência" aludida por Ives Gandra Martins. Os "representantes do povo", nos seus casulos, deveriam manter viva em suas mentes a lição de Maquiavel, segundo a qual "os homens se esquecem mais rápido da morte do pai, do que da perda do patrimônio".[122]

Sendo certo que a maior parte das infrações cometidas pelas pequenas empresas são devidas à falta de informação e instrução sobre os diversos deveres e obrigações tributárias, não será exagerado concluir que a concretização de *uma política de assistência e informação por parte dos órgãos do Estado poderia ser mais eficaz que uma dura política repressiva, ainda que resulte mais cara e menos cômoda que esta última política*.[123]

Portanto, podemos concluir que as medidas de repressão podem e devem ser precedidas por uma *eficaz colaboração dos órgãos públicos no tocante à instrução e à informação das obrigações tributárias*.

Como se não bastasse a falta de vontade política no que toca à melhora da *educação fiscal*, há que considerar-se, outrossim, a reiterada demonstração de que a racionalização do Estado e de sua Administração não fazem parte dos objetivos imediatos dos detentores do poder, o que alavancaria, como é cediço, a eficiência e, consequentemente, a legitimidade dos mesmos. Definitivamente, falta vontade política (pelos motivos já expostos acima) para promover, em primeiro lugar, a "dieta" do Estado e, via de consequência, a *desburocratização* de sua Administração, o que contribuiria em grande medida – insta ressaltar – para a melhora do

---

121. MARTINS, Ives Gandra da Silva. O emaranhado tributário. *Folha de São Paulo*, Cad. Opinião, 23 de Jul. 2008.
122. MAQUIAVEL, Nicolau. *O príncipe*. 4. ed. (Trad. brasileira). São Paulo: Revista dos Tribunais, 2006, p. 101.
123. NIETO, Alejandro. *Derecho Administrativo Sancionador*. 4. ed. Madrid: Tecnos, 2005, p. 35.

nível de eficiência da Administração Pública, da qual faz parte a Administração Tributária.

Neste diapasão, sobre ser oportuno, importa lançar luz na seguinte lição de Iso Scherkerkewitz:[124]

> "Realmente o Fisco, de uma maneira geral, está despreparado para lidar com o ritmo atual da economia, que exige capacidade de adaptações rápidas às mudanças, aparato tecnológico avançado e treinamento constante de pessoal especializado, porém, no mais das vezes, esse despreparo é fruto de sua própria incompetência e da pouca visão dos governantes, não sendo algo inevitável e, portanto, que deveria ser corrigido pelo direito. Ao contrário, se houvesse o devido treinamento e valorização do pessoal, uma política tributária séria, uma fiscalização severa da própria atividade fiscalizadora e um aparelhamento adequado, com certeza a arrecadação iria aumentar, diminuir-se-ia a sonegação e a fraude tributária."

Ocorre, todavia, que o recurso ao *Direito Penal* tornou-se atraente enquanto *solução rápida e barata* para sanar a incompetência e a ineficiência do Fisco, como se o Direito Penal pudesse compensá-las. Neste sentido, "o legislador, ao invés de reformar a lei tributária e conferir meios para que a fiscalização cumpra efetivamente seu papel, prefere encobrir a ineficiência estatal adotando uma solução simplista, definindo como crime meras infrações tributárias".[125] Naturalmente, resulta muito mais cômodo e barato o recurso ao Direito Penal Tributário, ao invés de se estabelecer, de uma vez por todas, uma séria e justa política tributária e de infra-estrutura.[126]

Tudo isso torna clara a "generalizada falta de moral tributária do Estado" (Klaus Tipke), em prejuízo, como é evidente, dos princípios do Estado Democrático de Direito, porquanto não é raro ver alguns contribuintes não cumpridores das suas obrigações tributárias serem detectados por acaso e penalizados a título

---

124. SCHERKERKEWITZ, Iso Chaitz. *Presunções e ficções no Direito Tributário e no Direito Penal Tributário*. Rio de Janeiro: Renovar, 2002, p. 23.

125. MONTEIRO, Rodrigo Oliva. Dos crimes contra a ordem trbutária: definição do tributo e formação do tipo. *Revista Brasileira de Ciências Criminais*, n. 64 (jan.-fev. 2007). São Paulo: Revista dos Tribunais, p. 147). No que toca à facilidade (solução rápida e barata) do recurso ao Direito Penal, vide, ainda, URIBE MANRÍQUEZ, Alfredo. Tolerância cero: del olvido a las ventanas rotas. *Revista Brasileira de Ciências Criminais*, n. 63 (nov.-dez. 2006). São Paulo: Revista dos Tribunais, p. 09.

126. Adaptamos a lição que Félix Herzog proferiu frente a outro pano de fundo (Félix Herzog, Algunos riesgos del derecho penal del riesgo. In: *Revista penal*, n. 4 (jul. 1999), Huelva-Salamanca – Castilla La Mancha, Ed. Praxis, pp. 54-57, *apud* FRANCO, Alberto Silva. Globalização e criminalidade dos poderosos. In: PODVAL, Roberto. *Temas de direito penal econômico*. São Paulo: RT, 2000, p. 268-269).

de exemplo.[127] A punição de alguns contribuintes para *intimidar* os demais (*prevenção geral negativa*, tão rechaçada por Hassemer[128]) é a regra.[129] Porém, *num Estado de Direito, o trabalho do Direito Penal não pode consistir em garantir, proteger ou estabilizar um sistema tributário injusto. Se a pena vem à baila como consequência do descumprimento de uma tributação injusta, o próprio Direito Penal resulta injusto, porque arbitrário.*[130/131] Daí que, numa situação de *injustiça tributária*, como a que impera no sistema tributário brasileiro, a criminalização das infrações fiscais configura-se igualmente injusta, e, por isso, ilegítima.

Como não pintamos, até o presente momento, um sistema tributário justo, "não há dúvida, portanto, de que a criminalização do inadimplemento de obrigações tributárias entre nós, infelizmente, representa '*el terror penal para que la gente satisfaga los tributos*'".[132]

Aqui chegados, importa frisar, com Eliana Gersão e Alfredo José de Sousa, que a criminalização das infrações tributárias só teria sentido se fosse acompanhada de um esforço de aperfeiçoamento do sistema jurídico tributário, especialmente no que se refere: (a) à sua coerência e clareza; (b) à transparência da atuação da Administração Tributária frente aos contribuintes, de modo que os deveres de colaboração, de verdade, de boa-fé e confiança a estes exigidos fossem por ela correspondidos de igual maneira; (c) à receptividade social da cominação das penas de prisão, a qual teria a ver com a maneira como o Estado aplicam as receitas tributárias e como são realizados os princípios da igualdade e justiça tributária; (d) ao reconhecimento da necessidade da pena de prisão, isto é, da sanção de Direito

---

127. CAMPOS, Diogo Leite de. Justiça e Arrecadação nos Impostos Portugueses – Um Sistema Esgotado, cit., p. 141.
128. COSTA, Helena Regina Lobo da. Contribuições das teorias de prevenção geral positiva limitadoras ao direito penal contemporâneo, cit., p. 126.
129. Importa considerar, aqui, a seguinte lição (sempre atual) de Klaus Tipke (*Moral Tributaria del Estado y de los Contribuyentes*, op. cit., p. 130): "Los jueces penales deben considerar también que los inspectores especializados en delitos fiscales, por regla general, solo pueden perseguir – de modo más o menos aleatório – algunos casos que sirvan de escarmiento. No es raro que estos pocos sujetos se conviertan en chivos expiatórios en medio de una generalizada falta de moral tributaria del Estado". Daí que seja normal a punição de alguns contribuintes para *intimidar* os outros. Elio Lo Monte destaca que, com isso, o sujeito incumpridor é convertido "num instrumento exclusivo para a intimidação de outros" (MONTE, Elio Lo. *Princípios de Derecho Penal Tributario*. Buenos Aires: B de F, 2006, p. 111). (Tradução livre).
130. Parafraseamos TIPKE, Klaus. *Moral Tributaria del Estado y de los Contribuyentes*, op. cit., pp. 129-130.
131. Aliás, Hassemer rechaça a estabilização da norma por meio da intimidação e da repressão exemplar (COSTA, Helena Regina Lobo da. Contribuições das teorias de prevenção geral positiva limitadoras ao direito penal contemporâneo, cit., p. 126).
132. MACHADO, Hugo de Brito. *Crimes contra a ordem tributária*, op. cit., p. 203.

Penal – enquanto "ultima ratio" – como reação aos comportamentos de evasão fiscal.[133]

Ao fim e ao cabo, urge sublinhar que a *criminalização das infrações fiscais* constitui a expressão da *extrema violência* contra os contribuintes se implementada num cenário de *injustiça fiscal*, no qual o povo "deixa de reconhecer os seus interesses nos impostos que surgem cada vez mais como um sorvedor insaciável de bens".[134]

Daí que leis há, como a Lei nº 8.137/90 (artigos 1º e 2º), que tenham *vigência*, sem ter, contudo *validade* (legitimidade).[135]

Referências Bibliográficas

AIZEGA ZUBILLAGA, Joxe Mari. *La utilización extrafiscal de los tributos y los principios de justicia tributaria*. Bilbao: Universidad del País Vasco/Euskal Herriko Unibertsitatea, 2001.

ALTAMIRANO, Alejandro C. Legalidad y discrecionalidad. In: TÔRRES, Heleno Taveira (coord.). *Tratado de direito constitucional tributário: estudos em homenagem a Paulo de Barros Carvalho*. São Paulo: Saraiva, 2005.

ARROJA, Pedro. *O Estado e a Economia*. Porto: Vida Económica, 1989.

ATALIBA, Geraldo. Segurança Jurídica. In: *Revista de Direito Tributário*, n. 60. São Paulo: Revista dos Tribunais, s. d.

BARQUERO ESTEVAN, Juan Manuel. *La Información Administrativa a los Contribuyentes*. Navarra: Aranzadi, 2002.

BECK, Ulrich. *La sociedad del riesgo. Hacia una nueva modernidad*. (Trad. espanhola). Barcelona: Paídos, 2001.

BENDA, MAIHOFER, VOGEL, HESSE, HEYDE. *Manual de Derecho Constitucional*. (Trad. espanhola). Madrid: Marcial Pons, 1996.

BIRD, Richard M. Administrative Dimensions of Tax Reform. Asia-Pacific Tax Bulletin (mar. 2004). Obtido via Internet: http://unpan1.un.org/intradoc/groups/public/documents/UNPAN/UNPAN015761.pdf; em 10.05.08, p. 135.

---

133. GERSÃO, Eliana (1999). Revisão do Sistema Jurídico Relativo à Infracção Fiscal, cit., p. 91; e SOUSA, Alfredo José de. Direito Penal Fiscal – uma perspectiva. In: *Direito Penal Económico*. Coimbra: Centro de Estudos Judiciários, 1985, p. 215.
134. CAMPOS, Diogo Leite de. Justiça e Arrecadação nos Impostos Portugueses – Um Sistema Esgotado, cit., p. 133; e idem, *O Sistema Tributário no Estado dos Cidadãos*, op. cit., pp. 33-34.
135. Sobre a relação envolvendo a vigência e a validade de uma norma, vide MACHADO, João Baptista. *Introdução ao Direito e ao Discurso Legitimador*, op. cit., pp. 32-33 e 38-42.

BORGES, José Souto Maior. *Iniciação ao Direito Financeiro*. Recife: Imprensa Universitária (Universidade Federal de Pernambuco), 1966.

BORGES DE PAULA, Marco Aurélio. Algumas notas sobre o *paradigma clássico* e o *paradigma keynesiano*: as mudanças relacionadas à neutralidade econômica do Estado, ao equilíbrio orçamental e à certeza da tributação. *Revista Tributária e de Finanças Públicas*, n. 71 (nov.-dez. 2006). São Paulo: Revista dos Tribunais, 2006.

BUCHANAN, James M. *Hacienda Publica*. (Trad. espanhola). Madrid: Editorial de Derecho Financiero, 1968.

CALSAMIGLIA, Albert. *Racionalidad y Eficiencia del Derecho*. México: Fontamara, 1993.

CAMPOS, Diogo Leite de. Natureza jurídica do Direito Tributário. In: *Estudos em homenagem à Dra. Maria de Lourdes Órfão de Matos Correia e Vale. Cadernos de Ciência e Técnica Fiscal*, n. 171 (1995). Lisboa: Ministério das Finanças, 1995.

_____. Interpretação das normas fiscais. In: CAMPOS, Diogo Leite de, et alii. *Problemas fundamentais do direito tributário*. Lisboa: Vislis, 1999.

_____. e CAMPOS, Mônica Leite de. *Direito Tributário*. 2. ed. Coimbra: Almedina, 2000.

_____. Justiça e Arrecadação nos Impostos Portugueses – Um Sistema Esgotado. In: CAMPOS, Diogo Leite de e MARTINS, Ives Gandra da Silva da Silva (coords.). *O Direito Contemporâneo em Portugal e no Brasil*. Coimbra: Almedina, 2003.

_____. *O Sistema Tributário no Estado dos Cidadãos*. Coimbra: Almedina, 2006.

CALLEGARI, André Luís. Estado e política criminal: a expansão do direito penal como forma simbólica de controle social. In: STRECK, Lenio Luiz e MORAIS, José Luis Bolzan de (organizadores). *Constituição, Sistemas Sociais e Hermenêutica*. Porto Alegre / São Leopoldo: Livraria do Advogado / Unisinos, 2008.

CARRAZZA, Roque Antonio. *Curso de Direito Constitucional Tributário*. 22. ed. (rev., ampl. e atual.). São Paulo: Malheiros, 2006.

CORREIA, Eduardo. Os artigos 10º do Decreto-Lei nº 27153, de 31-10-1936, e 4º, nº 1, do Decreto-Lei nº 28.221 de 24-11-1937, a Reforma Fiscal e a Jurisprudência (Secção Crminal) do S.T.J. *Separata da Revista de Legislação e de Jurisprudência*, Ano 100., ns. 3350 a 3557, Coimbra, 1968.

_____. Introdução ao Direito Penal Económico. *Direito Penal Económico e Europeo: Textos doutrinários*, vol. I. Coimbra: Coimbra, 1998.

COSTA, Helena Regina Lobo da. Contribuições das teorias de prevenção geral positiva limitadoras ao direito penal contemporâneo. In: SILVA, Luciano Nascimento (coord.). *Estudos jurídicos criminais*. Curitiba: Juruá, 2008.

COSTA, José de Faria. *O Perigo em Direito Penal (contributo para a sua fundamentação e compreensão dogmáticas)*. Coimbra: Coimbra, 2000.

_____. *Direito Penal Econômico*. Coimbra: Quarteto, 2003.

COSTA JÚNIOR, Paulo José da e DENARI, Zelmo. *Infrações tributárias e delitos fiscais*. 4. ed. São Paulo: Saraiva, 2000.

D'AVILA, Fábio Roberto. Direito Penal e direito sancionador: sobre a identidade do direito penal em tempos de indiferença. In: WUNDERLICH, Alexandre (coord.). *Política criminal contemporânea: criminologia, direito penal e direito processual penal: Homenagem do Departamento de Direito Penal e Processual Penal pelos 60 anos da Faculdade de Direito da PUCRS*. Porto Alegre: Livraria do Advogado, 2008.

DERZI, Misabel Abreu Machado. Mutações, complexidade, tipo e conceito, sob o signo da segurança e da proteção da confiança. In: TÔRRES, Heleno Taveira (coord.). *Tratado de direito constitucional tributário: estudos em homenagem a Paulo de Barros Carvalho*. São Paulo: Saraiva, 2005.

DIAS, Augusto Silva. O Novo Direito Penal Fiscal Não Aduaneiro (Dec.-Lei nº 20-A/90 de 15 de Janeiro) – Considerações Dogmáticas e Político-criminais. In: *Fisco*, n. 22 (jul. 1990). Lisboa: Lex, 1990.

DIAS, Jorge de Figueiredo. Breves considerações sobre o fundamento, o sentido e a aplicação das penas em direito penal econômico. In: PODVAL, Roberto (org.). *Temas de direito penal econômico*. São Paulo: Revista dos Tribunais, 2000.

_____. e ANDRADE, Manuel da Costa. *Criminologia – o homem delinquente e a sociedade criminógena*. 2. reimp. Coimbra: Coimbra, 1997.

_____. e ANDRADE, Manuel da Costa. O crime de fraude fiscal no novo Direito Penal Tributário Português. *Direito Penal Económico e Europeu: Textos Doutrinários*, vol. II. Coimbra: Coimbra, 1999.

_____. *Direito Penal*. Parte Geral, t. I. Coimbra: Coimbra, 2004.

DOTTI, René Ariel. A criminalidade econômica. *Revista dos Tribunais*, n. 602 (dez. 1985). São Paulo: Revista dos Tribunais, 1985.

FAVEIRO, Vítor. *Noções Fundamentais de Direito Fiscal Português*, vol. I. Coimbra: Coimbra, 1984.

_____. *O Estatuto do contribuinte: a pessoa do contribuinte no Estado social de Direito*. Coimbra: Coimbra, 2002.

FERRAJOLI, Luigi. *Derecho y razón (Teoría del garantismo penal)*. 7. ed. (Trad. espanhola). Madrid: Trotta, 2005.

FERREIRA, Eduardo da Paz. *Ensinar Finanças Públicas numa Faculdade de Direito*. Coimbra: Almedina, 2005.

FERREIRA FILHO, Manoel Gonçalves. *Do processo legislativo*. 4. ed. São Paulo: Saraiva, 2001.

FERREIRO LAPATZA, José Juan. Marco normativo y conflictividad social (La nueva L.G.T. como nuevo marco de garantias de los contribuyentes). *Crónica Tributaria*, n. 100 (2001). Madrid: Instituto de Estudios Fiscales.

FORSTHOFF, Ernst. Sociedad industrial y Administración Pública. In: *Estudios Administrativos*, n. 29. Madrid: ENAP, 1967.

FRANCO, Alberto Silva. Globalização e criminalidade dos poderosos. In: PODVAL, Roberto (org.). *Temas de direito penal econômico*. São Paulo: Revista dos Tribunais, 2000.

FURLAN, Anderson. Sanções Penais Tributárias. In: MACHADO, Hugo de Brito. *Sanções penais tributárias*. São Paulo: Dialética/ICET, 2005.

GANGEMI, Lello. Manicomio tributario italiano. *Studi in Memoria di Benvenuto Griziotti*. Milão: Dott A. Giuffrè, 1959.

GARCÍA DE ENTERRÍA, Eduardo e FERNÁNDEZ, Tomás-Ramón. *Curso de Derecho Administrativo*, vol. II, 9. ed. (reimp.). Madrid: Thomson/Civitas, 2005.

GERSÃO, Eliana. Revisão do Sistema Jurídico Relativo à Infracção Fiscal. *Cadernos de Ciência e Técnica Fiscal*, n. 112. Lisboa: Centro de Estudos Fiscais, 1976.

_____. Revisão do Sistema Jurídico Relativo à Infracção Fiscal. *Direito Penal Económico e Europeu: Textos Doutrinários*, vol. II. Coimbra: Coimbra, 1999.

GIANNINI, Achille Donato. *I concetti fondamentali del Diritto Tributario*. Torino: Torinese, 1956.

GIDDENS, Anthony. *O mundo na era da globalização*. 5. ed. (Trad. portuguesa). Lisboa: Presença, 2000.

HASSEMER, Winfried. *Persona, Mundo y Responsabilidad: bases para uma teoría de la imputación em derecho penal*. Valencia: Tirant lo Blanch, 1999.

HOLLAND, Márcio. Metas fiscais e o ajuste fiscal. *Conjuntura Econômica*, vol. 62, n. 07 (jul. 2008). Rio de Janeiro: Fundação Getúlio Vargas, 2008.

HUCK, Hermes Marcelo. *Evasão e elisão: rotas nacionais e internacionais*. São Paulo: Saraiva, 1997.

LEJEUNE VALCÁRCEL, Ernesto. "Prólogo" à obra de AIZEGA ZUBILLAGA, Joxe Mari. *La utilización extrafiscal de los tributos y los principios de justicia tributaria*. Bilbao: Universidad del País Vasco/Euskal Herriko Unibertsitatea, 2001.

LOUREIRO, João. Da sociedade técnica de massas à sociedade de risco: prevenção, precaução e tecnociência – Algumas questões juspublicísticas. *Stvdia Ivridica*, n. 61. Estudos em Homenagem ao Prof. Doutor Rogério Soares. Coimbra: Coimbra, 2001.

LOURENÇO, Ana Príncipe. *O Impacto da Lei nos Custos de Transacção: aplicação ao agrupamento complementar de empresas*. Porto: Universidade Católica, 2004.

MACHADO, Hugo de Brito. *Crimes contra a ordem tributária*. São Paulo: Atlas, 2008.

MACHADO, João Baptista. *Introdução ao Direito e ao Discurso Legitimador*. 13. reimp. Coimbra: Almedina, 2002.

MARCOS, António. *O Direito dos Contribuintes à Segurança Jurídica*. Porto: Universidade Fernando Pessoa, 1997.

MARTINS, Antonio e SANTOS, Renata Borges. A Administração Fiscal como Elemento do Sistema Tributário. *Ciência e Técnica Fiscal*, n. 418 (jul.-dez. 2006). Lisboa: Centro de Estudos Fiscais, 2006, p. 161.

MARTINS, Ives Gandra da Silva. *Teoria da imposição tributária*. 2. ed. (rev. e atual.). São Paulo: LTr, 1998.

_____. *Da sanção tributária*. 2. ed. (rev. e atual.). São Paulo: Saraiva, 1998.

_____. *Uma Teoria do Tributo*. São Paulo: Quartier Latin, 2005.

_____. Limitações ao poder impositivo e segurança jurídica. In: MARTINS, Ives Gandra da Silva (coord.). *Limitações ao poder impositivo e segurança jurídica*. São Paulo: Revista dos Tribunais / Centro de Extensão Universitária, 2005.

_____. Uma teoria sobre a sanção tributária. In: TÔRRES, Heleno Taveira (coord.). *Tratado de direito constitucional tributário: estudos em homenagem a Paulo de Barros Carvalho*. São Paulo: Saraiva, 2005.

_____. Princípio da eficiência em matéria tributária. In: MARTINS, Ives Gandra da Silva (coord.). *Princípio da eficiência em matéria tributária*. São Paulo: Revista dos Tribunais / Centro de Extensão Universitária, 2006, pp. 29-49.

_____. O emaranhado tributário. *Folha de São Paulo*, Cad. Opinião, 23 de Jul. 2008.

MELLO, Celso de Albuquerque. As sanções e os Direitos Humanos na Ordem Jurídica Internacional. In. TORRÊS, Heleno Taveira; e PIRES, Adilson Rodrigues (Organizadores). *Princípios de direito financeiro e tributário – Estudos em homenagem ao Professor Ricardo Lobo Torres*. Rio de Janeiro: Renovar, 2006.

MONTE, Elio Lo. *Princípios de Derecho Penal Tributario*. Buenos Aires: B de F, 2006.

MONTE, Mário Ferreira. *Da legitimação do direito penal tributário – em partícula, os paradigmáticos casos de facturas falsas*. Coimbra: Coimbra, 2007.

MONTEIRO, Rodrigo Oliva. Dos crimes contra a ordem trbutária: definição do tributo e formação do tipo. *Revista Brasileira de Ciências Criminais*, n. 64 (jan.-fev. 2007). São Paulo: Revista dos Tribunais, 2007.

MOSCHETTI, Francesco. El principio de la capacidad contributiva. In: AMATUCCI, Andrea (dir.). *Tratado de Derecho Tributario*, t. I. Bogotá: Temis, 2001.

NABAIS, José Casalta. *O Dever Fundamental de Pagar Impostos: Contributo para a compreensão constitucional do estado fiscal contemporâneo*. Coimbra: Almedina, 2004.

_____. *Por um Estado Fiscal Suportável – Estudos de Direito Fiscal*. Coimbra: Almedina, 2005.

_____. Avaliação Indirecta e Manifestações de Fortuna na Luta contra a Evasão Fiscal em Portugal. In: TORRÊS, Heleno Taveira e PIRES, Adilson Rodrigues (Organizadores). *Princípios de direito financeiro e tributário – Estudos em homenagem ao Professor Ricardo Lobo Torres*. Rio de Janeiro: Renovar, 2006.

NAVARRO, Pablo E. e SANTI, Eurico Marcos Diniz de. São Válidas as Normas Tributárias Imprecisas? *Revista Dialética de Direito Tributário*, nº 148 (jan. 2008). São Paulo: Dialética, 2008.

NIETO, Alejandro. *Derecho Administrativo Sancionador*. 4. ed. Madrid: Tecnos, 2005.

NIETO DE ALBA, Ubaldo. *La Incertidumbre en la Economía (paradigmas, tiempo y agujeros negros)*. Barcelona: Real Academia de Ciencias Economicas y Financieras, 1989.

NOVAIS, Jorge Reis. "Contributo para uma Teoria do Estado de Direito: do Estado de Direito liberal ao Estado social e democrático de Direito". In: *Separata do Suplemento ao Boletim da Faculdade de Direito da Universidade de Coimbra*, Vol. XXIX. Coimbra: Universidade de Coimbra, 1987.

PALHARES, Cinthia Rodrigues Menescal. *Crimes Tributários. Uma visão prospectiva de sua despenalização*. Rio de Janeiro: Lumen Juris, 2004.

PONT CLEMENTE, Joan-Francesc. *La economía de opción*. Madrid: Marcial Pons, 2006.

PUCCI, Rafael Diniz. Responsabilização penal na sociedade de risco. In: SILVA, Luciano Nascimento (coord.). *Estudos jurídicos criminais*. Curitiba: Juruá, 2008.

RIOS, Rodrigo Sánchez. Relevantes aspectos do tipo subjetivo no delito tributário. In: PEIXOTO, Marcelo Magalhães *et alli* (coords.). *Direito Penal Tributário*. São Paulo: MP, 2005.

RODRIGUES, Anabela Miranda. Contributo para a fundamentação de um discurso punitivo em matéria penal fiscal. In: PODVAL, Roberto (org.). *Temas de direito penal econômico*. São Paulo: Revista dos Tribunais, 2000.

RODRÍGUEZ MOURULLO, Gonzalo. *Presente y futuro del delito fiscal*. Madrid: Civitas, 1974.

ROXIN, Claus. *Derecho Penal*. Parte General, t. I. 2. ed. (Trad. espanhola). Madrid: Civitas, 1997.

_____. *Problemas Fundamentais de Direito Penal*. 3. ed. Lisboa: Veja, 1998.

SAINZ DE BUJANDA, Fernando. *Hacienda y Derecho*, vol. III. Madrid: Instituto de Estudios Políticos, 1963.

SALOMÃO, Heloisa Estellita. *A tutela penal e as obrigações tributárias na constituição federal*. São Paulo: Revista dos Tribunais, 2001.

SÁNCHEZ SERRANO, Luís. Los españoles, ¿súbditos fiscales? *Impuestos*, I (1992). Madrid: La Ley, 1992.

SCHERKERKEWITZ, Iso Chaitz. *Presunções e ficções no Direito Tributário e no Direito Penal Tributário*. Rio de Janeiro: Renovar, 2002.

SILVA SÁNCHEZ, Jesús-María. *La expansión Del Derecho penal. Aspectos de la política criminal en lãs sociedades postindustriales*. Madrid: Civitas, 1999.

SILVEIRA, Renato de Mello Jorge. *Direito penal econômico como direito penal de perigo*. São Paulo: Revista dos Tribunais, 2006.

SLEMROD, Joel e BAKIJA, Jon. *Taxing Ourselves. A Citizen's Guide to the Debate over Taxes*. 3. ed. Londres: Massachusetts Institute of Technology, 2004.

SOUSA, Alfredo José de. Direito Penal Fiscal – uma perspectiva. In: *Direito Penal Económico*. Coimbra: Centro de Estudos Judiciários, 1985.

SOUSA, Marcelo Rebelo; e MATOS, André Salgado. *Direito Administrativo Geral*, Tomo I. Lisboa: Dom Quixote, 2004.

TANZI, Vito e DAVOODI, Hamid R. Corruption, Public Investment, and Growth. *Working Paper nº 97/139*. International Monetary Fund (IMF), p. 05. Disponível em: http://ssrn.com/abstract=882701

TIPKE, Klaus. Sobre a Unidade da Ordem Jurídica Tributária. In: SCHOUERI, Luís Eduardo e ZILVETI, Fernando Aurélio (coords.). *Direito tributário: estudos em homenagem a Brandão Machado*. São Paulo: Dialética, 1998.

_____. *Moral Tributaria del Estado y de los Contribuyentes*. Madrid: Marcial Pons, 2002.

TORRES, Ricardo Lobo. *A ideia de liberdade no Estado patrimonial e no Estado fiscal*. Rio de Janeiro: Renovar, 1991.

_____. A Segurança Jurídica e as Limitações Constitucionais ao Poder de Tributar. In: FERRAZ, Roberto (coord.). São Paulo: Quartier Latin, 2005.

TÓRTIMA, José Carlos. Despenalização do Delito Fiscal? In: MACHADO, Hugo de Brito. *Sanções penais tributárias*. São Paulo: Dialética/ICET, 2005.

UCKMAR, Victor. L'incertezza del Diritto Tributario. In: *La Certezza del Diritto – un valore da ritrovare*. Milão: Dott. A. Giuffrè, 1993.

URIBE MANRÍQUEZ, Alfredo. Tolerância cero: del olvido a las ventanas rotas. *Revista Brasileira de Ciências Criminais*, n. 63 (nov.-dez. 2006). São Paulo: Revista dos Tribunais, 2006.

VANONI, Ezio. *Naturaleza e interpretación de las Leyes Tributarias*. (Trad. espanhola). Madrid: Instituto de Estudio Fiscales, 1973.

VELLOSO, Andrei Pitten. A outorga de efeitos a leis tributárias inconstitucionais. *Carta Capital*, 1 de Julho de 2008. Disponível em: http://www.cartaforense.com.br/Materia.aspx?id=1859

CAPÍTULO 18

Aspectos Controvertidos acerca da Progressividade Fiscal do IPTU

Luis Fernando Simões Tolentino

Assessor de Desembargador do Tribunal de Justiça do Estado de Mato Grosso do Sul. Especialista em Direito Público pela Associação Nacional dos Magistrados (ANAMAGES)/Instituto Izabela Hendrix, e em Direito Público Municipal pela Universidade Estadual de Montes Claros (UNIMONTES)/Centro de Estudos Estratégicos em Direito do Estado (CEEDE).

SUMÁRIO: 1. Introdução. 2. Aspectos da hipótese de incidência do IPTU. 3. Princípios constitucionais tributários correlatos ao tema. 3.1. Do princípio da igualdade. 3.2. Do princípio da capacidade contributiva e a classificação dos impostos em reais e pessoais. 3.3. Do princípio da progressividade e seus desdobramentos. 4. A progressividade fiscal do imposto predial e territorial urbano e a redação original do § 1º do art. 156 da Constituição Federal. 5. A Emenda Constitucional nº 29/2000 e as alterações no § 1º do art. 156 da Constituição Federal no ordenamento jurídico pátrio. 6. Conclusão.

1. Introdução

A progressividade do imposto predial e territorial urbano, desde o advento da Constituição Federal de 1988, sempre foi um tema envolto de polêmica. De competência privativa dos Municípios, tal tributo é de salutar importância para a subsistência dos cofres públicos municipais, sendo talvez por este motivo objeto de constantes questionamentos doutrinários e jurisprudenciais.

No presente estudo, almeja-se expor os aspectos controvertidos da progressividade fiscal do IPTU à luz do disposto no texto primitivo do § 1º do art. 156 da Constituição Federal e das inovações trazidas pela Emenda Constitucional nº 29, de 13 de novembro de 2000.

Inicialmente serão tecidas algumas considerações acerca da hipótese de incidência do imposto predial e territorial urbano, fazendo-se um apanhado de sua tipologia tributária no que concerne aos aspectos pessoal, material, temporal e espacial. Tudo isso frente ao que dispõem os arts. 32, 33 e 34 do Código Tributário Nacional (Lei Complementar nº 5.172/66).

Logo após será realizada uma sucinta exposição dos princípios tributários da igualdade, capacidade contributiva e progressividade. Nesse contexto, far-se-á um cotejo entre os impostos reais e pessoais, bem como uma análise distintiva de fiscalidade, extrafiscalidade, regressividade e seletividade, dando-se ênfase à divergência instaurada acerca da interpretação da expressão "sempre que possível" contida no § 1º do art. 145 da Constituição Federal.

Também, busca-se examinar a progressividade fiscal do imposto predial e territorial urbano sob o enfoque da redação original do § 1º do art. 156 da Constituição Federal, expondo, inclusive, o entendimento firmado pelo Supremo Tribunal Federal na ocasião do julgamento do recurso extraordinário nº 153.771/MG, que constitui o *leading case* sobre a matéria.

Por fim, antes do desfecho conclusivo, será feito um diagnóstico da Emenda Constitucional nº 29/2000 no que tange aos efeitos da alteração promovida pelo § 1º do art. 156 da Constituição Federal no ordenamento jurídico brasileiro, destacando-se a discussão existente na doutrina e jurisprudência sobre a constitucionalidade ou não da progressividade levada a efeito pelo legislador constituinte derivado.

2. ASPECTOS DA HIPÓTESE DE INCIDÊNCIA DO IPTU

Para o estudo da tipologia tributária não só do imposto em apreço, mas de todos os tributos, faz-se necessário o exame daquilo que o Código Tributário Nacional denominou de "fato gerador" ou "hipótese de incidência", como prefere designar parte da doutrina.

Geraldo Ataliba, citado por Sandra A. Lopez Barbon[1], conceitua a hipótese de incidência como *"a expressão de uma vontade legal, que qualifica um fato qualquer, abstratamente, formulando uma descrição antecipada (conceito legal), genérica e hipotética (...). É a descrição legislativa (necessariamente hipotética) de um fato a cuja ocorrência in concretu a lei atribui a força jurídica de determinar o nascimento da obrigação tributária".*

Em outras palavras, é na hipótese de incidência tributária que se encontram os aspectos pessoal, material, temporal e espacial do imposto[2].

Atentando-se primeiramente ao aspecto material, de ponderar que este *"presta-se à diferenciação de um imposto em relação a outro, em face de conter a designação de todos os dados de ordem objetiva, caracterizadores do protótipo em que*

---
1. BARBON, Sandra A. Lopez. *Do IPTU*. Belo Horizonte: Del Rey, 1994, p. 35-36.
2. BARRETO, Aires. *Base de cálculo, alíquota e princípios constitucionais*. São Paulo: Revista dos Tribunais, 1987, p. 33.

consiste a hipótese de incidência. O fato ou estado de fato descrito tem no aspecto material a sua própria consistência"[3].

Dessa forma, como variáveis do imposto predial e territorial urbano, o Código Tributário Nacional destaca no *caput* do art. 32 que o seu fato gerador consubstancia-se na propriedade, no domínio útil ou na posse de bem imóvel por natureza ou acessão física.

A propriedade está umbilicalmente relacionada ao intuito de uso, gozo e fruição de uma coisa. O tributo sobre o direito da propriedade imobiliária incide sobre tais propósitos, onde um bem deve ficar continuamente submetido à vinculação da vontade plena de uma pessoa.

Quanto ao domínio útil, este advém do desapossamento pelo proprietário dos aludidos poderes de uso, gozo e disposição da coisa, que são concedidos a outra pessoa qualificada de enfiteuta. Entrementes, no que tange ao instituto da enfiteuse, é pertinente frisar, como bem acentua Odmir Fernandes[4], que *"(...) o Código Civil de 2002 proibiu a constituição de novas enfiteuses e subenfiteuses, subordinando as existentes, até sua extinção, às disposições do Código Civil de 1916 (art. 2.038)"*.

Outra variável de insigne importância na delimitação da hipótese de incidência do IPTU é a posse. Nos dizeres de Arnoldo Wald[5], *"constitui, pois, a posse uma situação de fato, na qual alguém mantém determinada coisa sob a sua guarda e para o seu uso e gozo, tendo ou não a intenção de considerá-la como sendo de sua propriedade"*. Cabe argumentar que não será qualquer tipo de posse hábil a ensejar a hipótese de incidência do tributo. Deve preexistir a intenção, o ânimo de ser possuidor com a prerrogativa de atingir a qualidade de dono sobre o bem imóvel. É preciso tratar-se de posse suscetível de usucapião, que conduza realmente ao pleno domínio da coisa.

Em alusão sobre o assunto, Aliomar Baleeiro[6] sintetiza que:

> "Não se deve entender que o CTN tenha instituído impostos autônomos sobre o domínio útil e a posse. Ao contrário, o núcleo único em torno do qual giram os demais, como manda a Constituição, é a propriedade. O domínio útil somente é tributável por ser uma quase propriedade, e a posse, apenas quando é exteriorização da propriedade, que pode vir a se converter em propriedade. Não podem configurar fato gerador do IPTU a posse

---

3. BARRETO, *Op. cit*, p. 33.
4. FREITAS, Vladimir Passos de Freitas (Coord.). *Código tributário nacional comentado*. 2. ed. São Paulo: RT, 2004, p. 92.
5. WALD. Arnoldo. *Curso de direito civil brasileiro – direito das coisas*. 9. ed. São Paulo: RT, 1992, p. 61.
6. BALEEIRO, Aliomar. *Direito tributário brasileiro*. 11. ed. Rio de Janeiro: Forense, 1999, p. 245.

a qualquer título, a precária ou clandestina, ou a direta do comodatário, do locatário, do arrendatário, do detentor, do usuário e habitador, do usufrutuário, do administrador do bem de terceiro, etc. que jamais se tornarão propriedade. A posse há de ser a ostentação e a manifestação do domínio."

O Código Civil Brasileiro de 2002 simplificou a disposição contida no art. 43 do antigo Código Civil de 1916 que enumerava, de forma confusa, os bens que no ordenamento jurídico pátrio eram considerados como imóveis. Assim sendo, o art. 79 da legislação em vigor sinteticamente dispõe que *"são bens imóveis o solo e tudo quanto se lhe incorporar natural ou artificialmente"*.

Desta sorte, constata-se que o imposto predial e territorial urbano deve recair sobre a propriedade imóvel, não importando ser esta edificada ou não.

Para a formação do aspecto temporal são necessários pressupostos essenciais que irão ilustrar o exato momento da concretização da obrigação tributária. É por isso que os fatos contempladores de uma verdadeira efetivação da hipótese de incidência necessitam de um acontecimento para que possam ser determinados os momentos de sua ocorrência. O aspecto temporal da hipótese de incidência é o atributo que esta tem de *"designar (explicita ou implicitamente) o momento em que se deve reputar consumado (acontecido, realizado) um fato imponível"*[7].

Analisando a espécie tributária aqui pormenorizada, nota-se que seu fato gerador é intermitente, abrangendo normalmente o período de um ano. Geralmente, o momento, ou seja, a data base para o lançamento do imposto imobiliário urbano será o dia primeiro de janeiro de cada ano, acaso a lei municipal não dispuser de forma contrária, uma vez que é lícito ao legislador ordinário fixar o dia e o mês de cada ano para efeitos de ocorrência do fato jurídico-tributário.

Neste mesmo sentido, salienta Augusto Alfredo Becker[8] que:

> "A incidência da regra jurídica somente se desencadeia depois de realizada a hipótese de incidência. Quando esta consiste num estado de fato, por exemplo, de medida igual à do ano civil, então a hipótese de incidência realizou-se no último momento do dia 31 de dezembro e sobre ela incidirá a regra jurídica vigente no primeiro momento do dia 1º de janeiro do novo ano civil (...). Por exemplo: o chamado imposto de propriedade territorial e predial tem como hipótese de incidência um estado de fato: a existência permanente, durante um ano civil, de imóvel objeto de direito de propriedade; todos os anos, enquanto o imóvel for objeto de direito de propriedade, o imposto será cobrado uma única vez e durante aquele ano não será cobrado outra vez o mesmo imposto, ainda que o imóvel, cada dia, tenha um proprietário diferente."

---

7. MARTINS, Ives Gandra da Silva (Org.). 4. ed. *Curso de direito tributário*. Belém: CEJUP, 1995, p. 308, v. 2.
8. BECKER, Alfredo Augusto. *Teoria geral do direito tributário*. 3. ed. São Paulo: Lejus, 1998, p. 208.

Outro aspecto é o espacial. Este tem como objetivo a delimitação do local em que obrigatoriamente deverá ser satisfeita uma prestação tributária. No caso específico do imposto imobiliário urbano, serão alcançados pela hipótese de incidência apenas aqueles bens que estejam situados nos limites pertinentes à área de abrangência do Município e que satisfaçam ainda as exigências prescritas pelo Código Tributário Nacional.

Ademais, viável se torna a dedução espacial da zona urbana e zona rural para limitar quais as áreas de abrangência territorial ficarão sujeitas ao imposto sobre a propriedade predial e territorial urbana ou ao imposto sobre a propriedade territorial rural. O IPTU deverá incidir apenas sobre os imóveis localizados no perímetro urbano ou em áreas urbanizadas, nos termos definidos pela lei promulgada pelo poder público municipal, satisfeitos, contudo, os requisitos elencados pelos §§ 1º e 2º do art. 32 do Código Tributário Nacional.

Na relação jurídica tributária, é também indispensável a existência de um titular que tenha a competência para exigir o cumprimento de uma prestação e outro para lhe dar a efetiva quitação. É mediante o aspecto pessoal que se terá a perfeita designação do sujeito ativo e do sujeito passivo de um vínculo obrigacional. Portanto, a competência para a cobrança deste tributo é do Município onde se localiza o imóvel, sendo que o sujeito passivo será o contribuinte, ou seja, o proprietário do imóvel, o titular de seu domínio útil ou o seu possuidor a qualquer título, conforme dispõe o preceito contido no art. 34 do Código Tributário Nacional.

Finalmente, quanto à base de cálculo, esta consiste na *"(...) descrição legal de um padrão ou unidade de referência que possibilite a quantificação da grandeza financeira do fato tributável"*[9], que, no caso do imposto predial e territorial urbano é o valor venal do imóvel, ou seja, o valor de mercado que o bem imóvel possa obter numa transação de compra e venda.

Aliás, sobre o tema leciona Kiyoshi Harada:

> "Conforme conceituação doutrinária, aceita pela jurisprudência, valor venal é aquele que o imóvel alcançará para compra e venda, à vista, segundo as condições usuais do mercado de imóveis. Está abrangida nessa conceituação a variação de 10% (dez por cento) para mais ou para menos, que é usual nos laudos avaliatórios elaborados por peritos qualificados."[10]

Diante do que dispõe o parágrafo único do art. 33 do Código Tributário Nacional, não pode ser considerado para aferição da base de cálculo o valor dos bens

---

9. BARRETO, *Op. cit*, p. 38.
10. KIYOSHI, Harada. Imposto sobre a propriedade predial e territorial urbana. *Justilex*. São Paulo, ano I, n. 9, p. 32-35, set. 2002.

móveis mantidos em caráter permanente ou temporário no imóvel para efeito de sua utilização, exploração, aformoseamento ou comodidade.

3. Princípios constitucionais tributários correlatos ao tema

3.1 Do princípio da igualdade

O Estado Democrático de Direito deve, antes de atender a qualquer chamamento de tutela jurisdicional ao cidadão, estar estreitamente vinculado ao princípio da igualdade. Sem igualdade não se pode almejar nenhum desiderato de democracia e, ademais, um ideal de justiça, pois como bem apregoou José Souto Maior Borges[11], "a isonomia é, na Constituição Federal, o protoprincípio – o mais originário na ordem do conhecimento, o outro nome da Justiça".

É válido lembrar que os princípios fundamentos, dentre os quais se destaca o da isonomia, por se tratarem de cláusula pétrea, não podem ser banidos por reforma constitucional nem sequer ser objeto de qualquer espécie de deliberação (art. 60, § 4º, Constituição Federal).

Na obra República e Constituição, Geraldo Ataliba[12] apregoa que:

> "A igualdade é, assim, a primeira base de todos os princípios constitucionais e condiciona a própria função legislativa, que é a mais nobre, alta e ampla de quantas funções o povo, republicamente, decidiu criar. A isonomia há de se expressar, portanto, em todas as manifestações de Estado, as quais, na sua maioria, se traduzem concretamente em atos de aplicação da lei, ou seu desdobramento. Não há ato ou forma de expressão estatal que possa escapar ou subtrair-se às exigências da igualdade."

O art. 5º, *caput* e inciso I da Constituição Federal expressamente enunciam o princípio da igualdade. Primeiramente, coube ao texto constitucional afirmar a isonomia de todos perante a lei, sem distinção de qualquer natureza. Posteriormente, o princípio é reforçado ao se destacar que homens e mulheres são iguais em direitos e obrigações.

No tocante à igualdade tributária propriamente dita, não bastou o regramento mencionado pelo art. 5º para que houvesse a garantia da isonomia dos contribuintes perante a tributação, tanto que o legislador constituinte cuidou de explicitar tal princípio nas limitações constitucionais ao poder de tributar. Por força disso, é vedado instituir tratamento desigual entre contribuintes que se encontrem em situação equivalente, proibida qualquer distinção em razão de ocupação profissio-

---

11. BORGES, José Souto Maior. A isonomia tributária na Constituição de 1988. *Revista de Direito Tributário*, São Paulo, n. 64, p. 11, 1994.
12. ATALIBA, Geraldo. *República e constituição*. São Paulo: Revista dos Tribunais, 1985, p. 134.

nal ou função por ele exercida, independentemente da denominação jurídica dos rendimentos, títulos ou direitos (art. 150, inciso II).

Ao que se conclui, o sistema constitucional repele qualquer situação em que indivíduos numa mesma "categoria" econômica sejam tributados de forma desigual, enquanto aqueles que apresentam características diversas sejam submetidos a uma tributação uniforme. Deste modo, conforme observa Betina Treiger Grupenmacher[13], "(...) a igualdade diante da imposição tributária, não significa que todos devem ser tratados da mesma forma. Como decorrência de tal princípio, todos aqueles sujeitos passivos da obrigação tributária que se encontram na mesma situação devem ser tratados da mesma forma igualitária".

Na mesma linha de pensamento disserta Roque Antonio Carraza[14]:

> "A lei tributária deve ser igual para todos e a todos deve ser aplicada com igualdade. Melhor expondo, quem está na mesma situação jurídica deve receber o mesmo tratamento tributário. Será inconstitucional – por burlar ao princípio republicano e ao da isonomia – a lei tributária que selecione pessoas, para submetê-las a regras peculiares, que não alcançam outras, ocupantes de idênticas posições jurídicas."

É perfeitamente concebível a ideia de que o gravame tributário deverá sempre ser guiado pelo princípio da isonomia, pois, caso contrário, estar-se-á lesando a harmonia entre os direitos do Estado e os individuais de cada cidadão. Esta correlação, além de atender as diversas prerrogativas constitucionalmente abraçadas pelo ordenamento jurídico, resguarda os interesses coletivos adstritos à distribuição da riqueza e da justiça social.

3.2 Do princípio da capacidade contributiva e a classificação dos impostos em reais e pessoais

O princípio da capacidade contributiva é um desdobramento do princípio da igualdade tributária. Nesse passo, Alberto Xavier[15] afirma que "o cerne da justiça em matéria de tributos está, pois, em afirmar que a lei fiscal deve tratar os cidadãos de modo 'igual' e que a igualdade necessariamente relativa, tem como padrões ou critérios a capacidade contributiva".

---

13. GRUPENMACHER, Betina Treiger. *Eficácia e aplicabilidade das limitações constitucionais ao poder de tributar*. São Paulo: Resenha Tributária, 1997, p. 62.
14. CARRAZA, Antonio Roque. *Curso de direito constitucional tributário*. 7. ed. São Paulo: Malheiros, 1995, p. 55.
15. XAVIER, Alberto. *Os princípios da legalidade e da tipicidade da tributação*. São Paulo: Revista dos Tribunais, 1978, p. 10.

Com efeito, tem-se que para uma completa efetividade do princípio da igualdade, a mensuração da capacidade contributiva do sujeito passivo é fator indispensável, permitindo-se, com isso, uma identificação dos indivíduos tributados a fim de lhes aplicar um gravame fiscal adequado à sua condição socioeconômica.

Este princípio é de fundamental importância na aplicação das relações entre o fisco e o contribuinte, constituindo-se no alicerce central do Estado Democrático de Direito nas relações jurídico-tributárias.

Por intermédio da capacidade contributiva, visa-se que cada indivíduo venha contribuir para com a coletividade de acordo com a sua respectiva força econômica, levando em consideração a riqueza e o ônus de cada tributo. Ademais, é mediante tal princípio, atrelado ao da igualdade, que surge o poder atuante e controlador do contribuinte perante o Legislativo e o Judiciário no intento de desautorizar qualquer forma de tributação pervertida.

José Marques Domingues de Oliveira[16], fazendo alusão acerca da natureza constitucional do princípio em questão, salientou que:

> "A capacidade contributiva, enquanto princípio, é um daqueles juízos fundamentais de valor que informa a ordem jurídica. Tutela, efetivamente, a igualdade material no tributo, a liberdade da iniciativa e a propriedade privada em face do Estado, direitos esses elevados ao nível das garantias constitucionais no Estado de Direito."

Por sua vez, o § 1º do art. 145 da Constituição Federal aduz que os impostos, sempre que possível, terão caráter pessoal e serão graduados segundo a capacidade econômica do contribuinte, facultado à administração tributária, especialmente para conferir efetividade a esses objetivos, identificar, respeitados os direitos individuais e nos termos da lei, o patrimônio, os rendimentos e as atividades econômicas do contribuinte.

Para Aires Fernandino Barreto, "(...) quando a Constituição Federal (art. 145, § 1º) diz que os impostos, sempre que possível, terão caráter pessoal, está inexoravelmente a absorver a dicotomia 'impostos reais e pessoais'"[17].

Pelo critério subjetivo, têm-se como impostos pessoais aqueles que visam levar em consideração certos aspectos juridicamente qualificados dos possíveis sujeitos passivos, recaindo essencialmente sobre sua pessoa, mediante as características financeiras concernentes a cada indivíduo.

---

16. OLIVEIRA, José Marques Domingues de. *Capacidade contributiva: conteúdo e eficácia do princípio*. Rio de Janeiro: Renovar, 1988, p. 29.

17. BARRETO, Aires Fernandino. *A Reforma Tributária e o IPTU*. Pesquisas Tributárias (Direito Tributário e Reforma do Sistema). Nova Série, n. 9, p. 438, 2003.

A este respeito, Aliomar Baleeiro[18] ensina que:

> "Os impostos pessoais, ou subjetivos, são regulados por critérios que contemplam a individualidade do contribuinte. As condições personalíssimas deste são elementos que se integram na formação do fato gerador e determinam variações para mais, ou menos, na fixação do quantum a ser reclamado pelo fisco."

Os impostos reais são aqueles assentados sobre a materialidade da coisa tributável, em que não se toma como parâmetro mediador a pessoa do contribuinte. Pelo critério objetivo, levam-se em consideração as manifestações concretas do patrimônio, sem analisar a situação do titular desses bens, ou seja, a condição ou riqueza global do sujeito passivo.

Segundo Bernardo Ribeiro de Moraes[19], imposto real é aquele que:

> "(...) é calculado sem atender as condições pessoais do contribuinte, ou melhor, ignorando por completo a situação individual do contribuinte (o imposto grava uma riqueza dada ou uma situação da mesma maneira, qualquer que seja o sujeito passivo). Os impostos reais gravam o contribuinte tendo em vista apenas a matéria tributável, segundo seus caracteres objetivos específicos, independentemente das condições econômicas, jurídicas, pessoais ou de família, relativas ao contribuinte. A alíquota tributária é fixada exclusivamente em função apenas das circunstancias materiais da situação de fato prevista em lei."

Fernando Aurélio Zilveti[20] adverte que o constituinte foi infeliz na redação do § 1º do art. 145 quando regulou diversas formas de aplicação do princípio da capacidade contributiva, tanto que a exata informação contida no referido dispositivo constitucional é assunto de extrema controvérsia, mormente no tocante à aplicabilidade da expressão "sempre que possível".

De um lado, existe uma corrente defendendo que a expressão "sempre que possível" refere-se tão-somente ao caráter pessoal dos impostos. Neste caso, o aludido dispositivo constitucional deve ser interpretado de maneira que, sempre que possível, os impostos terão caráter pessoal, situação na qual poderão ser graduados segundo a capacidade econômica do contribuinte.

Este ponto de vista, aliás, foi adotado pelo Ministro Moreira Alves, quando do julgamento do recurso extraordinário nº 153.771-0, em que se discutiu a cons-

---

18. BALEEIRO, Aliomar. *Limitações constitucionais ao poder de tributar*. Rio de Janeiro: Revista Forense, 1951, p. 258.
19. MORAES, Bernardo Ribeiro. *Compêndio de direito tributário*. Rio de Janeiro: Forense, 1999. p. 439, v. 1.
20. ZILVETI, Fernando Aurélio. *Princípios de direito tributário e a capacidade contributiva*. São Paulo: Quartier Latin, 2004, p. 248.

titucionalidade da progressividade do IPTU externada pela Lei nº 5.641/89, do Município de Belo Horizonte/MG:

> "Em face desse dispositivo, não se pode pretender que a expressão 'sempre que possível' se refira apenas ao caráter pessoal do imposto, e que, por isso, o princípio da capacidade contributiva seja aplicável a todos os impostos ainda quando não tenham caráter pessoal (...). De feito, a parte final do dispositivo em causa repele essa conclusão, porque a Constituição atribui à administração tributária a faculdade de identificar o patrimônio, os rendimentos e as atividades econômicas do contribuinte, 'especialmente para conferir efetividade A ESSES OBJETIVOS', ou seja, ao objetivo de que os impostos, se possível, tenham caráter pessoal e ao de que esses impostos com caráter pessoal sejam graduados segundo a capacidade econômica do contribuinte, certo como é que essa faculdade de identificação só tem sentido quando se trata de imposto de caráter pessoal (...)."

De outro lado, vários doutrinadores discordam do posicionamento anteriormente ilustrado, a exemplo de Hugo de Brito Machado[21], citado por José Maurício Conti. Leciona o renomado autor que o "(...) sentido da cláusula sempre que possível contida no art. 145, par. 1º, da Constituição Federal, é o de permitir a existência de impostos sem caráter pessoal, e não o de permitir imposto que não seja graduado segundo a capacidade econômica do contribuinte".

Sem sombra de dúvidas, o impasse talvez se justifique pela dificuldade na aplicação do princípio da capacidade contributiva aos impostos reais, uma vez que não há como aferir, senão pela mera presunção, a capacidade econômica do contribuinte.

3.3 Do princípio da progressividade e seus desdobramentos

A graduação crescente de um imposto está efetivamente vinculada ao que se denomina de progressividade. Este princípio consiste no aumento da carga tributária, mediante a majoração da alíquota (percentual), na medida em que também haja o aumento da base tributável, ou seja, da base de cálculo.

A progressividade pode ter caráter estritamente fiscal ou extrafiscal.

Com a fiscalidade, objetiva-se prover o Estado de meios financeiros adequados ao seu custeio, tendo como escopo a arrecadação de recursos para "alimentar" a máquina pública. Eduardo Marcial Ferreira Jardim[22] sustenta que a "fiscalidade é o exercício da competência tributária com o desígnio eminentemente arrecadatório. Exprime manifestação legítima do Estado, uma vez que os tributos traduzem a sua principal fonte de recursos".

---

21. CONTI, José Maurício. Op. cit., p. 47-48.
22. JARDIM, Eduardo Marcial Ferreira. *Dicionário jurídico tributário*. São Paulo: Saraiva, 1995, p. 57.

Na extrafiscalidade, o que ocorre é uma intervenção estatal na economia com o propósito de estimular ou até mesmo desestimular comportamentos voltados à satisfação da coletividade. Trata-se de uma variação, seja ela progressiva ou não, voltada inteiramente para uma política governamental, pouco importando a capacidade econômica do contribuinte, tornando-se relevante apenas a finalidade para a qual está imbuído o interesse regulador do Estado.

Com muita propriedade, aduz Ruy Barbosa Nogueira[23] que:

> "O Estado pode, em benefício da coletividade, regular a atividade econômica, fazendo uso de seu poder de polícia para limitar o exercício da liberdade pelos particulares. Tal poder pode ser exercido, também, por meio da tributação, produzindo efeitos diversos, como fomentar uma determinada atividade ou restringí-la (e até mesmo impedi-la, se ilícita). Por outro lado, o Estado também pode, em razão de seu ius imperii, interferir nas relações econômicas cobrando tributos das pessoas que a ele se submetem, como forma de obter os recursos necessários ao desenvolvimento normal de sua ampla gama de atribuições."

A progressividade, no entanto, não é a única forma de se estabelecer a discriminação entre os contribuintes. Dessa forma, a tributação poderá, conforme a peculiaridade do imposto a incidir, variar ou permanecer constante, atentando-se ao que se denominam de regressividade, seletividade e proporcionalidade.

A graduação regressiva é oposta à graduação progressiva. Na regressividade ocorre um decréscimo das alíquotas à medida que aumentam as dimensões ou intensidades da base calculável. A relação entre o quantum devido e o montante da riqueza tende a diminuir. Já na tributação proporcional, não ocorre nenhuma forma de graduação que possa acarretar o aumento ou diminuição da alíquota que deverá incidir sobre a base de cálculo do imposto. A relação permanece constante.

O princípio da seletividade, por sua vez, funciona como um mecanismo alternativo em que se prevê uma seleção de alíquotas de acordo com a essencialidade de produtos ou mercadorias colocadas à disposição do consumidor/contribuinte. O imposto seletivo é aquele que apresenta alíquotas diversas para objetos também diversos, tendo como exemplo clássico o ICMS.

Neste caso, Elizabeth Nazar Carrazza[24] sintetiza que:

> "O encargo financeiro representado pelo tributo, repercute no valor final do produto industrializado ou do bem posto em comércio. Quando estes produtos ou bens são considerados essenciais, devem sofrer tributação menor. Isto não decorre da maior ou menor

---

23. NOGUEIRA, Ruy Barbosa. *Curso de direito tributário*. 9. ed. São Paulo: Saraiva, 1989, p. 181-182.
24. CARRAZZA, Elizabeth Nazar. *IPTU e progressividade igualdade e capacidade contributiva*. Curitiba: Juruá, 1992, p. 58.

capacidade contributiva do chamado contribuinte de direito, mas, sim, das necessidades objetivas daquele que adquire o produto ou o bem."

Feitas estas considerações, é pertinente ponderar que nenhuma espécie de imposição tributária poderá destituir o contribuinte de parte de seu patrimônio sob o argumento puro e simples de se estar cobrando tributo. Por isso, a Constituição Federal expressamente invoca que nenhum tributo será utilizado com efeito confiscatório (art. 150, IV), garantindo-se, ademais, o direito de propriedade (art. 5º, XXII e art. 170, II).

É salutar que os impostos, assim como os demais tributos, traduzam uma cessão compulsória de recursos dos contribuintes ao Estado, tornando-se essa transferência legítima, à medida que não represente nenhum efeito de confisco. Assim, não se objetiva outorgar à propriedade uma proteção de forma absoluta contra a incidência da tributação, mas sim preservar a capacidade contributiva do sujeito passivo.

4. A PROGRESSIVIDADE FISCAL DO IMPOSTO PREDIAL E TERRITORIAL URBANO E A REDAÇÃO ORIGINAL DO § 1º DO ART. 156 DA CONSTITUIÇÃO FEDERAL

A redação original do § 1º do art. 156 da Constituição Federal dispunha que o imposto predial e territorial urbano poderia ser progressivo, nos termos da lei municipal, de forma a assegurar o cumprimento da função social da propriedade. Já o inciso II do § 4º do art. 182, ainda em vigor, reza que:

> "Art. 182 – (...)
> (...)
> § 4º – É facultado ao Poder Público municipal, mediante lei específica para área incluída no plano diretor, exigir, nos termos da lei federal, do proprietário do solo urbano não edificado, subutilizado ou não utilizado, que promova seu adequado aproveitamento, sob pena, sucessivamente, de:
> (...)
> II – imposto sobre a propriedade predial e territorial urbana progressivo no tempo;
> (...)."

Com fundamento nos dispositivos constitucionais referenciados, a progressividade do imposto em exame foi intentada por diversos Municípios, sendo objeto de grande divergência tanto na doutrina quanto na jurisprudência. Alguns sustentavam que o § 1º do art. 156 previa um tipo de progressividade extrafiscal, ao passo que outros entendiam que a progressividade ali prevista era de natureza fiscal, decorrente do princípio da capacidade contributiva.

No entanto, ao menos no âmbito jurisprudencial, prevaleceu a tese de que o ordenamento constitucional não contemplou, no que diz respeito ao imposto predial e territorial urbano, nenhuma hipótese de progressividade fiscal. *In casu*, o Plenário do Supremo Tribunal Federal, quando do julgamento do já aludido recurso extraordinário nº 153.771/MG, firmou entendimento no sentido de que a única progressividade das alíquotas do IPTU admitida pela Constituição Federal é a do art. 182, § 4º, II, destinada a assegurar o cumprimento da função social da propriedade urbana, conforme se extrai do acórdão ementado nos seguintes termos:

> "IPTU. PROGRESSIVIDADE. No sistema tributário nacional é o IPTU inequivocamente um imposto real. Sob o império da atual Constituição, não é admitida a progressividade fiscal do IPTU, quer com base exclusivamente no seu art. 145, § 1º, porque esse imposto tem caráter real que é incompatível com a progressividade decorrente da capacidade econômica do contribuinte, quer com arrimo na conjugação desse dispositivo constitucional (genérico) com o art. 156, § 1º (específico). A interpretação sistemática da Constituição conduz inequivocamente à conclusão de que o IPTU com finalidade extrafiscal a que alude o inciso II do § 4º do artigo 182 é a explicitação especificada, inclusive com limitação temporal, do IPTU com finalidade extrafiscal aludido no art. 156, § 1º. Portanto, é inconstitucional qualquer progressividade, em se tratando de IPTU, que não atenda exclusivamente ao disposto no artigo 182, ambos da Constituição Federal. Recurso Extraordinário conhecido e provido, declarando-se inconstitucional o sub-item 2.2.3 do setor II da Tabela III da Lei 5.641, de 22.12.1989, no município de Belo Horizonte (STF, RE nº 153.771/MG, Rel. para o acórdão Min. Moreira Alves, Tribunal Pleno, DJ 05-09-1997 PP-41892)."

A polêmica acerca do tema persistiu e ainda persiste em virtude de o Supremo Tribunal Federal valer-se do argumento de que o IPTU se insere no rol dos impostos reais e que, por isso, não pode graduar em função de uma presumível capacidade contributiva do sujeito passivo.

Na ocasião, o Ministro Moreira Alves sustentou que:

> "(...), no sistema tributário nacional, é o IPTU inequivocamente um imposto real, porquanto tem ele fato como gerador a propriedade, o domínio útil ou a posse de imóvel localizado na zona urbana do Município, sem levar em consideração a pessoa do proprietário, do titular do domínio útil ou do possuidor, tanto assim que o Código Tributário Nacional ao definir seu fato gerador e sua base de cálculo não leva em conta as condições da pessoa do sujeito passivo."

O Ministro Maurício Corrêa, fazendo coro ao voto proferido pelo Ministro Moreira Alves, afirmou que: "o caso específico de que ora se cuida é exatamente o de imposto predial, que pela sua própria natureza é um tributo real, incidente sobre o imóvel urbano, não recaindo sobre a pessoa, como é o caso do imposto de renda e de outras exceções similares".

Diverso também não foi o posicionamento esboçado pelo Ministro Ilmar Galvão:

> "O critério, como se vê, é de natureza objetiva, certamente porque se está diante de um tributo, não de natureza pessoal, cuja alíquota possa variar em função das condições econômicas do proprietário do bem, na forma preconizada no art. 145, § 1º, da CF, parte final, mas de natureza real."

O Ministro Néri da Silveira, igualmente, asseverou que "cuidando-se de IPTU, cumpre, por primeiro, ter presente sua natureza real. Não tenho como aplicável, desde logo, o art. 145, § 1º, da Constituição, para apoiar a legitimidade da impositividade fiscal discutida".

Em suma, o Pretório Excelso fixou diretriz no sentido de que os impostos reais são incompatíveis com a progressividade fiscal por não levarem em consideração a pessoa do contribuinte, sendo impossível a esta espécie de tributação a aplicação do princípio da capacidade contributiva expresso no art. 145, § 1º, da Constituição Federal de 1988.

Aliás, visando estancar a controvérsia existente, o Supremo Tribunal Federal, na sessão plenária de 24 de setembro de 2003, aprovou o enunciado de Súmula nº 668, *in verbis*:

> "Súmula nº 668 – É inconstitucional a lei municipal que tenha estabelecido, antes da Emenda Constitucional 29/2000, alíquotas progressivas para o IPTU, salvo se destinada a assegurar o cumprimento da função social da propriedade urbana."

Sendo assim, conflita com a Constituição Federal a lei municipal que tenha instituído, antes da Emenda Constitucional nº 29/2000, alíquotas progressivas para o imposto predial e territorial urbano, exceto se destinada a assegurar o cumprimento da função social da propriedade urbana.

5. A EMENDA CONSTITUCIONAL Nº 29/2000 E AS ALTERAÇÕES NO § 1º DO ART. 156 DA CONSTITUIÇÃO FEDERAL NO ORDENAMENTO JURÍDICO PÁTRIO

A Emenda Constitucional nº 29, de 13 de novembro de 2000, trouxe considerável alteração no ordenamento jurídico tributário no que diz respeito à progressividade do imposto predial e territorial urbano. Eis o que dispõe a nova redação do § 1º do art. 156 da Constituição Federal:

"Art. 156 – (...)
(...)
§ 1º Sem prejuízo da progressividade no tempo a que se refere o art. 182, § 4º, inciso II, o imposto previsto no inciso I poderá:
I – ser progressivo em razão do valor do imóvel;
II – ter alíquotas diferentes de acordo com a localização e o uso do imóvel."

Ao que se colhe, contornando a orientação sedimentada pelo Supremo Tribunal Federal, o legislador constituinte derivado afastou qualquer espécie de interpretação que interligue o art. 156 ao art. 182, tornando possível a implementação pelos Municípios do IPTU progressivo "em razão do valor imóvel" e seletivo em razão "da localização e o uso do imóvel".

Com efeito, bastou a promulgação do novo texto constitucional vir à tona para reacender o debate sobre a constitucionalidade da progressividade fiscal do imposto em questão frente ao princípios da isonomia e da capacidade contributiva. A tese da inconstitucionalidade ganhou envergadura em virtude do direcionamento dada à matéria pelo Supremo Tribunal Federal no sentido de que os impostos reais não se harmonizam com o princípio da capacidade contributiva.

Ao sobrepor a orientação dada à matéria pelo Judiciário, Ricardo Lobo Torres, citado por Leonardo Pietro Antonelli[25], diz que a atividade do legislador transformou-se em um "radical repúdio à interpretação judicial, pela edição de norma intencionalmente contrastante com a jurisprudência e na retificação da norma anterior, que, por ambiguidade ou falta de clareza, tenha levado o Judiciário a adotar interpretação incompatível com os pressuposto doutrinários da matéria".

Não se pode deixar de reconhecer que o foco utilizado para a declaração de inconstitucionalidade da progressividade fiscal do imposto imobiliário urbano foi a natureza jurídica de tal tributo. Neste aspecto, permanece intocável o espírito que norteou o julgamento do leading case sobre o tema, ou seja, o recurso extraordinário nº 153.771-0-MG.

Miguel Reale[26] defende que o enquadramento da propriedade urbana em um novo sistema tributário, com acréscimo de um novo critério para cobrança progressiva do IPTU, consistiu, inegavelmente, inovação que vem atingir uma garantia assegurada aos contribuintes pelo § 4º, inciso IV, do art. 60, da Lei Maior.

---
25. ANTONELLI, Leonardo Pietro. Emenda constitucional 29/2000 – progressividade do IPTU: inconstitucional correção legislativa da jurisprudência do STF. *Advocacia Dinâmica*, Rio de Janeiro, p. 7. agosto, 2000.
26. REALE, Miguel, O IPTU Progressivo e a Inconstitucionalidade da EC 29/2000, Revista Dialética de Direito Tributário, n. 8, junho-2002. São Paulo: Oliveira Rocha, p. 124.

Na mesma linha de raciocínio, Aires Fernandino Barreto[27], em artigo intitulado "Reforma Tributária e o IPTU", entende "(...) ser inconstitucional a modalidade de progressividade introduzida, por afrontar cláusulas pétreas da Constituição Federal de 1988 (...)".

O mencionado autor, em outro trabalho sobre o assunto, preconiza que:

> "Ora, no caso da progressividade, é inquestionável que a Emenda Constitucional nº 29/00 não apenas tende a abolir, como, de fato, aniquila, suprime, destrói, anula a restrição posta pelo princípio de que progressivos só podem ser os impostos pessoais.
> O emprego de progressividade no caso de imposto real implica a abolição real dos limites do princípio da capacidade econômica; derruba as balizas dessa diretriz para alcançar – contra a solene promessa do art. 5º, § 2º – os impostos de natureza real (...)"[28].

Em síntese, para os que acolhem a orientação aventada, o imposto em análise, por ter como fato gerador o valor venal de um imóvel, não pode utilizar como parâmetro uma mera presunção de riqueza do sujeito passivo, tentando denotar-lhe um caráter pessoal inexistente. Portanto, nem mesmo com a nova redação do art. 156, § 1º, II, da Constituição Federal dada pelo art. 3º da Emenda Constitucional nº 29/2000, fica autorizada a adequação de alíquotas progressivas com base nas peculiaridades inerentes ao imóvel.

Ives Gandra da Silva[29], por sua vez, reza que:

> "Ora, se o regime legal do tributo é que lhe dá o perfil, tendo o contribuinte o direito de só recolhê-lo se o imposto for compatível com esse perfil, não feriria cláusula pétrea da Constituição adotar técnica incongruente com seu arquétipo, maculando, portanto, o direito do contribuinte de pagar o tributo conforme a natureza jurídica que lhe pertine?"

A Constituição deve ser interpretada conforme o espírito do constituinte e sempre que uma norma ferir cláusula imodificável – e o são os direitos fundamentais do contribuinte – à evidência, estar-se-á perante norma constitucional "inconstitucional", visto que o art. 60 § 4º, inciso IV, não comporta transigências".

O IPTU, na concepção dos defensores da inconstitucionalidade da Emenda Constitucional nº 29/2000, só pode ser graduado pelo critério da proporcionalidade, ou seja, mediante a imposição de alíquotas fixas, eis que por ter ele como fato gerador o valor venal do imóvel, o sujeito passivo será onerado quanto mais

---

27. BARRETO, op. cit., p. 435.
28. BARRETO, Aires Fernandino. IPTU: progressividade e diferenciação. *Revista Dialética*: São Paulo, n. 76, p. 8, 2001.
29. MARTINS, Ives Gandra da Silva. *A progressividade do IPTU é inconstitucional?* Disponível em: <http:..www.órbita.starmedia.com/pensadores_brsileiros/IvesGandra/a_progressividade_do_iptu_e_inconstitucional.htm> Acesso em: 24 fev 2002.

elevado for o valor do bem tributado. Caso contrário, estar-se-á colocando em risco as garantias constitucionais do contribuinte.

No âmbito da jurisprudência, diversos são os procedentes do extinto Tribunal de Alçada Cível do Estado de São Paulo que acolheram o entendimento esboçado:

> "Ação anulatória de débito fiscal Tutela antecipada negada com relação ao IPTU referente aos exercícios de 2001, 2002, 2003 e 2004. Prefeitura Municipal de São José dos Campos. Progressividade Emenda Constitucional n. 29/00. Inconstitucionalidade reclamada. Agravo de instrumento. Efeito suspensivo concedido. Tributo. A natureza real do IPTU impede a progressividade ordenada pelo legislador constituinte, que feriu a cláusula pétrea dos direitos individuais, ao considerar a capacidade contributiva do sujeito passivo. Poder constituinte e poder derivado. Cláusulas constitucionais pétreas. Princípios da legalidade, da igualdade e da capacidade contributiva. Impostos pessoais e reais. Progressividade tributária. Entendimento do STF. Inconstitucionalidade admitida. Impossibilidade de abolição de cláusula pétrea. IPTU é imposto real. A capacidade contributiva não pode ser fundamento para exigir do proprietário imposto progressivo. IPTU. Impossibilidade de haver o pagamento progressivo do imposto. Caberá ao proprietário responder pelo tributo, observada a menor alíquota. (...). Recurso. Agravo de instrumento provido, em parte" (1º TACSP, AI nº 1.319.774-1, Rel. Juiz Paulo Roberto de Santana, Quarta Câmara, j. em 29/09/2004)."

E ainda em outra oportunidade:

> "TRIBUTO – IMPOSTO PREDIAL E TERRITORIAL URBANO – Município de São Paulo – Exercício de 2002 – Lei Municipal nº 13.250/2001 que instituiu desconto ou acréscimo calculado sobre o valor venal do imóvel – Hipótese de progressividade – Legislação baseada na Emenda Constitucional nº 29/2000 – Ocorrência de alteração de cláusula pétrea – Inadmissibilidade – Inobservância da função social da propriedade – Ilegalidade reconhecida – Recurso provido (1º TACP, AC nº 1.212.517-6, Rel. Juiz Carlos Lopes, Oitava Câmara de Férias, j. em 18/02/2004)."

Da fundamentação exposta pelo relator da apelação cível nº 1.212.517-6 para dar provimento ao recurso e julgar procedente o pedido de anulação dos lançamentos fiscais efetuados pelo Município de São Paulo, extraem-se os seguintes argumentos:

> "A questão que se discute nos autos diz respeito à ilegalidade do lançamento do Imposto Predial e Territorial Urbano, pela Municipalidade de São Paulo, referente ao exercício de 2002.
> Com efeito, a Lei Municipal nº 13.250, de 27 de dezembro de 2001, ao estipular descontos ou acréscimos a serem calculados sobre o valor venal do imóvel, instituiu a progressividade.
> (...)
> Apesar da Lei Municipal amparar-se nas alterações da emenda constitucional nº 29/2000, tal legislação deve ser analisada com certas e determinadas restrições.

Convém esclarecer que a possibilidade de emenda à Constituição encontra-se expressamente prevista no artigo 60 da Carta Magna, com a observação de que o parágrafo 4º do mencionado dispositivo constitucional estipula as denominadas cláusulas pétreas, ou seja, aquelas que não podem sofrer alterações.

É bem de ver que o inciso IV, do parágrafo 4º, do artigo 60 da Constituição Federal prevê como Cláusula pétrea 'os direitos e garantias individuais'.

Cumpre ressaltar que entre os direitos e garantias individuais, além dos previstos no artigo 5º do texto constitucional, podemos incluir os princípios gerais do sistema tributário nacional e as limitações do poder de tributar consignadas nos artigos 145 a 152 da Constituição Federal.

Assim, por constituir cláusula pétrea, as regras de ordem tributária não podem ser alteradas pelo poder constituinte derivado.

(...)

Assim, a progressividade encontra-se relacionada aos tributos de caráter pessoal, a saber: aqueles em que a quantificação do tributo decorre de condições peculiares ao contribuinte.

No entanto o imposto predial e territorial urbano não se enquadra na categoria de pessoal, tendo em vista que seu fato gerador é a propriedade, o domínio útil ou a posse de bem imóvel urbano.

(...)

Ademais, a progressividade, segundo o valor de venda, fere os princípios constitucionais da isonomia e da capacidade contributiva.

A diferença entre os valores venais de imóveis não é suficiente para se aferir a capacidade contributiva do proprietário. Assim, por exemplo, determinado contribuinte que for proprietário de único imóvel com valor de R$ 1.000.000,00 (hum milhão de reais), suportará carga tributária superior a outro contribuinte que tiver dez ou mais imóveis que custem R$ 100.000,00 (cem mil reais) cada um.

(...)

Embora o Supremo Tribunal Federal tenha reconhecido que o IPTU é um imposto real, a emenda constitucional nº 29 incluiu na Carta a previsão expressa da progressividade do tributo, conforme o valor de venda do imóvel. No entanto, a emenda 29 contraria a própria Constituição, pois esbarra no princípio de que a progressividade é inerente dos impostos pessoais, considerado uma cláusula pétrea que não poderia ser alterada pelo Congresso.

(...)."

Por outro lado, para grande parte da doutrina, longe de violar os princípios da isonomia e da capacidade contributiva, a progressividade é a única forma de afastar as injustiças tributárias. Misabel Abreu Machado Derzi[30], na atualização do livro de Aliomar Baleeiro, afirma que "(...), a progressividade (fiscal), em que

---

30. BALEEIRO, Aliomar. Direito tributário brasileiro. 11. ed., rev. e compl. por Misabel Abreu Machado Derzi. Rio de Janeiro: Forense, 2001, p. 254.

alíquotas sobem à medida que se eleva o valor venal do imóvel é a mais simples e justa das progressividades. Trata-se simplesmente de cobrar mais de quem pode pagar mais, para que os economicamente mais pobres paguem menos".

Neste caso, para os adeptos desta corrente, não há ofensa ao princípio da igualdade na medida em que o valor venal do imóvel constitui elemento hábil para identificar a capacidade contributiva de seu proprietário, permitindo o tratamento diferenciado daqueles que estão em situações distintas, de modo que a carga tributária seja mais significativa para os contribuintes que revelam superior riqueza e menos onerosa para os cidadãos de baixa renda.

Dessa forma, a capacidade contributiva, no caso dos impostos sobre a propriedade, é exteriorizada pelo próprio bem, eis que a riqueza não advém tão-somente da moeda corrente, mas também do patrimônio. Portanto, não é porque o IPTU seja classificado como um imposto real que não se pode permitir à Administração Tributária Municipal aplicar o princípio da capacidade contributiva.

Roque Antonio Carrazza,[31] ao discorrer sobre a alteração implementada pela Emenda Constitucional 29/00, ensina que:

> "A EC n. 29 não redefiniu, em detrimento do contribuinte, o alcance do IPTU (hipótese em que se poderia cogitar de inconstitucionalidade por ofensa a cláusula pétrea), mas apenas explicitou o que já se continha na Constituição – ou seja, que este tributo deve ser graduado segundo a capacidade econômica do contribuinte, a qual, independentemente da existência de plano diretor no Município, revela-se com o próprio imóvel urbano. Noutros termos, a emenda constitucional em questão, dado seu caráter meramente declaratório, limitou-se a reforçar a ideia, consagrada em nosso sistema tributário, de que, para fins de IPTU, quanto maior o valor do imóvel urbano, tanto maior haverá de ser sua alíquota."

Clèmerson Marlin Clèves e Sólon Sehn[32] igualmente sustentam que "a Emenda Constitucional 29/2000 é perfeitamente compatível com as cláusulas pétreas da Lei Fundamental, nada impedindo a cobrança de IPTU progressivo em razão do valor venal do imóvel". Também, acrescentam que "não há, na Lei Maior, um princípio absoluto que vede a subjetivação, por emenda constitucional, de um imposto real, como é o caso do IPTU, ou que confira a quem quer que seja o direito subjetivo de somente ser tributado com alíquotas progressivas diante de impostos pessoais".

---

31. CARRAZZA, Roque Antonio. *Direito constitucional tributário*. 17ª ed. São Paulo: Malheiros, 2002, p. 97-98.
32. CLÈVE, Clèmerson Merlin, SEHN, Solon. *IPTU e Emenda Constitucional nº 29/2000. Legitimidade da progressão das alíquotas em razão do valor venal do imóvel*. Revista Dialética de Direito Tributário, São Paulo, n. 94, 2003, p. 133.

Outro argumento levantado pela doutrina contemporânea é o de que a relação jurídico-tributária a envolver o fisco e o contribuinte é de ordem pessoal, obrigacional, e não real. Sendo assim, não haveria porque a expressão "sempre que possível" contida no § 1º do seu art. 145 da Constituição Federal excluir do leque de abrangência do princípio da capacidade contributiva os impostos reais, eis que se esta fosse a vontade do legislador constituinte originário, o teria feito expressamente.

Segundo Valéria Furlan[33] a aplicação de alíquotas fixas é que fere o princípio da isonomia, uma vez que faz incidir o imposto em proporções iguais para contribuintes detentores de capacidade contributiva distintas. Complementa a referida autora que "(...) a alíquota única acarreta uma suposta proporcionalidade, isto é, não trata desigualmente os desiguais, na medida de suas desigualdades. Apenas as alíquotas progressivas permitem que quem tem mais pague mais do que quem tem menos".

Apesar da divergência sobre o tema, o Órgão Especial do Egrégio Tribunal de Justiça de São Paulo, em diversos incidentes de inconstitucionalidade, pacificou o entendimento de que a Emenda Constitucional nº 29/2000 não afronta o disposto no art. 60, § 4º, IV, da Constituição Federal:

> "INCIDENTE DE INCONSTITUCIONALIDADE – Lei n. 13.250/2001, do Município de São Paulo, que estabeleceu progressividade das alíquotas do IPTU de 2002. tomando como base o valor do imóvel – Mandado de segurança concedido pela segunda instância para declarar inconstitucional a Emenda Constitucional n. 29/2000 que instituiu a progressividade fiscal do IPTU – Incidente de inconstitucionalidade suscitado, sob a alegação de que a mencionada EC viola os princípios constitucionais da isonomia e capacidade contributiva – Inadmissibilidade – A EC n. 29/00 atende ao princípio de tratamento isonômico dos contribuintes que se desigualam, podendo o valor venal do imóvel ser tomado como critério razoável para demonstração da capacidade econômica do contribuinte – Inconstitucionalidade não configurada – Decisão vinculativa, nos termos do § 2º do art. 658 do RITJSP, ao julgamento de improcedência, por unanimidade, do Incidente de Inconstitucionalidade n. 1495100/5. Julgaram improcedente (TJSP, Órgão Especial, Incidente de Inconstitucionalidade de Lei nº 155.378-0/0, Rel. Des. Aloísio de Toledo César, j. em 14/05/2008)."

Aliás, a Lei nº 13.250/01 do Município de São Paulo, associada à Emenda 29, encontra-se pendente de análise em recurso extraordinário. No entanto, embora o julgamento ainda não tenha sido concluído, em virtude de um pedido de vista do Min. Carlos Britto, o Supremo Tribunal Federal sinaliza pelo reconhecimento da constitucionalidade da progressividade fiscal do IPTU. Trata-se do RE nº 423.768/SP, a respeito do qual, no informativo nº 433 da Corte Suprema (período de 26 a 30 de junho de 2006), foi divulgada a seguinte notícia:

---

33. FURLAN, Valéria. *Imposto predial e territorial urbano*. 2. ed. São Paulo: Malheiros, 2004, p. 114.

"IPTU: Progressividade e EC 29/2000.

O Tribunal iniciou julgamento de recurso extraordinário interposto pelo Município de São Paulo contra acórdão do extinto Primeiro Tribunal de Alçada Civil do referido Estado-membro que, ao prover apelação em mandado de segurança, declarara a inconstitucionalidade da Lei municipal 13.250/2001 – que, dando nova redação à Lei municipal 6.989/66, estabeleceu alíquotas progressivas para o IPTU tendo em conta o valor venal e a destinação do imóvel – ao fundamento de terem sido violados os princípios da isonomia e da capacidade contributiva, e de que a EC 29/2000, ao prever as citadas alíquotas, ofendeu o art. 60, § 4º, IV, da CF. O Min. Marco Aurélio, relator, conheceu do recurso e deu-lhe provimento, para, reconhecendo a constitucionalidade da EC 29/2000 e da Lei municipal 6.989/66, na redação dada pela referida Lei 13.250/2001, restabelecer a sentença que indeferira a segurança. Após mencionar os diversos enfoques dados pela Corte em relação à progressividade do IPTU, concluiu, ante a interpretação sistemática da Constituição Federal, com o cotejo do § 1º do seu art. 156 com o § 1º do seu art. 145, que a EC 29/2000 veio tão-só aclarar o real significado do que disposto anteriormente sobre a graduação dos tributos, não tendo abolido nenhum direito ou garantia individual, visto que a redação original da CF já versava a progressividade dos impostos e a consideração da capacidade econômica do contribuinte. O relator reafirmou sua convicção, exposta em julgamentos anteriores ao advento da EC 29/2000, de que o § 1º do art. 145 possui cunho social da maior valia, tendo como objetivo único, sem limitação do alcance do que nele está contido, o estabelecimento de uma gradação que promova justiça tributária, onerando os que tenham maior capacidade para pagamento do imposto. Asseverou, no ponto, que a capacidade econômica do contribuinte há de ser aferida sob os mais diversos ângulos, inclusive o valor, em si, do imóvel. Ressaltou, também, que a lei impugnada foi editada ante a competência do Município e com base no § 1º do art. 156 da CF, na redação dada pela EC 29/2000, concretizando a previsão constitucional, e que o texto primitivo desse dispositivo não se referia ao valor do imóvel e à localização e ao uso respectivos, mas previa a progressividade como meio de se assegurar o cumprimento da função social da propriedade. Após os votos dos Ministros Cármen Lúcia, Eros Grau, Joaquim Barbosa e Sepúlveda Pertence, que acompanhavam o voto do relator, pediu vista dos autos o Min. Carlos Britto (RE 423768/SP, rel. Min. Marco Aurélio, 28.6.2006)."

O Supremo Tribunal Federal também reconheceu a repercussão geral em insurgência contra o sistema de alíquotas progressivas no período posterior ao advento da Emenda Constitucional nº 29/2000, em julgamento ocorrido no dia 26/06/2008, referente ao RE nº 586693/SP, a seguir ementado:

"IMPOSTO SOBRE A PROPRIEDADE PREDIAL E TERRITORIAL URBANA – LEI MUNICIPAL Nº 13.250/01 – INSURGÊNCIA CONTRA O SISTEMA DE ALÍQUOTAS PROGRESSIVAS – PERÍODO POSTERIOR À EMENDA Nº 29/2000. Possui repercussão geral controvérsia sobre a procedência, ou não, do conflito entre o texto primitivo da Carta e a Emenda Constitucional nº 29/2000. (...) (RE 586693, Rel. Min. Marco Aurélio, j. em 26/06/2008, publicado no DJe-172 de 12/09/2008)."

Com efeito, a tributação progressiva, na linha de raciocínio desenvolvida pelos patrocinadores de sua aplicação ao imposto predial e territorial urbano, tem por escopo primordial a justiça social decorrente do princípio da capacidade contributiva. Tenta-se, ao menos em tese, tratar igualitariamente os *iguais* e desigualmente os desiguais na **medida em que se desigualam.**

6. CONCLUSÃO

Buscou-se por intermédio do presente estudo demonstrar as controvérsias que giram em torno da possibilidade de incidência da progressividade de alíquotas do imposto predial e territorial urbano em razão do valor do imóvel.

Na forma da redação original do art. 156, § 1º, da Constituição Federal, o Supremo Tribunal Federal firmou o entendimento de que é vedada a progressividade fiscal nos impostos de caráter real, restando decidido por ocasião do julgamento do RE nº 153.771-0/MG que a única progressividade admitida para o imposto em questão é a de caráter extrafiscal, a ser utilizada como forma de assegurar o cumprimento da função social da propriedade, nos termos do art. 182, § 4º, II, da Constituição Federal.

Com o advento da Emenda Constitucional nº 29/2000, o ordenamento jurídico possibilitou a instituição de progressividade fiscal do IPTU em razão do valor do imóvel (art. 156, § 1º, I, da Constituição Federal), reacendendo novamente uma polêmica discussão sobre o assunto.

Diversos foram os argumentos levantados por doutrinadores de relevo defendendo a inconstitucionalidade da Emenda Constitucional nº 29/2000. A princípio, esta corrente chegou a ser acolhida pelo Judiciário, a exemplo do extinto Primeiro Tribunal de Alçada Cível paulista. No entanto, prevalece atualmente tanto no Tribunal de Justiça do Estado de São Paulo quanto nos demais Tribunais Estaduais o posicionamento de que a alteração promovida pelo legislador constituinte derivado não viola os princípios da isonomia e da capacidade contributiva.

É fato que o valor do imóvel não é meio seguro para aferir a real capacidade contributiva do sujeito passivo do imposto predial e territorial urbano. Porém, o argumento utilizado no passado pelo Supremo Tribunal Federal vem sendo gradativamente rechaçado, dando lugar à tese de que a capacidade econômica do contribuinte é objetivamente aferível por intermédio do patrimônio imobiliário. Também, defende-se que ao contrário de afrontar princípios constitucionais tributários, a progressividade é o instrumento por intermédio do qual o Estado faz justiça fiscal.

Divergências a parte, o certo é que assim como ocorreu no passado em relação ao texto primitivo da Constituição Federal, a controvérsia sobre o assunto tão-somente deverá ser estancada, ao menos no seio da jurisprudência, com uma decisão definitiva do Supremo Tribunal Federal.

REFERÊNCIAS BIBLIOGRÁFICAS

ANTONELLI, Leonardo Pietro. *Emenda Constitucional 29/2000 – progressividade do IPTU: inconstitucional correção legislativa da jurisprudência do STF*. Advocacia Dinâmica: Rio de Janeiro, agosto. 2000. p. 6-15.

ATALIBA, Geraldo. *República e constituição*. São Paulo: Revista dos Tribunais, 1985.

BALEEIRO, Aliomar. *Direito tributário brasileiro*. 11. ed. Rio de Janeiro: Forense, 1999.

BARBON. Sandra A. Lopez. *Do IPTU*. Belo Horizonte: Del Rey, 1995.

BARRETO, Aires. *Base de cálculo, alíquota e princípios constitucionais*. São Paulo: Revista dos Tribunais, 1987.

_____. *IPTU: progressividade e diferenciação*. Revista Dialética: São Paulo, n.76, 2001. p. 06-10.

_____. *A Reforma Tributária e o IPTU*. Pesquisas Tributárias (Direito Tributário e Reforma do Sistema) Nova Série, n. 9, 2003.

BECKER, Alfredo Augusto. *Teoria geral do direito tributário*. 3. ed. São Paulo: Lejus, 1998.

BORGES, José Souto Maior. *A isonomia tributária na Constituição de 1988*. Revista de Direito Tributário, São Paulo, n. 64, 1994. p. 08-19.

BRASIL, Constituição (1988). *Constituição da República Federativa do Brasil*, promulgada em 05 de outubro de 1988. 7. ed. São Paulo: Revista dos Tribunais, 2002. 266 p.

CARRAZA, Elizabeth Nazar. *IPTU e progressividade igualdade e capacidade contributiva*. Curitiba: Juruá, 1992.

CARRAZA, Roque Antonio. *Curso de direito constitucional tributário*. 7. ed. São Paulo: Malheiros, 1995.

CLÈVE, Clèmerson Merlin, SEHN, Solon. *IPTU e Emenda Constitucional nº 29/2000*. Legitimidade da progressão das alíquotas em razão do valor venal do imóvel. Revista Dialética de Direito Tributário, São Paulo, n. 94, p. 133-139, 2003.

CONTI, José Maurício. *Princípios tributários da capacidade contributiva e da progressividade*. São Paulo: Dialética, 1997.

FREITAS, Vladimir Passos de Freitas (Coord.). *Código tributário nacional comentado*. 2. ed. São Paulo: RT, 2004.

FURLAN, Valéria. *Imposto predial e territorial urbano*. 2. ed. São Paulo: Malheiros, 2004.

GRUPENMACHER, Betina Treiger. *Eficácia e aplicabilidade das limitações constitucionais ao poder de tributar*. São Paulo: Resenha Tributária, 1997.

JARDIM, Eduardo Marcial. *Dicionário jurídico tributário*. São Paulo: Saraiva, 1995.

KIYOSHI, Harada. *Imposto sobre a propriedade predial e territorial urbana*. Justilex. São Paulo, ano I, n. 9, set. 2002. p. 32-35.

MARTINS, Ives Gandra da Silva (Coord.). *Curso de direito tributário*. 4. ed. Belém: CEJUP, 1995. 2v.

_____. *Comentários ao código tributário nacional*. São Paulo: Saraiva, 1998. 2v.

_____. A progressividade do IPTU é inconstitucional? Disponível em: <http://www.orbita.starmedia.com/pensadores_brasileiros/IvesGandra/a_progressividade_do_iptu_e_inconstitucional.htm> Acesso em: 24 fev 2002.

MORAES, Bernardo Ribeiro. *Compêndio de direito tributário*. Rio de Janeiro: Forense, 1999.

NOGUEIRA, Ruy Barbosa. *Curso de direito tributário*. 9. ed. São Paulo: Saraiva, 1989.

OLIVEIRA, José Marques Domingues de. *Capacidade contributiva: conteúdo e eficácia do princípio*. Rio de Janeiro: Renovar, 1988.

WALD, Arnoldo. *Curso de direito civil brasileiro*. 9. ed. São Paulo: Revista dos Tribunais, 1993. 3v.

XAVIER, Alberto. *Os princípios da legalidade e da tipicidade da tributação*. São Paulo: Revista dos Tribunais, 1978.

ZILVETI, Fernando Aurélio. *Princípios de direito tributário e a capacidade contributiva*. São Paulo: Quartier Latin, 2004.

CAPÍTULO 19

Princípios Constitucionais Penais

Ruy Celso Barbosa Florence
Juiz de Direito auxiliar da Corregedoria do Tribunal de Justiça do Estado de Mato Grosso do Sul. Mestre e Doutor em Direito pela PUC/SP. Professor da Escola Superior da Magistratura de Mato Grosso do Sul.

O homem andando a pé pelo mundo deve ter percebido que sua liberdade estava limitada à capacidade de suas pernas. Encontrou o cavalo e ganhou rapidez no trote e no galope. Com seu novo parceiro equino, uma verdadeira espaçonave a percorrer fronteiras e continentes, entrou em lutas e guerras em busca de maiores espaços e mais liberdade.

Com trens, navios, automóveis, aviões e foguetes, o *"homo racionalis"* invade o séc. XXI trazendo o seu primitivo desejo: a liberdade.

A liberdade, ponto de partida da história da humanidade, e estrada de todas as verdadeiras democracias, foi bem caracterizada pela simbologia de Adão e Eva, apenados que foram dentro de critérios da autonomia pessoal, pois foi por vontade própria que descumpriram normas de comportamento dentro do paraíso. A liberdade terá que sempre ser, nos Estados democráticos, a referência ética e a base do Direito.

Fruto de conquistas históricas, e saudada em odes e poemas, a liberdade é cantada no hino grego e possui interessante força expressiva: *"Reconheço-te pelo gume do teu terrível gládio; Reconheço-te por esse rápido olhar com que fitas o horizonte; Saída das ossadas sagradas dos Helenos. É pujante da tua antiga bravura. Saúdo-te, saúdo-te, Oh Liberdade"*.

Quando esta ode, já em seu primeiro verso diz: *"Reconheço-te pelo gume do teu terrível gládio"*, que em linguagem coloquial resume: *"Reconheço-te pelo corte da tua terrível espada"*, indica a estreita ligação entre a liberdade e a força.

Sob o ponto de vista de um moderno Estado Democrático, a mesma força representada pela lâmina afiada da espada grega, reside na Constituição de uma nação.

No dizer de Conrad Hesse[1], a Constituição tem em sua essência a "força normativa" que se manifesta na natureza das coisas como uma força ativa.

Nesse contexto, é a Constituição, em última análise, a garantidora da liberdade dos cidadãos.

O que fica em aparente e aguda situação paradoxal é a existência de um Direito penal, frequente e insistentemente utilizado sem nenhum método ou sob a luz de teorias radicais que dão guarida a legislações punitivas simbólicas que assombram princípios constitucionais essencialmente libertários.

No entanto, essa contradição desaparece quando o Direito penal é visto e entendido por seus aplicadores e pelos legisladores que o (dês) constroem, tal qual um instrumento a serviço da Constituição e uma ferramenta em prol da liberdade[2]. Seja a liberdade do inocente ou do culpado. Das vítimas ou dos vitimados.

Para que o Direito penal não seja avassalado ou comprometido é necessário que a sua criação e interpretação se deem nos estritos termos dos princípios constitucionais do país onde deverá ser aplicado.

Os princípios constitucionais informadores do Direito penal constituem garantia do cidadão até contra a maioria, implicando assim, que não basta o legislativo criar leis penais ou que a sociedade entenda que este ou aquele fato deva ser criminalizado desta ou daquela maneira. Um único cidadão pode contrapor-se a todo o parlamento do país ou contra toda a sociedade, mesmo estando esta, muitas vezes ensandecida por influência da mídia, se tiver um princípio constitucional a seu favor na interpretação da lei penal que se lhe pretenderá imputar.

A Constituição é a lei superior na qual todas as demais buscam validade. Por isso, a adequação da legislação infraconstitucional e sua interpretação em conformidade com os ditames da Lei Fundamental é tema que deveria dispensar dúvidas.

Conceito Formal de Direito Penal

Franz von Lizt esculpiu na final do séc. XIX, uma definição de Direito penal que tem servido de alicerce a todas as definições que se seguiram sobre o mesmo assunto: *Direito penal é o conjunto de regras jurídicas estabelecidas pelo Estado, que associa o crime com o fato e a pena, como legítima consequência*[3].

---

1. HESSE, Konrad. *A força normativa da constituição*, trad: Gilmar Ferreira Mendes, Porto Alegre, Sérgio Antônio Fabris, 1991, p. 32.
2. SILVESTRONI, Mariano H. *Teoria Constitucional de delito*. 1ª ed. Buenos Aires, Editora Del Puerto, 2004, p. 355.
3. LIZT, Franz v. Tratado de derecho penal, Tomo I, Madrid: Tecnos, p. 05.

Considerando pois, que o Direito penal é definido como um conjunto de normas jurídicas, é importante saber qual a natureza dessas normas, ou seja, em que classe ou categoria hierárquica se encontram.

A resposta a esse questionamento é dada por um princípio constitucional penal – o da reserva legal (art. 5º inc. XXXIX CF brasileira), segundo o qual só a lei pode estabelecer tipos penais.

A lei a que se refere o art. 5º é a lei ordinária federal, pois segundo o art. 22 da mesma Constituição, compete privativamente à União legislar sobre Direito penal.

Estabelecida assim a classe das leis penais

Não se pode desconsiderar entretanto, que as emendas constitucionais e as leis complementares, também podem definir infração e cominar penas. As primeiras, embora não possam restringir direitos e as garantias individuais (art. 64, § 4º, CF), envolvem Poder Constituinte Derivado ou Reformador, e estão consequentemente autorizados a legislar sobre matéria penal. Já as leis complementares, por se enquadrarem entre as leis produzidas pela União, serão recebidas como leis ordinárias quando tratarem de tema criminal.

De qualquer forma, todas essas categorias legais permanecerem sob a égide dos valores constitucionais.

Valores Constitucionais

A Constituição ao consagrar a dignidade da pessoa humana como um dos fundamentos do Estado Democrático e Social de Direito brasileiro (art. 1º, inc. III), reconheceu categoricamente que é o Estado que existe em função da pessoa, e não o contrário, já que o ser humano constitui a finalidade precípua, e não meio da atividade estatal[4].

A partir do reconhecimento formal de que o homem é a principal razão de todo o sistema social, político e jurídico da nação, e sua dignidade um valor primeiro, tem-se por decorrência lógica que todos os demais valores da sociedade brasileira alçados à condição de valores constitucionais, devem orbitar em torno da dignidade humana. E isso não envolve apenas uma questão de coerência do sistema, mas também de efetividade dos demais princípios constitucionais.

---

4. SARLET, I. Wolfgang. *A eficácia dos direitos fundamentais*. Porto Alegre: Livraria do Advogado, 2001, p. 111/112.

Pelo mesmo nexo, no âmbito do Direito penal, que tem missão especial dentro do sistema jurídico, todos os valores constitucionais que informam sua criação e interpretação devem estar iluminados pelo valor fundante da dignidade da pessoa humana.

Missão do Direito Penal

A tese majoritária e amplamente difundida na Europa já nas últimas décadas do séc. XX[5], e objetivamente confirmada no Brasil, mantém o pensamento de ser missão do Direito penal a de exclusiva proteção de bens jurídicos[6].

Tem-se ainda como certo, que a noção de bem jurídico, por estar atrelada às alterações sociais e organização do Estado, sofre justificadas variações. Verifica-se também, a perda quase total da sua substância material[7].

Conforme anota JUAREZ TAVARES[8], o bem jurídico não se confunde nem com os interesses juridicamente protegidos, nem com um estado social representativo de uma sociedade eticamente ideal, nem ainda com mera relação sistêmica. Tampouco pode ser identificado como uma função ao fim de proteção da norma.

Para JUAREZ TAVARES, bem jurídico é um elemento da própria condição do sujeito e sua proteção social, e nesse sentido pode ser entendido tal qual um valor que se incorpora à norma como seu objeto de preferência, constituindo assim, o elemento primário do tipo, ao qual se devem reportar a ação típica e todos os seus demais componentes[9].

Na visão de ROXIN[10], um conceito de bem jurídico vinculante político-criminalmente só pode derivar daqueles bens indicados ou existentes na Lei Fundamental do Estado de Direito baseado na liberdade do indivíduo, por meio dos quais se marcam os limites da vontade punitiva da Nação.

Em consequência, ROXIN[11] define bem jurídico como sendo circunstâncias dadas ou finalidades que são úteis para o indivíduo e seu livre desenvolvimento no

---

5. PUIG, Santiago Mir. *Introducción a las bases del derecho penal*. Buenos Aires: editorial IB de f, p. 84.
6. GOMES, Luiz Flávio. *Direito penal*, vol. 1, introdução e princípios fundamentais/Luiz Flávio Gomes, Antonio Garcia-Pablos de Molina, Alice Bianchini. São Paulo: RT, 2007, p. 379.
7. TAVARES, Juarez. *Teoria do Injusto penal*, 3ª ed., Belo Horizonte: Del Rey, 2003, p. 197.
8. Idem. p. 198.
9. Ibidem. p. 198.
10. ROXIN, Claus. *Derecho penal. Parte general*, Tomo I, Madrid, Ed. Civitas, 2001, p. 55.
11. Roxin, Claus. *Derecho penal...*, p. 56.

quadro de um sistema social global estruturado sobre a base dessa concepção dos fins ou para o funcionamento do próprio sistema.

Com esse conceito de bem jurídico Roxin afasta do âmbito penal as cominações penais arbitrárias, o que ocorreria se fosse criada uma pena para quem deixasse fazer referência a uma fotografia do Presidente da República, pois o gesto não observa a liberdade do cidadão em um Estado liberal, nem tem a função de manter um sistema social baseado em tal princípio. Essa norma é plenamente viável em um Estado autoritário.

Com o mesmo conceito, o Catedrático da Universidade de Munique também coloca fora da esfera penal as finalidades puramente ideológicas e as meras imoralidades. As primeiras por não protegerem bens jurídicos, e as segundas por não lesionaram qualquer bem, salvo quando as imoralidades sejam públicas e possam perturbar a paz social[12].

Com a devida observação de que as concepções a respeito de bem jurídico de JUAREZ TAVARES e ROXIN divergem em alguns pontos, e especialmente em relação a posição de ROXIN de que, no fundo, o bem jurídico serve para a manutenção do sistema, o que não é aceito por TAVARES, o importante é que para ambos, e tantos outros autores, o bem jurídico não pode ser simplesmente inferido de um dado normativo, mas possui um caráter valorado. Posição que deve ser adotada pelo Direito penal de um Estado Democrático de Direito como o brasileiro, pois só assim é possível a criação e interpretação das normas penais a partir de propósitos de proteção da dignidade da pessoa humana, com garantia a todos ao pleno exercício de seus direitos fundamentais.

Somente compreendendo o bem jurídico por meio das lentes dos valores essenciais de uma democracia é possível barrar o Estado despótico e arbitrário, que tende a fazer uso das penas criminais como respostas simbólicas e políticas contra cidadãos desprotegidos, sem que essas penas tragam qualquer utilidade para a sociedade cada vez mais desorientada.

Princípios constitucionais penais

Verificado, pois, em rápidas linhas, que a missão do Direito penal em um Estado Democrático de Direito é a de exclusiva proteção de bens jurídicos, e que esses bens jurídicos, cada vez mais imateriais, possuem qualidade de valor, cumpre buscar na Constituição, como guardiã da finalidade da ordem jurídica, os princípios que orientam a interpretação desse Direito penal valorado.

---

12. Idem, p. 57.

Por começo, não pode haver dúvida de que a criação de tipos penais pelo legislador encontra muralhas constitucionais intransponíveis.

O legislador não pode p. ex., criminalizar condutas que derivam dos direitos de liberdade, como se dá com a liberdade de associação e reunião[13].

Por outro lado, a Constituição pode sugerir a criminalização, conforme ocorre no Brasil no art. 5º, incisos XLI e XLII, que determinam o castigo à discriminação contra os direitos e liberdades fundamentais, e a prática do racismo, respectivamente.

Para além desses dois parâmetros constitucionais, os autores costumam relacionar princípios que irradiam da Constituição e conformam o Direito penal determinando a estrutura da dogmática jurídico-penal, de forma que constituam em instrumento limitativo do poder punitivo estatal, em benefício dos cidadãos.

São eles: 1) princípio da exclusiva proteção de bens jurídicos; 2) princípio da intervenção mínima; 3) princípio da materialização do fato; 4) princípio da ofensividade; 5) princípio da responsabilidade pessoal; 6) princípio da responsabilidade subjetiva; 7) princípio da culpabilidade; 8) princípio da proporcionalidade; 9) princípio da humanidade; 10) princípio da dignidade; 11) princípio da igualdade; 12) princípio da legalidade.

1. Princípio da exclusiva proteção de bens jurídicos

Embora já visto anteriormente ser a de exclusiva proteção de bens jurídicos a "missão" ou "finalidade" do Direito penal, o assunto comportaria, ainda, inúmeras abordagens.

Importante, porém, para esse restrito trabalho, é deixar claro que essa concepção moderna de "proteção de bens jurídicos", como meta do Direito penal, trata-se de uma ruptura definitiva com o antigo entendimento do injusto compreendido como pura lesão a um dever de obediência[14].

No dizer de FERNÁNDEZ[15], a compreensão do delito como lesão a bens jurídicos sustenta o nascimento do Direito penal contemporâneo, propiciando um salto à modernidade, emancipando-o do velho absolutismo penal.

Hodiernamente, entende-se que da essência, entidade e conteúdo do bem jurídico, depende, não só a estruturação técnica, senão a própria existência do ordenamento punitivo de qualquer Estado de cultura[16].

---

13. GOMES, Luiz Flávio. *Direito penal...*, p. 428.
14. KAUFMANN, Armin. *Teoria de lãs normas. Fundamentos de la dogmática penal moderna*. Buenos Aires: Depalma, 1977, p. 13
15. FERNÁNDEZ, Gonzalo D. *Bien Jurídico y Sistema del delito*. Buenos Aires: IB de f., p. 2.
16. PRADO, Luiz Regis. *Bem jurídico-penal e constituição*. São Paulo: RT, 2003, p. 25.

É inevitável, entretanto, uma reflexão em torno da expansão que tem-se dado ao conceito de bem jurídico, abrangendo especialmente os chamados bens jurídicos universais.

Alerta HASSEMER[17] que tais bens jurídicos universais são formulados com vagueza e amplitude. Assim, os campos atuais da legislação penal abrangem a economia, o ambiente, a tributação, o processamento de dados, o terrorismo, as drogas, entre outras coisas. Com isso, satisfaz-se, imprudentemente, qualquer desejo de generalização.

Entretanto, a simples atuação ao princípio da proteção a bens jurídicos não é capaz de resguardar o indivíduo da voracidade criminalizadora do Estado e da sede de vingança da sociedade leiga manipulada.

Bem por isso, não basta a constatação da existência de um bem jurídico para que o legislador possa criar uma norma penal para protegê-lo. Assim como também, não basta a existência de um ataque a um bem jurídico para que ocorra a imputação da conduta. É preciso mais. É preciso que o bem jurídico a ser protegido pela legislação penal seja um *bem relevante*, como também é necessária essa *relevância* para que o comportamento que atinge determinado bem jurídico possa ser penalmente sancionado.

Mas como avaliar a relevância de um bem jurídico, para saber se ele merece proteção penal?

As dificuldades para dar respostas a esse questionamento não são insuperáveis, mas exigiria toda uma obra sobre o assunto.

No entanto, para que não fique aqui um vazio, socorre-se da lúcida síntese apresentada por PRADO[18]: "Tem-se, por assim dizer, a virtude de demarcar com parâmetros mais precisos a atividade do legislador penal, funcionando como limite *relativo*, à escolha dos bens jurídicos suscetíveis de tutela, a espécie e a medida da sanção disposta para a sua proteção. O Critério indicado para isso foi, primordialmente, o da liberdade e dignidade da pessoa humana, reconhecido como fundamento da ordem política e da paz social. O recurso à privação de liberdade deve ser, como já enfatizado, a *ultima ratio*, quando absolutamente indispensável, tendo sempre em vista a importância primária da liberdade pessoal – o campo do ilícito penal deve ficar reduzido às margens da estrita necessidade".

Não andando bem o legislador ao eleger os bens jurídicos a serem tutelados penalmente, ou diante da frequente impossibilidade da sua individualização pela

---

17. HASSEMER, Winfried. *Direito penal. Fundamentos, estrutura, política*. Trad. Adriana Beckman Meirelles e outros. Porto Alegre: Sergio Antonio Fabris Editor, 2008, p. 225.
18. PRADO, Luiz Regis. Ob. Cit. p. 100/101.

lei, compete ao julgador, no caso concreto, estabelecer os limites, fazendo a congruência entre o bem penalmente tutelado e os valores fundamentais.

Não esta escrito no art. 155 do Código Penal brasileiro que a subtração de um pote de margarina seja furto. Está escrito apenas que a subtração de coisa alheia móvel pode caracterizar um crime de furto. Na prática, dependerá por isso do julgador, da sua formação jurídica, da sua formação humanística e filosófica, entender se aquele pote de margarina representa um valor dentro da ordenação axiológica do sistema jurídico, e decidir se houve ou não um ataque a um bem jurídico relevante, merecedor de uma resposta do Direito penal.

A situação propositalmente mencionada e concretamente corriqueira, deve servir não só para inúmeras reflexões, como conduz \á análise dos demais princípios constitucionais penais.

2. Princípio da intervenção mínima

O Estado é uma instituição a serviço do cidadão, e por isso deve permanecer limitado pelos direitos pertencentes a quem a ele serve.

Por sua vez, partindo da premissa apresentada por HASSEMER[19], de que o poder do Estado está justamente no Direito penal, deve ele permanecer aprisionado, antes que aprisione a todos.

Sendo a intervenção penal a forma mais grave do Estado reagir ao delito, a atuação do Direito penal no Estado Democrático de Direito deve ser *fragmentária* e *subsidiária*. Aliás, sua estrutura é totalmente inapta e pesada para auxiliar com efetividade no desenvolvimento da sociedade e proporcionar a ela a sonhada paz.

A *fragmentariedade* do Direito penal consiste em duas observações: a primeira, que somente os bens jurídicos mais relevantes devem merecer a tutela penal. Tem, inclusive, já abordado no item anterior. A segunda, que apenas os ataques mais intoleráveis devem ser punidos penalmente.

O instituto da fragmentariedade do Direito penal parte da ideias do Direito ter condições de oferecer às variadas espécies de bens jurídicos, proteção diferenciada, tal qual ocorre com o Direito civil ambiental, comercial, penal e outros. Por isso, não sendo a esfera penal, com a formatação que deve ter dentro de um Estado de Direito liberal, o instrumento adequado para atingir determinados objetivos do sistema jurídico. A tutela criminal deve ser excepcionada para as situações mais extremas de perturbação do convívio social.

---

19. HASSEMER, Winfried. *Direito Penal Libertário*. Trad. Regina Greve. Belo Horizonte. Del Rey, 2007, p. 193.

Nas palavras de MIR PUIG[20], "se o Direito penal deve estar a serviço dos seres humanos, há de proteger seus interesses reais, e que sejam diretamente vinculado à sua individualidade como a vida, a integridade física, a liberdade sexual, o patrimônio, etc."

Isso quer dizer que o Direito penal não deve ser utilizado para garantir bens jurídicos de menor relevância, e que normalmente já estão sob a proteção de outras partes do Direito. A esse princípio, acoplado ao da fragmentariedade dá-se a denominação de princípio da subsidiariedade ou da *ultima ratio*.

Ademais, somente os ataques mais sérios e não tolerados pela sociedade merecem a garantia penal, tanto na esfera legislativa como na esfera judiciária. Ataques insignificantes a bens jurídicos são penalmente atípicos.

O princípio da *insignificância* tem sido reconhecido como manifestação da intervenção mínima, destacando-se a esse respeito a decisão proferida pelo Tribunal de Justiça de Mato Grosso do Sul, Recesso em Sentido Estrito nº 2008.028693-4/0000-00-Miranda, de 15/12/2008, tendo como relator o Dês. Romero Osme Dias Lopes, sobre o caso onde o cidadão L.M.S. foi denunciado por estar transportando sem autorização do órgão competente ou nota fiscal, 500 g (quinhentos gramas) de piranha e 1kg (um quilo) de carne de jacaré. Do voto do Relator, acompanhado unanimemente, extrai-se: "O Estado deve agir para reprimir e punir apenas os ataques realmente intoleráveis aos bens jurídicos que necessitem da intervenção penal. Deve-se ter em conta (a) a mínima ofensividade da conduta do agente, (b) nenhuma periculosidade social da ação, (c) o reduzidíssimo grau de reprovabilidade do comportamento e (d) a inexpressividade da lesão provocada. Nesse diapasão, da análise da tipicidade material à luz da fragmentariedade, da intervenção mínima e do princípio da insignificância, a rejeição da denúncia deve ser mantida". Desse julgamento participou como vogal o Des.Carlos Eduardo Contar, um dos coordenadores dessa obra em homenagem a Min. Asfor Rocha.

3. Princípio da materialização do fato

O Direito penal brasileiro fez opção pelo direito penal do fato, afastando a possibilidade de se punir alguém em razão da sua personalidade, caráter ou modo de vida. O Direito penal não deve servir de munição ao julgamento de pessoas, mas sim de seus atos voluntários.

Desse princípio da materialização ou exteriorização do fato decorre de maneira lógica e consequente que ninguém pode ser incriminado por seus pensamentos

---

20. PUIG, Santiago Mir. *Estado Pena y delito*. Buenos Aires: Editorial I B de f., 2006, p. 339.

ou meras cogitações, ou como falam os italianos – *pensiero non gabella* (o pensamento não paga imposto).

Pela mesma via, deriva ainda, do mesmo princípio, que o modo ou estilo de vida de alguém, suas ideologias ou escolhas pessoais, não pode alicerçar uma tipicidade penal ou agravação punitiva.

Ensina ROXIN[21] que: "por Direito penal do fato se entende uma regulação legal, em virtude da qual a punibilidade se vincula a uma ação concreta descrita tipicamente (ou no máximo às varias ações do tipo) e a sanção representa apenas a resposta ao fato individual, e não a toda a orientação da vida do autor ou aos perigos que se esperam dele no futuro. Frente a isso, se tratará de um Direito penal de autor, quando a pena se vincula à personalidade do autor, sua associalidade e o grau da mesma para que se decida sobre a sanção".

É do mesmo autor[22] a afirmação de que o princípio constitucional *nullum crimen, nulla poena sine lege* favorece mais o desenvolvimento de um Direito penal do fato que um Direito penal do autor; pois as descrições de ações e penas pelo fato se acomodam mais ao princípio de precisão ou determinação do que alguns preceitos penais que atendem a um elemento criminógeno permanente na pessoa do autor.

Com base nesse princípio pode-se afirmar inconstitucional a utilização das circunstâncias judiciais da "conduta social" e "personalidade" do agente, previstas no art. 59 do Cód. Penal, para agravar a pena do sentenciado. Tais circunstâncias só podem ser empregadas em benefício do acusado. Do contrário estar-se-á aplicando o Direito penal do autor, e julgando o réu não pelo fato e suas circunstâncias, mas em razão do seu comportamento ou personalidade não se ajustarem ao pensamento comum da sociedade.

Cabe frisar que o Direito penal do autor é um modelo autoritário que foi defendido e utilizado no regime nazista, com escovas pseudo-científicas na famosa Escola de Kiel.

Exemplo típico no ordenamento jurídico brasileiro de norma com essas características é a contravenção por vadiagem prevista no art. 59 do Decreto-Lei 3.688/41 que estabelece: *entregar-se alguém habitualmente à ociosidade, sendo válido para o trabalho, sem ter renda que lhe assegure meios bastantes de subsistência, ou prover a própria subsistência mediante ocupação ilícita. Pena-prisão simples, de 15 (quinze) dias a 3 (três) meses.*

---

21. ROXIN, Claus. *Derecho penal*..., p. 176-177.
22. Idem. p. 177.

O Direito penal de um Estado Democrático e Social de Direito como o brasileiro deve repelir do seu sistema jurídico normas com essas características. É função do Jurídico faze-lo.

4. Princípio da ofensividade ou lesividade

A efetiva lesão ou perigo concreto de lesão a um bem jurídico como pressuposto de punibilidade é um princípio decorrente da função do Direito penal de exclusiva proteção de bens jurídicos.

No dizer de SILVESTRONI[23], "o Estado não pode meter-se com os cidadãos a menos que suas condutas afetem os demais. Esse princípio é chave para o Direito penal liberal".

Em contradição a essa concepção sobrevive o conceito de crime como violação de um dever ou infração de mera desobediência. PEIRPAOLO BOTTINI[24] traz sugestivo exemplo aplicável a essa situação quando menciona o art. 17 da Lei 10.826/2003 que veda, dentre outras condutas, o ato de desmontar arma de fogo sem autorização administrativa. Aduz o autor: *"Ora, o ato de desmontar uma arma de fogo não causa periculosidade alguma a bens jurídicos individuais, mesmo imediatamente, mas afeta, de certa forma, a organização administrativa de controle de armamentos: logo, não existe substrato individual em ser a tipificação".*

Certamente o legislador responsável por essa norma citada por BOTTINI, concebe o delito como simples dever de respeito e obediência à lei, sem se importar ao menos com uma concreta possibilidade de lesão a um bem jurídico pessoal. Relembrando sempre que todos os princípios devem orbitar em torno do valor da dignidade humana.

Portanto, para esse caso, a proibição de "desmontar arma de fogo" seria mais adequada se estivesse dentro do Direito administrativo. Ao intérprete do Direito penal cumpre rechaça-la.

Por meio de uma fórmula simples é possível concluir sobre a necessidade da efetiva ofensa ao bem jurídico ou concreto perigo de sua lesão, para se pensar em incriminação da conduta. Consiste em considerar que somente por meio da efetiva lesão ou perigo real de sua ocorrência que se pode verificar a própria existência do bem jurídico protegido. A própria noção material do delito advém desta constata-

---

23. Ob. cit. p. 145.
24. BOTTINI, Pierpaolo Cruz. *Crimes de perigo abstrato e princípio da precaução na sociedade de risco*. São Paulo: Revista dos Tribunais, 2007, p. 202.

ção. Antes da lesão ou do risco concreto de lesão, o bem jurídico é apenas ideal, que se concretizará por meio da ação.

Uma ação que não cause lesão ou não tenha capacidade de lesionar concretamente o bem jurídico, não tem também o poder de dar vida jurídica penal a ele, e portanto é irrelevante criminalmente.

Portanto, o princípio da ofensividade confronta-se com os crimes de perigo abstrato, já que a ausência de um resultado externo, desacoplado da ação, não caracteriza o injusto penal.

No entender de GOMES[25], os tipos de perigo concreto são os que exigem comprovação pelo juiz da idoneidade lesiva no caso concreto, quer dizer, não que a ação tenha sido concretamente perigosa, senão também e sobretudo que o bem jurídico tenha ingressado em seu raio de ação.

Sem essa comprovação a conduta é atípica.

5. Princípio da responsabilidade pessoal

O inc. XLV da Constituição Federal brasileira estabelece o princípio da personalidade da pena. Proíbe assim, a penalização por obra de outrem.

Diferentemente do que ocorre, p. ex., com a responsabilidade tributária que pode ser transferida para sócios e sucessores, a responsabilidade penal só deve recair sobre quem participou do evento causal delituoso.

O desenvolvimento alcançado pelo Direito penal não mais admite a possibilidade de se castigar alguém por fato de outro.

No dizer de ZAFFARONI&PIERANGELLI[26], "nunca se pode interpretar uma lei penal no sentido de que a pena trancende da pessoa que é autora ou partícipe do delito. A pena é uma medida de caráter estritamente pessoal, em virtude de consistir numa ingerência ressocializadora sobre o apenado. Daí que se deve evitar toda consequência da pena que afete a terceiros".

Entretanto, é o próprio ZAFFARONI[27] quem denomina esse princípio como de transcendência mínima, em razão de ser impossível que a pessoa não transcenda de nenhum modo a pessoa do autor do delito. É assim porque a sanção penal

---

25. GOMES, Luiz Flávio. *Direito Penal...*, p. 476.
26. ZAFFARONI, Eugênio Raúl. *Manual de direito penal brasileiro*: parte geral/Eugênio Raúl Zaffaroni, José Henrique Perangelli – 5. ed. rev. e atual. – São Paulo: Editora Revista dos Tribunais, 2004, p. 171
27. ZAFFARONI, Eugênio Raúl, *Derecho penal: parte general/* Eugênio Raúl Zaffaroni, Alejandro Alagia y Alejandro Slokar. Buenos Aires: Ediar, 2000, p. 124.

de um sujeito afeta necessariamente ao seu grupo familiar e as pessoas que lhe têm afeto, ou que de forma estreita se relacionem com ele.

Por isso, entende SILVESTRONI[28], que o sentido do princípio deva ser entendido como o de evitar que a transcendência a terceiros exceda o marco do razoável e acabe constituindo uma sanção também para eles.

Neste tema entra um dos mais discutidos e controvertidos assuntos da atualidade dentro do Direito penal mundial: o da responsabilidade penal da pessoa jurídica.

Trata-se de assunto merecedor de outro trabalho. Registra-se entretanto, nosso posicionamento no sentido de que, embora a Constituição Federal faça referência em seu art. 173, § 5º sobre a possibilidade da pessoa jurídica ser sujeito ativo de crime, e o art. 3º da Lei 9.605/98, acene também em tal direção, existe uma pedra no meio do caminho que não permite, com tanta facilidade, a interpretação jurídica no sentido da possibilidade da pessoa jurídica poder responder penalmente por alguma atividade.

A pedra representa o obstáculo da dogmática jurídica penal, pois na atuação de uma empresa faltam todas as exigências derivadas do princípio da culpabilidade pessoal.

Portanto, se a tendência é a punição penal das pessoas jurídicas, que se construa antes, com todo cuidado, um outro conceito de crime, com alterações profundas na teoria do delito. Do contrário, de interpretação em interpretação, todo o peso das estruturas do Direito penal poderão desabar sobre o homem.

6. Princípio da responsabilidade subjetiva

A pedra de toque de todo o sistema penal é constituída pelo dolo e pela culpa.

O Código Penal brasileiro dispõe, no seu art. 18, inc. I que o crime será doloso quando o agente quis o resultado ou assumiu o risco de produzi-lo. Com essa definição foi abrangido tanto o dolo direto (querer o resultado), como também o dolo eventual (assumiu o risco de produzi-lo).

Já no inc. II do mesmo artigo traz a definição do crime culposo, como sendo aquele em que o agente deu causa ao resultado por imprudência, negligência ou imperícia.

Para esse pequeno estudo, é relevante apenas deixar anotado que, pelo princípio da responsabilidade subjetiva, ninguém poderá sofrer uma sanção penal, senão por atos praticados com dolo ou culpa. A simples contrariedade de uma

---

28. SILVESTRONI, Mariano H. *Teoria constitucional...*, p. 180.

norma ou produção de um resultado ofensivo a um bem jurídico não é o bastante, se o agente não atuou sem dolo ou culpa.

Para GOMES[29], o fundamento desta exigência (responsabilidade subjetiva) reside na própria função do Direito penal: de proteger bens jurídicos por meio da ameaça do castigo, da dissuasão. Só tem sentido castigar fatos desejados ou previsíveis.

Em sendo contrariado esse princípio, estar-se-á automaticamente afrontando o princípio nuclear da dignidade da pessoa humana, fazendo com que alguém tenha sua liberdade afetada por resultado não querido ou não aceito subjetivamente.

Enfim, o princípio da responsabilidade subjetiva afasta de vez a responsabilidade objetiva, segundo a qual quem realiza um ato ilícito deve responder pelo resultado, incluindo os casos fortuitos.

A teoria da imputação objetiva, especialmente na corrente de ROXIN[30], e que trata da atuação do indivíduo dentro do "risco permitido" dá respostas coerentes ao tema da responsabilidade subjetiva no Direito penal, privilegiando tal princípio. Apenas a título de ilustração, já que o tema é extenso, ROXIN distingue três formas de dolo: a intenção ou propósito (dolo de primeiro grau), o dolo direto (de segundo grau) e dolo eventual, que se contrapõe às formas de imprudência, consciente e inconsciente (culpa).

Anote-se que a teoria de ROXIN, assim como quase todas as doutrinas penais modernas distinguem o princípio da responsabilidade subjetiva do princípio da culpabilidade. Aliás a partir do finalismo de Welzel, que deslocou a culpa e dolo para o tipo penal, não há mais como aceitar-se o princípio da responsabilidade subjetiva dentro da culpabilidade.

7. Princípio da culpabilidade

Na visão de CHAVES CAMARGO[31], *"a culpabilidade demonstra uma atitude do agente para a sua realização no contexto social em que vive, podendo surgir um conflito entre os valores vigentes em determinado momento e os escolhidos pela vontade deste agente, esta direcionada por interesses axiológicos. Assim, a consciência da ilicitude demonstra o inconformismo do agente diante de determinada escolha social e que pretende contrariar o valor protegido pela norma".*

---

29. GOMES, Luiz Flávio. *Direito Penal...*, p. 532.
30. ROXIN, Claus. *Derecho penal...*, p. 307-314.
31. CAMARGO, Antonio Luis Chaves. *Imputação objetiva e direito penal brasileiro*. São Paulo: Cultural Paulista, 2002, p. 132.

No sistema penal brasileiro, o princípio da culpabilidade funciona como limite do *ius puaiendi,* já que o Estado não pode punir quem não tem capacidade de entender o sentido da norma. Pelo art. 27 do Código Penal, os menores de 18 (dezoito) anos são penalmente inimputáveis, ficando sujeitos apenas à legislação especial.

Por sua vez, como o sistema penal brasileiro é aberto, compete ao intérprete a verificação aprofundada da consciência da ilicitude dos normativamente imputáveis, pois na lúcida advertência de CHAVES CAMARGO[32], são marcantes as diferenças sociais existentes nos variados grupos que convivem no território brasileiro. Assim, ainda que essas diferenças não impliquem em interpretação diferencial da lei penal, a apuração dos valores sociais predominantes em cada grupo social exige que não se utilize uma jurisprudência uniforme, sumular, como interpretação única da Lei penal.

Como ensina o mesmo saudoso professor da USP[33], "a reprodução da realidade social, tendo-se em conta os fatores condicionantes de cada grupo, permitirá a reprovação daquelas condutas contrárias aos valores vigentes, de forma necessária e proporcional".

Entendido dessa forma, o princípio da culpabilidade corresponde à necessidade de que o delito seja próprio do seu autor, tanto do ponto de vista pessoal, como material, realçando o princípio da igualdade valorativa entre as pessoas.

8. Princípio da proporcionalidade

Leciona LUIGI FERRAJOLI[34] que: "*o fato de que entre pena e delito não exista nenhuma relação natural não exime a primeira de ser adequada ao segundo em alguma medida. Ao contrário, precisamente o caráter convencional e legal do nexo retributivo que liga a sanção ao ilícito penal exige que a eleição da qualidade e da quantidade de uma suja realizada pelo legislador e pelo juiz em relação à natureza e à gravidade do outro*".

Esse, portanto, o princípio da proporcionalidade descrito por aquele que é reconhecido como o pai da Teoria do Garantismo Penal.

Esse princípio vem sendo amplamente estudado, mas constantemente desrespeitado, especialmente pelo legislador, tem seu principal marco histórico na Declaração de Direitos e Deveres do Homem e do Cidadão, de 22 de agosto de 1795,

---

32. Idem. p. 132-133.
33. Ibidem, p. 133.
34. FERRAJOLI, Luigi. *Direito e razão: teoria do garantismo penal.* São Paulo: Editora Revista dos Tribunais, 2006, p. 366.

que estabelece: *"A Lei não deve assinalar senão as penas estritamente necessárias e proporcionais ao delito".*

Voltando a FERRAJOLI[35], propõe ele que o critério a ser utilizado no caso seja o de que: *"a pena não deve superar a violência informal que na sua ausência sofreria o réu pela parte ofendida ou por outras forças mais ou menos organizadas".*

O tema da proporcionalidade em matéria penal também é capaz de gerar um tratado, pois pode servir de referência tanto na análise de crimes da mesma espécie que possuem penas em abstrato flagrantemente desproporcionais, como na comparação de delitos de espécies diferentes, mas que o valor do bem jurídico exigiria uma correção na proporção das penas propostas pelo legislador. Por fim e principalmente, no exame entre a pena aplicada e a conduta efetivamente praticada pelo autor do fato.

Ensina CHAVES CAMARGO[36] sobre a aplicação da pena que "a proporcionalidade tem uma conotação transcendental, não se referindo ao dano causado, isto porque, o fim da pena deixa de ser compensatório pelo mal praticado, ou castigo, mas como reafirmação dos valores vigentes, não pode superar o limite da reprovação penal, com reflexos sociais, pela ação típica praticada".

Inclui-se ainda, dentro do princípio da proporcionalidade, a recomendação da menor onerosidade possível, e tendo o juiz brasileiro, amplos caminhos para a individualização da pena, deve ele buscar, sempre que possível a substituição da pena privativa de liberdade por outra que melhor atinja os objetivos da reprimenda penal, na prevenção especial.

9. Princípio da humanidade

Os incisos III e XLIX, do art. 5º da Constituição Federal brasileira, tratam respectivamente, da proibição de tratamento cruel ou degradante, e do respeito à integridade do detento.

Em outras palavras a Constituição deixa claro que o princípio da dignidade humana, como fundamento do ordenamento jurídico brasileiro, aplica-se também ao detento.

O termo detento é tomado na Lei Fundamental em forma universal, atingindo a todos os que tenham sua liberdade restringida pelo Estado. Abrange desde o condenado penalmente por sentença com trânsito em julgado, passando pelos presos provisórios, os presos por dívida alimentar e os presos disciplinarmente, como

---

35. Idem, p. 381.
36. CAMARGO, Antonio Luis Chaves. *Sistema de penas, dogmática jurídico-penal e política criminal.* São Paulo: Cultural Paulista, 2002, p. 184.

ainda ocorre com os militares. Compreende até, e com maior razão, os ilegalmente encarcerados.

As regras estabelecidas aos dois incisos constitucionais enfocados, não são apenas de caráter ornamental, mas sim comandos ao legislador, diretrizes ao Poder Executivo, encarregado pelo cumprimento das penas e ordens prisionais, como também ao Judiciário, tanto na sua função de aplicar as penas, como na sua obrigação de fiscalizar, com o auxílio do Ministério Público, o correto cumprimento das mesmas.

E mais, tratando-se de princípio, vale dizer, em cânone com maior valor que simples regras, além de ser inviolável, constitui uma fonte de direito subjetivo do detento.

10. Princípio da dignidade humana

Torna-se quase desnecessário retomar o tema, já que ao longo de tudo o quanto foi escrito até aqui, teve como matéria central, o princípio da dignidade humana.

Vale a pena entretanto, enfatizar a superioridade da pessoa humana sobre o Estado.

A atual Carta Constitucional brasileira de 1988 não só solidificou as vigas que sustentam o Estado Social e Democrático de Direito do Brasil, como deixou explícito o seu propósito principal de preservação da dignidade humana, que se manifesta de maneira categórica no elenco dos direitos fundamentais.

Com o destaque conquistado, o valor "dignidade", por ser a base do Estado e dos demais princípios, reitera-se, não poderá ser arrostado por nenhuma lei, e em particular pela lei penal.

11. Princípio da igualdade

Partindo da premissa de que a pessoa é um valor, não se deve refutar a ideia de que todos são iguais.

Em conformidade com o ensinado por FERRAJOLI[37], todos são exatamente iguais nos direitos fundamentais. Aliás, essa igualdade vem esculpida na Constituição brasileira ao estabelecer no *caput* do art. 5º, que todos são iguais perante a lei.

---

37. FERRAJOLI, Luigi. *Direito e razão: teoria da garantismo penal.* São Paulo: Editora Revista dos Tribunais, 2006, p. 834.

Entretanto, saindo do campo do juízo de pessoa como valor, e do raciocínio da igualdade nos direitos fundamentais, tem-se que encarar o fato de que a igualdade entre as pessoas é valorativa e não paritária.

Isso significa que as leis em geral não necessitam ser sempre impessoais ou não guardem diferenças.

Desde que devidamente justificado, a desigualdade de tratamento pode existir, sem que com isso se diga ferido o princípio da igualdade.

Exemplo eloquente na recente legislação brasileira reside na edição da Lei 11.340, de 07 de agosto de 2006, a denominada Lei Maria da Penha, que criou mecanismos para coibir e prevenir a violência doméstica contra a mulher.

Taxada inicialmente por alguns, de inconstitucional, por entenderem que a nova lei feria o princípio da igualdade de gêneros, sua constitucionalidade foi logo compreendida diante da reflexão de que, pela natureza das coisas, homens e mulheres não são realmente iguais.

Portanto, é partindo da igualdade valorativa, e considerando os direitos fundamentais, que é possível estabelecer-se a verdadeira igualdade entre as pessoas, ainda que para isso a legislação tenha que ser diferente para uns e para outros.

Inclusive, é sobre essa base que vem sendo construídas as ações afirmativas, na busca de compensar desigualdades consideradas intoleráveis.

12. Princípio da legalidade

A Constituição Federal reserva ainda para o Direito penal princípio da legalidade estrita, que na expressão de FERRAJOLI[38], "é a garantia para os cidadãos de uma esfera intangível de liberdade, assegurada pelo fato de que, ao ser punível somente o que está proibido na Lei, nada do que a lei não proíbe é punível, senão que é livre ou está permitido".

Associado ao princípio da legalidade criminalmente determinado no brocardo *nullum crimen sine lege*, como condição de sua efetividade, está o princípio da legalidade jurisdicional, que garante a aplicação da lei penal somente após a acusação clara, subordinada a uma defesa ampla, de forma que prevaleça a verdade apoiada em provas. Ademais, há a necessidade de que o julgamento, por meio da análise do que restou provado, seja feito por um juiz livre, com competência pré-definida.

Advém ainda do mesmo princípio o fundamento da legalidade penal, conhecido pela máxima latina *nulla poena sine lege*, ou não há pena sem prévia cominação legal.

---

38. Idem, p. 40.

Mas não basta que as penas estejam previamente estabelecidas em lei para que tenha-se por cumprido o princípio da legalidade penal. É preciso se ter claro a própria finalidade da pena em cada caso concreto. A pena não pode ser encarada como um fim em si mesma, mas sim com objetivos analisados e desenvolvidos pelas teorias penais, que no caso brasileiro devem estar em compatibilidade com o atual estágio de desenvolvimento do país e com a instituição de Estado Democrático de Direito que se fundamenta na dignidade humana.

CONSIDERAÇÕES FINAIS

Pretendeu-se com esse artigo, além de prestar justíssima homenagem ao dignificante Ministro Cesar Asfor Rocha, reconhecidamente um magistrado cidadão em sintonia com os avanços globais, fazer também, uma modesta reflexão a respeito dos mais importantes princípios constitucionais que informam o Direito penal brasileiro. Para o estudo houve a necessidade de buscar socorro em autores nacionais e estrangeiros, já que o tema, além de não ser pacífico nem sistematizado, encontra barreiras em muitos aspectos.

Mas, como os princípios constitucionais devem nortear a política criminal, afastando os ataques arbitrários do Estado, espera-se que o Direito brasileiro continue a trilhar pelos caminhos da liberdade do homem, reafirmando os valores da democracia, contribuindo com ciência e inteligência para a diminuição da criminalidade.

REFERÊNCIAS BIBLIOGRÁFICAS

BOTTINI, Pierpaolo Cruz. *Crimes de perigo abstrato e princípio da precaução na sociedade de risco*. São Paulo: Revista dos Tribunais, 2007.

CAMARGO, Antonio Luís Chaves. *Sistema de penas, dogmática jurídico-penal e política criminal*. São Paulo: Cultural Paulista, 2002.

CAMARGO, Antonio Luís Chaves. *Imputação objetiva e direito penal brasileiro*. São Paulo: Cultural Paulista, 2002.

FERNÁNDEZ, Gonzalo D. *Bien jurídico y sistema del delito*. Buenos Aires: IB de f, 2004.

FERRAJOLI, Luigi. *Direito e razão: teoria do garantismo penal*. São Paulo: Editora Revista dos Tribunais, 2006.

GOMES, Luiz Flávio. *Direito penal*. Vol. 1, *introdução e princípios fundamentais/* Antonio Garcia-Pablos de Molina, Alice Bianchini. São Paulo: RT, 2007.

HASSEMER, Winfried. *Direito penal. Fundamentos, estrutura, política*. Trad. Adriana Beckman Meirelles e outros. Porto Alegre: Sergio Antonio Fabris Editor, 2008.

_____. *Direito penal libertário*. Trad. Regina Greve. Belo Horizonte: Del Rey, 2007.

HESSE, Konrad. *A força normativa da constituição*. Trad. Gilmar Ferreira Mendes. Porto Alegre: Sérgio Antônio Fabris, 1991.

KAUFMANN, Armin. *Teoria de las normas. Fundamentos de la dogmática penal moderna*. Buenos Aires: Depalma, 1977.

LIZT, Franz von. *Tratado de derecho penal*, Tomo I. Madrid: Tecnos1/05.

PRADO, Luiz Regis. *Bem jurídico-penal e constituição*. São Paulo: RT, 2003.

PUIG, Santiago Mir. *Introducción a las bases del derecho penal*. Buenos Aires: Editorial IB de f, 2004.

_____. *Estado pena y delito*. Buenos Aires: Editorial I B de f, 2006.

SARLET, Ingo Wolfgang. *A eficácia dos direitos fundamentais*. Porto Alegre: Livraria do Advogado, 2001.

ROXIN, Claus. *Derecho penal* [parte geral]. Tomo I. Madrid: Editorial Civitas, 2001.

SILVESTRONI, Mariano H. *Teoria constitucional de delito*. 1. ed. Buenos Aires: Editora Del Puerto, 2004.

TAVARES, Juarez. *Teoria do Injusto penal*. 3. ed. Belo Horizonte: Del Rey, 2003.

ZAFFARONI, Eugênio Raúl, PIERANGELI, José Henrique. *Manual de direito penal brasileiro* [parte geral]. 5. ed. rev. e atual. São Paulo: Editora Revista dos Tribunais, 2004.

ZAFFARONI, Eugênio Raúl, ALAGIA, Alejandro, SLOKAR, Alejandro. *Derecho penal* [parte general]. Buenos Aires: Editora Ediar, 2000.

Capítulo 20

Segurança Pública na Sociedade do Risco

Luis Alberto Safraider
Promotor em Justiça. Mestre em Direito Penal pela PUC/SP; Doutorando em Sociologia do Direito pela Università del Salento – Lecce (Itália).

Nós não convivemos bem com a insegurança. Precisamos de certezas, de algo que nos mostre o caminho para o futuro, de alguma coisa que nos garanta que tudo vai dar certo porque, enfim, estamos fazendo o que é certo, mesmo que o futuro não se conforme aos nossos planos. A isto já chamamos azar, desgraça e agora chamamos risco. O importante é nos mantermos dentro de uma ordem, mesmo que esta ordem não garanta nada a respeito do futuro: pelo menos nos preocupamos em evitar danos futuros, preservamos a normalidade e evitamos riscos. O problema é que não há na sociedade uma forma que permita observar normalidade ou risco.

Como adverte Niklas Luhmann[1], o mundo externo não mais reconhece riscos, porque não conhece nem distinções, nem expectativas, nem valorações, nem probabilidade, senão enquanto prestação própria de sistemas que observam no ambiente de outros sistemas. Talvez reconhecendo a inexistência do risco no ambiente como ontologia, mas como prestação dos sistemas, possamos ver algo mais além das racionalidades que sustentam a existência da normalidade e da segurança. Com Ignácio Farias e José Ossandón[2] possamos ver que o risco pode ser pensado como um programa para o processamento de decisões, que em sua operação é capaz de reestruturar o desintegrado funcionamento dos sistemas sociais para que eles possam continuar suas operações de cara com o futuro incerto, cuja função

---

1. *Sociologia del Rischio*. Traduzione di Giancarlo Corsi. Milano: Edizioni Scolastichè Bruno Mondadori, 1996, pp. 9/14.
2. "Recontextualizando Luhmann. Lineamientos para una lectura contemporanea" in Observando Sistemas. Nuevas apropiaciones y usos de La teoria de Niklas Luhmann. Santiago: Ignácio Farias y José Ossandón Editores, RIL Editores, Fundación Soles, 2006, pp. 17/54.

é reduzir a complexidade dos sistemas sociais permitindo decidir sobre o futuro sem conhecê-lo.

O risco, portanto, pode ser observado como um programa linguístico criado para resolver o problema do "futuro" e que se apresenta nos sistemas sociais. Mas cada sistema opera como opera, ou seja, resolve os seus problemas com estruturas próprias. Não é possível falar em integração entre eles. Ao contrário, quando se fala em sistemas, o que se observa são diferenciações, porque eles operam autonomamente e estruturalmente fechados. Se não fosse assim seria impossível distinguir o funcionamento de sistemas no ambiente: eles se confundiriam. Por isso também não se pode falar que sistemas integrados propiciam segurança social. O risco é resultado de toda operação do sistema. Para a forma risco/segurança isso significa que não existe segurança absoluta e que o que é observado como segurança num sistema pode se tratado como insegurança em outro. Pode-se socorrer de uma infinidade de cálculos, mas estes só servem para ajudar na decisão e não evitam os riscos.

Que tipo de prevenção contra riscos pode ser feita na sociedade do risco? Ou, perguntando de outro modo, quanto de segurança se pode ter utilizando da prevenção? A prevenção não tem função de gerar segurança, mas sim de fazer a ligação entre risco e decisão. De modo geral, prevenir é se preparar para danos futuros incertos, olhando-se a redução tanto da probabilidade que se verifique um dano quanto de seu montante. O interessante é que o círculo de diminuição ou do aumento do risco vai muito além do fator estar preparado. A política, por exemplo, subvalora ou supervalora os riscos, ou seja, politiza temas de seu interesse que são gerados pelo fato que um risco primário é considerado controlável ou incontrolável dependendo de onde se quer chegar.

Com estas variáveis é que são construídas as políticas de segurança pública, deixando ao direito e especificamente ao direito penal a função de incrementá-las mediante a aplicação dos programas legais definidos pela política. Obviamente que o direito não pode incrementar nenhum programa político justamente porque não trabalha com estruturas e programas políticos. Quando o direito funciona com base em determinado programa legal, primeiro reconhece esse programa como direito e com base nele produz mais direito para alguns e menos direito para outros, o que sempre é um risco. Daí porque diz Raffaele De Georgi[3] que o direito penal é o direito da sanção e não direito orientado ao exercício do direito. O direito penal só torna visível o poder de criminalizar e impor sanção. A sanção estabiliza esta visibilidade no plano temporal na medida em que inclui o tempo

---

3. "Direito Penal e teoria da ação entre hermenêutica e funcionalismo" in Direito, Tempo e Memória. Trad. de Guilherme Leite Gonçalves. São Paulo: Quartier Latin, 2006, pp. 137/153.

da sociedade no tempo do direito – relação causa/efeito. Atribui-se a culpa e por isso é possível individualizar a pena. Continua Raffaele: o paradoxo da inclusão do tempo no tempo é ocultado pela semântica das consequências, de onde provêm as teorias:

a) ressocialização: que é o direito de cultivar os corpos e domar as almas;
b) prevenção: que é o direito ao uso da violência;
c) integração: que é possível pelo não saber da diferença entre sistemas psíquicos e sociais e por distinções artificiais – normalidade/desvio, risco/segurança.

O direito penal só pode reduzir e simplificar uma realidade tratando-a como ação – diferença temporal que pode ser utilizada para contar uma história – e imputar-lhe a um sujeito para os fins do próprio direito penal. É desse modo que o direito penal se abstrai da complexidade dos eventos comunicativos em sua completude e inventa a sua realidade, que pode ser utilizada pela política para produzir mais e mais normas, nunca segurança. É o paradoxo do direito da violência estatal que por definição não pode produzir segurança.

A grande inteligência de Nelson Hungria[4], nosso maior penalista, já sabia disto mesmo antes da chamada sociedade do risco. Dizia ele, "é inadmissível um direito penal filosófico, ou ideal, ou racional, ou natural... Direito penal é uma técnica, o resto é política criminal". Mas ele também chamava a atenção para o fato de que tecnicismo não se confunde com formalização do direito penal, mas é uma "superior atividade sistematizadora, sem abstração da realidade humana e social, preocupada em aplainar antinomias entre os textos rígidos da lei e os aspectos cambiantes da vida", ou, na linguagem luhmanniana, o direito penal pode ser observado como a diferença direito/ambiente.

Em resumo, vivemos numa época em que o tema de ordem é a segurança. A política e a mídia são sistemas que manipulam o tema sob o prisma da sociedade do risco, como se fosse possível a sociedade da segurança. O que se propõe é a luta contra a criminalidade. Crescem a expectativa e a pressão sobre a política. A resposta desta se traduz em programas que o direito deve aplicar, sobrecarregando este sistema com temas políticos. O resultado é que o direito se fragiliza porque não tem como função prover a sociedade de segurança – as teorias penais se fragilizam e se fortalece a jurisprudência, que por não ter tempo nem condições para se sedimentar também se fragiliza. O sentimento comum é que o mundo é ameaçado sempre mais por riscos e perigos. Isso tende ao individualismo, à erosão das normas e à sensação de paralisia que nos rodeia. Esta análise feita por Winfried Has-

---

4. "O tecnicismo jurídico-penal" in Questões Criminais. Nelson Hungria. Rio de Janeiro: Livraria Jacintho, 1940, pp. 57/64.

semer[5] e compartilhada por grande parte dos filósofos do direito, em especial do direito penal, leva à conclusão por parte dos políticos que a melhor reação consiste num aumento extremo da necessidade de controle e na assunção da possibilidade de controlar nossos problemas por meio da utilização da coação estatal, ou seja, segundo Hassemer:

a) tenta-se compensar as debilidades das normas cotidianas – decência social – com normas jurídicas, ou seja, deve-se obrigar o outro a respeitar os direitos alheios, o que justifica o direito de polícia e o direito penal;
b) para se defender dos riscos e perigos atuais recorre-se ao controle e à coação estatal e sempre mais à privada. Reduzem-se os espaços de liberdade; os direitos fundamentais perdem seu significado como direitos de garantia frente ao Estado. Tornam-se vazios de conteúdo, ou, como diz Raffaele De Georgi, transformam-se em direito de assistência social frente a um direito penal da exclusão, do suspeito, de *status* – pessoas que vivem em torno do crime.

Colocam-se, então, algumas questões que pretendemos discutir neste estudo:

1. O que se pode entender por sociedade da ordem e sociedade da segurança pública?
2. Qual foi a resposta institucional à segurança na sociedade da ordem e na sociedade do risco?
3. É possível segurança numa sociedade complexa?

1. Sociedade da ordem e sociedade do risco

O direito foi constituído pela política como direito ao poder e por isso o sistema normativo refere-se a um determinado sistema de produção, ao qual reflete, estimula e justifica buscando sempre a sua reprodução. Niklas Luhmann[6] diz que é a autoridade e não a verdade quem faz a lei e este é o paradoxo da autofundação do direito. O direito se funda em si mesmo e por meio de suas próprias operações constrói sua realidade: passa a distinguir direito e crime lá onde não havia essa distinção. Como não conseguimos observar a unidade da diferença, passamos a acreditar que no mundo existe direito e crime.

---

5. *Persona, mundo y responsabilidad*. Trad. Francisco Muñoz Conde y Maria Del Mar Diaz Pita. Valencia: Tirant lo Blanch, 1999, pp. 261/266.
6. *Sociologia del Rischio*. Traduzione di Giancarlo Corsi. Milano: Edizioni Scolastichè Bruno Mondadori, 1996, pp. 43/62.

Esquecemos que o direito fundamenta o poder e legitima o seu exercício. Por isso não conseguimos observar que o direito e especificamente o direito penal representa o meio no qual o poder condensa a sua sensibilidade em relação ao ambiente e passa a operar com uma linguagem própria, qual seja, a da culpa, a da individualização da pena, a da ressocialização, a da prevenção etc. E isto não tem nada a ver com segurança: são só definições linguísticas que o direito entende como juridicamente relevantes. São deduções e não observações; são reduções, simplificações operadas pelo direito sem as quais não funcionaria. Sem isso o direito seria destruído pela complexidade do ambiente.

Neste aspecto, o direito da modernidade reduziu e simplificou a comunicação tratando-a como ação, ou seja, uma diferença temporal – causa/efeito – por meio da qual se pode contar uma história. Nasce assim o sistema social da ação que é constituído por meio de processos de imputação a indivíduos. Desenvolvem-se teorias de análise da ação: a ação é utilizada para o tratamento de uma práxis de intencionalidade e de controle externo do sistema psíquico pela tradição do pensamento católico; a ação é explicada pela semântica do movimento por Leibniz, Hobbes e Kant; a ação é estudada pela análise da diferença entre o saber e o querer por Hegel; a ação é elaborada pela psicologia moderna como condicionada, incondicionada, querida, não querida. O próprio indivíduo pode se autoimputar uma ação[7]. As consequências para o direito penal, no dizer de Raffaele De Georgi, são as seguintes:

a) o direito penal se abstrai da complexidade dos eventos, constroi para si uma realidade e marca seu início;
b) o direito penal constroi a semântica da intencionalidade, da causalidade, da subjetividade. Constroi rótulos como sujeito, objeto, direito penal mínimo, direito penal máximo etc;
c) o direito penal torna possível o tratamento penal da ação do indivíduo.

Direito e crime, ordem e desordem, segurança e perigo são lados de uma forma que são tratados como realidades diferentes e contrapostos. A observação política, a sociológica e a moral oscilam continuamente entre um e outro lado da distinção. É assim que nascem os autovalores que o direito chama de bem jurídico e o delito de desvio. Direito e crime adquirem características ontológicas, são universaliza-

---

7. Ver Raffaele De Georgi. "Direito penal e teoria da ação entre hermenêutica e funcionalismo" in Direito, tempo e memória. Trad. Guilherme Leite Gonçalves. São Paulo: Quartier Latin, 2006, pp. 137/153. Ver também Raffaele De Georgi. Azione e Imputazione. Lecce: Edizione Milella, 1984, livro no qual o autor esgota a reconstrução do conceito de ação no direito penal até enquadrá-la na teoria dos sistemas sociais de Niklas Luhmann.

dos, tornam-se realidade. O futuro agora pode ser tratado de diversas maneiras e uma delas é a metafísica da prevenção: o direito produzindo a ordem da segurança. Como diz Raffaele De Georgi[8], "o tempo do crime é o tempo da desordem e a sociedade não pode tolerar a desordem: não interessa se é possível uma 'ordem social'. O que interessa é construir uma semântica que tolere qualquer dispositivo de produção de sentido e assim se produza sociedade e sua evolução".

Estamos falando da sociedade da ordem racional. A causalidade do agir e sua referência à razão justificam a relação entre meios e fins: o crime é a ação e a ação pode ser controlada pela razão. É assim que se justifica o controle político da sanção, da prevenção, da segurança. Se todos os seres humanos podem agir, todos estão incluídos no direito penal, todos podem praticar crimes e ser ressocializados.

O modelo racional é o sujeito burguês capaz de se autodeterminar. A expectativa é que o sujeito pratique ações aceitáveis seja lá o que isto for, desde que caiba num modelo de racionalidade entre meios e fins, que se protejam os bens jurídicos do cidadão. E se isto não for suficiente o direito penal tem como reserva a necessidade, que permanece imanente como autovalor e justifica a suspensão da hierarquia entre os bens jurídicos com o fim de manter o único autovalor do direito penal, que é o próprio direito penal como sentencia Raffaele De Georgi[9].

O autocontrole do direito penal está baseado na ideia de racionalidade do séc. XIX. A razão iluminista permitiu organizar estados e reorganizar o direito por meio da ação, ou seja, do cálculo racional das ações. O séc. XIX e o séc. XX vincularam seu tempo ao paradoxo da razão que pode tudo, menos dizer de si mesma que é racional. Por isso, no dizer de Raffaele De Georgi[10], os juristas podem pensar que a humanidade em seu progresso garanta aos povos uma existência segura e os reúna numa grande comunidade do mundo. Essa mesma razão condensa seguranças como a certeza, a identidade e a estabilidade. O futuro é só um projeto racional de construção de condições melhores de vida, onde o homem viverá de modo seguro.

O problema é que a sociedade não realiza projetos, não persegue fins, nem se conclui com a realização de um fim. O projeto da sociedade da ordem racional é um projeto falido, mas que não consegue renunciar à ação como sua aquisição evolutiva, não pode renunciar ao futuro como dever-ser. A sociedade moderna cria então a semântica do risco para se proteger do presente e inventa outra semânti-

---

8. "Direito e crime no século XXI" in Direito, tempo e memória. Trad. Guilherme Leite Gonçalves. São Paulo: Quartier Latin, 2006, pp. 119/136.
9. "Direito e crime no século XXI" in Direito, tempo e memória. Trad. Guilherme Leite Gonçalves. São Paulo: Quartier Latin, 2006, pp. 119/136.
10. "El derecho en la sociedad del riesgo" in Seguridad Publica y la teoría de los sistemas en la sociedad del riesgo. Augusto Sánchez Sandoval, Coordenador. Ciudad de México: Editorial Porrúa, 2007, pp. 41/54.

ca: a redução de danos, o direito orientado a consequências, as agências de risco. Como adverte Raffaele De Georgi[11], inventa uma tecnologia cuidadosa, uma política compassiva, uma ordem universal da boa vontade. Sobre o fundo desse horizonte de certezas está a moral, outro paradoxo, que não pode dizer de si mesma se é moral ou não, assim como a moral do risco não conhece o risco da moral.

A sociedade se autotransforma, está em contínua mudança, é instável. Se não fosse assim estaria decretada sua morte. É por isto que a sociedade não pode ser observada pela distinção ordem/desordem. No limite, na sociedade emergem ordens redutivas que chamamos de sistemas sociais. São ordens redutivas porque não podem compreender os problemas do mundo e por isso reduzem sua complexidade para tratá-lo como economia, como direito, como política. Esses sistemas operam sobre informações criadas por si mesmos e decidem de modo contingente. Esta é a sociedade do risco: é a sociedade da informação, complexa e contingente. O problema é saber o que nos é apresentado como risco na sociedade, o que está em risco nela, o que se contrapõe ao risco e como se pode construir algum vínculo com o futuro.

Os sistemas sociais desta sociedade produzem informações: pertencem ao mundo da linguagem, não da realidade. Mas produzem a realidade da inclusão. Há sociedade mundial porque todos estão violentamente incluídos nela. Ninguém pode ser excluído da ordem normativa, da ordem econômica e da ordem política. O problema é que essas ordens não enxergam além de si mesmas, não conhecem a realidade: quando incluem a todos produzem ao mesmo tempo exclusão. Sistemas são seletivos, não têm origem social, nem consenso, nem podem ser integrados. O direito é produzido por quem detém o poder e pode ditar valores dentro dos quais tudo é possível. O direito e principalmente o direito penal só pode reconhecer esses valores como direito ou ilícito. É assim que se produz a inclusão universal fora da qual está o outro, o anormal, o diverso, o criminoso. Como diz Alicia G. Vidaurri[12], a inclusão normativa não faz parte do mundo concreto. É uma construção discursiva, subjetiva e susceptível a mudanças em função dos sistemas de produção. É uma construção artificial que se nutre e desenvolve com base nos sentidos: um ideológico, que procura mostrar a justiça e as bondades da norma, e outro, deôntico, que expressa o mandato obrigatório e a coerção, para fazê-lo cumprir.

O mundo da inclusão jurídica gera a violência dos excluídos. Como só prevê mandatos e sanções, nada pode prevenir, nada pode impedir. Só pode reprimir o

---

11. "El derecho en la sociedad del riesgo" in Seguridad Publica y la teoría de los sistemas en la sociedad del riesgo. Augusto Sánchez Sandoval, Coordenador. Ciudad de México: Editorial Porrúa, 2007, pp. 41/54.

12. "La seguridad publica y la teoría de los sistemas em la sociedad del riesgo" in Seguridad Publica y la teoría de los sistemas en la sociedad del riesgo. Augusto Sánchez Sandoval, Coordenador. Ciudad de México: Editorial Porrúa, 2007, pp. 11/30.

comportamento anormal. O sistema econômico inclui a todos gerando riqueza e pobreza; o sistema político inclui a todos gerando poder e oposição ao poder; o sistema jurídico legitima-os exigindo que os programas produzidos pelo poder se tornem obrigatórios. Surge o problema da inclusão/exclusão. Os programas são construídos tendo em vista aqueles que têm certa representatividade na política e jogam algum papel no mundo da produção. Restam aqueles que não conseguem inserir-se no sistema econômico e que têm pouca ou nenhuma representatividade política. Essas pessoas são reconhecidas pelo direito como incluídas, embora excluídas de outros sistemas. Para estes a norma vale também, embora tenham sido feitas para uma minoria. Daí porque o direito, incluindo os excluídos, produz uma sociedade de marginais com imensa dificuldade de serem reconhecidos e tratados socialmente. O futuro burguês representado como horizonte programável ruiu, faliu. Descobriu-se agora que a sociedade não tem vínculo estável com o futuro, está aberta a um horizonte de incertezas, onde tudo pode acontecer.

Contudo, a sociedade não consegue se libertar da aquisição evolutiva da ação e continua a ser observada como a sociedade do dever-ser num mundo incerto. Com isso o direito se arrisca: as teorias se fragilizam e o direito é obrigado a reforçar sua disponibilidade para o aprendizado. Perde consistência em suas operações, transforma-se num direito de "casos" conduzido por uma jurisprudência que não tem tempo de se afirmar. Não se imputa mais a ação e sim o risco. O resultado é um direito orientado para resolver "casos", com pouca coerência argumentativa, acentuada arbitrariedade dos juízes e fragmentado teoricamente. Como diz Raffaele De Georgi[13], o direito se vê forçado a deixar visível o poder ao usar de referências externas justificadas pela percepção do futuro como risco. Passa a perceber o risco como perigo e por isso passa também a criminalizar antecipadamente, a criminalizar minorias, a criminalizar *status* sob o argumento de que atacando o risco diminui o perigo. Não vê que a segurança propugnada pela criminalização do perigo é uma segurança da não-ação, uma circularidade que aumenta o risco, ou seja, que determina o direito penal da exclusão, do suspeito, que pune pessoas que vivem em torno do crime.

2. A RESPOSTA INSTITUCIONAL DA SEGURANÇA NA SOCIEDADE DA ORDEM E NA SOCIEDADE DO RISCO

Como já foi dito, pretendemos que o poder justifique o exercício da coação e do controle social invocando a manutenção da ordem pública. Esta ordem social pode estar ligada à segurança interior, à segurança nacional, ou à segurança jurí-

---

13. "Direito e crime no século XXI" in Direito, tempo e memória. Trad. Guilherme Leite Gonçalves. São Paulo: Quartier Latin, 2006, pp. 119/136.

dica. Toda semântica construída em torno da ação racional estava orientada ao controle social por meio do direito penal. Com o direito se podiam integrar todos na sociedade, se podia ressocializar aqueles que praticassem atos antissociais, se podia, enfim, construir uma sociedade melhor.

O cálculo racional da ação permitia pensar em progresso, em organização jurídica das ações e em uma existência mais segura aos cidadãos. Contudo, também era necessário que essa sociedade admitisse que a razão estivesse ligada ao querer divino, à ordem natural do mundo, à natureza humana, ou à natureza das coisas. E isto demandou um novo direito, um direito superior chamado de direito da humanidade e que justificava todo o direito. Esta era a razão que permitia falar num futuro previsível e seguro. Como diz Peter-Alexis Albrecht[14], o direito penal possuía um caráter de arma política. A pena se convertia em influência sobre o autor conforme um programa orientado ao futuro. O que se punia era a lesão de um bem jurídico porque o Estado tinha a função de proteção jurídica. A simples colocação em perigo de um bem jurídico não era punida porque escapava ao âmbito da tentativa. A abertura ao legislador para a punição do perigo só veio mais tarde, com o desenvolvimento do conceito de ação ao mesmo tempo da tomada de consciência da necessidade de repressão e prevenção. Aqui começa a carreira da segurança como bem jurídico e que veio a alimentar toda uma indústria de segurança.

Essa sociedade da ordem racional exigia um direito penal fragmentário e subsidiário. Para integrar a sociedade, o direito penal só poderia ser aplicado a pouquíssimas condutas que ofendessem bens vitais para a própria existência da sociedade e só quando outros sistemas não dessem conta de manter a ordem. Era um meio extremo mas eficiente para proporcionar segurança pública. O problema é que a razão nunca pode abdicar da necessidade que se legitima sempre que se exige mais segurança.

Essa compreensão jurídica do mundo fundamentada nas grandes aquisições evolutivas da modernidade não levou em conta o paradoxo da autofundação do direito. Teorias jurídicas com muita boa vontade não conseguiram compreender que o direito se funda em si mesmo e constrói sua própria realidade e se aprendesse isto seria o fim da modernidade. Como diz Raffaele De Georgi[15], não se conseguiu ver que a relação causa/efeito – paradoxo do tempo – faz somente com que o presente apareça como efeito do passado justificando a pretensão de construção de um futuro racional. É por isto que precisamos estar continuamente remendando

---

14. "El derecho penal en la intervención de la política populista" in La insostenible situación del Derecho Penal. Org. Carlos Maria Romeo Casabona. Granada: Comares, 2000, pp. 471/487.

15. "Direito e crime no século XX" in Direito, Tempo e Memória. Trad. de Guilherme Leite Gonçalves. São Paulo: Quatier Latin, 2006, pp. 119/136.

e consertando o presente reportando-o ao passado. Não se conseguiu ver que o direito não é um meio de prover segurança social, ou controlar o crime. Ao contrário, como já se disse, pretendeu-se controlar o futuro com a ilusão da prevenção da criminalidade por meio do direito identificando o tempo do crime com o tempo do caos e o tempo do direito com o tempo da ordem social. Porém o controle político da sanção faliu para o efeito gerador de segurança. Valeu quando se acreditava no emprego total que o mercado proveria, ou quando se acreditou no Estado Social, ou na fórmula para se atingir o modelo liberal de economia e justiça. A atual crise econômica jogou a última pá de cal sobre essas certezas.

Paralelo à morte dessas crenças aparecem as políticas neoliberais de segurança. Para as sobras – jovens que se perdem nas drogas, famílias de retirantes do interior que mendigam ou transitam no mercado ilegal das grandes cidades – não existem mais direitos, mas a criminalização de seu *status*. Estes por sua vez não se vinculam a nenhuma instância de controle. É o paradoxo da exclusão pela inclusão. Os excluídos são vistos como intoleráveis para serem incluídos na ordem ou na sociedade do risco.

A previsão burguesa do disciplinamento do assalariado se esvaiu com a nova ordem/desordem social. A nova sociedade do risco transformou a certeza no futuro num horizonte de incertezas e nesta sociedade o direito, a política e a economia perderam a ilusão do controle. Arriscam-se e tornam suas operações mais inconsistentes. Esta sociedade não conhece mais o mundo do concreto, mas o do simbolismo dos sistemas. Abdica da segurança e se reconhece como sociedade do risco. Mesmo assim, juristas, políticos e economistas insistem na previsão de um futuro programável.

O risco produzido pela sociedade atual fez com que o direito adquirisse um caráter de arma política. A característica que o direito penal tinha nos tempos de Von Liszt de direito de defesa do cidadão contra o Estado se perdeu, foi substituída por uma outra qualidade, a da segurança social. Observa-se a política despejando sua inconsistência sobre o direito penal.

Na sociedade do risco a demanda é por segurança e o direito penal é a arma simbólica da política para a contenção de riscos. O direito penal se torna cada vez mais um direito de prevenção, antecipa a proteção de bens jurídicos e se torna o direito penal do perigo, cuja característica principal é a inclusão do não suspeito. Não se procura mais um autor para punir, mas grupos sociais ou condições de vida que estão sob suspeita porque são geradores de perigo. Aparece ao Estado uma possibilidade imensa de intervenção legitimada pela necessidade.

A sociedade, como já vimos, distingue-se hoje por uma diminuição permanente da força de integração social, porque estão se dissolvendo as tradicionais formas de vida – classe social, papel do sexo, família, vizinhança etc. – e também se dirigem aos indivíduos novas exigências institucionais mediante o mercado de trabalho e a burocracia. O problema enxergado por Humbert Beste e Michel Vob[16], é que esses grupos de população marginal não estão sujeitos nem à exploração nem ao domínio. Estão excluídos e tão só se limitam a seus problemas sociais. Materialmente não existe sobre eles nenhuma política estatal de controle, porém a sociedade precisa se proteger desse perigo.

Nas suas teses para uma política de segurança pública, Mássimo Pavarini[17] sustenta que a prática dessa exclusão social impõe a adoção de uma cultura e uma estratégia de defesa social. Descobre-se o direito à segurança contra a criminalidade, como direito de defesa de quem não podendo ser incluído é visto como perigoso. A questão de sempre é o governo do excedente social. O problema é que o controle dos perigosos pela disciplina do salário na sociedade da ordem que acreditava no equilíbrio do mercado da força do trabalho não existe mais, ou seja, o acesso a direitos não pode passar mais pela inclusão na cultura do trabalho. Continua Mássimo Pavarini dizendo que a sociedade do risco criou novas emergências em um mundo agora globalizado: crise do sistema penal, sentimento generalizado de privação relativa, a nova pobreza, a microcriminalidade predatória difusa. E isto nunca fez parte da política de segurança porque o controle social era exercido pelo direito penal. Com a fragilização do direito penal como instrumento de controle, a política ficou sem capacidade propositiva, ou seja, não sabe responder que ordem social pode substituir a presente ordem/desordem.

Não bastassem os problemas do início do séc. XXI surge a presente crise econômica, jogando para o desemprego milhões de pessoas mundo afora além de demolir inúmeros dogmas sociais, principalmente econômicos, forjados justamente nos centros propulsores da crise. Pior, não se tem a quem imputar as decisões arriscadas que gestaram a crise e, portanto, como mudar a ordem. A política dita de direita vem se acomodando aos antigos dogmas políticos e econômicos com o arrefecimento da crise, enquanto a esquerda continua a propor uma nova ordem mundial da boa vontade, onde a política teria o papel de integrar a sociedade. Velhos mitos ressurgem como propulsores de mudanças na política e na economia que garantirão uma nova ordem social mais justa. No fundo a velha moral atravessa os sistemas, mas não tem a capacidade de mudar nada, até porque os sistemas são obrigados a manter suas próprias estruturas sob pena de desaparecimento. A novidade é que a sociedade do

---

16. "Las deformaciones del Derecho Penal por los servicios privados de seguridad" in La insostenible situación del Derecho Penal. Org. Carlos Maria Romeo Casabona. Granada: Comares, 2000, pp. 341/357.

17. "Poner la pelota en el centro. Diez tesis y modestas propuestas para un gobierno progresista de la seguridad" Trad. de Augusto Sánchez Sandoval, in Seguridad Publica y La teoria de los sistemas en la sociedad del riesgo. Augusto Sánchez Sandoval Coordinador. México: Editorial Porrúa, 2007, pp. 31/40.

risco apresenta a crise atual como condição favorável a novas aquisições evolutivas, mas ainda é cedo para observar se esta comunicação vai ser reconhecida pelos sistemas como aquisição evolutiva, porque é perigoso prever o que e se novas comunicações se estabilizarão como estruturas sistêmicas.

É possível segurança numa sociedade complexa?

A sociedade do risco não é boa nem má. É uma sociedade mais complexa do que a sociedade moderna e a continuar a produção de informação que presenciamos todos os dias ela tornar-se-á mais complexa. O risco faz parte da complexidade dessa sociedade.

Nessa sociedade, segurança pública é um bom tema para a comunicação, principalmente para a comunicação política, porque rapidamente movimenta a opinião pública e todos tem algo a dizer sobre suas causas e eventuais soluções. É inteligível que o tema se simplifique ou amplifique conforme a imediatidade e a carga emocional que carregue. Este tema rende bem para a política também porque estimula a opinião pública sem a necessidade de abordar a violência da própria estrutura social. Sendo assim, a política promete mais leis e a reforma do direito penal, enquanto este se desestabiliza com a carga política. Políticos e juristas se completam: os primeiros prometem boas leis para prover a sociedade de segurança, enquanto os segundos se encarregam de construir fórmulas para reforma, tudo para que enfim venha a segurança. A economia, por sua vez, estimula a discussão do tema de olho na produção de serviços e de equipamentos de segurança, cuja cifra já movimenta boa parte do mercado e do trabalho utilizados pela segurança pública.

Esconde-se a violência estrutural da sociedade – quanto mais controle, menos direito e mais violência. Aumento da vigilância e diminuição dos espaços de liberdade: esta é a fórmula atual da segurança. Como diz Alicia González Vidaurri[18], o conflito social é permanente e se mostra pelo poder de dominação, ou pelo poder de solidariedade. No primeiro, o sujeito valora mais a vida que a liberdade e se deixa dominar; no segundo, os sujeitos reconhecem que não há vencedor. Reconhecem-se e convivem durante um tempo de trégua, até que voltem a competir. Por isso, o exercício de dominação e do equilíbrio social, para que sejam duradouros, requerem vigilância vizinha permanente de um sobre o outro por meio de tecnologias policiais, que na realidade servem muito mais para justificar a existência de sistemas de segurança do que para dar segurança, porque esses sistemas de vigilância – prevenção – acabam por ficar condicionados pelas necessidades particulares dos agentes que desempenham a segurança, ou simplesmente pela corrupção do sistema.

---

18. "La seguridad publica y la teoria de los sistemas en la sociedad del riesgo" in Seguridad Publica y La Teoria de los Sistemas en la sociedad del riesgo. Augusto Sanchez Sandoval – Coordinador – México: Editorial Porrúa, 2007, pp. 11/30.

Com esta fórmula a política pode simplificar e amplificar o tema conforme o interesse político e da mídia, porque o alarme social que causa é seletivo e se ocupa só das formas de violência selecionadas por esses sistemas e que são novidades enquanto duram. Apresentam-se determinados fatos e convence-se o povo que aí estão as causas da violência e que elas estão sendo combatidas. Como diz Raffaele De Georgi[19], "a simplificação e a redução dos fatos motivadores da violência fazem encontrar neles conexões causais muito simples e se pensa que modificando determinadas conexões se impedirá a aparição de eventos danosos".

Como já salientamos a abordagem da sociedade com alguns conceitos desenvolvidos por Niklas Luhmann mostra-nos que a sociedade é mais complexa do que aquela que nos foi mostrada pelos modernos. Não podemos apreender essa complexidade utilizando da lei causal. O observador da sociedade está limitado pelo sistema utilizado para fazer a observação, ou seja, o observador não vê que não vê o que não vê, porque ele próprio é parte da sociedade que observa. Por isso é que os seguidores de Luhmann dizem que um observador é só um observador, ou seja, pode haver outro observador que pode ver outras causas em outros lugares para o mesmo evento.

A sociedade complexa e os sistemas com os quais se diferencia opera de modo completamente cego. Não projeta seu futuro porque não o vê e não o vê porque opera só no presente, consegue ver só a sua própria ação por meio do contato contínuo consigo mesma. Falar em prevenção da criminalidade é uma metafísica igual à produção de sentido em torno da ação, que permite falar de sujeito, de direito penal mínimo, de direito penal máximo etc. São somente construções semânticas que toleram outros dispositivos de produção de sentido, dependendo do interesse de quem as constroi. Por isso é que Raffaele De Georgi[20] diz que a realidade do crime não pode ser baseada em uma observação da comunicação social, porque esta não é diretamente observável. Só é possível observar o crime depois de subtraída a realidade da comunicação, depois que esta foi reduzida, simplificada como ação. Se formos capazes de observar o crime como uma criação do direito, poderemos observar também o risco cortando o sistema penal para que seja possível a preparação para sofrer danos. Seremos também capazes de observar o futuro como um horizonte de incertezas em qualquer sistema social. Faça o que faça, opere como opere, todo sistema só pode produzir riscos. Os sistemas são constrangidos a arriscar-se. Mas se é verdade que se imputa o risco a toda operação dos sistemas é também verdade que os sistemas têm uma prestação limitada na sociedade, portanto, não podem produzir todos os riscos imputados à sociedade. Com isto se

---

19. *Apud* "La seguridad publica y la teoria de los sistemas en la sociedad del riesgo" in Seguridad Publica y La Teoria de los Sistemas en la sociedad del riesgo. Augusto Sanchez Sandoval – Coordinador – México: Editorial Porrúa, 2007, pp. 11/30.
20. "Direito e crime no século XXI", **in** Direito, tempo e memória. São Paulo: Quartier Latin, 2006, pp. 119/136.

pode dizer que o direito não pode produzir paz nem guerra, segurança ou insegurança. O direito só pode dizer o que é lícito e o que é ilícito não importa qual seja o efeito disso para a sociedade. Da mesma forma a política e a economia tem seus próprios códigos, que são limites para os riscos e que nada tem a ver com paz ou segurança. Podemos afirmar então que é arriscado viver na sociedade.

Se de um lado em toda comunicação há um risco, de outro talvez o risco seja mais interessante que a certeza da economia, por exemplo, propiciada pelos grandes centros econômicos e educacionais e que produziu a presente crise econômica; ou pela certeza da democracia experimentada hoje pelo Iraque ou pelo Afeganistão e por outros tantos países que ousaram não obedecer a ordem democrática dominante, ou pela certeza da ressocialização experimentada pelos presos do sistema prisional brasileiro. Talvez estudando o risco consigamos observar que as consequências não se coligam por necessidade natural dos eventos, mas que os eventos são isolados seletivamente pelos sistemas que só se ativam porque tratam eventos como relevantes. Talvez possamos observar que o crime como maldição é uma prestação da moral que, como o risco, atravessa os sistemas e faz com que os eventos internos possam ser taxados de morais ou imorais dependendo das circunstâncias. Neste aspecto, o direito e especificamente o direito penal pode continuamente ser diferente do que é, o que nos permite pensar em alternativas, mas jamais fugir do risco.

Quando a política, estimulada pela mídia, responde à opinião pública criando leis com pretensão de prevenção, nada mais faz do que reconhecer seus problemas estruturais, despejando sobre o direito penal suas inconsistências. Estas inconsistências sobrecarregam o direito penal de funções políticas que ele não pode realizar, porque não é sua função solucionar conflitos produzidos pelas contraditórias projeções normativas da política, embora muitas vezes os juízes achem que podem agir politicamente. O risco despejado pela política no direito penal é percebido por este como perigo, que orienta a criminalização de culturas, raças, grupos excluídos, o que somente incrementa outros riscos sociais: não é a toa que a criminalização de grupos excluídos possibilitou o surgimento de estruturas de controle social como as milícias, como as leis dos traficantes nas favelas e que boa parte da criminalidade é controlada de dentro dos presídios. Tudo praticado em nome da prevenção da criminalidade; da adaptação do direito penal à exigência moral da ressocialização que nada mais é do que uma tentativa desumana de "cultivar corpos e domar almas"; tentativa de integração social dos criminosos quando os chamados direitos humanos dos presidiários não vê que isto só é possível pelo "não saber da diferença entre sistemas psíquicos e sociais e por distinções artificiais".[21]

---

21. Ver Raffaele De Georgi. "Direito Penal e teoria da ação entre hermenêutica e funcionalismo", in Direito, tempo e memória. Trad. de Guilherme Leite Gonçalves. São Paulo: Quartier Latin, 2006, pp. 137/153.

A política esconde suas inconsistências no aumento do aparato policial que no final das contas serve mais para sustentar o poder de grupos de policiais que não permitem que se lhes vigie sequer para submetê-los a padrões de avaliação. Poder de micro-grupos, que como analisa Alicia G. Vidaurri[22] vigiam a todos, não para que cumpram as normas, mas sim para obter um benefício pessoal ou de grupo, baseando-se na linha divisória entre polícia e bandido. É óbvio que os políticos são sensíveis a estas incongruências e respondem com outras incongruências: de um lado, a polícia tradicional das cidades vem sendo substituída pela polícia privada, de outro lado se estruturam grandes aparatos da Polícia Federal cuja eficiência é medida pela propaganda das grandes operações que demonstra que os políticos estão preocupados com a segurança. Entregam-se as cidades aos marginais, a uma polícia menor e menos preparada, cuja incompetência é suprida pelo uso da violência nos bairros pobres e pela polícia privada nos bairros de classe média, cuja tônica é a vigilância. Um resultado interessante que pode ser observado é que a polícia federal, em busca de ações espetaculares, está se voltando para resolver crimes estaduais que a irmã pobre dos Estados não sabe resolver. Para governadores fica mais fácil abdicarem da polícia local deixando ao poder central a definição sobre segurança pública. Isto equivale a dizer que na ótica da política os problemas estruturais dos bairros e das favelas devem ser resolvidos com a Polícia Federal, com o Exército e com a violência da polícia local no que lhe resta da criminalidade de massa. Sobra a vigilância privada e alguns grupos pequenos da polícia estadual, mais elitizados, para a classe média. É assim que se observa a política evitando riscos. Quando ocorre o dano já não é mais problema da política, mas do direito penal ressocializador!

É claro que problemas políticos, econômicos e jurídicos são problemas sociais. Os cidadãos têm a expectativa de participar do jogo político, de ter acesso aos bens de consumo que são mostrados pela mídia como essenciais para a sobrevivência, de que todos se orientem por normas. Quando isto não acontece algo deve ser feito e sempre haverá riscos políticos, econômicos e jurídicos nas respostas desses sistemas. Responder com propostas de integração social já vimos que não funciona, porque os sistemas operam sobre a base da diferenciação, porque sistemas são ordens redutivas e não podem representar ante si toda a complexidade do ambiente nem muito menos operar sobre a base de dita representação. O lado bom disso é que os sistemas também só decidem de dois pontos de vista e não mais que isto. O direito reduz a complexidade social a lícito e ilícito, a economia a lucro e prejuízo, a política a poder e oposição. Fica mais fácil, portanto, identificar suas operações. Como eles operam no ambiente social e, mais diretamente, po-

---

22. "La seguridad publica y la teoria de los sistemas en la sociedad del riesgo" in Seguridad Publica y La Teoria de los Sistemas en la sociedad del riesgo. Augusto Sanchez Sandoval – Coordinador – México: Editorial Porrúa, 2007, pp. 11/30.

dem operar acoplados, quando comunicam algo produzem mudanças ambientais e também no interior do próprio sistema que comunica. Por isto podemos esperar que quando um sistema opera, e ele é obrigado a operar, algo vai acontecer. Podemos ter expectativas, portanto, em novas comunicações políticas, econômicas e jurídicas. Só não podemos ter a expectativa de que os sistemas nos proporcionarão novas ontologias que poderão resolver todos os problemas sociais.

Apesar de auto-regulados, os sistemas só atuam na sociedade e ao atuar promovem ruídos que podem ser percebidos socialmente e proporcionar outras operações sistêmicas. Mas observemos que a sociedade só vive o mundo intelectual da linguagem e da cultura, não o mundo do concreto que existe fora das construções ideológicas. É por isto que os sistemas sociais edificam-se sobre um universo de pautas simbólicas e não sobre o mundo do concreto, cujas pautas se tornam objetivas como realidade e constroem um universo artificial.

Todo sistema opera sobre a base da decisão em comunicar, cuja comunicação, apesar de altamente improvável, funciona. Em todo caso, toda decisão em comunicar é arriscada, porque sempre existe a possibilidade de futuro distinto se houvesse sido tomada outra decisão diferente daquela que se tomou. Como os sistemas comunicam, decidem e, portanto, arriscam-se num ambiente sempre mais complexo e de difícil decisão. O risco tem uma função sistemática: serve como programa decisório, programa que estabelece condições mínimas aos sistemas sociais para continuarem suas operações mesmo que frente a um futuro incerto[23]. Sua função, portanto, é reduzir parcialmente a complexidade implícita na noção de futuro, o que permite decidir sobre o futuro sem conhecê-lo, permite imputar um resultado a uma decisão e se preparar para os danos.

Política, economia e direito, por não serem integrados, por serem sistemas que tem funções próprias, por não interferirem em nada no funcionamento um do outro e por disporem do risco para se protegerem do futuro, decidem num ambiente complexo, influenciam a sociedade e podem produzir comunicações mais consistentes de política, de economia e de direito. Mas isto será sempre um risco que será imputado ao próprio sistema, a alguém que decide. É este o único modo de agir na sociedade. Por estar obrigada a ser assim, a sociedade também pode ser diferente, tem alternativas que são cada vez maiores. Por isso é que se há mais riscos na sociedade, também há mais possibilidade de tratar o futuro, basta decidir.

---

23. Ver Nelson Paulus. "Observando riesgos. Una propuesta desde la teoria de los sistemas sociales" *in* Observando Sistemas. Nuevas apropriaciones y usos de la teoria de Niklas Luhmann. Ignácio Farías y José Ossandón. Santiago: RIL Editores, Fundación Soles, 2006, pp. 297/322.